六枝年鉴

LIU ZHI YEARBOOK 2016

六枝特区史志办公室　编

方志出版社

图书在版编目（CIP）数据

六枝年鉴. 2016 / 六枝特区史志办公室编. ——北京：方志出版社，2017. 6

ISBN 978-7-5144-2446-1

Ⅰ. ①六… Ⅱ. ①六… Ⅲ. ①六盘水市—2016—年鉴
Ⅳ. ①Z527. 34

中国版本图书馆CIP数据核字（2017）第164094号

六枝年鉴（2016）

编　　者： 六枝特区史志办公室
责任编辑： 冯　松
出 版 人： 冀祥德
出 版 者： 方志出版社
地址　北京市朝阳区潘家园东里 9 号（国家方志馆 4 层）
邮编　100021
网址　http://www.fzph.org
发　　行： 方志出版社发行中心
电话（010）67110500
经　　销： 各地新华书店
印　　刷： 云南速盈印刷有限公司
开　　本： 889mm × 1194mm　1/16
印　　张： 23
字　　数： 524千
版　　次： 2017年11月第1版　2017年11月第1次印刷
印　　数： 001 ~ 600册

ISBN 978-7-5144-2446-1　　**定价：** 180.00元

《六枝年鉴》编纂委员会

《六枝年鉴》编辑部

编辑说明

一、《六枝年鉴》是中共六枝特区委、六枝特区人民政府主办，六枝特区史志办公室编辑出版的年度综合资料性文献，公开发行。

二、《六枝年鉴》2012年创刊，本卷为2016卷，刊载2015年的内容。

三、《六枝年鉴（2016）》的编纂，坚持以马克思列宁主义、毛泽东思想、邓小平理论、“三个代表”重要思想和科学发展观为指导，贯彻落实习近平总书记系列重要讲话精神和治国理政新理念新思想新战略。坚持主基调主战略，主动适应经济发展新常态为宗旨。内容着重反映2015年六枝特区的政治、经济、文化、社会、生态文明建设和党的建设等方面的新举措、新成果、新经验、新问题，为社会各界了解和研究六枝提供地情资料。

四、《六枝年鉴（2016）》共设22个类目，下设分目、条目。

五、《六枝年鉴（2016）》所采用的文稿，均从特区各单位各部门提供的2015年年鉴稿件编纂定稿，采用社会经济发展统计资料为特区统计局公布数据，地区生产总值、各产业增加值、总产值绝对数未注明不变价的，均为当年价，增减百分比除注明外均按可比价格计算。

六、《六枝年鉴》在撰、编、印、发过程中，得到各级领导、各有关部门和社会各界人士的关心与支持，在此一并致谢！本年鉴在审核、校对过程中，差错之处在所难免，恳请各级领导和广大读者批评指正，并提出宝贵意见。

领导调研

贵州省委副书记、省长陈敏尔（前排右三）到六枝特区调研

贵州省委常委宣传部部长张广智（右三）到六枝特区调研

贵州省副省长何力（左二）到六枝特区调研

省高院副院长赵传灵（左二）到六枝特区法院调研

六盘水市委书记李再勇（中）在六枝特区大用镇黑晒村召开院坝会

六盘水市委副书记、市长周荣（前一）到六枝特区岩脚镇调研

六盘水市委副书记魏雄军(左二)率相关部门负责人赴六枝特区新窑镇丽萍竹制品加工厂产业基地调研

六枝特区党委书记杨昌显(前中)到华润电厂调研

六枝特区政府区长方裕谦（前中）率特区安全监管局、住房与城乡建设局、经济和信息化局督查全区安全隐患工作

特区党委副书记邹振伟(左一)到网格指导“多彩贵州文明行动”及“四创”工作

六枝特区党委常委组织部部长吕荣（中）到龙场乡陇木村督促指导地质灾害防治工作

六枝特区党委常委、政法委书记、公安局局长叶圣（中）到新窑镇调研贫困户扶贫开发工作

六枝特区政协副主席赵孝和(右一)调研农业产业发展

六枝特区政协副主席黄世杰(左二)调研四创工作

重要会议

中国共产党六枝特区第十次代表大会第五次会议

特区党委书记杨昌显作工作报告

六枝特区第十一届人民代表大会第五次会议会场

六枝特区代理区长方裕谦作政府工作报告

六枝特区人大常委会主任王朝荣作人大工作报告

中国人民政治协商会议第八届六枝特区委员会第五次会议

六枝特区政协主席夏明作政协工作报告

六盘水市2015年第一次招商引资项目现场观摩总结会在六枝召开

中国共产党成立94周年暨表彰大会

全区纪检监察工作会议

特区政府三次全会暨四次廉政工作会议

全区领导干部大会，传达贯彻中共贵州省委十一届六次全会精神

特区政府党组中心学习组在六枝宾馆五楼会议室举行“三严三实”专题学习教育研讨会

特区人民政府党组举行“三严三实”专题党课教育

特区委办公室召开落实党风廉政建设主体责任集体约谈会

特区党建扶贫同步小康驻村工作推进会

“三变”改革培训会

特区村（居、社区）党组织书记集中轮训班开班

社会事业

贵州省2015年第三批重大项目暨六盘水市2015年第四季度项目集中开工仪式在特区落别乡举行

六枝特区党委常委、政府副区长杨刚主持“扶贫济困，你我同行”启动仪式

“扶贫济困，你我同行”万人签名活动现场

六枝特区党委副书记、政府区长方裕谦现场捐助

六枝特区武装部到月亮河乡开展征兵政策宣传

组织民兵参加抢险救灾

慰问抗战老兵

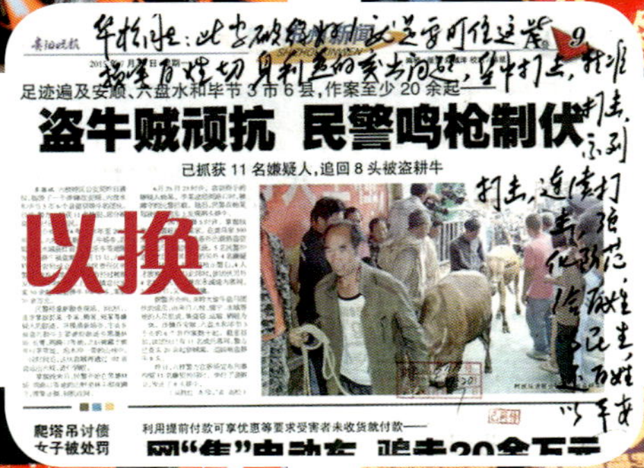

足迹遍及安顺、六盘水和毕节3市6县，作案至少20余起——

盗牛贼顽抗 民警鸣枪制伏

已抓获11名嫌疑人，追回8头被盗耕牛

以换

爬塔吊讨债女子被处罚

利用提前付款可享优惠等要求受害者未收货就付款——

◄ 贵州副省长、公安厅厅长孙立成对特区公安局破获系列偷牛盗马案作出批示

公安局"两严两服务两提高"报告会

武装查缉

平安六枝宣传图标

六枝特区人民法院法官合影

平安六枝宣传展板

邀请“两委员一代表”参加庭审

集中审判

六枝法院被最高人民法院评为“全国优秀法院”

“锦绣计划”培训班学员到凯里市参观考察

◀特区绣娘参加“2015贵州屋脊·中国凉都六盘水消夏文化节——凉都百佳绣娘手工技艺展演赛”

首届农村电子商务就业技能培训班开班

煤气层钻探布置井场

医疗卫生

贵州省显微外科年会在六枝召开

六盘水市计划生育半年形势分析会暨“双诚信双承诺”现场观摩会在六枝召开

六枝特区卫生和计划生育工作调度会

提高农村贫困人口医疗救助保障水平促进精准扶贫试点工作启动会

卫生和计划生育局邀请特区党校高级讲师付蓉到局开展学习中央、省、市、区委全会精神宣讲会

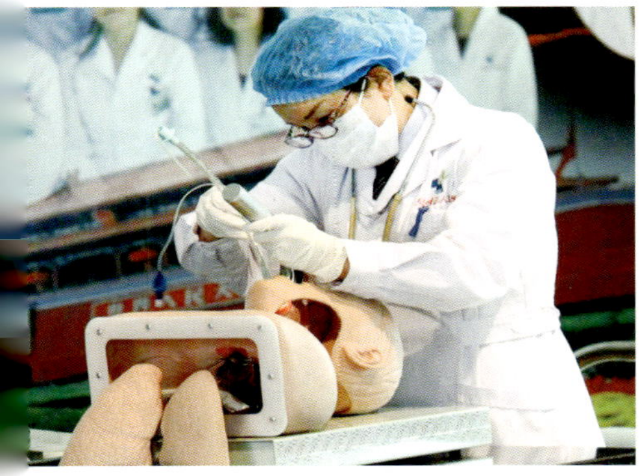

六枝特区人民医院开展技能培训

六枝特区人民医院关爱老人义诊活动

计划生育基层群众自治示范县创建文艺演出

科技教育

六盘水市第二季度“四在学校·幸福校园”活动推进会在六枝召开

六盘水市第十届特殊教育教研活动在六枝举行

秋季教育工作暨党风廉政建设大会

六枝特区第四届校园文化艺术节

六枝特区第18届“推普周”宣传活动

六盘水市第二中学建校50周年全体教师合影

六枝 特区职业技术学校办汽修厂开业

特区第二中学“双课堂”教学应用研讨会

特区第二中学语言文字书法比赛

六枝特区第三中学开展关爱留守儿童活动

科普宣传栏

六枝特区第一中学举办环保知识科普讲座

科普大篷车进校园活动

文化体育

2015年春晚

群众文艺展演

“春暖牂牁·锦绣六枝”元宵文艺演出

纪念中国人民抗日战争暨世界反法西斯战争胜利70周年文艺汇演

新年书画展

中国凉都·六盘水牂牁江国际滑翔伞邀请赛开幕式，特区党委副书记、政府区长方裕谦致欢迎词

中国凉都·六盘水牂牁江国际滑翔伞邀请赛开幕式现场文艺表演

中国凉都·六盘水牂牁江国际滑翔伞邀请赛开幕式现场文艺表演

中国凉都·六盘水牂牁江国际滑翔伞邀请赛飞行特技表演

金融税务

六盘水市工商银行行长袁珍凡（右三）与六枝特区政府区长方裕谦（左一）就有关事宜进行座谈交流

工商银行六枝支行领导到特区武警中队慰问

六枝信合联社党委书记、理事长江吉和（右一）与岩脚镇羊场村养鸡户胡关祥交谈

六枝特区信合联社宣传打击非法集资

六枝特区信合联社中层干部与“圆梦班”留守儿童座谈

六枝特区国税局、地税局对纳税信用A级企业进行授牌

六枝特区国税局组织开展金税三期工程测试环境培训

六枝特区国税局组织干部职工参观廉政警示教育基地

六枝特区地税局在税法宣传月，深入六枝工矿集团为企业走出困境出谋划策

加强党风廉政建设工作，开展预防职务犯罪讲座

现代农业

水稻高产创建工程

优质肉牛养殖

大用园区

大用园区

陇脚有机农产品生态园

木岗镇万亩茶叶基地

蔬菜基地建设

龙河镇猕猴桃种植基地

关寨镇居都村挂满枝头的核桃

六盘水第二届“贵州屋脊·凉都珍好”高原山地特色农产品展销会现场——六枝农产品

展销会现场——六枝农产品

六盘水第二届“贵州屋脊·凉都珍好”高原山地特色农产品展销会现场——六枝农产品六枝农产品展台

六盘水第二届“贵州屋脊·凉都珍好”高原山地特色农产品展销会现场——六枝农产品六枝农产品展台

目 录

特 辑

文件选编

大 事 记

概 况

2015 年六枝特区领导名录

党政群团

六枝特区人大常委会

六枝特区人民政府

园区建设

中国人民政治协商会议
六枝特区委员会

武装·法制

经济监督与管理

农林水·气象

移民·扶贫

城建·环保

安全监督

卫生和人口计生·医院

交通·电信·电力

教育·文体广电（新闻出版）·旅游

金　融

学　校

乡镇·街道办

特 辑

政府工作报告

（2016 年 3 月 10 日在六枝特区第十一届人民代表大会第五次会议上）

六枝特区人民政府区长　方裕谦

各位代表：

现在，我代表特区人民政府向大会报告工作，请予审议，并请各位政协委员和其他列席人员提出意见。

一、"十二五"时期工作回顾

"十二五"时期是我区积极应对严峻复杂形势、经济持续健康发展的五年，是产业结构深度调整、发展方式加快转变的五年，是社会事业全面进步、人民生活不断改善的五年。特别是党的十八大以来，在市委、市政府及特区党委的坚强领导下，在特区人大、政协的监督支持下，全区上下认真贯彻落实习近平总书记系列重要讲话精神，坚持主基调主战略，主动适应经济发展新常态，顽强拼搏、砥砺奋进，较好完成了"十二五"规划主要目标任务，在全面建成小康社会进程中迈出坚实步伐。

——更加注重加快发展，综合实力明显增强。2015 年，地区生产总值完成 147.89 亿元，是"十一五"末的 2.69 倍，年均增长 16.72%。财政总收入、一般公共预算收入分别完成 15.29 亿元、13.04 亿元，是"十一五"末的 3.2 倍、4.41 倍，年均增长 24.89%、38.91%。社会消费品零售总额完成 36.17 亿元，是"十一五"末的 2.21 倍，年均增长 15%。金融机构存、贷款余额分别达 104.5 亿元、91.28 亿元，年均增长 14.05%、23.02%。50 万元以上固定资产投资完成 243.83 亿元，是"十一五"末的 9.19 倍，年均增长 55.84%。人均 GDP 达 29708 元，是"十一五"末的 2.74 倍。城镇、农村居民人均可支配收入分别达 21315 元、7114 元，是"十一五"末的 2.66 倍、2.13 倍。以县为单位全面建成小康社会实现程度预计达 90.4%，经济发展群众满意度达 80.1%，进入全省经济强县行列。

——更加注重结构调整，转型发展稳步推进。一产转型升级。实施农业特色产业"3155 工程"106.42 万亩，建成省级现代高效农业示范园区 8 个，入驻企业 97 家，组建合作社 175 家，农业增加值达 30.03 亿元。特色农业呈井喷式发展，建成核桃基地 28.7 万亩、茶叶基地 21.71 万亩、猕猴桃基地 5.65 万亩、樱桃基地 3.3 万亩。先后荣评国家级农业综合开发县、全国商品粮基地县、全国农产品加工创业基地及全省茶产业发展重点县等。二产优化提质。煤矿企业兼并重组获批保留18处，产能990万吨/年；华润六枝电厂2016年可建成投产，落别LNG加工厂开工建设，建成4个地面抽采煤层气参数井，煤炭资源就地转化率达72.41%，煤层气开发利用率达41%。完成六矿瑞安水泥有限公司技改扩能，水泥产能达300万吨。新建一批农产品加工厂，茶叶、魔芋、面条加工等正在形成新的支柱，木岗园区、岩脚园区、路喜园区初具规模。三产加快发展。牂牁江风景名胜区、廻龙溪景区、郎岱古镇文化旅游区被评为全省100个重点旅游景区，月亮河夜郎布依文化生态园、梭戛自然与生态文化旅游示范区、落别布依民族文化体验区等景区建设稳步推进。牂牁江国家湿地公园、黄果树瀑布源国家森林公园获国家林业局批准。成功举办四届“中国凉都·六盘水牂牁江”国际滑翔伞公开赛。累计接待游客835.5万人次，完成旅游收入53.13亿元。获评全省大健康医药产业发展示范区。开展省级电子商务进农村综合示范县创建工作，推动“互联网+”，建成“凉都购”“黔货网”“丝路同城”等电商交易平台和49个乡村级农村电商服务网点。三产增加值达64.81亿元，年均增长16.6%。

——更加注重项目带动，基础设施取得突破。交通设施取得突破。六六、六镇高速公路建成通车，六枝通用机场前期工作顺利推进，安六城际铁路全面开工建设；实施国省道改造80公里，全区公路网总里程达2562公里，较“十一五”末新增290公里；全区路网密度达1.43公里/平方公里，是“十一五”末的1.13倍。完成小康路建设1300公里，建制村通畅率达99%。水利建设取得突破。中心城区供水二期工程建成供水，新增供水能力3万吨/日。黔中水利枢纽下闸蓄水，旧院水库建成供水，懒龙河、阿雨、松树林、茅草寨等一批水库开工建设，新增蓄水库容11.16亿立方米、有效灌面5.51万亩，解决农村饮水安全28.11万人。生态建设取得突破。建成中心城区、郎岱、木岗、岩脚污水处理厂及六枝特区生活垃圾卫生填埋场，城乡生活垃圾无害化处理率、城镇污水处理率分别达82.8%、85.1%。淘汰落后产能269.4万吨。完成石漠化综合治理96.27平方公里，治理水土流失面积53.73平方公里。投入营造林资金3.4亿元，完成营造林34.38万亩。森林覆盖率由“十一五”末的32.77%提高到46%，空气质量达到国家二级标准。信息产业取得突破。中心城区和乡镇实现4G网络覆盖，城市宽带实现20兆用户全覆盖、农村宽带实现4兆用户覆盖、行政村通宽带比例达100%，有效实现“三网融合”。

——更加注重城乡统筹，城乡建设崭现新貌。理清城镇之“脉”。围绕建成现代化精品节点城市目标，高标准编制《城市空间战略发展规划》等5个城市专项规划，实施10个乡镇城镇建设总体规划、郎岱古镇保护规划，完成80个村庄整治规划。筑牢城镇之“基”。围绕山地特色新型城镇化，推进城东、城南新区开发建设和贵烟线城区过境段、142队、那平路、人民路等片区旧城改造。完成保障性安居工程住房1.65万套，新增住房面积13.5万平方米，是“十一五”末的2.27倍。建设天顺汽摩机电城、嘉年华商业广场等31个大中型商贸市场。城区天然气管道、输水管网改造、桃花公园改造和人行天桥等项目相继建成。郎岱、岩脚、木岗示范小城镇“8+X”项目深入实施，“四在农家·美丽乡村”六项行动计划累计完成投资17.4亿元，小康寨建设覆盖203个自然寨，投资4.25亿元实施民居改造6.29万户。郎岱阿乐村、落别牛角村获全国、全省文明村称号，岩脚岱瓮村获全国生态文化村称号。注入城镇之“魂”。围绕打造宜居创业型城市，以争创国家卫生县城为契机，大力推进“五城联创”、“多彩贵州文明行动”等创建行动，投资1.6亿元完成那平路、南环路中段等10余条城区道路“绿化、亮化、美化、洁化”工程，改造背街小巷道路53条。城市绿地率和城镇化水平分别从“十一五”末的28%、31.2%上升为35.21%、41.3%。被列为全省“整脏治乱”工作精细化管理试点县、“十县百乡千村”示范工程重点县、小康寨建设重点示范县，荣评全省创建文明城市工作先进城市。

——更加注重创新引领，改革开放成效显著。积极推进“三变”改革和农村土地确权颁证工作，被列为全国农村承包土地经营权抵押贷款试点县。启动实施“三证合一、一照一码”商事登记制度改革及人民医院改革试点工作。公务用车制度改革、政府机构改革和撤乡建镇、撤镇设街道工作顺利完成，各项改革深入推进。招商引资累计引进项目369个，到位资金529.77亿元，荣获全省发展与效率十佳县称号，开放带动成效明显。获评省级全民科学素质知识大赛优秀奖，全省第29届青少年科技创新大赛位列全市第一；民营经济比重从“十一五”末的34.9%提高到56.7%，综合科技进步水平指数达46%，科技创新亮点纷呈。

——更加注重民生事业，发展成果更加普惠。民生保障更加有力。五年累计投资70亿元实施民生实事。城镇新增就业10.89万人次，转移农村劳动力就业8.1万人次，城镇登记失业率控制在4.2%以内。城乡居民社会养老保险、城镇居民医疗保险、职工医疗保险参保率均达95%以上，新农合参保率达99.5%，城乡低保标准分别由“十一五”末的260元、1200元提高到545元、3132元。脱贫攻坚强力推进。完成3.9万户11.96万贫困人口精准扶贫建档立卡工作。实施扶贫生态移民搬迁1805户7529人。11个贫困乡镇实现“减贫摘帽”，58个贫困村完成“整村推进”。减少贫困人口10.85万人，贫困发生率由“十一五”末的33.83%下降到13.98%。教育事业健康发展。五年累计投入教育资金37.54亿元，为“十一五”的18.58倍。实施教育“9+3”计划、推进“百校大战”建设，实施教育工程276个，建成特区四小、八中、九中，改扩建特区四中、实验中学等学校。小学适龄儿童入学率达99.5%，九年义务教育巩固率达85.18%，高中阶段毛入学率达85.05%。文化事业连创佳绩。箐苗原生态歌曲《果山果者》荣获2013年文化部第十六届群星奖，《我爱我家》《笃谷笃杉》荣获2014年第七届中国原生民歌大赛银奖和中宣部文艺精品奖，《打亲》荣获2015年文化部第十三届中国西部民歌（花儿）歌会金奖。社会治理不断加强。积极构建“三位一体”信访维稳工作体系，有效化解了一批信访积案和矛盾纠纷。安全生产形势向好，社会治安综合治理不断加强，城市、农村和谐社区达标率分别达98%、96%，人民群众安全感、满意度不断提升，被评为“市级平安县”。各项事业协调发展。国防动员和“双拥”创建进一步加强，获全省“双拥模范县”称号。妇女、儿童、老龄、残疾人等事业健康发展，工会、共青团、民族、宗教、体育、外事、侨务、对台、史志、档案、气象、人防、红十字等工作取得新进展。

——更加注重依法行政，行政效能不断提升。强化政府自身建设，坚持在特区党委领导下开展工作，自觉接受人大法律监督、政协民主监督和社会各界的监督。全面推进政务服务“并联审批”，畅通重大项目“绿色通道”，打通联系服务群众“最后一公里”。清理审批服务事项法定时限8649个工作日，压缩后时限4075个工作日，优化减少审批环节436个，办理环节数由原来的5.3个精简到现在的3.9个，优化率34%。受理、发证环节压缩804、981个工作日，压缩率50.18%、54.8%，承诺办事效率提高近2倍。全面推进普及协同办公，下大力精文简会。认真履行党风廉政建设主体责任，强化政府绩效考核和行政问责，加大审计监察力度，政风行风明显转变，服务效能明显提升。

2015年，是我区发展具有特殊意义的一年，全区上下以“守底线、走新路、奔小康”为总要求，坚持“弯道取直、后发赶超”，经济社会发展稳中有进、稳中有新、稳中向好。地区生产总值增长12.6%，50万元以上固定资产投资增长25.9%，一般公共预算收入、支出分别增长6.69%、22.41%，社会消费品零售总额增长11.9%，城镇、农村居民人均可支配收入分别增长10.5%、11.1%，多项经济指标增速位居全省前列，多项工作取得重大突破，实现“十二五”圆满收官。

过去一年，我们强力推进项目建设，实施续建项目106个，完成投资266.32亿元；新开工项目250个，完成投资142.86亿元；重大项目79个，完成投资146.78亿元；编制储备项目730个，总投资5820亿元。强力推进产业转型，“3155工程”规模突破100万亩，规模以上工业企业入库14户，农村电商从无到有，荣登“中国十佳生态旅游城市”、全国“瓜果采摘十佳”榜单。强力推进城乡建设，城市扩容2平方公里，全面启动220个行政村村庄建设规划编制工作，投资56.83亿元实施42个小城镇观摩项目，实行“1+N”镇村联动，“四在农家·美丽乡村”六项行动计划完成投资6.07亿元，投资1.08亿元完成民居改造10021户，被确定为第五届全省小城镇建设发展大会主办地。强力推进生态建设，新增营造林13.21万亩，城市空气质量、集中式饮用水水源地水质达标率为100%。强力推进招商引资，引进项目51个，实现引资额224.43亿元，到位资金185.43亿元，增长49.17%；大力推广PPP模式，36个项目纳入省PPP项目库，帮助企业协调融资贷款5.34亿元。强力推进脱贫攻坚，实现领导干部遍访贫困村贫困户和干部驻村帮扶全覆盖、农村留守儿童困境儿童关爱救助保护全覆盖，减少贫困人口1.8万人，2个贫困乡镇“减贫摘帽”、28个贫困村出列。强力推进民生事业，投资2.32亿元完成“10件民生实事”；城镇新增就业2万人，转移农村劳动力就业1.86万人；实施危房改造1946户、城市棚户区改造3152户，城乡低保、基本医疗、基本养老等保障水平进一步提高。

成绩来之不易，创业蕴含艰辛，经验弥足珍贵。五年来的实践启示我们，要实现与全国、全省、全市同步全面建成小康社会，我们必须转变发展理念，认识、适应、引领经济发展新常态，树立正确的政绩观，强化质量效益意识，坚定不移走绿色发展之路；必须借势发挥优势，牢牢把握发展大势，加快融入黔中经济区、毕水兴经济区，补齐发展短板，真正使机遇优势转化为发展优势；必须坚持创新引领，大力实施创新驱动发展战略，以创新引领结构调整，以创新促进转型升级，以创新抢占发展制高点，努力实现由要素驱动向创新驱动转变；必须增进人民福祉，优先增加民生投入，提高公共服务能力，着力解决人民群众最关心最现实的利益问题，使发展成果更多更公平惠及全区人民；必须改进工作作风，认真践行“三严三实”，坚定不移反腐败，驰而不息纠“四风”，持之以恒抓落实，为改革发展稳定提供坚强保障。

五年来的成就令人振奋。这些成绩的取得，是特区党委统揽全局、科学决策的结果，是特区人大、政协监督支持的结果，是历届班子继往开来、开拓创新的结果，也是离退休老同志大力支持、倾情关心的结果，更是全区广大干部群众团结奋斗和各方大力支持的结果。在此，我代表特区人民政府，向全区各族人民，向人大代表、政协委员，向各民主党派、工商联、无党派人士和各人民团体，向驻境部队官兵、民兵预备役人员、政法公安干警，向所有关心和支持我区经济社会发展的各界人士，表示衷心的感谢和诚挚的敬意！

在充分肯定成绩的同时，我们也清醒地认识到存在的问题和面临的挑战。一是经济增长动力不足。新的经济支柱仍未形成，新常态下宏观经济形势趋紧，稳增长、调结构、转方式、防风险的压力仍然很大。二是脱贫攻坚任务艰巨。我区贫困人口多、贫困面大、贫困程度深，脱贫攻坚任重道远。三是维护稳定压力巨大。征地拆迁、矿群纠纷等一些影响稳定和发展环境的矛盾纠纷尚未全部化解，维护社会和谐稳定的压力依然很大。四是作风建设有待加强。政务环境有待改善，少数干部的思想观念、工作作风、能力素质与经济发展新常态的要求不相适应，消极腐败现象依然存在。对这些问题，我们将在今后工作中切实加以解决。

二、“十三五”时期主要目标任务

“十三五”是我区发展历史上重大机遇最为集中的时期，是各种优势潜力最能有效释放的时期，是破解难题补齐短板最为紧要的时期，是推进结构调整又好又快发展最为宝贵的时期。机遇承载使命，挑战考验担当。各级领导对六枝发展极为关心、寄予厚望，为我们推进各项事业指明了前进方向，注入了强大动力；全区人民对幸福生活的美好向往，坚定了我们加快发展的信心，增强了战胜困难的勇气。

“十三五”时期政府工作的总体要求是：高举中国特色社会主义伟大旗帜，深入学习贯彻习近平总书记系列重要讲话精神，全面落实中央、省、市决策部署，按照“四个全面”战略布局，贯彻创新、协调、绿色、开放、共享五大发展理念，坚持加速发展、加快转型、推动跨越主基调，积极适应和准确把握县域经济发展新常态，牢牢守住发展、生态、安全三条底线，突出抓好大扶贫、大数据、大健康三大战略行动和循环经济、农村改革、山地旅游三件大事，着力在“四条新路”上走前列，在“五个前列”上当尖兵，努力将六枝建成六盘水融入黔中经济区的桥头堡、毕水兴经济区和黔中经济区之间的节点城市、宜居宜业宜游的现代化精品城市。

“十三五”时期我区经济社会发展主要预期目标是：地区生产总值达272亿元，年均增长13%；规模（2000万元）以上工业增加值年均增长14%左右；500万元以上固定资产投资年均增长20%；一般公共预算收入达17亿元，年均增长6%；社会消费品零售总额年均增长13%；城镇、农村居民人均可支配收入分别达36000元、12500元，年均增长11%、12%；城镇登记失业率控制在4.2%以内；城镇化率达50%以上。各项指标增速高于全省全市县域经济平均水平，综合实力进入全省县域经济第一方阵。

围绕实现上述目标，重点抓好以下几个方面的工作：

（一）着力决战脱贫攻坚，在增强发展动力上实现新突破

脱贫是我区后发赶超的关键所在，必须把脱贫攻坚作为头等大事和第一民生工程，坚定不移打赢这场攻坚战。规划引领精准导向。实施好“十三五”扶贫规划，全力打好“八个决战”。2016年实现全区减贫摘帽，到2019年，102个贫困村出列、8.24万贫困人口脱贫，扶贫对象实现“两不愁、三保障”。分类对标精准脱贫。优化“五个一批”精准路径方法，大力实施“十大工程”，着力抓好基础设施建设、产业扶贫、易扶搬迁等扶贫民生工程。抢抓机遇精准施策。及时把中央、省、市推动脱贫攻坚的“一揽子”政策吸收好、运用好，因地制宜谋划和实施扶贫项目，把所有扶贫项目和帮扶资金具体到村、到户、到人，确保每一个贫困户和贫困人口脱贫有支撑、致富可持续。强化责任精准帮扶。进一步强化“党委主责、政府主抓、基层主推、干部主帮、社会主扶、群众主体”的脱贫攻坚责任体系，建立“五级包保”责任清单，立下军令状，一级抓一级、层层抓落实，努力构建大扶贫工作格局。

（二）着力创新引领发展，在转型发展上迈出新步伐

创新是我区后发赶超的重要支撑，必须坚持创新发展，加快产业结构优化升级，构建现代产业体系。走山地特色现代农业产业发展路。以“3155工程”为抓手，努力把核桃、茶叶、猕猴桃、车厘子等特色农业做成农民致富产业。大力推进农业标准化体系建设，到2020年，特色农业标准覆盖率达80%以上，全区注册商标总量比“十二五”末增长30%以上，建成茶叶基地20万亩、以核桃、樱桃、猕猴桃为主的精品果园60万亩、中药材20万亩，粮经比调整为20 ∶ 80左右。大力发展林下经济，发展生态畜牧业，新建一批标准化养殖场、养殖小区，畜牧业产值占一产产值达35%以上。加快推进农村电子商务发展。100%乡（镇）和90%村设立电子商务公共服务点，实现农产品品牌从无到有、从小到大、从深山走向国内国际的华丽转身。走新型工业化发展路。提升传统工业，围绕推动工业转型升级，开展制造业专项升级行动，加快煤矿企业兼并重组。到2020年，力

争各煤矿产能提升到45万吨/年以上。壮大新型工业，建成六枝华润循环经济园区，做强路喜循环经济园区及木岗产业园区。加快新能源汽车充电设施建设，支持和发展煤层气新兴产业，加快风电、太阳能、地热等新能源的开发和利用，力争完成570口煤层气项目建设，煤层气抽采量达2.5亿立方米；建成17座日加工5万立方米的煤层气集气站、郎岱洒志总装机容量100兆瓦的集中式光伏发电站。着力抓好特色农产品加工业、矿泉水、以九龙液为龙头的白酒产业。走山地特色大健康产业发展路。积极培育大健康医药产业，力争建成1家以上三级医院、4家特色专科医院。积极培育大健康养老服务业，建成特区老年养护楼、老年康复中心及底西养老服务中心，力争每个社区建1所日间照料中心，重点乡镇规划建设1个养老机构。积极培育大健康旅游产业，建成牂牁江山地休闲旅游目的地、“黄果树源·梦里泉乡”温泉度假小镇，着力打造一批以山地特色旅游为核心的旅游产品，不断完善“吃、住、行、游、购、娱”为主的旅游基础设施和公共服务设施。通过3年至5年的努力，将六枝打造成为贵州西部旅游的重要节点城市和山地旅游目的地，凉都六盘水的迎客厅、黄果树景区的扩散区。

（三）着力城乡协调发展，在形成区域发展特色上开创新局面

协调是我区后发赶超的必由之路，必须在协调推进中增创发展优势，坚定不移在薄弱领域增强发展后劲。城镇化发展求精。按照建设现代化精品城市目标，坚持规划引领，强化规划执行，着力完善城市配套设施。加快城区路网建设，完成城南大道、牂牁大道、阳光路等交通设施建设，提升通达能力。建成安六城际铁路、纳六晴高速公路等重点项目，开工建设毛口至雨格等公路，规划建设沪昆高速普定至盘江（滇黔界）扩容工程。到2020年，全区公路总里程达2700公里以上，高速公路总里程达127公里。全面升级改造中心城区到乡镇道路，重点产业园区、景区及乡镇实现二级路全覆盖。建成六枝中心客运站、六枝西物流园、木岗物流园及岩脚物流园。完成中心城区综合管沟建设，完善城镇排水与暴雨内涝防治体系。按照“打造贵州小城镇升级版”的要求，加快“整区推进”步伐，到2017年率先成为全省第一批整体推进区域小城镇建设发展示范县。大力推进保障性住房建设，力争完成4.98万户保障房建设。紧紧围绕“一心两翼、多点支撑、组团发展”做文章，着力构建新型城镇化多层次发展格局，力争2020年郎岱镇、岩脚镇、落别乡、关寨镇等城镇建成区常住人口达2万～5万人。美丽乡村建设求特。坚持把“四在农家·美丽乡村”作为推动农村经济社会发展的重要平台和突破口，以规划为引领，以小康寨建设示范点和新型农民社区为支点，以重要交通干线和景区景点为骨架，打造交通便捷、主题突出、特色鲜明的美丽乡村精品线路，构建点状分布、点线结合、串点成线连片的村落布局结构。完成撤并建村道路建设491公里，实现所有撤并建村通水泥路、100%行政村通客车。力争完成全区220个行政村村寨整治计划，推进镇村联动建设，每个乡（镇、社区）打造5个以上提升型小康寨。

（四）着力优化发展环境，在发展要素保障上达到新水平

绿色是我区后发赶超的本质要求，必须发挥绿色发展的引领作用，优化发展环境，提高发展质量和效益。抓好绿色生态工程。以“绿色贵州”建设三年行动计划和林业产业三年倍增计划为抓手，实施营造林45万亩，其中退耕还林25万亩、其他工程造林20万亩，森林覆盖率达60%。抓好环境治理工程。实行最严格的环境保护制度，完成城区污水收集管网工程建设，建成11个乡镇污水处理厂，集中式饮用水水源地水质达标率达100%，农村千人以上饮用水水源地水质达标率达95%以上，城市空气质量AQI优良率稳定在85%；城乡生活垃圾无害化处理率、城镇污水处理率分别达90%、86%。抓好水利建设工程。建成河

头上、懒龙河、阿雨、松树林、茅草寨等7个水库，完成头塘、湾龙坡、丁孝塘等水库前期工作并力争开工建设，确保每个乡镇有一处稳定的供水水源。建成城区供水环状管网，保证中心城区用水安全。新建岩脚、郎岱、木岗日产3000吨水厂各1座，解决农村饮水安全18.6万人。抓好信息基础工程。加快推进"三网融合"，实现行政村"村村通宽带"并向自然村寨延伸覆盖，广播电视综合人口覆盖率达100%。建成数字化城市管理调度指挥中心。抓好电网改造工程。加快推进中心城区智能电网建设，投资2.93亿元完成新一轮农村电网升级改造，新建110千伏店子变电站、35千伏红旗变电站和毛口变电站，新建和改造10千伏及以下线路1779千米，配变901台，容量115.23兆伏安，形成布局合理、技术先进、安全可靠的电网结构体系。

（五）着力开放改革突破，在转换经济发展动能上取得新进展

开放是我区后发赶超的第一动力，必须发挥好市场在资源配置中的决定性作用，坚定不移推进高水平双向开放。推进供给侧结构性改革，调整优化要素配置和生产结构，提高供给体系质量和效率，扩大有效供给，满足有效需求。加大招商引资力度。用好省生态文明论坛、酒博会、茶博会、数博会等重大活动平台，推动干部走出去、鼓励企业走出去，吸引企业和人才进来。提升对外开放水平，用足用好国家"一带一路"和长江经济带、珠江—西江经济带政策，深化与长三角、珠三角等地区的合作，积极主动融入黔中经济区。加大与央企、国企、上市企业的对接，实现合作共赢发展。加大改革放活力度。推进行政管理体制改革，大力简政放权，降低行政成本，提高政府效能。加快完善投融资体制、资源配置体制、财税金融体制，提高经济运行质量和效益。大力促进实体经济发展，力争培育100家2000万元以上的规模企业，清理处置一批"僵尸企业"。支持和引导非公有制经济发展，到2020年民营经济增加值占生产总值的比重达60%以上。坚定不移推进"三变"改革，深化农村综合改革、水务体制改革，激发农村发展活力。深入推进司法体制、社会治理体制改革，维护社会公平正义，增进人民福祉。加大创新驱动力度。用好"5个100工程"、"互联网+"、大数据等平台，优化要素配置，推动大众创业、万众创新。大力实施"人才强区"战略，抓好大数据、大健康、大旅游及金融类等急需紧缺人才的引进工作。加强与高校、科研院所的产学研合作，建设一批科技创新平台，建立以企业为主体、市场为导向、产学研相结合的创新体系。科技型企业达100家以上，综合科技进步水平指数力争达65%。

（六）着力社会事业发展，在改善民生促进公平上得到新提升

共享是我区后发赶超的根本目的，必须注重机会公平，坚定不移让人民群众在共建共享中有更多获得感。实施城乡居民收入提升工程。坚持居民收入增长和经济增长同步、劳动报酬提高和劳动生产率提高同步，多渠道增加城乡居民收入，着力提高中低收入群体收入水平。实施创业就业扶持工程。采取更加积极的就业政策，拓展更多就业岗位，建成覆盖城乡的公共就业服务体系和城乡平等的就业制度，非农就业人员比重达50%。实施社保扩面提标工程。建立统一的城乡居民基本医疗保险制度，完善城镇职工和城乡居民基本养老保险制度，推行全民参保计划；健全住房保障和供应体系，发展社会福利和慈善事业，提高社会救助、城乡低保补助标准，保障困难群众基本生活。完善防灾救灾体系，增强防灾抗灾能力。实施教育文化提质工程。进一步加大教育投入，加强教师队伍建设，强化学校规范化管理，促进教育公平。基本公共教育服务水平达到全省平均水平以上，并达到全国平均水平，农村小学、初中寄宿率分别达30%、70%，建成省级示范性普通高中2所。健全区、乡、村三级公共文化服务体系，建成"四馆两中心"，20%以上的村建

成文化活动示范村。实施健康六枝工程。深化医药卫生体制改革，完善区乡村三级医疗服务网络，积极推动医疗、医保、医药“三医联动”。加强重大疾病防控，全面落实城乡居民大病保险制度，大力支持中医药事业发展，推动医养结合。坚持计划生育基本国策，推动计划生育工作转型发展。发展体育事业和体育产业，提升人民健康素质。实施公共安全工程。严格落实安全生产责任和管理制度，强化企业主体责任，加大监管执法力度。加强和创新社会治理，健全公共安全体系，完善社会治安综合治理体制机制，有效预防和化解矛盾纠纷，切实维护社会和谐稳定大局。

“十三五”宏伟蓝图已经绘就，决胜全面建成小康社会的号角已经吹响。只要我们树立必胜信念、继续埋头苦干，尊重人民群众、依靠人民群众，万众一心、励精图治，就一定能够实现全面建成小康社会的奋斗目标，就一定能够铸就六枝发展新的辉煌！

三、2016 年的重点工作

2016 年是“十三五”规划的开局之年，也是我区决战三年、摆脱贫困关键一年。做好全年各项工作，为“十三五”开好头、起好步意义重大、影响深远。2016 年我区经济社会发展的主要预期目标是：地区生产总值达 166 亿元，增长 13% 以上；500 万元以上固定资产投资达 193 亿元，增长 20% 以上；规模（2000 万元）以上工业增加值完成 30 亿元，增长 12% 以上；社会消费品零售总额达 41 亿元，增长 12.5% 以上；一般公共预算收入完成 13.9 亿元，增长 6.6%；金融机构存贷款余额均增长 20%；城镇、农村居民人均可支配收入分别增长 11%、12% 以上；城镇登记失业率控制在 4.2% 以内；城镇化率达 43%。围绕上述目标，按照“去产能、去库存、去杠杆、降成本、补短板”要求抓好以下工作：

（一）坚持实施精准脱贫，确保脱贫攻坚首战告捷

2 个贫困乡镇实现“减贫摘帽”，21 个贫困村出列，减少贫困人口 2.6 万人，退出国家扶贫开发重点县。发展特色产业促脱贫。实施“一村一品”扶贫计划，培育蔬菜、优质林果、特色养殖和手工业等脱贫产业，开展电商、旅游、光伏、生态等新业态扶贫，建成精品水果 2 万亩、茶叶 4 万亩、刺梨 2 万亩、核桃 2 万亩、万寿菊 3 万亩，实现产业脱贫 1.1 万人。加快创业就业促脱贫。支持贫困地区农民工返乡创业，引导用人企业开展订单定向培训，促进劳动力外出转移就业，贫困家庭劳动力至少掌握一门致富技能，新增贫困就业扶持 0.3 万人。实施教育医疗促脱贫。落实贫困家庭学生优惠政策，实现教育扶持 0.6 万人；实施基本医疗保险、大病保险、医疗救助三重医疗保障，将贫困人口全部纳入重特大疾病救助范围。社会保障兜底促脱贫。强化扶贫资金和涉农资金的整合管理使用，提高脱贫攻坚工作实效。利用好对口帮扶、定点帮扶、社会帮扶力量，深入开展“千企帮村、万户结对”精准扶贫行动。做好最低生活保障与社会救助制度的衔接，稳步推进“两线合一、减量提标”，织牢民生网底，实现民政低保兜底 2.9 万人。

（二）坚持产业转型升级，努力构建创新驱动格局

大力发展特色农业。做强特色优势产业，新增农业特色产业基地 13 万亩，建成万亩以上产业基地 10 个。加强“三品一标”认证工作，“三品一标”认证比重达 50% 以上，农产品质量检测合格率达 96% 以上，进一步做响岩脚面、牛场辣椒等品牌。加快农业园区建设，围绕“接二连三”，力争增加 1 个省级引领型园区，启动建设 2 个市级农业园区，建成规模农产品加工厂 10 家以上，农业园区完成投资 30 亿元、实现销售收入 36 亿元、总产值 40 亿元。强化动物疫病防控工作，推进生态畜禽养殖场建设，增加规模以上养殖场 10 个。大力发展新兴产业。启动六枝向斜、郎岱向斜煤层气基地建设，完成参数井 5 口。建成落别 LNG 加工厂、天然气管网，完成六枝至水城支管建设，

建成中心城区低压管网100千米及2个加气站。推动六枝工矿（集团）公司改革改制和“三供一业”顺利移交，提升传统优势产业的质量和效益。助推路喜循环经济园区恢复建设。促进大健康医药系列项目建设，支持宏奇制药、圣济堂药业做大做强。新增规模以上工业企业15家以上。大力发展第三产业。围绕“六大消费工程包”，争取引进一批供应链物流企业、商贸业品牌企业和新兴服务业企业。着力实施“双培育、双退出”行动计划，新登记市场主体2600户。加快电子商务进农村综合示范县建设，建好1个县级综合运营服务中心、3个片区运营中心和15个乡镇服务站、196个村级服务网点。以筹办全市第四届旅游产业发展大会为契机，着力打造黄果树瀑布源旅游带，推进廻龙溪温泉度假区提档升级，高品位打造“黄果树源·梦里泉乡”温泉度假小镇，启动夜郎王宫、牂牁江国家湿地公园、牂牁江精品水果采摘示范园等项目建设，加快构筑旅游休闲度假城市，旅游总收入达22亿元，增长33.5%。创新拓宽投融资渠道，力争新增金融机构1家以上，金融机构存贷款余额分别达125.4亿元、109.54亿元以上。大力实施生态建设。守好生态底线，深入开展“净水”“蓝天”“绿地”行动，城乡生活垃圾无害化处理率、城镇污水处理率分别达85%、86%，集中式饮用水水源地水质达标率达100%，城市空气质量AQI优良率达85%以上，完成重点流域环境保护“河长制”年度目标任务，新改扩建项目环保“三同时”执行率达100%，一般工业固体废物综合利用率达70%以上。实施好“绿色贵州”建设三年行动计划，抢抓国家实施25°以上坡耕地退耕还林政策机遇，完成营造林10万亩，森林覆盖率增加3个百分点以上。

（三）坚持扩大投资规模，努力保持稳中求进发展态势

优化投资结构，亿元项目投资增长15%以上，产业投资占比保持在45%左右。推进交通设施建设。完成郎岱至毛口等4个国省道改造项目119公里、牂牁江水运基础设施建设工程及2015年下达的油路大修及生命防护工程建设任务。开工建设大用至木岗园区（木岗矿）对外连接道路、大用至凉水井公路改建工程、六枝至黄果树瀑布源旅游公路，完成林场至新华、化董至捞河县乡公路改造35公里，建设小康路150公里以上，行政村通畅率达100%。推进水利设施建设。开工建设纳革、小坝田、河头上水库，完成第六批中央财政小型农田水利重点县建设任务。实施饮水安全巩固提升工程，解决4.5万人饮水安全问题。推进重大项目建设。争取全年新开工项目228个，总投资590.26亿元。实施省级重大工程和重点项目32个，总投资356.29亿元，完成投资67.95亿元；市级重大工程和重点项目69个，总投资525.09亿元，完成投资159.66亿元。完成华润六枝电厂一期工程，确保如期点火运行。加快煤矿企业复工复产，保障华润六枝电厂供煤，有效拉动经济链条。完成黔中水利枢纽平寨电站项目建设，确保汛期正式发电。启动老王山多梯度运动训练基地二期工程建设。

（四）坚持城镇带动战略，努力彰显城乡发展新貌

建设精品城区。开工建设六枝中心客运站，加快中心城区地下综合管沟建设，加快安六城际铁路、城南大道、阳光路等建设进度，全面建成牂牁大道，动工建设六定路等一批城市道路，启动六枝河整治及“三线建设”博物馆、体育中心、六枝公园建设。建设特色城镇。有序推动扩权强镇试点工作，按照“特色小镇、魅力乡村”目标，举全区之力办好第五届全省小城镇建设发展大会。加快推进保障性住房、生态移民安置房、农产品及小商品交易批发市场和综合贸易市场建设，提升小城镇承载能力。完成落别游客接待中心、夜郎百草园、岩脚火焰山文化公园等小城镇项目建设，确保郎岱、岩脚、木岗3个省级、市级示范小城镇建设完成提档升级。按照整区推进要求，大力实施“十大提升工程”，形成独具区域特色

的发展架构。建设美丽乡村。围绕“三线三区”，重点推进岩脚镇高桥、田家寨，落别乡可布、龙井沟、水塘寨，郎岱镇青菜塘，牂牁镇田坝寨4个乡镇7个示范型小康寨建设。全面推进乡村环境整治。

（五）坚持全面深化改革，努力开创开放带动局面

深化重要领域和关键环节改革，进一步简政放权。推动行政审批制度改革向纵深推进。做好全国第三次农业普查工作。抓好全国农村承包土地经营权抵押贷款试点工作，上半年全面完成农村承包土地确权登记颁证，建立产权交易中心。稳步推进全省卫生应急示范县创建工作，深化医药卫生体制改革，在抓好人民医院县级公立医院综合试点改革的基础上，积极推进城市公立医院改革和基层医疗卫生服务能力建设。加快户籍制度改革。深化社会治理改革，加快推进社区网格化管理，推动政社互动，通过政府购买服务，激发社会组织活力。深入推进“三变”改革，积极拓展村级集体经济增收渠道。创新人才培养引进机制，用好用活人才。强化创新驱动战略，推动科技成果加快向生产力转化，综合科技进步水平指数达46%以上，新增科技型企业备案10家以上。提升对外开放水平，力争引进投资规模1000万元省外合同项目50个以上，引进500强企业3家以上，到位资金突破150亿元。推进信用体系建设，确保实现信用县创建目标。

（六）坚持改善民计民生，努力展现共享发展气象

抓好就业这个“民生之本”。完善创业激励机制和援助制度，鼓励全民创业，以创业促就业，新建创业实习基地2个，提供小额就业贴息贷款担保1000户6000万元，带动新增城镇就业2.07万人，转移农村劳动力就业1.84万人。抓好社会事业这个“民生之基”。迁建新场乡两路口小学，改扩建特区第一中学；积极开展市二中申报省级示范性普通高中，推进实验幼儿园“申示”复评工作；投资4915万元完善17所标准化农村寄宿制学校建设。积极申报创建国家卫生县城，加快完善市二医、人民医院远程医疗服务体系，实现县级以上公立医院远程医疗全覆盖；鼓励和支持社会资本办医，构建多元办医格局；巩固提高新型农村合作医疗，参合率稳定在99%以上。落实全面两孩政策，完善计划生育服务管理配套改革任务。实施一批重点文化惠民工程，开工建设“三线”博物馆。抓好社会保障这个“民生之愿”。全区城乡居民养老保险实际参保达18.25万人。完善城镇职工和居民养老保险制度。推进社会保险征缴扩面。实施好60周岁以上老年人及社会优抚对象免费乘坐城市公共交通。提高城乡居民最低生活保障标准，逐步完善临时救助和城乡医疗救助制度。抓好社会稳定这个“民生之盾”。开展社会矛盾“大排查、大化解”活动，下大力解决一批疑难复杂信访积案。加强社会治安综合治理，严厉打击各类违法犯罪活动，不断提升安全感满意度，着力创建“省级平安县”。推进“党政同责、一岗双责、失职追责”“三个必须”“五级五覆盖”和“五落实五到位”安全生产责任体系建设，严防较大以上事故发生。抓好自然灾害、社会安全事件的预防预警和应急处置体系建设，提高应急保障能力。

扎实办好“10件民生实事”。一是压缩全区6%的行政经费用于教育卫生精准扶贫；实施易地扶贫搬迁1403户6034人。二是全面落实促进实体经济发展扶持政策，扶持中小企业、小微企业1000户，带动新增就业2万人。三是建成思源实验学校、特区第五幼儿园、第六幼儿园及郎岱镇第二幼儿园、岩脚镇第二幼儿园；改建银壶社区杨丰小学、新场乡乌柳小学；建成20个留守儿童之家；实现“营养午餐”覆盖8万人。四是创建二级综合医院水平乡镇卫生院1所、标准化乡镇卫生院6所、标准化村卫生计生室48个，实现乡镇卫生院标准化建设全覆盖，逐步推进中小学校医全覆盖。五是建成残疾人联合会托养服务中心、

特区救助管理站、特区老年养护楼、宜枝老年养护楼、廻龙溪老年养护楼。六是完成中寨乡捞河小学滑坡、桃花公园危岩群崩塌、龙河镇陇木村上下计卯崩塌3个大型（特大型）地质灾害隐患治理，完成关寨镇下麻翁村下麻翁组、新场乡黑塘村小黑塘组崩塌等一批中小型地质灾害隐患治理。七是完成剩余建制村12.6公里和撤并建村150公里道路硬化工程，全面实现建制村通水泥路；新建、改建农村通组路和串户路282公里；完成农村公路生命防护工程100公里。八是完成12354户城市棚户区改造项目；投入500万元发放4800户城镇困难家庭住房租赁补贴；完成3408户农村危房改造。九是完成那平路交警队至街心花园、人民南北路综合管沟建设10公里；启动城乡垃圾收运系统建设，新建20座垃圾转运站及配套设施；建成牂牁大道六郎路口地下人防工程。十是实施90个行政村一村一警务工程建设；完成10438户"三改三治"及庭院硬化、8个乡镇垃圾收集处理设施、2个行政村集中式饮用水源地保护建设，推进68个行政村便民服务设施、67个行政村文体活动广场及设施建设，完成102个自然村寨污水治理、1828盏照明设施安装；新建1个乡级、15个村级农体工程，新建和改造5个全民健身路径工程。

四、加强政府自身建设

新形势新任务对政府工作提出了新要求。我们将以新理念引领政府改革建设、总揽政府职能转变、贯穿政府各项工作。

（一）坚持依法行政，推进法治政府建设

坚持依法行政，做到法定职责必须为、法无授权不可为。自觉接受人大法律监督、政协民主监督和社会监督，减少"越位"，纠正"错位"，填补"缺位"，依法履行各项职能。坚持把遵守宪法和法律作为施政的根本原则，落实《法治政府建设实施纲要》，推进行政权责依法公开，强化行政权力监督制约，加快形成边界清晰、分工合理、权责一致、运转高效、依法保障的政府职能体系。推进法律服务体系建设，提升依法行政水平。

（二）坚持简政放权，推进服务政府建设

坚持把转变政府职能作为深化行政体制改革的核心，坚决取消一切束缚经济社会发展的行政权力，坚决砍掉各类无谓证明和烦琐手续，实施"数据铁笼"计划，精简办事程序，缩短办理时限，变"群众奔波"为"信息跑腿"，变"群众来回跑"为"部门协同办"，坚决向不作为乱作为、"吃拿卡要"等行为"亮剑"，努力创造法治化、便利化的营商环境，最大限度方便群众、方便企业、方便基层。

（三）坚持转变作风，推进效能政府建设

认真践行"三严三实"，把夙兴夜寐、激情工作作为常态，善于"扣扣子"、勇于"担担子"、勤于"钉钉子"，健全工作责任制度、激励机制和督查问责机制，铆足劲头抓落实，消除"中梗阻"，打通"最后一公里"。坚持深入基层、深入一线调查研究，帮助基层和企业解决实际困难和问题，努力做到问题在一线解决，矛盾在一线化解。对每项重点工作、重点项目按时间调度、按进度督导、按成效考核，力争用最少的时间办最多的事、争取最好的成效。

（四）坚持从严执纪，推进廉洁政府建设

坚持把纪律和规矩挺在前面，严守《准则》和《条例》，认真开展好"两学一做"活动。大力反腐倡廉，落实"两个责任"，强化"一岗双责"。加大违纪违法案件查办力度，严肃查处发生在群众身边的腐败问题，做到有腐必惩、有贪必肃，努力实现干部清正、政府清廉、政治清明。

各位代表！宏伟蓝图令人向往，美好愿景催人奋进。让我们在市委、市政府和特区党委的坚强领导下，在特区人大、政协的监督支持下，紧紧围绕"同步小康"的光荣使命，立发展之志、谋发展之策、鼓发展之劲、求发展之效，紧密团结和依靠全区各族人民，为全面建成小康社会、谱写中华民族伟大复兴中国梦的六枝篇章而努力奋斗！

六枝特区人民代表大会常务委员会工作报告

（2016年3月12日在六枝特区第十一届人民代表大会第五次会议上）

六枝特区人大常委会主任　王朝荣

各位代表：

我受特区人大常委会委托，向大会报告工作，请予审议，并请政协委员和其他列席会议的同志提出意见。

2015年工作回顾

2015年是全面深化改革的关键之年，也是实施“十二五”规划的收官之年。特区人大常委会在特区党委的领导和市人大常委会的指导下，深入贯彻落实党的十八大、十八届三中、四中、五中全会精神，认真学习贯彻习近平总书记系列重要讲话精神，坚持党的领导、人民当家作主和依法治区的有机统一，认真完成特区十一届人大四次会议确定的各项目标任务，有效地推进了全区经济社会持续发展和民主法治进程。

一、找准切入点，增强监督实效

综合运用听取专项工作报告、调研、询问和执法检查等多种形式，依法对“一府两院”开展法律监督和工作监督，积极回应社会关切，有效地促进了“一府两院”依法行政、公正司法。全年共召开常委会会议7次，听取和审议“一府两院”专项工作报告22个，开展执法检查1次、专题询问1次。

有效利用监督手段，促进经济健康运行。听取和审议了特区人民政府关于2015年1至6月国民经济和社会发展计划执行、财政预算执行情况的报告，2014年财政决算的报告及2014年财政预算执行和其他财政收支的审计报告，2015年财政预算调整情况的报告。向特区人民政府提出要加快推进工业发展，引进更多企业入驻园区，推动大众创业、万众创新；高度重视审计中发现问题的整改，充分发挥审计监督作用；严格预算执行，推进政府全口径预算管理，健全政府债务管理制度等意见。督促特区人民政府认真贯彻落实特区党委提出的“稳增长、调结构、惠民生、防风险”战略决策，积极培育新的经济增长点，着力提升经济增长质量、效益和内生动力。

坚守“三条”底线，促进环境整治工作。听取和审议了特区人民政府关于环境保护工作开展情况及六枝城区污水收集处理（二期）工程建设情况的报告。向特区人民政府提出要坚守发展、生态和安全底线，认真落实绿色贵州三年行动计划，加大行政执法力度，深入推进镇村环境整治，建立长效机制；污水收集处理规划设计要有前瞻性、预见性，适应六枝未来发展需要，健全项目管理体系，保证工程质量等意见，不断推进全区生态文明建设。

突出监督重点，促进民生改善。听取和审议了特区人民政府关于社区矫正、文体事业和文化产业、档案等工作开展情况的报告。向特区人民政府提出要建立社区矫正工作联席会议制度，充分发挥社区矫正、教育作用；文化产业发展要明确发展思路，制定发展规划，重点打造和提升牂牁江、梭戛等地具有民族、地域特色的文化品牌；推进档案信息化建设，加快档案馆建设进度等意见，不断推进我区各项社会事业健康发展。

紧扣发展主题，促进基础设施建设。听取和审议了特区人民政府关于六六高速东西互通、水利基础设施建设情况的报告。向特区人民政府提出要加快六六高速东西互通与牂牁大道东西出口连接线线建设进度，加强工程质量监管，确保按期完工；科学制定水利建设规划，抢抓贵州水利建设三年行动计划机遇，逐步改变我区工程性缺水现状，提高人均蓄水量、饮水安全覆盖率、供水保证率等意见，有效地促进了交通、水利等基础设施建设。

抢抓发展机遇，促进脱贫攻坚工作。听取和审议了特区人民政府关于扶贫开发工作情况的报告，开展了《贵州省扶贫开发条例》执法检查。向特区人民政府提出要做好项目论证、评估，确保项目资金科学使用，及时拨付扶贫项目资金，提高报账率；整合资金、技术、人才，结合“三变”改革，核准贫困对象，找准发展项目，做到精准扶贫等意见，促进了全区扶贫开发工作。

围绕行政审判工作，促进公正司法。听取和审议了特区人民法院关于2013年以来行政审判工作开展情况的报告。要求特区人民法院要牢记司法为民宗旨，规范行政审判行为；进一步加强司法能力建设，提升行政审判人员综合素质，提高依法裁判能力。

关注社会热点，促进殡葬改革。听取和审议了特区人民政府关于殡葬改革工作开展情况的报告，并围绕殡葬改革工作开展了专题询问。向特区人民政府提出要认真贯彻落实《国务院殡葬管理条例》及《贵州省殡葬管理条例》，加大政策法规宣传力度，提高群众知晓率；借鉴先进县区改革经验，结合六枝实际，健全和完善殡葬服务机制，做到便民利民；加快公益性墓地建设进度，推进公益性和商业性同时运行，满足不同层次治丧需要；在城郊增设殡仪服务中心，方便群众治丧；规范殡葬服务价格，做好殡仪服务中心和仙鹤山生态陵园成本核算，制定指导价格，减少群众对现行收费价格的异议；积极稳妥地处理好“活人墓”和死者火化后骨灰处理问题等意见，确保了我区殡葬改革稳步推进。

坚持领导接访制度，切实做好信访工作。坚持“依法接访，依法办访”的原则，常委会主任、副主任按要求到特区信访局及人大信访办接访。特区人大信访办对来信来访做到件件有登记、事事有回音。一年来，共接待群众来信来访132件，330余人（次），其中，转办交办并办结32件，教育疏导100件，200余人（次），办结率为100%。

二、切实贯彻特区党委决策部署，依法进行人事任免和作出重大事项决定

一年来，特区人大常委会共任免国家机关工作人员40名，人民陪审员19名，补选市七届人大代表3名。坚持任前法律知识考试及供职报告制度，组织新任命的国家机关工作人员向宪法宣誓。加强任后监督，对所任命的“一府两院”国家机关工作人员2015年度履职情况进行评议，2人评定为优秀，98人评定为称职。

依法行使重大事项决定权，作出了关于将特区城市棚户区改造、“四在农家·美丽乡村”基础设施建设等项目贷款资金纳入特区财政还本付息的决定；审查批准了2014年财政决算、2015年财政预算调整方案。主任会议听取“十三五”规划纲要编制情况汇报，提出了完善规划编制的意见和建议。

三、加强代表工作，切实为代表履职服务

加强与代表的联系。制定并认真落实《六枝特区人大常委会组成人员联系代表制度》，常委会组成人员分别联系2～3名特区人大代表，通过走访、座谈、电话联系等方式加强同代表的联系与交流，向代表通报常委会主要工作，并听取代表意见和建议。利用广播、电视、报刊和人大内部刊物等平台，为代表提供信息服务。加大代表培训力度，组织部分代表、人大工作者到北戴河、厦门和青岛参加培训。坚持各级人大代表及公民列席常委会会议制度，全年共邀请24名市、特区人大代表列席常委会会议，邀请12名公民旁听常委会会议。

支持代表依法履职。按照“小型、专题、深入、实效”的原则，以“三带头、五个一”活动为抓手，指导好代表闭会期间的活动，不断提升其履职能力。组织辖区内选举产生的市人大代表和部分特区人大代表对大畅面业、岩脚城市综合体、特区职业技术学校、落别乡底耳布依文化生态园进行了专题调研，集中视察了牂牁大道连接“六六”高速东西互通项目建设情况、特区人民法院党风廉政建设警示教育基地、特区人民检察院办案流程。委托各乡镇人大组织辖区内选举产生的特区人大代表开展视察和调研活动。

认真督办代表建议。特区十一届人大四次会议共收到代表建议、批评和意见120件。会后，及时将组织人事类2件转特区组织部门办理，其余118件转特区人民政府办理，推动了部分事关群众切身利益问题的解决。截至2015年12月底，代表建议已全部办理答复完毕。其中，已经办理落实的25件，正在办理和列入计划办理落实的52件，因条件所限暂不能办理并留作参考的43件。

四、坚持分类指导，提高乡镇人大工作水平

一是加强对行政区划调整后乡镇人大选举工作的指导，保证了特区党委人事安排意图的圆满实现。二是针对行政区划调整后乡镇人大工作参差不齐问题，认真分析研判，分类进行指导，重点帮助后进乡镇抓提升，确保乡镇人大主席团会议、视察、调研、执法检查、代表小组活动和述职评议等工作顺利运行。三是坚持乡镇人大主席及社区议事主任列席人大常委会会议制度，促进学习与交流。四是组织召开乡镇人大工作座谈会，交任务、压担子。五是对2015年度乡镇人大工作进行目标考核，促进乡镇人大规范化建设，提升工作质量。

五、强化自身建设，提升履职能力

切实转变工作作风。扎实开展“三严三实”专题教育，认真组织专题学习、研讨、上专题党课、开展警示教育、召开专题民主生活会等，着力转变机关工作作风，把纪律和规矩挺在前面，自觉增强看齐意识、大局意识和服务意识，营造了勇于担当、团结奋进、干净干事的良好政治生态和工作氛围。

强化执纪问责。坚持民主集中制，严守党的政治纪律、政治规矩，认真学习贯彻《中国共产党廉洁自律准则》、《中国共产党纪律处分条例》，遵守和执行《党员干部政治纪律“十严禁”》《党员干部作风“十不准”》及党的组织纪律和廉政纪律。切实履行党风廉政建设主体责任和“一岗双责”，认真落实中央、省、市及特区党委关于作风建设的有关规定，做到令行禁止。加强制度建设，坚持用制度管人、管事、管财、管物。

加强对外交流与学习。注重人大机关干部教育、培养、使用和交流，先后组织人大干部到贞丰、兴仁、纳雍、七星关、织金、盘县和云南省鲁甸等区县参观学习城镇建设和管理、旅游资源开发、城镇污水处理、煤炭安全生产、信访维稳和农业产业化经营方面的先进经验和做法，参加市人大组织的赴贵阳、遵义和黔南等地关于立法、大数据、工业园区建设、城市规划和乡镇人大规范化建设的学习考察活动，开阔了眼界，增长了知识。

认真完成上级人大和特区党委交办的各项任

务。配合市人大常委会开展质量技术监督、教育、卫生、旅游、文化产业、“3155工程”实施情况和绿色贵州建设3年行动计划、基本农田保护、民族文化保护与发展等工作开展情况的调研及消防法、消防条例的执法检查。完成改革专题3个，研究并制定了《六枝特区人大常委会党组工作制度》《六枝特区人大常委会讨论决定重大事项规则》《六枝特区人大常委会联系和指导乡镇人大工作办法》。常委会主任、副主任多次带队深入联系乡镇、党建帮扶村、地质灾害点、包保煤矿、同步小康村和信访包保户实地调研，深入贫困村、贫困户和留守儿童家庭进行遍访，了解情况、听取意见。组织人大机关干部职工到月亮河乡补雨村、月亮河村结对帮扶35户贫困户，慰问贫困户50户。选派两名干部驻村，负责党建帮扶和同步小康驻村工作，协调办理实事18件。

各位代表！过去的一年，特区人大常委会切实履行宪法和法律赋予的职责，取得了一定的成绩，这是特区党委坚强领导和市人大常委会有力指导的结果，是全区各级人大代表、常委会组成人员、人大机关干部职工共同努力、辛勤工作的结果，是“一府两院”及各乡镇人大积极协助、密切配合的结果，是全区人民大力支持的结果。在此，我代表特区人大常委会，向关心、支持人大工作的全区各级人大代表、各级各部门和社会各界，表示衷心的感谢！

过去的一年，我们的工作虽然取得了一定成绩，但离宪法、法律赋予的职责和人民的要求还有一定差距。一是监督方法和措施有待进一步完善，监督工作还存在不到位、成效不明显等问题；二是代表工作的内容有待拓展，形式有待丰富，代表履职能力还需提高；三是常委会自身建设还需不断加强等。对此，特区人大常委会将自觉接受代表和人民的监督，虚心听取各方面的意见和建议，在今后的工作中加以改进。

2016年的主要工作

各位代表，2016年是我区实施“十三五”规划的开局之年，做好今年的工作，任务艰巨，责任重大。特区人大常委会将在特区党委的领导下，高举中国特色社会主义伟大旗帜，全面贯彻落实党的十八大，十八届三中、四中、五中全会精神，深入学习贯彻习近平总书记系列重要讲话精神，坚持党的领导、人民当家作主和依法治区的有机统一，按照“四个全面”战略布局，贯彻“五大发展理念”，服务“三大战略”行动，积极适应新常态，紧紧围绕走前列、当尖兵的目标，认真履职，切实发挥地方国家权力机关作用，为守底线、走新路、奔小康作出积极的贡献。

一、依法行使监督权

认真学习新修订的组织法、选举法，执行好监督法，不断改进监督方式方法，支持和促进“一府两院”依法行政、公正司法。

2016年，特区人大常委会将围绕重大项目、重点工程、重大民生实事和重要经济社会发展指标展开监督，以推进项目建设和民生改善为重点，促进全区经济社会健康发展。加强对脱贫攻坚工作开展情况的监督，加快脱贫出列步伐；加强对“三农”工作的监督，推进农业稳定发展和农民持续增收；加强对环境保护、安全生产、循环经济发展和生态文明建设工作的监督，推进科学发展、后发赶超；加强对旅游景区景点建设工作的监督，推进山地特色旅游创新发展；加强对小城镇建设、“四在农家·美丽乡村”建设工作的监督，推进城乡协调发展。加快实现预算审查监督“全口径、全覆盖、全过程、全公开”，实现从程序性审查向实质性审查的转变，为全区人民看好“钱袋子”。加大常委会审议意见跟踪督办力度，回应人民群众关切和期盼，不断增强监督实效。

二、依法行使重大事项决定权和人事任免权

切实履行宪法、法律赋予的职责，按照《六

枝特区人大常委会讨论决定重大事项规则》，围绕特区改革发展稳定大局，抓住打基础管长远的重大事项和人民群众普遍关心的热点难点问题，依法作出决议、决定。

坚持党管干部与人大依法任免干部相统一的原则，健全和完善干部任前审查、法律知识考试、供职报告和表决制度。加强任后监督，严格执行《六枝特区人大常委会关于“一府两院”国家机关工作人员年度履职情况监督办法》，开展年度履职评议，促进干部依法履职。落实宪法宣誓制度，维护宪法权威。

三、深化和拓展代表工作

拓展代表联系渠道，认真执行常委会组成人员联系代表制度，加强与各级人大代表的联系，借助网络平台和现代通信手段做好代表联系服务工作，做到会内会外相结合、线上线下相结合。拓宽代表联系选民和社情民意反映渠道，使代表从隐身走向前台。支持代表参加原选举单位活动，使代表的桥梁和纽带作用得到充分发挥。坚持各级人大代表列席常委会制度，丰富人大常委会组成人员联系代表、代表联系选民的内容和形式。

完善代表小组活动制度，规范活动程序，提升活动质量。认真组织代表调研和视察，增强针对性和实效性；深入开展人大代表“三带头、五个一”活动，明确履职思路和措施；建立激励机制，对履职成绩突出的代表进行表彰，树立和推广先进典型。完善代表建议办理机制，提高办理质量。建立代表履职档案，完善代表述职评议制度。

四、加强对乡镇人大工作的指导

根据《六枝特区人大常委会联系和指导乡镇人大工作办法》，指导乡镇人大选好议题、把握程序，有声有色地开展代表述职评议、视察等活动，推进乡镇人大工作规范化、制度化建设。进一步完善乡镇人大工作目标考核办法，促进乡镇人大工作不断上台阶。

五、切实做好县乡换届选举工作

按照选举法和中央、省、市关于换届选举工作要求，坚持党的领导，充分发扬民主，严格依法办事，切实做好县乡换届选举工作。常委会领导班子成员分片包干负责抓选举，从组织领导到选民登记、公告发布、候选人推荐、考核把关、代表选举、召开人代会等进行全程指导和监督。严肃换届纪律，加强对换届选举工作的领导，确保选举工作任务圆满完成。

六、强化人大机关建设

认真贯彻落实中央关于转变作风八项规定及省委、市委、特区党委相关规定，切实巩固“三严三实”专题教育成果，扎实开展“两学一做”教育活动，牢固树立看齐意识，自觉从思想上、政治上和行动上与党中央保持高度一致。切实贯彻中央、省委关于加强县乡人大工作和建设的意见，认真研究新形势下的人大工作，坚持与时俱进抓工作，创新发展探路子，推动工作增活力。不断加强人大干部和人大代表的培训与交流，整顿机关作风，努力打造一支忠诚、干净、担当的人大干部队伍。加强人民代表大会制度的宣传，不断增强人大意识。

坚持党要管党、从严治党的原则，努力完成特区党委交办的各项工作任务，认真履行党风廉政建设主体责任和“一岗双责”。坚持重大事项报告制度，加强人大机关思想作风建设、组织纪律建设和工作制度建设，严守党的政治纪律、组织纪律、工作纪律、财经纪律和生活纪律，保证国家法律法规和特区党委重大决策部署的贯彻落实。加强联系乡镇、村的脱贫攻坚工作和干部结对帮扶工作，千方百计协调项目资金帮助贫困群众发展生产，确保贫困群众如期脱贫。

时代的重托光荣而艰巨，人民的期待殷切而厚重。让我们紧密团结在以习近平同志为总书记的党中央周围，解放思想，振奋精神，扎实工作，为同步建成小康社会而努力奋斗！

中国人民政治协商会议第八届六枝特区委员会常务委员会工作报告

（2016年3月9日在政协第八届六枝特区委员会第五次会议上）

夏 明

各位委员：

我受政协第八届六枝特区委员会常务委员会委托，向大会报告工作，请予审议，并请列席会议的同志提出意见。

2015年工作回顾

2015年，是全面深化改革的关键之年，是全面推进依法治国的开局之年，是“十二五”收官和“十三五”谋划之年，也是深入推进全面建成小康社会宏伟目标的重要一年。一年来，特区政协常委会在中共六枝特区委员会的坚强领导和上级政协的指导下，在特区人民政府及其部门以及社会各界的大力支持下，高举中国特色社会主义伟大旗帜，紧紧围绕促进发展第一要务，牢牢把握团结和民主两大主题，团结和带领全体政协委员，认真履行政治协商、民主监督、参政议政职能，切实发挥协调关系、凝心聚力、建言献策、服务大局的作用，为促进我区全面深化改革、经济健康发展和社会和谐稳定作出了积极贡献。

一、强化理论学习，增强政治把握能力，筑牢团结奋斗的共同思想政治基础

常委会始终坚持把理论武装摆在突出位置，不断强化理论学习，以政治理论武装头脑，以共同信念凝聚人心，以科学思维促进工作，筑牢团结奋斗的思想政治基础。

一是加强思想政治建设。采取灵活多样的形式，深入学习领会中共十八大、十八届三中四中五中全会、习近平同志系列重要讲话精神，学习中央、省委、市委和特区党委的重要会议文件精神，学习政协、统战工作方针政策和理论知识，不断提高政治理论素养，增强政治把握能力，增进对中国特色社会主义思想政治认同，强化中国特色社会主义共同思想政治基础，确保中央、省委、市委和特区党委的决策部署在政协的贯彻落实。

二是扎实开展“三严三实”专题教育。按照中央、省委、市委和特区党委对“三严三实”专题教育统一部署，把开展“三严三实”专题教育作为一项重大政治任务，精心组织，周密安排。及时召开专题党课暨专题教育部署会，分阶段开

展研讨交流，自觉把践行“三严三实”与巩固党的群众路线教育实践活动成果相结合，从严把牢思想和行动的“总开关”。把专题教育与政协工作紧密结合起来，以问题为导向，以严的标准和精神、实的态度和措施，推动作风建设取得新成效。

二、把握大局，加强协商，紧紧围绕改革发展议政建言

注重发挥人民政协协商民主重要渠道作用，紧紧围绕特区党委、政府工作重点，主动融入改革发展大局，积极建言献策。

一是整体协商献良策。特区政协八届四次会议期间，委员们围绕特区党委、政府的重大决策部署以及事关民生和发展大局的重要问题认真协商，从工业强区、城镇建设、教育、社会保障、文化、旅游、医疗卫生、农业等方面积极建言献策，提出了大量有针对性和可操作性的意见建议。

二是专题协商重实效。组织召开常委会议5次，就我区南部新区建设、茶产业发展、人口与计生、经济运行、旅游产业发展、项目建设、医疗卫生、公共文化服务建设等重要工作进行专题协商，及时梳理意见建议形成会议纪要，报送特区党委、政府及有关部门决策参考。

三是重点协商激活力。组织召开主席会议11次，协商研究特区政协八届四次会议和各次常委会议召开、提案交办、督办、特区政协委员培训、政协委员人事问题、六枝片区市政协委员视察、百岁老人慰问等有关事宜及其他日常工作，保证了常委会闭会期间各项工作正常开展。

四是对口协商促落实。注重发挥专委会对口协商作用，通过座谈、调研、视察等活动形式，围绕党政重视、社会关注、群众关心的重点热点问题，着重就我区民族宗教、社会治安综合治理、“六五”普法、乡镇（社区）卫生工作管理、项目建设、懒龙河水库工程建设、环境保护、安全生产等相关议题，与党政部门进行对口协商，共商对策办法，推动相关工作落实。组织医卫界部分委员就公立医院改革课题开展界别协商，推进改革步伐。

三、突出重点，加强监督，致力促进重大决策部署落实

坚持把握民主监督重点，在服务大局中强化监督，在开展监督中助推工作，促进党政重大决策部署落实。

一是全力搞好委员视察。注重发挥专项视察作用，先后组织委员对南部新区建设、教育工作、新农村建设、六枝电厂建设等特区开发建设重点和关系民生的热点难点工作进行了专项视察，提出合理化意见建议，促进党政决策部署落地见效。组织六枝片区市政协委员对农业园区建设情况进行视察，就如何推进园区建设、带动六枝经济发展进行协商讨论，及时形成视察报告报市政协转市委、市政府决策参考。

二是高度重视提案工作。特区政协八届四次会议以来共收到提案174件，经审查立案143件。通过严把提案立案关，对提案逐一审查，修改完善，使提案质量得到提高。为推动提案办理落实，特区政协主席会议专题研究确定重点督办提案，政协常委会专门听取特区政府关于提案办理落实情况通报，政协提案委加强与特区党办、政府办、党委政府督查室、提案人以及各承办单位联系沟通，组织开展提案办理情况调研视察活动。通过重点督办、调研督办、现场督办、联合督查、走访跟踪、座谈协商等形式，加大对提案办理工作的跟踪督促，有效提高提案办理实效。

三是深入开展行风监督。围绕群众关注的热点难点问题，选派政协委员担任特区交通局行风监督员、特区人资社保局社会保险基金社会监督员，对特区人资社保局、教育局有关考聘工作进行巡视，推荐政协委员参加第五届全国道德模范评选和2015年度特区投资环境测评，先后推荐100名政协委员旁听特区人民法院有关案件庭审等，提出意见建议，充分发挥政协的民主监督作用，为促进部门和行业转变工作作风、提高服务质量、推进机关效能建设积极发挥作用。

四、围绕中心，资政建言，积极服务党政科学民主决策

紧紧围绕特区党委、政府的中心工作，深入开展调查研究，积极参政出力。

一是围绕重点课题主动开展调研。围绕全区公共文化服务体系建设、殡葬改革、郎岱农业产业园区发展、生态旅游产业发展、水利基础设施建设、饮水安全等重要课题，以政协专委会为依托，组织不同界别政协委员，深入基层、企业和项目建设一线开展专题调研，了解实际情况，找准困难和问题，认真思考对策，提出意见建议，形成调研报告报送特区党委、政府及有关部门，努力为我区改革发展出实招、谋良策。

二是积极参与党政相关工作。特区政协领导班子成员牢固树立全区一盘棋思想，按照分工，积极与特区党委、政府相关分管领导协调配合，加强对党政部门工作的联系，共同协调、督促、指导全区各项工作。特区政协领导班子成员经常深入所联系部门、园区、乡镇、村组调研指导工作，帮助协调处理项目建设、“四创”、农业农村、党风廉政、人口计生、安全生产、精准扶贫等工作中存在的困难和问题。在招商引资工作中，利用政协各种会议和活动，广泛宣传动员广大委员参与招商引资，想方设法联系客商与特区政府及其部门洽谈投资事宜，促进六枝转型跨越发展。

五、凝聚共识，促进和谐，不断巩固和衷共济团结奋进的生动局面

始终牢牢把握团结和民主两大主题，充分发挥政协联系广泛的优势，切实加强对外交流与合作，加强与广大政协委员、各族各界群众的联系，努力为推进六枝加快发展增进共识、凝聚力量。

一是增进各界团结和谐。充分发挥政协大团结大联合组织优势和作为党委、政府团结联系各界人士的桥梁纽带作用，为深化改革推进发展凝聚力量。加强与各民主党派、工商联和无党派人士合作共事，主动邀请他们参加政协会议和活动，为他们表达诉求、发表意见提供平台。贯彻民主协商、平等议事的工作原则，妥善处理政党、民族、宗教、阶层和海内外同胞的关系，加强同党外知识分子、海内外同胞、民族、宗教界代表人士和社会新阶层的团结联络，促进民族团结、宗教和睦。

二是加强政协系统联动。本着促进发展、扩大交流、热情大方、厉行节约的原则，积极加强对外交流往来，推动区域协作。接待了四川省石棉县政协、黔东南州剑河县政协、台江县政协、印江县政协、思南县政协到我区开展交流联系和省、市政协到我区的调研考察等活动；承办了全市政协工作专题会议，做好相关协调服务工作；参加了市长与市政协委员座谈会和全市政协秘书长联席会议，积极报送交流文章；带队参加了省、市春茶和省秋茶斗茶赛；出席了黔滇两省北盘江流域16县（市、区、特区）政协第二轮协作会第十一次年会议。

六、关注民生，履职尽责，努力促进民生改善

始终坚持把实现好、维护好、发展好最广大人民群众的根本利益作为政协工作的出发点和落脚点，围绕关注民生、保障民生、改善民生认真做好各项工作。

一是积极主动参与精准脱贫工作。响应中央、省委、市委和特区党委关于打好精准脱贫“攻坚战”的号召，加强对脱贫工作的调研，加强对所联系乡镇（社区）工作的指导，推动脱贫工作开展。严格按照特区党委、政府的要求，做好机关干部驻村选派工作，支持选派干部开展工作。机关全体干部按照要求开展贫困村、贫困户遍访和贫困户核查工作，开展与贫困户结对帮扶，为贫困户如何搞好生产生活、尽快脱贫想办法、出主意，助推同步小康。

二是尽心竭力办实事办好事。充分发挥政协联系面广、渠道畅通的优势，深入联系乡镇、党建扶贫点，开展扶贫济困工作，切实为基层群众办实事好事。帮助大用镇岱港村协调争取相关设施用于文化广场建设，协调毛坡水厂人饮工程正常投入使用，协调发放鸡苗640羽给农户喂养。为大用镇骂冗村注入3000元计生人文关怀基金，协调农民体育健身工程在骂冗村实施。协调香港慈恩基金会继续捐资助学。协助配合民间公益组织选送7名家庭困难孤儿赴丽江民族孤儿学校就读。开展偏远地区学校调查，掌握学校师资及教学情况，积极向上争取援建和资助。

七、探索创新，健全机制，全面加强政协履职能力建设

始终把自身建设摆在重要位置，不断拓展履职思路，全面增强履职能力，努力提升政协工作的科学化水平。

一是加强政协委员队伍建设。通过行文安排学习、订阅报刊、会议学习、集中培训等方式，不断加强委员的学习培训，提高履职的能力和水平。通过走访、到委员所在乡镇、单位调研联系工作时联系委员等方式，加强与委员联系联谊，不断增强政协的凝聚力，激发委员的履职活力。按照《六枝特区政协委员履职保障办法（试行）》，对八届四次全会期间无故缺席的委员进行约谈，强化组织纪律性和委员履职服务保障，增强委员履职的责任感，促进委员主体作用发挥。积极开展优秀提案表彰，调动委员提案工作积极性。探索委员列席政协常委会议工作机制，扩大委员发挥作用的平台。协调健全政协委员联络机构，促进成立和调整乡镇（社区）政协工作联络组，健全委员服务机制，推动协商民主向基层延伸。强化委员协调服务职能，加强对乡镇（社区）政协工作联络组工作的调研指导，推动乡镇政协工作联络组工作纳入特区年度工作目标考核管理并做好相关工作，协调服务好市电视台、市日报社对乡镇（社区）政协工作联络组工作的跟踪宣传报道，促进联络组工作的开展。

二是加强专委会建设。充分发挥专委会在政协履行职能中的基础性作用。各专委会围绕政协常委会工作要点，认真制定工作计划，精心组织委员开展调研、视察活动，并做好服务保障工作。开展专委会走访联系委员活动，帮助解决委员在履职中的困难和问题，鼓励委员积极撰写提案和反映社情民意，激发委员履职热情。把握党委、政府工作动态，加强与党政有关部门联系，深入开展对口协商，积极履行参政议政职能，推动了政协工作整体水平提高。

三是加强政协机关建设。始终坚持以思想建设为核心，制度建设为保障，努力提升政协机关的学习意识、责任意识、创新意识和服务意识。安排政协机关多名干部分别到香港、浙江大学、苏州大学、省市政协培训中心、省社会主义学院、特区党校等培训机构培训，拓展视野，更新观念，丰富学识，增强履职能力。深入贯彻执行中央、省委、市委和特区党委关于改进工作作风、密切联系群众相关规定精神，严格执行各项纪律，进一步转变作风，提高政协机关服务质量和工作效率。

四是加强文史宣传工作。加强与新闻单位的联系合作，加大对政协履职活动的宣传报道力度，不断扩大政协工作的社会影响力。积极向省、市、特区主流媒体报送政协工作信息，及时反映政协工作动态，为委员知情议政和社会各方面了解政协工作搭建平台。发挥文史资料“存史、资政、团结、育人”的作用，做好文史资料收集整理工作。

各位委员，回顾一年来的工作，我们深切体会到，政协工作成绩的取得，是中共六枝特区委员会高度重视、正确领导和上级政协精心指导的结果，是特区人大、政府和各乡镇、各部门、社会各界热情帮助、大力支持的结果，是政协各参加单位、广大委员和政协机关团结协作、共同奋斗的结果。在此，我代表特区政协常委会，向所有关心、支持、参与政协工作的各级组织、各方面人士和政协工作者表示衷心的感谢和崇高的敬意！

在肯定成绩的同时，我们也清醒地看到，特区政协的工作与新形势、新任务的要求相比，与特区党委、政府和人民群众的期望相比，还存在着一定的差距和不足。主要是：在提升协商议政的质量和水平、拓宽民主监督的范围和渠道，以及发挥界别作用和委员主体作用等方面，研究得还不够深，创新举措还不够多。对于这些问题，我们将高度重视，认真研究，努力加以改进。

2016 年工作安排

2016年，是“十三五”规划的开局之年，是我区决战决胜脱贫攻坚、与全国全省全市同步全面建成小康社会的重要一年。特区政协2016年工作的总体思路是：高举中国特色社会主义伟大旗帜，坚持以马列主义、毛泽东思想、邓小平理论、“三个代表”重要思想、科学发展观为指导，深入学习贯彻习近平同志系列重要讲话精神，认真贯彻落实党的十八届三中、四中、五中全会以及省委十一届六次全会、市委六届九次全会、特区党委十届九次全会和特区十届五次党代会精神，坚持“主基调、主战略”，紧紧围绕“守底线、走新路、奔小康”目标要求，聚焦“大扶贫、大数据、大健康”战略行动，团结带领政协各参加单位和政协委员，认真履行政治协商、民主监督、参政议政职能，充分发挥协调关系、汇聚力量、建言献策、服务大局的作用，奋力开创政协工作新局面，为促进我区经济社会转型跨越发展、同步小康作出新的更大的贡献。

一、强化学习引领，始终保持政协工作的正确方向

把习近平同志系列重要讲话精神作为政协履职的根本统领，深入学习贯彻中央、省委、市委和特区党委重要会议精神，把握科学内涵，领会精神实质，凝聚思想共识，增强看齐意识，团结引导各族各界群众切实把思想和行动统一到中央、省委、市委和特区党委的重大决策部署上来。要在不断营造学习氛围、改进学习形式、增强学习效果上下功夫，既要深刻领会新思想新论断新要求，又要透彻把握贯穿其中的立场观点和方法，努力做到真学真懂真信真用，在大是大非问题上旗帜鲜明，不断提高政治素质和履职能力。要进一步强化大局意识、责任意识，积极围绕“四个全面”战略布局和五大发展理念，聚焦“十三五”规划制定实施，紧盯特区党委、政府提出的“走前列、当尖兵”要求和确定的“进入全省县域经济第一方阵”目标任务，以促进六枝发展为己任，立足政协优势，科学谋划工作，提高履职成效，积极主动担当，为六枝奋力赶超、早日实现决战决胜全面建成小康社会，多做化解矛盾扩大共识的事情，多做凝心聚力增添动力的工作，努力汇聚改革发展的正能量。

二、发挥职能作用，为全区经济社会转型跨越发展尽责出力

一要深入开展协商议政。要准确把握和牢固树立五大发展理念，紧盯“守底线、走新路、奔小康”总纲，“大扶贫、大数据、大健康”三大战略行动，围绕改革创新、转型发展的关键环节，围绕社会治理和城乡建设的重点问题，围绕人民群众普遍关注的热点问题，聚焦供给侧改革、精准脱贫、统筹城乡建设、重大项目建设、生态环境保护、民生事业发展等重点领域，精心选择协商议题，深入开展多层次、多渠道、宽领域的协商活动，提出操作性强的对策建议。要创新协商形式，在完善全体会议、常委会议、主席会议、专委会对口协商议政的基础上，继续推进专题协商，深入开展提案办理协商。要提高协商实效，强化“协商前的调研、协商中的沟通、协商后的督促”，推动更多协商成果进入决策程序，切实提高政协意见建议的有效落实与转化利用。

二要加强民主监督力度。要不断探索和创新民主监督工作新途径、新形式，把会议、提案、视察、民主评议等监督形式与日常工作相结合，使民主监督工作规范化、常态化。要把握好民主监督的方向和重点，针对人民群众关心的生态环境、文化教育、医疗卫生、交通管理、食品药品安全、住房和社会保障等问题，通过组织视察、召开协商座谈会等方式开展民主监督。抓好提案的征集、办理工作，进一步提高提案办理质量和落实成效。围绕群众关心的热点难点问题，做好反映社情民意工作，为维护群众切身利益沟通情况、呼吁建言，助推党群干群关系进一步密切、社会进一步和谐稳定。把政协的民主监督与其他形式的监督有机结合起来，延伸民主监督触角，继续做好选派政协委员担任司法机关、政府部门特约监督员，参与党政机关组织的检查、监督和政风行风评议等工作，推动民主监督更加灵活、更加经常、更加有效。

三要提高参政议政实效。把提高调查研究、掌握实情能力作为政协参政议政的基本功、必修课，在主动服务大局、积极参与发展上，发挥政协特有的优势和作用。要紧盯改革难题、经济转型、项目建设、产业优化、旅游发展、金融发展、现代物流、城镇化推进、文化建设、民生事业、社会管理等具有全局性、前瞻性、战略性的大事，充分利用政协智力密集、联系广泛的特点，大力发挥委员的优势和专长，以求深、求实、求是的态度，深入实际开展调查研究，积极出谋划策，努力为特区党委、政府提供内容翔实、建言中肯、价值较高的决策依据。积极开展与兄弟县（市、区）政协的交流联谊，参加省、市政协有关经验交流会议、联席会议，促进交流借鉴，服务我区发展。

三、发挥政协优势，为民生改善与社会和谐稳定凝心聚力

一要维护社会和谐稳定。充分发挥人民政协爱国统一战线组织优势，继续坚持求同存异、体谅包容、民主协商、平等议事原则，加强与政协各参加单位的联系合作，加强同各人民团体、社会新阶层和各族各界的联系沟通，努力营造民主和谐、生动活泼、安定团结的良好氛围，为全面深化改革、推动经济社会加速发展凝聚强大合力。要充分发挥文史工作社会功能，加强文史资料的收集、整理，深入开展团结、育人的工作。努力发挥桥梁纽带作用，大力协助特区党委、政府做好宣传引导、释疑解惑、汇聚力量、促进发展的工作，促进社会各方面关系融洽和谐。

二要促进民生改善。坚持履职为民宗旨，把维护人民群众的根本利益作为政协工作的出发点和落脚点，努力为保障和改善民生尽责出力。坚持真实反映民意，经常深入基层，进一步密切与群众的联系，广泛听取群众意见，了解群众的真实愿望，反映群众的呼声要求，切实维护好广大群众的合法权益。积极参与“大扶贫”工作，认真做好政协扶贫联系点的帮扶工作，深入开展遍访贫困村贫困户活动，协助理清发展思路，促进精准脱贫。全力协助党委、政府做好改善民生的各项工作，积极鼓励、引导、动员广大政协委员和社会各界组织开展智力支边、支教、扶贫济困、捐资助学等活动，真心实意为群众特别是困难群体做好事、办实事、解难题，全力维护和发展和谐稳定的政治局面。

四、加强自身建设，提升政协工作科学化水平

一要加强委员队伍建设。强化委员的主体意识，尊重和维护委员民主权利，为委员履职创造条件，让委员更好地知情参政，切实发挥在政协工作中的主体作用、本职工作中的带头作用和界别群众中的代表作用。强化委员的责任意识，使之在做好本职工作的同时，积极参加政协组织的各种活动，深入所联系的界别群众，并通过提案、社情民意信息等形式，积极反映群众的意愿和呼声。密切与新闻媒体的联系，及时反映委员履职动态。

二要加强机关建设。认真践行“三严三实”，切实贯彻中央“八项规定”、“廉洁自律准则”、“纪律处分条例”和省委、市委、特区党委“十项规定”，防止“四风”反弹，营造政协机关良好的政治生态。着眼建设“五型”机关，创新机关工作方式，促进机关工作协调统一、规范有序、灵活高效运转。充分发挥专委会的基础作用，促进专委会与党委政府对口部门、与所联系界别以及专委会之间的协作，不断凝聚工作力量、增强工作活力。加强机关建设，切实提高政协机关在会议组织、活动保障、委员服务等各方面工作的能力和水平。加大人民政协知识和履职成果的宣传力度，不断提高政协工作的科学化水平。

各位委员，新形势催人奋进，新使命鼓舞人心，新征程任重道远。让我们紧密团结在以习近平同志为总书记的中共中央周围，在中共六枝特区委员会的坚强领导和上级政协的指导下，解放思想，抢抓机遇，同心同德，群策群力，以更加坚定的信念、更加振奋的精神、更加扎实的举措、更加务实的作风，不断开创政协工作新局面，为我区决战决胜全面建成小康社会做出新的更大贡献！

文件选编

六枝特区“四在农家 · 美丽乡村”—小康房行动计划2015年度实施方案

（2015年3月27日）

为切实改善农村生产生活条件，加快我区“四在农家 · 美丽乡村”小康房建设步伐，进一步推进我区2015年度小康房行动计划顺利实施，按照省委、省政府以及市委、市政府关于实施“四在农家 · 美丽乡村”基础设施建设六项行动计划的总体部署和要求，结合我区实际，制定本方案。

一、指导思想

以党的十八大和十八届三中、四中全会精神为指导，深入贯彻落实中央、省、市农村工作会议精神，坚持“两加一推”主基调和“四化同步”主战略，统筹城乡一体化发展，积极稳妥推进新农村建设，努力打造“四在农家 · 美丽乡村”创建升级版。

二、工作原则

（一）坚持强化政府主导与尊重农民意愿相结合

根据《贵州省农村小康房建设指引》《贵州省农村小康房典型设计图集》相关要求，坚持政府主导，结合实际，尊重农民意愿，引导有条件的农户按照小康房建设标准进行建设。

（二）坚持示范试点带动与农村集中建房相结合

积极探索农村集中建房的经验做法，认真组织条件成熟的村做好小康房建设前期规划。

（三）坚持房屋功能提升和基础设施配套相结合

小康房建设应注重房屋内部居住功能的提升和改善，注重传承民族风情建筑特色，同时配套完善房屋周边路、水、电、讯、污水垃圾处理、绿化景观等基础设施，健全村寨文化、休闲、娱乐、健身、教育、医疗卫生等公共设施。

（四）坚持城乡统一规划和彰显个性差异相结合

加强对农户自行建房的指导，注重保持当地民族文化特色和村庄风貌，注重民族风貌和现代气息相融合，注重功能提升和基础设施配套，严防千篇一律，严控大拆大建，严禁重复建设，切实保护好传统村落和传统建筑格局、历史文化建筑和乡村自然景观。

三、主要任务

2015年，我区计划实施小康房438户，其中：岩脚镇108户，新场乡80户，新窑乡60户，大用镇60户，落别乡60户，堕脚乡20户，塔山社区30户，九龙社区20户。除以上乡镇、社区外，其他乡镇、社区按照小康房建设标准，至少完成10户以上的小康房建设任务，由特区住房城乡建设局牵头组织年底一并统一验收。岩脚镇集中建房示范点高桥村要围绕廻龙溪景区集中建设农家乐、农家家庭旅馆和特色小康人家的规划设计建设小康房。全区小康房规划建设要严格按照“本人申请、逐级审核、确权颁证”的程序进行。2015年小康房建设任务必须在2015年11月30日前完工。

四、建设要求

（一）小康房建设要求

1. 小康房是指适应现代农村生产生活特点、遵循功能完善、安全实用、经济美观原则，满足节地、节水、节材、节能、环保要求并蕴含历史文化传统的新建或既有农村房屋。小康房应具有“功能完善、设施配套、环境优美、风貌协调、节能环保”等基本特征。

2. 根据房屋结构特点、村容村貌现状、农民生活水平等不同条件，将农村小康房分为改善型、普及型、提升型三种类型。其中，改善型小康房是在原有建筑基础上进行工程技术处理，达到功能完善、安全实用、经济美观的基本要求，主要针对既有农危房改造，也包括部分新建农房；普及型小康房在改善型小康房的基础上，增加设备设施与节水、节材、建筑节能与新能源、环境、卫生等节能环保要求。提升型小康房在普及型小康房的基础上，增加建筑风格与色彩、绿色建筑标准等应用要求。

3. 根据《贵州省农村小康建设指引》《贵州省农村小康房典型设计图集》，结合当地小康房建设指引和建设图集，开展小康房建设，并充分体现出当地村庄风貌和历史民族文化的传承发展。

4. 各乡镇、社区要结合小康房建设，积极推行农房改厕、改圈、改灶“三改”工程。根据国家《农村改厕管理办法》和《农村改厕技术规范》相关要求，结合气候、地形地貌、生产生活方式、民俗习惯、经济条件等实际，合理选择无害化卫生厕所类型，所有小康房和农村集中建房都必须达到《农村改厕技术规范》要求。

（二）农村集中建房要求

1. 合理选点布局。农村集中建房点应优先选取重要交通及旅游景区沿线、都香高速六枝境内段沿线及“5个100工程”辐射带动的周边村寨、风景名胜区周边村寨进行建设，尤其是100个示范小城镇“镇村联动”确定的示范村，以及示范小城镇周边寨，具备条件的应优先布局集中建房点。农村集中建房点选点应充分利用低丘缓坡或劣质农地并避开地质隐患地段，严禁占用良田好土。

2. 科学编制规划。统筹考虑“四在农家·美丽乡村”基础设施建设六项行动计划及周边区位条件，按照《省住房城乡建设厅关于统筹六项行动计划做好村庄规划工作的意见》，结合我区区域体系规划、乡（镇）总体规划和土地利用总体规划，编制完善旅游景区规划、乡（镇）总体规划和村庄规划，加快供水、污水处理、垃圾收集处理等基础设施建设。结合特色产业、现代农业、乡村旅游、民族文化、城镇郊区、工矿区域等特点和实际，通过村民会议决策、政府引导、专家论证，科学编制村庄整治规划，明确村庄整治重点项目和实施时序。建设活动较多的村庄、有保护价值的传统村落、位于各类保护区及周边的村庄、城郊及公路沿线的村庄，要尽快编制符合区域特色和民族特色的村庄规划。

3. 加强资源整合。充分应用农村危房改造、扶贫生态移民及地质灾害搬迁工程，开展农村集中建房，整合六项行动计划及有关涉农资金，配套完善基础设施和公共服务设施，强化产业扶持，引导农民集中居住，集约节约用地，方便农民生产生活。

五、工作措施

（一）加强组织领导

成立以特区分管副区长任组长，特区住房城乡建设局局长任副组长，特区发展改革、财政等部门及乡镇、社区主要负责人为成员的农村小康房建设工作领导小组。领导小组下设办公室于特区住房城乡建设局，由特区住房城乡建设局局长兼任主任。办公室人员由特区住房城乡建设局抽人组成。各乡镇、社区要成立相应工作机构，具体负责小康房规划、审批、建设、办证等具体工作，切实把小康房建设工作抓紧抓实，抓出成效（牵头单位：特区住房城乡建设局；配合单位：各乡镇、社区；完成时限：2015 年 11 月 30 日前）。

（二）加强培训交流

各乡镇、社区要加强小康房建设培训，分期分批培训村镇建设管理干部和农村建筑工匠，让管理干部及建筑工匠熟悉掌握《贵州省农村小康房建设指引》《贵州省农村小康房典型设计图集》《六盘水市农村小康房设计图集》等相关要求。加强对小康房建设基本技能的培训，提高农民参与能力。有计划组织形式各样的观摩学习，总结交流经验，充分发挥试点的引导、带动和辐射作用，取长补短，相互借鉴（牵头单位：特区住房城乡建设局；配合单位：各乡镇、社区；完成时限：2015 年 11 月 30 日前）。

（三）加强资金筹措

小康房建设及农村集中建房资金来源主要依靠市、特区财政投入及自筹，同时通过资金整合、金融支持、吸引社会资金等多种方式拓宽融资渠道。一是加强资金整合。按照“渠道不变、管理不乱、各负其责、各记其功”原则，整合发展改革、民政、国土资源、农业、林业、水务、扶贫等部门资源，统筹安排有关资金，尤其是经济条件相对较好的农户在实施二、三级农危房改造或生态移民搬迁时，鼓励其按照小康房建设标准进行建设，避免重复投资和资金浪费。二是争取信贷支持。充分利用农村集体经营性建设用地使用权、土地承包权、经营权、宅基地使用权、林地权作为抵押物进行抵押贷款。三是吸引社会资金。对具备一定发展潜力的村寨，通过政府财力的投入，积极吸引社会资金参与小康房建设，充分发挥财政资金“四两拨千斤”杠杆作用。四是发动社会募捐。鼓励和支持党政机关、企事业单位、人民团体、社会各界通过捐款捐物、对口帮扶等多种形式积极参与和支持小康房建设及农村集中建房工作（牵头单位：特区住房城乡建设局；配合单位：特区发展改革局、民政局、国土资源局、农业局、林业局、水务局、扶贫局；完成时限：2015 年 11 月 30 日前）。

（四）加强督导考核

特区政府把小康房建设纳入各乡镇、社区年度目标考核，强化管理，确保小康房建设顺利推进。各乡镇、社区要认真制定工作方案，采取措施切实抓好任务落实。特区住房城乡建设局要加大督促指导力度，强化“月调度、季检查、半年通报、年终考核”工作机制，确保小康房建设任务的圆满完成（牵头单位：特区党委政府督查室，配合单位：特区住房城乡建设局及各乡镇、社区；完成时限：2015 年 11 月 30 日前）。

六枝特区民营企业服务年活动实施方案

（2015年5月22日）

根据《中共贵州省委办公厅贵州省人民政府办公厅关于印发〈贵州省“民营企业服务年”活动工作方案〉的通知》（黔办发电〔2015〕19号）和《市人民政府办公室关于印发〈六盘水市“民营企业服务年”活动实施方案〉的通知》（六盘水办发电〔2015〕38号）精神，结合我区实际，制定本方案。

一、总体要求

以邓小平理论、“三个代表”重要思想和科学发展观为指导，深入贯彻落实党的十八大和十八届三中、四中全会以及习近平总书记系列重要讲话精神，坚持“三个围绕、四个结合”（即：围绕《贵州省提高民营经济比重五年行动计划》的总思路，围绕破解民营经济发展“七难”问题的总任务，围绕市委市政府“一产转型、二产升级、三产优化”的总要求，结合全省“民营企业服务年”活动的统一部署，结合“双服务”大行动、工业“百千万”工程的工作安排，结合《六盘水市加快民营经济发展实施意见》的贯彻落实，结合六盘水市中小企业服务体系的建设完善），以提高服务水平、优化服务环境为重点，以实施专题服务为载体，营造“大众创业、万众创新”的浓厚氛围，促进全区民营经济发展总量、发展质量和市场主体数量迈上新台阶。

二、活动主题

聚焦“七难”，精准服务

三、服务对象

全区“民营企业服务年”活动重点围绕转型升级五大新兴产业、“5个100工程”和“5张名片”等产业开展，服务对象覆盖三次产业，在工业“百千万”工程重点服务企业基础上选出20户民营企业作为重点服务对象，其中包含重点培育和扶持发展的小微企业5户。

四、时间安排

按照全省“民营企业服务年”活动的总体部署和全市的统一安排，全区“民营企业服务年”活动分三个阶段进行。

（一）动员部署阶段（2015年5月底）。制定出台活动实施方案，动员部署全区“民营企业服务年”活动。

（二）深入推进阶段（2015年6—11月）。各级各部门全面落实全省、全市“民营企业服务年”活动内容，同时组织开展专题服务月活动。

（三）全面总结阶段（2015年12月）。各级各部门对“民营企业服务年”活动进行系统总结。

五、活动内容

（一）政策宣传专题服务月活动（6月）。将近期国家、省、市出台的有关支持民营经济发展的政策措施汇编成册，开展政策宣传“下基层、进园区、进企业”，举办政策咨询、专家解读活动。（责任单位：特区经济和信息化局）。通过报纸、杂志、广播电视、门户网站、微信平台等各类媒体全方位、多角度开展政策宣传（责任单位：特区宣传部）。开展优惠政策落实情况的自查自纠和专项督查，严格落实相关税费优惠政策，确保已出台的各项优惠政策落到实处（责任单位：特区经济和信息化局）。

（二）市场拓展专题服务月活动（7月）。坚持主体平等、准入平等的原则，支持民营企业平等参与市场竞争，加快推进物流体系建设，降低企业物流成本；建立特色产品展示平台、电子商务市场营销平台，鼓励和引导民营中小企业通过信息化手段拓展市场空间，提升企业经济效益和产品知名度；利用以省人民政府名义组织参加的展会活动，精心策划，积极组织企业参展参会，增加扩大对外开放的广度和力度。（责任单位：特区经济和信息化局）实施品牌战略，引导民营企业树立品牌创建意识，帮助民营企业夯实品牌发展技术基础，创建和培育更多贵州名牌、国家地理标志保护产品等品牌。（责任单位：特区市场监管局）。特区内交通、电力、水利、市政等重点工程和民生项目建设所需材料、机械设备以及政府采购等，同质同价条件下，鼓励依法依规选用本区民营企业产品，制定可行性方案并予以落实。（责任单位：特区经济和信息化局）

（三）企业融资专题服务月活动（8月）。建立全区中小微企业金融服务平台，强化民营企业与金融机构的投融资对接、洽谈，不断创新企业融资方式；规范发展融资性担保公司，鼓励担保公司拓展担保领域、创新担保模式、降低担保费率，减轻民营企业融资成本。（责任单位：特区政府金融办）。组织金融服务“下基层、进园区、进企业”，开展金融产品推介会、重点企业融资专场服务会等活动。（责任单位：人行六枝支行）。鼓励和引导民营企业运用多层次资本市场解决融资难题，对成功利用“新三板”、区域股权交易市场挂牌融资的，按相关规定给予奖励扶持。（责任单位：特区经济和信息化局、政府金融办）。创新财政资金投入方式，引进市场化手段，运用股权投资、债权投资、贷款风险代偿补偿、购买服务、基金支持等方式，引导社会资本加大对民营企业的投入。（责任单位：特区财政局、经济和信息化局）。加强社会信用管理体系建设，建立完善信用奖惩机制，建设公共信用信息平台（责任单位：特区发展改革局、人行六枝支行）。

（四）创业发展专题服务月活动（9月）。积极开展创业培训，引导高校毕业生、返乡农民工、复员退伍军人、专业技术人才等围绕科技创新、现代物流、电子商务等重点扶持行业及大数据、大健康、文化旅游等战略性新兴产业实施创业。（责任单位：特区人资社保局）。简化审批、放宽准入，催生小微企业“铺天盖地”涌现；通过第三方服务的方式对中小微企业开展财务管理专项服务，帮助小微企业建立健全财务会计制度或通过代理记账方式加强财务管理。（责任单位：特区市场监管局）。培育发展中小企业创业孵化基地（园），建设科技创业基地，支持众创空间建设，打造“大众创业、万众创新”示范园。（责任单位：特区经济和信息化局、科技局、人资社保局）

（五）创新提升专题服务月活动（10月）。搭建技术创新推广及应用平台，开展科技成果转化及技术改造服务，鼓励民营企业与重大产业技术平台开展技术合作，提升核心竞争力。（责任单位：特区科技局）。开展信息技术体验及应用服务，引导有条件的民营企业实施资源计划管理、供应链管理、客户关系管理以及物流配送信息化，开展两化融合发展示范评估。深入实施中小企业星光培训工程，开展管理咨询与企业诊断活动，通过专业管理讲座、典型案例分析等形式，开展现场答疑，促进中小企业管理创新。（责任单位：特区经济和信息化局）。办好“六枝特区企业家沙龙”活动，完善民营企业家交流合作平台（责任单位：特区工商联、经济和信息化局）

（六）维权减负专题服务月活动（11月）。设立特区维护民营企业合法权益投诉举报中心（维权投诉电话0858—5322661），在各级企业服务窗口加挂维权投诉窗口牌子，设立法律服务咨询台。组织专家团队为企业提供深层次法律服务，协助民营企业防范法律风险，帮助民营企业解决法律纠纷，完善法人治理结构，提高依法管理水平。（责任单位：特区司法局）。开展民营企业减负专项督查，建立问题倒查机制，对因单位或个人不作为、慢作为、乱作为现象及企业反映的“三乱”问题，一经查实，严肃追责。（责任单位：特区经济和信息化局、政府法制办）。进一步完善涉企收费清单制度，认真清理并公布涉企行政事业性收费项目，建立加强涉企收费管理和减轻企业负担的长效机制（责任单位：特区财政局、政府法制办）。

六、保障措施

（一）强化组织领导。特区实施工业“百千万”工程活动工作联席会议具体承担“民营企业服务年”活动组织开展工作，并在特区经济和信息化局设立特区“民营企业服务年”活动办公室，由丁勇同志兼任办公室主任，各乡镇和有关单位也要结合“民营企业服务年”活动要求成立相应的领导机构和办事机构，认真贯彻落实全省、全市关于“民营企业服务年”活动的统一部署，确保活动内容“件件抓落实、事事有回音、服务有成效”。

（二）坚持问题导向。各级各有关部门要紧紧围绕民营经济发展“七难”问题，认真梳理民营企业存在的突出问题和需求，按照分级负责、分类指导、推动解决的原则，有针对性地抓一批重点民营企业，分级建立问题台账，实行问题登记、跟踪、销号管理，并推动建立“收集问题—分析问题—解决问题”的通畅渠道和规范流程，形成服务民营企业发展的长效机制。

（三）注重协同配合。各级各有关部门要注重上下联动、横向配合、条块结合，提高工作的协同性和实效性。要注重发挥各类行业协会、商会的桥梁纽带作用，形成工作合力。各新闻单位要切实加大“民营企业服务年”活动的宣传报道力度，对活动开展情况、解决问题情况进行重点报道，形成良好舆论氛围。

（四）健全服务体系。搭建“1+5+N”（1指1个特区服务中心，5指路喜园区、木岗园区、郎岱园区、岩脚园区、大用园区等产业园区，N指特区内所有民营企业）中小企业综合服务体系，不断完善服务功能；健全基层服务平台，赋予基层便民服务中心（站）以中小企业服务窗口的职责；推进网络平台建设，集生产经营信息收集、政策宣传、维权举报等于一体，适时开通微信公众平台；规范发展专业中介服务机构，重点培育国家、省级中小企业公共服务示范平台。

（五）强化督促检查。由特区党委政府督查室牵头，每月对“民营企业服务年”活动任务落实情况开展专项督查，督查结果纳入目标管理体系。对在活动过程中重视不够、落实不力的，在全区范围内进行通报，造成责任事故的要严格追究责任。同时，建立企业家评议机制，由民营企业代表对相关部门服务工作进行年度评议，评议结果公开发布。

六枝特区2015年特色示范小城镇建设工作方案

（2015年6月16日）

为贯彻落实党的十八届四中全会、省委十一届五次全会、省人大十二届三次会议和全省第三届小城镇建设发展大会精神，深入推进我区示范小城镇综合配套改革，加快推进基础设施项目建设，提升基本公共服务水平，培育优势特色支撑产业，以点带面加快推进我区特色示范小城镇建设，根据特区人民政府安排，在原有郎岱镇、岩脚镇、木岗镇的基础上，新增龙河镇、新华镇、大用镇三个示范小城镇，为全面推进工作，结合我区实际，制定本方案。

一、总体要求

按照“小而精、小而美、小而富、小而特”的示范小城镇建设总体要求，突出特色、塑造风貌、错位发展、分类指导，高水平规划、高标准建设、高效能管理，彰显“青山绿水、民族乡情、安居乐业、美丽乡镇”特色，努力构建“四在农家·美丽乡村”，将我区示范小城镇建设成为经济发展的先行区、新型城镇化建设的试验区、城乡居民安居乐业的示范区。坚持改革兴镇，以综合配套改革为首要任务，推动示范小城镇在机构、土地、户籍、教育、社保、金融等重要领域和关键环节率先突破。坚持生态立镇，以绿色小城镇创建为载体，推动以山水风光、民族风情、地方风物为特色的示范小城镇率先出形象，打造宜居宜业宜游的山水田园绿色小镇。坚持创业富镇，以返乡农民工创业园建设为载体，鼓励和引导外出务工人员广泛创业就业，带动周边群众增收致富，吸引农村群众到示范小城镇就业和居住。坚持产业强镇，以产业园区建设和优势特色产业培育为核心，以基础设施项目建设为抓手，推动特色小城镇产城共融、产城共进、基础设施向周边村寨延伸，增强特色示范小城镇发展活力，提升综合承载能力和公共服务水平。

二、目标任务

（一）建设目标

1. 大用镇、龙河镇、新华镇全面推动并建成一批“8个1”项目，建立特色示范小城镇“8+3”“8+X”项目库。继续推动并建成一批“8+X”项目，全面完成公共服务设施项目建设。

2. 岩脚镇特色小镇创建：（1）大力实施古镇风貌修复性改造；（2）大力实施都香高速岩脚出口至廻龙溪温泉度假村滨河景观带的打造。（3）加快岩脚城市综合体建设和招商进度。（4）加快岩脚大畅面业、廻龙溪温泉度假和华润循环经济园区等支撑城镇发展的产业项目建设。滨河大道景观带的打造：（1）廻龙河道整治工程：对廻龙溪温泉度假村至都香高速岩脚出口段3.5公里河道进行清淤、河道整治、绿化美化和人行慢行步道的建设。（2）以展示廻龙溪自然山水、田园风光和农耕文化为重点实施滨河大道沿线打造工程。对高桥、太和两个自然村寨进行村庄综合治理，扶持农户建设乡村旅馆和农家乐；对滨河大道进行绿化美化和景观布置；建设万灵山岩脚南城门：建设火焰山文化公园；（3）建设廻龙溪文化广场和生态停车场。岩脚古镇风貌打造：对岩脚文化路、新华路和发展街的风貌提升改造。（1）拆除有碍市容观瞻的违章建构筑物，对街道两侧房屋按照“修旧如故”原则，进行提升改造。（2）对街道架空强弱电缆进行改造，按照厉行节约的原则，规范电缆铺设。（3）对街道给排水管网进行改造，规划给排水设施。（4）对唐家马店、彭家钱庄、龚家大院、文昌阁、黑神庙、小屯古堡和彭家碉等部分古建筑进行修复。（5）建设街道指示街牌。岩脚城市综合体：（1）督促开发业主加快二期工程建设进度，确保2016年3月31日前竣工投用。（2）协助开发业主加快招商进度，提高商家入驻率，确保到2016年5月商家入驻率达90%以上。支撑性产业打造：（1）建成岩脚大畅面业公司第二条1万吨生产线、30套石磨工程全部投入生产、光观区和体验馆等全部建成。（2）温泉度假村所有工程全部竣工，年接待能力达到3000人以上。（3）加强对六枝电厂的协调服务工作，确保2016年6月前建成六枝电厂66万千瓦一台机组。城镇管理。充实城管力量和装备，采取综合措施，积极开展环境卫生综合整治措施，提高城镇管理水平，实现环境卫生干净整洁、市容秩序管理有序的目标。

3. 郎岱镇示范性小城镇建设。基础设施建设：（1）按照古镇保护风貌加快特色安置小区（含人民路小区和生态移民小区）项目建设，打造夜郎风情商业步行街。（2）在郎岱楼门至镇政府与十里大街连接处实施红绿灯交通标志安装工程。（3）在夜郎广场实施具有古镇文化的特色灯柱。（4）对夜郎大街两侧的建筑物和郎岱标志性建筑物（文峰塔）实施亮化工程，夜郎广场可考虑实施大型LED显示屏，对外宣传郎岱小城镇建设及郎岱经济社会发展成果。（5）加快推进郎岱商贸综合体项目建设，拉动六枝特区南部片区商业、服务业物流业的发展。（6）加快推进郎岱镇规划陈列馆建设，将郎岱镇小城镇建设总体规划、控制性详细规划、古镇保护规划公开展示，为小城镇建设控危工作奠定基础。（7）在郎岱楼门侧面树立能够展示郎岱古镇文化的大型雕塑（如郎岱酱缸）。（8）实施城区三个垃圾中转站项目建设工程和污水管网延伸建设工程，实现垃圾处理和生活污水处理全覆盖。“镇园合一”创建：完善和提升宜枝魔芋公司类基础设施建设，厂区道路实施特色景观绿化在提升和完善健身、娱乐配套设施建设工程并对外开放，为员工和群众提供休闲娱乐环境。特色产业创建：（1）实施8公里产业道路建设项目工程。（2）实施产业路特色景观绿化工程。（3）加快实施猕猴桃基地新观景台项目建设工程。（4）在产业路沿线节点上合理布局休闲亭和制作安装产业介绍宣传标牌。沿线美丽乡村建设：（1）实施参观沿线道路绿化全覆盖工程。（2）对参观沿线所涉及的青菜塘、花脚、阿乐三个村农户庭院实施三角梅美化工程。（3）沿线村庄修建垃圾房（池），增设垃圾箱，全面实施村庄整治和生活垃圾处理全覆盖工程。（4）实施阿乐村农村生活污水处理工程（可考虑实施花脚村生活污水处理工程）。

4. 木岗镇启动建设7个、建成3个。

（二）经济社会发展目标

大用镇、龙河镇、新华镇分别完成固定资产投资比上年增加20%以上，财政收入比上年增加15%以上，农村居民人均纯收入比上年增加16%以上，特色小城镇新增城镇人口1000人，完成项目投资15亿元，新增企业（含个体工商户）11个，招商引资到位资金2亿元以上，融资0.6亿元。郎岱镇招商引资签约资金20亿元以上、到位资金4亿元以上，城镇固定资产投资8亿元以上，新增城镇人口1200人以上，新增城镇就业人口1500人以上，新增企业（含个体工商户）20家以上，1+n镇村联动2个村，完成绿色小城镇和省级样板镇的打造；岩脚镇招商引资签约资金20亿元以上、到位资金5亿元以上，城镇固定资产投资8亿元以上，新增城镇人口1200人以上，新增城镇就业人口1500人以上，新增企业（含个体工商户）20家以上，1+n镇村联动2个村，完成省级样板镇的打造；木岗镇招商引资签约资金10亿元以上，到位资金2亿元以上，城镇固定资产投资4亿元以上，新增城镇人口1200人以上，新增城镇就业人口1500人以上，新增企业（含个体工商户）14家以上，1+n镇村联动2个村。

（三）绿色生态目标

除郎岱镇按省级绿色小城镇建设标准打造外，特色小城镇开工建成一批供水、污水和垃圾处理设施，配套建设完善污水、垃圾收集系统；示范小城镇新建或完善一条以上绿色景观道路，加强城镇环境整治，实施绿化美化工程，全面推进特色示范小城镇绿色创建工作。

（四）城镇管理目标

优化特色示范小城镇机构设置和编制配备，落实工作人员。鼓励探索建立特色示范小城镇管理机制，加强规划实施过程监管，加大示范小城镇的违法建筑查处力度。建立镇区环境保洁长效机制，建立健全各项管理制度，确保有法可依、有章可循，着力健全镇容、环卫、绿化三支队伍，提高队伍综合素质，积极推行城镇化运作模式，不断提升城镇管理的规范化、长效化水平。打造一条以上环境优美、卫生整洁、秩序畅通的示范街，彻底改变“脏、乱、差、旧”，并逐步向“精、富、美、特”转变。

（五）强化产业支撑

以产业增添活力，集聚发展要素，优化产业布局，增强示范镇产业聚集能力，大力发展特色主导产业。每个示范小城镇重点发展1—2个主导产业，培育小微企业，促进产城互动、镇园合一，引导农村人口有序转移，加快建设优势农产品产业带，推动发展乡村休闲度假产业。

（六）开展风貌建设

根据《贵州省100个示范小城镇风貌规划设计技术导则》和示范小城镇总体规划、控制性详细规划，结合生态优势、山水脉络和民族风情，推动示范小城镇“一镇一风貌”建设。加强历史文化名镇保护，延续古镇的传统格局、历史风貌。结合“8+X”项目库和保障性安居工程项目，实施示范小城镇旧住宅区综合整治，每个示范小城镇开展一条以上主要街道风貌整治工作，2015年底前每个特色示范小城镇必须初见成效。

三、重点任务

（一）贯彻落实《十条意见》

全面贯彻落实《贵州省关于加快100个示范小城镇改革发展的十条意见》（黔委厅字〔2013〕68号）（以下简称《十条意见》）和《六盘水市贯彻落实〈贵州省关于加快100个示范小城镇改革发展的十条意见〉的实施意见》（以下简称《实施意见》）。特色示范小城镇要制定特色小城镇改革发展实施方案，推动《十条意见》和《实施意见》的贯彻落实，在扩权强镇、产城互动等方面率先取得突破。特区党委政府督查室要会同相关部门适时开展贯彻落实《十条意见》和《实施意见》的专项督查，并将完成情况进行通报。

［责任单位：各乡（镇）人民政府，配合单位：特区住房城乡建设局、规划和城管局、国土资源局、财政局，完成时限：2015年12月31日前］

（二）加快基础设施和公共服务设施项目建设

特区规划和城管局要适时对特色示范小城镇规划实施情况进行评估，并根据评估情况对小城镇建设规划及时进行修编。

1. 大用镇、龙河镇、新华镇等特色小城镇在全面推进“8个1”基础上，对照“8+X”项目库和“8+X”项目建设标准指导要点，抓紧落实项目库的建立。

2015年5月底前完成新建、改建、扩建小城镇道路项目的前期准备工作，6月初启动建设，11月底前建成，同步配套建设雨水和污水收集管网，实行雨污分流；按规划启动建设或完善1个标准卫生院项目建设，力争年内建成；按要求完成小城镇雨污分流系统、污水处理设施、垃圾收运处理设施（含垃圾收集池）项目的前期准备工作，6月初启动建设，在12个月内建成投入使用（以发改部门批复的可研为准）；按规划启动小城镇建设或完善1个农贸市场；按规划启动建设或完善1个市民广场或公园；按规划启动小城镇建设或完善1个敬老院；完成乡镇保障性安居工程项目的前期相关准备工作，6月底前开工建设，年内建成交付使用；按规划和省、市要求，启动建设和完善社区服务中心，年内建成投入使用。

［责任单位：特色示范乡（镇）人民政府，配合单位：特区交通运输局、住房城乡建设局、财政局、发展改革局、规划和城管局，完成时限：2015年6月15日前］

2. 郎岱镇、岩脚镇、木岗镇等示范小城镇要按照《贵州省100个示范小城镇基本公共服务基础设施标准化建设试点方案》《贵州省示范小城镇建设指导图册》《贵州省100个示范小城镇建设配套电网规划》《贵州省100个示范小城镇水源地规划》和《贵州省100个示范小城镇交通联络规划》的要求。围绕产、城、景、村融合互动，2015年3月底前制定各示范小城镇建设2015年示范小城镇工作方案。建立以《十条意见》为重点的各项改革推进工作台账，6月底前完成国土资源和规划建设环保办公室、综合执法办公室、政务中心等机构优化设置，全面推进各项改革工作。建立以“8+X”为重点的项目建设台账，推动示范小城镇环境绿化空间、城镇建设绿色化、产业发展绿色化、历史传承绿色化，建成一批生态河道治理、绿道网建设、民族风情街、污水处理设施等项目。组织示范小城镇编制具有实效性及可操作性的美丽乡村村庄规划，加快乡村旅馆、污水处理设施、垃圾收运设施等项目的建设，促进村镇人居环境改善。加大示范小城镇招商引资力度，定期召开小城镇建设工作推进会议，开展专项检查，组织集中培训，积极推广（PPP）资本合作模式，推动社会资本参与镇域道路、供排水、信息网络等基础设施的投资建设、运营。确保各项目标任务在2015年11月25日前完成。

同时，要根据我区财力平衡情况，加快特色示范小城镇基础设施、公共服务设施和民生项目建设，以看得见、摸得着的工程实物量推动全省小城镇建设发展大会的召开。各乡镇要结合“8个1”“8+3”“8+X”项目建设要求，提前谋划2016年小城镇建设项目，做到早安排、早部署，推进项目化建设、实物化落实。

［责任单位：特色示范乡（镇）人民政府，配合单位：特区教育局、住房城乡建设局、财政局、发展改革局、规划和城管局、林业局、农业局，完成时限：2015年11月25日前］

（三）推动产业发展

根据《贵州省100个示范小城镇产业发展指引》，结合乡镇实际，推动特色示范小城镇建设（完善）一批产业园区或创业园，推动全民创业，培育小微企业（含个体工商户）87个以上。在“3个15万”指标任务分配中，优先安排给符合条件的特色示范小城镇申报对象，安排比例不低于任务数的40%。发展协作配套产业体系，加快建设优势农产品产业带，推动发展乡村休闲度假产业。

［责任单位：特色示范乡（镇）人民政府，配合单位：特区财政局、市场监管局、农业局、文体广电新闻出版局、农业局、林业局，完成时限：2015年11月25日前］

（四）推进特色示范小城镇产业园建设，支持发展特色优势产业，注重主导产业带动，支持特色小城镇农业产业化龙头企业申报建设特色优势产业类农业项目

各特色示范小城镇要结合农业示范园建设，开展无公害、绿色、有机农产品生产基地创建工作，力争5月底前启动建设，年内建成。

［责任单位：特色示范乡（镇）人民政府，配合单位：特区财政局、市场监管局、农业局，完成时限：2015 年 11 月 25 日前］

（五）推进特色风貌建设

根据《贵州省 100 个示范小城镇风貌规划设计技术导则》和特色小城镇总体规划、控制性详细规划，结合生态优势、山水脉络和民族风情，推动示范小城镇“一镇一风貌”建设。加强历史文化名镇（村）保护，延续古镇（村）的传统格局、历史风貌。结合保障性安居工程项目，实施示范小城镇旧住宅区综合整治，每个特色示范小城镇开展一条以上主要街道风貌整治工作。2015 年 5 月底前完成“一镇一风貌”设计，6 月底前启动建设，12 月底前建设完成。

［责任单位：特色示范乡（镇）人民政府，配合单位：特区住房城乡建设局、财政局、发展改革局、文体广电新闻出版局、规划和城管局、生态旅游局，完成时限：2015 年 11 月 25 日前］

（六）加强小城镇管理工作

落实《100 个示范小城镇规划建设管理导则》，规范示范小城镇建设程序。探索建立示范小城镇城镇管理机制，加强规划实施过程监管，加大示范小城镇的违法建筑查处力度。

［责任单位：特色示范乡（镇）人民政府，配合单位：特区规划和城管局、住房城乡建设局、国土资源局，完成时限：2015 年 11 月 25 日前］

（七）多渠道筹集资金

一是加大资金整合，按照渠道不乱、用途不变、各记其功的原则，充分整合发展改革、财政、国土资源、交通运输、住房城乡建设、环境保护、农业、林业、水务、扶贫等部门项目资金，优先安排在省、市、县级特色示范小城镇，发挥资金的集聚作用；二是加大招商引资力度，以“打捆＋分拆”的招商引资模式，加大招商引资力度，开展特色示范小城镇专题招商引资推介活动，招商引资工作要向特色示范镇倾斜，特色示范小城镇也要结合实际开展自主招商工作，多渠道争取资金；三是强化市场融资，对照《关于加强金融支持贵州省 100 个示范小城镇建设的指导意见》和全省 100 个示范小城镇系统性融资规划，引导国有商业银行、地方银行等金融机构将营业网点或业务向小城镇延伸，支持和鼓励民间资本在小城镇设立小额贷款公司和融资性担保机构，加大小城镇支付环境建设力度。

［责任单位：特色示范乡（镇）人民政府，配合单位：特区政府金融办、财政局、住房城乡建设局、人资社保局、投资促进局，人民银行六枝特区支行，完成时限：2015 年 11 月 25 日前］

（八）建立奖惩激励机制

根据《贵州省示范小城镇建设绩效考评办法（试行）》（黔财建〔2013〕80 号），对列入示范小城镇建设序列的省、市、县级特色示范小城镇进行绩效考评，通报考评结果，考评结果作为特色示范小城镇专项引导资金分配的重要依据。

［责任单位：特区党委政府督查室，配合单位：特区发展改革局、住房城乡建设局、财政局，完成时限：2015 年 12 月 25 日前］

四、保障措施

（一）加强组织领导

成立以特区人民政府区长为组长，特区政府常务副区长、分管副区长为副组长，住房城乡建设、财政、发展改革、规划和城管、农业、林业等部门和涉及乡镇主要负责人为成员的特色示范小城镇建设工作领导小组。领导小组下设办公室于特区住房城乡建设局，办公室主任由住房城乡建设局局长兼任，办公室成员由特区住房城乡建设局抽人组成。各特色示范小城镇也要成立相应的工作机构，成立工作领导小组及办公室，做好统筹协调工作，发挥领导小组成员单位参与特色示范小城镇建设的联动作用。各特色示范小城镇要认真梳理 2014 年特色小城镇（含“四在农家．美丽乡村”）工作完成情况，结合我区 2015 年工作要求，制定年度工作方案，明确特色示范小城镇年度建设项目清单，及时调度特色示范小城镇的改革发展、项目建设、绿色创建等工作，确保政策、资金、人员落实到位，有序推进特色示范小城镇建设发展。

（二）全面贯彻落实《十条意见》

全面贯彻落实《中共贵州省委办公厅贵州省人民政府办公厅印发〈关于加快100个示范小城镇改革发展的十条意见〉的通知》（黔委厅字〔2013〕68号）（以下简称《十条意见》）精神，在扩权强镇、社会保障等方面实施综合配套改革，率先突破机构、户籍、土地、财税、人才等体制障碍，推动特色示范小城镇加速发展。

（三）强化人才支撑

根据省、市工作安排，组织相关人员考察学习先进地区的城镇管理经验，提高小城镇管理水平。将特色示范小城镇规划建设管理等内容纳入区委党校"主体班"课程设置，组织特色小城镇专题培训班，对各特色示范小城镇主要领导、分管领导和规划建设管理人员进行轮训，提高小城镇规划建设管理水平。

（四）加大招商引资力度

以"打捆＋分拆"的招商引资模式，加大招商引资力度，特区将开展特色示范小城镇专题招商引资推介活动，招商引资工作要向示范镇倾斜，示范小城镇也要结合实际开展自主招商工作。多渠道争取资金。按照"政、银、企、社"多元投入、多方合作的融资模式，"用好"本地财政资金，"用足"上级扶持资金，"用活"金融机构资金，"用巧"经营城镇资金，"用够"社会民间资金，加快推进小城镇建设。特区发展改革、财政、国土资源、交通运输、住房城乡建设、农业、水务、扶贫等部门的项目资金优先安排特色示范小城镇，"四在农家·美丽乡村"六项行动计划项目向特色示范小城镇村寨倾斜。

（五）深入开展帮扶工作

各重点项目单位根据特色示范小城镇2015年工作方案，开展对特色示范小城镇的帮扶工作，要制定和完善2015年帮扶计划，在人力、财力、物力、政策等方面给予倾斜，开展"点面结合"帮扶工作。在项目建设、产业培育、改革发展等方面从"点"上进行帮扶；在基础设施、公共服务设施以及产业培育等方面从"面"上结合职能给予帮扶。继续推进帮扶会议制度，切实帮助特色示范小城镇研究解决建设中的有关问题，帮扶单位按要求报送帮扶工作进展情况。

（六）建立奖惩激励机制

加强特色示范小城镇年度考核，在全市前三位的示范小城镇由特区政府进行表彰；对工作进展不力、发展缓慢、年度考核排在全区后三位，在全区范围内进行通报，连续两年排名后二位的，取消特色示范小城镇资格，并对特色示范小城镇党政主要负责人进行问责。将特色示范小城镇建设工作纳入特区党委、政府责任目标考核，加大考核分值和权重，工作成效纳入帮扶单位干部考察的重要内容。

（七）强化督促检查

加强特色示范小城镇建设跟踪、监控评估和动态管理，加大特色示范小城镇建设工作的督查指导力度。认真执行特色示范小城镇建设督查工作长效机制，切实将特色示范小城镇建设工作纳入重大督查内容，实施好"月督查、月通报、月公示"制度，每月对建设情况以简报的方式在全区范围内进行通报，并在媒体上进行公示。每半年召开一次特色示范小城镇现场推进会。

（八）加强宣传引导

加大《十条意见》相关政策解读力度，深入特色示范小城镇开展政策宣讲，提升基层政策认知水平。大力宣传特色示范小城镇建设工作，对有特色、有成效、有影响的示范小城镇要树立典型，引导特色示范小城镇比学赶超。

六枝特区基本普及十五年教育实施方案

（2015 年 6 月 19 日）

为加快推进我区教育事业改革和发展，基本普及十五年教育，根据国家、省、市《中长期教育改革和发展规划纲要（2010—2020）》，结合我区实际，制定本实施方案。

一、指导思想

全面贯彻党的教育方针，以办人民满意的教育为宗旨，加快普及学前教育和高中阶段教育，推进义务教育均衡发展，深化教育领域综合改革，用三年时间基本普及十五年教育，确保普及教育各项指标达到省相关标准，各级各类教育全面协调发展，建成贵州西部教育强县，为实现转型发展、跨越发展、同步小康提供更加有力的智力支持和人才保障。

二、目标要求

（一）总体目标。用三年时间实现我区基本普及十五年教育（三年学前教育、九年义务教育、三年高中阶段教育）。到 2017 年，三年学前教育毛入园率达 85% 以上，九年义务教育巩固率达 88% 以上，高中阶段教育毛入学率达 90% 以上。基本建成覆盖城乡、布局合理的学前教育公共服务体系；基本实现义务教育均衡发展、内涵提升、质量提高；基本实现高中阶段办学条件、办学水平、办学特色和教育质量明显提高。各级各类教育全面协调发展，为实现同步小康、跨越发展提供更加有力的智力支持和人才保障。

（二）年度目标。2015 年全面启动我区基本普及十五年教育工作，并实现全区学前三年毛入园率达 72% 以上、九年义务教育巩固率达 85%、高中阶段教育毛入学率达 75% 以上。2016 年加大我区中小学、幼儿园新建和改扩建力度，以乡镇、社区为单位，实现基本普及十五年教育；实现三年学前教育毛入园率达 85%、九年义务教育巩固率达 85% 以上、高中阶段教育毛入学率达 85%，接受市级评估验收。2017 年实现学前三年毛入园率达 85% 以上，九年义务教育巩固率达 88% 以上，高中阶段教育毛入学率达 90% 以上，并通过省基本普及十五年教育督导考核。

三、主要任务

（一）加快发展学前教育，实现学前教育全覆盖

1. 推进幼儿园建设。按照“政府保基本、民营保特色”的基本思路，充分利用闲置校舍、村级公共场所改建乡村幼儿园，大力发展民办幼儿园，实现全区行政村和居委会幼儿园全覆盖。

2. 推进新一轮学前教育三年行动计划。认真实施国家第二期学前教育三年行动计划和省新一轮学前教育突破工程，扩大普惠性学前教育资源。出台城市新建小区配套建设幼儿园管理办法，做到城市幼儿园与小区建设同步规划、同步建设、同步验收、同步交付使用，对未按规定配套幼儿

园的小区，规划部门不予审批，建设部门不予验收。

3. 推进学前教育集团化办学。不断扩大优质学前教育资源，到2016年，创建省级示范园1至2所，市级示范园5所以上，县级示范幼儿园10所以上。出台乡村幼儿园管理办法，组建乡镇幼教集团，覆盖所有乡村幼儿园，促进乡村幼儿园达标升级。

［牵头单位：特区教育局；配合单位：特区发展改革局、财政局、人资社保局、住房城乡建设局、规划和城管局，各乡（镇）人民政府、街道办事处、社区服务中心。完成时限：2016年6月前］

（二）加快发展高中教育，提升高中学校办学水平

1. 加强普通高中优质资源配置。加快推进高中阶段教育突破工程建设，完成特区七中、八中建设。普通高中配套建设体育馆、游泳馆、科技馆等。通过统筹资金、设备、师资，保障普通高中设施设备适应教育教学需要。

2. 加强普通高中教学质量管理。实施普通高中“教学质量提升计划”，鼓励有条件的高中与发达地区、国内外先进学校进行联合办学或办班。建立高中学校“一帮一”制度，由每所省级示范性高中帮扶一所薄弱高中。创建高中学科教研平台，打造专业学科团队，以推进课程改革为抓手，提高普通高中教育教学质量，力争高考学科成绩平均分、及格率在全市排名中上等次，本科上线率进入全市前列。

3. 加强普通高中特色学校创建。充分发挥省级示范性高中辐射带动作用，出台激励政策引导提级升类。到2017年，力争把特区一中、六盘水市二中提升为省级二类示范性普通高中，特区七中、特区八中申创省级三类以上示范性高中。鼓励各普通高中明确办学定位、打造办学特色，自主建设并做强、做优学校特色项目，确保优质特色高中创建工作取得成效。

［牵头单位：特区教育局；配合单位：特区发展改革局、财政局、经济和信息化局、国土资源局、住房城乡建设局。完成时限：2017年6月前］

（三）加快发展现代职业教育，培养实用型人才

1. 优化中职学校空间布局。优化整合资源，扩大学校办学规模，突出学校特色，重点扶优做强特区职业技术学校和省煤炭机械职业技术学校。科学配置教学资源，优化调整专业设置，支持每所中职学校重点打造2至3个实用骨干专业，争创省、市级品牌示范专业。

2. 优化中职学校办学能力。坚持以就业为导向，以学生职业技能训练为核心，突出职业岗位需求。通过争取国家资金和上级财政支持、社会融资等途径，以重点专业为依托，学校与企业共同建立职业技能教育实训基地。

［牵头单位：特区教育局、人资社保局；配合单位：特区编委办、发展改革局、经济和信息化局、财政局。完成时限：2016年6月前］

（四）促进均衡发展，巩固提高义务教育水平

1. 提高义务教育普及程度。围绕抓好“三率”（入学率、辍学率和巩固率），建立和完善“控辍保学”长效机制，坚持“七长责任制”［县（市）长、教育局长、乡（镇）长、校长、村主任、师长、家长］，进一步规范学籍管理，有效控制学生辍学，确保“该入学的一个不能少、入了学的一个不能跑”。实施特殊教育三年提升计划，切实保障残疾少年儿童接受教育的权利。

2. 提高义务教育学校标准化水平。抢抓国家全面改善贫困地区义务教育薄弱学校基本办学条件机遇，标准化配置农村义务教育学校教室、桌椅、图书、实验仪器、教学设备、运动场等教学设施，满足基本教学需要。加快农村寄宿制中小学建设，实现农村小学、初中学生寄宿率达30%和70%以上。推进城镇义务教育学校新建和改扩建工作，着力解决中心城区中小学大班额问题，对城区和中心乡镇中小学大班额问题进行常态化管理。到2016年，基本解决中心城区和中心乡镇中小学大

班额问题。

3. 提高义务教育信息化水平。全面启动教育信息化建设工程，采取“政府引导、社会参与、市场运作、教企合作”模式，推进中小学信息化建设。到2016年，全区完小以上学校完成“校校通”、“班班通”建设工程，乡镇、街道、社区以上中小学建立校园网站，信息化覆盖程度达100%。

4. 提高义务教育内涵发展能力。加强社会主义核心价值体系和文化素养教育，落实立德树人根本任务，全面开办校园“道德讲堂”、乡村学校少年宫、农村留守儿童之家。打造一批各具特色的绿色校园、人文校园、生态校园、科技校园、民族特色校园。

［牵头单位：特区教育局；配合单位：特区发展改革局、财政局、经济和信息化局、国土资源局、住房城乡建设局、团委、妇联、文明办，各乡（镇）人民政府、街道办事处、社区服务中心。完成时限：2016年6月前］

（五）加强师资队伍建设，全面提升教育教学质量

1. 实施教师队伍增员计划。建立完善由教育行政部门主导的中小学、幼儿园教师招聘和调配制度，有计划核定教师编制。通过引进、招考及招聘特岗教师等多种方式，充实教师队伍。到2016年，全区学校师生比分别达到：幼儿园1 ∶ 7，小学1 ∶ 22，初中1 ∶ 17，高中1 ∶ 13，中职学校专业教师满足教学要求。［牵头单位：特区教育局；配合单位：特区编委办、人资社保局、财政局；完成时限：2016年6月前］

2. 实施教师素质提升计划。加强师德师风建设，实行师德师风问责制。继续实施“国培”和“省培”计划，开展教师全员培训。特区财政每年安排教师培训专项经费，着力加强农村中小学和幼儿园教师全科化培训，逐步提高农村教师综合素质。（牵头单位：特区教育局；配合单位：特区人资社保局、财政局；完成时限：2016年6月前）

3. 实施名校长名师培育计划。到2016年，全区培养评选名师100名，建立名师团队，定期深入学校开展帮扶和培训。从2015年起，创建名师工作室，由特区财政安排专项经费用于开展教学研究，到2016年，全区创建县级名师工作室30个。鼓励校（园）长在职就读教育管理研究生，提升政策水平和管理能力。

（牵头单位：特区教育局；配合单位：特区人资社保局、财政局；完成时限：2016年6月前）

四、配套措施

（一）深化评价体系改革。建立学生成长发展性评价机制，探索政府管理、学校办学和社会评价的学校办学质量评价机制，引进和培育第三方独立评价机构。结合产业发展需求，按照办学标准开展中职学校分类评估，激发办学活力。

（牵头单位：特区教育局；配合单位：特区发展改革局、改革办；完成时限：2016年6月前）

（二）深化办学体制改革。鼓励行业、企业等社会力量参与公办学校办学，开展公办学校联合办学、委托管理等试点工作，扶持薄弱学校发展，加强开发优质教育资源。鼓励社会力量出资、捐资办学，民办学校在审批登记、分类定级、评估指导、教师培训、职称评定、资格认定、表彰奖励等方面与公办学校具有同等地位，力争办优办强一批高水平民办学校。

［牵头单位：特区教育局；配合单位：特区发展改革局、人资社保局、市场监管局、国土资源局、住房城乡建设局、扶贫局及各乡（镇）人民政府、街道办事处、社区服务中心；完成时限：2016年6月前］

（三）深化管理体制改革。推行校长公开选拔、竞争上岗、职务任期和交流制度，实行校长任期目标责任制，完善校长考核奖励办法。推行中小学校长职级制，根据学校办学规模、等级、质量和效益，确定校长岗位职级，并享受相应待遇。建立学校中层干部能上能下机制，实行三年任期制度。出台教师资格和职称管理办法，建立动态管理、科学进退机制，切实保障教师权益，充分

激发教师活力。［牵头单位：特区教育局；配合单位：特区组织部、编委办、人资社保局、财政局及各乡（镇）人民政府、街道办事处、社区服务中心；完成时限：2016 年 6 月前

（四）深化招生体制改革。推行学区制，科学划设、动态调整学区，严格义务教育免试和就近入学制度，按学区招生。实行初中毕业班整班移交就读普通高中或中等职业学校。扩大普通高中招生自主权，完善省级示范性普通高中招生名额按比例均衡分配到初中的办法。［牵头单位：特区教育局；配合单位：特区编委办、人资社保局、发展改革局、财政局及各乡（镇）人民政府、街道办事处、社区服务中心；完成时限：2016 年 6 月前］

五、保障机制

（一）加强组织领导。成立由特区政府区长任组长，分管副区长任副组长，特区政府办公室、教育局、发展改革局、财政局、公安局、人资社保局、国土资源局、住房和城乡建设局、卫生计生局、审计局、司法局、经济和信息化局、文体广电新闻出版局、市场监管局、统计局、投资促进局、残联、妇联、民政局、团委及各乡（镇）人民政府、街道办事处、社区服务中心主要负责同志为成员的六枝特区基本普及十五年教育工作领导小组。领导小组下设办公室于特区教育局，办公室主任由特区教育局局长兼任。领导小组办公室及各成员单位工作职责如下：

特区领导小组办公室：负责全区“普十五”工作的统筹协调，编制全区“普十五”工作发展规划，组织开展教育教学工作，组织实施第二轮学前教育三年行动计划、农村寄宿制学校三年攻坚计划、学校标准化建设和高中突破工程等。

特区发展改革局：把推进“普十五”工作纳入全区国民经济和社会发展总体规划，认真抓好“普十五”教育建设项目的申报、立项和实施工作，加大对“普十五”项目前期投入。

特区财政局：充分发挥公共财政的保障职能，安排好“普十五”工作专项资金，切实加强对资金的监督管理，提高资金使用效益。

特区公安局：加强校园周边社会环境综合治理，保障师生安全和校园周边环境和谐稳定。

特区司法局：指导相关部门和中小学校做好法制宣传教育工作。

特区住房和城乡建设局、规划和城管局：把中小学、幼儿园建设纳入城镇建设统一规划并组织实施。

特区国土资源局：优先保障教育项目建设用地，及时做好教育项目用地的报审工作。

特区人资社保局、编委办：按照编制有计划配齐学前教育、义务教育、高中阶段教育教师；在教师编制、职称等方面对农村和边远地区给予政策倾斜；充分发挥劳动监察职能，坚决禁止非法使用童工。

特区投资促进局：配合特区教育局做好投资经商人员子女的入学工作。

特区市场监管局：加大对校园周边环境的整治力度，维护学校及师生的合法权益；依法查处非法雇佣童工的行为；联合公安、教育等部门加大执法检查力度；实施学校学生食品卫生监控。

特区文体广电新闻出版局：加强音像、书刊等文化市场的管理，坚决依法取缔反动、淫秽、色情等有害于青少年身心健康的书刊和音像制品；采取有效措施防止未成年人进入营业性舞厅、游戏厅、网吧等不适宜未成年人活动的场所；努力创造条件，为青少年、儿童提供健康有益、丰富多彩的精神产品。

特区审计局：加强对城区教育附加费和学校经费等各项教育经费的审计工作，确保教育经费的合理使用。

特区卫生计生局：加强对学校卫生工作的监督指导。组织医疗单位和专业疾病防治机构对学生进行健康检查、传染病防治和常见病治疗；掌握学生发育和健康状况，掌握学生常见病、传染病、地方病动态，制定防治计划；对学校卫生工作进

行技术指导。

特区政府教育督导室：加强对“普十五”工作实施过程的督导检查力度，并将其纳入乡镇教育工作督导评估的重要内容。

各乡（镇）人民政府、街道办事处、社区服务中心：要成立相应机构，明确时间表、路线图、工作量和责任人；组织实施本辖区基本普及十五年教育工作，认真改善办学条件；抓好学生入学和“控辍保学”工作，做好迎检各项准备工作。

（二）保障经费投入。建立公共财政体制下的教育投入保障机制，将义务教育纳入公共财政保障范围；非义务教育阶段以政府投入为主，依法足额征收教育费附加、地方教育费附加，将城市维护建设费的5%及土地收益金的10%用于“普十五”工作；特区财政每年从预算安排的教育事业发展专项经费中设立“普十五”专项经费。以2014年财政预算安排总额为基数，逐年递增2%以上。

（三）优化学校布局。结合城镇空间布局体系规划和学龄人口变化，坚持以“科学调整、合理布局、优化资源”为原则，进一步优化学校空间布局。在城市改造和新区开发中预留足够的教育用地，并按相关规定配套建设中小学、幼儿园，确保教育资源只增不减，最大限度地满足群众对教育的需求。

（四）强化督导考核。特区党委、政府将把“普十五”工作纳入绩效考核内容和乡镇党政主要领导教育工作督导考核体系。开展“普十五”督导考核，建立完善督查考核和问责机制，督促指导学校规划到位、投入到位、改革创新到位、工作落实到位，确保实现基本普及十五年教育目标。

六枝特区环境污染治理设施建设三年行动计划（2015—2017年）

2015年7月6日

为集中力量解决突出环境问题，进一步改善全区环境质量，加快推进国家环境保护模范城市创建工作，促进全区经济社会可持续发展，根据《贵州省环境污染治理设施建设三年行动计划（2015—2017年）》和《六盘水市环境保护重点工作目标责任书（2013—2017年）》，结合我区实际，制定本计划。

一、总体要求

坚持“在保护中发展、在发展中保护”，紧紧围绕城镇、产业园区、现有企业三大领域环保设施建设，以治水、治气、治渣为重点，推进实施各项污染治理项目，从2015年到2017年用3年时间基本解决我区环保设施总量不足问题，破解资源环境约束瓶颈，保住良好生态环境，守住发展、安全和生态“三条底线”，实现天蓝、地绿、水清、气净目标。

二、工作目标

（一）水污染防治目标。特区中心城区生活污水处理率达到85%，乡镇达到60%；生活污水再生水平均利用率达到20%，工业废水排放稳定达标率达到90%以上；全区地表水水质达标率达到90%以上，出境断面水质达标率达到100%。

（二）大气污染防治目标。工业污染源废气排放稳定达标率达到90%以上；县城考核期内环境空气优良天数（AQI指数≦100）比例达到98%；可吸入颗粒物（PM10）浓度逐年下降，力争环境空气质量在全省非经济强县中排名靠前。

（三）固体废弃物污染防治目标。中心城区生活垃圾无害化处理率达到85%，乡镇达到60%；工业固体废物处置利用率达到95%以上，医疗废物全部集中无害化处置。

三、主要任务

（一）实施城镇生活污水处理（含管网配套）及污泥处置设施建设工程。为使城镇居民生活污水经处理后达标排放，全面完成省、市下达的主要污染物总量减排目标任务，要加快推进城镇污水处理设施及配套管网建设，并有效对城乡生活污水处理厂产生的污泥进行处置。2015年完成岩脚镇、木岗镇生活污水处理设施及配套管网建设，开工建设特区中心城区污水收集管网二期工程、龙场乡生活污水处理及配套管网工程。2016年开工建设大用镇、落别乡、关寨镇3个乡镇驻地中心区生活污水处理及配套管网设施工程，启动六枝特区城镇污水处理厂污泥处理处置（新建日处理4吨干污泥处理厂一座及配套设施）工程。2017年开工建设月亮河乡、中寨乡、牂牁镇等乡镇生活污水处理及配套管网设施工程。［牵头单位：特区住房城乡建设局，协办单位：特区发展改革局、财政局、环境保护局，责任单位：涉及乡（镇）人民政府和特区水务局］

（二）实施城镇生活垃圾填埋场及收运系统建设工程。按照“村收集、镇转运、县处理”原则，加大生活垃圾收运体系建设，进一步提高生活垃圾收运率，扩大覆盖面，在中心城区生活垃圾收集处理设施服务半径范围内，加快建设小城镇垃圾收运设施。加快推进列入全省100个示范小城镇生活垃圾无害化处理设施建设。按照省、市的安排部署，2015年开工建成郎岱镇生活垃圾无害化处理工程（在2015年建成收运系统，在2016年建成处理系统），同时开工建设岩脚镇、木岗镇生活垃圾收运系统，在2016年建成投运。2017年启动木岗镇生活垃圾无害化处理项目，同时启动大用镇、落别乡、月亮河乡、中寨乡、牂牁镇等生活垃圾收运系统建设。［牵头单位：特区住房城乡建设局、规划和城管局，协办单位：特区发展改革局、财政局、环境保护局，责任单位：涉及乡（镇）人民政府］

（三）实施产业园区污水处理设施建设工程。根据园区产业污染物特征，采用针对性的污水处理工艺，特殊工业污水应分类、分质收集处理。按照省、市的安排部署，2015年开工建设木岗产业园区污水集中收集处理及配套管网建设工程。督促贵州宏奇药业有限公司对其污水处理设施进行升级改造，确保达到国家指标要求。督促大用农业园区、郎岱农业园区、路喜产业园区及六枝经济开发区内的其他项目按照环评批复文件要求建设污染防治设施，确保产生的污染物经处理后达标排放。（牵头单位：六枝经济开发区管委会、特区经济和信息化局，协办单位：特区发展改革局、财政局、环境保护局、住房城乡建设局，责任单位：各园区管委会和涉及企业）

（四）实施火电行业大气污染治理工程。强化火电行业大气污染物减排，大力推进脱硫设施旁路封堵、脱硝设施建设。新建燃煤机组全部配套建设除尘脱硫脱硝设施。对正在建设的六枝华润电厂，按照环评批复文件要求配套建设脱硫、脱硝及除尘设施，并落实环境监理。［牵头单位：特区环境保护局，协办单位：特区经济和信息化局、六枝供电局，责任单位：华润（电力）六枝公司］

（五）实施挥发性有机气体回收设施建设工程。对辖区内储油库、加油站、油罐车基本情况进行调查摸底，分期分批限期治理，按照一站（库/车）一方案的原则，逐站（库/车）进行油气污染治理改造。2015年底全区范围内的已建油库、加油站和油罐车全部建成油气回收装置。［牵头单位：特区环境保护局，协办单位：特区公安局、经济和信息化局、交通运输局、市场监管局、安全监管局，责任单位：各储油库、加油站、油罐车业主］

（六）实施工业废水治理工程。以煤矿、洗煤、制药、酿酒等行业为重点，加大工业污染深度治理和工艺技术改造力度。现有煤矿根据具体情况建设完善矿井水处理站和生活污水处理设施，实施“一矿一污水处理站”。洗煤企业废水全闭路循环使用。制药、酿酒企业废水必须通过深度处理后达标外排。针对畜禽粪污染特点，深入推进畜禽养殖污染治理。督促辖区内煤矿在投产前严格按照环评批复文件要求完成“一矿一污水处理站”建设任务，已建成投运的3个洗煤企业废水全闭路循环使用，列入年度减排目标任务的规模化畜禽养殖企业必须按期建成污染防治设施。督促2个制药企业严格按照环评批复文件及国务院水污染防治行动计划要求完善污染防治设施。督促辖区内医疗单位完善医疗污水处理设施及对医疗垃圾的规范化处置。督促辖区内其他生产企业完善污水处理设施，确保产生的污水经处理后达标排放。［牵头单位：特区煤炭产业发展办公室、环境保护局、农业局、经济和信息化局，责任单位：各有关企业］

（七）实施标准化渣场建设工程。按照省质

监局、省环境保护厅《贵州省一般工业固体废弃物贮存、处置场污染控制标准》（DB52/865–2013）和《贵州省一般工业固体废物贮存、处置场工程防渗系统施工、环境监理及验收规范》（DB52/T912–2014），严格施工图的审查，推进辖区内工业渣场、尾矿库环保设施建设。督促华润（电力）六枝公司严格按照环评批复文件要求建设工业渣场［牵头单位：特区环境保护局，责任单位：华润（电力）六枝公司］

（八）实施医疗废物集中无害化处置设施建设工程。按照省、市的安排部署，统筹建设医疗废物集中无害化处置设施。2015 年启动六枝特区医疗废弃物处理项目（工艺：高温蒸煮，规模日处理垃圾 3 吨）建设，2016 年建成投运。［牵头单位：特区卫生计生局、规划和城管局，协办单位：特区发展改革局、财政局、住房城乡建设局、环境保护局，责任单位：项目业主单位］

四、保障措施

（一）加强组织领导。各园区管委会和特区发展改革局、经济和信息化局、财政局、环境保护局、住房城乡建设局、规划和城管局、卫生计生局、水务局、农业局、煤炭产业发展办公室等有关部门要高度重视，认真研究制定切实可行的具体方案，建立有效工作运行机制，有计划、有步骤地推进，确保取得实效。各乡（镇）人民政府、各项目责任单位要统筹协调推进辖区内项目建设。各牵头部门每月 10 日前将上月工作进展情况统一报送特区环境保护局，由特区环境保护局汇总后报特区政府。

（二）明确责任分工。城镇及产业园区的环保公共基础设施建设的责任主体为各乡（镇）人民政府、社区服务中心及各园区管委会。企业类环保设施建设责任主体为各有关企业。各牵头单位要将各项工作任务进一步细化分解，按照“定时间表、定工作量、定路线图、定责任人”的要求制定工作方案，分头推进落实，及时建立健全定期督办、定期通报、定期考核制度，每季度开展一次专项督查，对工作滞后的乡（镇、社区），单位及企业进行通报、约谈和问责，督促抓好整改。

（三）加强资金筹集。坚持政府引导、市场为主、公众参与的原则，按照《国务院办公厅关于政府向社会力量购买服务的指导意见》（国办发〔2013〕96 号）精神，进一步拓宽融资渠道，建立政府、企业、社会多元化投入机制。特区发展改革局、住房城乡建设局、经济和信息化局、财政局等部门要加强与上级有关部门的沟通衔接，最大限度地争取中央预算内资金支持，加快环保公共基础设施建设。相关企业要按照“谁污染，谁治理”的原则，积极推行环境污染第三方治理，加大资金筹措，确保完成治理任务。

（四）强化动态管理。特区环境保护局要按照《中华人民共和国环境保护法》《国务院办公厅关于加强环境监管执法的通知》（国办发〔2014〕56 号）、《省人民政府关于印发贵州省环境保护大检查工作方案的通知》（黔府发电〔2014〕25 号）和市、特区的有关要求，加大对治污设施的执法检查力度。各牵头部门要加强过程监管，实行目标管理、项目化推进，及时应对项目实施过程中的困难和问题。

六枝特区培育现代新型农业经营主体三年行动计划（2015—2017年）

2015年7月11日

为提高我区农业生产组织化程度，加快转变农业发展方式，激活农村经济，推进农业现代化建设进程，打造山地特色农业示范区，大力培育现代新型农业经营主体，根据《国务院关于支持农业产业化龙头企业发展的意见》（国发〔2012〕10号）等文件精神，结合我区实际，制定本计划。

一、基本原则

（一）市场导向原则。以市场需求为依据，生产经营围绕市场转、跟着市场调。其组织形式以市场规律为基础，通过契约关系规范各个环节的行为，形成合理的利益机制。

（二）农民主体原则。确立农民的主体地位，发挥群众的主体作用，维护农民的主体利益。

（三）效益第一原则。引导经营主体与农户建立自愿、平等、利益共享、风险共担的利益分配机制，形成利益共同体。提高农民参与农业经营的组织化程度，保护农民的应得利益。

二、发展思路

按照“四化同步”的发展要求，以稳定和完善农村基本经营制度为基础，以培育壮大新型农业经营主体为重点，围绕“稳定发展生猪，突出发展牛羊，积极发展家禽，因地制宜发展特色养殖，大力推进‘3155工程’建设”的总体思路，着力实施“百千万工程”，努力探索构建集约化、专业化、组织化、社会化相结合、充满活力的现代新型农业经营体系，推动我区农业、农村经济快速、健康发展。

三、目标任务

用三年时间，实施新型农业经营主体培育“百千万工程”。到2018年，在全区培育100个年产值1000万元以上的龙头企业，1000个年产值50万元以上的家庭农场，10000个年产值10万元以上的农业专业户。其中2015年完成任务目标的40%，2016年、2017年两年各完成任务目标的30%。

四、具体标准

按照“规模、速度、质量、效益”相统一的原则，结合“喀斯特”山地特点，我区培育的现代农业经营主体分为农业专业户、家庭农场、农业龙头企业三大类。

（一）农业专业户（合作社）。发展一项主导产业，年产值在10万元以上。种植农民合作社实施“3155工程”，种植茶叶、魔芋、特色经果等在50亩以上，种植达到区域化、规范化、标准化的要求。养殖农民合作社能繁母猪年存栏20头以上或年出栏商品猪200头以上；年存栏能繁母牛10头以上或出栏肉牛10头以上；能繁母羊年存栏50只以上或出栏100只以上；家禽年存出栏1000羽以上。同时达到畜禽良种化、圈舍建设规范化、防疫制度化、养殖设施化、粪污处理无害化要求。

（二）家庭农场（专业大户）。发展一至二项主导产业，年产值在50万元以上。家庭农场实施“3155工程”，种植茶叶、魔芋、特色经果等在200亩以上，种植达到区域化、规范化、标准化的要求。家庭牧场能繁母猪年存栏在50头以上或年出栏商品猪500头以上；能繁母牛年存栏30头以上或出栏肉牛50头以上；能繁母羊年存栏200只以上或出栏肉羊300只以上；家禽年存出栏5000羽以上。同时达到畜禽良种化、圈舍建设规范化、防疫制度化、养殖设施化、粪污处理无害化要求。

（三）农业龙头企业。发展一至三项主导产业，年产值在1000万元以上。实施“3155工程”，种植茶叶、魔芋、特色经果等在2000亩以上，种植达到区域化、规范化、标准化的要求。养殖能繁母猪年存栏在500头以上或出栏商品猪10000头以上；能繁母牛年存栏500头以上或出栏肉牛1000头以上；能繁母羊年存栏500只以上或出栏肉羊1000只以上；家禽年存出栏2万羽以上。同时达到畜禽良种化、圈舍建设规范化、防疫制度化、养殖设施化、粪污处理无害化要求。

五、工作措施

（一）发展农民合作社。一是加大扶持力度，鼓励农民兴办专业合作和股份合作等多元化、多类型合作社。二是深入推进示范社建设行动，促进合作社规范化建设，建立示范性评定机制，分级发布示范社名录，把示范社作为政策扶持重点。三是完善和创新农民专业合作社运行机制，鼓励和支持符合条件的示范社直接申报市级财政项目。四是鼓励园区内的农业企业、村集体、农户兴办农民专业合作社，发展壮大农民专业合作社队伍，促进现代农业快速发展。五是加大培训力度。每年定期举办针对农民专业合作社管理人员的培训，提高农民专业合作社规范化管理水平。

（二）发展家庭农场（专业大户）。一是逐步健全家庭农场管理服务制度，加强示范引导，完善服务体系。二是按照“生产有规模、产品有标牌、经营有场地、设施有配套、管理有制度”的要求，探索不同生产领域家庭农场（专业大户）的认定标准。三是鼓励和支持承包土地向专业大户、家庭农场流转；加强对家庭农场（专业大户）的服务和指导，提高其经营管理水平和市场竞争力。四是加大扶持力度，对认定的家庭农场（专业大户），实行以奖代补；对经营耕地、养殖畜禽达到一定规模的家庭农场（专业大户）予以奖励；鼓励金融机构将家庭农场（专业大户）纳入信用贷款支持范围。

（三）壮大农业产业龙头企业。一是深入贯彻落实《国务院关于支持农业产业化龙头企业发展的意见》（国发〔2012〕10号）相关精神，进一步完善扶持政策措施，健全利益联结机制，支持龙头企业通过兼并、重组、收购、控股等方式组建大型企业集团。二是加大对以郎岱、大用等农业产业园区为重点的现代高效农业示范园区建设，强化科技支撑、主体培育、资源整合和设施配套，深入创建农业产业化示范基地，促进龙头企业集群发展。三是重点扶持园区内农业企业的发展，培育一批市级以上企业，壮大龙头企业队伍。四是推动龙头企业与农户、合作社建立紧密型利益联结机制，采取保底收购、股份分红、利润返还等方式，实现龙头企业与农民及合作社共进共赢。五是引导龙头企业创办或领办各类专业合作组织，实现龙头企业与农民合作社深度融合。

六、保障措施

（一）明确扶持政策。对专业户实行“325”扶持政策，即：财政统筹补助3万元项目资金，个人投入2万元以上，帮助协调解决5万元支农再贷款；对家庭农场实行“112”扶持政策，即财政统筹补助10万元项目资金，个人投入10万元以上，帮助协调解决20万元支农再贷款。以上扶持低于“3155工程”补助标准的，按照“3155工程”标准执行。对种植类龙头企业，按照“3155工程”补助标准进行补助。主要帮助解决基础设施、协调支农再贷款，对个别科技含量高、示范带动作用突出的，可以采取一事一议办法进行扶持。对养殖类龙头企业，积极争取项目扶持，对没有项目的，原则上按照总投入的20%进行补助，主要帮助解决基础设施、协调支农再贷款，对个别科技含量高、示范带动作用突出的，可以采取一事一议办法进行扶持。以上补助标准，有扶持项目且高于此标准的按照项目补助标准执行，低于此标准的则执行此标准。对2014年特区安排的生态蛋禽项目，建设100平方米以上标准圈舍的，每平方米再补助100元。以乡（镇、社区）为单元，积极推进养殖小区和养殖专业村建设，充分发挥项目实施的集聚效应、规模效应、示范带动效应。同时，积极扶持贫困农户、低收入农户发展专业种植、养殖，对贫困农户、低收入农户可以不要求有自有投入，只要有发展劳动力和场地即可，主要采取“1+2”扶持模式，即解决1万元项目资金，帮助协调解决2万元支农再贷款，以帮助其发展产业、脱贫致富。

（二）保障农产品质量安全。严格实行农产品质量安全行政首长制，层层落实目标责任。严格实体主体责任制，引导新型经营主体推进标准化生产，建立健全生产档案记录、质量追溯和召回等制度，确保农产品种植养殖环节质量安全。鼓励新型农业经营主体申报无公害农产品、绿色食品、有机农产品、地理标志农产品认证，在财政支持、项目安排等方面优先扶持。

（三）简化办理程序。由乡（镇、社区）收集、整理各主体培育名单并审核同意后，上报到特区产业办；产业办审核确认后进行登记，安排项目扶持和对接贷款，并将安排情况反馈乡（镇、社区），同时提供相应建设标准（规划或图纸）；乡（镇、社区）按相应建设标准（规划或图纸）组织实施。在实施过程中，可以视具体情况兑现部分补助资金，对贫困农户和低收入农户，则主要是按照财政扶贫资金使用要求安排资金（资金到位顺序：经营主体自筹资金投入的同时申报银行贷款→贷款投入→验收后兑现补助政策）。

六枝特区城乡劳动力“1户1技能”培训三年行动计划实施方案（2015—2017年）

（2015年7月30日）

为提升城乡劳动力的技能素质，促进群众尤其是城乡低收入人群就业创业和增收致富，根据《省人民政府办公厅关于印发〈贵州省创新职教培训扶贫“1户1人”三年行动计划（2015—2017年）〉的通知》（黔府办函〔2014〕147号）、《市人民政府办公室关于印发〈六盘水市创新职教培训扶贫“1户1人”三年行动计划（2015—2017年）〉》（六盘水府办函〔2015〕38号）和特区党委相关工作部署，结合我区实际，制定本方案。

一、总体目标

紧紧围绕创建全国文明城市、国家卫生城市、国家环保模范城市、国家循环经济示范城市目标，以“5个100工程”“3155工程”等为抓手，大力推进山地特色新型城镇化、工业化、农业现代化、信息化在特色农业、旅游业、农村电商、建筑施工、生活性服务业等领域深度融合发展。以推动“造血式”精准扶贫为目标，力争在2015年至2017年，至少投入资金996万元，完成全区户籍城乡劳动力培训6640人以上，其中：2015年完成2196人，2016年完成2196人，2017年完成2248人。

具体为：对建档立卡贫困户、扶贫生态移民、返乡农民工、农村富余劳动力、“计生两户”家庭人员、城镇失业人员实施职业技能培训1700人以上、创业培训2730人以上；对未能继续升学的初高中毕业生实施不低于6个月的职业技能培训450名以上；开展企业职工在岗培训和岗前培训1535人以上；开展文明礼仪、环境卫生等专项培训225人以上。上述人员参加培训后获取职业资格证书的比例不低于50%，相应工种岗位推荐率达100%，实现农村劳动力技能培训1人、就（创）业1人。

二、培训模式及其补贴标准

（一）培训模式。特区农业、扶贫、住房城乡建设、司法、残联和工青妇等部门（单位）可按原培训模式和资金筹集渠道开展培训，也可由特区人资社保部门委托定点职业培训机构开展焊工、电工、车工、数控车工、缝纫工、砌筑工、钢筋工、白酒酿造工、酒店服务员、家政服务员、美容员、农艺工、电子商务师等我市定点职业培训机构现有专业的培训。

支持企业（含农业专业合作社等经济实体）内部培训机构根据生产经营实际开展农民画设计制作、刺绣、护理、蜡染、导游、手工编织、茶叶加工、家畜饲养、旅游管理等专业（工种）的培训。

工青妇等部门在开展培训工作时既可将相关

必备知识纳入核准开班的培训内容，按规定享受相关培训补贴，也可用自有资金单独举办各具特色的专业培训班。其中特区总工会主要开展外出务工知识、新时期产业工人、新市民等方面的培训；特区团委主要开展城市管理、文明礼仪、青年创业等方面的培训；特区妇联主要依托妇女之家开展刺绣、城市保姆、家庭卫生等方面的培训。

（二）补贴标准。1个月以上的培训，特区人资社保部门按人均不低于1500元的标准，对特区农业、扶贫、团委、妇联等部门（单位）组织开展的职业技能提升培训进行补贴，按相关规定计算补贴标准；对职业学校和技工学校开展的未能继续升学的初高中毕业生技能培训，以及企业开展的岗前培训和在岗培训进行补贴；“创办你的企业”培训每人补贴1000元、创业模拟实训每人补贴700元。

凡是由特区人资社保部门核准并委托定点职业培训机构或企业（含各类个体工商户、农业专业合作社等市场主体）开展的培训，培训合格后由特区人资社保部门将培训补贴资金直接拨入培训机构或企业在银行开立的基本账户。特区扶贫部门依据政府购买服务的相关要求，再将“1户1技能”培训中农村建档立卡贫困户的补贴兑现到培训单位。

三、工作要求

（一）摸清培训需求，加强组织动员。各乡（镇、社区）要以开展农村劳动力调查及其资源库建设工作为契机，在2015年6月底前摸清农村劳动力，尤其是建档立卡贫困户劳动者的人数和整乡、整村推进的工作思路，每个乡（镇、社区）至少确定3个以上村（居委会）为整村推进试点村。

（二）结合产业发展，选择培训专业。特区人资社保局要收集并公布特区人资社保、扶贫、农业等部门所属定点培训机构的专业（工种）和职业能力鉴定工种，各有关单位和各类培训机构、市场主体要以需求为导向选择培训工种（专业），将就业、创业、增收效果作为检验标准。

（三）提升培训质量，完善技能鉴定。各有关部门、各培训机构及其培训企业要精心策划教育内容，做到科学合理设置课程和搭配教师，严格监管培训过程，及时征求学员意见并进行整改，完整保存培训图像和资料。特区人资社保部门要做好职业培训与职业技能鉴定工作的有机结合，不断提升培训后的鉴定率。

（四）整合部门资源，形成共推合力。特区各有关部门要加强协调，主动对接，积极整合资金、场地、设备、师资等培训资源，形成联动培训工作机制。要督促有关培训机构和企业加强培训师资队伍建设，加快培养“双师型”专业教师队伍，尽快建设一支数量足够、结构合理、素质优良的专兼职结合的“1户1技能”培训师资队伍。

（五）加强后续服务，共推就业创业。各相关部门主要负责人、党建扶贫队队长、部门包保责任人、任务分片包干责任人和培训机构（培训企业）负责人要加强协调，整合资源，结合工业企业复工复产和我区产业结构转型需要，切实做好“1户1技能”培训结束后的跟踪服务，做好培训学员就业创业的指导和帮扶，最终实现技能提升、就业创业和收入增加的目标。

四、保障措施

（一）切实加强领导。为加强对全区城乡劳动力“1户1技能”培训工作的领导和统筹协调，成立以特区人民政府常务副区长为组长，各相关单位为成员的“六枝特区城乡劳动力‘1户1技能’三年行动计划培训工作领导小组”（名单附后），领导小组下设办公室于特区人资社保局。各成员单位要明确1名工作人员为联络员并报送领导小组办公室。

（二）细化目标任务。各相关部门要于7月26日前结合本单位工作职责提出具体工作措施。各乡（镇、社区）要根据细化分解的培训任务，拟定《城乡劳动力“1户1技能”培训三年行动计划工作实施方案》并于2015年8月20日报特区领导小组办公室。

（三）强化宣传动员。负责招生、宣传、组织的乡（镇、社区）人力资源和社会保障服务机构和定点培训机构，特区人资社保部门要按每人40元的标准从就业资金中给予兑现招生宣传组织费。各有关单位要充分利用报纸、电视、政府网站等媒体开设专栏采取多种形式宣传“1户1技能”培训工作，努力营造全社会参与支持培训工作的良好氛围。各乡（镇、社区）要在2015年7月底前进乡入户开展宣传动员和报名登记工作。

（四）健全落实机制。特区党委、政府主要领导是特区“1户1技能”培训工作的第一责任人，特区党建扶贫队队长是总协调人，特区人资社保、扶贫、农业、住房城乡建设等部门的主要领导为部门包保责任人，各乡（镇、社区）主要负责人具体抓好培训工作的落实。各有关责任人要对“1户1技能”培训工作做到底数清、情况明，从方案制定、任务分解、宣传组织、培训进度、资金调度、质量监控、培训补贴、成效分析等关键环节适时跟踪指导。各乡（镇、社区）从2015年7月份开始，每月至少要开设1 ~ 2个培训班。

（五）强化资金监管。特区财政及相关部门要千方百计调整支出结构，按规定足额筹集和使用培训资金，确保资金与培训任务相匹配。要切实加强资金监管，全面落实培训补贴公示公告制度。各乡（镇、社区）要及时核对农村建档立卡贫困户的情况，经初审、复审合格后，特区人资社保、财政等部门要在5个工作日内将培训补贴拨付到培训机构和培训企业。特区财政、审计等部门要按照职责加大对培训资金的监管力度，切实提高资金使用效益。

（六）加强调度统计。特区人资社保局牵头建立城乡劳动力“1户1技能”培训基础台账，各乡（镇、社区）、有关部门（单位）要将分管领导及联络员名单明确，按月将培训学员姓名、身份证号、培训专业、培训时间、就业创业等事项录入信息系统，建立本乡（镇、社区）、单位各项工作的基础台账并形成电子文档管理，按市、特两级的要求报送相关统计报表和培训总结，确保每年11月底前完成当年培训任务。特区人民政府将城乡劳动力“1户1技能”培训工作纳入对特区有关部门（单位）和各乡（镇、社区）的年度目标考核内容，实行不定期督查、按季通报和绩效评估。对工作落实不力的乡（镇、社区）、部门（单位），将按照相关规定进行问责。

六枝特区2015年深化经济体制改革重点工作实施方案

（2015年10月27日）

根据《省人民政府批转省发展改革委关于2015年深化经济体制改革重点工作实施方案的通知》（黔府发〔2015〕20号）和《市人民政府办公室关于转发六盘水市2015年深化经济体制改革重点工作实施方案的通知》（六盘水府办函〔2015〕90号）精神，按照《中共六枝特区委全面深化改革领导小组2015年工作要点》（六特办通字〔2015〕90号）安排，现提出六枝特区2015年深化经济体制改革重点工作实施方案。

一、总体要求

全面贯彻落实党的十八大和十八届三中、四中全会及省委、市委、特区党委有关会议精神，主动适应经济发展新常态，抢抓新机遇，以处理好政府和市场关系为核心，充分发挥经济体制改革的引导作用，进一步激发市场主体活力和经济发展内在动力，不断推动经济体制改革取得新进展，推进全区经济社会又好又快、更好更快发展，奋力走出一条资源型城市可持续发展的后发赶超之路，为我区同步全面建成小康社会提供坚实的制度保障。

坚持顶层设计与基层创新相结合。既重视顶层设计的科学性，又充分尊重基层群众实践和首创精神，从群众关注的焦点、生活的难点寻找改革的切入点，推动顶层设计和基层探索的良性互动、有机结合。

坚持质量与效益相结合。严格按照中央和省、市安排的时间表、路线图，加快推进各项改革任务，严把改革方案质量关，不断改进工作方法，确保改有所进、改有所成，充分释放改革红利。

坚持长远与当前相结合。既着眼长期制度安排，又结合改革任务的年度特点，同时聚焦重点，切实增强改革的针对性。

坚持任务部署与督促落实相结合。进一步把改革任务分解到位、督促落实到位，推动各项改革措施转化为体制机制的新成果，使改革更好地服务于稳增长、调结构、惠民生、防风险，使改革红利转化为发展新动力。

二、重点工作任务

（一）深入推进国有企业改革。1. 深入推进国有商贸粮食企业改革。在直属企业中开展混合所有制和职工持股试点工作。在完成区属国有企业清产核资工作的基础上出台具体的政策实施意见、方案，完成区属国有企业清产核资工作。待国家和省、市国有企业改革政策出台后，结合我区实际，准确界定不同国有企业功能。加快推进国有企业分类改革，确保国有企业资本保值增值。

对完全竞争性领域的企业，国有资本要完全退出，实行整体改制；对于资源加工类企业，要积极引进战略投资者，大幅减持国有企业股份，推进股权多元化，加快改制成混合所有制企业；在特区国有企业改革领导小组的领导下，按照特区人民政府出台的有关鼓励国有企业发展混合所有制经济制度意见和实施方案的要求，开展企业改革工作。（牵头单位：特区经济和信息化局；责任单位：特区财政局、发展改革局、人资社保局）

2. 开展国有资本投资运营公司和投资公司试点。进一步强化和完善国有企业投资管理、考核评价及规范运作等工作；完善国资监管体系，推进经营性国有资产集中统一监管，制定出资人审查事项清单及配套制度，探索建立授权经营体制，推进国有企业负责人薪酬制度改革。选择部分国有商贸流通企业开展国有资本运营公司和投资公司试点，逐步建立国有企业投资管控及规范运作机制。（牵头单位：特区经济和信息化局；责任单位：特区财政局、人资社保局）

3. 推进国有企业社会管理职能移交试点。待省出台国有企业社会管理职能移交相关办法后，按要求开展工作。（牵头单位：特区经济和信息化局；责任单位：特区财政局、发展改革局、人资社保局、教育局、卫生计生局、住房城乡建设局、交通运输局、六枝供电局）

（二）建立健全促进创业就业的体制机制。4. 完善扶持小微企业发展的体制机制。继续认真贯彻《国务院关于印发注册资本登记制度改革方案的通知》（国发〔2014〕7号），按照《省人民政府关于工商登记实行先照后证改革的意见》（黔府发〔2014〕28号）要求，坚持“便捷高效、规范统一、宽进严管”原则，切实将“重审批轻监管”转变为“宽准入严监管”，积极稳妥改革工商登记制度，大力推进工商注册制度便利化，推进工商、质监、税务“三证合一”登记改革工作。要规划建设1个以上省级中小企业创业基地（园）、创业孵化基地（园），引导中小微企业入园创业发展。（牵头单位：特区市场监管局；责任单位：特区经济和信息化局、地税局，各产业园区管委会）

5. 加强社会信用体系建设。2015年启动诚信红名单和失信黑名单制度，把诚信典型和诚信示范者列入“红名单”；建立完善失信名录，并向有关单位通报，在相关媒体上曝光典型失信案件。（牵头单位：特区市场监管局；责任单位：人行六枝支行，特区发展改革局、公安局）

（三）加快推进电力体制改革。6. 政府搭建平台，整合区域内能源行业，组建电力企业、煤炭企业、用电企业、工业园区参与的大用户直供电输配系统，引导水电、风力发电、光伏发电、企业自备电厂、瓦斯发电等企业参股建设，形成具有低电价优势的园区直供电优势，吸引新的大用户落户园区。（牵头单位：特区经济和信息化局；责任单位：六枝供电局，特区发展改革局、财政局、投资促进局）

（四）推进城乡规划管理和土地开发利用改革。7. 推进“多规融合”改革试点。推动经济社会发展规划、土地利用规划、城乡规划、环境规划等“多规融合”，合理确定开发空间，提高土地利用效率。（牵头单位：特区规划和城管局、国土资源局、住房城乡建设局、生态旅游局）

8. 推进城乡统一建设用地市场改革。加快城乡建设用地增减挂钩试点项目实施力度，对列入试点的项目，科学编制项目实施规划，两年内完成项目实施；按照国家、省出台的增减挂钩相关政策以及增减挂钩结余指标使用管理办法，结余指标重点保障城乡建设用地需求，产生的土地出让净收益及时全部返还用于改善农民生活条件和支持农村公益事业发展需要。（牵头单位：特区国土资源局；责任单位：特区政府法制办、住房城乡建设局、财政局、发展改革局、农业局、林业局）

9. 推进土地储备和开发利用管理制度改革。推动土地储备管理办法和土地储备资金管理办法实施，规范土地开发流程；科学把握土地出让时间节奏，在有条件的地区逐步推行国有经营性用地按楼面地价竞价出让方式，指导相关地区制定管理办法。（牵头单位：特区国土资源局；责任单位：特区住房城乡建设局、财政局）

（五）健全金融服务实体经济的体制机制。10. 推进农村“三权”抵押贷款。落实国家土地承包经营权，制发农村宅基地抵押贷款总体试点方案，尽快完成农村土地承包经营权和农村宅基地使用权确权颁证工作；探索建立农村土地承包经营权、宅基地使用权和林权的流转交易平台，为盘活“三权”奠定基础；建立“三权”抵押贷款风险担保或补偿基金，鼓励银行业金融机构积极开办“三权”抵押贷款业务。深入推进农村“三变”（资源变股权、资金变股金、农民变股民），增加农民财产性收入，加快农民增收致富。（牵头单位：特区农业局；责任单位：特区政府金融办、林业局、国土资源局，人行六枝支行）

11. 推动多层次资本市场发展。鼓励和引导民营企业运用多层次资本市场解决融资难题，对成功利用“新三板”、区域股权交易市场挂牌融资的民营企业给予支持。（牵头单位：特区政府金融办；责任单位：特区经济和信息化局、市场监管局、科技局）

（六）建立推进创新驱动的体制机制。12. 完善促进科技人员创业激励机制。加紧制定科技成果转化实施方案，对科技成果使用、处置和收益管理提出相关要求，完善科技人员创业激励措施。（牵头单位：特区科技局；责任单位：特区政府金融办、发展改革局、经济和信息化局、财政局、人资社保局、市场监管局、国税局、地税局，人行六枝支行）

（七）深化投融资体制改革。13. 放宽市场准入。严格执行《政府核准的投资目录（贵州省2015年本）》，进一步确立企业投资主体地位，赋予企业更多投资自主权，缩小政府核准范围。（牵头单位：特区发展改革局；责任单位：特区政府法制办、经济和信息化局、国土资源局、住房城乡建设局、环境保护局、交通运输局、水务局）

14. 创新重点领域投融资机制。进一步贯彻落实好《国务院关于加强地方性债务管理的意见》（国发〔2014〕43号）和《国务院关于创新重点领域投融资机制鼓励社会投资的指导意见》（国发〔2014〕60号）等文件精神，加强对PPP模式的推广运用，重点推广旅游、医疗、养老、学校、垃圾和污水无害化处理等项目。（牵头单位：特区发展改革局；责任单位：特区政府金融办、财政局、经济和信息化局、国土资源局、住房城乡建设局、环境保护局、交通运输局、水务局）

（八）推进新型城镇化体制机制创新。15. 推进户籍制度改革。成立六枝特区户籍制度改革领导小组，拟定户籍改革方案，年内全面展开户籍制度改革工作。（牵头单位：特区公安局；责任单位：特区政府法制办、发展改革局、教育局、民政局、财政局、人资社保局、国土资源局、住房城乡建设局、农业局、卫生计生局、林业局、统计局、扶贫局、移民局、地税局）

（九）推进简政放权、放管结合和转变政府职能。16. 深入推进行政审批改革。继续清理特区人民政府各工作部门实施的行政审批事项，公布清理结果和审批流程；全面清理和取消县级非行政许可审批事项；清理和优化特区人民政府各工作部门行政权力事项，公布行政权力清单；按照权责一致、有权必有责的原则，制定权力清单和与行政职权相对应的责任清单；待国家和省制定清理企业投资项目前置行政审批事项及中介服务和实行企业投资项目并联审批的具体办法出台后，区直行政审批实施机关严格执行。（牵头单位：特区政府法制办、编委办、发展改革局；责任单位：区直行政审批实施机关）

17. 深入推进收费清理改革。认真执行省新的收费目录清单；按照《市人民政府办公室关于印发六盘水市涉企收费专项清理规范工作方案的通知》（六盘水府办发电〔2015〕44号）要求，开展涉企收费专项清理规范工作；相关部门组成联合督查组，对强制垄断性经营性收费、行业协会商会收费和落实涉企收费政策执行情况进行重点抽查。（牵头单位：特区财政局、发展改革局；责任单位：涉费区直各部门）

18．深入推进监管和服务方式创新。探索实行“互联网＋监管”新模式，建立统一综合监管平台，推进综合执法。通过企业信用信息公示平台公示企业注册登记备案信息、动产抵押登记信息、股权出质登记信息、行政处罚信息；在企业信用信息公示平台公示行政许可准予变更延续信息、行政处罚信息。（牵头单位：特区政府法制办、市场监管局、发展改革局；责任单位：特区政务服务中心、区直行政审批实施机关）

三、工作要求

各部门、各单位要高度重视，由牵头单位认真制定工作实施方案，明确相关责任领导和工作人员；要将改革工作放到更加突出的位置，注重改革的系统性、整体性、协同性，充分发挥经济体制改革工作协调机制的作用，确保改革顺利推进。

大事记

一 月

5日　六枝特区政府副区长周金平率安全监管局、煤炭产业发展办公室和箐口乡政府有关人员深入猴子田煤矿进行安全督查。

6日　六盘水市委副书记、市长周荣率有关部门赴六枝调研，市人大常委会副主任陶兴锐，市人大常委会副主任、六枝特区党委书记高玉林，副市长付昭祥，市政协副主席滕树红参加调研。

是日　六（盘水）六（枝）高速正式通车，实现联网收费。

7日　六盘水路喜循环经济产业园区管委会主任郭旭照、特区组织部常务副部长周定忠与特区科技局负责人到路喜循环经济园区，看望慰问路喜集团聘用高层次人才、市管专家朱煜博士，并与其亲切座谈。

是日　特区党委副书记、政府代理区长方裕谦率队到木岗产业园区开展工作调研。

8日　六盘水市委副书记、市长周荣到六枝特区龙场乡、新华乡调研特色产业时强调，要立足资源禀赋和市场需求，因地制宜选择好、发展好山区特色产业，不断壮大地域经济，实现生态美、百姓富、产业兴。六盘水市人大常委会主任、六枝特区党委书记高玉林陪同调研。

9日　六枝特区召开区委十届常委会2015年第一次会议，决定加大投入，提高村干部报酬。从1月份起，村（居、社区）支书、主任、文书最低报酬标准由原来的每人每月1000元提高到每人每月1500元，妇女主任、团支部书记民兵连长最低报酬每人每月500元。

是日　国家林业局林场许准〔2015〕27号文件批准在六枝特区设立贵州黄果树瀑布源国家森林公园。准予设立黄果树瀑布源国家级森林公园，定名为“贵州黄果树瀑布源国家森林公园”。

12日　贵州省委副书记、省长陈敏尔到六枝特区，就实施“绿色贵州”建设三年行动计划、黔中水利枢纽工程建设等情况进行调研。

是日　六盘水市委常委、市政法委书记尹志华到六枝工矿集团有限责任公司调研。

13日　六盘水市人民政府副市长陈华率市安监局、市能源局有关人员，深入中寨乡督查地方煤矿安全生产。

14日　六盘水市人口计生“双诚信双承诺”暨“三按月”绩效管理推进会在六枝召开。

17日　2015年疾病预防控制工作会议在特区政府多媒体会议室召开，特区政府副区长郭萌出席会议并作讲话。各乡镇（社区）、特区卫生计生局、疾控中心、市二医、人民医院等相关单位负责人，以及各乡镇卫计院等有关负责人参加了会议。

20日　六枝特区2014年度区直部门满意度测评会在党委政府多媒体会议室召开，特区党委副书记石灿敏出席会议并作讲话。

21日　在最高人民法院召开的全国高级法院院长会议上，六枝特区人民法院荣获最高人民法院授予的“全国优秀法院”荣誉称号，成为全省获得此次殊荣的2家法院之一，是六枝法院建院以来获得的最高荣誉。

是日　贵州省六枝特区宏奇制药有限公司、贵州天地人和农业产业化发展有限公司等企业晋升为省级农业产业化经营重点龙头企业。

23日　六枝特区折溪乡与贵州纳兰星光农业开发有限公司成功签约，该公司将投资1.2亿元进行油茶种植项目。

24日　六枝特区中药资源普查队在六枝特区陇脚乡补雨村发现2株野生药用植物“蛇足石杉”。该植物为国家二级保护野生植物，在六枝特区为首次发现。

是日　中国新闻央视网刊登了六枝特区工矿与环境保护庭副庭长付锡江的感人事迹。

28日　六枝特区旧院水库正式开闸向城区供水，规划日供水量3.4万立方米。

28日　六盘水市纪委常委、市监察局副局长普兆敏率队到六枝特区调研指导民生项目监督特派组示范创建工作。

29日　六盘水市农村集体经济示范点建设观摩调研暨推进会在六枝特区召开。

是日　六盘水市人大常委会副主任、六枝特区党委书记高玉林深入党的群众路线教育实践活动联系点岩脚镇岱瓮村调研，检查指导教育实践活动整改落实“回头看”工作情况。

30日　六枝特区召开农村土地承包经营权确权登记颁证动员大会暨培训会。

31日　六枝特区政府副区长谭枫率特区投资促进局、大用镇、落别乡、郎岱镇单位负责人赴广州开展招商引资工作。本次招商是针对广州大健康医药产业开展的专项招商。

二　月

2日　贵州宜枝农业电商举行开业典礼，运营的阿里巴巴产业带郎岱现代农业园专业市场已正式上线。

是日　六枝特区党委副书记、政府代理区长方裕谦率队到六枝工矿集团化处公司调研。特区政府办公室、安全监管局、经济和信息化局、六枝工矿（集团）公司安监部有关负责人陪同。

是日　六枝特区召开全区发展壮大村级集体经济联席会议。

4日　贵州省政协副主席黄康生到六枝调研经济社会发展情况，并看望慰问困难群众。市委书记李再勇，市人大常委会副主任、六枝特区党委书记高玉林陪同调研。

是日　受水利部委托，水利部移民开发局在贵阳主持召开黔中水利枢纽一期水源工程下闸蓄水阶段移民安置工作验收复核会议，一致同意通过验收复核。

9日　贵州省环保厅厅长熊德威到六枝特区路喜园区调研，市委常委、市政府副市长周宏文，六枝特区党委常委、政府副区长安长辅陪同调研。

10日　六枝特区召开打击传销规范直销联席会议暨创建“无传销乡镇、社区”启动大会，特区党委常委、政府副区长任明星出席会议。

12日　六枝特区党委副书记、政府代理区长方裕谦到落别乡抵耳村开展春节慰问活动。

13日　以《精彩牂牁、厚德六枝》为主题的2015六枝春节联欢晚会在影剧院隆重举行。

是日　六盘水市委常委、市政法委书记尹志华到六枝特区走访慰问困难群众，六枝特区党委常委、政法委书记叶圣陪同。

13日　六枝特区召开农村工作会议暨扶贫开发工作会议。特区党委副书记、政府代理区长方裕谦，特区党委常委、政府常务副区长邹振伟，特区党委常委、政府副区长安长辅，特区人大常委会副主任王道洪，特区政协副主席赵孝和出席会议。

是日　六盘水市安全生产大检查六枝反馈会议召开。市政协主席杨宏远，六枝特区党委副书记、政府代理区长方裕谦，特区政府副区长周金平，特区政协副主席余红亚出席会议。

14日　六枝特区党委副书记、政府代理区长方裕谦率队开展全区安全大检查。

15日　六盘水市委副书记、市长周荣到六枝特区落别乡慰问，市人大常委会副主任、六枝特区党委书记高玉林，六枝特区党委副书记、政府代理区长方裕谦陪同慰问。

22—23日　由六枝特区布依学会、特区民族宗教事务局联合主办，中寨乡箐脚村村支两委承办的首届六枝特区布依族年轮歌酒令歌大赛在中寨乡捞河小学开幕，北京布依学会、省布依学会、安顺地区、六盘水市布依学会代表及市、特区有关领导出席开幕仪式。

25日　六枝特区在全区范围内开展“绿色贵州”建设三年行动计划植树造林活动，六盘水市人大常委会副主任、六枝特区党委书记高玉林出席启动仪式，宣布活动正式开始。六枝特区党委副书记、政府代理区长方裕谦，特区人大常委会主任王朝荣出席启动仪式。

26日　六盘水市人大常委会副主任、六枝特区党委书记高玉林主持召开特区党委节后复工复产工作调度会，安排部署全区2015年经济工作和节后复工复产工作。

是日　《贵州省健康养生产业发展规划（2015—2020年）》出台，六枝特区牂牁江山地休闲园、廻龙溪温泉、贵州天宝龙井温泉水上乐园度假村3个重点项目纳入全省“亚高康体养生特色发展集聚区”康体养生园区基地重大项目。

27日　六枝特区召开党委常委（扩大）会议，会上宣布市委关于六枝特区有关干部任免决定，免去周金平六枝特区人民政府副区长职务，任命其担任任六枝特区区人大常委会副主任职务。

28日　六枝特区2015年春季教育工作会议暨普十五工作启动会在教育局五楼会议室召开。

三　月

1日　六枝特区政府副区长周龙率安监局等单位到化处等煤炭矿井企业进行安全检查。

2日　六盘水市人民政府副市长陈华到六枝工矿集团对煤矿安全教育实践活动进行督察，特区政府副区长周龙陪同。

3日　中国共产党六枝特区第十届纪律检查委员会第五次全体会议开幕，市人大常委会副主任、特区党委书记高玉林，党委副书记、政府代理区长方裕谦，党委常委邹振伟、吕荣、幸雪梅、安长辅、杜安祥、叶圣、任明星出席会议。特区人大常委会主任王朝荣、政协主席夏明参会。

是日　六枝特区召开学习“全国优秀法院”六枝法院先进事迹座谈会，省高院党组成员、政治部主任杨维出席会议。

4日　中国共产党六枝特区第十次代表大会第四次会议召开。

6日　六枝特区2015年第一季度招商引资工作调度会在特区政府六楼会议室召开。

7日　六枝特区召开主要污染物总量减排工作推进会。

8日　六盘水市委副书记、市长周荣，副市长马雷、陈华到路喜园区召开专题会议，落实王江平副省长关于路喜园区发展的批示，市人大常委会副主任、六枝特区党委书记高玉林，党委副书记、政府代理区长方裕谦，政府副区长谭枫、周龙出席会议。

是日　六盘市人大常委会副主任、六枝特区党委书记高玉林到陇脚乡、郎岱镇调研农业产业项目及茶叶基地建设情况，特区党委常委、政府常务副区长安长辅陪同。

9日　中国人民政治协商会议六枝特区委员会第八届四次会议在特区人民会场召开。

是日　六盘水市委常委、政法委书记尹志华到六枝公安局视察指导立体化治安防控工作。特区党委常委、政法委书记、公安局局长叶圣陪同。

11日　六枝特区第十一届人民代表大会第四次会议在特区人民会场召开。

是日　六枝特区常务副区长安长辅主持召开特区财税工作座谈会，特区财政局、特区国税局和六枝特区地税局领导班子成员参加座谈会。

12日　“最美凉都.青春绿动”携手共建“共青林”环保行动暨2015青少年植绿护绿集中行动启动仪式在六枝落别乡抵耳村举行。贵州团省委书记凃研，六盘水市人大常委会副主任、六枝特区党委书记高玉林，副市长谢朝碧，团市委书记王永明，六枝特区党委副书记邹振伟，政府副区长郭萌出席活动并为共青林环保基地揭牌。

14日　中国人民政治协商会议第八届六枝特区委员会第四次会议万圆满完成各项议程胜利闭幕。大会通过了《中国人民政治协商会议第八届六枝特区委员会提案委员会关于八届四次会议提案审查情况的报告》《中国人民政治协商会议第八届六枝特区委员会第四次会议决议》。

15日　六枝特区第十一届人民代表大会第四次会议在六枝特区人民会场举行第三次全体会议，六盘水市人大常委会副主任、六枝特区党委书记高玉林主持会议。会议选举方裕谦为六枝特区人民政府区长，选举周金平为六枝特区人大常委会副主任。

是日　六枝特区召开2015年招商引资工作会议。六盘水市人大常委会副主任、六枝特区党委书记高玉林，特区党委副书记、政府区长方裕谦，党委常委、宣传部部长幸雪梅。人大常委会副主任王菁，政府副区长谭枫，政协副主席黄世杰出席会议。

16日　六枝特区召开2014年同步小康驻村工作总结表彰暨2015年动员部署会。

是日　六枝特区举行天然气通气点火仪式。六盘水市人大常委会副主任、市工商联主席陶兴锐，六枝特区人大常委会副主任、工商联主席金芬，特区政协副主席黄秋英出席点火仪式。

17日　六枝特区“明礼知耻崇德向善在家庭”主题实践活动暨2015年寻找“最美家庭”活动启动。

17日—18日　贵州省武警总队政治部副主任陈东升、省民政厅优抚安置局副局长周昶率省双拥工作考核组到六枝考核争创省级双拥模范城（县）工作情况。

18日　六枝特区召开2015年第一季度工业经济工作会议。

是日　六盘水市人民政府副市长谢朝碧到六枝调研卫生计生以及新农合工作。

19日　六盘水市委宣传部常务副部长龚远鹏率全市文艺工作调研组对六枝文艺工作开展情况调研。

是日　六盘水市人民政府副市长范三川在市档案局党组书记、局长何楠的陪同下到六枝就档案馆建设情况进行实地调研。

20日　六枝特区召开区委政法工作会议。

21日　六盘水市人民政府副市长付昭祥到六枝调研猕猴桃及茶产业发展情况。

22日　民盟六枝总支在中寨乡西嘎举行“学盟史知政情，为六枝发展献计出力”主题活动，将政治学习与娱乐活动相结合，为广大盟员带来一次内容丰富、意义深刻的活动。民盟市委主委、六盘水市人民政府副市长范三川出席活动。

23日　贵州省住建厅城建处处长何宏端代表省第三督查组深入六枝特区督查省住建系统民生工程实施情况。

是日　六枝特区在党委政府五楼会议室举行扩大试点乡镇经济社会管理权限行政职权交接仪式。六盘水市人民政府行政复议委员会专职副主任吴定勇、六枝特区党委常委、政府副区长任明星出席交接仪式。

24日　六盘水市人民政府副市长陈华率市安监局、市能源局相关单位负责人到六枝猴子田煤矿检查安全生产工作，特区政府副区长周龙陪同。

25日　贵州省食品药品监督管理局注册处处长向照斌到六枝特区贵州宏奇制药有限公司使用药品内包材情况进行专项检查。

26日　六枝特区召开2015年食品安全工作会议。

27日　贵州省人民政府正式批复同意六枝特区乡镇行政规划调整，同意撤销平寨镇、郎岱镇、堕却乡、新华乡、龙场乡、新窑乡、洒志彝族布依族苗族乡、陇脚布依族乡、折溪彝族乡、箐口彝族仡佬族布依族乡、毛口布依族苗族乡等11个乡（镇）建制，设置新的九龙街道、银壶街道、塔山街道、郎岱镇、关寨镇、牂牁镇、新华镇、龙河镇、新窑镇、月亮河彝族布依族苗族乡。

28—29日　贵州省委组织部副部长、老干部局局长石松江赴六枝特区专题调研离退休干部党组织建设情况。

30日　六枝特区召开“四创”暨创建国家卫生县城攻坚动员大会。市人大常委会副主任、特区党委书记高玉林出席会议。

31日　六枝特区2015年第二季度安全生产工作会议在特区党委政府多媒体会议室召开。

四　月

3日　六盘水市委副书记、市委组织部部长杨昌鹏率队到六枝对大用镇“三变”（资源变股权、资金变股金、农民变股民）工作以及发展壮大村级集体经济等情况进行调研。

7日　国家质检总局发布公告（2015年第45号），受理“落别樱桃”和“六枝龙胆草”申报国家地理标志产品保护。

是日　六盘水市2015年第一次全市项目建设现场观摩会观摩团到六枝观摩。市委书记李再勇，市委副书记、市长周荣，市人大常委会主任黄金等市领导出席观摩会。

8日　六枝特区人民政府副区长周龙率队到落别乡实地勘查六枝100×104/d液化天然气（LNG）加工厂项目建设用地。

9日　六枝特区召开油气化安全保护工作会议。

11日　六枝特区召开2015年第二季度项目调度会。

13日　六枝特区党委副书记、政府区长方裕谦主持召开六枝特区人才工作会议，对全区人才工作领导小组组成人员进行了调整，讨论《六枝特区高层次青年人才培养实施方案（试行）》和《六枝特区第一届区管专家评审方案》，会议还研究引进人才待遇问题，听取六枝特区参加第三届中国贵州人才博览会工作开展情况的相关汇报。

是日　中国魔芋协会会长张盛林到六盘水郎岱农业产业园区指导魔芋产业发展，六枝特区扶贫局、六盘水郎岱农业产业园区、宜枝魔芋生物科技有限公司等相关领导陪同。

14日　六盘水市人民政府副市长陈华到六枝液化天然气（LNG）工厂施工现场调研。

是日　黔中水利枢纽工程正式蓄水。

16日　由省民宗委文教处处长杨昌耸为组长，贵州师范大学教授冯胜刚、贵州民族大学教授杨世如、贵州民族歌舞团石明铁为成员的评估组到六枝特区陇脚乡中学，对民族传统体育训练基地建设情况进行考核评估。

是日　“中美民族博物馆合作项目研讨会田野考察团”到梭戛乡生态博物馆开展考察活动。

18日　由六枝牂牁文化传媒公司承办的第一届樱桃节暨布依文化旅游节在落别乡牛角村隆重举行，吸引了万名游客前往采摘樱桃。

19日　六枝特区举办凉都周末大讲堂2015年第五期《公务礼仪》专题讲座。邀请贵州大学旅游与文化产业学院现代礼仪培训中心主任杨序琴教授授课。

20日　六枝特区党委副书记、政府区长方裕谦主持召开“四创”工作专题会议，听取全区创建办关于“四创”相关工作汇报，各部门作了表态发言。方裕谦对“四创”工作作出具体要求。

21日　六盘水市人民政府副市长谢朝碧到六枝调研计生工作，特区政府副区长郭萌陪同调研。谢朝碧一行先后到落别乡抵耳社区、银壶社区、政务服务大厅、新窑乡联合社区进行调研。

是日　由市妇联主席石灿敏担任组长的市督查组一行对六枝妇女儿童发展规划实施和妇女小额担保贷款工作进行督查指导。

22日　六枝特区党委副书记、政府区长方裕谦率队到六枝电厂、岩脚新城调研项目建设。特区财政局、规划和城管局、交通运输局等相关部门陪同调研。

27日　遵义市汇川区现代农业暨城市建设考察组到六枝考察学习六枝现代农业建设。特区党委常委、政府常务副区长安长辅陪同。考察组先后考察大用生态农业产业园区、郎岱现代农业综合产业示范园区。

28日　六盘水市2015年第一次旅游景区建设推进会暨“五一”旅游宣传推介会走进六枝。六盘水市人民政府副市长马雷，特区党委副书记、政府区长方裕谦，政府副区长撒玉怀出席活动。

29日　六盘水市纪委副书记李文旭率队到龙河镇检查指导纪检信访举报工作。特区党委常委、纪委书记杜安祥陪同。

五　月

4日　六盘水市计划生育半年形势分析暨“双诚信双承诺”现场观摩会在六枝特区举行。市委副书记、市长周荣，市委副书记、市委组织部部长杨昌鹏分别率领参加全市计划生育半年形势分析暨“双诚信双承诺”现场观摩会代表在六枝特区观摩。

是日　六盘水市人民政府副市长陈华率市能源局、市安监局到六枝六龙煤矿、化处煤矿开展第二季度安全生产检查。

7日　2015年全省牲畜屠宰监管工作推进会在六枝特区召开。贵州省农工委副书记、省农委党组副书记、副主任杨兴友，省农委党组成员、副主任黄晓，省农委党组成员、总畜牧师瓦庆荣，六盘水市人民政府副市长付昭祥，六枝特区党委副书记、政府区长方裕谦出席会议。省农委及全省农业战线负责300余人参加会议。

是日　六枝特区党委副书记、政府区长方裕谦主持召开“四在农家美丽乡村”建设暨农业园区建设推进会。

11日　贵州省打击传销规范直销工作联席会议办公室督查组组长、省工商局直销监管处处长谢端林到六枝特区督查“打击传销规范直销”和创建“无传销县”工作。

是日　六枝特区召开“民营企业服务年”活动动员部署暨“百千万”工程调度会议，标志着六枝特区“民营企业服务年”活动正式启动，六枝特区政府副区长谭枫出席会议。

12日　六枝特区召开与北京首创股份有限公司合作座谈会，特区党委副书记、政府区长方裕谦，党委常委、政府常务副区长安长辅出席会议。

是日　由特区环保局组织水务局、公路管理段、堕却乡等单位对六枝特区县城集中饮用水源地中坝水库进行现场检查。检查组对水库水质、沿库公路、垃圾收集等情况进行了检查。

13日　市人大常委会副主任、特区党委书记高玉林，以专题党课的形式，开展全区“三严三实”专题教育。特区人大常委会主任王朝荣，特区政协主席夏明，特区党委副书记邹振伟、李卫杰，党委常委李海燕、幸雪梅、杜安祥、叶圣、杨刚、任明星，其他在职副科级以上领导干部600余人参加。

是日　六盘水市纪委监察局副局长普兆敏到六枝特区督查民生项目监督特派组示范点运行情况。六枝特区党委常委、纪委书记杜安祥陪同。

15日　六枝特区党委常委、纪委书记杜安祥为全区340名纪检监察干部（含各村纪检员）作“践行‘三严三实’要求努力做忠诚、干净、担当好干部”为主题的教育党课。

18日　美国熙洛集团到六枝考察。

19日　六枝能源投资开发有限公司在牛场乡黄坪村举行第一口煤层气勘探井——“牛1井”开钻典礼。“牛1井”的开钻，标志着特区政府和能源投资开发有限公司煤层气勘探开发合作进入实质性阶段。

是日　市人大常委会副主任龙秋芳到六枝特区调研“3155”工程暨“绿色贵州”三年行动计划建设情况。

20日　六枝特区党委常委、常务副区长安长辅率队到威宁雪榕生物科技有限公司、水城县猕猴桃产业示范园区等地进行食用菌种植、无土栽培、花卉苗木、农业休闲观光等项目考察学习。

21日　贵州省住建厅副巡视员张秀丽到六枝检查“多彩贵州文明行动”工作情况。

22日　六盘水市委书记李再勇到六枝对养殖业及小微企业发展进行专题调研。市委常委、市委秘书长郑建国，市人大常委会副主任、六枝特区党委书记高玉林，市政府副市长付昭祥参加调研。

23日　特区政府区长方裕谦率特区政府办公室、水务局、国土资源局等主要负责人到联系的直溜水库及涉及乡镇地质灾害隐患点开展巡查检查。

25日　贵州兴黔财富资本管理有限公司副总经理贾鑫到六枝考察。特区党委副书记、政府区长方裕谦，党委副书记邹振伟，党委常委、政府常务副区长安长辅参加座谈。

26日　贵州省委组织部远程办专职副主任、党员教育中心主任吴刚平，省委组织部组织二处副处长高峰，省委政策研究室副主任科员王涛到六枝调研。六盘水市委组织部副部长张勇，六枝特区党委常委、组织部部长、统战部部长吕荣陪同调研。

是日　贵州省移民局总工程师汤越强等人组成的检查组到六枝开展移民项目资金专项整治行动检查。

27日　六枝特区召开2015年实施妇女特色手工产业“凉都锦绣计划”工作会议。特区党委副书记邹振伟出席会议。

29日　六盘水市人大常委会副主任阳松林率队到岩脚镇调研岩脚大畅面条厂、市场综合体、廻龙溪温泉度假村。

31日　六盘水市人大常委会副主任、特区党委书记高玉林到贵州金森源木业有限公司调研。

六　月

1日　六枝特区人大常委会副主任周金平到六枝特区人民法院对涉诉信访工作进行调研并指导工作。

2日　六枝特区人民政府党组书记、区长方裕谦以专题党课的形式，在特区党委政府多媒体会议室开展“三严三实”专题教育。特区人民政府副区长任明星、于军锋，特区人民政府调研员李用凯出席。特区政府办公室全体干部职工及政府系统工作部门、单位主要负责人，各园区管委会、各乡（镇）人民政府、各社区服务中心主要负责同志参加此次党课。

是日　六枝特区召开牂牁江园区规划调整审查会，特区政府区长方裕谦、副区长于军锋出席会议。会议汇报了牂牁江规划调整情况，观看了多媒体课件，各相关单位交流发言。

3日　六枝特区人民政府区长方裕谦率队到堕却乡下坝水库、牛坡村，箐口乡过瓦小学、过瓦村等地质灾害点检查地质灾害防治工作。

是日　贵州省委党校调研组深入六枝特区调研绿色小城镇建设情况，市住建局副局长贾应华、特区政府调研员李用凯、特区住建局副局长高静陪同调研。

是日　六枝特区村镇建设工作会议在住建局一楼会议室召开。会议贯彻落实中央、省、市城镇化建设有关会议精神，总结2014年村镇建设工作，安排2015年工作任务。

4日　六盘水市委副书记、市长周荣率有关部门负责人到六枝开展遍访活动。特区党委副书记、政府区长方裕谦陪同。

8日　六盘水市民生监督工作经验交流会在六枝龙河镇召开，市纪委副书记李文旭主持会议，市纪委常委周晓波，市监察局副局长普兆敏，特区党委常委、纪委书记杜安祥参加会议。

是日　辽宁省人大农委副主任李汪洋、辽宁省农村经济委员会副巡视员黄继新、辽宁省人大农委农业处处长王燕平等5人到郎岱农业产业园区考察调研。六盘水市人大农经委主任吴显龙、市农委副主任王奇兵、郎岱园区负责人陪同调研。

9日　中组部党建所副所长赵湘江一行深入到六枝特区开展基层党建工作调研。市委副书记、市委组织部部长杨昌鹏，市人大常委会副主任、六枝特区党委书记高玉林及省、市组织部门相关人员陪同。

是日　六枝特区党委副书记李卫杰到塔山社区高峰村指导党建扶贫和同步小康驻村工作，并召开座谈会。

10日　西南能矿集团股份有限公司董事长李在文一行到六枝现场考察LNG项目，实地查看落别LNG厂，详细了解建设现状和项目建设进度情况。市人大常委会副主任、特区党委书记高玉林，副市长陈华，特区政府区长方裕谦等会见了李在文一行，双方就深化新能源项目推进建设等事宜进行了会谈。

14日　贵州省委常委、常务副省长秦如培带队赴六盘水市检查安全生产工作。市委副书记、市长周荣，市人大常委会副主任、六枝特区党委书记高玉林，副市长陈华陪同调研。

15日　六盘水市委常委、政法委书记尹志华率队到六枝中寨凸山田煤矿、路喜园区调研煤矿发展现状。特区政府副区长谭枫、周龙陪同调研。

16日　贵州省统计局副局长冯育毅率队到六枝特区调研。市人大常委会副主任、特区党委书记高玉林，特区党委常委、政府常务副区长安长辅陪同调研。

是日　六枝特区召开推进工业经济发展企业座谈会，特区政府副区长谭枫出席会议并讲话。谭枫就全区工业企业发展中存在的问题和困难与企业负责人进行交流。

18日　贵州省妇联副主席杨玲一行到六枝调研留守儿童工作开展情况。六盘水市妇联主席石灿敏，特区党委常委、宣传部部长幸雪梅陪同调研。

是日　由六枝特区妇联承办的“锦绣计划”民族手工技艺展演赛暨手工品展销会落下帷幕。省妇联副主席杨玲，市妇联主席石灿敏，特区党委常委、宣传部部长幸雪梅出席颁奖仪式。

19日　六盘水市政协副主席赵泽义一行到六枝特区对砂石土资源开发管理工作进行调研。市政协委员、市有关部门领导，特区政府及有关部门领导陪同调研。

21日　六盘水市安全监管局局长李恒超率队到六枝特区六龙煤矿检查安全生产情况，特区政府副区长周龙陪同。

23日　六枝特区南环路西段工程全面开工建设，项目总投资6.5亿元，线路起于补林大桥，经六枝矿、高峰村安家寨连接六六高速公路六枝西出口延伸线，全长5.7公里，路基宽40米，建设计划工期为540天。

是日　贵州省委督查室主任施建中率队到六枝特区督查留守儿童关心帮扶救助工作，特区政府副区长郭萌陪同。

24日　华润集团公司总经理乔世波率队到六盘水市回访，与市委书记李再勇，市委副书记、市长周荣等市县领导就加快六枝电厂建设有关工作进行座谈协商，并在煤电联营、医药产业合作、地道中药材种植、医养结合产业发展等方面达成初步共识。

25日　六枝特区召开2015年人才工作座谈会，特区党委常委、组织部部长、人才工作领导小组副组长吕荣出席会议。区直部门相关单位、引进高层次人才代表等参加会议。区委组织部副部长周定忠主持会议。会上通报了全区近年来人才工作情况，安排部署下一步人才工作。对曹晓军、何世兰、王井洪、张廷兵等4位授予市管专家荣誉证书，同时对引进的高层次急需紧缺人才每人发放5万元的人才住房补贴。

26日　市政协主席杨宏远率队到六枝考察旅游文化产业发展情况。市政协副主席田满华、张俊昌、邓刚、赵泽义、滕树红、吴文祥参加考察。市人大常委会副主任、特区党委书记高玉林，特区党委副书记、政府区长方裕谦，政协副主席吴文英陪同。

是日　市委常委、市纪委书记张集智深入联系点开展调研，遍访贫困村贫困户，看望留守儿童。市纪委副书记李文旭，特区党委常委、纪委书记杜安祥陪同调研。

27日　市人大常委会副主任、特区党委书记高玉林率队到新场乡、牛场乡遍访贫困户、走访集体经济“空壳村”，调研基层党建工作和经济社会发展情况。特区党委副书记邹振伟，党委常委、党办主任杨刚陪同调研。

29日　黔中水利枢纽工程龙场槽渡拱圈吊装完成，为贵州省首个大型跨地区、跨流域、长距离水利调水工程——黔中水利枢纽工程实现如期通水目标打下了基础。

是日　“精品六枝”栏目网页在光明网贵州频道上线。栏目开设六枝要闻、党政在线、精神文明、四创之窗、乡镇风采、人文六枝和六枝美景七个板块，为六枝特区的各项工作动态、亮点、成效和典型经验及时搭建了向外展示的宣传平台。

七　月

1日　六枝特区庆祝中国共产党成立94周年暨表彰大会在影剧院举行。市人大常委会副主任、特区党委书记高玉林，特区党委副书记、政府区长方裕谦，特区人大常委会主任王朝荣，特区政协主席夏明，党委副书记邹振伟，特区党委常委吕荣、幸雪梅、安长辅、杜安祥、叶圣、杨刚、任明星出席会议。

7日　六盘水市第二季度“四在学校·幸福校园”现场观摩会在六枝特区举行。六盘水市人民政府副市长谢朝碧，市关工委常务副主任靳茹，市教育局党委书记、局长刘纯，六枝特区党委副书记、政府区长方裕谦，政府副区长撒玉怀参加活动。

是日　六枝特区电子商务协会成立暨电子商务发展大会在六枝特区职业技术学校举行。六枝特区有关领导出席会议并为贵州宜枝农业电子商务有限公司授牌。

11日　中央电视台地理中国栏目播放六枝犀牛洞科探记纪录片《天井追踪》。

13日　六枝特区召开“多彩贵州文明行动”暨“创卫”工作调度会。特区党委常委、宣传部部长幸雪梅，政府副区长郭萌参加会议。会议汇报了市容环境卫生、城市管理、药品安全、砂石场以及建筑工地车辆带泥进城等重点工作开展情况，对存在的问题进行分析，并制定下一步工作措施。

14日　贵州省委组织部部长孙永春到六枝特区调研。六盘水市委书记李再勇，市委副书记、市长周荣，市人大常委会副主任、六枝特区党委书记高玉林参加调研活动。孙永春实地察看了六枝特区落别乡牛角村基层组织建设和同步小康驻村工作情况。

15日　六枝特区召开六枝至水城天然气支线管道建设汇报会，市人大常委会副主任、特区党委书记高玉林出席并作重要讲话，特区政府副区长谭枫参会。

18日　在新华社《半月谈》杂志社、新华社《中国名牌》杂志社、全国城市景区发展网及中国国情调查研究中心共同举办的“首届生态文明建设高峰论坛暨城市景区成果发布会”上，六枝特区喜获“全国十佳生态休闲旅游城市”称号。

19日　六盘水市人大常委会副主任、六枝特区党委书记高玉林率队调研城区建设项目进展情况，特区政府副区长撒玉怀陪同调研。

20日　全省上半年经济发展水平综合排位揭晓，六枝特区以80.97分位列全省非经济强县第七位。在参评的34项经济指标中，有三项位列全省非经济强县榜首。

21日　贵州省人大常委会委员李建国率省人大代表到六枝调研农业产业发展建设情况，李建国一行先后到落别布依民俗博物馆、牛角村、抵耳村、万亩车厘子基地实地调研农业产业化建设情况。

是日　2015年贵州屋脊·中国凉都六盘水消夏文化节系列活动之凉都月亮河“六月六布依风情文化节”隆重开幕。市政协副主席王兴建，特区领导邹振伟、幸雪梅、张隽、王菁、余红亚、吴文英参加开幕仪式。

22日　六枝特区食安办联合盐务、农业、公安、市场监管等部门开展食盐专项整治活动。

26日　六盘水市人大常委会副主任、六枝特区党委书记高玉林主持召开全区乡村建设工作推进会，研究部署下一阶段乡村建设工作。

27日　贵州省教工委副书记赵廷昌一行到月亮河乡遍访贫困户，进一步提升对月亮河乡的对口帮扶工作力度，将党和政府的关怀与温暖送到困难群众的心坎上。特区党委副书记李卫杰，党委常委、政府副区长张隽陪同。

29日　六盘水市委副书记魏雄军率相关部门负责人赴六枝特区新窑镇丽萍竹制品加工厂产业基地调研。六枝特区党委副书记邹振伟、宣传部部长幸雪梅等陪同。

7月29日—8月3日　六盘水市人大代表到落别乡、岩脚镇对六枝特区教育9+3、小城镇建设、精准扶贫工作开展情况进行专题调研。

31日　六盘水市委副书记、市长周荣到六枝调研小城镇建设发展大会筹备情况，研究部署有关工作。市人大常委会副主任、六枝特区党委书记高玉林，特区党委副书记、政府区长方裕谦，党委常委、政府常务副区长安长辅陪同调研。

是日　在中国人民解放军建军88周年来临之际，六盘水市人大常委会副主任、六枝特区党委书记高玉林，率特区“八一”拥军慰问团，先后到武警六枝特区中队、特区公安消防大队、特区人武部，看望慰问驻境部队官兵，向他们致以节日的祝福和亲切问候。

八　月

1日　六枝特区召开党委常委专题会，研讨六枝特区筹备全省第五届小城镇建设发展大会的工作情况。

2日　六盘水市委副书记、市委组织部部长杨昌鹏率队到六枝特区开展党建督导工作。

3日　六枝特区召开村党支部第一书记培训会。对区直以上相关单位选派的第一书记及驻村干部进行党务知识培训，增强他们对精准扶贫、“三变”、基层组织建设和发展壮大村级经济累积等方面业务能力，切实为六枝特区“生态美、百姓富”做出更大的努力。

5日　贵州省政协副主席黄康生一行到六枝特区遍访贫困户。市人大常委会副主任、六枝特区党委书记高玉林，市政协副主席田满华，特区政协主席夏明，党委常委、组织部部长吕荣，党委常委、政府副区长张隽陪同。

是日　六枝特区扶贫生态移民“十三五”规划编制完成。

5—6日　贵州省人大农委主任委员吴坤凤率队到六枝特区调研督促《贵州省黔中水利枢纽工程管理条例》的贯彻落实情况。

6日　六枝特区人民政府区长方裕谦主持召开六枝特区政府融资专项工作会议。

8日　六枝特区人民政府区长方裕谦率生态旅游局、投资促进局、六枝特区梦源农业综合开发有限公司等相关负责人参加了以“生态引领、转型升级，推动六盘水大健康旅游文化产业跨越发展”为主题的六盘水市第二届旅游文化产业发展大会。

9日　六盘水市委副书记、市长周荣与贵州省国资委常务副主任黄秋斌，省国资委党委副书记陈亮贵到六枝工矿（集团）公司调研，切实帮助六枝工矿（集团）公司改革脱困。

是日　六枝特区召开“三严三实”专题教育暨党风廉政建设集中专项整治推进大会。

10日　贵州省政协副主席孙国强、孔令中率省政协常委组团赴六枝视察高效农业扶贫示范园区建设情况。

是日　由六盘水市教育局主办、六枝特区教育局承办的2015年暑期教师心理健康培训在六枝特区第八中学举行。

11日　六枝特区召开党委经济工作分析会。市人大常委会副主任、特区党委书记高玉林主持会议并作重要讲话。

14日　六枝特区召开区委工作会议，学习贯彻习近平总书记视察贵州重要讲话精神和省委、市委工作会议精神，就做好下半年经济工作、谋划好“十三五”发展进行安排部署。

17日　六枝特区落别乡突降大雨。造成落别村西龙庄、落别上场口、落别小学、落别民中等地的部分单位及部分农户房屋被淹。

18日　国家西南环保督查组到六枝特区开展督察工作，督促环境违法的处罚措施落实到位。特区党委副书记李卫杰、政府副区长谭枫参加。

是日　黔西南州扶贫开发办一行40余人赴六枝特区考察学习精准扶贫工作方法。

20日　六枝特区农村电子商务培训班在郎岱镇宜枝电子商务中心开班，拉开农村电商技能人才培训大幕，开启农村电商“充电模式”。

22日　区委召开常委会议，传达学习2015年全省第二次项目建设现场观摩会、全省电子商务发展大会、全省产煤县县委书记集体谈话会和市委常委（扩大）会议精神，传达《中共贵州省委办公厅贵州省人民政府办公厅关于切实做好抗日战争胜利70周年纪念活动期间信访工作的通知》，安排部署全区相关工作。

23日　六枝特区月亮河有机水稻和六枝特区中药材坚龙胆2个种植标准体系评审会在六盘水市质监局会议室召开，由市政协环资委、市农委、市药检所、钟山区农业局和六枝特区农业局等有关单位的专家和技术人员组成的评审组对2个标准体系进行评审。

24日　六枝特区十一届人民政府第52次区长办公会议在六枝宾馆五楼会议室召开，研究华润电力（六枝）有限公司项目用地划拨相关事宜。

25日　六枝特区召开2015年秋季教育工作暨党风廉政建设大会。

26日　贵州省人民政府副省长何力率贵州省卫计委副主任张光奇，民盟省委副主委、贵州医科大附院副院长于扬，以及专家团队到六枝特区调研。

是日　山东省东平县委书记赵德健率考察团赴六枝考察学习。赵德健一行先后到郎岱园区猕猴桃基地、六枝特区宜枝魔芋生物科技有限公司、郎岱农业产业园区农产品电子商务公司、大用园区车厘子基地、落别乡抵耳村民族文化广场，通过实地考察、听取园区负责人汇报的方式，详细了解“三变”工作情况。

29日　特区党委常委、宣传部部长幸雪梅率队赴四川眉山市青神县考察竹编产业发展情况。

30日　六枝特区经济工作调度会在六枝宾馆五楼会议室召开，分析1—8月全区经济运行情况，安排部署下步经济工作。

31日　在首届贵州省大健康医药发展大会上，授予六枝特区等10个县市、区“全省大健康发展医药产业示范区”称号，六枝特区是六盘水市唯一获此殊荣的县区。

是日　六盘水市人大常委会副主任、六枝特区党委书记高玉林，党委常委、组织部部长吕荣看望慰问抗战离休老干部，向他们致以崇高的敬意和亲切的问候。

九 月

1 日　六枝特区卫生计生局在新广场组织开展以家庭为基础的“营养科学进万家”活动，特区政府副区长郭萌出席活动。

2 日　2015 年“中国凉都 · 六盘水牂牁江”国际滑翔伞邀请赛新闻发布会在贵阳举行，六枝特区党委常委、宣传部长幸雪梅，六盘水牂牁江风景名胜区党工委书记、牂牁江镇党委书记王华，六枝特区文体广电新闻出版局副局长袁瑞岍出席新闻发布会。

6—7 日　六枝特区党委常委、组织部部长、统战部部长吕荣带队到盘县考察学习，来自特区各乡镇的部分党委副书记、组织委员、村党支部书记、驻村第一书记等 30 余名党员干部参加此次考察交流活动。

7 日　在文化部第十三届西部民歌（花儿）歌会上传来喜讯，六枝特区选送有箐林之声歌队《打亲》歌舞演艺节目喜获金奖。

9 日　贵州省档案局纪检书记黄劲松率有关人员，对六枝特区档案馆建设情况进行调研。

10 日　六枝特区召开庆祝第 31 个教师节表彰大会，表彰 130 名优秀教师、30 名优秀教育工作者、20 名山区守望者、20 名教坛新秀、8 名师德标兵，以及 7 个教育教学优秀单位、5 个教育教学质量进步单位。

是日　六枝特区宜枝魔芋生物科技有限公司等 23 家企业组织六枝特区名优茶、魔芋产品、岩脚面条、郎岱酱、牛场辣椒、月亮河鸭蛋、月亮河有机米、甜酒米酒、民心皮蛋、郎岱粑粑、苦荞系列产品及其他特色农产品参加第二届“贵州屋脊 · 凉都珍好”高原山地特色农产品六盘水展销会。

14 日　六枝特区第九次妇女代表大会在特区人民会场开幕。会议的主要任务是听取和审议六枝特区妇联第八届执行委员会工作报告，选举产生六枝特区妇联第九届执行委员会，选举六枝特区出席六盘水市妇联第七次代表大会的代表。

16 日　贵州省委第一巡视组进驻六枝特区开展巡视工作。

是日　六盘水市委常委、水城县委书记张志祥率队到六枝参观考察现代山地特色高效农业建设情况。特区党委副书记、政府区长方裕谦，党委副书记邹振伟，党委常委、政府常务副区长安长辅陪同。

17 日　六盘水市人大常委会副主任龙秋芳到六枝特区调研人民群众安全感满意度“双提升”工作情况。特区党委常委、政府常务副区长安长辅，人大常委会副主任王道洪，法院院长肖健，检察院检察长余松等领导陪同。

18 日　六枝特区十一届人民政府第 53 次区长办公会议在六枝宾馆五楼会议室召开，研究滨河湿地公园项目建设决算和政府大额资金使用相关事宜。

19—21 日　2015 年“中国凉都 · 六盘水牂牁江”国际滑翔伞邀请赛暨全国滑翔伞优秀选手赛在六枝特区风景秀丽的牂牁江景区举行。来自尼泊尔、塞尔维亚、马来西亚以及国内四川、福建、广西、云南等地的近 100 名选手参赛。

23 日　六盘水市民委（市宗教局）主任（局长）陈官林一行到六枝特区月亮河乡郭家寨村、大坝村遍访贫困村、贫困户。

是日　广西百色百矿集团有限公司董事、党委副书记易培艺一行到六枝考察，市人大常委会副主任、特区党委书记高玉林，政府副区长谭枫，相关区直部门、乡镇主要负责人及考察团成员参加座谈会。双方就进一步深化合作，推动互利共赢进行沟通交流。

25 日　六盘水市普及十五年教育现场观摩会在六枝特区召开。市委副书记、市人民政府市长周荣出席观摩会并讲话，市人大常委会主任黄金，市委副书记魏雄军，市委常委、水城县委书记张志祥，市委常委、秘书长郑建国，市人大常委会副主任、六枝特区党委书记高玉林，市政协副主席邓刚参加会议。

26日　北京星光文化旅游发展中心到六枝特区考察。

28日　贵州省2015年第三批重大项目（PPP项目）暨六盘水市2015年第四季度338个项目集中开工仪式在六枝特区落别乡举行。

29日　六枝特区首届“乡约平安六枝·舞动幸福生活”广场舞大赛启动仪式暨群众文化优秀节目展演在桃园广场举行。

十　月

8日　六枝特区党委召开2015年经济工作调度会，分析增比进位指标调整情况，安排部署下一阶段经济工作。

10日　六枝特区举办六盘水市第二届“全民科学素质电视大赛”选拔赛活动，9支参赛队27家单位参加选拔，经过角逐，由特区农业局、水务局、扶贫局组成的参赛队荣获第一名。

13—14日　贵州省住房城乡建设厅副厅长宋丽丽一行赴六枝考察小城镇建设情况。

16日　六枝特区十一届人民政府第27次常务会议在六枝宾馆五楼会议室召开，会议传达了全省大健康医疗产业发展大会会议精神，研究《六枝特区电子商务进农村综合示范工作实施方案》等相关事宜。

17日　六枝特区十一届人民政府第54次区长办公会议在六枝宾馆五楼会议室召开，会议研究特区南环路土地使用税等级税额、郎岱农业产业园区贷款、城市公益性公墓建设用地划拨、全区示范性养老机构打造、瀑布源大道建设、第八中学（纽绅中学）资产移交管理和中国邮政储蓄银行股份有限公司六枝特区支行“3155工程惠农信贷”工作方案等有关事宜。

是日　六枝特区特区党委、政府在六枝桃园广场举行“扶贫济困，你我同行”万人签名活动启动仪式并发起扶贫捐助活动。

21日　六枝特区委第26次常委会议召开，六盘市人大常委会副主任、特区党委书记高玉林主持会议并讲话。会议传达学习省委统战工作会议精神、全省扶贫开发大会精神、全市民生监督工作推进会议精神，听取全区发展壮大村集体经济工作情况汇报、小城镇发展大会筹备工作情况汇报及其他有关事项。

23日　六枝特区2016年中央财政小型农田水利重点县建设工程实施方案在中国电建集团贵阳勘测设计研究院有限公司通过专家审查。

是日　六枝特区懒龙河水库实现大坝截流。

27日　贵州省委常委、副省长慕德贵率省政府副秘书长吴强、省住建厅厅长张鹏、副厅长宋丽丽一行视察六枝第五届全省小城镇建设发展大会筹备工作。

30日　六盘水市人大常委会副主任、六枝特区党委书记高玉林，特区党委副书记、政府区长方裕谦率队到特区检察院调研。

十一月

2日　六枝特区召开全区领导干部会议，传达学习贯彻党的十八届五中全会和省委、市委领导干部会议精神。

5日　六枝特区召开全区领导干部会议，宣布市委关于六枝特区党委主要领导的调整决定，杨昌显担任中共六枝特区委员会委员、常委、书记，中共六枝特区经济开发区党工委委员、书记，中共六盘水木岗产业园区党工委委员、书记，中共六盘水路喜循环经济产业园区党工委委员、书记；高玉林不再担任中共六枝特区委员会书记、常委、委员，中共六枝特区经济开发区党工委书记、委员，中共六盘水市木岗产业园区党工委书记、委员，中共六盘水路喜循环经济产业园区党工委书记、委员。

6日　六盘水市总工会到六枝特区月亮河乡直溜小学启动主题为“工会送温暖、真情助成长”关爱农村留守儿童“双万”活动，同时拉开全市各级工会开启“双万”活动的序幕。

是日　六枝特区党委书记杨昌显到岩脚镇调研“三农”及小城镇建设工作。

7—8日　六枝特区党委书记杨昌显率队到落别乡茶叶种植基地、月亮河乡猕猴桃种植基地、木岗产业园区、路喜园区等地调研项目建设及园区发展情况，并对落别乡贫困户进行走访慰问。特区党委常委、政府副区长、党办主任杨刚陪同调研。

9日　贵州省纪委常委陈麟一行到六枝特区调研指导党风廉政建设工作，特区党委常委、纪委书记杜安祥陪同调研。

10日　六盘水市特色小城镇建设棚户区改造美丽乡村建设现场推进会在六枝特区召开。

11日　六枝特区召开区委党的群团工作暨统战工作会议。

12日　六枝特区2016年度新型农村合作医疗筹资工作会议在特区卫生和计划生育局六楼会议室召开。

14日　六枝特区党委书记杨昌显到牂牁镇调研时强调，要抢抓今冬时节，科学规划，发展多样化精品水果种植，坚持高标准、高质量推进老王山多梯度体育训练基地建设。

是日　六枝特区安六城际高速铁路六枝段征地拆迁工作动员大会在六枝宾馆六楼会议室召开。

16日　六枝特区人民政府副区长谭枫主持召开六枝至水城天然气管道征地拆迁推进会。

17日　六枝特区召开领导干部大会，传达贯彻中共贵州省委十一届六次全会精神。会议以电视电话的形式开到各村（居），特区设主会场，各乡镇（社区）设分会场。

是日　国家卫计委医管中心到六枝特区调研医疗保障精准扶贫工作。

19—20日　由北大六院副院长姚贵忠率领的国家督导组到六枝特区督导国家精神卫生综合管理示范区创建工作。贵州省计委疾控处调研员冷亚莉、副调研员吴昊、市卫生计生委副主任郑国伦、特区政府副区长郭萌及特区卫生计生、公安、综治、民政、人资社保、残联等六部门负责人陪同检查。

23日　西部电商六枝特区电商运营中心及两个电商服务站盛大开业。六枝特区人大常委会副主任金芬出席开业仪式。六枝电商运营中心及乡镇服务站开业，标志着六枝自己的电商平台——“凉都购”正式上线运营，将为六枝特区经济转型发展和农户增收致富提供专业网络平台和商业机遇。

24日　六枝特区十一届人大常委会第28次会议召开，会议听取特区人民政府《关于特区十一届人大常委会第26次会议审议意见通报落实情况的报告》《关于2011年以来文体事业和文化产业工作开展情况的报告》《关于2014年以来环境保护工作开展情况的报告》《关于2015年财政预算调整方案（草案）的报告》《关于将六枝特区人民政府与社会资本合作PPP账目财政支持基金政府方支出统一纳入财政预算的议案》《关于将“四在农家·美丽乡村”项目贷款资金纳入特区财政还本付息的议案》，听取特区法院《关于2013年以来行政审判工作情况的报告》。会议还听取了人事任免事项的报告和其他事项。

26日　2015年六枝特区党务干部培训班在银壶社区一楼会议室开班，全区共200多名党务干部参加本次培训活动。本培训时间共2天，主要培训《中国共产党纪律处分条例》《中国共产党廉洁自律准则》《贵州省发展党员规程（试行）》，以及党的十八届五中全会精神等内容，培训还就《中国共产党发展党员工作细则》进行案例教学。

28日　六枝特区党委书记杨昌显到银壶街道办、九龙街道办、人民医院、市二医、实验幼儿园、特区一小、特区一中进行实地调研。

29日　六枝特区召开扶贫开发工作大会。六枝特区党委书记杨昌显出席会议并讲话。会上，李卫杰通报了全区精准扶贫建档立卡工作情况，党委常委、副区长、党办主任杨刚传达了中央扶贫开发工作会议精神，部分单位分别作了表态发言。

十二月

1日　六枝特区党委书记杨昌显率队到阳光路和路喜园区调研项目建设进展情况，特区党委副书记、政府区长方裕谦，政府副区长撒玉怀及相关部门负责人陪同调研。

2日　特区党委书记杨昌显到关寨镇调研茶叶、刺梨种植情况。党委常委、政府副区长、党办主任杨刚，特区农业局、扶贫局、林业局主要负责人陪同调研。

5日　六枝特区党委书记杨昌显率队到那克社区、塔山街道办调研社区基本建设情况。特区党委常委、政府副区长、党办主任杨刚陪同。杨昌显一行通过实地查看、听取汇报等方式，详细了解社区基本建设情况及存在问题，研究全区中心城区卫星影像规划路网图。

6日　六枝特区召开“3155工程”暨“绿色贵州”建设三年行动计划现场推进会。

6日　六盘市委常委、市纪委书记张集智到落别乡调研农村危房改造和小微企业发展工作，市纪委常委任健，特区党委常委、纪委书记杜安祥等人陪同。

7日　六枝特区党委书记杨昌显一行到岩脚镇草原村，实地走访了付应朝、付锡刚、蔡正祥3户贫困户，实地查看他们的住房、粮食等情况，向他们了解家庭人口信息、收入来源、致贫原因、帮扶需求等实际情况。

8日　六枝特区召开2015年度经济运行调度会。特区党委书记杨昌显，党委副书记、政府区长方裕谦出席并讲话。会议汇报了2015年度各项经济指标预完成情况，并就如何确保完成全年各项指标任务提出意见和建议。

是日　六盘水市委常委、政府副市长周宏文率队赴六枝检查廉租房分配入住情况，六枝特区政府副区长撒玉怀陪同。

9日　中国人民政治协商会议第八届六枝特区委员会第二十次常委会议召开。会议组织学习了中共十八届五中全会和省委十一届六次全会精神，听取相关政府部门关于2015年项目建设进展情况的通报、关于医疗卫生工作情况的通报、关于公共文化服务建设情况的通报，听取六枝特区政协主席会议及各专委会报告工作和其他事项的报告情况。

是日　特区政府副区长谭枫主持召开电子商务发展座谈会，六枝各电商企业及相关单位参加会议。会议分析当前电商发展阶段情况和今后电商工作开展计划。与会人员就电子商务发展所遇到的产品宣传、部分村寨无网络等问题进行交流探讨。

9—10日　贵州省政协副主席黄康生，省政协常务副秘书长肖向阳，省住房城乡建设厅厅长张鹏一行到六枝调研。

10—11日　六盘水市委宣讲团到六枝特区入乡镇、进企业巡回宣讲党的十八届五中全会、省委十一届六次全会、市委六届九次全会精神。

21日　六枝特区政府副区长谭枫主持召开电子商务物流发展工作座谈会。

29日　贵州省水利厅、省发展改革委在贵阳市组织召开六枝特区旧院水库工程大坝下闸蓄水阶段验收会议，省林业厅、省水利工程管理局、省防汛抗旱指挥部办公室等19个单位代表参加此次会议。会上，验收委员会听取了项目法人单位、移民安置和监理、设计等单位的汇报，仔细查看相关工程资料，经过认真讨论与分析，一致通过工程验收。

30日　六枝特区教育局组织特区集团总园、各基地园在实验幼儿园召开六枝特区学前教育集团化“办园特色”经验交流会。特区教育局学前教育股负责人、特区学前教育集团总园、各基地园园长参加会议。

是日 由特区教育局主办、特区第八中学承办的“乘着音乐的翅膀”首届中小学器乐展演在八中举行。六枝特区团委、文明办、妇联有关负责人观看展演。来自区直中小学和乡镇师生代表1000余人参加了展演活动。

31日 六枝特区人民政府副区长周龙在特区安全监管局大会议室组织召开2016年“元旦、春节”暨第一季度安全生产工作会议，各乡（镇）、各社区服务中心、各乡镇派出所、特区安委会各成员单位有关负责人及特区境内所有生产经营企业（单位）主要负责人参加会议。会议主要对2015年全区安全生产工作进行全面总结，科学研判当前安全生产严峻形势，精心安排部署2016年元旦、春节暨第一季度安全生产工作。

概　况

区情简介

六枝特区位于北纬25° 59 ' ~ 26° 32 '，东经105° 07 ' ~ 105° 43 '，地处贵州西部。是“江南煤都”六盘水市的东大门，古夜郎腹地，系“三线建设”时期由原“六枝特区”与“郎岱县”合并而成，东连镇宁、普定两县，南接关岭，西靠水城，北抵织金、纳雍，西南与晴隆、普安两县接壤，是一个风光秀丽、气候宜人、资源丰富、发展潜力巨大的特区。辖区南北长61公里，东西宽56公里，总面积1799.48平方公里。全区辖3个街道办事处、9个镇、6个乡，32个社区/居委会、213个行政村。全区共有户籍总人口约72万人，常住半年及以上总人口49.9万人，区内有汉、彝、苗、布依、仡佬、回6个世居民族，少数民族人口占全区总人口的近三分之一。

六枝交通便利。六枝特区距省会贵阳158公里，距六盘水市中心城区98公里。区内交通四通八达，纵横交错，贵（阳）昆（明）及株（洲）六（盘水）电气化铁路复线穿越全境，黄桶编组站是株六复线铁路与隆（四川隆昌）百（广西百色）铁路十字交汇点；六（枝）纳（雍）公路和正在开展前期建设的纳雍经六枝至晴隆高速公路纵跨南北；贵（阳）烟（堆山）公路及102省道、水（城）黄（果树）高等级公路、六（枝）镇（宁）高速公路、六（枝）六（六盘水）高速公路横贯东西，六安城际铁路即将开工建设，“四横两纵多连接”的铁路、公路网络逐步形成，已成为贵州西部重要的物资集散地和交通枢纽。

六枝地理环境独特，气候舒适宜人。六枝地处云贵高原东斜坡，西高东低，属于喀斯特地貌地区和亚热带季风气候区，有冬无严寒、夏无酷暑，降水丰富、雨热同季等特点。全区大部分地区年平均气温15.8℃左右，环境空气质量达到国家二级标准。

六枝自然资源富集。六枝处于长江流域和珠江流域的分水岭，南有北盘江的上游，北有乌江上游三岔河，东有黄果树瀑布的源头白水河。水流落差大，水能资源极为丰富，全区水力资源理论蕴藏量14.96万千瓦，其中可开发量达5.17万千瓦。旧院水库已投入使用，正在建设的水利项目有黔中水利枢纽工程即将完工。境内有煤、铁、硫、砷、铅锌、萤石、冰洲石、重晶石、水晶石、石膏、石灰石、硅石、黏土等20余种矿产资源，理论储量180亿吨，已探明煤炭储量33亿吨，煤层中蕴藏着丰富可供开发利用的煤层气，储量达650亿立方米。境内有六枝工矿（集团）有限公司、盘江六盘水装备制造有限公司等省属国有大中型企业。湖北黄石工矿集团公司、飞尚集团、深圳中航企业、山西路喜集团等一批大企业已入驻六枝投资建设。

六枝生物资源极为丰富。有野生动物猫、岩

羊、狗獾、黄麂、果子狸、山兔、野猪等20多种。全区森林面积113.11万亩，森林覆盖率为47.08%，主要树种有杉、马尾松、华山松、云南松、榆树、青杠、白杨、楸树、柳杉、香椿、楠木以及核桃、板栗、漆树、油桐、银杏等40多种；野生中草药有杜仲、天麻、半夏、茯苓、贝母、桔梗、金银花等87科158种。农作物品种也较为丰富，粮食作物以水稻、玉米、小麦、薯类为主；经济作物以油菜籽为主。是全市粮油蔬菜主产区。先后被列为国家级农业综合开发县、全国商品粮基地县、全国茶产业发展重点县、全国重点产煤县、全国农产品加工创业基地，以及省优质肉猪基地县、省地道中药材种植基地县、省科技扶贫种草养羊项目县、省级财政支农资金整合试点县、省小型农田水利建设重点县。饲养的主要畜禽品种有10多种，有草地40余万亩，有牧草品种8科52属113种，发展畜牧业具有良好的条件。

六枝的旅游资源丰富。有蕴藏着古夜郎文化的省级风景名胜区及倍受海内外关注的中国第一座生态博物馆——梭戛生态博物馆，是融民族文化风情、自然风光、名胜古迹为一体的独特旅游区。南部有郎岱古城、月亮河夜郎布依文化生态园、花德河省级森林公园、牂牁湖、神秘的老王山（古郎山）；东南部有白水河上的瀑布群和以落别为中心的溶洞景观；北部有岩脚古镇风光、懒龙桥景点（窗子洞）、老卜底景点及梭戛生态博物馆景点。牂牁江国家级湿地公园、黄果树瀑布源国家级森林公园。六枝民族风情浓郁，如：布依族的赶表、苗族的晒月亮、彝族的赶山节、仡佬族的吃新年等，构成了六枝独特的旅游景观，吸引着国内外大量游客及民族文化专家、学者。

行政区划

根据贵州省人民政府《关于六枝特区建镇并乡撤区行政区域变更的批复》（黔府通〔1991〕124号）文件要求，1991年六枝特区开展建镇并乡撤区工作，行政区划调整为19个乡（镇）。2002年在各乡（镇）开展并村工作，但乡（镇）区域不变。2015年，根据贵州省人民政府《省人民政府关于同意六枝特区乡镇行政区划调整的批复》（黔府函〔2015〕59号）文件要求。2015年3月六枝特区开展行政区划调整，全区调整为15个乡（镇）和3个街道办事处。

1991年9月—2015年3月六枝特区行政区划情况为：

六枝特区辖郎岱、平寨、岩脚、大用、木岗5个镇，新窑、新场、堕却、龙场、新华5个乡，落别布依族彝族乡、折溪彝族乡、牛场苗族彝族乡、中寨苗族彝族布依族乡、箐口彝族仡佬族布依族乡、洒志彝族布依族苗族乡、毛口布依族苗族乡、梭戛苗族彝族回族乡、陇脚布依族乡9个民族乡，共19个乡镇。下设17个社区、8个居委会，220个村；300个居民小组、2396个村民小组。

平寨镇：辖六枝、高峰、那固、塔山、平寨、兴隆、东风、波乍、波洼、云盘、河湾、五龙、小寨、杨丰、茶山等15个行政村和凉水井、六枝、那固坝、四角田、铁路、平寨、银壶、那平路、公园路、文化路、团结路、云盘、地宗等13个社区，下设133个村民组，138个居民小组。

郎岱镇：辖石糯尾村、安乐村、头塘村、花脚村、青菜塘村、后营村、群锋村、驿陇村、青龙村、坝子村、归宗村、上寨村12个行政村和木城社区，157个村民小组，20个居民小组。

岩脚镇：辖岩脚、龙泉、太和、羊场、二道岩、木贡、那洒、西北、新院、群峰、金星、水寨、阿岔、民兴、锦钟、联合、青杠林、雨海、岱瓮、高桥、新寨、草原、田坎、民乐、老卜底等25个行政村和廻龙溪社区居委会，下设223个村民小组，9个居民小组。

大用镇：辖大用、黑晒、骂冗、凉水井、耳贡、岱港、汩港7个村和大煤山社区，共8个村（居）委会，下设55个村民小组和10个居民小组。

木岗镇：辖抵簸、抵岗、斗蓬、戛陇塘、瓦窑、木岗冲、木岗场、小黄桶、把仕、小木岗10个村和木岗社区，共11村（居）委会，下设111个村民小组，7个居民小组。

新窑乡：辖新窑、洗马河、马路、桥良、波渡、播雨、那秀、上云盘、新河、那玉、鸭塘、联盟、联合13个行政村，147个村民组。

落别乡：辖落别、底耳、牛角、木厂、长湾、可布、板照、茂林、长寨、纳骂、新寨、马头、川硐13个村1个居委会，共14个村（居）民委员会，下设95个村民小组和1个居民小组。

中寨乡：辖木则、补许、四方井、费戛、大补王、箐脚、小补王、大箐、中寨、移山、双夕、岩脚、红光、鲁戛、扁朝、兴隆、西拉、扯扭、平基、长寨、新场21个村民委员会和中寨居委会。下设216个村民小组。

毛口乡：辖西陵村、牂牁村、半坡村、沈家村、木城村、大冲村6个行政村和毛口居委会，共7个村（居）委会，下设59个村民小组，1个居民小组。

折溪乡：辖中寨村、六堡村、木伐田村、折溪村、直溜村、把仕寨村、隆茂村、滥坝村、洛阳村共9个村民委员会，下设79个村民小组。

陇脚乡：辖新春、花德、补雨、月亮河、大坝、牧场、郭家寨、何家寨等8个村和花德河居委会，下设72个村民小组。

洒志乡：辖洒志、平桥、中寨、把利、渔塘、磨卜、田坝、簸箕田、跳花坡等9个村民委员会，下设91个村民小组。

堕却乡：辖堕却、上寨、龙滩、毛稗田、兴发、团坡、王家寨、郎节坝、朗树根、左坝、牛坡、半坡、西克等13个村民委员会和堕却居委会，下设204个村民小组。

箐口乡：辖荒田、箐口、坝子、下麻翁、社勒、过瓦、居都7个村，下设112个村民小组。

新场乡：辖新场、落龙、白果、仓脚、戛纳、乌柳、老院子、两路口、黑塘、松坝、旧院、沙地、高峰、熊井、苦李井、新寨16个行政村和新场居委会，共17个村（居）委员会，下设168个村民小组和1个居民小组。

牛场乡：辖大箐、黔中、牛场、云盘、尖岩、兴隆、箐脚、黄平、平寨9个村民委员会。125个村民组。

梭戛乡：辖平寨村、顺利村、高兴村、中寨村、安柱村、乐群村和沙子村共7个行政村、62个村民组。

新华乡：辖新平村、新田村、双屯村、鼠场村、成功村、兴隆村、田坝村、王家冲村、新寨村9个行政村，1个居委会，共10村（居）委会，下设86个村民小组。

龙场乡：辖林场、红旗、龙场、迎新、永丰、双龙、迎风、陇木、新院、营盘、新场坝11个村和龙场居委会，共12个村（居）委会，下设177个村民小组。

根据贵州省人民政府《省人民政府关于同意六枝特区乡镇行政区划调整的批复》（黔府函〔2015〕59号）文件。撤销平寨镇、郎岱镇、堕却乡、新华乡、龙场乡、新窑乡、洒志彝族布依族苗族乡、陇脚布依族乡、折溪彝族乡、箐口彝族仡佬族布依族乡、毛口布依族苗族乡11乡（镇）建制。设置新九龙街道、银壶街道、塔山街道、郎岱镇、关寨镇、牂牁镇、新华镇、龙河镇、新窑镇、月亮河彝族布依族苗族乡。（原平寨镇区域划分为九龙街道、银壶街道、塔山街道）

2015年4月六枝特区行政区划调整情况为：新调整后的六枝特区辖九龙街道、银壶街道、塔山街道，郎岱镇、岩脚镇、大用镇、木岗镇、新窑镇、关寨镇、牂牁镇、新华镇、龙河镇、落别布依族彝族乡、中寨苗族彝族布依族乡，月亮河彝族布依族苗族乡、新场乡、牛场苗族彝族乡、梭戛苗族彝族回族乡。共为3个街道办事处、9个镇、6个乡共18个街道、乡（镇）。共下设17个社区、8个居委会，220个村，300个居民小组、2396个村民小组。

九龙街道：辖原平寨镇青龙社区、河湾社区、云盘社区、那平路社区、公园路社区、文化路社区、团结路社区、茶山村、五龙村、小寨村、波凹村、波乍村，办事处驻云盘社区。

银壶街道：辖原平寨镇平寨社区、铁路社区、补林社区、银壶社区、兴隆社区、地宗社区、杨丰村、东风村，办事处驻兴隆社区。

塔山街道：辖原平寨镇电厂社区、六枝社区、四方坡社区、那固坝社区、四角田社区、塔山社区、凉水井社区、高峰村、办事处驻塔山社区。

郎岱镇：原郎岱镇、洒志彝族布依族苗族乡组成。辖石糯尾村、安乐村、头塘村、花脚村、青菜塘村、后营村、群锋村、驿陇村、青龙村、坝子村、归宗村、上寨村、洒志、平桥、中寨、把利、渔塘、磨卜、田坝、簸箕田、跳花坡21个行政村和木城社区，248个村民小组，20个居民小组。镇人民政府驻后营村。

关寨镇：原堕却乡、箐口彝族仡佬族布依族乡组成。辖堕却、上寨、龙滩、毛稗田、兴发、团坡、王家寨、郎节坝、朗树根、左坝、牛坡、半坡、西克、荒田、箐口、坝子、下麻翁、社勒、过瓦、居都20个村和堕却居委会，下设316个村民小组。镇人民政府驻堕却村。

牂牁镇：原毛口布依族苗族乡和中寨苗族彝族布依族乡的鲁戛村、扁朝村、兴隆村、西拉村组成。辖西陵村、牂牁村、半坡村、沈家村、木城村、大冲村、鲁戛村、扁朝村、兴隆村、西拉村10个行政村和毛口居委会。镇人民政府驻西陵村。

新华镇：原新华乡。辖新平村、新田村、双屯村、鼠场村、成功村、兴隆村、田坝村、王家冲村、新寨村9个行政村，1个居委会，共10村（居）委会，下设86个村民小组。

镇人民政府驻新华居委会。

龙河镇：原龙场乡。辖林场、红旗、龙场、迎新、永丰、双龙、迎风、陇木、新院、营盘、新场坝11个村和龙场居委会，共12个村（居）委会，下设177个村民小组。

镇人民政府驻双龙村。

新窑镇：原新窑乡。辖新窑、洗马河、马路、桥良、波渡、播雨、那秀、上云盘、新河、那玉、鸭塘、联盟、联合13个行政村，147个村民组。镇人民政府驻新窑村。

岩脚镇：辖岩脚、龙泉、太和、羊场、二道岩、木贡、那洒、西北、新院、群峰、金星、水寨、阿岔、民兴、锦钟、联合、青杠林、雨海、岱瓮、高桥、新寨、草原、田坎、民乐、老卜底等25个行政村和廻龙溪社区居委会，下设223个村民小组，9个居民小组。

大用镇：辖大用、黑晒、骂冗、凉水井、耳贡、岱港、汩港7个村和大煤山社区，共8个村（居）委会，下设55个村民小组和10个居民小组。

木岗镇：辖抵簸、抵岗、斗蓬、戛陇塘、瓦窑、木岗冲、木岗场、小黄桶、把仕、小木岗10个村和木岗社区，共11村（居）委会，下设111个村民小组，7个居民小组。

月亮河乡：原陇脚布依族乡、折溪彝族乡组成。辖新春、花德、补雨、月亮河、大坝、牧场、郭家寨、何家寨、中寨村、六堡村、木伐田村、折溪村、直溜村、把仕寨村、隆茂村、滥坝村、洛阳村17个村民委员会，花德河居委会，下设151个村民小组。乡人民政府驻花德河村。

落别乡：辖落别、底耳、牛角、木厂、长湾、可布、板照、茂林、长寨、纳骂、新寨、马头、川硐13个村1个居委会，共14个村（居）民委员会，下设95个村民小组和1个居民小组。

中寨乡：辖木则、补许、四方井、费戛、大补王、箐脚、小补王、大箐、中寨、移山、双夕、岩脚、红光、扯扭、平基、长寨、新场17个村民委员会和中寨居委会。

梭戛乡：辖平寨村、顺利村、高兴村、中寨村、安柱村、乐群村和沙子村共7个行政村、62个村民组。

新场乡：辖新场、落龙、白果、仓脚、戛纳、乌柳、老院子、两路口、黑塘、松坝、旧院、沙地、高峰、熊井、苦李井、新寨16个行政村和新场居委会，共17个村（居）委员会，下设168个村民小组和1个居民小组。

牛场乡：辖大箐、黔中、牛场、云盘、尖岩、兴隆、箐脚、黄平、平寨9个村民委员会。125个村民组。

经济概况

综合经济 2015年全区生产总值为147.89亿元，按可比价格计算，比上年增长12.6%，其中：第一产业增加值30.03亿元，比上年增长6.9%；第二产业增加值53.05亿元，比上年增长12.5%；第三产业增加值64.81亿元，比上年增长13.5%。三次产业比重由2014年的13.95 ：40.06 ：45.99调整为2015年的20.30 ：35.87 ：43.83。按年平均人口（常住半年）为49.84万人计算，全区人均生产总值为29672元。

非公有制经济总产值达246.54亿元，比上年增长36.57%；实现营业收入229.88亿元，比上年增长30.68%；上缴税金6.29亿元，比上年增长23.73%。非公经济增加值达83.84亿元，占GDP比重为56.7%。

工业和建筑业 2015年全年完成工业总产值149.59亿元，比上年增长37.47%，其中：规模（2000万元）以上工业产值完成81.52亿元，比上年增长42.83%，规模以下工业产值完成68.07亿元，比上年增长31.57%，规模（500万元）以上工业产值完成70.2亿元，比上年增长31.81%。实现工业增加值完成44.82亿元，比上年增长11.6%，规模（2000万元）以上工业增加值26.99亿元，比上年增长11.5%。

在基本建设投资高位增长的拉动下，全年实现建筑业增加值8.23亿元，比上年增长17.9%。

固定资产投资 固定资产投资增势强劲，投资规模不断扩大，投资总量不断增加。2015年共完成50万元以上投资243.83亿元，比上年增长25.9%。招商引资成效明显，全年招商引资实际到位资金104.36亿元。

农业 2015年，农业生产不断进步。全年农业总产值达48.5亿元，同比增长68.99%，实现农业增加值30.03亿元，按可比价格计算，比上年增长6.9%。粮食种植面积39657公顷，比上年减少936公顷。油料种植面积7441公顷，比上年增加386公顷。水果种植面积3218.9公顷。蔬菜种植面积5724公顷，比上年增加890公顷。全年粮食产量198876吨，比上年减产12939吨，比上年下降6.11%。

2015年，全年肉类总产量24767吨，比上年下降2.7%，其中：猪肉产量19093吨，与上年基本持平；牛肉产量2273吨，同比增长8.93%；羊肉产量420吨，与上年持平；禽肉产量2535.9吨，同比下降9.25%。全年水产品产量达1525.7吨，同比上升16.7%。畜牧业产值达58594.8万元，畜牧业产值占农业总产值的比重为12.08%，比上年下降13.71个百分点。

贸易和旅游 全区城乡消费环境不断改善，社会消费品零售总额实现稳定增长。全年实现社会消费品零售总额36.17亿元，比上年增长11.9%，其中：批发和零售业完成30.65亿元，同比增长10.9%，住宿和餐饮业完成5.52亿元，同比增长17.7%。

2015年，区内旅游业迅猛发展。牂柯江风景名胜区、廻龙溪景区、郎岱古镇文化旅游区被评为全省100个重点旅游景区，月亮河夜郎布依文化生态园、梭戛自然与生态文化旅游示范区、落别布依民族文化体验区等景区建设稳步推进。牂柯江国家湿地公园、黄果树瀑布源国家森林公园获国家林业局批准。成功举办四届“中国凉都·六盘水牂柯江”国际滑翔伞公开赛。全年接待旅游总人数835.5万人次，同比增长266.45%，实现旅游总收入16.76亿元，同比增长31.8%。

教育、文化和卫生 教育事业全面发展。2015年年末，全区有各类学校323所，教职工6403人，专任教师6120人，在校学生122201人，小学适龄儿童入学率达99.5%，小学六年巩固率达87.9%，学前三年毛入学率达81.44%，初中阶段毛入学率达90.8%，高中阶段毛入学率达85.05%。

2015年完成农村广播电视村村通40000户、有线电视覆盖213个行政村。

医疗卫生事业不断得到加强。2015年末，全区共有医院、卫生院38所，采血机构1所，计生妇幼保健服务中心1所，疾病预防控制中心1所，卫生监督所1个。医院、卫生院年末共有床位3543张，卫生技术人员2261人，其中：执业（助理）医师716人，卫生防疫人员594人。5岁以下儿童死亡率11.81‰，婴儿死亡率8.91‰，产妇住院分娩率96.4%。

人口、人民生活、劳动就业和社会保障人口和计划生育工作取得新成绩。2015年，年末总人口（常住半年及以上）49.9万人。全区人口出生率为11.78‰；人口自然增长率为2.22‰；符合政策生育率为95%。“双诚信双承诺”推进率达100%。

城乡居民收入持续增加，增长加快。2015年，全区农村居民人均可支配收入为7114元，同比增长11.1%；城镇居民人均可支配收入为21315元，同比增长10.5%。

2015年就业和再就业工作取得新进展。积极落实就业政策，城镇新增就业19958人，转移农村劳动力就业1.86万人，城镇登记失业率为3.83%。

社会保障工作全面开展，社会保障水平不断提高。2015年城乡居民社会养老保险189670人、城镇居民医疗保险78149人、职工医疗保险参保22756人，新农合参保率达99.12%。2015年，发放城低保4405.42万元，保障约1.16万人；发放农低保13301.34万元，保障约6.9万人。

城乡建设展现新貌，行政效能不断提升围绕精品节点城市，高标准编制《城市空间战略发展规划》等5个现代精品城市规划，实施10个乡镇城镇建设总体规划、郎岱古镇保护规划，完成80个村庄整治规划编制。围绕山地特色新型城镇化，推进城东、城南新区开发建设和贵烟线城区过境段、142队、那平路、人民路等片区旧城改造。完成保障性安居工程住房1.65万套，新增住房面积13.5万平方米，是“十一五”末的2.27倍。建设天顺汽摩机电城、嘉年华商业市场等31个大中型商贸市场。桃花公园改造、输水管网改造、城区天然气管道和人行天桥等项目相继建成。郎岱、岩脚、木岗示范小城镇“8+X”项目深入实施，“四在农家·美丽乡村”六项行动计划累计完成投资17.4亿元，小康寨建设覆盖203个自然寨，投资4.25亿元实施民居改造6.29万户。郎岱阿乐村、落别牛角村荣获全国、全省文明村称号，岩脚岱瓮村获全国生态文化村称号。围绕打造宜居创业型城市，以争取国家卫生县城为契机，大力推进“五城联创”“多彩贵州文明行动”等创建行动，投资1.6亿元完成那平路、南环路中段等10余条城区道路“绿化、亮化、美化。洁化”工程，改造背街小巷道路53条。城市绿地率和小城镇化水平从“十一五”末的28%、31.2%上升为35.21%、41.3%。被列为全省“整脏治乱”工作精细化管理试点县、“十县百乡千村”示范工程重点县、小康寨建设重点示范县，荣评全省创建文明城市工作先进城市。

政府自身建设不断强化，行政效能不断提升。2015年，全区进一步强化政府自身建设，坚持在特区党委领导下开展工作，自觉接受人大法律监督、政协民主监督和社会各界的监督。全面推进政务服务“并联审批”，畅通重大项目“绿色通道”，打通联系服务群众“最后一公里”。清理审批服务事项法定限日8649个工作日，压缩后时限4075个工作日，优化减少审批环节436个，办理环节数由原来的5.3个精简到现在的3.9个，优化率34%。受理、发证环节压缩804、981个工作日，压缩率50.18%、54.8%，承诺办事效率提高近2倍。全面推进普及协同办公，下大力精文简会。认真履行党风廉政建设主体责任，强化政府绩效考核和行政问责，加大审计监察力度，争锋行风明显转变，服务效能明显提升。

2015年六枝特区领导名录

本名录时限为2015年，姓名后面有★号的为2015年年底去职，无★号的仍在职。

中国共产党六枝特区委员会

书　记　高玉林*　杨昌显
副书记　方裕谦　石灿敏*（女）　邹振伟
常　委　邹振伟　吕　荣（白）　李海燕
　　　　幸雪梅（女）　卢　波*　安长辅
　　　　叶　圣　杜安祥（彝）　任明星*
　　　　李卫杰　杨　刚

中国共产党六枝特区委员会工作部门

区委办公室

主　任　杨　刚
副主任　付应荣　张　斌*　卢昱龙（彝）
　　　　江明权
督查室主任　杜应良
督查室副主任　卢红梅（女）　陈诗贤
政研室（兼改革办）主任　付应荣
政研室副主任　陈平亮
改革办专职副主任　黄　科
小康服务中心主任　朱建达*
机要局长　徐贵恒
保密局长　方志萍（女）

组织部

部　长　吕　荣（白）
常务副部长　周定忠（仡佬）
副部长　彭　康*　姚世明
远教办主任　洒海林

宣传部

部　长　幸雪梅（女）
常务副部长　龙尚国*
副部长　李万军（彝）
创建办主任　陈本玉
文明办副主任　程　慧（女）

统战部

部　长　吕　荣（白）
常务副部长　赵　勇
副部长　陈　芳

政法委

书　记　卢　波*　叶　圣
常务副书记、综治办主任　梁　斌*　郭永贤

副书记、610 办主任、维稳办主任　刘胜才
副书记、国家安全工作领导小组办公室主任　彭建华
政工科科长　付　伟（白）

机构编制委员会办公室

主　任　卢　刚
副主任　吴文娣（女）　周小玲（女）
事业登记局局长　曾正美（女）
信息域名管理中心主任　周小玲（女）

直属机关工委

书　记　韦如电（布依）
副书记　余福泰（蒙古）　杨　珂（苗）

信访局

党办副主任、局　长　江　浩*　金　涛
副局长　王　晟（彝）　朱兴江
接访中心主任　田　鹏
信访督查专员　李龙琼

离退休干部工作局

局　长　陈　方（女）
副局长　伍　江（布依）　何剑华（回）

党　校

常务副校长　周　龙（彝）
副校长　龚小龙　刘　翠*（女）

史志办公室

主　任　焦兴敏（女）
副主任　黄继洪（苗）　田文媛（女）

老年大学

校　长　刘佐祥

六枝特区纪律检查委员会

书　记　杜安祥（彝）
副书记、监察局局长　龙　醒（彝）
副局长　王翠微（女）*　王　将（苗）
办公室主任　王　将（苗）*　彭德刚
党风政风监督室主任　贺建贤
审理室主任　殷　琼（女）
统管室主任　彭德刚*　李树波
宣教室主任　陈爱梅（女）
干部室主任　陈钦利（女）
信访室主任　陈景伟
案件管理室主任　何文娟（女）
纪检监察一室主任　彭　峰*　夏　娟（女）
纪检监察二室主任　王显圣
纪检监察三室主任　郭永发（彝）
非公有制经济侵权投诉中心　龙兴燕（女）

第一纪工委

书　记　肖启芬　（女）
副书记（监察分局局长）　赵燕鸿（女）
副书记　严兴华
委　员　王发昌

第二纪工委

书　记　高良翠（女　）
副书记（监察分局局长）　汪　涛
副书记　王　勇
委　员　付　梅　（女）

第三纪工委

书　记　吕阳益
副书记（监察分局局长）　甘　露

副书记　吴国琴
委　员　王　翔　卢　涛

第四纪工委

书　记　安仕学（仡佬）
副书记（监察分局局长）　刘劲松
副书记　何天林
委　员　邓连华

第五纪工委

书　记　胡小单（女）*
副书记（监察分局局长）　王　润（女）
副书记　吴　帆
委　员　龙　山　黄红霞（女）

第六纪工委

书　记　何　蕊（彝）
副书记（监察分局局长）　潘祖英（女）
副书记　彭　峰
委　员　李寒梅（女）

六枝特区人大常委会

主　任　王朝荣
副主任　金　芬（女）　李德兴　龚鸿文
　　王　菁（女、布依）　王道洪
　　周金平

人大办公室

主　任　杨朝荣
副主任　吴开敏（女）
选任联委主任　杜　鹃（女、彝）
教科文卫委主任　向忠花（女）
副主任　赵永红（女）
财经委主任　李开学
副主任　左　玲（女）
民族宗教侨务与农村经济委员会主任　王元礼
信访办主任　王　毅（彝）
法工委主任　喻　勇
环资委主任　叶　波*　胡小单（女）

六枝特区人民政府

区　长　方裕谦
常务副区长　邹振伟*　安长辅
副区长　安长辅　撒玉怀（回）
　　郭　萌（女、白）　谭　枫（苗）
　　杨　刚　于军峰*

六枝特区人民政府工作部门

政府办公室

主　任　金　波
副主任　李　新　金林华*　王　春　兰钰涛
　　闫秀明
法制办主任　龚代彪
法制办副主任　蔡　敏（女）　王　泰
人防办主任　吕阳光
副主任　金　霞（女）
国教办主任　宋绍高
副主任　田景坤
政务服务中心主任　周平凹
副主任　何应港*　陈　欢
外事侨务办主任　彭　青
电子政务办公室主任　肖富华*
政府机关事务管理局局长（六枝宾馆所长）
　　谢全文
政府金融办主任　索才欣*

发展和改革局

党组书记、局长　金家琪

副局长　潘云良　贝荣青（女）*　李湘（女）
　　　　杨　熙
纪检组长　王明玺（仡佬）
开发投资办公室主任　陈贵豫
西开办专职副主任　江吉芬（女、彝）
节能减排监察大队大队长　刘登宇
铁路建设办公室专职副主任　刘　渊

经济和信息化局

党组书记　陈富强
局　长　丁　勇
副局长　吴仕君　熊　翱
纪检组长　安仕学（仡佬）*　邓连华
煤产办　熊　翱（主持工作）

教育局

教育工委专职副书记　杨文光（苗）
党组书记、局长　刘大宇
副局长　蔡洪江　袁　岑　帅学将
纪检组长　严兴华

民政局

党组书记、局长（老龄办主任）　钱国富
副局长　何剑梅（女）　汪元祥
纪检组长　吴　帆
老龄委办公室专职副主任　杨洪武
社会救助局局长　周　雯（女）

财政局

局　长　苏　勇*　索才欣
副局长　宋家荣　田　莉　（女）
纪检组长　王发昌
国库集中收付管理局局长　李建国
特区基层财政管理局局长　胡　斌
非税收入管理局局长　王善辉

投资促进局

局　长　牟　艳（女）
副局长　曹　政　李　丽（女）

扶贫局

局　长　李世然（女）
副局长　肖　炜　胡　江
社会帮扶中心主任　彭家国
世行办副主任　王朝俊

人力资源和社会保障局

党组书记、局长　刘廷和（回）
副局长　陈家富　戴文生　田孟琴（女）
纪检组长　吕阳益
社会保险事业局局长　陈　瑾
副局长　付锡敏（女）　万　祥　周定矗
就业局局长　张德平

住房和城乡建设局

党组书记、局长　敖　勇
副局长　张录全　高　静（女）　李泽华
纪检组长　汪　涛
牂牁江风景名胜区管理处副主任　李　强
房屋征收办公室主任　谭文洪

城乡规划和城市管理局

党组书记、局长　蔡　林
副局长　王　涛（苗）　李兴富
城管监察大队大队长　付　涛*　喻孟友

水务局

党组书记、局　长　龚　伦
副局长　李志忠　晏　卿
纪检组长　甘　露

农业局

党组书记、局长　王士福

副局长　江　宏　廖　冰
纪检组长　卢　涛
草地畜牧业发展中心（农业产业办）主任
　　王明祥
副主任　王兴洲（布依）　卢　俊（布依）
科技事业局局长　王兴华
副局长　杨厚科
农广校校长　黄　清
培训中心主任　刘登海
地震台台长　谢燕燕（女）

林业局

党组书记、局长　路　林（彝）
副局长　王　鹏（穿青）　周　林（女）
　　谌　雨
纪检组长　王　翔
花德河林场（月亮河省级森林公园管理处）
场长（主任）　王　熙
副场长（副主任）　王显云　曾凡龙
森林公安局局长　龙家松
政　委　谭明跃
副局长　王峥荣　谷　军

环境保护局

党组书记、局长　李清洋（苗）
副局长　陈前宁（女）　罗向阳
　　龚晓棠（女、土家）
环境监察大队大队长　邓生美（女）*

交通运输局

党组书记、局长　彭良国（穿青）
副局长　罗晓蓉（女）　王万福　邓　祥
纪检组长　王　勇
地方海事处处长　杨枝兴
道路运输管理局负责人　杨枝兴
交通 运输执法队大队长　李　彪（彝）
公路管理所所长　邱明清
地方海事处牂牁湖海事所所长　吕侠东（苗）

卫生和计划生育局

局　长　杨　强
副局长　洒金华*　刘佐友　卢德荣
纪检组长　肖启芬（女）
计生协会专职副会长　沈光荣
计生协会秘书长　江辅莉*（女）　金　华（女）
督查室主任　徐　恒
流管办主任　刘　鑫
合医办主任　杨　诚
计生妇幼保健中心主任　周维国*　江辅莉（女）

审计局

局　长　何兴品
副局长　林　阳
纪检组长　赵燕鸿（女）

统计局

局　长　左永洪
副局长　汪希文　牟素贞（女　彝）　赵　刚
乡统办主任　邓祖明
副主任　马平前（回）

文体广电旅游局

党组书记、局长　周元军（穿青）
副局长　李　桔　王琼芳（女）　袁瑞岍
纪检组长　付　梅（女）
广播电视台台长　袁瑞岍*　黄龙星
文化市场综合执法大队大队长　赵晓理（苗）
文化馆馆长　高　霞（女）
图书馆馆长　谢文东

梭戛生态博物馆

副馆长　罗　刚（主持工作）

生态旅游局

常务副局长　杨光琦
副局长　肖　敏（女）　伍　鹏

国土资源局

党组书记、局长　龙启江
副局长　徐登祥（苗）
纪检组长　周　磊
执法监察大队大队长　晏毓尧＊　朱光兰（女）
地质灾害防治中心　蒋贤祥

安全生产监督管理局

党组书记、局长　吴　江
副局长　李红毅　牛　诚　卢加志　李　爽
纪检组长　刘安翔＊　刘劲松
安全生产执法监察局专职副局长　牛　诚（兼）
副局长　喻孟友＊　吴辉刚（彝）　李　爽

市场监督管理局

党组书记、局长　江　浩
副局长　柴　君　吴文刚　韩福香（女）
食品安全委员会办公室专职副主任　唐　勇
稽查局局长　房治绳

水库和生态移民局

党组书记、局长　梁厚学
副局长　王明秀（女、布依）　罗兴宏
纪检组长　陈　波（彝）＊　龙兴燕（女）

矿区社区服务管理局

党总支书记、局　长　韩学智
副局长　张小红（女）

供销社

党组书记、主任　黄　平
副主任　曹鼎江　姜　芳　（女）

档案局

局　长　蔡兴忠
副局长　王剑梅（女、彝）　潘盛璇

民族宗教事务局

局　长　马敏龙（回）
副局长　卢升学（布依）　肖　猛
纪检组长　李寒梅（女）

疾控中心

主　任　吴永平（女）
副主任　张　俊（彝）　陈　宇（女）

卫生监督所

所　长　田　敏（女）
副所长　曾　玲（女　布依）　卢　虎（布依）

六盘水市第二人民医院（六枝特区中医院）

党委书记　周福良
院　长　林　海
副院长　王世其　陇文菊（女）　张　旗
纪委书记　候东何

人民医院

院　长　杨　芳（女）
副院长　江甫祥　何天勇　王立新
　　　　王文勇（彝）
中心血库主任　白桂灵（回）

政协六枝特区委员会

主　席　夏　明
副主席　余红亚　黄秋英（女）　黄世杰
　　　　吴文英　赵孝和（布依）　叶发伦
秘书长　胡　平

政协办公室

主　任　胡　平（彝）
办公室副主任　陆　会（女）
提案委主任　邓进仁（苗）
副主任　郭　丽（女、彝）
政协委员联络办（信访办）主任
陈学武（穿青人）
学习文史委　主任　马淑元（女）
副主任　刘安康（彝）
社法委主任　陈　华
副主任　张南凯（穿青人）
经科委主任　王道平
副主任　吴庆华（女）
智力支边办主任　艾　妮　（女）

武装　法制

武装部

部　长　李海燕
政　委　樊小华
副部长　将宏图
军事科科长　将宏图（兼）
政工科科长　袁　真*　陈　林
后勤科科长　谭　波

武警中队

中队长　龙　星
政治指导员　夏佰旭
副中队长　杨　强

消防大队

大队长　朱发灿
教导员　张　缝

公安局

党委书记、局长　卢　波*　叶　圣
党委副书记、政委　景学良*
党委副书记、副局长　郭军力*
党委委员、副局长　陈　浩　闻　川（彝）
徐　波
党委委员、纪委书记　徐　波*　李燕强
党委委员、政治处主任　徐咏梅（女）
党委委员、刑侦大队长　彭盛林
党委委员、指挥中心（办公室）主任　李兴国

检察院

党组书记、检察长　余　松（蒙古）
副检察长　何奇零　韩福彪
纪检组长　伍贤海
党总支书记　马贵明
政工科科长　石焕祥
反贪局副局长　丁　楠*　徐　海
反渎职侵权局副局长　龚　华
案件管理办公室主任　汪　恒（彝）

法　院

党组书记、院长　肖　健
副院长　王文乐　曹江洪　刘景刚
纪检组负责人　于晓涛
政工科科长　尚显奇
党总支书记　吴开宇
执行局局长　付昭俊

司法局

局　长　梁　斌
副局长　高正昌（仡佬）　方　勇
纪检组长　潘祖英（女）
政工科科长　寒　冰（水）
依法治理办主任　李晓玲（女）*

群众团体

总工会

主　席　吴文英
党组书记、副主席　娄成江
副主席　蒋　红（女）
经费审查委员会主任　杨　协（苗）

团　委

书　记　罗　文*
副书记　韩林君（女）

妇　联

主　席　李玉萍（女）
副主席　肖丽娟（女）*　罗　涛（女）
　　　　蒋兴春（女）

红十字会

会　长　陈米突（女）
副会长　王丽娟（女）

科　协

主　席　任官科（仡佬）
副主席　甘孝兵　李绍芬（女）

文　联

党组记　黄微波
主　席　陈文洪
副主席　何爱蓉

残　联

理事长　张　辉（苗）
副理事长　杜昌祥

民主党派与工商联

工商联

主　席　金　芬（女）
党组书记、副主席　杜昌黎（彝）
副主席　马　燕（女、布依）

九三学社六枝支社

主　委　乔玉梅（女）
副主委　刘铁军　刘　俊

中国民主同盟会六盘水市委员会六枝特区总支部

主　委　李有祥
副主委　曾启芳（女）　田　敏（女）
　　　　王琼芳（女）　熊　翱

学　校

职　校

校　长　高　源
副校长　郑启荣（正科级、彝）　张海森
　　　　龙付生

六盘水市第二中学

校　长　樊国庆
副校长　刘　容（女）　王显进

一中

校　长　刘　容（女）
副校长　马茂林　邱贵诒　徐　俊

二中

校　长　黄帮谦
副校长　李永林　许东吴

三中

校　长　曾启芳（女）

副校长　邱源诚　耿小莉（女）　陈　迪

四中

校　长　李西铁

副校长　申朝东　李　妍（女）

五　中

校　长　李国东

副校长　史建洲

七　中

校　长　宋永会（主持工作）（女）

副校长　宋永会（女）　刘代娟（女）

八　中

筹备组组长　郑启荣

副组长　叶正红

九　中

校　长　陈　鸿

副校长　谭　勰　任　勇

实验中学

校　长　李升科＊　周志刚

副校长　邹晓鸿（仡佬）　周志刚

一　小

校　长　周定元（彝）

二　小

校　长　蒋兴科

三　小

校　长　余剑波

四小

校　长　田锦明

实验小学

校　长　杨光莉（女，彝）

特殊学校

校　长　敖　猛

实验幼儿园

园　长　沈海鸿（女）

经济开发区　、产业园区
贵州六枝经济开发区

党工委书记　高玉林（彝）

主　任　方裕谦

常务副主任　何益贵

副主任　蒋家梁

纪委书记　陈俊松

党政办主任　胡　庆

副主任　潘　华

组织、宣传、人事部部长　赵东进

经济发展局局长　吴　萍（女、苗）

副局长　杨丽梅

财政局局长　田洪权（土家）

副局长　何　新

住建局局长　林泉文

建设服务中心负责人　李忠和

副主任　付　涛

六盘水市国土资源局六枝经济开发区分局局长　朱晓黔

岩脚产业园区办公室副主任　金开忠　李　强（彝）

溢鑫投资开发有限公司董事长　夏　超

六盘水市公安局六枝经济开发区分局局长　田　波

政　委　马启国
副局长　李燕强　赵千军
纪委书记　杨秀柱（侗）

郎岱农业园区

党工委书记　何启筠（彝）
主　任　张　卓
纪委书记　胡涛
副主任　王兴凯
办公室主任　肖　雄
招商引资局局长　吴胜坤
经济发展局局长　何正洲
财政局局长　李兰勇
住建局局长　耿和荣

木岗产业园区

党工委书记　杨明兰（女）
主　任　杨　彬
纪委书记　王德胜
招商引资局局长　张永志
住建局局长　陈国海
经济发展局局长　刘开强
财政局局长　王士文

路喜工业园区

党工委书记　卢启达
主　任　郭旭照
副主任　陈　洪　江　泳
办公室主任　关　红
住建局局长　江　华
财政局局长　万　红（女）
经济发展局局长　宋家荣 *

牂牁江　旅游文化产业园区

党工委书记　王　华（布依）
主　任　肖忠学（彝）
副主任　王书良（布依）
办公室主任　余　杰
旅游局局长　朱力军（女）
住建局局长　邓　祥（苗）
财政局局长　陈　兴

乡镇、社区

那克街道办事处

书　记　安　庆
主　任　李恒付
副主任　李　林　汪明琼　卢　俊
议事主任　金　鑫
纪委书记　付　鹏

银壶街道办事处

书　记　谭友跃
主　任　毕家玺
副主任　王　霓　何江艳（女）
议事主任　梁明丽（布依，女）
纪委书记　邓连胜

塔山街道办事处

书　记　毕　健
主　任　黄读梁
副主任　刘胜利　赵启舟　王忠红（女）
议事主任　叶玉平
纪委书记　徐贵颖

九龙街道办事处

书　记　张　斌
主　任　陈朝淮 *
副主任　钟　剑　杨大贤　张绪鸿
议事主任　张晓寒（女）
纪委书记　王　成

郎岱镇

书　记　王国华

镇　长　李　林
人大主席　李文波
副书记　孙乾红
纪委书记　艾国康
副镇长　卢贵武　唐传达　戴　浩　王道国
　　张政虎　刘登凤（女）
组织委员　马逢春
宣传委员　肖成波＊　龙　祥
武装部部长　马贤琨
派出所所长　付　律

岩脚镇

书　记　金　剑＊　（仡佬）袁达平
镇　长　袁达平＊　林泉文
人大主席　吴胜勇
副书记、纪委书记　肖富华
副镇长　程　锡＊　李龙虎＊　罗乐李　玲（女）
　　程礼辉　张东强
组织委员　刘　健
宣传委员　田　径
武装部部长　郭太华
派出所所长　牟文俊

大用镇

书　记　陈　刚
镇　长　李志军（女）
人大主席　杨成祥（彝）
副书记　王　霖
纪委书记　陈化春
副镇长　肖玉祥（彝）　龙明萍（女）
余进祥（彝）＊　王恩亮　郭贞华
组织委员　蒋太金
宣传委员　陈化春＊　李安龙
武装部部长　涂　华＊　肖玉祥（彝）
派出所长　江　波

木岗镇

书　记　龚德祥（彝）
镇　长　吴　峰
人大主席　邓祥鑫
副书记、纪委书记　洒科刚（彝）
副镇长　王洪武　赵启舟（布依）＊　刘　祺
　　汪　勇　吴桂梅（女）
组织委员　王兴江
宣传委员　周　勇
武装部部长　伍朝海（布依）
派出所所长　刘明祥

新窑镇

书　记　谭有跃＊　刘　义
镇　长　洪　军
人大主席　刘明光
副书记　刘翠（女）
纪委书记　安　江
副镇长　汪明琼＊（女、黎）　邓泽华
　　杨　江（布依）　王　霖（仡佬）＊
组织委员　孙乾红＊
武装部长　杨厚波＊
宣传委员　施辉伦
派出所所长　陈德华

关寨镇

书　记　彭良国＊　谭明勇
乡　长　朱　晶（女、仡佬）
人大主席　关　勇
副书记　安昌鹏（仡佬）
纪委书记　张清龙
副镇长　李富云　周世斌　蔡　贵　莫开华
　　李贵祥
组织委员　杨应达（苗）
宣传委员　刘　毕
武装部部长　张清龙（彝）
派出所所长　韩　康

龙河镇

书　记　邓建新*　程　虎（彝）
镇　长　何天铁
人大主席　涂　华
副书记　胡　雷
纪委书记　张　林*　霍昇辰
副镇长　施泽洪（彝）　金碧林　彭清华
组织委员　杨　敏（女、黎）
宣传委员　苏志伟
武装部部长　周东海
派出所所长　罗　行

新华镇

书　记　周定忠（仡佬）*　龙殿声
镇　长　龙启江*　龙殿声*　彭　涛
人大主席　杨　进（彝）
副书记　吴道勇
纪委书记　金　涛*　吴胜坤
副镇长　沙　龙（仡佬）　叶祥文*　彭清华*
　　　　杨兴龙
组织委员　吴维耀*　沈际澜
宣传委员　黄　斌
武装部部长　王道贤*　李龙虎
派出所所长　谢　培

牂牁镇

书　记　王　华（布依）
镇　长　吕阳益（苗）*　王　涛（苗）
人大主席　陆洪艳（布依）
副书记、纪委书记　邓　凯（彝）
副镇长　卢　涛（布依）*　潘　猛　刘金堂
　　　　张亮才（彝）*　伍　健　王　剑
　　　　左金红（苗）
组织委员　蔡家勇
宣传委员　杨　杰
派出所所长　魏兴彪

新场乡

书　记　宁　浩
乡　长　宁　浩*　杨兴礼*　罗　文
人大主席　施辉志
副书记　龙　腾
纪委书记　杨兴礼*　蔡小安
副乡长　刘廷祥（回）*　李树洪　张　良*
　　　　左金红（苗）*　李　彪　周　琼
组织委员　李发平*　何　锐
宣传委员　陈开龙　刘廷祥（回）
武装部部长　杜　江*
派出所所长　周维俊*　卢　涛

梭戛苗族彝族回族乡

书　记　李廷斌
乡　长　刘胜奇（苗）
人大主席　张兴贤（仡佬）
副书记　张亮才（彝）
纪委书记　汪　涛*　潘仁干
副乡长　李兴达　李德才（彝）
　　　　江胜芳（女、苗）　付尚伦
组织委员　吕　峰
宣传委员　沙兴富*　付习英（女）
武装部部长　徐贵颖*　李兴达
派出所所长　卢　涛*　李方波

落别布依族彝族乡

书　记　周合平
乡　长　何　蕊*（彝）　刘　涛
人大主席　卢书颖（布依）
副书记　杨　娟（女）
纪委书记　刘劲松*　胡小飞
副乡长　张远斌*　梁明丽（布依）*
　　　　余　祥（蒙古）　刘家祥　张　伟
组织委员　杨　娟*　胡　娴（女）
宣传委员　胡　兵
武装部部长　陈忠贵

派出所所长　张　阳

月亮河布依族乡

书　记　卢运勇（布依）

乡　长　卢运勇（布依）*　肖　良（彝族）

人大主席　彭　青（穿青人）*　赵庆平

副书记　左儒伦

纪委书记　张晓寒（女）*　蒲文芬（女）

副乡长　朱仲怀*　安文忠　彭健山　付应红

　　张玉川　江翰东　左儒伦*　刘　祺*

组织委员　王　成*　韦仕兰（女）

宣传委员　夏光云

武装部部长　龙成胜*　黄吉祥

派出所所长　丁志海*　杨　辉

中寨布依族彝族苗族乡

书　记　高奎星　（彝）

乡　长　陈朝淮　（布依）

大主席　刘安学*　周　强（穿青）

副书记　张　军（彝）

纪委书记　吴维耀

副乡长　付应宏*　安　楠（彝）

　　李万银（彝）*　周　强（穿青人）*

　　王　虎　赵庆虎　江辅刚

　　严　萍（女）　李　爽（黎）*

组织委员　程　波*　肖成刚

宣传委员　赵庆虎*　安　楠（彝）

武装部部长　曹定平*　江辅刚

派出所所长　廖龙富

牛场苗族彝族乡

书　记　左红祥*　张家兴

乡　长　郑　刚（彝）

人大主席　刘　凯

副书记、纪委书记　王青华*　李发平

副乡长　刘　毕（苗）*　韦　琼（女、布依）

　　龙　腾（穿青人）*　于祥文

组织委员　龙　翔（彝）*　张　靖

宣传委员　黄　科*　沙兴富

武装部部长　杨安华

派出所所长　付尚波*

省、市垂管单位

国家税务局

党组书记、局长　韩　海

副局长　刘家茂　褚小平　谭　栗

纪检组长　梅恩泽

稽查局长　魏正刚

地方税务局

党组书记、局长　石　磊

副局长　李升红　林建森

纪检组长　方捍中

机关党委书记　陈静涛*　谌春穆

气象局

局　长　周　翔

副局长　徐春文

烟草局

局　长　张崇德

副局长　刘　旋

副经理　罗学刚　冉　清

纪检组长　赵庆超

国家统计局六枝调查队

队　长　杨　勤

副队长　熊坚强

通信　电力

邮政局

局　长　许卫疆

副局长　杨　荣

电信公司

总经理　赵英国

副总经理　黄吉宇（苗）*　何恒新　李登飞

移动公司

总经理　刘山荣*　冯　骏

副经理　施　维

联通公司

总经理　邓向艳

副经理　宋　磊

铁通公司

总经理　谭鸿湖

副经理　张学能

供电局

局　长　黄正刚

党支部书记　粟周范

副局长　刘方凡　蒋家华　管彦罡　张强勇

金融　保险

银监办

主　任　谭　刚

人民银行

行　长　蒙麒麟

副行长　周蓉生　顾家馨

工商银行

行　长　钟学勇

副行长　董金玉*　罗　欣*　江盛昔　胡　浩　王安琼

建设银行

行　长　陈开栋

农业银行

行　长　李　震

副行长　邓文江　彭红刚

农业发展银行

行　长　张亚蕊

副行长　廖　进*　申　昊

贵州银行

行　长　韦　洁（女，布依）

副行长　高　杰

中国银行

行　长　喻泽蛟

副行长　杨耀钧　罗　俊

邮政储蓄银行

行　长　颜昌海

信合联社

理事长　江吉和

主　任　彭　华

副主任　王道勇*　秦其举*　刘劲松　况月进

监事长　陈福龙

人寿保险六枝支公司

经　理　田　军

副经理　林　东

人民财产保险六枝支公司

经　理　杨　福

副经理　孙　涛*

经理助理　俞黔勇

太平洋人寿保险六枝支公司

经　理　董　超* 　徐再磊

太平洋财产保险六枝支公司

经　理　郑　权

六盘水市公积金管理中心六枝分中心

负责人　张翠林

驻境企业、区属企业

六枝工矿（集团）公司

党委书记、董事长　施文刚
副书记、副董事长、总经理　何宗辉
副书记、纪委书记、工会主席　李英俊
副总经理　周　东　高世俊　迟恩波
总工程师　皮礼明
总会计师　付　建

盘江六盘水装备制造有限公司

总负责人　祝华敬
党委书记、纪委书记、工会主席　周　强
常务副总经理　栗照民
副总经理　付正田
总工程师　杨洪波

贵州省煤田地质局水源队

党委书记　刘　青
队　长　刘建平
副队长　马　彪　范跃光
总工程师　王　建

贵州省煤田地质局一四二队

党委书记　王　波
队　长　雷忠林
副队长　王　捷　杨　权
总工程师　王方发

中石化六枝分公司

经　理　王　尧
副经理　魏洪俊

六枝盐业公司

经　理　付明云
副经理　徐希平（女）　潘祖倡

六枝特区水务供排水公司

经　理　郭献开
副经理　但承祥　罗　毅　张钦宇　郭忠林

九龙酒业有限公司

厂　长　姜贵明
副厂长　黄贵红

贵州省益正开发投资有限责任公司

董事长　王青华

党政群团

中共六枝特区委员会

【概况】 2015年，六枝特区党委紧扣“两加一推”主基调，狠抓“三化同步”主战略，主动适应新常态，坚持守底线、走新路、奔小康，着力稳增长、促改革、调结构、惠民生、防风险，经济社会保持稳中有进、进中向好的良好势头。完成地区生产总值147.65亿元、同比增长12.6%，50万元以上固定资产投资243.22亿元、同比增长25.6%，社会消费品零售总额36.17亿元、同比增长11.9%，公共财政预算收入12.95亿元、同比增长6%，农村常住居民人均可支配收入7146元、同比增长11.6%，城镇常住居民人均可支配收入21334元、同比增长10.6%。在47个非经济强县综合测评中排第9位，经济发展群众满意度达80.1。

【学习贯彻中央、省委和市委全会精神】 坚持把学习好、领会好、贯彻好习近平总书记系列重要讲话精神和党的十八届五中全会以及省委十一届六次全会、市委六届七次、九次全会精神作为一项重大政治任务。2015年，特区党委召开常委会研究部署贯彻落实工作4次，召开2次全区领导干部会议、3次中心组学习会议进行集中学习传达，并通过领导干部带头宣讲、邀请专家作专题报告、组建宣讲团下基层宣讲、选派干部参加专题培训班等形式，推动习近平总书记系列重要讲话精神和各级全会精神进机关、进农村、进社区、进校园、进企业，在全区掀起了学习贯彻落实的热潮。全区共组织开展宣讲活动1250场，参加听讲干部群众1万余人（次）。

【“三严三实”专题教育】 将“三严三实”专题教育和党委中心组学习及党员干部日常教育有机结合，制定《六枝特区党委中心组“三严三实”专题学习研讨工作方案》，围绕严以修身、严以律己、严以用权分别开展了3次专题学习研讨。县级领导干部以身作则，累计上党课47场，9000余人次党员干部参加听讲。组织观看《鉴史问廉》《失德之害》《信仰》等警示教育片，教育党员干部加强党性修养，坚定理想信念。对查摆出的117条“不严不实”问题，特区党委常委会结合党的群众路线教育实践活动整改落实情况建立问题清单和整改台账，按照边学边查、边查边改、立说立改的原则进行了认真整改，确保事事有回音、件件有着落。

【优化产业结构经济发展总量和质量稳步提升】 大力调整种植业结构，完成粮食播种57.18万亩，经济作物种植125.65万亩，非粮产业增加值占第一产业增加值比重为82.8%。“3155”工程任务超额完成，种植面积达32.3万亩，农业特色产业发展到81.82万亩。“茶产业提升三年行动计划”进展顺利，新建高标准茶园3.8万亩；大型茶叶加工厂建成2家，动工4家。万头养猪场、10万羽蛋鸡场、千头牛场、千只羊场建设稳步推进，畜牧业产值15.42亿元，畜牧业增加值9.87亿元。农业园区完成总投资48.44亿元，总产值58.27亿元，销售收入39.51亿元；完成“三品一标”认证37个；共引进和培育企业97家，其中省级及以上重点龙头企业21家，培育农民合作社175家。

加快煤矿企业兼并重组，完成实施方案批复企业集团9家，保留煤矿18处产能990万吨，完成矿区预划批复煤矿9处，复工煤矿9处产能231万吨。六枝电厂建设进展顺利，2016年即将建成投产。新增规上企业入库14户。积极推进能源项目建设，上报“十三五”能源规划项目67个，总投资230亿元。地面抽采煤层井已完成“牛一井”“牛三井”“牛四井”钻井工程；启动天然气LNG加工厂项目建设，设计规模为100×104m3/d天然气压缩，拟投资5.26亿元，预计2017年4月建成投产。大力推进新医药大健康产业，圣济堂药业正在通过国家GMP认证。工业增加值完成44.82亿元，同比增长11.6%。

积极发展大健康旅游产业，荣获全国十佳生态休闲旅游城市称号。大力推进景区景点建设，牂牁江湖滨旅游度假区完成年度投资3.1亿元，廻龙溪温泉景区正式营业，投资2000万元完成月亮河夜郎布依文化生态园“布依风情一条街”和补雨村石头寨的村庄整治及民居改造，投资2400万元完成梭戛自然与生态文化旅游示范区高兴村陇嘎寨传统村落及新村建设、梭戛生态博物馆改扩建。加快发展乡村旅游，对落别一线乡村旅游产业进行开发建设，积极争取将中寨乡扁朝、落别乡板照等8个村列入全国乡村旅游扶贫重点村。全区旅游总收入达16.76亿元，同比增长31.8%。深入推进电商发展，被确定为2015年省级电子商务进农村综合示范县，已启动建设一个县级运营服务中心、20个乡镇级电商服务站、19个村级电商服务点和1个社区电商服务站。

【加快特色小城镇发展步伐】 紧扣“实业乡村、产业小镇”主题，按照“一心三翼、辐射周边”的思路，积极谋划以中心城区、落别、岩脚、郎岱等为支点的小城镇发展大会观摩路线打造，统筹推进城乡一体化发展。按照“四定三集中”（定时间表、工程量、责任人、工作量，集中人力、物力、财力）原则，全力推进项目观摩点项目建设。坚持以小城镇“整区推进”为抓手，突出实施好“八大工程”（城乡规划优化工程、项目建设提速工程、镇村联动提升工程、绿色生态发展工程、农旅文城融合工程、电商提升工程、智慧城镇管理工程、改革发展提质工程），深入推进山地特色新型城镇化快速发展。

【基础设施改善】 中心城区背街小巷第四期改造道路13条27623平方米，电（讯）网入地工程正式启动，街心花园、火车站人行天桥建成投入使用，那平路、142队等旧城区改造快速推进，滨河湿地公园基本建成，城市面貌和景观绿化大幅度提升。黔中水利枢纽工程下闸蓄水，旧院水库实现向城区供水，懒龙河、阿雨水库建设有序；实施饮水安全工程29处，解决5万农村人口饮水安全问题。农村电网升级改造工程（小康电）完成投资6009万元，占总投资的163.9%。实施交通项目23个，总投资25.35亿元；新增G356、S214国省道改造有序推进，六枝东西互通连接线预计完成投资2.65亿元，城南大道建设步伐加快，完成通村水泥路建设270公里，六安城际快速铁路六枝段开工建设，岩脚滨河大道等5条道路建成投入使用。

【生态文明建设】 启动“绿色贵州”三年行动计划六枝行动，开展“多彩贵州·最美高速”创建。新增造林13.21万亩，森林面积达124万亩，森林覆盖率46%。治理岩溶47.36平方公里，完成石漠化治理14.38平方公里。城区环境空气优良率达100%，城市生活垃圾、城乡生活垃圾无害化处理率分别达100%和82.8%。中心城区新增污水管网31.99公里，城镇污水处理率达85.1%。加大生态文明体制改革，健全环境质量与目标责任约谈制度，深入推进企业治污和生态环境恢复治理，实行最严格的水资源管理制度，天然林保护、退耕还林等重点工程进展顺利。

【精准扶贫】 研究制定“36661”扶贫攻坚行动计划和“1+10”等政策文件，以“八个决战”为抓手，加快推进贫困乡镇“减贫摘帽”、贫困村出列和贫困人口脱贫。按照“党委主责、政府主抓、干部主帮、基层主推、社会主扶、群众主体”的要求，对全区213个行政村和3.5万户贫困户实行遍访和结对帮扶全覆盖，完成贫困人口100421人的精准扶贫建档立卡工作。按照“六个精准”要求，大力开展产业扶贫、生态移民扶贫、教育扶贫、医疗扶贫、社保扶贫，整合各种资源实施整村推进项目69个，投入资金1900万元，减少贫困人口2.5万人，完成新场、新华2个乡镇“减贫摘帽”和20个贫困村整村推进工作，贫困乡镇发生率为10.5%。

【“三变”改革】 研究出台《六枝特区深入推进“三变”改革工作行动方案》等政策文件，全力推进“三变”改革工作。截至11月底，全区共有18个乡（镇、社区）、214个村（居）、80个经营主体参与“三变”，培育“三变”先进典型示范点18个，着力打造月亮河乡“三变”改革升级版产业示范点；整合参与“三变”资金67072.4万元，实现土地资源变股权104308.9亩，农民变股民40805户152012人，带动农户务工10236户14661人，带动企业收益4881.4万元、合作社收益3063.51万元、村集体收益77.97万元、农户收益2301万元、贫困户收益644.2万元，带动务工农户人均增收6000元，农民人均增收700元、贫困户人均增收1100元。通过“三变”改革，农民得到实惠，农业得到发展，农村集体经济得到了加强。

【社会事业】 大力发展学前教育和教育“9+3”计划，在建和拟建教育工程38个，各乡镇、社区均实现有公办幼儿园目标，完成中职招生5268人，通过招考和引进各类教师270人。稳步推进全省提高农村贫困人口医疗救助水平促进精准扶贫试点县工作，启动中医院、九龙社区计生服务站和落别、中寨、梭戛3个卫生院建设，全力改善基层医疗卫生条件。成功入列创建全国计划生育基层群众自治项目示范县。加强就业创业工作，新增城镇就业19958人。加快完善社会保障体系建设，新农合参合率达99.12%，累计发放农村低保金13301.14万元、城市低保金4405.43万元，新启动保障性安居工程3152套，实施危房改造1946户。开工建设农民体育健身工程30个，安装村寨广播220个。加强留守儿童关爱保护救助，织牢留守儿童关爱网。

【创新社会治理方式】 制定《创新基层社会治理推行社区网格化服务管理工作试点实施方案》，切实推进网格化服务管理，制定《社会矛盾纠纷排查调处工作实施办法》和《人民调解员调解纠纷补贴办法》，建立以行政调解、司法调解、人民调解为内容的三级联动平台。开通信访专线和书记、区长信箱，增设信访接待窗口，建立区、乡、村、组四级联动调处机制，配齐配强村级矛盾纠纷调解员，进一步畅通民意诉求渠道。严格落实领导包案化解责任，分6轮对703件信访事项进行包案化解，成功化解690件，化解率为98.15%。强化特殊时期稳控机制，采取多种方式坚决把可能发生的各类矛盾纠纷化解在萌芽状态，实现全国、省、市重要活动期间区内和谐稳定。

【“平安六枝”建设】 积极在“管、控、制”上下功夫，组建公安机关合成作战指挥室、北部片区责任区刑警队、专业接处警队伍和视频巡查队伍。以“三个严打”为抓手，深入开展“命案攻坚”“扫黄禁赌”“禁毒五大行动”等专项活动，严厉打击各种违法犯罪活动。截至11月底，全区共立刑事案件1270起、同比下降4.51%，破获各类刑事案件995起、同比上升6.98%；受理各类治安案件2510起，结案2094起；共发命案6起，破6起，连续三年实现命案全破；破获毒品刑事案件89起，抓获毒品犯罪嫌疑人120人，缴获毒品5275.75克，查处吸毒人员726名；抓获各类逃犯154名。在2015年群众安全感满意度测评中位列全省第一。严格落实安全生产责任制，安全生产事故起数和死亡人数实现“双降”，煤矿领域实现“零死亡”。

【统战、群团】 充分发挥统一战线的重要法宝重用，将统战工作纳入年度综合目标考核，为16个乡镇配备了统战委员，建立500人的党外人士信息库，制定出台区委常委与党外人士交流制度。高度重视党的群团工作，出台《进一步加强和改进党的群团工作的实施意见》，大力支持工会、团委、妇联、关工委等群团组织依法依章开展工作，群团组织服务经济社会发展的桥梁纽带作用明显增强，工作开展亮点纷呈，关工委主任张廷模获得全国“先进个人”表彰，育农园艺有限公司被省妇联评为“五星级妇女科技示范基地”。认真履行党管武装职责，关心支持武装队伍建设，引导武装力量积极参与维稳、应急救灾、民生事业建设等工作，军民融合发展，国防教育、民兵预备役工作成效显著，正式命名六枝特区为省级双拥模范县。

【依法治区】 研究制定《关于全面推进依法治区的实施意见》和《关于全面推进依法治区实施意见重要举措分工方案》，依法治区工作稳步推进。建立行政权力清单制度，完善政府权力公开透明运行机制。深入开展法治宣传教育，推动全民学法用法尊法守法，全面完成“六五”普法任务。加快司法体制改革，研究制定《关于进一步支持人民检察院依法独立公正行使检察权的实施意见》和《关于进一步支持人民法院依法独立公正行使审判权的实施意见》，大力支持特区人民法院和检察院依法独立行使审判权和检察权，为实现社会公平正义创造良好法治环境。扎实推进基层民主法治化建设，提高基层法治化管理水平，陇脚乡补雨村被评为全国“民主法治示范村”。

【强化外宣展示发展新形象】 加强与主流媒体的沟通合作，央视共有5个频道对牂牁江国际滑翔伞邀请赛、月亮河布依“六月六”活动以及自然资源、风光物产、民俗文化等进行宣传报道，并播出在我区岩脚、梭戛和牛场拍摄的《夏吃热补养生经》《老来无闲寿延年》节目两集。“多彩贵州风行天下”中外摄影名家到我区进行拍摄，《贵州画报》以“夜郎山水、田园六枝”为主题进行专刊宣传，《凉都故事》深入挖掘我区文化旅游资源。积极鼓励创作文艺精品，六枝箐林之声歌队《打亲》歌舞演艺节目获文化部第十三届中国西部民歌金奖。

【狠抓创建凝聚发展正能量】 整合《六枝报》《六枝之窗》和六枝电视台宣传资源，创办《微六枝》《六枝宣传》《微视六枝》等新媒体，把笔触、镜头、焦点对准基层、对准群众，聚焦时事、关注民生，及时传递党委和政府的声音。以新窑镇新河村为中心，打造“文化+”产业基地。在90个单位建立“双微”平台，及时发布工作信息，增强工作透明度，获得广大人民群众一致好评。以培育和践行社会主义核心价值观为着力点，开展“明礼知耻·崇德向善”主题实践活动道德讲堂2604场次，向中央、省、市文明办推荐各类身边好人49名，特区人民检察院吴华等7人获市级“身边好人”称号，特区公安局交警大队向莉被评为“敬业奉献中国好人”。实名注册志愿团体370个，注册志愿者26410人，发起志愿服务项目497个。

【基层组织建设】 选派764名干部开展同步小康驻村工作，全区130个贫困村、10个党组织软弱涣散村和89个民族地区村均选派了“第一书记”。建立“三考”和“四级月审”驻村干部管理制度，“四级月审”工作机制获省刊发并在全省推介。成立村集体控股建筑公司30个、专业合作社24个，213个村的集体经济积累都达到2万元以上，全部实现“脱壳”目标。着力抓好乡镇党委书记、村党组织书记、农村致富带头人“三支队伍”建设，《第一书记培训工作“活”起来》获省委常委、组织部部长孙永春签批。将村（居）支书、主任的最低报酬提高到2500元/月，文书提高到2000元/月（2016年1月起执行），村干部干事创业激情高涨，基层党组织战斗堡垒和先锋模范作用显著提高。

【干部队伍建设】 坚持严格教育培训干部，全年举办干部培训班5期，培训党员干部430余人。全年特区党委常委会研究干部16批（次），共任免调整干部498名，向市委推荐优秀副县级领导干部9名。坚持从严从实管理干部，建立完善《区管干部年度考核办法》《区管干部干事档案实施办法》，对929名科级干部进行客观、公平、公正的考核，对4名同志进行任期经济责任审计，对16人进行诫勉谈话，对174名拟任职干部进行任前廉政谈话。出台《高层次青年人才培养办法》，引进各类人才600余人，努力在全区营造尊重知识、尊重人才、尊重创造的良好氛围。

【反腐倡廉】 出台《落实党风廉政建设“两个责任”的实施办法》和《党风廉政建设签字背书实施意见》，将反腐倡廉工作任务逐项分解、层层延伸、层层压实。深入开展理想信念教育、纪律规矩教育、案例警示教育，促进广大党员干部受警醒、知敬畏、守底线，树立勤政为民务实良好形象。深入开展“四风”突出问题自查自纠、党风廉政建设集中专项整治和党风廉政建设“大约谈”等活动，共约谈党员干部2599人，处理违反作风纪律规定236人。持续保持惩治腐败高压态势，共受理信访举报570件（次）、同比增长64.3%，立案152件169人、同比增长100%，结案149件168人、同比增长112.9%，给予党政纪处分168人、同比增长107.4%，移送司法机关16人、同比下降33.3%，收缴违纪资金698万余元，挽回经济损失1537.75万元。

党委办公室

【概况】 特区党委办公室是区委的综合办事协调机构，承担着参政、督查落实、综合协调、后勤保障等诸多重要职能，是确保党委正常运转、党委决策贯彻落实的重要机构。特区党委办公室下设9个职能股室，分别是秘书股（三个股室）、文书段、信息股、行政股、政工股、政研股、改革办、小康办、“三变”办、特区党委政府督查室；3个归口单位分别是特区党委机要局、特区国家保密局和区委区政府联合信访办公室。

【文秘工作】 完成各类文件的起草、审核、呈批、校对、印制、分发、归档等工作，全年共发各类文件458份；共处理中央、省、市来文共560份，特区各单位文件485份，及时办结率为100%。保质保量地完成了特区党委领导交办的文稿起草任务和向市委、市委办及有关部门的各种汇报材料撰写工作，以文辅政水平和能力不断提高。2015年共整理2014年文书档案1000余件，并将文书档案进行电子系统录入和归档。建立健全并广泛推广使用“OA”无纸化办公系统，除人事、案件和秘密文件外，公文处理基本实现无纸化。2015年5月至6月，按要求清退全区各单位、各部门2014年的密级文件，全区全年按规定应清退销毁密级文件3416份，实际清退销毁3283份，因工作需要留存备查133份。全年无失泄密级文件现象发生。同时，邀请市级有关领导和专家对全区党委办公室系统文秘人员进行系统培训，适时加强对乡镇及其他部门办公室的业务指导，促使工作向规范化和有序化迈进。认真做好群众来信、来访接待、登记工作，积极协调相关部门处理群众信访事项，帮助群众解决实际问题。

【信息工作】 2015年5月，特区党办创办了内部刊物《党办之窗》，现已刊发二期；6月，创办特区党办微信平台《资政新语》，坚持每周刊发1期以上，已刊发25期；上载贵州省门户网站县区信息维护800余条，位列全市第一；上载六枝特区政府网特区党委领导工作动态信息维护140条；上载六枝特区党委办公室内网门户网信息维护132条。2015年，特区党委系统信息省考评得分180分，完成省目标考核任务数120%；市考评得分224分，完成市目标考核任务数112%，位列全市

第二；编发《六特信息》20期，完成目标任务15期的133%；通报公示办公室内部各股室每月信息考核得分6期，较好地完成了省、市、特区及办公室安排的信息工作任务。受理六枝特区书记区长直通交流平台网络信访210件涉及事项220个，协调解决民生诉求206个；处理人民网地方领导留言板涉及六枝特区板块网路信访28条，受理回复26条，群众满意率达93%；处理省、市常规工作及网络舆情交办23件，信息股自行监控、跟踪办理网络舆情14件，为舆情处置赢得先机，未发生一起重大紧急突发事件。

【政工工作】 完成干部年报、编制年报等各项报表的填报、特区党办职工2015年两年晋档，五年晋级及相关人员岗位变动、年终奖励工资等审批、人事工资管理软件、机构编制实名制软件等各种软件的维护、上报工作；财务工作方面，严格遵守财经纪律，坚持财务制度，严格执行收支两条线，"一支笔"签字制度，并根据国家有关政策，认真编制单位经费预算、决算，严格执行国库集中收付制度，做好财务报账等工作，按时完成医疗保险，养老保险等资金的核算上报工作，保证单位正常运转。

【督查工作】 采取实地查看、会议调度、下发交办督办通知书等多种方式对"四在农家·美丽乡村"六项行动计划、"四创"活动、冬春救助、"5个100"工程、"百千万"工程、"3155"工程、"多彩贵州文明行动"、农村劳动力调查、季度集中开工项目、道路交通安全、道路交通基础设施项目、森林防火、节能减排项目、十件民生实事、水利工程、六镇高速和水黄公路沿线经济示范产业带建设、地质灾害防治、地面数字电视进村入户、留守儿童救助帮扶、社会综治平安建设、信访维稳、汛期防汛、同步小康驻村干部到岗到位、人口计生、小城镇建设、农民工返乡创业就业、扶贫生态移民工程、电子商务建设、农村危房改造、精准扶贫、"三变"改革工作等重点工作进行了督查。2015年以来，联合有关单位开展各项专项督查70余次，编发督查通知18期、督查交办任务书4份、督查通报53期、督查快报13期、督查专报12期，有效促进了区委、区政府各项重大决策和部署的落实。

【后勤保障工作】 行政股是一个综合性部门，工作涉及面广，具体有值班、接待、车辆管理、会务、环境卫生、安全保卫、统筹协调等职责，日常事务琐碎，管理难度大。2015年以来，对特区党代会、十届九次全会、特区党委常委会、党支部会议、行政工作会议、民主生活会、理论学习会、工作协调会等一系列会前、会中、会后服务工作，做到了周密细致，忙而不乱，勤俭节约，提高了会议的质量和水平。配合其他股室完成大型会议筹备工作30余次。

【政研工作】 围绕党委中心工作、全区经济社会发展大局和群众普遍关心的热点难点问题，在充分征求相关领导、部门和乡镇意见的基础上，确定特区2015年度相关课题进行调研。共向省、市上报《从山地特色看六枝旅游发展》《六枝农技人员服务"三农"体制机制改革调研》和《六枝科技人才发展调研》等调研文章，配合做好区委全会、党代会等重大会议报告撰写，起草《六枝特区守底线走新路奔小康实施意见》等。

【深化改革工作】 组织开展全面深化改革重大问题的调研，统筹协调涉及单位提出的改革方案和措施，督促有关单位落实中央、省、市和特区工作部署和要求。收集汇总有关改革工作的信息资料，协调各专项小组、专题组、有关部门改革重要问题的研究和咨询，积极为特区党委和深化改革工作领导小组提供决策参考。组织起草改革工作的《中共六枝特区委全面深化改革领导小组办公室工作细则》《2015年全面深化改革的实施意见》《中共六枝特区委全面深化改革领导小组2015年工作要点》。明确了第一批、第二批改革专题。第一批改革专题设立了8个专项工作组64个专题组，建立64个专题台账。在第一批64个改革专题中，于2015年底完成改革专题51个，占总专题任务数78%。第二批改革专题设立了6个改革专项工作组9个专题组。于2015年年底完成9个改革专题。2015年确定改革任务33项，出台改革文件或举措50余件，启动26项。获得国家和省批准现行先试的改革试点共2项（国家试点1项，省级试点1项）。其中已按要求完成1项（六枝木岗、郎岱、岩脚行政管理体制改革试点），按时间要求推进的1项（第六批小型农田水利建设试点）。向省市改革办上报改革信息95期，被省改革办采用10期，获全省改革信息二等奖。

【“三变”改革工作】 紧紧围绕省委、省政府“两加一推”主基调和“三化同步”主战略，以“四在农家·美丽乡村”六项行动计划、特色农业“3155”工程、绿色贵州“三年”行动计划和精准扶贫为主抓手，紧扣“三农”发展求破题，探索“三变”发展新模式，积极深化农村改革发展，大力推进“资源变资产、资金变股金、农民变股东”的各项工作，拓宽农民增收渠道，稳定农民增收源泉，全力助推同步小康建设发展。2015年，六枝特区采取规划引领、政策扶持、资源整合等方式，通过中央、省、市、特区财政投入农业、林业、水利、扶贫等资金约3.64亿元（参与入股分红的财政资金为2781万元），撬动社会投入4.41亿元参加“三变”改革。通过土地向园区和规模产业集中，带动农民入股。参与土地入股农户2.46万户9.09万人，人均增收700元。通过产业扶贫资金入股，确保贫困户享受利益分红。共2.1万人农民通过资金入股分红，人均增收300元。通过创业就业增加农民收入。全区共715人返乡农民参与“三变”改革创业就业，人均工资收入达2万元以上，成为真正的产业工人。

【机要密码工作】 特区机要局认真贯彻落实上级密码部门的工作部署，不断改善工作作风，提高密码通信服务质量和水平，加强信息化密码保障能力建设等各项工作。截至2015年10月31日，共发报14份，密码电报12份，明传电报422份。共销毁2014年12月至2015年9月密码电报共计422份，全区无失泄密事件发生。

【保密工作】 特区保密局以保密法制“宣传月”为契机，采取“一测三宣”措施全面深入开展保密法制宣传教育活动。即保密知识测试、宣传栏、宣传标语、宣传片，积极引导各单位有针对性地开展保密宣传教育活动。采取悬挂横幅、宣传栏、手机信息发布、电视媒体、LED显示屏、试卷测试等多种形式进行宣传，有效扩大了宣传覆盖面，取到良好效果。特区保密法制宣传活动共悬挂宣传横幅24条；制作宣传栏5块；组织保密知识测试1000余人次；信息发布100余条；发送手机短信300余条；LED显示屏10余块；电视播放标语60余次，特区部分单位还组织学习保密法律法规和观看保密警示教育片，受教育人数达3万人次。

特区保密局于2015年共组织开展了两次保密工作检查，采取自查与抽查相结合的方式进行。全区上下未发生泄密事件及密件遗失情况。

【信访工作】 通过“贵州省信访综合业务系统”网上平台交办信访事项410件，办结365件，在办理之中的有28件，逾期未办结的17件，办结率为89%，逾期未办结率为4.15%，其中国家层面交办的65件，办结65件，办结率为100%；省层面交办的254件，办结228件，办结率为89.8%；市层面交办的90件，办结71件，办结率为78.9%。特区交办的419件，办结373件，办结率为89.2%。

纪检监察

【概况】 2015年，六枝特区纪委强化“抓班子，带队伍，真监督，严执纪，上台阶”理念，坚决贯彻落实十八届中纪委五次全会、十一届省纪委四次全会、六届市纪委五次全会精神和中央、省、市纪委关于党风廉政建设和反腐败斗争重大决策部署，强化“学思践悟”，主动适应纪检监察工作新常态，坚决履行监督责任，贯彻新要求，紧扣监督执纪问责主业，保持政治定力，把纪律和规矩挺在前面，领会好、把握好、运用好监督执纪“四种形态”，突出执纪特色，各项重点工作稳步推进，市纪委“十个一”“两个70%”等目标任务全面落实，“大约谈”“大宣教”“大培训”成效明显，党风廉政建设和反腐败斗争持续深入推进，全区风清气正政治生态进一步巩固。

【强力治标遏制腐败】 坚决落实市纪委“系统查、系统抓、系统总结”和查办案件“十个一”工作要求，突出纪律审查治本功能，坚持零容忍、全覆盖、无盲区惩治腐败。持续保持惩治腐败高压态势，治病树、正歪树、拔烂树态度坚决、措施果断，惩腐肃贪成效明显。截至2015年10月，共受理信访举报512件（次），同比上升95.4%；初核118件131人，同比上升29.7%；立案118件131人，同比上升61.6%；结案107件121人，同比上升189.2%；给予党政纪处分121人，同比上升210.3%。移送司法机关12件12人，同比下降36.9%；收缴违纪资金424万余元，挽回直接经济损失604万余元。把安全意识贯穿于纪律审查工作始终，坚守安全、保密、依纪依法“三条线”，确保办案安全“零事故”、办案人员“零违纪”、办案结果“零差错”。

【落实“两个责任”严肃问责】 坚决执行党风廉政“问责年”要求，确保“两个责任”落地生根，开花结果。出台六枝特区《关于落实党风廉政建设党委主体责任和纪委监督责任实施办法（试行）》《推进作风建设常态化实施意见》《党风廉政建设“签字背书”实施意见》等制度，用制度管事、管人、管作风。全区800余人实行层层“签字背书”。主动约谈“两个责任”落实情况，对所有区直机关、乡镇党委、政府、纪委（纪工委）负责人200余人进行了约谈，3个单位党组织负责人向纪委全会述职述廉述责。对新上任干部376人全部进行廉政谈话。紧紧扭住落实中央八项规定精神和省、市、特区十项规定不放松，横下一条心纠正“四风”。督促全区党员干部严格遵守贵州省党员干部政治纪律“十严禁”、作风“十不准”、“八个决不允许”等规定。切实用好明察暗访和通报曝光等有效手段，对违反中央八项规定精神，省、市、特区十项规定的党员干部及时纠正、查处和通报曝光，4起8人违反中央八项规定精神典型问题被中央纪委通报曝光。累计处理违反作风建设规定218人，其中，通报批评92人，党政纪处分17人，诫勉谈话48人。

【“两个70%”强化监督护卫民利】 按照“重在持续、重在提升、重在创新”要求，牢固树立“着力民生抓监督，抓好监督护民利”理念，扎实有序推进“民生领域整治铸廉三年行动”，将民生监督作为治理基层腐败和不正之风的重要利器。按市纪委监察局统一部署，深入开展中职和普高国助金、“家电下乡”、农危改补助、扶持小微企业补贴等惠农政策执行情况专项监察，着力发现、严肃查处侵害群众利益的行为。全区民生领域立案104件112人，占立案总数的88%；党政纪处分81件88人，占处分人数的73%；移送司法机关11件11人，占移送数的91.7%。民生领域立案数、党政纪处分人数均超过“两个70%”要求。中央纪委调研组及省纪委领导季森、李豫贵、陈麟、申楚等多次到特区开展“基层干部不正之风和腐败问题”调研，民生监督工作得到肯定。6月，成功承办全市民生监督工作经验交流会；8月，人民日报记者深入龙河镇调研采访报道龙河镇民生监督组开展“家电下乡”专项监察工作事迹。通过专项监察与日常监督结合，民生监督工作以实实在在的成效，获得了人民群众的认可点赞，民生监督工作深入人心，新华网、中国新闻网、贵州日报、六盘水日报等多次报道。民生监督公信度、影响力、震慑效果持续显著提升。市委常委、市纪委书记张集智对特区民生监督呈阅件批示“可转发全市学习借鉴”，全区广大纪检监察干部备受鼓舞，激励了全区民生监督组抓民生监督巩固党的执政基础、密切党群干群鱼水关系的信心。

【强化宣教严明纪律】 构建“十个一”宣传体系（打造一批廉政教育基地、办好一个纪检门户网站、开通一套民生查询系统、开展一堂庭审旁听教育、印制一批廉政宣传物品、用好一批正反典型案例、用好一批媒体宣传主渠道、用活一批宣传通道、创造一批民族文化作品、开好一场院坝群众会）；开展党规党纪教育，把纪律和规矩挺在前面，立起来严起来执行到位，强化全区党员干部纪律和规矩意识。将中央八项规定、省委十项规定以及“十严禁”“十不准”等印制成小卡片10000余份发放到全区各级干部职工，编印《党风廉政建设警示教育读本》、廉政笔记本、电筒、扇子等各5000个（本），纸杯50000个，持续扩大党规党纪教育的受众面、覆盖面和知晓率。让广大党员干部群众成为党风廉政建设的参与者、实践者、受益者，增强群众“获得感”；促使党员干部做到“心中有党”“心中有民”“心有所畏”“行有所戒”，积极营造“大宣教”格局，着力探索构建不敢腐、不想腐、不愿腐机制。

【“大培训”提升业务能力】 以深化“三转”回头看和“三严三实”专题教育为契机，广泛开展“大培训”。组织全区纪检监察干部开展“把纪律和规矩挺在前面”、《准则》和《条例》集中学习，谈认识、找差距、定措施，增强知纪、守纪、执纪、护纪、挺纪自觉性和坚定性。2015年，累计80人（次）参加上级纪委组织的培训；自行培训20次，培训2200余人（次）；特区纪委主要领导给纪检干部上党课4次，受训300余人（次）。举办培训班集中培训3期6天48学时，700人（次）集中对《党章》、两《条例》一《准则》和其他党内法规、纪检监察业务知识进行培训，提升监督执纪问责能力，增强服务人民本领。通过“大培训”促进队伍素质“大提升”，为“大宣教”、“大约谈”提供组织保障。

【队伍建设】 按照“十个一”要求，建立以村级纪检员为主体的陪护队伍100人，强化管理和培训，做到职责清、纪律明。新配备乡镇纪委书记13人；调整68人，其中交流44人，提拔24人，队伍结构更趋合理，平均年龄39.8岁，大学本科以上占59.8%。将严格管理贯穿干部队伍建设始终，严防“灯下黑”，2015年，共处理纪检监察干部11人，其中党政纪处分4人，诫勉谈话4人，提醒谈话3人。

组织部

【“三严三实”专题教育】 按照中央、省委和市委关于在县处级以上领导干部中开展“三严三实”专题教育的部署要求，四大班子、经济开发区、市二医、市二中、法院、检察院、4个园区、矿区社区管理局共54名县处级以上领导干部参加“三严三实”专题教育。根据《关于做好特区县级党员领导干部“三严三实”专题党课的通知》要求，全区县级党员领导干部共上专题党课47场（次），参加学习的党员、干部9000余人次。结合《六枝特区党委（党组）中心组“三严三实”专题学习研讨工作方案》（六特宣通〔2015〕13号）文件精神，分别于6月26日、9月12日开展了第一、二次专题学习研讨。

【“三种形态”常规教育】 切实抓好理想信念教育、政治纪律教育和道德品行教育。大力弘扬“三线精神”和新时期六盘水精神，围绕丰富拓展红色教育的内容、形式和载体，加强教育基地建设、课程开发、名师培育、读本编撰等工程实施，深化党史国史教育、革命传统教育和警示教育。将中央和省委、市委、区委提出的各项政治纪律和政治规矩作为各级各类培训班的重要学习内容，特区党校制定计划，着力抓好全区党员干部科学理论体系、党性党风党纪的学习培训，切实推动党员干部守纪律、讲规矩。用好全区道德讲堂，把“官德”教育纳入特区党校培训内容，加强道德品行和社会主义核心价值观的教育。

【同步小康驻村工作】 2015年，严格按照省、市要求，重组同步小康驻村工作队，现有驻村工作分队18个，全区213个行政村共选派驻村干部1079人，其中省级选派13人，市级选派58人，特区选派165人，乡镇选派599人，大学毕业生

112人，农村知识青年132人。全区130个贫困村、10个党组织软弱涣散村、89个民族地区村均选派了区直以上单位党员干部担任“第一书记”，实现了三类村全覆盖。推行“三考”“四级月审”，其中“四级月审”工作机制获省驻村工作简报刊发推介。建立“立体化”督查机制，采取随机走访、电话抽查等方式，开展督查6次，电话抽查560余人次，暗访610余人，约谈提醒23人。通过“三旬工作法”“四清四会”“民情发布会”等方式，着力解决驻村干部“干什么、怎么干、干成什么样”的问题。2015年，同步小康驻村工作人员走访群众162544人次，走入田间地头宣讲5872人次，帮助出点子1648条，协调解决资金1123万元，解决困难问题726个，协调项目249个，办实事好事961件，化解矛盾纠纷352起。第一书记培训“活”起来在贵州省同步小康驻村工作简报刊登并获省委常务、组织部部长孙永春签批。

【党员发展教育】 针对全区少数基层党务干部业务不熟悉的情况，在配合省、市有关部门搞好调训的同时，制定《六枝特区2015年基层党组织书记、党务工作者、新发展党员等培训规划》。在特区职校对245名村（居、社区）党组织书记进行为期5天的集中培训；在特区党校组织举办全区2015年乡（镇）党委书记（组织委员）示范培训班，共56人。选派24名优秀村支书参加山东寿光示范培训班。

对全区党员进行全面摸底排查，为1038名贫困党员建档立卡，针对贫困原因实现精准帮扶。结合实际制定下发《关于开展2015年春节前贫困党员及新中国成立前入党老党员慰问活动的通知》，于“两节”期间，慰问困难党员、老党员共计400余人。发放慰问金20万元，召开庆祝中国共产党成立94周年表彰大会，对15个先进基层党组织、15名优秀党务工作者及50名优秀共产党员进行表彰。

在抓好党员管理的同时，积极推进发展党员工作，不断充实和壮大党员队伍。2015年，全区共发展党员182名，其中女党员48名，占26.4%；大专及以上文化程度党员76人，占41.8%；35岁及以下年轻党员106人，占58.2%；少数民族党员38人，占20.9%。

【“三变”改革培训】 认真贯彻落实市委“三变”改革培训工作会议精神，精心部署开展培训工作，通过知识理论学习、现场点参观教学及理论知识测试，扎实开展“三变”培训工作。一是高度重视精心组织。按照《关于做好全市县乡村“资源变股权、资金变股金、农民变股民”改革培训工作的通知》（六盘水组通〔2015〕80号）精神，成立“三变”培训工作领导小组，明确职责分工，及时下发通知进行安排部署，制定培训方案，编写并印发《农村“三变”改革助民富》宣传画册6万份，安排专人统筹负责各期、各培训点的会场布置、讲师联络、后勤保障等事宜，确保“三变”培训工作有条不紊推进，《宣传画册》先后得到市委副书记魏雄军和市委副书记、市长周荣的批示。组织213名“第一书记”参加农村“三变”改革培训；组织70名“第一书记”到遵义、盘县等地考察学习。二是全员培训凝聚共识。通过院坝会、夜学、群众会、座谈会等方式对全区农民进行全员培训。共举办898期培训，涉及18个乡镇、街道办，94738户243112人。

【“三支队伍”建设】 创新培养选拔机制，将党性强、能力强、改革意识强、服务意识强的优秀党员，充实到基层党组织书记岗位上，着力建强村支部书记和农村致富带头人队伍，选好同步小康“领头雁”，全区上下营造了凝心聚力干事创业的良好氛围。全区18个乡镇、街道办均已配齐党委书记；村党组织书记201个，有12个村无党组织书记。农村致富带头人共667人、致富能手3876人。

【领导班子调整充实】 2015年，采取日常考察配备、交流任职等方式对部门和乡镇领导班子进行了充实、调整。截至2015年10月，特区党委常委会议研究干部议题13批（次），任免干部

446名，其中提拔155人（提拔为正科级的30人，提拔为副科级的125人）。新提拔的干部中，少数民族干部38人，占24.4%；妇女干部39人，占25%；党外干部39人，占25%；大学以上学历97人（第一学历为本科以上的49人），大专学历49人。为进一步增强乡镇党政班子力量，结合工作实际，特区党委为每个乡镇选配1名宣传委员（其中提拔1人，交流14人）。同时，积极向市委推荐优秀领导干部，共向市委推荐提拔副县级领导干部6名。

【改进考评方式切实提高区管干部考核质量】 按照《六枝特区区管干部年度考核办法（试行）》（六特通字〔2009〕14号）规定，认真抓好特区区管干部2014年度考核工作，对特区929名科级干部进行了考核，确定"优秀"等次111名，"称职（合格）"807人，"不定等次"3人，暂定等次8人，并发放优秀等次人员奖金10.59万元。为深入贯彻落实省委、市委、区委关于进一步加强改进领导干部年度考核工作的有关要求，研究修订"六枝特区区管干部年度考核办法"，通过特区党委常委会研究决定，下发《六枝特区区管干部年度考核办法》（六特通字〔2015〕12号）。

【乡镇区划调整人事安排】 在行政区划干部调整配备中，提拔干部37人（机关提拔16人，乡镇提拔21人），其中提拔为正科级的6名、副科级的31名；提拔的干部中，大学学历18人，大专学历17人，中专2人；其中30至35岁的5人，36至40岁的24人，41至44岁的8人。本次共交流干部22人，其中乡镇之间交流17人，机关交流到乡镇4人，乡镇交流到机关的1人。改任非领导职务的10人。乡镇党政正职35岁以下的3人，36至40岁的15人，41至44岁的11人，平均年龄39岁。

【统筹职务职级并行制度】 职级并行工作，各单位、乡镇共报送641人（其中科级及以下638人，副处级领导3名）。经过复核，符合职级晋升条件的人员共有194人，其中，符合晋升副处级32人，晋升正科级16人，晋升副科级145人，晋升科员1人；不符合条件78人；在1993、2006年工改过程中，已享受提高职级待遇人员转为享受副科级职务层次对应津贴184人，转为正科级职务层次对应津贴140人，16人已退休。

【干部培训】 科级扶贫干部培训班：2015年4月，特区党委组织部、特区扶贫局、特区党委党校三家单位联合举办了一期科级扶贫干部培训班，共培训科级干部56人。系统培训学习了党的十八届三中、四中全会和习近平总书记关于新时期扶贫开发的一系列重要讲话精神。

党外干部培训班：2015年6月，特区党委组织部联合特区党委统战部、特区党委党校，依托省委党校，在贵州社会主义学院举办一期党外干部培训班，培训党外干部50人，深入学习党中央治国理政思想，提高党外干部的领导力与领导艺术，推进新时期统一战线工作的开展。

党务干部培训班：2015年8月，特区党委组织部、特区机关工委、特区党委党校联合在西安交大举办2015年度党务干部培训班，52名党务干部参加培训。对党务干部的领导力与执行力、干部的党性修养与非权力影响力等内容进行培训，使参训干部在理论知识、国情形势的了解得到进一步提高，危机事件处理能力进一步得到锻炼，基层工作经验得到进一步增强。

副科级后备干部主体培训班：2015年7月，特区党委组织部在特区党校，举办2015年度副科级后备干部培训班，培训2015年副科级培养对象和部分中青年后备干部50人，课程内容涉及习近平总书记系列讲话精神、社会建设与社会治理、扶贫开发知识等。着力培养一支结构优化、朝气蓬勃、战斗力强、锐意进取的后备干部人才，为实现六枝经济社会跨越转型、后发赶超尽职尽责。

同时，积极整合资源，以开展凉都周末大讲堂为契机，邀请省厅局领导和专家学者为六枝特区领导干部作专题讲座，共1期，培训干部220人。

【人才培养培训持续推进】 一是制定出台《六枝特区高层次青年人才培养办法（试行）》，有计划地遴选鼓励支持一批优秀青年人才进行硕士（博士）学历提升、参加国家专业注册师资格考试和晋升高级专业技术职称。二是积极配合开展做好“西部之光”“甲秀之光”等各类专家学者的选派工作。推荐1人成功申报“甲秀之光”访问学者；选派4名青年农业农技骨干专业技术人才到贵州省农业科学院进修深造。三是通过举办（或选派参与）各类培训班，加强对党政、专业技术、农村实用、企业经营管理等各类人才队伍的培养培训。

【人才引进】 2015年，围绕全区经济社会发展等方面人才的迫切需求，加大人才引进力度，积极引进高层次和急需紧缺人才共660余人，其中组团赴省内外高等院校开展优秀大学毕业生引进活动7次100人；中国贵州第三届人才博览会上引进人才39人；开展大数据大健康大旅游和金融四类人才专项引进工作，引进5人；招录基层选调生、公务员、事业单位及农村义务教育阶段学校教师特设岗位教师共500余人；西部计划大学生志愿者17人。为全区人才队伍注入了新鲜血液，有效缓解了全区在经济社会发展中对人才的需求。

【人才发展环境持续优化】 积极开展专家慰问活动，走访慰问全区各行业专家34人，发放慰问金共17000元；及时兑现高层次人才优惠政策，向政策出台以来引进的3名硕士研究生发放每人5万元的人才住房补贴。在全区营造了尊重知识、尊重人才、尊重创造的氛围，优化了全区经济社会又好又快发展急需的各类人才的成长环境。

宣传部

【概况】 中国共产党六枝特区委员会宣传部，在编在册人员24名（其中科级以上领导干部6人，管理人员18人），属正科级单位。宣传部部长为特区党委常委。内设机构有办公室、理论股、宣传股和文化产业发展中心、网络舆情研究中心。特区精神文明建设指导委员会办公室和特区创建文明卫生城市领导小组办公室为正科级单位，归口特区宣传部管理。

2015年，紧紧围绕“增强主动性、掌握主动权、打好主动战”的总体要求，因势而谋，应势而动，顺势而为，积极探索创新宣传思路和方式方法，大力宣传党的十八届四中、五中全会精神和习近平总书记系列讲话精神，为全区经济社会发展提供了坚强的思想保证和舆论环境。

【宣传队伍建设】 一是宣传触角延伸到村。在15个乡镇配齐宣传委员，在区直64个机关部门和245个村居各明确1名宣传员，实现宣传队伍全覆盖，让党的声音传遍千家万户。二是理论铁军精准发力。组建“精准宣讲团”和德师队伍，涵盖县、乡、村“三级”各行各业，用通俗易懂的语言讲解群众易于明白的道理。三是网评队伍不断壮大。组建87个单位和90余名网络宣传员的网络舆情研究团队，明确20名为核心网络宣传员，配齐配足网评员、新闻发言人、舆情信息员等网络人员；四是志愿服务深入人心。实名注册志愿团体370个，注册志愿者26410人，发起志愿服务项目497个。

【宣传报道】 改革六枝电视台栏目，把笔触、镜头对准基层对准群众。特区党委机关刊物《六枝之窗》共计发刊10期，作为特区主流媒体之一的《六枝报》，先后开辟了“三严三实”“边村行”“走进六枝”“社会主义核心价值观大家谈”“城里人向往的地方”“他山之石”“读者来信”“纪念抗战70周年”等栏目，积极参与全市项目观摩会、全市100个景区推进会、四在校园推进会等重大活动和特区重大会议、重大决策部署的宣传报道；策划了纪委、计生、旅游、经济、城市建设等重大主题报道。《六枝报》共发行104期，共刊登新闻稿件3630余条；创办《微六枝》《六枝宣传》《微视六枝》等新媒体。加强与新华网、光明网、多彩贵州网等合作，奏响六枝改革发展、后发赶超、同步小康的主旋律，《微六枝》微信于5月开通使用，制作宣传六枝旅游文化微信65期。与《人民日报、中央电视台、新华社贵州分社、光明网、当代贵州、《贵州日报》、贵州电视台、多彩贵州网等中央、省市主流媒体的沟通合作，拓展对外宣传渠道，为特区的重大活动、重大会议决策部署、重大项目及各产业亮点搭建宣传平台。截至12月，外宣用稿共4750余篇。区内主流媒体采写刊发新闻稿4800余篇，在市级以上报刊媒体发稿4750余篇，其中央级媒体用稿2700篇，省级媒体用稿600余篇，市级主流媒体用稿1450篇。中央电视台发稿10篇。

【整脏治乱】 将中心城区划分为93个网格，由26名副县级领导带领83家行政企事业单位进行“五包”责任分解，形成全社会齐抓共管的格局。截至11月30日各网格包保单位共召开群众会376场次、劝导不文明行为16499人次、开展脏乱差整治行动1285次、清除垃圾2779吨、清除野广告53990条、网格巡查4941次、清理乱搭乱建4886平方米、增设停车位208个、增设宣传栏350块2591平方米、增设绿化面积38处1699平方米、督促店铺落实“门前三包”责任4120户，累计向网格投入资金172.06万元。

【理论考试与宣讲】 2015年，全区组织12195名干部职工完成政治理论学习考试。开展全区宣传思想文化队伍建设工作专项调研，共计调研工作文章22篇；组织参加“纪念抗战胜利70周年知识竞赛”；开展“永远跟党走”庆“七一思想建党纵横谈”主题征文活动，收到征文43篇。开展“协调推进‘四个全面’战略布局”主题宣讲活动2场；举办了“社科理论走基层”六枝专题报告会。在各乡镇、社区、区直机关单位“道德讲堂”对“学习贯彻习近平总书记视察贵州重要讲话精神”进行10场次宣讲等活动。同时，制定《中共六枝特区委宣传部印发党的十八届四中全会、省委十一届五次全会、市委六届七次全会和区委十届七次全会精神宣讲工作方案》，采取市县乡“三级联动”的宣讲方式，全区共完成1250场宣讲，其中特区、乡（镇、社区）两级宣讲覆盖行政村、居委会和中小学校共计1215场次。参加听讲干部群众约100256人（次）。

【舆论引导】 以巩固壮大主流思想舆论为着力点，进一步凝聚发展正能量。精心组织重大主题宣传，展示十八大以来全区经济社会发展的新思路、新举措、新成就和新气象；策划重大选题，推出一批接地气、有灵气、高质量的深度报道；认真挖掘和及时总结后发赶超实践中涌现出来的新经验，抓好先进典型宣传；充分利用互联网引导网民情绪，形成同频共振合力。特区网信办建立健全了《六枝特区网络舆情处置管理办法（试行）》《六枝特区网络舆情处置工作考核办法》《六枝特区互联网管理工作考核评分细则（修订）》《关于开展“网络敲诈和有偿删帖”专项整治工作的通知》《2015年互联网管理工作及网络舆情处置工作通报》《六枝特区网络舆情应急处置办法》《六枝特区网络舆情报告报送工作办法》《六枝特区网络宣传员管理办法》《六枝特区互联网反恐突发舆情事件处置预案》《六枝特区政务“双微”平台建设实施方案》等办法和制度。为在全区打造6个基层示范基地，进一步将落别乡抵耳村打造成为基层网信试点基地，并逐步进行推广。

【文化产业发展】 一是“文化+”多点开花。按照现代山地旅游休闲度假目的地的要求，把农业旅游、景区旅游、民族文化旅游和文化产业融合发展，实现“文化+”多点开花，长足发展；二是从2014年起设立文化产业发展专项基金，每年投入扶持资金30万～50万元支持民营企业，全区现有99家文化企业、364家个体企业挑起了文化发展的重担，助推六枝经济腾飞，为当地群众脱贫致富增添了动力。三是2015年文化产业统计单位为500家，其中企业99家，文化事业单位3家，文化行政单位34家，文化个体户364家，文化产业增加值3.39亿元，占GDP比重为2.66。5月，在贵州文化产业项目招商引资推介暨签约仪式上，与重庆美伦多旅游开发股份开发股份有限公司成功签约建设六枝欢乐谷建设项目，签约资金4亿元。9月，特区组织箐林之声歌队《打亲》歌舞演艺节目和竹编创意手编等上报省委宣传部。六枝特区文化产业发展受到了各级媒体的广泛关注，省委宣传部组织的“多彩贵州风行天下”系列活动摄影名家桥·瞧贵州一行中外摄影名家，对特区的牂牁江、老王山、梭戛生态博物馆、岩脚温泉度假村、岩脚大畅面业生产厂、大用农业园区等进行了拍摄，用摄影家独到的视角“瞧”贵州。中央电视台中文国际频道《走遍中国》对六枝特区独特的自然资源、风光物产、民俗文化等内容进行了播出。《凉都故事》深入挖掘牛场乡文化旅游资源。《贵州画报》社以“夜郎山水·田园六枝”为主题对六枝进行专刊宣传。央视《文明密码》播出《牂牁江渔民》，央视《地理中国》播出《天井追踪上》两集，中央电视台中文国际频道《走遍中国》栏目播出了在六枝特区拍摄的《夏吃热补养生经》、《老来无闲寿延年》两集，中央电视台一套晚间新闻、新闻频道、四频道等对六枝特区文化产业进行了新闻报道。12月，成功申报了市级文化产业扶持资金10万元。

【表彰】 2015年9月，六枝特区箐林之声歌队《打亲》歌舞演艺节目获文化部第十三届中国西部民歌（花儿）歌会金奖；六枝特区廖强荣获2015年“宣传部长上讲堂”展示大赛二等奖；那克社区服务中心龙波、月亮河乡牧场村村民卢贵英荣登9月份贵州好人榜，10月公安局交警大队向莉同志被评为10月份敬业奉献中国好人称号、木岗镇刘兴梅荣登10月份贵州好人榜；11月六枝特区党委宣传部荣获2014年度贵州日报通讯工作先进集体称号；12月六枝特区宣传部被中国新闻社贵州分社授予2015年度宣传工作先进集体称号；六枝特区党委宣传部被当代贵州期刊传媒集团公司、《当代贵州》杂志社被评为2015年度宣传工作先进集体。

工商联

【概况】 1953年8月，成立郎岱县工商业联合会。1988年经特区党委研究定为六枝特区第一届工商业联合会。六枝商会于1994年7月按照有关文件精神挂牌成立，与工商联一套人马、两块牌子，核定行政编制5人。2014年9月新增设“六枝特区工商联非公有制经济服务中心”，核定全额拨款事业编制3人。现有干部职工7人（其中行政编5人，即主席1名，党组书记1名，副主席1名，正科级干部1名，工勤人员1名。事业编2人，非公经济服务中心工作人员）。不驻会副主席（副会长）10人。

2015年，围绕“四个全面”战略布局，坚持工商联宗旨，积极奋进，勇于开拓，关心社会公益事业，努力做好对非公有制经济人士的“团结、教育、引导、服务”工作，逐步培养了一支爱党、爱国、爱人民、拥护改革开放、热爱工商联工作的积极分子队伍，为六枝的经济发展和社会进步做出了重要贡献。

【党建和党风廉政建设】 按照“党要管党，从严治党”要求，工商联党组自觉担负起党风廉政建设主体责任，党组书记认真履行“一岗双责”职责，切实把主体责任放在心上，扛在肩上，抓在手上。组织开展各种警示教育活动。4月3日组织干部职工到郎岱“三三暴动”烈士陵园开展祭英烈和重温入党誓词活动、到六枝特区警示教育基地接受教育；9月17日组织全体干部职工及部分非公经济人士参加特区检察院召开的两长（检察长、董事长）座谈会并参观检察院办案区，使干部职工筑牢拒腐防变的思想道德防线，牢固树立正确的人生观、价值观、利益观；11月9日邀请检察院预防职务犯罪科检察官开展守法诚信教育培训；严格执行中央“八项规定”，省委、市委、区委“十项规定”和廉洁自律各项要求，着力解决“四风”问题，推进党建和党风廉政建设取得实效。

【企村帮扶】 2015年，累计有179家企业与220个行政村结对子帮扶，协调项目190多个，投入村舍维修、道路修建、捐资助学、扶持养殖、安置就业等新农村建设的方方面面，实实在在开展“千企帮村”工作。全区非公经济人士通过各种渠道参与社会公益事业和光彩事业，投入大量帮扶资金，受益群众10多万人。

【商会建设】 2015年，新增会员35个。其中企业会员8个，个人会员27个。在原只有1个同业公会的基础上，发展到23个商会组织。其中乡镇分会14个、行业商会3个（产业发展互助会、医疗行业商会、砂石行业商会）、同业公会2个（运输同业公会、饮食同业公会）、外来商会3个（浙江商会、湖南商会、川渝商会）、其他商会1个（青年商会）。行业协会涉及制造、种植、养殖、农产品加工、服务等各个行业。

【参政议政】 工商联充分发挥企业家政协委员和人大代表社会阅历丰富，思考问题独到、深入的优势，重视帮助他们提升参政议政的水平和能力。近年来，工商联会员中的人大代表和政协委员表现出了极大的参政议政热情，在每年的“两会”期间，纷纷围绕自身企业行业发展实际和六枝经济社会发展中的热点、难点问题撰写提案，仅2015年特区“两会”期间就提交提案和议案22件（其中市团体提案1个，特区团体提案2个），非公经济代表人士参政议政职能效果明显。

【对外联谊】 2015年，相继与遵义市赤水市、广西宜州市、四川省石棉县等工商联（商会）缔结为友好商会。根据《缔结友好商会协议书》的规定，双方将定期组织会员交流互访，增进了解，取长补短，共拓商机，以促进地方经济发展，扩大六枝与外地经济合作领域，树立良好的亲商护商形象。同时加强同已建友好商会的交流合作。积极邀请省内外工商联（商会）到六枝考察，为六枝民营企业寻找商机牵线搭桥。通过交流学习，增进了六枝与外地人民的感情和友谊。

【以商招商】 工商联把招商引资工作当作为地方经济服务，为非公企业服务的一个重要内容。主动为招商引资牵线搭桥，协调落实优惠政策，充分发挥商会资源优势，积极与省内外友好商会联系，推介项目、推销产品，引导资金、技术、人才合理流动。工商联通过“以商招商”，签订招商引资项目1个（金海大酒店），签约资金2亿元。2015年金海大酒店已建成投入使用。与“广州好又多超市”签订招商引资框架协议，签约资金6000万元，已入驻六枝特区广和农贸市场。

直属机关工委

【概况】 2012年8月，根据黔党发〔2011〕28号文件精神，经特区编委办同意，将原“中国共产党六枝特区直属机关委员会”更名为“中国共产党六枝特区直属机关工作委员会”（以下简称：直属机关工委）。直属机关工委现有行政编制6名，工勤1名，事业编制6名。内设：办公室、组织宣传股，同时加挂“机关工委纪工委、机关工会工委、机关团工委和机关妇工委”牌子；下设“六枝特区离退休党员管理中心”和“六枝特区目标考核指导中心”（事业单位）。主要负责区直机关党组织建设的督促、指导及党员的发展、教育、管理、培训以及区直机关目标考核等工作。

【思想建设】 始终把加强理论学习作为一项十分重要的政治任务来抓，采取集中学习、中心组学习、个人自学等多种形式，认真学习党的十八大、十八届四中、五中全会和习近平总书记一系列重要讲话精神，党的群众路线相关文件和会议精神，提高领导班子执政能力，提高全体干部职工的政治理论水平和思想政治素养，在区直机关各党组织中起到龙头表率作用。同时，要求区直机关各党组织深入学习贯彻党的十八届三中、四中全会精神，认真领会省、市、特区各级党代会和“两会”精神，坚定机关党员干部政治理想信念，营造机关党员人人自愿学习、人人自觉学习的良好氛围，积极建设学习型机关。不断提高党员干部的思想政治素质、专业素质和岗位技能。

【组织建设】 根据《中国共产党党章》和《中国共产党党和国家机关基层组织工作条例》的规定，加强对区直机关各党组织“撤、并、建”换届选举工作的指导和督促，对软弱涣散的基层党组织进行撤换和优化，对届满的基层党组织及时督促指导换届选举工作，对符合条件的单位及时指导和帮助建立健全党的基层组织。2015年，共督促指导51个区直机关党组织进行了届满换届、撤销和优化，并指导农业局、水务局、交通局等8个单位成立了机关党委，使各基层党组织的凝聚力、战斗力得到了增强。

【党员发展工作】 认真贯彻执行发展党员“控制总量、优化结构、提高质量、发挥作用”总要求，严把党员发展入口关，坚持把政治标准放在首位，突出先进性，注重对发展对象的理想信念、道德品行、模范作用、入党动机等方面的考核和审查。注重在生产、工作一线，在青少年、妇女、少数民族和“两新”组织中发展党员，不断扩大党的基础，壮大党员队伍。认真实行发展党员和预备党员转正公示制、票决制、答辩制，2015年共发展党员19名，预备党员转正26名。

【党员教育工作】 为提高发展党员质量，提升党务干部工作能力，2015年5月，机关工委和党校联合举办了为期三天的区直机关入党积极分子和预备党员培训班，来自区直机关各党组织入党积极分子8名，预备党员37名，发展对象78名，共计123名参加了培训，此次培训特邀省委党校教授以及特区有关领导对入党积极分子和预备党员进行授课。2015年9月，联合组织部在西安交通大学举办了一期党务干部综合素质绩效提升专题研修班，区直机关党务干部，乡镇党务干部，总计52人参加了此次培训。2015年11月六枝特区委组织部、六枝特区直属机关工委、六枝特区委党校联合组织对全区200多名党务干部进行两天培训。进一步提高党务干部执行力、创新管理能力与理论水平，更好地了解当前新形势下基层党建情况，增强基层党组织的创造力、凝聚力、战斗力和组织广大党员干部服务群众的能力，提升党务干部的人文素养，为特区经济社会跨越发展培养人才。

【党风廉政工作】 按照党风廉政建设“两个责任”的总体要求，特区直属机关工委结合实际制订印发了区直机关落实“两个责任”的实施意见，同时认真制订督查方案，加强对区直机关各党组织落实“两个责任”情况进行督促检查，深入开展党风廉政建设各项工作。2015年，共立案查处案件2件3人，其中：查处上级转办的案件1件2人，给予2人党内严重警告处分，查处下属党支部党员1件1人，给予1人开除党籍处分；与特区党委组织部、人事局分别于4月和6月组织开展贯彻落实上级决议、落实“八项规定”“四风”等进行检查，对发现的35个问题要求按时进行整改；开展督促检查3次、会风会纪督查2次，并将督查情况在区直机关各党组织中进行了通报，对存在的问题，要求区直机关各党组织进行认真整改；对违反党章规定的长期不缴纳党费、不参加组织生活或不做组织分配的工作的4名不合格党员进行除名。在经费紧张的情况下，用预留党费为区直机关党员征订《中国共产党廉洁自律准则》《中国共产党纪律处分条例》要求区直机关各党组织把学习、宣传、贯彻《准则》和《条例》作为一项重要政治任务抓。

【建党94周年庆祝活动】 为开展好建党94周年纪念庆祝活动，特区直属机关工委组织开展了“七一”道德讲堂、知识竞赛等大型纪念庆祝活动。要求区直机关各党组织结合实际，采取上好一堂党课、到烈士陵园缅怀先烈、重温誓词等多种形式进行爱国主义教育，并开展慰问活动，集中走访看望慰问建国前老党员和困难党员，帮助他们解决生产生活上的实际困难，把党的温暖送到家中、送到心坎上；为引导全区党员干部职工弘扬“仁、义、诚、敬、孝”五礼，摒弃“懒、贪、奢、浮、愚”

五耻，营造“我为人人、人人为我”的人际关系和树立积极向上的精神风貌。机关工委与特区文明办联合下发《六枝特区关于2015年深入开展“明礼知耻·崇德向善”在机关、在窗口主题实践活动的通知》，在全区范围内开展“明礼知耻·崇德向善”活动；为进一步加强社会主义核心价值观体系对机关青年的引领作用，于10月14日举办全区直属机关“三爱”“四德”演讲决赛活动。比赛评出一等奖两名、二等奖四名、三等奖六名，其中，获得一等奖的两人推荐参加市级演讲比赛。

【民主评议党员工作】 为全面客观准确地评议党员在思想、工作、作风、纪律等方面的具体表现，进一步加强党员队伍建设，保持党的先进性和纯洁性，不断提高党员队伍整体素质和党的执政能力。组织区直机关各党组织共5000多名党员，扎实开展民主评议党员工作，全体党员的个人评议既肯定了成绩，又查找了存在的差距。经过评议，评出优秀党员297名。

【党组织书记述职工作】 为充分调动区直机关党组织书记履行党建工作“第一责任人”职责的积极性、主动性，全面提升机关党建工作水平，年底开展区直机关党组织书记抓党建工作述职，其中：对审计局、卫计局、市场监管局党组书记进行现场述职。

【机关目标考核管理工作】 2015年，机关工委根据《六盘水市直机关目标考核实施意见》，结合六枝目标考核工作实际，经目标考核领导小组会议研究，对2015年《六枝特区直属机关目标考核办法》进行修改完善，较往年在考核分值和内容、考核单位、考核方式和考核等次方面都有所创新，经区委、区政府研究后印发。同时，工委在区直各机关单位预定的目标责任书基础上，按照区直各机关单位的职责和职能，结合涉市目标，2015年区委、区政府工作报告以及各项重要任务、重大工程、重点项目的分解任务等，领导小组修改、审定，对区直各机关单位的目标责任书进行制定，按照目标内容进行考核。

党　校

【概况】 六枝特区党校成立于1962年6月，1976年4月，经特区党委批准，改为中国共产党六枝特区委员会党校。1986年，经批准成立中共六枝特区党校委员会。1989年，六特编〔1989〕29号文件，定编42人，是特区培训领导干部和进行理论研究的直属事业单位。2007年5月23日经省党校和行政学院批准，成立中共贵州省委党校、贵州省行政学院管理学院六枝站，负责全区领导干部的培训工作。

从1986年起，历任校长均由特区党委副书记或组织部部长兼任。1995年9月，中央颁发《中国共产党党校工作暂行条例》，党校实行党委委员会领导体制，特区党委任命3名校委委员，日常工作由校党委书记、常务副校长主持。

原校园占地面积13.29亩，校舍建筑面积4336.12平方米，可容纳200名学员上课。2013年为支持六枝特区城市综合体建设，根据特区党委政府安排，党校暂时搬迁到六枝特区九头山文化公园办公，并将六枝特区职校老校区划拨给党校作为党校新校址，占地面积约为22.9亩，建筑面积约为6900.26平方米。2015年六枝特区党校有教职工31人，内设机构有：办公室、图书资料室、教务处、科研办、法学教研室、基础教研室、马列教研室。

【干部培训】 2015年，积极配合区委组织部、宣传部、机关党委等部门做好各型各类干部培训工作。共举办十四期培训班，分别为：科级干部扶贫开发知识培训班、党员发展对象培训班、锦绣计划妇女培训班、村党组织书记培训班、党外干部培训班、村主任培训班、副科级后备干部培训班、事业单位新进人员岗前培训班、学习贯彻中央统战工作会议和《中国共产党统一战线工作条例》精神专题培训班、纪检监察系统纪律审查工作业务培训班、党务干部培训班，培训人数

1186人次。

【理论宣讲】 2015年1月，积极配合区委宣传部、组织部，大力做好全区的十八大四中全会精神宣讲工作和区委十届七次全会精神宣讲工作，先后派出高级讲师、讲师等到特区组织部、国税局、工商银行、农业局、国土局、教育局、那克社区等26家单位进行宣讲。9月，结合纪念中国人民抗日战争暨世界反法西斯战争胜利70周年，联合特区教育局制定以《纪念中国人民抗日战争暨世界反法西斯战争胜利70周年——党史国史抗战史宣传教育》为主题的活动方案。派出高级讲师、讲师到六枝特区三中、四中、九中等中学，以专题讲座的方式向学生传达牢记抗战历史，传承抗战精神，弘扬社会主义核心价值观，为实现中华民族伟大复兴而奋斗的主旨精神。学校部分老师和800余名学生代表参加宣讲，达到活动的预期效果。开展学习贯彻党的十八届五中全会和省委十一届六次全会精神集中宣讲活动。

【课题研究】 立足实际，围绕特区经济与社会发展中的重大理论现实问题，确定《红色六枝》《三线建设在六枝》《如何把六枝建设成为现代化精品城市》《论土地流转与农村发展》《六枝特区人才队伍建设思考》《依法治区》6个科研课题立项，每个课题均有专职教师领题，分别组成6个课题组深入基层开展调研，并由校科研办适时跟进了解掌握进度。11月，6个科研课题完成课题论文、课题结题报告的撰写，并提交校课题领导小组审议并已结题。

【教师培训】 2015年，派出骨干教师10人次分别参加省委党校、市委党校、省社会主义学院、六盘水市凉都大讲堂等机构培训学习。帮助其增长知识，拓宽眼界。

【"道德讲堂"活动】 围绕"道德讲堂"活动目标，结合工作实际，把"道德讲堂"建设摆在突出位置。2015年，组织全校教职工观看《作风建设永远在路上》第2—4集、《爱岗敬业》、《珍爱生命、远离毒品》等视频资料；开展"最美家庭"推荐活动，推荐出2个最美家庭；清明节为缅怀革命英烈、弘扬爱国主义精神，组织开展到烈士陵园祭扫活动，召开了"清明——我们一起缅怀"诗歌朗诵会；五一节组织开展"我们的节日——劳动节"文体活动；端午节组织开展"粽香深处的文化记忆·端午"主题活动；在校内开展践行社会主义核心价值观、家庭美德、弘扬雷锋精神以及构建和谐心灵、"三线"精神、职业道德、百善孝为先、廉政文化讲堂、弘扬法治精神促进社会和谐法制大讲堂等专题讲座学习。在特区道德讲堂总堂举行了第12期以《以高尚的职业道德，践行社会主义核心价值观》为主题的六枝特区道德讲堂活动，党校以及特区宣传部、教育局、农业局、检察院、人民医院等多家单位的86名代表参加了活动。

【党风廉政建设】 一是围绕党委政府中心工作服务大局，切实贯彻落实重大决策部署，加强政治学习、严格遵守和执行政治纪律；二是认真开展"三严三实"专题学习教育活动，加强党员干部党性修养和作风建设，深入治理党员干部廉洁自律方面突出的问题；三是着力落实党风廉政建设责任制，依据与上级组织签订的党风廉政建设责任书和构建惩防体系责任分工所明确的任务要求，分解落实党风廉政建设工作责任。党政"一把手"与各科室负责人签订党风廉政建设责任书，实现目标任务全分解、责任主体全明确。工作措施落实到位，并取得了良好成效。

【党建扶贫】 在党建扶贫工作中，特区党校积极响应特区党委号召，派出4名同志参加同步小康驻村工作，校党委从工作上加强对驻村干部的领导和督查，及时帮助解决工作困难。制定了2015年帮扶共建实施方案；认真做好建档立卡贫困农户建立"一对一"结对帮扶，一定三年，每年增加一户，不脱贫不脱钩；为过瓦村29名留守儿童送去新书包以及文具等物品，注入3000元的人文关怀基金和3000元计生困难群众帮扶慰问金，捐赠部分办公物品；认真到关寨镇和郎岱镇做好精准扶贫遍访工作并核准统计，切实履行责任，为确保实现同步小康尽职尽责。

共青团六枝特区委员会

【概况】 共青团六枝特区委员会成立于1952年1月1日，属正科级行政单位，内设有办公室和青农部2个职能部（室），定行政编制5名（定书记职数1名、副书记职数2名；科员2名），行政工勤编制1名。承担组织青年、引导青年、服务青年和维护青少年合法权益四项基本职能，充分发挥凝聚青年、带领青年和团结青年三大作用，紧紧围绕党委和政府两个中心，奋勇争先、锐意进取，为推动共产主义事业发展、社会主义建设工作和青少年思想建设提供强有力的保障。

2015年，共青团六枝特区委员会将“全面建成小康社会、全面深化改革、全面推进依法治国、全面从严治党”作为共青团工作的着眼点、聚焦点、切入点和发力点，主动适应新常态、积极引领新常态，树立新常态思维。在特区党委、政府和共青团六盘水市委的正确领导下，紧扣党委政府工作中心，结合六枝特区共青团工作实际，进一步解放思想，开拓进取，不断深化共青团的各项任务，狠抓工作的具体落实，较好地完成2015年各项工作任务，团的各项工作和建设取得新的进展。

【自身建设】 2015年结合实际制定切实可行的党建工作、党风廉政、宣传教育工作计划，通过集中的宣传教育活动，进一步统一党员干部思想，明确努力方向，强化日常作风建设，增强工作执行力。深入开展三严三实等主题教育实践活动、“明礼知耻·崇德向善”在机关主题实践活动，全力做好道德讲堂建设和工作开展，认真贯彻落实《中共中央关于加强和改进党的群团工作的意见》精神，通过学文件、看影片、听党史、上党课、办活动等方式将学习教育活动抓紧抓实，通过增强自身的感召力和亲和力，锤炼一支作风过硬、让党放心、青年满意的共青团队伍。

【队伍建设】 团委多次深入学校和乡镇开展工作调研，积极规划指导团员队伍发展，狠抓团干部教育培训等工作。召开共青团六枝特区十二届二次全委（扩大）会议，开展共青团“团干部如何健康成长”大讨论活动等团干部教育培训活动以及学习各级党的群团工作会议精神等活动；在“五四”和“一二·九”期间集中做好发展团员和登记工作，同时，组织开展入团仪式，加强团员队伍建设。

【组织建设】 针对六枝特区共青团组织情况进行摸底统计；指导检察院新建团支部，指导实验中学团委完成换届工作；制定《六枝特区两新组织团建操作手册》，引导基层“两新”组织充分认识团建的意义和作用，提升建团积极性，12月，在六枝特区“两新”组织中挂牌成立3个团支部。

【信息宣传】 认真总结各项活动及工作，做好信息宣传工作并积极运用新媒体进行宣传，如“六枝青年”微信公众平台推出青关注、青推荐、青倡议、青知道、工作动态，“12355”平台等栏目。腾讯微博共发布450余条信息，共有778名听众；新浪微博共发布167条微博，阅读量为27279人次；微信公众号推送信息400余条。新媒体的运用使信息的传播更快、更及时，青年之间联系更紧密，工作的开展更加便捷有效。

【志愿者工作】 一是积极向团省委争取志愿者名额。2015年共争取到25名西部计划志愿者，分别充实到六枝特区乡镇、社区和学校进行志愿服务。在有关部门的支持和配合下，全力做好西部计划志愿者的服务管理工作，通过不断的努力，荣获“全国大学生志愿服务西部计划优秀项目办”称号。二是积极组织青年志愿者参加大型活动志愿者服务。针对每次活动具体要求组织志愿者开展培训，提供优质志愿服务。2015年共为全市100个旅游景点推介会、贵州省畜牧定点屠宰工作会、全市小城镇建设观摩会等十余个重大赛会提供志愿者服务，获得一致好评。三是组织志愿者定期不定期开展环保、禁毒、综治、计生、四创、普法等宣传志愿服务活动，为六枝特区生态文明建设、经济发展、社会进步营造良好社会氛围，做出积极贡献。高考期间设立微笑小屋高考服务点，组织400余台爱心车辆参与绿丝带爱心送考活动，共计服务学生和家长达3000余人次。

【希望工程】 积极争取希望工程项目服务基层建设，助力困难学生圆梦。为落别乡中心幼儿园抵耳分园争取玖万元资金用于设备购置；在高考结束后，积极协调有关部门，争取“国酒茅台·国之栋梁”“习酒·我的大学”“宏立城直通车”三个项目，联合教育局等单位，针对特区困难学生进行公平公开公正的评选，为83名2015级新晋贫困大学生争取到45.1万元助学金；开展“贵州山区希望工程基金·春风计划”资助贫困家庭未成年子女助学金发放活动，为困难学生送去2400元助学金。

【关爱留守儿童】 一是着力于调研摸底。选取6所较贫困的村级小学作为走访对象，进行实地走访；指导基层团组织做好留守儿童基本情况的摸底调研，并建档造册，逐步建立起留守儿童信息库，有针对性地开展帮扶工作。二是着力于关爱慰问。为留守儿童送去价值2500元的图书及价值1800元的学生餐具；组织开展爱心盆栽义卖活动，筹集到1453元爱心善款用于留守儿童工作，组织40名留守儿童参加“中秋月·夜郎情”关爱留守儿童公益活动，让孩子们过一个不一样的中秋节。三是着力于成长关怀。争取15万元资金用于留守儿童自强自立中心的建设和物资配备，指导新场乡中学等六所学校建立留守儿童自立自强中心，帮助留守儿童走出孤独，健康、快乐成长；推荐10名品学兼优的留守儿童免费参加贵州省少工委主办的2015年“自然之子·研学行知”夏令营，让留守儿童开眼界、长知识；组织志愿者到月亮河乡滥坝村慰问留守儿童。四是着力于结对帮扶。制定西部计划志愿者结对帮扶农村留守儿童工作活动方案，目前在岗西部计划志愿者（含研究生支教团）共24名，结对帮扶农村留守儿童99名。

【青少年违法犯罪预防】 加强与预青专项组成员单位的联系，切实推进特区预防青少年违法犯罪工作，深入郎岱镇、新场乡、落别乡等基层团委，开展青少年群体服务管理和预防犯罪工作督导；多次开展安全、禁毒、《未成年人保护法》和《预防青少年违法犯罪法》等法律法规的宣传教育活动，提升青少年安全自护及法律意识；筹拍六枝首部关爱留守儿童微电影——《守望的幸福》，切实营造全社会关爱留守儿童，关注留守儿童，维护青少年合法权益，形成留守儿童健康成长的良好氛围；开展“青春同行阳光相随”——心理健康大讲堂进校园活动及“美德校园道德讲堂我来讲”演讲活动，同时借新媒体优势扩大对提升青少年素质活动的宣传推广，思想引领及正能量信息宣传。

【青年服务】 结合实际、致力服务青年。开展全省团干部遍访返乡农村创业青年活动、“千村万人”农村青年电子商务培训、青年安全生产示范岗的创建活动，为六枝特区返乡创业青年工作提供理论指导和技术帮助，激发岗位青年提升安全生产意识，促进全区经济社会健康发展。为适应全区青年心理发展，开展“以爱之名·情定花海”七夕单身青年联谊活动、六枝特区第二届青年流行音乐文化节、青年女干部办公礼仪培训讲座及“青春同行·阳光相随”——心理健康大讲堂宣讲活动。联合相关单位开展六枝籍大学生社会实践活动，为学生青年提供提前接触社会，了解工作的机会，为准毕业生进行有效的就业指导。组织120余名六枝藉在校大学生成立六枝特区大学生联合会，鼓励他们积极投身家乡建设、助力六枝特区公益事业。

【青少年思想教育】 一是召开“春晖行动—我与家乡共发展”座谈会暨礼聘2015年度“春晖宣传使者”大会，引导团员青年发扬和传承春晖精神，号召更多的黔籍在外乡友反哺家乡、建设家乡；二是开展社会主义核心价值观宣讲，引导团员青年以实际行动培育和践行社会主义核心价值观，提升自身素质；三是开展“讲三线故事，扬三线精神”主题宣讲会，引导广大团员青年更好地传承“艰苦创业、勇于创新、团结协作、无私奉献”的三线精神；四是组织开展“最美凉都·青春绿化——携手共建共青林环保行动”暨2015青少年植绿护绿活动，来自特区直属学校，乡镇等250余名青少年代表，共同植下树苗1000余株，植树覆盖面积达40余亩，进一步教育引导全区广大青少年增强生态环保意识，主动投身到绿色六枝建设行动当中，为生态六枝建设积极贡献青春力量。五是组织开展“远离合成毒品珍惜美好青春”禁毒漫画作品大赛及六枝特区“行动起来向零艾滋迈进”预防艾滋病知识竞赛等主题鲜明的宣传教育活动。

红十字会

【概况】 2002年6月15日成立六枝特区红十字会，编制5名，设常务副会长1人，副会长1人，内设2个股室。现有常务副会长1人，副会长1人，主任科员1人。红十字会认真履行《中华人民共和国红十字会法》赋予的各项职责，与广大会员、志愿者一道，坚持人道、博爱、奉献的红十字精神，抓住机遇，务实求新，开拓进取，狠抓各项工作落实。

【红十字志愿者队伍建设】 为进一步规范扩宽红十字志愿服务领域，更好地服务群众，造福弱势群体，加入六枝特区志愿服务联合会，注册：六枝特区红十字会志愿服务队。实名注册志愿者28人，制定《六枝特区红十字会志愿服务队管理制度》，制作红十字服务工作牌60个，组织上报六盘水市志愿服务项目2个。

【红十字传播】 以弘扬红十字精神为主线，开展“5·8”世界红十字日、“6·14”世界献血日、“12·1”世界艾滋病日及“12·4”法制宣传日宣传活动，取得良好的社会效果，提高了广大公众对我区红十字会的认知度。

【红十字博爱送万家】 春节期间，深入乡镇、社区开展“红十字博爱送温暖”活动，把党的温暖送到需要特殊关爱的群众中，受益群众涉及1000余户，发放棉被、大米、食用油、面粉，慰问等物资10余万元，慰问金4000元。

【初级卫生救护培训】 为提高学生应急、避险、自救、互救的意识和能力，在特区第二中学、岩脚一中举办心肺复苏技能、创伤救护、止血包扎、骨折固定和常见危重急症应急处置等知识的初级卫生救护培训，200余名师生参加培训。

【救助】 为提高救助能力，制定《六枝特区红十字博爱救助基金管理办法（试行）》，争取财政专项博爱救助基金10万元，并纳入财政预算。为救助贫困白血病和障碍性贫血儿童，登记、申报“小天使基金”（白血病）和东方天使基金（障碍性贫血）5例，3名白血病儿童获中国红基会小天使基金会资助，救助专项基金9万元。开展先心病筛查工作，筛查出的23名先天性心脏病相继到重庆第三军医大学大坪医院治疗。

【送医、送药、送健康】 3月27日、4月10日、5月9日联合市二医、特区疾控中心、特区中心血库、特区现代妇产医院组成志愿服务队到新场乡、龙场乡开展红十字“送医、送药、送健康”活动，为600余群众开展测血压、听心率，看病咨询义诊，免费赠送价值1万余元的中、西常用药品。

【志愿服务】 组织100余名志愿者开展“5·8”世界红十字日、“博爱送温暖”、“学雷锋”、“卫生救护培训”活动、“送医、送药、送健康”、关爱留守儿童、关爱农民工、中秋慰问等志愿服务活动，发放大米、油、棉衣、棉被、书包和字典等慰问物资和慰问金25.1万元。

【人体器官捐献和参与无偿献血】 深入乡镇、机关、社区开展人体器官捐献宣传，咨询人体器官捐献6人，入网登记人体器官捐献1人，捐献眼角膜1人。在“5·8”红十字日、“6·14”世界献血日广泛开展无偿献血宣传、知识竞赛等活动，发放宣传资料3000份，组织基层红十字会社区、机关121人参与无偿献血，采血量38200毫升。

【组织建设】 安排红十字会专职干部参加党校学习和业务培训班3期，参加总会师资培训1次，参加中国红十字会供水和大众卫生救援队（贵州）培训和演练1次。发展2家基层红十字会组织，发展会员64人。

机构编制委员会

【概况】 六枝特区编制委员会办公室成立于1980年10月，与特区人事局合署办公。2001年1月，六枝特区编委办单独设置，不再与特区人事局合署办公。3月，成立六枝特区事业单位登记管理局，与六枝特区编委办合署办公。2005年6月，成立六枝特区事业单位登记管理局。2011年9月，成立六枝特区机构编制信息域名管理中心（六机编办〔2011〕46号），隶属于六枝特区机构编制委员会办公室。2015年5月，增加六枝特区编委办副主任职数1名。现核定领导职数为：主任1名（正科级）、副主任2名（副科级）、事业单位登记管理局长1名（副科级）、域名管理中心主任1名（事业副科级）。

【行政机构编制管理】 一是继政府机构改革后，理顺部门间、部门与乡镇职责划分。整合了按片区设置的工商行政管理分局和乡镇食品药品监督管理所职责，按乡镇设立市场监督管理分局，整合了特区国土资源局、住房和城乡建设局、农业局、林业局不动产登记职责，设立了六枝特区不动产登记局和六枝特区不动产登记中心。二是为部分行政单位合理调整内设机构：为特区审计局增加一个内设机构“政策法规股”，更好地推进全区审计法制建设，加强政策法规研究，推进依法审计工作；撤销特区司法局原内设机构“特区依法治区办公室”，将其相应职责整合到特区改革办，重新调整其内设机构，按区划调整后名称重新规范基层司法所名称，理顺了六枝特区司法局内设机构及人员编制事宜；为特区市场监督管理局增设正股级内设机构“纪检监察室”，进一步促进纪检监察责任制的落实。三是进一步理顺社会管理综合治理体制，加强政法委机关建设，将“六枝特区社会管理综合治理委员会办公室”更名为“六枝特区社会治安综合治理办公室”；并将中共六枝特区委政法委员会（六枝特区社会管理综合治理委员会办公室）3个内设机构即“政工科（执法监督科）”“办公室”“铁路护路联防办公室”机构规格由正股级升格为副科级，各定科长（主任）职数1名（副科级）。四是明确了乡镇组织委员的职级为副科级，并为部分行政单位增加了领导职数。

【事业单位编制管理】 2015年，为18家事业单位调整了编制结构，使全区事业单位的编制结构日趋合理；成立六枝特区第二幼儿园、六枝特区第三幼儿园、六枝特区公安综合事务中心、六枝特区归侨侨眷联合会、六枝特区就业小额贷款担保中心、六枝特区不动产登记中心、六枝特区北部库区生态农业产业园区管理委员会、六枝特区15个乡镇群众工作站和留守儿童关爱服务中心共37个机构；为六枝特区第七中学、六枝特区第九中学、六枝特区总工会职工活动中心、六枝特区电子政务内网管理中心、六枝特区纪检监察举报中心、六枝特区委办公室信息中心、六枝特区学生资助管理中心7家单位增加事业编制共48名。

【事业单位登记管理】 完成2014年度事业单位法人年度报告审核309家，继续做好事业单位法人登记、变更登记及注销登记工作，新设立登记的事业单位法人32家，对涉及法定代表人、机构名称、单位住所、开办资金、举办单位等发生变化的141家事业单位，办理变更登记，注销登记35家，事业单位的法人年度报告、设立、变更、注销等全部实行网上登记管理，并在六枝编办网站进行公示。开展事业单位法人实地检查171家。并根据《事业单位登记管理档案管理办法》，对事业单位法人登记的档案材料进行统一整理和归档。

【政务和公益域名注册】 2015年，六枝特区政务和公益域名已完成注册715个，其中2015年新注册域名69个。开展党政机关和事业单位网站开办审核工作，对全区各党政机关和事业单位网络红页和自建网站底部加挂政务或公益机构网站标识情况进行清查，督促未挂标的单位申领加挂标识，同时督促相关单位加强网络红页建设，充分发挥网络红页政务信息公开和网上办事等效用。截至2015年12月31日，全区党政机关和事业单位网络红页和自建网站加挂标识完成696家。

【乡镇行政区划调整机构编制】 一是积极制定六枝特区乡镇行政区划调整机构改革方案，明确乡镇行政区划调整的时限、各部门的职责。根据省、市有关批复，撤销原平寨镇、郎岱镇、堕却乡、新华乡、龙场乡、新窑乡、洒志彝族布依族苗族乡、陇脚布依族乡、折溪彝族乡、箐口彝族仡佬族布依族乡、毛口布依族苗族乡等11个乡（镇）建制，设置新的九龙街道、银壶街道、塔山街道、郎岱镇、关寨镇、牂牁镇、新华镇、龙河镇、新窑镇、月亮河彝族布依族乡。加上原岩脚镇、木岗镇、大用镇、新场乡、落别布依族彝族乡、牛场苗族彝族乡、梭戛苗族彝族回族乡、中寨苗族彝族布依族乡，形成六枝特区9镇6乡新的乡镇格局。二是规范设置乡镇党政办事机构和事业单位。于2015年5月印发15个乡镇的《党政机构及所属事业单位机构编制方案》，在一般乡镇设置了党政办公室、安全生产监督管理办公室等7个党政办事机构和农业综合服务中心等9至12个乡镇管理的事业单位；在郎岱镇、岩脚镇、木岗镇三个行政管理体制改革试点乡镇设置综合行政执法办公室等7个党政办事机构和环境卫生管理所等11至12个镇管理的事业单位；在新设置的关寨镇、牂牁镇和月亮河彝族布依族苗族乡分别设立箐口、西戛和折溪政务服务中心。三是严格控制人员编制和领导职数。乡镇行政区划调整的人员编制实行总量控制，不增加不减少。科学配备各乡镇领导职数，在合并的乡镇多配备1～2个领导职数，同时对乡镇管理的事业单位的专业技术岗位和管理岗位编制结构进行了调整，确保了六枝特区乡镇行政区划调整工作全面完成。

【控编减编】 严格按照“严控总量、盘活存量、分级管理，动态核编”原则，继续推行控编减编工作。拟发关于转发六盘水编办《关于印发〈六盘水市事业单位控编减编管理工作实施意见〉的通知》的通知文件，对全区控编减编工作再安排再部署，严肃机构编制工作纪律，加强机构编制管理，重新核定全区事业单位编制，将事业单位空编收回统一管理，明确特区编委办、人资社保局、组织部、财政局控编减编工作职责，采取措施严格控制编制总量、严格执行空编补员、用编计划申报、职数使用审核等制度，严禁超编进人和超职数配备领导干部，严格规范编制使用审批权限。

【机构编制实名制管理】 根据中央、省、市编办有关加强机构编制实名制管理要求，积极开展机构编制实名制管理工作，以编委办名义印发了《关于完善机构编制实名制网络管理信息系统的通知》（六机编办〔2015〕33号），对全区实名制管理工作进行了安排部署，根据全区机构动态和人员调动或退休、自然减员等人事变动情况，对各单位实名制网络管理信息系统中的机构和人员信息进行完善，并做好人才引进、事业单位招考、公务员考录等人员的列编工作，实时对系统进行更新与维护，实行信息动态管理，做到机构编制数、实有人员数和财政供养人数一一对应。

离退休干部局

【概况】 2015年，特区离退局人员编制18人，其中行政编制6人，局长1名，副局长2名，副主任科员1名，行政人员1名，工勤人员1名；事业编制9人，其中活动中心主任1名，老干所副所长1名，干部6名，工勤人员1名。

【自身建设】 一是抓班子。坚持“三重一大”，发扬民主，集思广益，集体研究。二是抓作风。倡导“无功就是过、平庸就是错、有为才有位、无为就让位”，全局人员把责任变动力，把职责变压力，自觉为老干部当好“服务员”。三是抓队伍，提高干部队伍素质，坚持干部职工周学习，党员干部月学习，陪老干部季度学习制度。外派参加省培训32人次，其中：老干部12人，干部职工20人。

【制度建设】 一是重视离退休干部党支部建设。全区已建立离退休干部党支部3个。二是认真落实老干部政治待遇。共举行情况通报会2次，组织参加各种形势报告会6次；坚持重大节日走访慰问老干部，重大事项先征求老干部意见，重要会议请老干部参加等制度。坚持每月一次和重大节日走访慰问老干部制度。全年共走访慰问老干部600人次。三是干休所同志积极工作、热情服务。送诊、送学、送药上门，为空巢老干部买生活用品，接送住出院等已经成为常态。为老干部订阅报纸杂志已形成惯例。老干部思想进步，队伍稳定，为党委、政府出谋划策，传播好声音、传递正能量。

【待遇落实】 加强离休干部医疗服务工作。一是加强离休干部医疗保障管理工作，严格审核医药费票据，认真做好医药费统计上报工作，确保离休干部“三个机制”的平稳运行。全年支付医药费150万元。二是继续兑现医药费节约奖励。全年到干休所就诊的离休干部700余人次，干休所医生出诊20余人次。二是完善对困难老干部、离休干部遗孀的帮扶机制。按照特殊群体特事特办、“解困救急、实事求是、公平合理”的原则，对患有重大疾病、家庭突遇重大变故、生活有困难的离休干部、副县级以上退休干部及离休干部遗孀做好帮扶工作，管好用好专项特困资金。2015年发放帮扶金3.3万元，帮助17名特困老干部及遗孀解决了实际困难。

【开展活动】 以创建“五星级示范活动中心”为契机，积极开展文体活动。春节组织副县级以上离退休干部开展游园活动，内容有套圈、乒乓球、书法、猜谜语等；“五一”组织老年人象棋、麻将比赛；“七一”配合老体协开展门球、麻将、象棋比赛；7月21—23日承办全市老年人乒乓球比赛；10月16—19日配合老体协在郎岱镇开展乡镇门球邀请赛；组织参加市外各项赛事5次；9月28日联合关工委、文明办等单位举办抗战胜利暨世界反法西斯战争胜利70周年迎国庆红歌演唱会。2015年到老年活动中心、老干部活动中心活动的老年人3万人次。

【表彰】 离退局党支部被特区机关工委评为“先进基层党组织”荣誉称号；在全市老干部工作评比活动中荣获二等奖。

信　访

【概况】 2015年，特区群众工作中心（信访局）人员编制18人，其中行政编制5人（含工勤人员1名），下设六枝特区联合接访中心，事业编制13名。主要职责：拟定有关信访工作的制度机制并组织实施；代表特区党委、政府受理人民群众来信来访，承办上级业务部门和特区党委、政府领导交办的信访事项，向有关单位转送、交办信访事项；跟踪督促检查上级和特区党委、政府领导同志批示件的落实情况和重要信访事项和信访案件的办理落实和处置情况；对重要信访案件实施个案监督，并提出对有关责任人的处理意见和建议，及时向特区党委、政府提供信访信息，并对重要问题提出意见和建议；负责信访工作的宣传和信息发布。

【群众信访情况】 2015年，全区信访总量为864批（件）次2531人次，集体访99批次1498人次；重复访151批（件）次416人次。群众进京33批次57人次，其中进京正常访15批次18人次（含进京越级访12批次15人次），未成访18批次39人次。（网上查询数据）65批（件）次69人次，其中网上投诉39件39人次；国家信访局接待登记12批次16人次；直接写信反映13件13人；人民意见建议征集的1件1人。赴省访225批次972人次，集体访36批次678人次（其中50人以上集体访3批次237人次）；到市访89批次349

人次，集体访10批次227人次（其中50人以上集体访2批次135人次）；到区访453批次1127人次，受理录入419批次1093人次，与上年相比，不管是批次和人次整体呈上升态势，出现高位运行状态。

【建立信访隐患和矛盾纠纷排查调处机制】 各乡镇、各相关单位和部门每月都对本辖区可能影响社会和谐稳定的矛盾纠纷和苗头隐患，重点是征地拆迁、劳资纠纷、矿群矛盾、交通运输管理、就业安置、社会保障等容易引发群体性事件、非访群访、缠访闹访的问题进行清理排查。对排查出来的矛盾纠纷和问题层层进行责任分解，同时纳入“三个四级个案台账”管理；对已妥善化解的矛盾纠纷和问题要跟踪监测，确保在不反复、不反弹的基础上及时销账，切实做到底数清，情况明。对排查出的重大社会矛盾和突出问题落实“七个一”机制（一名包案领导、一个工作班子、一套化解方案、一套稳控措施、一定的化解时限、一个化解结果、一个效益后评报告），加大化解矛盾、解决问题力度，切实做到案结事了。

【强力推行逐级信访制度】 按照《六盘水市逐级信访制度》有关要求，对于信访人采用走访形式提出的信访事项，按照“属地管理、分级负责”的原则，要求信访人向当地有权处理的行政机关提出，对处理机关的处理意见不服的，再逐级向其上级机关提出信访事项或者申请复查复核。如信访事项未经有权处理的起点单位处理而直接向其上级机关越级提出的，上级机关只作登记和疏导解释，引导信访人向起点单位反映，一般不予受理、不予交办、不作处理。重大紧急问题应按特殊情况处理，并通知下级承办单位。切实引导信访人依法逐级反映诉求，力求把问题解决在当地，做到“小事不出村、大事不出镇、难事不出县、矛盾不上交”。

【规范秩序、依法处置】 2015年，对非访、缠访、闹访等违法信访行为和以上访为名煽动群众、挑起事端、串联组织闹事的违法人员给予严厉处置。对4名非访、缠访、闹访的重点人员进行拘留（行政拘留4人），有效规范了信访秩序。

【建立和完善督查、督办工作机制】 召开专题会议进行当面督办，对涉及部门多的信访问题召开多部门参加的协调会议进行督办解决，深入承办单位进行现场督办，开展个案调查直接督办，对群众反映强烈、影响社会稳定的典型案件进行直接督促落实。开展联合督办，对办理信访事项敷衍塞责、拖延、拒不执行有关领导批示指示精神、使用法律法规不当、落实政策不到位的单位，采取电话督办、实地督办，与特区党委政府督查室联合督办等方式，对交办信访事项按期进行督查督办，并提出办理意见或建议，努力做到问题不查清不放过、问题不解决不放过，使大量矛盾纠纷得以有效化解。

【加大投入、保障落实】 2015年，特区党委、政府在财力十分有限的情况下，在信访工作上投入了大量的资金，确保了信访工作的正常开展。一是建立特殊疑难信访救助资金配套机制。市拨付和特区配套特殊疑难信访救助资金共计20余万元，化解信访问题和矛盾纠纷18件。二是解决各级“两会”、贵阳国际生态论坛和纪念抗战胜利70周年活动期间，进京、赴省和到市信访维稳工作组，以及六枝火车站、汽车站值班巡查组工作经费50余万元。三是增设四个群众接访窗口，增加了经信、人资社保、国土、住建等个性接访窗口和信访事项协调室，更加方便来访群众反映诉求。四是解决各乡镇兼职信访联络员信访津贴5万元。

【“百日攻坚战”和重大节日、重要活动期间的信访维稳】 一是落实领导包保。对省、市领导包案及上级业务部门排查交办的信访事项落实特区县级领导包案化解。全年共化解省领导包案“高速公路项目群”和“5个100工程项目群”建设引发的矛盾纠纷和信访问题17件；化解“百日攻坚战”四轮交办的矛盾纠纷和信访问题共669件。二是开展接访下访约访。为确保各级“两会”和6

至7月重要时段以及十八届四中全会、APEC会议期间社会的和谐稳定，切实将信访群众吸附在当地，每天有两名在职副县级领导干部接待群众来访。2015年特区党政领导73人下访群众84批次287人次。三是落实化解稳控责任。对重点信访人员特别是可能到市赴省进京上访人员和隐患，落实责任单位采取一盯一、几盯一的盯防方式，进一步强化稳控措施，进一步明确稳控责任，盯死看牢、严防死守，有效稳定一批长期到市赴省进京上访重点人员，确保全国“两会”期间全区群众“零非访”和十八届五中全会、抗战胜利70周年大阅兵期间“零上访”的目标。

【建立机制】 一是建立健全机构。特区党委成立群众工作委员会，由特区党委副书记任书记，进一步强化对群众工作的组织领导。二是完善工作机制。特区党委、政府一手抓群众诉求的解决，一手抓长效机制建设，相继建立10余项工作制度，有力地促进了群众信访工作水平的整体提升。在源头预防层面，制定重大事项社会稳定风险评估实施办法，出台《六枝特区信访工作责任追究办法（试行）》。在联系群众层面，出台《六枝特区党员干部联系和服务群众工作制度》，同时选派225名干部到225个行政村开展联乡驻村工作。建立健全联合接访、联接联调和定期通报等工作机制。在问题解决层面，出台了群众信访问题首问首办、限时办结、督查督办、复查复核、领导包案、领导接访、干部下访等方面的工作制度，对如何处置化解好群众信访事项作出了明确规定。在权力监督层面，积极开展“阳光晒权”评议活动，对各乡镇、区直部门主要负责人和重点股室负责人开展群众评议，确保人民群众依法有效行使监督权，促进各乡镇各部门及其工作人员履行职责，转变作风，提高效率，优化发展软环境。三是拓宽诉求渠道。特区党委、政府充分尊重和保护群众反映问题的权利，采取一系列措施畅通信访渠道，“信、访、网、电”的立体联系群众信访诉求网络初步形成。四是强化基层基础。坚持把夯实基层基础作为维护信访群众利益的着力点和突破口，全区19个乡镇和225个村（居）全部挂牌成立群众工作站（室），明确专兼职信访联络员并延伸到村居、社区，形成了条块结合的矛盾纠纷和信访问题排查网络，全面解决和落实群众工作最后“一公里”的问题，群众工作基层基础逐步夯实。

总工会

【概况】 六枝特区总工会现有职工15人，其中行政在册在编人员4名，行政工勤人员1名，事业全额拨款在册在编人员5名，事业自收自支人员3名，公益性岗位2人。内设四委室两中心，即：主席室、书记室、副主席室、办公室、财务室、经审委、困难职工帮扶中心、职工活动中心。2015年6月，六枝特区区划调整后，全区划分为6乡9镇4个社区（街道办），2个园区。特区总工会有直管和代管工会50个[其中：机关工会8个、系统工会11个、乡镇（园区、社区）工会21个、行业工会1个、企业工会9个]，辖498个基层工会，涵盖基层法人单位4475个；其中：国有、集体企业工会46个，非公企业工会169个，煤矿工会36个，有工会会员4.98万人，农民工会员2.1万余人。

【建功立业竞赛】 继续围绕在辖区内实施的省市重点工程、项目，重点难点工作、窗口服务工作等开展创先争优建功立业劳动竞技活动，全区共有419个企事业单位1.8万余名职工参加活动，参赛率为85%。在六盘水市郎岱农业产业园区开展“五比一创”活动，参赛率达100%，职工参赛率95%以上。选择曾获得多项科研创新奖项的六枝特区华兴管业制品有限公司创建劳模创新工作室。推荐茶叶协会工会职工朱东参加省总组织开展职工制茶技术大赛获省技术能手五一劳动奖章，两人分别获第九、第十名。5月份，推荐基层工会一人被评为省先进工作者，2人被评为省劳模。

【和谐企业创建】 加强劳动关系和谐企业建设，

已建工会的247家企业集体合同建制数为232家，建制率93%；工资集体协商建制数227家，建制率92%；女职工专项合同建制数223家，建制率90%。积极参与全区全面深化改革，完善以职工代表大会为基本形式的企事业单位民主管理制度，全区共367家国有企业、控股企业、事业单位建立厂务公开制度，覆盖率为92%，职代会覆盖率为92%。全区规模以上非公经济、有限责任公司、个体经济组织、其他工会组织形式共有81个，开展厂务公开77个，建制率保持在95%；职代会建制的有76个，建制率保持在94%。推荐公汽公司作为“厂务公开”企业上报评选，推荐宜枝魔芋等二家工会作为“职工小家”评选。配合特区企业改制领导小组做好有关国有资产企业和集体企业的改制、整顿和重建工作。认真发挥好协调劳动关系三方作用，配合特区人资社保、公安、工商、安监等组成联合执法检查组，从8月25日开始在全区开展为期25天的打击非法用工专项行动。重点对全区劳动密集型企业、建筑业中各类城市建设项目，煤矿、矿山企业，城市建设项目、工地等进行检查。内容涉及依法领取证照，包括工商、税务登记以及资源许可、生产许可、安全许可等；劳动用工人员的数量、来源、招用渠道。对检查发现的问题，及时督促整改落实，涉及违法行为的依法调查处理。

【素质能力提升】 7月1日，组织培训全区21个乡镇（园区、街道）分管领导或工会主席及工作人员、11个系统工会、9个机关工会、10个代管工会工会主席及业务工作人员共165名基层工会干部参加培训。继续开展“明礼知耻·崇德向善在企业”全区职工践行社会主义核心价值观主题活动。在全区工会系统中开展“道德讲堂”活动，7月3日，开展2015年“劳动模范上讲堂”活动启动仪式，拉开全区劳动模范巡回宣讲劳模先进事迹活动的序幕，结合全区劳模和先进工作者的分布情况，明确25名劳动模范和先进工作者在各自领域和范围展开劳模先进事迹等宣讲，大力推进职工思想道德建设，弘扬中华传统美德和新时期六枝精神。联系贵州尚国文化咨询管理有限公司到六枝放映优秀题材影片《咱们的工会主席》，各系统、机关、行业、企事业等单位90余名工会干部现场进行观看。积极组织职工参加市总举办的“中国梦·劳动美”经典诵读、职工法律知识竞赛等系列活动，均取得信奉优异成绩。配合特区人资社保局、职校等组织实施下岗职工、返乡农民工提供就业援助、创业援助、就业技能培训等活动，全年共完成职工就业创业技能实名制培训1500人，完成再就业创业介绍实名制1200人；完成50名职工“一户一技能”岗前培训任务。

【维权帮扶】 在职工维权帮扶方面，一是抓好抓实“两节”期间困难职工慰问、“金秋助学”活动、大病救助等工作，加大对返乡农民工创业就业帮扶力度，切实解决困难职工、农民工遇到的困难。二是积极协助特区党委、政府做好拖欠农民工工资问题，协调企业妥善解决拖欠农民工工资问题，维护职工的合法权益，促进社会和谐稳定。三是积极配合特区劳动人事争议仲裁院等相关部门抓好职工劳动争议调解仲裁工作，加强对《社会保险法》的宣传、人力资源市场秩序的整顿，积极选派职工参加有关知识、技能培训，发挥工会组织的积极作用。2015年“两节”慰问活动中发放资金92.8万元，2016年发放97.14万元，“金秋助学”活动中发放资金19万元，累计发放困难职工大病救助资金5.5万元，为宜枝魔圩公司返乡农民工创业贷款100万元贴息6万元；2015年春节期间协调解决拖欠农民工工资5000万元；参与人事劳动部门组织宣传活动5次；参与劳动仲裁申请200余件，涉案金额为900余万元。

【“节能减排大参与”】 配合特区相关部门开展“低碳减排，绿色生活，建设美丽六枝”为主题的宣传和知识竞赛活动。分别与特区发改局等15家单位部门联合，集中开展“携手节能低碳，共建碧水蓝天”宣传活动。加强以建设生态文化为主线，组织动员全区党政部门、机关事业、企业等2万多职工群众、社会各界参与节能减排活动。412个基层工会5200余名职工群众参加节能减排“金点子”和合理化建议征集活动，总共提出“金点子”合理化建议300余条，创经济价值400余万元，充分发挥了职工群众队伍在节约资源和保护环境中的作用。

【乡镇工会规范化建设】 一是对全区工会工作有一定带动作用的乡镇进行筛选，拟定银壶社区工会等6家乡镇作为2015年创建单位，为2016年全面创建打好基础。二是明确由一名主要领导，2名工作人员专抓工会规范化建设创建工作，采取定期或不定期深入乡镇进行督查、指导，发现问题，及时下发整改通知，确保人员到位，工作指导到位，整改落实到位。三是及时下拨创建工作经费，按照省、市、县三级配套经费比例，向6家创建单位及时划拨总计18万元资金，确保资金到位。四是适时召开工作调度会，对创建工作中存在的困难和问题及时进行总结、分析，按照省总下发的相关创建标准有针对性进行指导，有序推进。12月，6家创建单位按照工会规范化建设“六有”及有关工作标准创建完成，顺利通过各级检查验收。

妇　联

【概况】 六枝特区妇女联合会，是中共六枝特区党委、政府领导的全区各族各界妇女的社会群众团体，是党和政府联系妇女群众的桥梁和纽带。现有常委9人，执委31人，主席1人，副主席2人，在职干部职工4人（含事业人员2人）。辖区内有各级基层妇女组织305个，乡镇（社区服务中心）妇联19个，村（居、社区）妇代会245个，区直机关妇委会（妇代小组）38个，非公经济妇女组织3个。目前，六枝特区常住人口为49.78万人，其中女性23.7万人。

【妇女综合素质提高】 一是结合“爱在凉都显真情·传递社会正能量”学雷锋志愿者服务活动，开展以传承和弘扬雷锋精神为主题，以巾帼志愿服务为载体的妇女维权、女性健康咨询、家庭教育咨询等一系列宣传活动，有效地引领广大妇女自觉践行雷锋精神，为建设文明、和谐六枝作出积极的贡献。二是结合全区机关女职工庆祝“三八”国际劳动妇女节文体活动，开展以宪法为核心、以妇女权益保障法和女职工劳动保护条例为主体的保障妇女权益和促进男女平等的各项法律法规宣传活动，引导广大机关女职工学法、尊法、守法、用法。三是结合同步小康驻村工作，到帮扶村开展宣传咨询及进村入户走访慰问活动，向广大群众宣传妇女维权法律法规，切实做到“万家联动·送法到‘家’”，有效地向广大群众传播了法律知识，培育了法治理念，为推进依法治区、共建和谐六枝营造了良好氛围。四是结合特色家庭创建活动，以发放“廉洁的您、幸福的家”家庭助廉倡议书和“做文明、和谐、廉洁、环保、平安家庭”绣花围裙的方式，在全区上下倡导家庭新风尚，引导广大干部家属争当“廉参谋”“廉管家”“廉内助”“廉模范”，用实际行动把好自家门，管好自家人。五是借助“科普大篷车”开展“送科技、送文化、送法律、送健康”进校园、进社区宣传活动，充分为大用镇大煤山社区、大用镇二中的广大师生和群众送去了文化、法律和健康，切实为广大群众办实事。

【“三女”培训】 组织农村妇女举办了“持家女”“锦绣女”和“黔灵女”等“三女”培训班共4期，培训妇女200人。通过培训，让妇女们对种养殖、刺绣、蜡染、市场营销、妇女权益保障、妇女保健、家庭教育、家庭理财等知识有了更进一步的认识，引导和动员广大妇女群众提高自身素质，学好技术、增长才干、掌握技能，为农村家庭培养会持家、有技能、懂经济的文明“三女”，提高农村妇女的致富能力。

【干部培训】 培训机关女干部600余人次。进一步提高妇女干部的创新思维和业务能力，有效地激励广大妇女干部发扬“四自”精神，立足本职、锐意进取，在全面建设小康社会中努力展巾帼风采，创造新业绩。

【“锦绣计划”】 举办民族手工技艺展演赛暨手工产品展销会，鼓励妇女创办特色手工企业，推进全区民族民间特色手工产业与妇女事业同步发展。6月18日，在煤机职校举办“六枝特区2015年‘锦绣计划’民族手工技艺品展演赛暨手工产品展销会”活动。全区18个乡镇（社区）共92名绣娘和能工巧匠携带着精美的刺绣、编织、剪纸、手工制作及其他特色手工艺品共204件民族手工艺品参加了比赛。共评选出“十佳绣娘”10名、“优秀绣娘”15名、“优秀名匠”10名，还有郎岱、梭戛、落别等三个乡镇荣获了组织奖。省妇联副主席杨玲、市妇联主席石灿敏以及特区党委员、宣传部长幸雪梅等领导参加此项活动的颁奖大会。7月，组织25名绣娘及25个民族手工企业参加了“2015年贵州屋脊·中国凉都六盘水消夏文化节——凉都百佳绣娘手工技艺展演赛暨民族民间手工艺产品展示（展销）会”，有3名获全市“十佳绣娘”称号，有10名获全市“优秀绣娘”称号。其中3名绣娘被推荐到省参加“中国（贵州）第一届国际民族民间工艺品文化产品博览会妇女特色手工（刺绣）技能大赛”，有1名荣获优秀奖。

【“明礼知耻·崇德向善在家庭”主题实践活动】 2015年，经乡镇、社区和区直各单位推荐、个人自荐、媒体报道、妇联微信、微博广泛宣传，特区妇联征集到“最美家庭”候选户数55户，经组委会集中评审后评选出19户推荐上报市妇联，市妇联向省级妇联推评2户为全省“最美家庭”；征集到“十佳慈母”“十佳贤妻”“十佳孝女”候选人50户，经过组委会评审，向市妇联推荐“十佳慈母”5户、“十佳贤妻”5户、“十佳孝女”5户。

【依法维权】 2015年共接待来访来电案件38件，结案率达100%。一是开展“三八”维权周活动。“三八”节期间，以“万家联动·送法到‘家’”为主题，以农村妇女为重点在九龙、落别、折溪等乡镇和社区集市设摊，开展“三八”妇女维权周宣传活动，努力提高妇女自觉学法、守法、用法的意识和能力。宣传期间共悬挂宣传横幅10余条，发放《妇女权益保障法》宣传小册子和宣传资料500余份。二是开展维护妇女儿童法律知识讲座。5月15日，以“道德讲堂”为契机，特邀拓新律师事务所律师围绕《婚姻法》的内容，对乡镇（社区）妇联主席、机关妇委会主任、妇代小组组长、及部分单位的妇女干部共70余人开展了以“维护妇女儿童合法权益”为主题的专题讲座，从妇女干部如何开展妇女儿童维权工作及妇女如何运用法律武器来维护自己的合法权益等方面着手，对妇女如何保护自己做了详细的解说，使广大妇女同志能够进一步理解这些与妇女儿童相关的法律法规，在今后的工作中更好地发挥职能作用，依法维护妇女儿童的合法权益，推动社会的可持续发展。

【关注特殊困难群体】 一是到帮扶村开展春节慰问走访活动。在春节期间慰问了五龙村贫困党员、贫困妇女、二女结扎户、军烈属、贫困留守儿童等24户，为他们送去了大米240公斤，菜籽油16桶、棉被8床，折合人民币约3500元。走访了孤残老人、困境儿童、单亲母亲等，让他们过上了一个温暖祥和的春节。二是走访慰问贫困“两癌”妇女。为平寨、岩脚、新场、堕却等乡镇的9位患乳腺癌、宫颈癌的贫困妇女每人送上1万元“两癌”救助金和新年祝福。三是“六一”期间为大用村的留守儿童、贫困儿童等送去了书包、文具盒等学习用品，为未能上学的重、残疾儿童送去了米、油等物资折合人民币共3500元。四是在重阳节期间到大用镇大用村开展“我们的节日·重阳敬老”座谈慰问暨“送科技、送文化、送健康”活动，向15位孤寡、残疾和贫困老人发放了大米、菜油等慰问物资折合人民币共计1750元。五是11月12日到强制戒毒所开展“阳光关爱禁毒帮教”活动，与48名戒毒女学员进行了座谈交流，鼓励她们战胜毒品、战胜心魔，以一颗感恩的心，热情拥抱美好的新生活，向戒毒女学员赠送了道德讲堂书籍100多册、笔记本50本，以及笔、毛巾、日用品等价值2000余元的书籍和生活日常用品。

【妇儿工委工作】 一是抓好《六枝特区妇女发展规划2010～2015年》和《六枝特区儿童发展规划2010～2015年》（以下简称“两规划”）实施的各项工作，推进全区“两规划”指标全部达标并通过省级验收。二是加大男女平等基本国策及相关法律法规的宣传力度，努力在全社会形成尊重妇女，保护儿童，关注妇女儿童事业发展的良好氛围。三是加强未成年人思想道德建设教育，大力开展社会主义核心价值体系和“祖国好·家乡美”系列主题教育实践活动，促进儿童全面健康成长和发展。在全区中小学校开展文明礼仪知识竞赛，并将选拔出来的中、小学校第一名选送参加全市文明礼仪知识竞赛，各自取得了第三名的好成绩；在全区开展“晒晒我的好家风”征文活动，全区共有5所中学、5所小学共200名学生参加，并选送了中学组38篇、小学组15篇征文到市里参评。四是创建“留守儿童之家”，关爱留守儿童。为进一步关爱我区留守儿童，为儿童搭建与父母交流沟通的平台及活动场所，2015年，特区妇联创建了3个市级“留守儿童之家”示范点——大用镇二小、木岗镇中学和落别乡五变小学，争取到市妇联投入资金3000元，用于其购买“留守儿童之家”图书、文体活动用品等。

【组织建设】 一是开展了县、乡两级妇联及机关妇委会换届选举工作，实现了妇联组织在全区范围内全覆盖。二是加强“妇女之家”活动示范创建，以建设“坚强阵地”和“温暖之家”为目标，加强“妇女之家”综合服务功能，使“妇女之家”真正成为基层妇联组织开展各项工作的重要阵地。现创建市级“妇女之家”10个、区级“妇女之家”245个，推荐2个作为贵州省“星级示范妇女之家”参评，获1个五星级，1个四星级。三是加强妇联干部队伍建设，提升妇联干部队伍素质。举办妇联系统干部培训班，就党的十八届五中全会精神、省委、市委群团工作会议精神及《中国共产党廉洁自律准则》、《中国共产党纪律处分条例》、中华全国妇女联合会章程及有关条例等内容进行培训，进一步推进妇联干部转变工作理念、创新工作思路，切实提升新形势下妇女群众工作的责任感和使命感。

史 志

【概况】 六枝特区史志办公室成立于2005年5月，由“六枝特区地方志编纂委员会办公室”和“六枝特区党史办公室”合并组建，现内设机构有综合股、地方志股、党史研究股、政策法规股、资料股。史志办坚持把党史征编、方志编纂、年鉴编撰作为主导业务，狠抓时序进度，监控编辑质量，各项工作走在全市前列。

【史志资料征集编研】 开展“三线文化建设”历史的挖掘整理工作，到各有关企业开展走访调研，收集相关历史见证材料。开展抢救性图片采集，图片内容覆盖六枝工矿集团（原六枝矿务局）下属各矿和煤研石发电分公司、六盘水煤矿机械厂等“三线建设”单位。

积极对革命历史素材进行抢救性挖掘，特别是对抗战老兵、雨花台烈士等革命先烈的事迹进行走访并录音，形成录音材料进行保存；同时对录音材料进行整理，形成文字材料。完成录音5份，文字材料3万余字。

【编纂《中共六枝特区委执政纪要（2014）》】 2月17日，下发《中共六枝特区委办公室关于做好〈中共六枝特区委执政纪要（2014）和六枝年鉴（2015）组稿工作的通知〉》（六特办通字〔2015〕16号）文件各单位征集资料，并将编纂任务分解到人。征集到的彩图、重要讲话、重要文件、重要会议、重要活动、重要决议决定、党委各部门、人大常委会党组、政府党组、政协常委会党组、党群组织、乡（镇）党委等稿件进行分类汇编，同时对初稿进行了编纂人审核、分管负责人审核、主要负责人审核等多次审核并形成初稿，已送排版印刷。

【编纂《六枝年鉴（2015）》】 年鉴是全面、准确、系统及时地记述六枝特区自然经济、政治、文化、社会、党建等方面的年度性文献，是编纂《六枝特区志》的基础工作，是反映全区发展的新成就、新经验。办公室将编纂任务分解到人，编纂十四个篇目，图片62幅，约38万余字。已送排版印刷。

【《六枝特区志（1978—2011）》编修】 办公室严格按照地方志书“完成初稿要快、修改加工要慢、出版发行要慎重”的要求。完成《六枝特区志》篇目审定（省专家审定），并进行相应调整。共完成16篇的初审稿编辑审定、合本工作，约60万字，其中对19个资料稿部分遗缺的承编单位作了编务指导和要求，并列出补充内容；对人物传资料及承编单位工作图片资料作了补充征集整理。

【史志宣传及地情咨询服务】 按照史志宣传“六进”（进机关、进企业、进学校、进军营、进社区、进农村）要求，结合史志工作“存史、资政、育人”的功能，开展多种形式的史志宣传和地情咨询服务工作。4月，与特区科协、妇联、老干局、工商联、老年大学等单位到郎岱“三三暴动”烈士陵园开展祭英烈活动，并发放《六枝特区爱国主义教育读书》100余本，邀请退休老同志讲解“三三暴动”经过。到岩脚木贡村、木贡小学、大用中学、市戒毒所、特区武装部等部门开展史志宣传，共发放《六枝年鉴（2013）》《六枝特区志》《六枝特区爱国主义教育读本》等图片资料共计600余本。地情咨询服务27次。

【扶贫】 积极组织全体干部职工走访岩脚镇木贡村，帮助发展集体经济，走访贫困户。选派驻村干部，为单位扶贫工作牵头引路，提供第一手扶贫资料。参照精准扶贫名单，选出9户贫困户作为单位帮扶包保对象，对9户包保对象进行遍访，上门实地了解，对包保对象进行梳理、分析。共为村委活动室捐赠办公桌椅1套、办公电脑2台；为村委活动室捐赠图书100余本，为木贡小学贫困学生发放学习用品60余份。

残　联

【概况】 六枝特区残疾人联合会是六枝特区党委所属正科级财政全额拨款参照公务员管理单位，是全区5万多残疾人自身代表组织、社会福利团体和事业管理机构融为一体的残疾人事业团体，核定参照公务员管理编制7名（其中工勤人员编制1名）；事业单位编制2名；理事长1名，副理事长1名；内设办公室、康复股、教育就业股、就业服务中心；定正（副）股长职数4名。履行“代表、服务、管理”职能。2015年以党的“三严三实”教育活动为契机，始终把发展作为第一要务，坚持残疾人利益无小事，从大处着眼，小处着手，明晰发展思路，凝聚发展力量，按“齐心协力、攻坚克难、改革创新、继承发展”的工作方针，努力克服全区残疾人事业发展中出现的矛盾和问题，全面履行残联的工作职责，自加压力，排难奋进，在改革中创新，在创新中发展，在发展中壮大，较好地完成了特区党委、政府及各级残联交办的各项工作及目标任务，有力地促进了全区残疾人事业较快较好的发展。

【残保金征收】 2015年，目标任务数为180万元，其中：地税部门代征100万元，财政拨款的党政机关团体事业单位征收80万元。全会完成残保金征收213.28万元，为任务数的118%（其中：行政事业单位征收111.28万元，为任务数的139%，企业单位地税部门代征102万元，为任务数的102%）。

【残疾人培训】 2015年，共完成各类培训291人，为任务数289人的100.7%，其中：职业技能培训完成60人，为任务数60人的100%；农村实用技术培训130人，为任务数130人的100%；创业就业培训60人，为任数60人的100%，雇主培训32人，为任务数30人的106.67%，盲人按摩培训9人，为任务数9人的100%。

【残疾人就业示范点创建】 2015年，完成残疾人就业示范点4个即："六枝特区祥缘农民专业合作社""六枝特区迎风种养殖农民专业合作社""六枝特区群民养殖场""六枝特区海燕种养殖农民专业合作社"，为任务数的200%。经省、市实际检查考核，4个基地分别确定为省、市两级残疾人示范基地。

【残疾人就业】 2015年，新增残疾人就业190人，为任务数180人的105.6%。其中：按比例就业27人，为任务数的100%；集中就业18人，为任务数的100%；个体和自主创业36人，为任务数的100%；完成家庭创业80人，为任务数的100%；基地就业16人，为任务数10人的160%；社区基层就业、公益性岗位就业13人，为任务数8人的144%；新增盲人就业10人，为任务数的100%。有力地促进残疾人就业，为残疾人精准扶贫打牢了基础。

【"中央彩金"智力残疾、残疾儿童康复训练】 完成中央彩金贫困智力残疾儿童抢救性康复8例，占任务数8例的100%；录入8例，录入率100%。

【残疾人假肢安装】 完成贫困残疾人下肢截肢安装普及型小腿假肢任务数10例，占任务数3例的333%；录入10例，录入率100%。完成贫困残疾人下肢截肢安装普及型大腿假肢任务数10例，占任务数3例的333%；录入10例，录入率100%。

【残疾人辅助具发放】 完成残疾人轮椅160台，为任务数的100%；完成残疾人智能手机39部，占任务数的100%；完成盲杖60根，占任务数的100%；完成儿童站立架8台，占任务数的100%；完成矫正椅16台，占任务数的100%；完成拐杖56付，占任务数的100%；完成坐便椅38台，占任务数的100%。

【技能竞赛】 积极开展残疾人全民健康运动，配合省残联、市残联选拔优秀运动员参加集训。2015年9月16日至19日全市残疾人技能竞赛中，特区选拔19名选手参赛，获第一名1人，第二名2人，第三名5人。

【残疾人基层组织建设】 全区15个乡（镇、社区服务中心）245个村（居）健全了残疾人组织，配备了残疾人专职委员。落实乡（镇、社区服务中心）残联办公场所和残疾人专职委员误工补贴，实现残疾人组织有人、有钱、有办公场所办事的"三有目标"，进一步夯实了残疾人工作基础。

【残疾人基础信息调查】 根据国家、省、市残工委的安排于2015年3月至2015年12月完成残疾人专项调查34390人，占任务数的100%。全区残疾人基础信息和残疾人基本服务状况需求专项调查工作圆满完成及残疾人基础信息数据库的建立，掌握了全区各类残疾人的数量、结构、区域分布、基本服务状况和需求等情况，为特区党委政府制定出有关残疾人事业的政策法规提供了有力的科学支撑。

【残疾人托养中心建设】 特区残疾人康复托养服务中心（一期工程）建筑面积4088.24平方米，业主方通过加强工程调度，坚持一日一督查，施工方多方举措，强化施工进度，与工人制定目标任务。已完成地下层及一层的施工，现正进行二层施工，4月上旬完成主体工程土建工程部分。

【残疾人护理补贴】 完成全区1073名重度残疾人护理补贴的申报和发放工作，每人每年发放补贴经费600元，共发放资金64.38万元。发放残疾人机动轮椅车燃油补贴303辆，资金总额7.878万元。

文　联

【概况】 六枝特区文学艺术界联合会是六枝特区党委、政府领导下的群众性文艺团体机关，是党和政府联系文艺家的桥梁和纽带，是繁荣发展社会主义文艺、建设社会主义先进文化的重要力量。2015年，在职职工7人。内设办公室和《六枝文艺》编辑部，有团体会员8个，即文学戏剧协会、音乐舞蹈协会、书法协会、美术协会、摄影协会、京剧协会、民间文艺协会和桃花诗社。全区现有各级会员总计800余名，形成了一支专业与业余相结合、老年艺术家与中青年艺术家相结合的文艺、创作、评论和理论研究队伍。

【《六枝文艺》《桃花诗萃》编辑出版】 在编辑工作中，努力宣传六枝，推介六枝。积极与省内外名家约稿，提升刊物质量，2015年1～4期及第28辑《桃花诗萃》均有省内外名家作品刊登。

【文艺活动】 在2015年春节期间，特区文联结合部门实际，组织书法协会、美术协会相关人员30余人次，在郎岱镇、晨星超市门前开展"送文化"活动2次，为群众义务书写并赠送春联近3000幅；在桃园广场等地开展为返乡农民工书写春联、美术绘画1000多幅；组织摄影协会人员参与由特区政府拟于2016年出版的《牂牁胜景六枝画册》《牂牁之旅旅游地图》的工作，配合市文联及市民政局联合出版《六盘水地名故事》一书六枝片区的组稿、审稿、校稿、推荐工作，选用六枝地名故事28篇、地名散文3篇；组织了摄影协会、书法协会、美术协会参与推进特区人民检察院"4+1建设"（执法规范化标准化、队伍专业化职业化、管理科学化信息化、保障现代化实用化建设）工作，现场创作作品50余幅；组织京剧协会在8月15日、16日开展"纪念中国人民抗日战争暨世界反法西斯战争胜利70周年展演活动"；为特区纪检监察系统举办摄影创作专题讲座1次；组织美协人员、设计人员，在极短的时间内编辑制作了精美的《农村三变改革助民富》的漫画册，宣传"三变"政策；为全区剪纸爱好者举办剪纸创作讲座1次，传承传统文化；为特区武警中队官兵举办书法和美术创作讲座2次，努力为培养军地两用人才作出特区文艺工作应有的贡献。

【请进来，走出去，培养文艺人才】 为提高区书画好者创作水平，8月中旬至8月底，特别邀请本市书画专家到落别乡举行"凉都画家画落别"活动，旨在提高六枝书画爱好者创作水平，培养文艺人才。

【"四创"工作宣传】 配合特区"四创办"开展"四创"工作，在《六枝文艺》上刊登"四创"宣传画和文章，传递四创信息。提高了市民对"四创"的知晓率、参与率。刊登了禁毒、综治、精准扶贫、廉政宣传等相关内容。组织文艺家、文艺爱好者们走上街头，书写标语，编排节目演出，为综治、禁毒和计生等中心工作提供了文艺支持。

科　协

【概况】 六枝特区科学技术协会，是六枝特区党委政府联系科技工作者的桥梁和纽带，主要职能是向六枝广大人民群众普及科学技术知识，让他们了解必要的科普技术知识，掌握基本的科学方法，提高他们解决生活实际困难的能力。2015年科协共有在职干部职工6人，其中主席1人，副主席2人，副主任科员1人（2015年12月退休），办公室科员1人，工勤人员1人。

【科技培训】 采取走出去和本土培训方式提高科技辅导员水平。3月28日，科协组织10名特区科技创新辅导员到贵阳观摩贵州省第30届青少年科技创新大赛，此次观摩开阔了辅导员的视野，拓展他们的创新思路，激发不断为六枝特区青少年科技创新作出新的贡献的热情；5月29日，与特区教育局共同组织全区100余名科技创新辅导员参加培训。邀请曾多次在省、市科技创新大赛上获奖的优秀辅导员组织培训，通过他们自身创新经验、创新心得、范例演示，激发了各位辅导员的创新热情。

【青少年科技创新大赛】 2015年2月，为第十二届六枝特区青少年科技创新大赛优秀作品进行表彰。此次共有44件作品获奖，其中一等奖9件，二等奖12件，三等奖23件。并推荐参加省市青少年科技创新大赛，在六盘水市第十二届青少年科技创新大赛上获一等奖3个，二等奖5个，三等奖6个；在第30届贵州省青少年科技创新大赛上，获一等奖1个，三等奖3个，特区科协获组织奖，特区三中李华龙老师创作的《大气压强演示器》被推荐参加第30届全国青少年科技创新大赛。

5月与教育局共同行文组织开展六枝特区第十三届青少年科技创新大赛，10月共作品中137件，其中科幻画91件，创新类作品，共推荐28件作品参加市级竞赛，获奖作品17件，其中二等奖8件，三等奖9件。

【科普宣传】 2015年3月15日，科协与特区科技局在街心花园开展“3·18”科技日宣传活动，此次活动共有学协会40余名志愿者参加，宣传内容有《知识产权保护条例》、《农民务式培训读本》、农村适用技术、药品食品卫生安全知识、环境保护知识等等，共发放宣传资料5000余份，接受咨询50余人次。5月13日，六枝特区科技局、科协共同组织10余个相关单位在街心花园举办“防灾减灾”科普宣传活动，共发放防灾减灾常识、消防知识、交通安全知识、气象知识、森林防火知识、食品卫生安全知识、地质灾害知识等，发放宣传资料10000余份，通过防灾减灾科普知识宣传，提高了广大群众防灾减灾能力，最大限度降低各种灾害对人民身造成伤害。9月24日在银壶居委会开展全国科普日主题活动，参加科普宣传的单位有特区科协、教育局、科技局、经信局、政法委、史志办、银壶社区服务中心等单位，组织60余名科普志愿者参加宣传，向社区居民普及健康、食品安全、艾滋病防治、反邪教等知识，发放健康知识手册、预防野生菌中毒宣传册，反邪教知识读本，“四创”宣传资料，“平安建设”宣传资料等5000余份（册），展出科普知识展板30余块。以文艺表演、科普知识问答的形式向社区居民普及了环保、健康知识。

【科普进社区（进校园）活动】 2015年3月6日至4月13日，组织9000多名学生到设在九中的中国流动科技馆进行科学体验，通过科教展品的展示，培养学生学科学、用科学、崇尚科学思想高的思想情操。

组织农业知识科学体验2次。即4月2日和9月22日，分别组织特区四小、特区一小共340余名师生到大用农业园区开展农业科普知识学习，其中特区四小200名，特区四小140余名，丰富学生课外知识，拓展学生科学视野。

共开展科普大篷车进校园（进社区）6次。分别于6月2日、6月26日、9月15日、16日、12月3日到大用镇二中、特区五中、新华乡中学、特区一中、木岗中学开展科普大篷车进校园活动，共展示科普器材展示24种，展示时间20天，展示了数学思维、机械传动、电磁现象、运动与力、视觉体验、材料科学等主题，通过展示，使同学们了解了这些主题的科学现象及产生现象的科学原理，向同学们展示了科学的魅力，激发他们学科学、用科学的热情。

举办科普讲座1次。9月16日下午邀请环保局科技工作者宋梓伟同志为全体师生作环保知识科普讲座，丰富同学们的课外知识，提高他们的环保意识。

【网络学习工程】 一是与教育局共同行文，组织全区小学高年级和初中以上学生参加百万公众网络学习活动，并采取强有力的奖励措施，对好的直属学校和乡镇中心校进行表彰。二是与人资社保局共同行文，组织全区广大干部职工参加百万公众网络学习，要求每个月参加三次学习，参加每一个阶段的学习测试，对测试达90分的给予20个学时鼓励，激发广大干部参加学习的积极性，整个活动全区共有41000余人参加网上答题。三是组织全民科学素质电视大赛，选拔队员参加市电视大赛，获第一名，并代表六盘水市参加贵州省第二届全民科学素质电视大赛，获第七名。

【科技培训】 开展科技致富“二传手”茶叶培训1期，培训人数50人，蔬菜种植技术培训1期，培训人数50人，植物检疫培训1期，培训茶叶企业负责人120人。对带动农村致富起积极作用。

【表彰】 2015年，银壶社区、团结路社区获六盘水市科普示范社区称号，文化路社区获全国科普示范社区称号，新华马铃薯协会获全国基层科普行动计划先进单位称号。

老年教育

【概况】 六枝特区老年大学始建于1991年3月，属特区党委直接管理的正科级参公事业单位。内设办公室、教务室。职工编制数为5人，校长职数1人、副校长职数1人，内设正股级职数3人。

六枝特区老年大学一直遵循“增长知识、丰富生活、陶冶情操、增进健康、服务社会”的办学宗旨，坚持“提高老年群体的政治思想素质和科学文化素质”办学任务。2015年老年大学加挂“六枝特区老年教育工作领导协调小组办公室”牌子，同时承担全区老年教育工作指导、规划、协调和督促检查工作。全区乡镇建校率完成100%，村社区建校数增加9所，入学率完成4.45%，学员入学人数增加2895人。师资队伍增加199人。现全区老年大学（学校）校31所，全年招生3588人，其中乡镇校18所，学员1750人，村社区校12所（其中净增村社区校1所），学员692人。远程教育站点15个。任课教师162人，管理人员65人。全区各级各类学校根据实际设置教学学科，特区老年大学开展声乐、戏曲、书画、舞蹈、体育健身、器乐、信息技术等七大专业，按学员需求和学科层次设置19个班。整合基层党员远程教育资源，大力发展基层老年教育，2013年被中国老年大学协会授牌“全国老年远程教育实验区”，2015年3月获“贵州省老年大学示范校”荣誉称号。

【学科设置】 六枝特区老年大学开设有声乐、戏曲、书画、舞蹈、体育健身、器乐、信息技术等七大专业，按学员需求和学科层次设置19个班。乡（镇）、村（社区）老年学校不仅开设时事、保健、舞蹈、门球、音乐、太极等学科，还开设了具有地方特色的地戏、花灯、文琴戏等学科。全年上课达36周。

【队伍建设】 六枝特区老年大学本级校聘用教师19人，常年在校学员1146余人。组建学员自律委员会，设宣传部、学习部、编辑部、督查部、外联部和后勤部，加强学员管理。

【指导督促】 制定2015年六枝特区老年教育工作要点和计划。组织召开六枝特区老年教育工作会议，六枝特区组织部部长、老年教育分管领导吕荣和老年教育领导小组办公室主任刘佐祥，深入基层现场办公，多次到郎岱镇调研远程教育工作开展情况，协调解决在建示范校中存在的困难。吕荣还陪同贵州省老年大学校长王小乐一行到郎岱镇老年学校调研；平寨镇老年学校、六枝老年大学进行调研。六枝特区老教办主任、老年大学校长刘佐祥到基层学校平寨镇老年学校调研。指出平寨镇位于中心城区，抓好老年教育工作非常重要，要在规范化办学上下功夫，让更多老年人加入到学校中来，通过老年教育的开展，不断提高老年人的素质，更好地为六枝的建设和发展服务。

【人员培训】 开展了文明礼仪教育活动。学校对学员干部、志愿者组织了一次文明礼仪培训，邀请人大领导授课，组织学员干部参加特区妇联、团委举办的文明礼仪培训2次。

【思想教育】 一是爱国主义教育。把提高干部职工和学员的思想政治素质放在首位，采取多种方式加强思想政治教育，激发干部职工干事创业激情。清明节举办了感恩先人、文明祭扫活动，组织党员干部在网上向先贤先烈鞠躬献花、抒写感言寄语，将特区文明办关于做好清明节祭奠活动的有关要求通过时事政治课传递给学员，组织干部职工到郎岱“三三”暴动烈士陵园举行开展革命传统教育、重温入党誓词，到郎岱党风廉政教育基地参观学习，接受警示教育。二是时事政策及时宣传。组织全体干部职工、教师和老年学员集体收看“两会”专题“新闻直播间”直播，利用学校网站、宣传栏、报刊栏等加入“两会”主要报告内容和专题内容，引导全体干部职工，老年学员关心国事，振奋精神，为六枝经济社会发展传播正能量。组织学员干部听取校长解读

"十八届五中全会"精神。三是加强学员文明素质提升。开展了文明礼仪教育活动。对学员干部、志愿者组织了一次文明礼仪培训，邀请人大领导授课，组织学员干部参加特区妇联、团委举办的文明礼仪培训2次。四是加强老年群体法制教育。保护老年人自身合法的消费权益，杜绝老年上当受骗，与特区消协、工商银行六枝支行分别开展"携手共治　畅享消费""防范欺诈、合理理财"知识讲座。五是开展学雷锋教育活动。在三月学雷锋活动月中，学校组织志愿者在特区桃园广场开展"老有所学、老有所教、老有所乐、老有所为"宣传活动，校健身队、腰鼓队参与特区系列宣传活动并表演中老年广场舞和腰鼓展示，组织老年学员收看电影《雷锋的微笑》，宣讲雷锋精神，在学员中传播"学习雷锋、奉献他人、提升自己"的志愿服务理念。六是党风廉政教育延伸到家庭。开展"家庭助廉"活动，组织骨干学员、学员干部20人到看守所开展警示教育，组织谈感受，让他们讲遵纪守法、廉洁自律传递到自己的子女和身边的人。七是学习道德提高素质。学校将700多本《道德讲堂》读本发放到每个学员手中，由每个班班长组织学员认真学习。

【校园文化建设】　举办"践行社会主义核心价值观暨学期文艺会演"活动，以教学篇、乐为篇、和谐篇展开老年大学教学成果，参加人数是办学以来最多的一次，体现老年教育乐为和谐的美好画面，从语言美、行为美达到心灵美、环境美，以树老之美，育晚辈之德为渠道，传播文明，营造良好的校园文化氛围。老年大学志愿服务团开展文明交通劝导、慰问孤残老年人、抗战老兵等志愿服务活动23次。组织京剧班开展纪念抗战暨反法西斯胜利70周年票友演唱会，邻近县区组队参加，共200多人参加了活动。与关工委举办唱红歌迎国庆活动，台上台下千人齐唱爱国歌曲，场面令人振奋。

【课外活动】　丰富多彩的校园活动、社会实践活动，能让老年人开阔视野、陶冶情操、增强活力，愉悦身心，丰富课余生活，寓教于乐，对外进一步提高学校的声誉和知名度，增强了学校凝聚力。京剧班与邻近县市京剧社团举办交流演唱会4次，请剧团教师传授身段表演教学内容。太极班、健身基础班派骨干学员参加省体育健身类教练培训。健身提高班参加省、市健身球、柔力球比赛，获得2个市级优胜奖、1个省级优秀奖。交谊舞中级班自主到市里参加健身舞表演。通过开展交流学习，提高了学校教师的教育教学能力。

【远程老年教育】　下发《2015年老年远程教育工作计划》，信托远程办全年投入经费6万元，新建大用大煤山社区居委会、木岗镇小木岗村、中寨乡四方井村、毛口乡西陵村、毛口乡半坡村5个远程老年教育站点，为村级老年学校提供了方便、快捷的远程教学服务。采取网络云端，如360云盘等方式让全区老年教育系统实现老年教育资源共享。开通六枝特区老年教育网、六枝老年教育微博、六枝特区老年教育微信公众平台，与特区电视台联合开设电视课堂，录制健身类课件播放，通过在电视台滚动播出，让更多老年人足不出户就能够学习，享受远程老年教育带来的便捷。

六枝特区人大常委会

【概况】 2015年，特区人大常委会在特区党委的领导和市人大常委会的指导下，深入贯彻落实党的十八大、十八届三中、四中、五中全会精神，认真学习贯彻习近平总书记系列重要讲话精神，坚持党的领导、人民当家作主和依法治区的有机统一，有效地推进了全区经济社会持续发展和民主法治进程。

【监督实效】 综合运用听取专项工作报告、调研、询问和执法检查等多种形式，依法对“一府两院”开展法律监督和工作监督，积极回应社会关切，有效地促进了“一府两院”依法行政、公正司法。全年共召开人民代表大会1次，常委会会议7次，听取和审议“一府两院”专项工作报告22个，开展执法检查1次、专题询问1次。

【信访工作】 坚持“依法接访，依法办访”的原则，常委会主任、副主任按要求到特区信访局及人大信访办接访。特区人大信访办对来信来访做到件件有登记、事事有回音。全年共接待群众来信来访132件，330余人（次），其中，转办交办并办结32件，教育疏导100件，200余人（次），办结率为100%。

【依法行使决定权和任免权】 作出关于将特区城市棚户区改造、“四在农家·美丽乡村”基础设施建设等项目贷款资金纳入特区财政还本付息的决定；审查批准2014年财政决算、2015年财政预算调整方案。主任会议听取“十三五”规划纲要编制情况汇报，提出了完善规划编制的意见和建议。2015年，特区人大常委会共任免国家机关工作人员40名，人民陪审员19名，补选市七届人大代表3名。坚持任前法律知识考试及供职报告制度，组织新任命的国家机关工作人员向宪法宣誓。加强任后监督，对所任命的“一府两院”国家机关工作人员2015年度履职情况进行评议，2人评定为优秀，98人评定为称职。

【加强与代表的联系】 制定并认真落实《六枝特区人大常委会组成人员联系代表制度》，常委会组成人员分别联系2～3名特区人大代表，通过走访、座谈、电话联系等方式加强同代表的联系与交流，向代表通报常委会主要工作，并听取代表意见和建议。利用广播、电视、报纸杂志和人大内部刊物等平台，为代表提供信息服务。加大代表培训力度，组织部分代表、人大工作者到北戴河、厦门和青岛参加培训。坚持各级人大代表及公民列席常委会会议制度，全年共邀请24名市、特区人大代表列席常委会会议，邀请12名公民旁听常委会会议。

【代表依法履职】 按照“小型、专题、深入、实效”的原则，以“三带头、五个一”活动为抓手，指导代表闭会期间的活动，不断提升其履职能力。组织辖区内选举产生的市人大代表和部分特区人大代表对大畅面业、岩脚城市综合体、特区职业技术学校、落别乡底耳布依文化生态园进行了专题调研，集中视察了牂牁大道连接“六六”高速东西互通项目建设情况、特区人民法院党风廉政建设警示教育基地、特区人民检察院办案流程。委托各乡镇人大组织辖区内选举产生的特区人大代表开展视察和调研活动。

【督办代表建议】 特区十一届人大四次会议共收到代表建议、批评和意见120件。及时将组织人事类2件转特区组织部门办理，其余118件转特区人民政府办理，推动部分事关群众切身利益问题的解决。截至2015年12月底，代表建议已全部办理答复完毕。其中，已经办理落实的25件，正在办理和列入计划办理落实的52件，因条件所限暂不能办理并留作参考的43件。

【对乡镇人大工作的指导】 一是加强对行政区划调整后乡镇人大选举工作的指导，保证了特区党委人事安排意图的圆满实现。二是针对行政区划调整后乡镇人大工作参差不齐问题，认真分析研判，分类进行指导，重点帮助后进乡镇抓提升，确保乡镇人大主席团会议、视察、调研、执法检查、代表小组活动和述职评议等工作顺利运行。三是坚持乡镇人大主席及社区议事主任列席人大常委会会议制度，促进学习与交流。四是组织召开乡镇人大工作座谈会，交任务、压担子。五是对2015年度乡镇人大工作进行目标考核，促进乡镇人大规范化建设，提升工作质量。

【对外交流与学习】 注重人大机关干部教育、培养、使用和交流，先后组织人大干部到贞丰、兴仁、纳雍、七星关、织金、盘县和云南省鲁甸等区县参观学习城镇建设和管理、旅游资源开发、城镇污水处理、煤炭安全生产、信访维稳和农业产业化经营方面的先进经验和做法，参加市人大组织的赴贵阳、遵义和黔南等地关于立法、大数据、工业园区建设、城市规划和乡镇人大规范化建设的学习考察活动，开阔了眼界，增长了知识。

六枝特区人民政府

政府办公室

【理论学习】 一是紧盯学习贯彻习近平总书记系列重要讲话精神和省、市、特区党委、政府重要会议精神，着眼于对办公室工作实践的理论思考，找准理论学习的“切入点”，把理论与实际、学习与运用、言论与行动相统一，坚决克服形式主义、实用主义和教条主义，进一步增强政治意识、大局意识、核心意识、看齐意识，加强理论武装、强化党性修养，大力夯实讲政治、守纪律的思想基础。二是增强马上就办、真抓实干的精神，坚持把围绕特区党委、政府的各项决策部署抓落实作为必须遵守的重大政治原则和纪律要求，维护政令畅通，确保决策部署有效落实。坚决维护特区党委、政府的权威，在事关根本方向、根本原则、工作大局等问题上始终保持坚定清醒，坚决服从和执行落实特区党委、政府各项决定，着力增强讲政治、守纪律的行动自觉。三是注重学习的全面性。结合“三严三实”学习教育，组织办公室党员干部全面深入学习习近平总书记系列重要讲话精神，使党员干部理论素养、思想素养有了一定程度提升。同时，结合办公室工作岗位实际，组织开展秘书学习讨论、公文交流、公文写作探讨等活动，极大地提升了干部职工业务能力和水平。四是注重学习的实效性。采取集中学与自学相结合，定期学与平时学相结合，专题讨论与主题辅导相结合，激发党员干部职工的学习热情。特别是针对新调入和抽调跟班学习的人员，采取一帮一、一带一进行重点帮助，使新同志尽快适应工作岗位的需要，既锻炼和提高了秘书人员的组织协调能力和工作水平，又调动了他们勤于思考、善于工作的积极性，收到了良好效果。

重执行、促创新，不断开拓办公室服务发展的新境界。

【办文办会工作】 围绕特区政府决策部署和要求，强化综合服务，提升参谋能力。2015年，共完成特区政府常务会13次、区长办公会议17次、专题会议28次、其他各类会议100余次的会务工作。对特区政府或办公室印发的各类公文，严格按照程序进行起草和审核把关，确保公文质量。共收到、处理各级来文2300余件，其中密件226件，未发生漏办、错办现象。组织起草和审核以政府或政府办名义发布的各类公文965件，未发生漏办、错办现象。制作了政府办政务公开专栏，充分利用六枝公众信息网、《六府信息》平台，加大政务信息公开力度。2015年，共编辑印发《政务信息》25期，其中《信息专报》3期；通过省信息报送系统向省政府办公厅报送信息80余条（其中调研类信息80余条），向市政府办报送信息280条（其中约稿信息127条，调研类信息153条）。编辑《六枝特区人民政府公报》6期。

【灾害监测】 强化突发事件监测预警，加强灾害监测预警预报系统建设，综合运用多种科技手段提高灾害监测预警预报能力，及时向各乡镇、各部门、各企事业单位和社会公众发布信息，服务和指导各项防灾备灾工作，强化信息共享。逐步改进监测预警设施设备，制定监测预警相关工作规范和制度，加强灾害监测和预警预报系统建设，综合运用多种科技手段提高灾害监测预警预报能力，及时向各乡（镇、社区）、部门、企事业单位和社会公众发布信息，服务和指导各项防灾备灾工作。通过手机短信、电子政务网、广播电视台、“12121”声讯平台、乡（镇、社区）电子显示屏、村委大喇叭等形式向社会公众共发布大雾橙色预警信号3次、大雾黄色预警信号14次、雷电黄色预警信号13次、冰雹黄色预警信号1次、暴雨黄色预警信号7次，暴雨橙色预警信号6次，暴雨红色预警信号4次；手机短信接收达2万多人次，发布重大气象服务信息专报6期；各乡（镇、社区）、有关部门坚持汛期24小时值班和报告制度，严格执行汛期主要领导在岗带班制度，动态监测全区重大灾害信息，对灾害及其风险进行动态监测评估，及时进行灾害的先期处置，最大限度的降低生命财产损失。

【督查督办】 一是抓好重点项目督查督办。加强对交通设施建设、廉租房建设等项目进行督查，及时协调解决项目建设中出现的各种问题，有力地推进了项目的实施。抓住环境建设这个重点，围绕项目落地、项目建设等环节搞好督查，努力为项目建设营造良好的服务环境。二是抓好重大会议活动督查督办。成功承办全省牲畜定点屠宰监管工作推进会、全市人口计生半年形势分析暨“双诚信双承诺”现场观摩会、全市“四在学校·幸福校园”活动推进会等大型活动筹备情况的督查工作，超前谋划2016年全省第一次项目建设现场观摩会、2016年第五届全省小城镇建设发展大会和2017年六盘水市旅游产业发展大会，主动搞好协调服务，确保了各项会议的顺利进行。三是抓好特区党委、政府中心工作和重点工作督查督办。围绕特区政府的决策部署，全面加强督办检查、综合反馈和跟踪问效力度。抓好涉及全局性事项的跟踪督办。采取“分解立项”方式，将特区政府工作报告等重大工作部署进行细化分解。对特区政府常务会议、区长办公会议、专题会议以及政府领导批示件逐项进行检查督办。采取电话调度、会议督办、现场督办等方式，对重大项目建设、“10大工程”、“10件民生实事”等重点工作进行专项检查，确保特区政府决策部署贯彻落实到位。四是抓好建议提案办理的督查督办。健全机制，进一步完善措施，及时组织召开建议提案交办会，扎实做好办理全过程的协调、督办和汇总工作，圆满完成了建议提案的办理工作。全年共承办人大代表建议共118件（其中督办建议8件），在特区人大的监督支持和各位代表的关心下，经过区、乡两级政府和相关部门、单位的共同努力，代表建议办理进展顺利。118件代表建议已全部办理答复完毕。其中，建议已经解决或基本解决23件，占建议总数的19.5%，正在解决或计划解决52件，占建议总数的44%，尚不具备解决条件或政策不允许未能解决43件，占建议总数的36.5%；政协委员提案共140件（其中9件为政府领衔督办提案），每件提案均以正式文件向委员作了答复。已经解决或基本解决29件，占20.7%；正在解决或计划解决94件，占67.1%；因政策规定或财力等客观因素暂时无法解决，但已解释说明的17件，占12.1%。

【服务保障机制建设】 强化协调服务，提升保障能力。进一步健全并严格执行各项规章制度，用制度管人、管物、管事，切实加强办公室的内部协作和管理，全面提高办公室的服务质量和办事效率。接待工作、财务管理、车辆管理等严格规范，后勤服务的综合能力不断提高，确保了办公室的有效运转。认真贯彻省、市有关公务用车制度改革精神，有序推进全区公务用车制度改革工作。严格财务收支管理，认真执行政府采购制度和固定资产登记制度，做到开源节流，物尽其用。深入开展安全文明小区和“无毒”社区创建工作，加强门卫值班，机关安全保卫工作得到保障。进一步加强老干部管理工作，在春节、老年节等节假日看望慰问老干部，做好思想上的沟通。抓好国防教育、人民防空、法制工作、外侨事务、“四创”、政务公开等工作，均取得较好成绩。

【精准扶贫脱贫攻坚】 2015年，紧紧围绕省、市、特区精准扶贫脱贫攻坚工作决策部署，按照“工作到村、扶贫到户”的要求，认真落实“五个到位”（扶贫负责到位、扶贫任务到位、扶贫项目到位、扶贫考核到位、扶贫措施到位），强化统筹协调，确保精准扶贫脱贫工作的顺利开展和落实。一是强化全区精准扶贫脱贫攻坚工作的协调推进。根据特区党委、政府工作要求，制发了全面落实“六主”（党委主责、政府主抓、基层主推、干部主帮、社会主扶、群众主体）、“六包”（包摸清贫困底数、包分析致贫原因、包了解帮扶需求、包制定帮扶计划、包落实帮扶措施、包实现精准脱贫）脱贫攻坚责任链，“36661”扶贫攻坚计划等。全区共建档立卡3.5万户11.96万人。对213个贫困村和3.5万贫困户实现遍访和结对帮扶全覆盖。协调推进易地搬迁+扶贫、“三变”+扶贫、金融+扶贫、大数据+扶贫、项目资金+扶贫等扶贫攻坚计划实施，有力推动了全区精准扶贫脱贫攻坚工作的深入开展。二是强化办公室精准扶贫脱贫攻坚工作的深入开展。共有37名干部职工结对帮扶精准扶贫对象，涉及2个村55户（低保户、一般贫困户）。2015年，组织干部职工深入扶贫挂钩点新窑镇新河村、鸭塘村调查研究，走访、回访农户4次以上，按要求认真填写“五定五看”“回头看”及入户核查登记表、走访回访表等，摸清实际情况，理顺发展思路，为精准实施扶贫工作打下了坚实基础。2015年，新窑镇完成脱贫人口335人，其中办公室完成脱贫人口6人。将按照精准扶贫“四法”工作要求，进一步加大精准扶贫脱贫攻坚工作力度，进一步协调整合资金、项目等，大力改善精准扶贫户生产生活条件，积极帮助找准产业发展和增收路子。

政务服务中心

【概况】 2015年，六枝特区政务服务中心进驻大厅部门35个，实进33个（设立2个分厅），大厅人员60人，大厅及分厅办理行政服务事项324项。根据审批相关原则，中心将银行、邮政、文印、广电网络等机构进驻中心，为群众提供便捷的一站式服务。2015年1—10月，中心大厅和分厅共受理业务26980件，办结26897件，办结率为99.69%。所有审批服务事项平均提速30%。中心每天办件量由成立之初的30余件上升到每年平均100余件，平均办件量提高了3倍。

2015年，贯彻落实政务服务标准化建设作为项硬任务、硬指标、硬要求来落实。以标准化建设为目标，坚持高起点、高标准、高质量推进，着力从建设标准、管理标准、服务标准和监督标准等体系下工夫，打造优质高效快捷政务服务平台。通过标准化建设全面提升政务服务的综合服务质量和水平。

【平台体系标准化】 一是选址合理。中心位于城区中心地段，交通便利，群众办事方便。二是面积达标。特区党委、政府投入200余万元，装修4400平方米的办公场所。三是布局合理。办公区、办事大厅、服务区、生活区布局合理。四是设施设备齐全。在县城交通要道设立交通指示牌2面，共设置前排窗口32个，柜台50个，后室24间，政务信息公开场所1个。五是窗口展示规范。各窗口都设置了吊牌、首问责任岗和工作人员职位明示卡，印制服务指南、申请表、示范文本等格式文书等。六是人员着装统一。投入20余万元资金为中心全体工作人员采购了各1套夏冬季服装。七是便民设施人性化。大厅内设置各类服务提示，窗口布局图，咨询台，投诉窗口，触摸式查询台。

配置饮用水、纸杯、垃圾桶、打印复印、休息长椅、上网等多项便民服务设施。八是办公设备齐全化。为每个工作人员统一配全了办公桌椅、电脑、打印机、电话、UPS不间断电源等办公设备，大厅内设有53台空调等。

【健全完善事项标准化体系】 一是清理审批事项。对照特区公布保留的行政审批服务事项进行清理，统一规范了事项名称。梳理了现场办结事项83项，并联审批27项、现场踏勘、集体研究241项。二是清理收费事项。清理进驻中心收费单位15家，共38项大项161个小项。三是压缩办事时限。下发了《关于进一步优化行政审批流程的通知》（六府政务通字〔2015〕12号）、《关于落实贵州省行政审批服务事项办事指南信息录入工作的通知》（六府政务通字〔2015〕17号）等文件，各部门按照要求梳理审批环节、优化审批流程材料，要明确了岗位职责、权限、时限要求等。清理审批服务事项法定时限8649工作日，压缩后时限4075工作日，压缩数4574工作日，平均压缩率52.88%。原有审批环节1717个，优化后1281个环节，减少436个环节，优化率34%。受理、发证环节原法定时限为1602、1790个工作日，压缩后时限为798、809个工作日，压缩数804、981个工作日，压缩率50.18%、54.80%。四是制定审批标准。制定《六枝特区审查工作细则的通知》，10月26日完成特区324项审批服务事项审查细则工作的编制。对审批标准做到审查环节、审查内容、要点标准化、明细化。

【“三集中三到位”】 一是集中进驻。按照《六枝特区行政审批服务集中进驻工作实施方案》（六府办发〔2013〕135号）及《六枝特区关于进一步改进规范审批工作的通知》（六府办发〔2015〕95号）文件要求，全区35家部门（2家分厅除外）全部进驻中心到位。二是充分授权。25家部门特区编办下文成立政务服务机构，将审批、服务职能向单位政务服务股集中。特区政府在2014年“三定方案”中对25家单位也明确了政务服务机构。进驻中心各单位按照《关于进驻中心窗口明确窗口人员首席代表的通知》都明确了首席代表、进驻人员。2013年以来，部门法人向中心窗口首席代表进行了授权，明确授权的事项、环节及时限。实现审批事项、工作人员、审批权力到位，实现了窗口的行政审批从“受理为主”变为“办理为主”，使行政审批实体性从部门向窗口转移。三是分厅管理。制定了《六枝特区政务服务中心分厅管理办法》（六府政务通字〔2015〕19号），明确分厅管理模式，制定分厅管理制度，强化中心对分厅的监督、管理。

【运行规则】 一是一站式审批。印发了《关于核实审批服务事项进驻中心大厅窗口的通知》（六府政务通字〔2014〕8号），对特区106项在审批过程中未出现办理现象进行核实。印发《六枝特区行政审批专用章使用通知》（六府办机字〔2013〕80号）明确行政审批专用章使用办法，范围。2015年进驻部门（含机构改革后合并单位）都雕刻了启用行政审批专用章并使用，构建起“一个领导分管、一个窗口对外、承诺服务、全程公开、限时办结”的一站式服务。二是一次性告知。制作了1000份一次性告知单、办事指南、申请书示范文本等，及时告知申请人事项的办理依据、所需材料、程序、时限、相关手续。三是限时办结。制定《六枝特区政务服务中心大厅窗口受理单制度》（六府政务通字〔2015〕20号），对所有承办事项要按照行政权力公开透明运行承诺的时限要求办理。要求窗口对申请材料符合规定的非即办件予以接收材料，并出具《涉及审批或服务事项受理通知单》。对申请材料不齐全或不符合法定形式的办件，一次性书面告知申请人需要补正的全部内容，并出具《涉及审批或服务事项不受理通知单》。四是并联审批。拟出并联审批事项目录并明确实施单位，编制《六枝特区行政职权目录》，制定《六枝特区并联审批实施办法》，编制了企业登记注册流程图，启动企业登记注册前置并联审批工作。五是一次性收费。

进驻中心事项涉及收费全部在中心大厅内收费，贵州银行进驻中心，收费窗口配备了收费工具，2015年在中心收费4亿元。六是网上办理。5月6日启动网上办事大厅建设工作，成立《六枝特区政务服务中心网上办事大厅建设工作领导小组》，印发《六枝特区政务服务中心录入行政审批办事指南工作的通知》（六府政务通字〔2015〕17号）。通过完善网上办事大厅主页、高标准完成办事大厅办事指南录入、升级网上办事大厅系统、清理网上可审批事项、加强网上审批的宣传和对窗口人员网上办理有关操作的培训等一系列措施。特区网上办事大厅建设于7月9日成功接入贵州省网上办事大厅平台，网上可办理事项达10.8%。在网上办事大厅网页开通微信平台，在中心大厅设立网上申报窗口，方便群众查阅、申报。

【创新服务模式】 为了方便群众办事，更好地满足广大办事群众的需要，进一步提升中心服务效能，制订《六枝特区“错时”服务工作方案》《AB岗替换制度》《咨询导引》等制度。推行“朝九晚五”“七加三”“双休日”“零距离”“心贴心”，开展“局长进中心”活动。2015年，“局长进中心”240余人次，为群众办理审批、咨询、解决困难问题1920个，双休日为群众办理审批服务576件，全程代办4件，预约服务42次，特别通道服务20次（为经济有困难的群众按路途远近给予20元、30元的车费补助，全年发放资金5000元）；延时服务500小时，上门服务9次，群众办事满意度92%，受群众表扬留言表扬42次，书面表扬1次，锦旗5面，市级表彰“工人先锋号”窗口1个。评出“文明服务”窗口24个，“先进个人”48人，发放奖励资金2万元。

【服务向基层延伸】 以建立“村居委、乡镇、社区”三级政务服务体系为目标，积极推行乡镇（社区）便民中心及村居委代办服务工作。目前，全区19个乡镇（社区）有16个乡镇（社区）成立便民服务中心，3个乡镇成立政务服务中心，面积2358平方米，人员136人。有村居委个242个，有便民服务代办点230个，面积11085平方米，人员582人。2015年，中心到乡镇政务服务中心、便民服务中心、村居委代办点进行业务指导6次。一部分乡镇便民服务中心在为民服务方面取得一定的效果，并逐渐向标准化迈进。

【中心管理标准化】 一是行为规范制度化。为落实中心制度标准化，2015年，依照“简化、优化”的原则，对中心现有的各项规章制度进行全面梳理，把符合工作实际并且运行成熟的制度，全部以标准的形式进行固定。其次，结合岗位职责要求、服务事项办理流程、事项运转的保障需求，制定《窗口工作人员行为规范》《窗口工作人员考勤管理办法》《行政审批项目办件规则》《大厅巡查制度》《行政过错责任追究制》等一系列制度，确保制度执行的规范性和适用性。二是动态监督经常化。注重定期考核与不定期考核、平时考核与年终考核的有机结合，进一步完善管理办法和考核细则，加大考核力度，建立科学、长效考核机制。推行“654”工作法，实现多视角监督。即中心网站、投诉电话、意见箱、主任信箱、留言簿等5种受理渠道，采取定期或不定期现场调查、动态监控、服务回访、问卷调查、群众投诉等5种信息收集方式，了解窗口的服务情况和群众对窗口服务的意见和建议，根据群众的需求，及时完善工作措施，并充分发挥群众、中心管理层、窗口单位、纪委监察部门等4个监督主体作用，进一步增强窗口人员做好审批服务工作的自觉性、主动性和创造性，从而提高了行政审批效率。三是电子监察透明化。健全和完善电子监察系统，充分利用依托电子监察视频系统，加强对服务中心的日常监管。重点对工作人员工作期间的言行举止、工作状态、办事效率、办件质量、服务承诺、办件登录、廉洁自律等方面情况进行督查。四是日常管理人性化。将年度评优比例从15%增加到20%，每月发放补贴200元，免费为窗口工作人员提供午餐。下发《六枝特区窗口队伍建设实施意见》，激励窗口人员在中心工作的积极性。五是绩效考核过硬化。积极开展“流动红旗窗口”“文明服务标兵”评比活动。对状态欠佳，能力不强，服务水平低，群众测评满意率低于80%的予以通报批评或辞退，已先后辞退2名窗口工作人员。为强力推进特区标准化建设，2015年将进驻部门纳入特区年终综合目标考核，考核分值权重达到5%。

【宣传】 2015年，在六枝公众信息网站、《乌蒙新报》、《六枝报》、《六盘水日报》、六枝之窗、网上办事大厅等媒体刊登了多条政务服务工作信息，制作六枝特区政务服务规范化建设专题片在六枝电视台进行宣传报道。下发10期政务服务规范化建设工作信息，向省、市报送标准化建设信息23条，撰写标准化建设调研文章2篇。2人作为身边感动人物在电视媒体上进行宣传，六盘水市在中心召开1次现场会，被市评为“工人先锋号”窗口1个。

民 政

【概况】 六枝民政局在职领导5人，职工57人，其中行政13人（工勤2人）事业44人，（工勤9人）。内设有 办公室、优抚安置股、救灾股、基层政权与社区建设股、社会福利与事业促进股、社会事务股、政务服务股等6个股室。

【城乡低保提标及季节性缺粮食救助工作】 全区2015年城乡低保提标工作根据《市民政局市财政局关于做好2015年城乡低保提标工作通知》（六盘民发〔2014〕65号），于2014年12月25日由特区政府组织召开全区城乡低保提标暨季节性缺粮核查工作会议后，各乡镇提高城乡居民最低生活保障标准及农村低保季节性缺粮户救助核查工作都在2014年12月30日前作了安排部署。于2015年5月13日拟定《城乡低保减量提标方案》送特区财政、扶贫征求意见后，6月5日特区政府区长办公会议审议，政府行文，按要求6月底前全部完成提标工作并补发1—6月差额。提标工作已全部结束，城乡低保管理进入常态化管理。

截至11月，全区现有农低保对象41590户，68949人，1—11月累计发放农村低保金11625万元。城市低保对象5683户10316人，1～11月累计发放低保金4070万元。

同时，完成2015年农村低保对象季节性缺粮户的核查工作，6至8月，按要求向符合条件的农村低保季节性缺粮对象发放救助粮2.94万公斤，保障了6252户9810人农村低保对象季节性基本口粮。

【医疗救助】 逐步完善城乡医疗救助方式，提高医疗救助水平。为解决城乡困难群众看病难的问题，对城市低保户、农村五保户、低保户等患重大病的对象予以救助，确保城乡医疗救助工作的顺利开展。对农村五保户和城镇三无人员实行全额救助，切实提高医疗救助制度的实施效果。一是完善医疗救助体系。农村五保、城市“三无”、60年代精简退职老职工全额资助参保参合、农村低保对象按不低于20元（全区按35元）的标准资助共68384人参加新型农村合作医疗，下拨医疗救助资金250.12万元。下拨医疗救助资金16.5万元资助城镇低保对象和家庭困难精神患者16458人参加城镇居民基本医疗保险。按照特区政府印发的《六枝特区城乡医疗救助实施办法》（六府办〔2012〕41号）文件规定和2015年全省民政工作会议、黔民发〔2014〕3号、六盘水民发〔2014〕8号、〔2015〕7号文件精神要求，对原城乡医疗救助政策进行补充和完善，城乡困难群众住院救助比例提高十个百分点。一至三季度共救助农村困难群众大病对象386人，发放救助资金367.73万元。救助农村儿童两病38人27.2万元。二是全面开展“一站式”即时结算服务。为进一步提高资金的使用效益，切实解决城乡低保户、城市“三无”人员、农村五保户、60年代精减退职老职工、精神病人“住院难、报销难”问题，进一步规范城乡医疗救助工作，及时为城乡困难群众提供更加有效、便捷的医疗救助服务，按照《六枝特区城乡医疗救助“一站式”

即时结算工作方案（试行）》的通知（六府办发〔2013〕137号）文件精神，医疗救助“一站式”即时结算工作已救助的城乡困难群众4937人，支付救助金782.28万元。

【五保供养】 一是敬老院建设。完成农村敬老院（养老服务中心）建设和本级资金配套任务。2015年完成改造提升新华、木岗2所敬老院，累计完成投资160万元。二是敬老院管理。提高农村养老服务机构管理水平，按照特区政府与市政府签订的养老目标责任书要求，大力提高全区敬老院床位利用率，现有床位1045张，投入使用的805张，全区现有五保对象1182人，集中供养663人，供养率达56%，床位利用率82%。认真贯彻《六盘水市农村养老服务机构管理暂行办法》及市编委办、市民政局《关于乡镇养老服务中心（敬老院）机构编制事宜的通知》精神，落实农村养老服务机构管理人员编制，18所农村敬老院（养老服务中心）共核定事业编制48名，已招考到位有34人，占70%。对入住的农村敬老院加强管理，完成法人登记工作。推荐木岗、新华、郎岱、梭戛、中寨、牂牁6所敬老院参加全省星级敬老院评定工作。按要求和标准落实供养人员管理经费，财政按照每名集中供养人五保对象每人每年2000元的标准投入127.8万元的农村敬老院管理经费。三是加大五保供养水平。加大农村五保对象供养资金的投入，五保供养资金增幅达20%以上。扎实抓好农村五保供养工作，逐年提高五保供养水平，五保对象除享受的农村低保金外，特区财政投入集中供养资金标准4800元/人·年，分散供养资金标准1800元/人·年（2014年的供养标准为集中供养现2040元/人·年，分散供养1440元/人·年，资金增幅分别为135%和25%），集中供养和分散供养年增分别为2760元和360元。

现有六十年代精简退职老职工68人，每月人均补助200元救济费。全年发放精简退职老职工生活费15.54万元。

【临时救助】 为进一步健全完善社会救助体系，有效解决城乡群众临时性、突发性生活困难，根据《民政部关于进一步建立健全临时救助制度的通知》（民发〔2007〕92号）、《省人民政府办公厅关于健全完善临时救助制度的实施意见》（黔府办发〔2011〕123号）精神，按照特区政府出台的《六枝特区临时救助制度实施办法》，救助对象321人，发放救助金71.16万元。

【基层政权和社区建设】 一是积极开展城乡社区三级示范（达标）单位创建活动，已完成县级评估命名，拟于11月下旬申报市级评估验收，积极争创贵州省和谐社区、居务公开民主管理示范（达标）单位。二是出台《六枝特区村民代表会议议事规则（暂行）》《六枝特区关于进一步加强村务监督委员会建设的意见》等文件，进一步完善村（居）民自治、民主决策、民主管理、民主监督各项工作机制，强化村务监督委员会建立并发挥有效的监督作用。三是大力探索农村新型社区建设模式，出台《六枝特区关于进一步加强农村社区建设工作实施方案》，从完善社区治理结构，健全社区群众自治机制，加强社区工作者队伍建设等方面不断完善农村社区治理体制建设；从深化社区就业、保障和救助服务，社区志愿服务、防震减灾服务、养老服务、卫生计生服务等方面大力推进社区服务体系建设，真正使政府公共服务覆盖到农村社区。四是深入贯彻《六盘水市加强城市基层管理推进社区建设的指导意见》，随时跟踪新设立四个社区服务中心运行情况，进一步推进城市新型社区改革。强化后续管理，拓展社区服务；加大资金投入，完善服务设施，改善为民服务的环境，累计投入300余万元，用于完善老年活动中心，道德讲堂等服务设施。五是稳步推进年度“明礼知耻·崇德向善在社区”主题实践活动。在全区广泛开展以弘扬社会主义核心价值观为主题的“明礼知耻·崇德向善在社区”活动，充分发挥社区在传播先进文化的基础性作用。六是加强城乡基层民主自治建设。出台《六枝特区进一步加强村（居）民自治深化基层民主政治建设工作实施意见》《六枝特区村（居）务公开民主管理办法》等文件，逐步完善以基层党组织领导的充满活力的城乡基层群众自治机制、村级重大事务决策工作机制；规范村（居）干部从政行为，进一步完善村（居）务公开制度，强化村（居）委自治职能、加强村（居）委建设。指导村（居）规范完善村规民约（居民公约），充分发挥村规民约在社会治理中的积极作用。

【区划地名】 一是《省人民政府关于同意六枝特区乡镇行政区划调整的批复》（黔府函〔2015〕59号）下发后，全区的行政建制调整为9镇6乡3个街道办事处。撤并后的乡镇人员调配、资产清理、印章更换等后续工作均已完成，正式挂牌运行，没有出现因乡级行政区划调整而影响社会稳定及乡镇工作开展的情况。二是草拟《撤六枝特区设六枝市方案》，正在抓紧研究方案细节，开展撤区设市的各项前期准备工作。三是通过公平、公开、公正的竞争性谈判方式，确定郑州百强标牌反光材料有限公司为六枝特区乡镇村地名标牌供应商，成交价格28.1万元，采购乡镇标牌38套，村标牌413套。下拨16.46万元作为地名标志设置（运输和载埋）的专项经费到乡镇，于6月底全部载埋完毕。以转让经营权引资的方式成功引进贵州兴晨广告设计有限公司，全面对六枝特区中心城区街、路、巷地名标牌进行改造升级，安装灯箱式标准地名标牌165套。四是于2014年12月31组织召开全区第二次全国地名普查工作启动会议，下发《六枝特区第二次全国地名普查工作实施方案》，成立领导小组及办公室，明确成员单位工作职责，现已进入招标程序。五是对损毁的六枝特区和关岭县位于郎岱镇中寨村关岭县岗乌镇木城村接边的一号界碑进行重新栽埋，并顺利完成与两市一州接边8个县的第三轮行政区域界限联合检查工作，确保边界地区稳定，群众和睦相处。

【优抚工作】 按时足额发放重点优抚对象定期抚恤补助2340人，资金1167.8万元；发放60周岁农村籍退伍军人生活补助829人，资金90.3万元；春节、“八一”走访慰问重点优抚对象6227人次，发放慰问金金124.5万元；解决重点优抚对象生活难154人，资金20.1万元；解决重点优抚对象住房难29户，资金33.4万元；为重点优抚医疗困难2326人次，资金125.18万元；兑现义务兵家属优待金388人，资金174.6万元。

【安置工作】 接收2014年度冬季退役士兵（士官）156人，自愿参加职业技能培训87人，完成培训87人，自愿培训率100%；兑现退役士兵自主就业一次性补助146人，资金146。8万元；安置符合政府安排工作条件8名转业、复员士官到乡镇事业单位工作。

【婚姻登记及收养登记规范化建设】 2015年共办理结婚登记7147对，离婚登记760对，登记合格率100%。严格按照《收养法》《中国公民收养登记办法》进行收养登记，共接待收养咨询65余人次，对符合收养条件的家庭办理收养登记1件。

【民间组织管理】 根据国务院《社会团体登记管理条例》和贵州省《社会团体管理暂行规定》的有关精神，于2015年3月，开展2014年度民间组织年检工作。在年检工作中，认真按照社会团体年度检查的有关要求以及上级业务部门的指示对应参加2014年度年检的50家社会团体进行年检。通过年检，全区社会团体在活动中未发现违法违规现象。新办民间组织8家，现共有民间组织58家，（其中，行业协会18家，农村专业经济协会14家，民办非企业26家）。新登记的民间组织拓宽到了幼儿教育、养老机构等产业，一定程度地拓展了服务产业的健康有序发展。

【殡葬改革】 建立健全殡葬管理制度，完善殡葬政策法规。为进一步规范殡葬改革工作，2015年5月20日相继出台《关于印发六枝特区殡葬秩序整治工作方案的通知》（六特办通字〔2015〕65号）、《关于印发六枝特区殡葬事业（务）突发事件应急预案的通知》（六特办通字〔2015〕66号）、《关于印发〈六枝特区殡葬改革管理工作问责办法（试行）〉及〈六枝特区殡葬改革管理暂行办法（试行）的通知〉》（六特办通字〔2015〕67号）等文件，为殡葬工作的开展提供了政策依据。

强化宣传引领，努力营造浓厚的殡葬工作氛围。殡葬改革管理和执法工作的关键是转变观念。观念要转变，舆论必先行。一是充分利用电视、广播、横幅、报刊、LED大屏幕、宣传车、在乡镇村醒目处制作长期性宣传标语等形式广泛宣传殡改政策、法规，让全社会都来关心和支持殡改工作，形成良好的宣传舆论氛围。二是联合六枝在线网、掌上六枝微信公众平台举行了两届“绿色清明、从我做起”万人签名活动及网上祭祀活动。三是举行免费生态安葬活动，为困难群众免费安葬骨灰7例，大力推广“树葬、花坛葬、草坪葬、壁葬”等节地葬法，鼓励倡导骨灰深埋、骨灰抛洒等不保留骨灰方式。四是在城区人流量大、人员集中的地方设点，开展大型的宣传活动，现场接受群众咨询。五是采取“迎进来”“走出去”的方式，多次邀请各社区服务中心干部职工及部分群众到区殡仪馆和仙鹤山参观，让干部群众深入了解殡仪服务单位基本情况。1月17日至19日组织了部分乡镇、社区、部门负责人赴遵义凤冈、湄潭、仁怀等地考察学习殡葬改革工作的先进经验；8月，组织特区殡仪馆到织金县参观学习殡仪服务先进做法。通过考察学习和开展一系列的“内宣”加“外引”活动，让广大群众和干部职工更加深刻的认识殡葬改革工作现状，并适应殡葬改革新常态，消除了很多人心目中“殡葬改革一阵风”的猜测和疑虑。

强化殡葬执法、规范殡葬秩序。一是规范集中治丧。针对城区党员干部、职工、居民在住宅小区、单位院落、大街小巷等公共场所搭篷治丧扰民、破坏环境的行为，由社区服务中心和民政局牵头，各有关部门积极配合进行整治，集中治丧工作推进速度明显。二是多方动员火化。通过思想动员和政策宣传，大部分群众转变观念，基本接受火化。2015年，动员亲属自动起尸火化3例，制止小区院落治丧、占道治丧120余例。三是努力做好集中安葬工作。集中安葬是殡葬工作的出发点和落脚点，通过与人资社保局协调，规范丧葬费、抚恤费凭三证领取制度。积极协调建设城市公益性公墓，用于城区低收入群体及城市建设坟墓搬迁的骨灰安葬（放）。

加大农村公益性公墓建设力度，逐步满足群众丧葬需要。2015年，按照“建成一个，投入使用一个，规范管理一个”的方针，加强统筹规划，坚持合理布局，稳步推进的原则，抓好农村公益性公墓建设，共审批了落别乡落别村、落别乡纳骂村、新窑乡播雨村、岩脚镇新寨村等农村公益性公墓，郎岱镇、大用镇、关寨镇、中寨乡等已完成选址工作，进入报批阶段。

将殡葬改革工作列入政府目标责任管理，层层落实。认真贯彻落实中办、国办下发的《关于党员干部带头推动殡葬改革的意见》，将殡葬改革工作纳入各级目标责任管理，特区政府与各单位、各乡镇、各社区服务中心签订殡葬改革目标责任状；各单位、各乡镇、各社区服务中心与本单位职工签订了殡葬改革承诺书，同时与村（居）签订《殡葬改革目标责任书》；村（居）委会与辖区内居民签订殡葬改革承诺书。做到一级抓一级，层层抓落实，切实保障殡葬改革工作顺利开展。

目标任务完成情况。2015年，通过大力开展殡葬宣传，强化殡葬执法工作，火化率稳步提升，截至10月31日，共火化遗体755具，火化率达26。8%。骨灰入墓371例，入墓率达54。7%；抛洒、深埋骨灰187例，生态安葬率达29%，中心城区基本实现集中治丧。

惠民殡葬救助实施情况。惠民殡葬救助是切实减轻群众负担的重要举措，认真贯彻落实《殡葬救助保障实施办法》，截至10月31日，实施殡葬救助262人，救助金额47万余元，救助率达33%，较上年同期增加救助人数220人，保障困难群体的基本丧葬需求，得到广大群众和社会的认可。

人力资源和社会保障

【概况】 人力资源和社会保障局是主管全区人事工作、推行人事制度改革及劳动和社会保障行政事务的特区人民政府的职能部门。核定行政编制18名。定领导职数：局长1名、副局长3名、正副股长（主任）9名，工勤人员编制3名。下辖正科级事业单位“六枝特区社会保险事业局”，副科级事业单位“六枝特区就业局”“六枝特区劳动人事争议仲裁院”“六枝特区劳动监察大队”、股级事业单位“六枝特区人事档案室”“农民工综合服务中心”。

2015年，以政务公开为重点，紧紧围绕全区经济发展和全面建设和谐社会的总体目标，立足于工作实际，认真履行部门职能。始终把人才队伍建设、加强就业再就业工作、稳步推进社会保险体系建设和社会保障的社会化管理水平为重点，牢固树立人才是第一资源、社会和谐稳定是基础的思想，不断开拓创新，进一步改进工作作风和工作方法，人事人才、劳动、社会保障工作取得新的突破，为维护社会稳定、优化发展环境、建设和谐六枝做出积极贡献。

【公务员管理】 加强国家公务员日常管理工作，认真执行《公务员法》及各项法规规章，进一步加大轮岗交流力度，鼓励干部合理流动，严把公务员“进口”关，坚持凡进必考的原则，疏通公务员“出口”关，进一步实现干部管理的良性循环。2015年公开招考公务员计划52名，完成网上1782人报名及资格初审工作，报名资格复审156人，递补资格复审10人，到岗49人。

【人才引进】 2015年，共引进招录各类人才457人，其中面向社会公开招聘事业单位工作人员378人，共9505人报名参加考试。报名人数达不到比例调减计划10名，经面试、体检、考察政审筛选后，实际招聘事业单位工作人员299人；赴省内外高等院校引进事业单位工作人员114人（卫生系统76人、教育系统38人）；参加中国贵州第三届人才博览会引进高层次和急需紧缺人才39人；开展“四类”人才引进5人。

【职称评审】 准确把握各系列、各级职称评审推荐条件，认真搞好本年度职称评审推荐工作初聘专业技术职务110人（教育12人、工程84人、农业11人、群文3人），2015年度推荐333人参加职称评审，通过326人，其中工程39人（高级6人，中级27人，初级1人，认定5人）；农业36人（高级3人，中级15人，初级12人，认定6人）；卫生23人（正高级19人，高级4人）；教育228人，高级25人，认定1人，中级201人，初级1人。2015年度专业技术八级九级岗位竞聘工作首次采用专家评议方式进行，共331人申报，评议通过235人。

【就业再就业工作稳步发展】 城镇新增就业及增速。城镇新增就业24016人，完成目标任务23913人的100.43%，增速为25.54%。其中失业人员再就业1215人，完成目标任务1050人的115.71%；解决就业困难对象再就业746人，完成目标任务720人的103.61%；促进高校毕业生实现就业856人，完成目标任务800人的107.00%；就业途径主要为个体工商户、灵活就业、社区服务业、行政事业单位公益性岗位和非公有制企业等。

农业劳动力转移就业。实现转移农业劳动力就业18640人，完成目标任务18000人的103.56%，转移方向主要为江苏、浙江、福建、广东、重庆、贵阳和省内部分县市及省外其他地区。

城镇登记失业率。城镇登记失业率为3.83%，有效控制在4.2%以内。

职业技能培训。开展职业技能培训4523人，完成目标任务4500人的100.51%。

小额担保贷款。发放小额担保贷款1768户10652.95万元，完成目标任务10000万的106.52%。

充分就业社区创建。建成充分就业社区2个，完成率100%。

【劳动仲裁与调解】 2015年，共收到劳动仲裁申请173件，立案受理148件，按规定不予受理25件，立案受理案件中共涉及劳动者131人。当期审结案件148件，时效内结案率达100%，涉案金额627.96万元。

完成专项检查258户，完成劳动监察年审及用工备案250户。劳动监察查处案件受理69件，结案68件，结案率达到98.55%。受理工伤认定案件85件，认定84件，不予认定1件。

2015年以来，劳动监察大队用适用简易程序已处理投诉案件168件，共清欠民工工资3298万元，涉及劳动者6596人。使劳动者在最短的时间内不必经过更多的法律程序就维护了自身的合法权益，极大的树立了政府部门的威信及公信立。

在各项劳动监察执法中下达责令改正决定书30份，督促35户用人单位参加工伤保险。督促29户施工单位缴存务工人员工资保障金537.7803万元。

【社会保险体系建设】 养老保险、失业保险、工伤保险、生育保险、城镇职工和城镇居民基本医疗保险等工作稳步推进。城乡居民养老保险参保189670人，收缴基金1728万元；失业保险参保12532人，收缴基金1193万元；城镇职工医疗保险参保22718人，收缴基金5771万元；城镇居民医疗保险参保78149人，收缴基金333万元；工伤保险参保19161人，收缴基金850万元；生育保险参保20016人，收缴基金307万元。

【党风廉政建设和反腐败工作】 深入践行三严三实，全局党风、政风、局风不断好转，建设一个好班子，带出一支好队伍，树立廉洁高效的机关形象；牢固树立勤政廉政及全局意识，积极开展对中央、省、市、区纪检部门关于勤政廉政有关规定的学习及开展警示教育活动，号召全局干部职工以廉洁自律为荣，以腐化堕落为耻；利用主要领导上廉政党课、典型案例分析等形式开展勤政廉政教育，教育广大干部“自省、自警、自律”，远离不良习气，树立正确的人生观、价值观。认真开展公车专项治理和“小金库”治理工作，未超标、超编配备公车；未私设“小金库”。也正是由于制度严、措施硬、觉悟高，全局尚未发现利用婚丧嫁娶等事宜大操大办、收钱敛财；尚未发现违规收受贵重物品、现金、有价债券的问题；尚未发现利用职权和职务影响为配偶、子女及身边工作人员谋取私利的问题；尚未出现配偶、子女违反规定在本单位任职情况。

【党建扶贫】 深入贯彻中央、省、市扎实推进农村扶贫开发工作意见的精神，积极组织动员党员干部63人，与党建联系村那洒村、西北村、羊场村240户贫困户组成“一对一”帮扶对子，与贫困农户交朋友、认亲戚，进行调查走访300余次，帮助贫困农户找准贫困原因，制定帮扶工作计划，以结构调整为主线，解放思想为核心，帮助摆脱贫困。

【表彰】 人资社保局获得“2015年全市尊师重教先进集体”荣誉称号。

档案工作

【概况】 六枝特区档案局隶属于特区政府下属的参公管理事业单位。内设机构有档案管理股、业务指导股、宣教法规股、办公室、现行文件阅览中心。在职参公管理人员7人，事业人员4个，工勤人员1人。

【档案管理与指导】 制订了档案业务知识学习计划，系统学习国家档案局8号令、《归档文件整理规则》、《科学技术案卷构成的一般要求》、《重大建设项目档案管理办法》等业务知识。成立档案业务工作指导小组，由分管业务的副局长带队，分别指导机关、企、事业单位、园区和19个乡镇、村（居）的档案工作，实现档案被动式服务为主动式服务，共指导255次540余人次。微机录入信息30余万条，切实加强了计算机技术在档案管理中的运用，使档案管理信息得到充分的物畅其流，通过档案管理的服务化，多样化，现代化，来满足档案管理全方位的需求。加大硬件设施建设。全区90%的单位配备了档案管理所需要的计算机、专用软件、互联网设备等现代化办公设备，为档案工作现代化，信息化的发展提供了有力的保证。

【新农村建设档案】 2015年，为巩固2014年社会主义新农村建设档案示范区工作成果，采取多种方式推动新农村档案工作开展。通过制定村级档案管理办法等文件，统一指导新农村建设档案工作。建立新农村建设档案工作示范村，通过组织观摩学习的方式，以点带面、典型引领，推进新农村建设档案工作的全面开展；通过建立六枝特区档案管理人员QQ群，随时将档案培训课件、档案业务标准规范上传网络共享，开展网络语音、视频、远程指导等方式创新新农村建设档案工作指导方式；通过到各乡镇组织农村档案员集中培训、按需培训、专项培训等多种方式有效提高村级档案员业务水平。2015年，培训、指导档案员共计57次340人，共整理归档文书档案永久保管477盒9083件，定期保管426盒3729件。

【农村土地确权颁证档案】 为积极稳妥地推进前区土地确权登记颁证档案工作，六枝特区档案局对农业局2014年11月制定的《六枝特区农村土地承包经营权确权登记颁证工作方案》中涉及档案形成材料提出要求，明确归档的文件材料应符合技术保护的要求，必须字迹工整，禁止用铅笔、圆珠笔、纯蓝墨水等保存不耐久的材料书写，协议书用复写纸写的，归档一定要原件，以利于档案的长久保存。

2015年8月14日，在郎岱镇和木岗镇2个乡镇开展试点，共涉及22村297个村民组18691户，国土面积97779亩。档案局全力配合江西核工业测绘院、北京苍穹数码测绘有限公司、辽宁宏图创展测绘勘察有限公司等中标公司先后到档案局查阅二轮土地延包档案，共查阅档案1813卷。

【档案资源建设】 在全区范围开展收集、征集六枝特色的物质和非物质文化遗产档案资料，截至2015年，征集到布依、箐苗服饰各4套，彝文经书23本，实施古镇重点档案抢救和保护实施项目2个，分别是郎岱和岩脚古镇，资金共计10万元。撤并单位和乡镇档案截已接收原煤碳局、计生局、质监局、工商行政管理局、平寨镇等移交进馆档案548卷，255盒9387件。

【档案监督指导服务】 2015年，对特区民政局、扶贫局、水务局、机关工委、疾控中心、六枝经济开发区、路喜园区、供电局等84家机关、企事业单位（园区）进行了业务指导，共计198人次，形成档案357盒，11963件。

【重点建设项目档案】 2015年，机关业务指导组对特区发改局、卫计局、住建局、交通局等进行了重点建设项目档案业务指导24人次，并于2015年8月28日在特区发改局对全区14家涉及重点建设项目的单位共22人进行重点建设项目档案相关知识培训，指导六枝思源实验学校、华润电力（六枝）有限公司、兴业大厦、六枝滨河万博商场、六枝中医院等68家单位、企业进行了重点建设项目档案管理登记。

【重大活动档案管理】 为确保教育实践活动档案及时收集、归档和移交，会同特区活动办下发《关于做好第二批党的群众路线教育实践活动文件材料收集归档工作的通知》文件，及时明确文书档案归档范围及相关业务标准，从源头上加强档案资源建设；并选派专人全程负责第二批教育实践活动的档案管理，加强日常档案资源的收集归档。2015年9月8日，全区党的群众路线教育实践活动全部档案已通过审核，顺利移交特区档案馆。共接收文书档案永久72盒327件，30年56盒390件；照片档案4盒152张；声像档案1盒3张；公章两枚。

【档案馆库建设】 六枝特区档案馆执行二类档案馆建设标准，建设面积3272平方米，地勘单位为具有工程勘察综合类甲级资质、各种手续齐备的贵州黔美基础工程公司负责，设计方为具备甲级资质的成都大地建筑事务所，由房屋建筑工程施工总承包一级资质的湖北中民建筑工程有限公司中标，中标价为601万元整，监理方为具备甲级资质的贵州化兴建设监理有限公司。主体工程已施工完毕，转入装修装饰阶段。

【档案查阅利用】 截至2015年10月，共接待社会各界档案查阅利用者248人次，调阅档案589卷，10件次。

【档案法制宣传】 认真开展好档案法制宣传工作，贯彻落实好国家、省、市档案局《关于开展“国际档案日”宣传活动的通知》精神。2015年6月9日，在城区繁华地段街心花园开展为期一天的大型宣传活动。宣传以《中华人民共和国档案法》《中华人民共和国档案法实施办法》和《贵州省档案条例》为核心的档案法律法规体系，重点宣传档案的保护、价值及利用。发放《走进档案》宣传画册及相关图片资料1000余份。

投资促进

【概况】 六枝特区投资促进局于2011年12月成立，为全额拨款事业单位，编制数15个，现实有人数为14人（其中：管理人员13名，工勤人员1名）。

【增比进位指标完成情况】 2015年，全区到位资金绝对值完成185.43亿元，在全省非经济强县增比进位排名中位列第三，是完成全年目标任务170亿元的109.08%；到位资金增速为49.17%；新引进项目51个，完成全年目标任务49个的104.08%；合同投资总额为224.43亿元，已完成全年目标任务224亿元的100.19%；新引进项目开工率为98.04%；新引进项目资金到位率为51.56%；新增投产达产项目47个，已完成全年目标任务47个的100%。

【招商工作】 2015年，根据省、市投资促进局和特区党委、政府的工作安排，制定每月外出招商计划，由特区领导带队按照计划赴长三角、珠三角、京津渝地区分产业开展招商活动，全年领导干部带头招商和小分队外出招商30余次，对接100余家企业，成功引进项目20余个。

【项目评审】 建立健全《六枝特区招商引资项目评审机制》，为签约项目的落地做好前期评审工作，拒绝高污染、高能耗和粗放型项目进驻，达不到合理用能标准和节能设计规范要求的项目，不得审批、核准、备案。项目建成后，达不到合理用能标准和节能设计规范要求的，不予验收。对未经批准擅自建设的，要依法追究直接负责人的责任。2015年，由特区投资促进局牵头组织环保、住建、国土、规划等部门召开项目评审会议三次，对216个储备项目和12个精包装项目进行了全覆盖论证。

【实体经济工作】 2015年，为进一步促进特区实体经济发展，出台《六枝特区进一步促进实体经济发展的实施意见》，对循环经济产业、电子信息产业、医药养生产业、现代山地高效农业、文化旅游业和新型建筑建材业进行融资、规费、奖励等方面的扶持。有3家实体企业到行业主管部门进行备案登记，申请扶持和奖励；有200余家实体企业提出融资需求，特区实体经济办公室根据文件要求进行严格筛选，将符合扶持条件的28家实体企业报送至政府金融办，由金融办协调金融机构解决企业融资需求。

【项目储备包装】 项目储备和包装工作是全区开展招商引资工作的基础性和关键性工作，特区投资促进局重点围绕大数据、大健康、旅游、现代农业等产业，统筹区域优势，多方收集资料，充分论证筛选，储备216个操作性强、投资回报率高的项目。同时，大手笔、精包装了12个重点招商引资项目。

【招商宣传工作】 一是安排专人维护公众网和门户网，及时发布全部招商引资信息和招商资源，让更多人了解六枝、了解六枝的招商引资工作。二是指定专人对微信平台进行管理。由于社会和科技的进步以及快速的生活和工作节奏，微信已成为每个人必不可少的社交工具，作为信息共享的补充渠道，注重从质量和效率方面抓好微信平台的管理工作，让更多人及时、准确地了解招商信息。全年共发布招商信息120余条。三是收集整理特区领导、部门、乡（镇、社区）的招商动态，每月编发一期招商引资大事记，为特区领导的招商引资决策提供依据参考，全年共编发十二期。

【代办服务】 着力完善招商引资项目行政审批和代办服务制度，集中办理行政审批事项，简化审批环节、优化工作流程、压缩办结时限，提高审批效率。同时，指定专人负责项目代办服务工作，为招商引资项目提供全程代办服务，做好招商引资项目前期手续代办服务工作，加快项目建设进度。2015年，共完成代办项目203个，完成工商营业执照、税务登记和项目立项等代办服务338件，努力促进政策招商转变为环境招商。

【协调服务】 坚持“想企业之所想，急企业之所急”，安排专人不定期深入企业走访调研，及时掌握企业的困难和问题。2015年，帮助贵州飞舸电子有限公司高敏压阻片、城东国际建材城、南部商贸中心和金海大酒店等24个项目协调解决生产建设过程中遇到的困难和问题，切实维护企业利益，全力推进招商引资项目落地。

【大事记】

1月16日，特区人资社保局与厦门市值研生物科技有限公司就中药材种植加工项目签订了框架协议。该项目投资总额2亿元，建设内容为中药材种植基地建设、中药提取物及药用辅料生产加工、医用食品生产等。

1月23日，牂牁江阿志河景区项目在牂牁江假日酒店成功签约，特区政府副区长撒玉怀见证了此次签约。

1月23日，由华飞集团开发的温莎小镇项目开工奠基仪式在项目地点隆重举行，特区党委书记高玉林、政府常务副区长邹振伟出席了奠基仪式。

2月2日，宜枝农业电商举行开业典礼，其运营的阿里巴巴产业带郎岱现代农业园专业市场已正式上线。

3月2日，贵州省大健康医药产业推介会”、在北京国家会议中心举行，区重点邀请香港金基永泰医疗（集团）投资有限公司董事长金向阳、贵州圣济堂药业有限公司董事长丁林洪、贵州宏奇药业有限公司董事长王海波3位客商参会。

3月6日，“2015年第一季度招商引资工作调度会”在特区政府六楼会议室召开。

4月15日，六盘水市2015年第一次招商引资项目现场观摩总结会在区举行。市政府副市长马雷、市投资促进局局长曾晓芳及特区政府区长方裕谦出席了此次会议，会议由陈泉副秘书长主持。会上，特区政府与企业签订21个项目合作协议书，签约总额为167.11亿元。

5月13日，省投资促进局调研组一行到区调研六枝特区新兴农贸综合市场升级改造和六枝特区城东商品综合专业市场项目，特区政府常务副区长安长辅陪同。

6月13日，特区政府区长方裕谦率六枝经济开发区管委会副主任蒋家梁、经发局局长吴萍和特区投资促进局副局长李丽赴香港招商。小分队主要对接香港华润集团，为市委书记李再勇赴香港招商做前期准备工作。

7月6日，重庆、广州、深圳招商引资暨旅游文化推介会在重庆洲际酒店召开，市人大常委会副主任、六枝特区党委书记高玉林参会。会上，高玉林与贵州亨通环保科技有限公司签订了投资协议，投资总额为10.76亿元。

7月7日，六枝特区电子商务协会成立暨电子商务发展会议在特区职校召开，特区政府副区长谭枫出席。

8月8日，六盘水市第二届旅游文化产业发展大会召开，特区政府区长方裕谦率生态旅游局、投资促进局等部门相关负责人参会。会上，特区党委常委、政府副区长杨刚就六枝阿志河旅游风景区（一期）开发项目与六枝特区梦源农业综合开发有限公司成功签约。据了解，该项目总投资额为5亿元。

8月12日，特区招商引资工作推进会在城市展览馆召开。特区党委副书记、政府区长方裕谦，六枝经济开发区管委会常务副主任何益贵等领导出席会议。

9月5日，六枝特区电子商务平台建设项目签约仪式会议在六枝宾馆五楼会议室召开。

9月10日，第五届中国（贵州）国际酒类博览项目签约会在贵阳举行。会上，谭枫副区长代表特区人民政府与六枝特区煤层气投资开发有限责任公司负责人就六枝特区瓦斯综合治理勘探工程项目成功签约，实现项目签约资金15亿元。

9月10日，特区党委常委、党办主任杨刚参加六盘水会展中心参加第二届“贵州屋脊·凉都珍好”高原山地特色农展会招商引资推介会，并代表特区政府与六枝特区朝华农业科技有限公司、六枝特区道地种养殖农民专业合作社成功签约。

10月15日，特区2015年“政府服务环境”测评会在银壶社区一楼会议室举行，会议由省投资促进局委托贵州中鼎资信评估有限公司以不记名的方式对人大、政协推荐的代表及企业代表进行问卷测评。

11月23日，西部电商六枝特区电商运营中心及两个电商服务站盛大开业，特区人大常委会副主任金芬出席开业仪式。开业仪式当天，“凉都购”下单5000余单，累计销售金额达40余万元，实现电商运营开门红。

12月10日，六枝特区宜枝魔芋生物科技有限公司与大连金利达食品有限公司就魔芋精粉原材料深加工、城乡直通车、魔芋产业园共建项目签订了投资合作协议，市政府驻大连办事处主任李维毅、市投资促进副局长杨龙发、特区党委副书记李卫杰见证签约。

12月29日，六枝经济开发区木岗开发投资有限公司与陕西迪泰克新材料有限公司、贵阳三源节能环保科技有限公司三方在六枝特区党委政府会议室举行“土壤数据中心项目”签约仪式，标志着服务于无公害高效农业的高新产业入驻。

园区建设

经济开发区

【概况】 2015年，六枝经济开发区在市、特两级党委、政府的关心支持下，围绕市委市政府、区委区政府确定的目标任务，进一步解放思想，开拓进取，凝心聚力，真抓实干，在经济运行、招商引资、项目建设、基础设施配套等方面做了大量卓有成效的工作，为六枝的经济发展做出应有的贡献。

【经济指标完成情况】 2015年1—10月，完成固定资产投资完成52.89亿元，占全年目标任务（64.19亿元）的82.4%。招商引资到位资金完成52.85亿元，占全年目标任务（64.51亿元）的81.93%。工业总产值完成27.01亿元，占全年目标任务（42.55亿元）的63.48%，其中完成规模以上工业总产值26.16亿元。营业总收入完成32.923亿元，占全年目标任务数（62.07亿元）的53%。财政总收入完成6.15亿元，占全年目标任务（6.56亿元）的78.4%。解决就业从业人员3821人，占全年目标任务（4417人）的86.5%。

【项目储备】 围绕五大新兴产业及循环经济产业，共包装、储备项目15个38.6亿元，亿元以上项目12个。项目涉及有：医药养生类3个、特色轻工业类4个、旅游项目类1个、公共服务类2个、围绕华润六枝电厂上下游产品的循环经济类项目5个。

【招商项目宣传及招商】 一是编制“大健康医药产业”专项招商宣传手册，利用六枝经济开发区门户网站、开发区公共微信平台广泛深入宣传我区的投资环境、项目推介、项目在建情况，及时发布和更新招商引资项目信息，搭建网络招商平台，全力帮助企业寻找合作伙伴。二是主动走出来，引进来，与行业协会、商会建立战略合作伙伴关系，利用商会招商；充分挖掘外来我区投资客商的影响力，以商招商。积极开展对外招商活动5次，结合开发区产业发展规划，开展了重点招商项目进行推介，走访相关企业，学习先进开发区的先进经验等。三是主动邀请各地客商到我区进行现场考察洽谈，共接待客商约100余人次，与部分企业达成了意向，并主动跟踪落实。

【项目管理服务】 以“百千万”工程为抓手，做好项目的帮扶工作，深入各企业了解项目建设所存在的困难和问题，做好对在建企业复工复产的指导工作；对开发区境内的项目进行全方位优质、高效代办服务，努力营造良好的“亲商、安商、稳商”工作。主动向市国土资源局汇报并争取到采矿权配号后积极与六枝特区相关职能部门沟通，协助贵州亨通环保科技有限公司办理石灰石矿采矿权，2015年该公司的石灰石矿采矿权正在开展招拍挂前期工作。截至2015年，入驻园区企业48

户，其中今年以来新签约项目2个，新开工项目15个。新投产企业2户，廻龙溪温泉度假村已于春节期间试运行，“五一”正式开业。

【安全管理】 一是全面的贯彻落实“党政同责、一岗双责、失职问责”和“管行业必须管安生，管业务必须管安全，管生产经营必须管安全”的要求，建立健全安全生产责任体系，明确安全生产监管责任和企业有安全生产工作中的主体责任。年初与各园区办、开发区职能部门（共7个单位）签订《六枝经济开发区2015年安全生产工作目标责任书》；完善制度建设，制定了6个规章制度，构建了横向到边，纵向到底的工作格局。二是加强组织领导，因领导和工作人员变动，及时调整了六枝经济开发区安全生产工作领导小组，为有效开展安全生产工作提供了有力的组织保障。三是加大安全生产的监管力度和重点领域的安全生产专项整治力度2015年以来，相继深入园区、企业生产经营单位，对旅游景区、道路交通、非煤矿山和地质灾害、烟花爆竹和危险化学品、人员密集场所、建筑工地、油气化输送管道以及消防安全等8全重要行业和领域，开展安全生产大检查工作5次，参加人员40余人（次）。检查过程中，认真仔细逐一排查各行业和重点部位的安全隐患，对于存在的安全隐患，能够整改的，立即整改，暂时不能整改的，责令限期整改，把事故苗头消灭在萌萌芽状态。在开展非煤矿山和地质灾害专项整治行动中，检查发现9个地质灾害点中的木岗园区内海螺水泥厂因开采矿山，存在较大的安全隐患，责令立即整改，随后，协调企业出资280万元，对6户受胁农户进行了搬迁，彻底消除了安全隐患；在开展道路交通和消防安全工作中，本着隐患不消除，问题不解决绝不放过的工作要求，在辖区范围内共排查各类交通安全隐患30余起，下发整改通知书8份，消防和内保工作，保持每月不少于30次安检；建筑行业安全生产工作，住建部门均严格按照行业技术规范、安全规程、行业标准及四家法律法规等相关规定，认真开展安全生产大检查工作，对于检查发现廻龙溪温泉度假村和华润六枝电厂存在的安全隐患，均已下发整改通知书，责令整改，并实行跟踪管理，督促整改落实到位。同时，注重信息报送和突发事件处置，8月28日，岩脚新城区发生山体滑坡，安委会领导立即各有关部门赶赴现场处置，安办和职能部门把工作处理完毕后，即时将险情处置情况向上级作了汇报，做到有事报事，无事报平安，确保了信息畅通。

【土地资源管理】 一是编制年度土地储备计划，完成了2015年度收储土地100公顷（1500亩）工作。二是组织实施土地使用权招标、拍卖、挂牌出让工作。根据《中华人民共和国城镇国有土地使用权出让和转让暂行条例》第九条“土地使用权的出让，由市县人民政府负责，有计划、有步骤地进行”的规定，主动向特区人民政府汇报，理顺开发区土地出让工作关系。现经特区政府区长办公会议审查通过六枝电厂划拨土地927.435亩和挂牌出让岩脚老卜底加油站7.5亩两宗土地，并正式批复划拨和挂牌出让国有土地使用权，正在按程序组织供地。岩脚小城镇项目9宗53.9亩经开发区招拍挂领导小组审查通过，已上报特区人民政府，待区长办公会审查同意、批复后按程序组织供地。三是抓好征地服务工作。完成岩脚老卜底加油站7.5亩土地的实物调查和征地工作。

【党建、组织人事工作】 2015年2月正式成立开发区一、二两个机关党支部。对调入开发区的党员及时办理组织关系转递手续。组宣部结合“三严三实”及“忠诚干净担当”教育，对两个支部下发《关于开展“三严三实”和“忠诚干净担当”专题教育理论学习的通知》，各支部结合学习要求下发了《关于开展“三严三实”和“忠诚干净担当”专题教育理论学习计划的通知》，按照要求组织党员开展专题教育学习。组织支部党员深入岩脚园区、木岗园区下属企业走访，在“六一”期间还自发捐款组织到岩脚老卜底小学对五名困难学生进行慰问。机关一支部获得特区优秀基层党支部荣誉、机关一支部一名党员获得特区优秀党员荣誉、机关二支部支部书记获得市级优秀基层党支部书记荣誉。根据中央及省市的安排，积极拟定开发区“三严三实”教育活动实施方案，结合实际制定六枝经济开发区“三严三实”专题教育责任分解表，制定干部职工问卷调查表。同时按照市党建办及特区党建办、组织部、宣传部的要求安排部署专题研讨及专题党课的各项服务工作，保证“三严三实”专题教育扎实有序开展。

通过委托六枝特区人事部门开展事业单位人员招聘，经编制招聘计划、发布招聘公告、报名、资格审查、笔试、面试、体检、考察政审、公示等环节，9月18—22日，通过招考的6名人员到位并根据安排分配到开发区各部门，有效缓解了各部门人员紧缺的情况。结合事业单位人事制度改革的要求，按照属地管理的原则，通过与六枝特区编制部门衔接，理顺事业单位人员结构序列。加大对外宣传报道和信息交流工作，开发区网站已经开通运行。

六盘水牂牁江风景名胜区管理委员会

【依规行建】 一是投入210余万元完成了景区控制性规划的修编暨节点部分修建性规划；投入40万元编制牂牁江夜郎王城概念性规划；投入40万元对景区上位规划进行调整；投入40万元完成景区可研编制；投入41万元进行景区环评编制。二是引资投入80万余元启动阿志河滨水旅游区修建性详细规划的编制工作。

【项目建设】 一是完成停车场、旅游专用码头、综合服务中心及多梯度运动训练基地大本营前期工作，力争完成4个大项7个子项目的建设任务（受规划、项目选址、建设规模的制约，经逐级请示市旅游委、省旅游局，调整为景区民族村寨改造、饮水工程、景区旅游公路提级改造、村寨连接公路和民族村寨路面硬化和太阳能路灯安置等项目）。二是协助推进六枝至毛口旅游公路一期提级改造38公路2级路面（六枝至郎岱段）、景区阿志河片区农旅结合生态旅游园项目及猕猴桃种植和草地改良项目及景区毛口片区生态环境治理（退耕还林）、精品水果及茶叶种植及其附属设施项目建设。完成年度投资31137万元，完成省旅游局下达投资任务29800万元的104.48%。

【国有旅游景区旅游体制机制改革】 一是成立相应机构，落实领导责任制。按照《关于印发〈贵州省旅游景区体制机制改革2015年度工作方案〉的通知》（黔府发〔2015〕5号）文件要求，成立由景区所在政府主要领导为景区改革第一责任人的领导机构，督促指导景区制定改革方案，定期召开调度会议，协调解决景区改革中遇到的困难和问题，按时限完成改革任务。二是以规划为依据，界定景区四至范围。在景区控制性详规原则通过的情况下，经特区政府同意，明确景区四至范围界限（牂牁江景区规划场地位于沿牂牁江东岸，北起阿志河隧道，南至毛口木城，规划范围主要为牂牁江六枝特区段和阿志河支流区域，规划面积88.48平方公里）。三是对现有资产普查摸底汇总，争取资产所有权。牂牁江景区市级政府投资资产为凉风洞码头、毛口码头、西嘎浮动码头、阿志河游客服务中心和7.2公里的长兴公路，部分资产因未审计尚未评估投资总额；六枝特区政府投资资产为毛口文化广场和西嘎游客接待中心，投入资金为8753万元。在摸清资产的基础上，呈文特区政府将特区自建资产划拨资产给景区管委会（旅游公司）。四是以政策、法律为依据，构建公司框架。2015年，公司正制定改革方案、章程、董事会工作制度及议事规则、人员构架及薪酬方案等，待资产明晰后即可开展资本运作及景区开发建设工作。

【宣传与促销】 一是与属地乡镇在举办系列节庆活动。通过活动举办，全面提升了牂牁江景区的影响力和知名度，系统展示和宣传了牂牁江户外休闲旅游资源。二是借助媒体，广泛开展旅游宣传推介活动。邀请洞穴考察队对景区内的犀牛洞进行考察，于7月11日在CCTV10《地理中国》栏目播出国家喀斯特地质公园六盘水牂牁江景区老王山犀牛洞科探纪录片《天井追踪（上）》。三是积极参与市委、市政府组织的旅游宣传促销活动。1月18日参与市委、市政府组织的凉都·六盘水旅游贵阳（贵州饭店）推介活动，3月20日参与市政府组织的赴广州、桂林举办“乘高铁游贵阳、遵义、六盘水”宣传推广活动。四是积极配合完成第四届牂牁江国际滑翔伞邀请赛活动工作。

【安全工作】 一是高度重视，建立安全工作机制。每逢节假日，景区管委会牵头组织特区交通局、海事处、生态旅游局、水务局、属地乡镇、市直部门、景区企业定期召开牂牁江旅游安全生产联席会议，对牂牁江旅游安全问题进行探讨，并建立安全联动长效机制，针对旅游季节、高峰期进行定期安排部署，确保旅游安全零事故。二是明确责任，确保工作落到实处。针对牂牁江旅游特点及旅游季节，管委会将安全工作任务进行分解，对责任单位交通局、海事处等部门明确责任，各司其职。三是通力合作，形成齐抓共管格局。针对景区安全生产特点，认真梳理安全隐患，按照属地管理、行业管理的原则，强化部门职责只能，切实抓好治安、陆地交通、水上交通、食品安全、消防等方面的安全生产工作，形成通力合作，齐抓共管的良好格局，实现年度旅游安全零事故的既定目标。

【招商引资】 2015年，与新加坡中盛集团控股公司（洛阳中迎）公司、中投国际集团开发有限公司、中国投资策划指导委员会等投资商就牂牁江景区旅游开发签订了投资框架协议，签约资金达100亿元。已有四家签约公司在六枝成立公司并做修建性详细规划等前期工作。同时与六盘水青年商会、广东东莞江山集团公司、重庆中环建设集团公司等就毛口龙坡片区、西嘎半岛等旅游开发建设相关事宜进行商讨。

中国人民政治协商会议六枝特区委员会

政　协

【概况】 2015年，特区政协常委会在中共六枝特区委员会的坚强领导和上级政协的指导下，在特区人民政府及其部门以及社会各界的大力支持下，高举中国特色社会主义伟大旗帜，紧紧围绕促进发展第一要务，牢牢把握团结和民主两大主题，团结和带领全体政协委员，认真履行政治协商、民主监督、参政议政职能，切实发挥协调关系、凝心聚力、建言献策、服务大局的作用，为促进区全面深化改革、经济健康发展和社会和谐稳定作出了积极贡献。内设政协机关（即政协办公室）、提案委员会、社会法制教育文卫委员会、经济科技委员会、学习文史联谊委员会、政协委员联络办公室5个专门委室。办公地点设文化路27号。机关现有在职干部职工29人（含六枝特区智力支边联系小组办公室），其中行政编制19人，参公事业单位3人，工勤编7人。

【思想政治建设】 采取灵活多样的形式，深入学习领会中共十八大、十八届三中四中五中全会、习近平同志系列重要讲话精神，学习中央、省委、市委和特区党委的重要会议文件精神，学习政协、统战工作方针政策和理论知识，不断提高政治理论素养，增强政治把握能力，增进对中国特色社会主义思想政治认同，强化中国特色社会主义共同思想政治基础，确保中央、省委、市委和特区党委的决策部署在政协的贯彻落实。

【“三严三实”专题教育】 按照中央、省委、市委和特区党委对“三严三实”专题教育统一部署，把开展“三严三实”专题教育作为一项重大政治任务，精心组织，周密安排。及时召开专题党课暨专题教育部署会，分阶段开展研讨交流，自觉把践行“三严三实”与巩固党的群众路线教育实践活动成果相结合，从严把牢思想和行动的“总开关”。把专题教育与政协工作紧密结合起来，以问题为导向，以严的标准和精神、实的态度和措施，推动作风建设取得新成效。

【围绕改革发展议政建言】 注重发挥人民政协协商民主重要渠道作用，紧紧围绕特区党委、政府工作重点，主动融入改革发展大局，积极建言献策。

整体协商献良策。特区政协八届四次会议期间，委员们围绕特区党委、政府的重大决策部署以及事关民生和发展大局的重要问题认真协商，从工业强区、城镇建设、教育、社会保障、文化、旅游、医疗卫生、农业等方面积极建言献策，提出大量有针对性和可操作性的意见建议。

专题协商重实效。组织召开常委会议5次，就区南部新区建设、茶产业发展、人口与计生、经济运行、旅游产业发展、项目建设、医疗卫生、公共文化服务建设等重要工作进行专题协商，及时梳理意见建议形成会议纪要，报送特区党委、政府及有关部门决策参考。

重点协商激活力。组织召开主席会议11次，协商研究特区政协八届四次会议和各次常委会议召开、提案交办、督办、特区政协委员培训、政协委员人事问题、六枝片区市政协委员视察、百岁老人慰问等有关事宜及其他日常工作，保证常委会闭会期间各项工作正常开展。

对口协商促落实。注重发挥专委会对口协商作用，通过座谈、调研、视察等活动形式，围绕党政重视、社会关注、群众关心的重点热点问题，着重就我区民族宗教、社会治安综合治理、“六五”普法、乡镇（社区）卫生工作管理、项目建设、懒龙河水库工程建设、环境保护、安全生产等相关议题，与党政部门进行对口协商，共商对策办法，推动相关工作落实。组织医卫界部分委员就公立医院改革课题开展界别协商，推进改革步伐。

【委员视察】 注重发挥专项视察作用，先后组织委员对南部新区建设、教育工作、新农村建设、六枝电厂建设等特区开发建设重点和关系民生的热点难点工作进行专项视察，提出合理化意见建议，促进党政决策部署落地见效。组织六枝片区市政协委员对农业园区建设情况进行视察，就如何推进园区建设、带动六枝经济发展进行协商讨论，及时形成视察报告报市政协转市委、市政府决策参考。

【提案工作】 特区政协八届四次会议以来共收到提案174件，经审查立案143件。通过严把提案立案关，对提案逐一审查，修改完善，使提案质量得到提高。为推动提案办理落实，特区政协主席会议专题研究确定重点督办提案，政协常委会专门听取特区政府关于提案办理落实情况通报，政协提案委加强与特区党办、政府办、党委政府督查室、提案人以及各承办单位联系沟通，组织开展提案办理情况调研视察活动。通过重点督办、调研督办、现场督办、联合督查、走访跟踪、座谈协商等形式，加大对提案办理工作的跟踪督促，有效提高提案办理实效。

【行风监督】 围绕群众关注的热点难点问题，选派政协委员担任特区交通局行风监督员、特区人资社保局社会保险基金社会监督员，对特区人资社保局、教育局有关考聘工作进行巡视，推荐政协委员参加第五届全国道德模范评选和2015年度特区投资环境测评，先后推荐100名政协委员旁听特区人民法院有关案件庭审等，提出意见建议，充分发挥政协的民主监督作用，为促进部门和行业转变工作作风、提高服务质量、推进机关效能建设积极发挥作用。

【围绕中心，资政建言，积极服务党政科学民主决策】 紧紧围绕特区党委、政府的中心工作，深入开展调查研究，积极参政出力。

围绕重点课题主动开展调研。围绕全区公共文化服务体系建设、殡葬改革、郎岱农业产业园区发展、生态旅游产业发展、水利基础设施建设、饮水安全等重要课题，以政协专委会为依托，组织不同界别政协委员，深入基层、企业和项目建设一线开展专题调研，了解实际情况，找准困难和问题，认真思考对策，提出意见建议，形成调研报告报送特区党委、政府及有关部门，努力为区改革发展出实招、谋良策。

积极参与党政相关工作。特区政协领导班子成员牢固树立全区一盘棋思想，按照分工，积极与特区党委、政府相关分管领导协调配合，加强对党政部门工作的联系，共同协调、督促、指导全区各项工作。特区政协领导班子成员经常深入联系部门、园区、乡镇、村组调研指导工作，帮助协调处理项目建设、“四创”、农业农村、党风廉政、人口计生、安全生产、精准扶贫等工作中存在的困难和问题。在招商引资工作中，利用政协各种会议和活动，广泛宣传动员广大委员参与招商引资，想方设法联系客商与特区政府及其部门洽谈投资事宜，促进六枝转型跨越发展。

【政协系统联动】 本着促进发展、扩大交流、热情大方、厉行节约的原则，积极加强对外交流往来，推动区域协作。接待了四川省石棉县政协、黔东南州剑河县政协、台江县政协、印江县政协、思南县政协到区开展交流联系和省、市政协到我区的调研考察等活动；承办全市政协工作专题会议，做好相关协调服务工作；参加市长与市政协委员座谈会和全市政协秘书长联席会议，积极报送交流文章；带队参加省、市春茶和省秋茶斗茶赛；出席黔滇两省北盘江流域16县（市、区、特区）政协第二轮协作会第十一次年会议。

【关注民生，履职尽责，努力促进民生改善】 积极主动参与精准脱贫工作。响应中央、省委、市委和特区党委关于打好精准脱贫“攻坚战”的号召，加强对脱贫工作的调研，加强对所联系乡镇（社区）工作的指导，推动脱贫工作开展。严格按照特区党委、政府的要求，做好机关干部驻村选派工作，支持选派干部开展工作。机关全体干部按照要求开展贫困村、贫困户遍访和贫困户核查工作，开展与贫困户结对帮扶，为贫困户如何搞好生产生活、尽快脱贫想办法、出主意，助推同步小康。

尽心竭力办实事办好事。充分发挥政协联系面广、渠道畅通的优势，深入联系乡镇、党建扶贫点，开展扶贫济困工作，切实为基层群众办实事好事。帮助大用镇岱港村协调争取相关设施用于文化广场建设，协调毛坡水厂人饮工程正常投入使用，协调发放鸡苗640羽给农户喂养。为大用镇骂冗村注入3000元计生人文关怀基金，协调农民体育健身工程在骂冗村实施。协调香港慈恩基金会继续捐资助学。协助配合民间公益组织选送7名家庭困难孤儿赴丽江民族孤儿学校就读。开展偏远地区学校调查，掌握学校师资及教学情况，积极向上争取援建和资助。

【队伍建设】 通过行文安排学习、订阅报刊、会议学习、集中培训等方式，不断加强委员的学习培训，提高履职的能力和水平。通过走访、到委员所在乡镇、单位调研联系工作时联系委员等方式，加强与委员联系联谊，不断增强政协的凝聚力，激发委员的履职活力。按照《六枝特区政协委员履职保障办法（试行）》，对八届四次全会期间无故缺席的委员进行约谈，强化组织纪律性和委员履职服务保障，增强委员履职的责任感，促进委员主体作用发挥。积极开展优秀提案表彰，调动委员提案工作积极性。探索委员列席政协常委会议工作机制，扩大委员发挥作用的平台。协调健全政协委员联络机构，促进成立和调整乡镇（社区）政协工作联络组，健全委员服务机制，推动协商民主向基层延伸。强化委员协调服务职能，加强对乡镇（社区）政协工作联络组工作的调研指导，推动乡镇政协工作联络组工作纳入特区年度工作目标考核管理并做好相关工作，协调服务好市电视台、市日报社对乡镇（社区）政协工作联络组工作的跟踪宣传报道，促进联络组工作的开展。

【专委会建设】 充分发挥专委会在政协履行职能中的基础性作用。各专委会围绕政协常委会工作要点，认真制定工作计划，精心组织委员开展调研、视察活动，并做好服务保障工作。开展专委会走访联系委员活动，帮助解决委员在履职中的困难和问题，鼓励委员积极撰写提案和反映社情民意，激发委员履职热情。把握党委、政府工作动态，加强与党政有关部门联系，深入开展对口协商，积极履行参政议政职能，推动了政协工作整体水平提高。

【文史宣传】 加强与新闻单位的联系合作，加大对政协履职活动的宣传报道力度，不断扩大政协工作的社会影响力。积极向省、市、特区主流媒体报送政协工作信息，及时反映政协工作动态，为委员知情议政和社会各方面了解政协工作搭建平台。发挥文史资料“存史、资政、团结、育人”的作用，做好文史资料收集整理工作。

【表彰】 2015年，特区政协获2015年度《贵州政协报》发行工作优秀奖、《文史天地》杂志宣传工作三等奖。为表彰先进，树立榜样，经研究，决定授予支部张廷模、陈学武、陆会、曹桂林4人为“优秀共产党员”荣誉称号，胡平、陈华、陆会、李战七4人年度考核获优秀等次。

武装·法制

六枝特区武装部

【概述】 2015年，按照“坚定信念铸军魂，真抓实备练打赢，积极转型促发展，参治参建有作为，乘势发展上台阶”的工作思路，扎实开展“三严三实”专题教育整顿、组织战备演练、开展财务大清查、积极推进“四项工作”等，深入转作风、扎实抓战备、积极促改革、创新谋发展，各项工作有序推进，人武部全面建设保持良好的发展态势。

【思想政治教育】 深入学习领会习主席系列重要讲话精神，及时传达贯彻十八届三中、四中、五中全会、全军政治工作会议、全国“两会”精神和省军区、军分区党委全会精神，在学习文件精神和指示要求中不断统一思想认识，凝聚智慧力量。坚决贯彻关于全面彻底清查清理涉及郭伯雄信息相关文件精神和指示要求，迅速成立清查清理领导小组，拟制本部清查清理方案，明确职责分工，将所有房间、库室、电脑、书籍、文件等清查清理工作具体到每个科室和每个人员，及时统计清查清理情况并上报。坚持政治教育和理论学习制度，把“三严三实”专题教育整顿、“学习践行强军目标、做新代一革命军人”主题教育、“新一代革命军人样子”大讨论和“月读一书、周看一片、季度一交流”读书学习活动有机结合起来，按照军分区统一安排部署，认真开展“周看一片、月读一书、季度一交流”读书活动。结合人武部实际，开展“每月一课”“每周一歌”活动，提高干部职工能力素质，丰富官兵业余文化生活。每周三晚上组织理论学习，每月开展法纪警示教育，完成4个季度党委中心组和机关理论学习，职工撰写心得体会40余篇，12名同志作交流发言，先后制作展板橱窗5期20余块。先后2次征求地方党政机关和基层乡镇意见建议共15条，深入查找整改3类28个问题，在军分区的指导下召开专题民主生活会，针对本部干部职工制定《六枝人武部2015年度目标考核实施办法》，党委机关作风得到进一步转变。注重加强新闻宣传报道和政研工作，在中央级媒体上发稿23篇，大军区级媒体上发稿11篇，省级媒体70余篇，完成理论研究文章4篇。

【围绕强军目标，提升“双应”能力】 深入各乡镇进行调研，先后组成3个工作组对辖区15个基层武装部和3个园区民兵组织调整改革工作进行专题调研，拟制下发《六枝特区2015年民兵组织整顿实施方案》，对5支民兵应急分队和4支专业保障队伍进行点验，督促指导各级抓好民兵整组工作，积极推进“四新”建设。按照实战化要求加强战备训练，认真学习贯彻《战备工作条例》，投入经费10余万元，补充购置指挥帐篷、班用帐篷，野战桌、椅，迷彩伪装网、手持式对讲机、单兵（运）行物资等战备物资器材。及时修订完善各类战备方案预案，严格落实战备值班制度，进一步规范战备物资库室和值班秩序，结合辖区实际，先后6次组织干部、职工、民兵应急分队进行森林灭火、防暴恐袭击等应急演练，检验各类预案方案的针对性和可行性，安全顺利组织4个季度战备拉练演练。加强联考联评相应课目训练，在市国动委考评中取得3000米越野跑第一名、轻武器射击第二名的好成绩。按照训练大纲要求和年度军事训练计划，组织首长机关训练、高炮分队集训、民兵应急分队集训，加强对乡镇民兵训练的检查指导，完成年度280人的民兵训练任务，国防后备力量建设水平得到进一步提升。

【参治参建建设】 牢固树立“靠作为赢得地位，凭贡献争取支持”的认识，积极主动参治参建，推进扶贫攻坚、植树造林、抗旱救灾、红色资源开发利用“四项工作”。加强与特区党委、政府的请示报告和协调联系，组织人员到帮扶联系点调研，积极开展扶贫帮困、结对帮扶等活动，利用春节、清明节时机对军烈属、困难群众家庭等进行走访慰问，参加特区“扶贫日”爱心捐款活动。以“绿色贵州建设三年行动计划”为契机，组织民兵成建制参加植树造林活动，年初以来，采取“自主型、共建型、融合型、帮扶型”四种模式，投入经费10余万元，出动民兵2万余人次，在驻地荒山、高速公路沿线、国有林场等区域植树造林近10万亩，建民兵经果林创业致富基地2个，提前超额完成2015年植树造林规划任务，打造了“六枝民兵林”宣传示范点。积极组织参加特区“四创”活动，采取定人、定责、定区域的办法，坚持对特区划分我部的责任区域每天巡查、每周梳理、每月报告情况，做到及时发现整改问题。2015年，累计出动干部、职工、民兵600余人次，对责任区域野广告、卫生死角进行清理，对乱停乱放、随意摆摊设点等问题进行治理。积极参与“和谐六枝”“平安六枝”建设，加强军警民联防联治，协助地方维护好辖区社会稳定。“春节”和“两会”期间，应特区安排，报分区批准，每天安排干部、职工带领12名应急分队队员到火车站24小时巡逻执勤，确保了“春节”和“两会”期间安全稳定。主动承担森林防火、抢险救灾、维稳处突等急难险重任务，从年初，先后8次组织民兵3000余人次，参加森林灭火、抗洪抢险、地质灾害抢险救援等任务，事迹先后在战旗报、中国国防报等军区、中级媒体报道，受到特区党委、政府和人民群众高度评价。2015年6月，六枝特区被贵州省表彰命名为“双拥模范城（县）”。

【征兵工作】 按照一季征兵，四季准备的要求，分批组织征兵工作人员深入乡镇、社区、村寨、学校调研，摸清底数。利用“国防教育进社区”、创建双拥模范城（县）、“情系国防好家庭”评选等活动，大力加强全民国防教育。利用春节群众返乡过节、毕业生离校以及群众赶集的机会进行征兵宣传，先后发放宣传资料2万余份。突出大学生征集重点，先后3次组织征兵工作人员进行培训，检查督促平时征兵和政策法规执行情况，将户籍在本地的在校大学生名册通报各乡镇，加强对预征对象的教育引导和管理，积极做好宣传发动工作，防止预征对象流失。利用高考前和填报志愿的时机深入辖区每一所高中同步开展征兵宣传，激发适龄青年参加报国的热情。为扩大群众知晓率，在利用固定横幅、标语进行征兵宣传的基础上，协调特区宣传部、广播电视台、通信公司等单位，利用广播、电视、报纸、短信、微信、政府公众网络、LED电子显示屏、出租车顶显示屏持续广泛开展征兵宣传工作，营造了良好的爱国强军氛围。坚持质量标准，遵守廉洁征兵规定，严格按程序组织征兵体检和政治考核，顺利完成210名年度征兵任务，无退兵问题。

【稳定工作】 组织传达学习上级文件和安全稳定工作电视会议精神，加强安全教育，引导干部、职工和民兵充分认清安全稳定的重要性，进一步强化安全意识。坚持每月开展安全常识、法纪警示和防间保密教育，及时传达学习各类事故案件通报，做到借锤敲钟，警钟长鸣。始终坚持依法从严治军，以“两个经常”为抓手，持续广泛深入开展谈心交心活动，了解官兵、职工思想情况，做好排忧解难工作，及时消除误会隔阂，增进团结和谐。把检查督导作为抓好安全工作的重要抓手，结合人武部特点和安全工作规律，建立日常养成每日查、“四个秩序”经常查、重要时节专项查、突出问题即时查、零散部位归口查、重要目标监控查、重点人员跟踪查的“七查”制度。严格落实上班考勤、查铺查哨、请销假、出入营区登记等制度，修订完善《干部、职工管理规定》《财务管理规定》和《民兵应急队伍分队行政管理规定》，扎实开展“条令学习月”活动。针对临时办公地点周围社民情相对复杂，不安全因素增多的实际，突出“六个管好”重点，加强重要目标管控，抓好车辆的维护保养和驾驶员安全行车教育，严格人员请销假和车辆派遣使用。坚持每月安全形势分析和安全隐患排查，扎实做好安全基础工作。“两会”期间和“3·14”“6·4”“7·5”等敏感时节，加强与特区应急办、信访办联系，及时准确掌握辖区内情况，坚持每天信访零报告，扎实做好敏感期防控工作。为保障军人军属的合法权益，成立了军人军属法律援助中心。共接待来信来访人员200余人次，协调处理8起涉军案件纠纷，确保无越级上访问题和单位始终安全稳定。

消　防

【概况】　2015年，以班子建设为重点，以党风廉政建设为主线，抓住执法廉政腐败问题专项整治这一根本点，加强党委堡垒作用，着力在更新观念、政治建警、转变作风、廉洁队伍、推动工作上下功夫，在从高从严治警、执法公正为民上抓推进、抓落实，圆满地的完成各项工作任务。

【班子建设】　一是努力建设学习型领导班子，大队党委要求各党委成员要以各自岗位为出发点，大队以执法规范化建设为抓手，中队以打造消防铁军和正规化建设为契机，不断提高消防监督员的执法水平，整体提升我大队执法为民的水平，中队以精细化为基本准则，以正规化为基本要求，以打造铁军中队为基本目标，不断增强灭火抢险救援指挥能力。二是坚持民主集中制原则，大队一直坚持党委集体领导制度，班子成员之间坦诚相见，在官兵普遍关注的焦点、热点问题上大队党委不搞一言堂和“暗箱”操作，建立健全“四查四强化”机制，加强谈心工作，建立“八小时问题答复制度”，使基层官兵的声音能及时传到党委来，官兵的问题党委能及时答复，加强了民主，增强了活力。三是着力解决“执法腐败”问题。按上级组织的要求，大队积极开展执法领域腐败问题整治。大队党委和班子成员始终坚持以高标准高目标严格要求自己，真正把自己摆进去，带头深入学习，带头查找问题，带头开展批评和自我批评，带头构思整改落实措施，主动接受官兵监督，有效的促成了问题在整改中“外化于行、内化于心”。四是加强与官兵的联系，大队班子成员经常与干部、战士交心谈心，每逢重大节日以座谈会形式增进了解、加强友谊，在工作中，对于急、难、险、重任务，班子成员首先冲锋在前，积极做好表率，保证了大队工作无往不胜，建立了一支团结高效、作风过硬的班子和队伍。

【作风建设】　一是筑牢思想根基。明确提出全体官兵要通过狠抓作风建设，着力解决群众反映强烈的实际问题、着力解决官兵事业心责任感不强、不为群众办实事的问题、着力解决工作作风不实、联系群众不够等问题。要求全体官兵要必须坚持“三严三实”讲话精神为指导，坚持党的群众路线和人民主体地位，时刻把群众安危冷暖放在心上，及时准确了解群众所思、所盼、所想的问题，及时为群众解决问题，真正做到执法为民、为民服务。二是打牢教育基础。根据安排先后开展了社会主义法治理念教育、作风教育整顿和党风廉政专题教育活动等专题教育活动，并签订廉政责任书。大队党委坚持二、五学习和中心组学习制度，把理论学习放在首位，通过理论学习的不断深入，党委进一步统一了思想，党员干部的自觉性和坚定性不断增强，加快部队建设的积极性不断提高。大队未出现过违纪违规现象以及各种事故案件。三是改变工作方式。大队党委改变传统政治教育模式，丰富教育方式，通过推心置腹，把以情感人与以理服人结合起来，贴近官兵，进入思想，深入战士心坎来做思想工作。先后召开座谈会5次，谈心40余次，解决官兵倾向性思想问题3件。特别是大队党委正副书记齐上阵，有效的推进了大队经常性思想工作和官兵心理健康工作迈向新台阶。四是提高载体效率。大队投入10万余元进行多彩警营建设、训练设施以及购买各类体育活动用品。全面提高大队警营文化硬件水平，使官兵达到放松身体、愉悦身心同时又加强了体能的目的。同时加强与地方电视传媒的交流，积极宣传我大队官兵的铁军风采，六枝特区电视台为中队官兵拍摄宣传片在电视台播放，让驻地市民了解警营生活。中队特勤班长熊映才被评为全市道德模范。

【部队执勤备战和队伍管理】 一是加固安全教育理论防线。大队结合当前实际加强学习教育，采取集体组织学习和个人自学相结合的办法，反复学习条令条例、《公安消防部队官兵、营区管理规定》、《公安消防部队安全工作规定》和《公安消防部队车辆安全管理规定》（“两个安全规定”）等法规规章，开展安全警言、安全板报墙报等评比活动。二是抓好车辆事故的预防。切实加强对驾驶员尤其是干部驾驶员的安全教育和管理，严格干部请销假制度，严格车辆派遣审批手续，加大对人员、车辆在位和外出情况的检查，从严控制“八小时以外”用车、夜间用车，切实从源头上抓好事故预防。三是抓好违法违纪的预防。狠抓部队法纪教育和警示教育，强化官兵遵纪守法意识，自觉树立正确的人生观、价值观。抓好部队“两个经常性”工作，及时掌握官兵的思想、工作和生活情况，摸清官兵的思想脉搏和心理矛盾，有的放矢地做好思想工作。四是抓好训练和灭火救前的安全检查，坚决杜绝违章操作。强化灭火救援现场的安援事故的预防。严格落实干部跟班和安全检查制度，开展紧急避险和真烟真火训练，严格训练全防护，结合实战化训练，开展爱装护装活动，做好装备的维护保养和熟悉工作。五是抓好违反“五条禁令”“六个严禁”事件的预防。突出抓好酒、车、赌以及消防监督人员的管理，严格“五条禁令”“六个严禁”的监督，确保队伍不发生任何违法违纪问题。同时有针对性的加强经常性思想政治教育和法制教育，定期进行谈心活动，摸清官兵思想脉搏，了解官兵思想动态，确保部队的高度稳定和集中统一。

【岗位练兵】 一是科学制定训练计划，确保人员、时间、内容、效果的“四落实”，不断把练兵工作引向深入。二是加强训练监督。大队注重加强对中队练兵训练的监督和管理，发现问题及时纠正，并建立健全考评制度、安全制度，防止偏训、漏训、粗训现象，保证练兵工作的顺利进行。三是强化情况熟悉。强化对辖区情况“六熟悉”和岗位练兵，侧重对水源和交通道路进行熟悉、掌握，做到底数清，情况明，为执勤、灭火救援工作提供强有力的保障，并认真对战斗员岗位、通讯员岗位、驾驶员岗位训练分别组织实施，促进各岗位练兵活动的开展。

【火灾隐患整治】 一是开展了“两节两会”、“五一”、国庆节、十八届四中全会等重大节日及会议期间辖区内各类场所的消防安全大检查。确保了“保持火灾形势高度稳定”中心目标的完成。二是大力开展消防监督执法工作，认真排查整治存在的火灾隐患。共检查单位1627家次、发现火灾隐患1539处，整改火灾隐患1535处，下发责令改正通知书736份，行政处罚28起，临时查封8起，责令“三停”8家，罚款299000元。有效预防重特大火灾事故的发生。三是积极督办政府挂牌重大火灾隐患整改。为保障人民群众财产及生命安全，有效减少火灾事故发生，扎实深入开展消防安全监督检查。在检查中，发现六枝特区新华宾馆、六枝特区正兴苑住宅小区、六枝特区新世界网络服务部三家单位存在重大火灾隐患。特区政府高度重视，采取有力措施全力落实各项整改工作，按照《六盘水市重大火灾隐患立案销案和挂牌督办暂行规定》以及上级部门挂牌督办重大火灾隐患的有关要求对2家重大火灾隐患单位实行挂牌督办整改，其中省级1家，县级1家，并责成特区消防大队督促落实，整改销案率达100%。

【消防宣传教育】 一是抓制度，强化消防宣传的责任落实。强化教育、卫生、文体广播局等行业部门的消防宣传职责，使消防宣传制度化、经常化、规范化。二是抓阵地，打牢消防宣传的基础。始终把在主要媒体开办专版专栏作为消防宣传阵地建设的重要内容，分别在六枝有线电视台、工矿集团有线电视台开设消防专栏。特区消防部门对消防知识展板进行全面更新，形成学习、了解、体验“三位一体”的开放特色，使参观群众一踏进消防站大门，便可接受消防知识培训，观摩消防装备，直观形象地接受消防教育。积极动员社会各方力量参与消防宣传，特区政府先后组织开展了学生消防安全教育月、六月安全生产月及119消防宣传月等大型宣传活动。2015年，特区消防站对外开放24次，6000余名群众受到消防安全教育。依托社会力量开展消防宣传。积极动员社会各方力量参与消防宣传。在119宣传周活动中，特区政府利用手机短信、电视、广播等形式广泛开展消防宣传，在城区主要街道悬挂宣传横幅62条，利用LED等技术滚动播放消防常识达720小时，发放宣传资料6000余份，营造起了全社会共同关注消防工作的良好氛围。

【农村消防建设】 大队结合特区政府开展的农村“五改”工程，请示政府把消防基础设施建设纳入乡镇总体规划和村庄建设规划之中，与村镇饮水工程、电网改造、能源、公路、信息化等建设同步规划、同步实施，确实解决农村消防工作滞后的问题。

【社区消防】 建立健全社区消防组织，在每个社区成立了防火安全委员会或消防工作委员会，广泛吸收办事处、派出所、居委会、物业等有关工作人员以及社区群众参与社区消防管理，组建了社区防火巡查队、消防文艺宣传队，负责巡查火灾隐患，以群众喜闻乐见的形式广泛宣传消防安全常识。

政法委

【概况】 中共六枝特区委政法委员，现有干部职工17人，其中：事业人员8名。2015年，在特区党委、政府的坚强领导下，上级政法部门的精心指导下，认真贯彻落实中央、省、市政法工作会议精神，紧紧围绕“五升两降”工作目标，创新“一线三点”工作载体，培育“平安六枝”建设亮点，人民群众安全感大幅提升，在全省政法机关综合满意度测评考核中，获全省排名第一的优异成绩。

【强化党风廉政工作】 贯彻落实“十严禁”“十不准”等相关规定，执行“三会一课”制度，主要领导带头上“三严三实”党课；组织全体干部职工收看《预防职务犯罪》《筑梦中国》；邀请特区检察院相关同志作了以《廉洁自律爱岗敬业》为题的讲座。通过系列活动开展，确保全体干部职工廉洁自律，并为全区政法各部门作出表率。

【强化政法队伍建设工作】 强化班子建设，提升整体素质。广泛有效地开展批评与自我批评，创造良好的民主氛围。把加强党的组织建设与推进全区政法暨综治工作有机结合起来，全面提升政法队伍的战斗力和凝聚力。强化理论学习，提高业务技能。先后开展了政法干警核心价值观教育、“执法不严、执法不公”专项整治、“三严三实”等学习教育活动，有效地提高了政法队伍的思想政治素质。同时，针对政法系统窗口部门开展不同类型的学习培训活动，提升政法干部的业务水平和服务能力。

【司法体制改革】 特区公安局创新服务机制“流动警务平台车”为困难群众排忧解难；特区检察院“生态·环境保护专项行动”强化对生态环境、矿产资源的司法保护；特区法院试运行法官中心和审判辅助中心改革，创新举措推进“阳光司法·和谐法治”工程建设，通过电话立案、上门立案、巡回审判等方式，让群众感受司法温暖；特区司法局整合资源创建“流动司法所”，确保矛盾纠纷的及时调处。通过系列探索创新，创造出许多可复制可借鉴的“六枝经验”。

【隐蔽战线工作】 隐蔽战线工作紧紧围绕“平安建设”目标，通过“进一步完善保障机制，进一步强化信息收集，进一步加强基层基础”工作开展，促进了社会稳定和谐发展。2015 年，进一步排查核实统计“法轮功”、门徒会等邪教组织人员及其他相关情况，做到“底数清、情况明”。认真做好涉疆群体工作，为辖区内的新疆人做好服务工作。加强重大敏感节点和“两会”期间维稳工作，确保了全区无较大事件发生。

【铁路联防】 强化对辖区内国境铁路三个铁路保安分队的管理，组织召开培训会议，对“春运”及“两会”期间的铁路安全工作进行安排部署，强化督查及宣传工作。组织各类大型宣传 8 次 1250 余人次，发放各类宣传资料 8000 余份，悬挂宣传标语 18 副，进校园宣传 6 次发放铁路护路练习本、作业本等宣传品 3000 多册。认真开展铁路沿线大牲畜挂牌管理工作，统计养殖户 252 户，大牲畜 543 头，签订管理协议书 252 份。切实维护了铁路运行安全稳定。

【矛盾纠纷排查调处】 出台《六枝特区社会矛盾纠纷排查调处工作实施办法》《六枝特区人民调解员调解纠纷补贴办法》（六特办通字〔2015〕124 号）文件。结合七个坚决防止，按照“合理诉求解决到位、不合理诉求解释到位、困难的救助到位、违法行为处置到位”的原则，进行调查处理、政策解释和思想疏导。2015 年重大矛盾纠纷问题调处化解率 100%；由于调解和化解及时，无一起因民间纠纷引发的治安案件、刑事案件和群体性上访事件。重大项目社会稳定风险评估 12 个，完成市下达任务数的 100%；没有发生 1 起 50 人以上的大规模群体性事件。

【“平安六枝”建设】 2015 年共立刑事案件 1402 起破 1130 起，同比立 1440 起破 974 起相比，立案下降 2.64%，破案上升 13.81%，抓获网上逃犯 154 人；破获毒品刑事案件 92 起，抓获毒品犯罪嫌疑人 130 人，缴获毒品 5013.8 克，查处吸毒人员 839 人强戒 736 人；打掉偷牛、盗窃摩托车、盗窃移动基站、入室盗窃、持刀抢劫等团伙共 10 个。累计 98 天未发刑事案件，为历史突破；命案发 5 起破 5 起，实现现行命案全部侦破；破获命案积案 24 起抓获命案逃犯 25 人为全市之首。检察机关受理公安机关提请批准逮捕各类刑事案件 362 件 499 人，批准逮捕 277 件 362 人。审判机关受理刑事案件 439 件 558 人，结案 421 件 530 人，有力震慑违法犯罪分子嚣张气焰。全区安全感指数为 96.92%，同比上升 2.20 个百分点，较全市平均指数 96.90% 高 0.20 个百分点。

【构筑社会治安防控体系】 以深入开展“三个严打”专项行动为抓手，强化专群巡防和技防、内部安保、治安乱点整治等多措并举，深化打击，有力震慑了各类违法犯罪活动。依托“天网工程”视频，组建一支 10 人的视频巡查队伍，全面开展视频巡查防控。组建一支 60 人的专业接处警队伍，由指挥中心直接管理，做到点对点指挥、调度；将中心城区划分为 6 个网格，实行“巡处一体化”工作机制，最大限度地加强街面防控，街面矛盾纠纷的化解率达到 100%。各乡镇组建专业治安巡逻队伍，四个社区在中心城区的居委会组织群防群治义务巡逻队加强居民住宅小区、楼群院落的治安巡逻。

【特殊人群管理】 深入推进特殊人群服务管理“六项工程”，强化对严重不良行为未成年人、重点青少年群体、吸毒人员、刑释解戒人员、肇事肇祸等严重精神障碍患者、艾滋病人员进行管理。全面实现社区矫正工作管理规范化、监控智能化、教育制度化，推进户籍制度改革，积极探索流动人口在就医、就业、子女入学等方面的政策保障，逐步实现实有人口基本公共服务均等化。稳步推进居住证制度和出租房备案制度，坚持“以房管人、以证管人、以业管人”，加强精细化服务管理。深入实施未成年人保护法预防未成年人犯罪，加强对闲散青少年等重点青少年群体的排查联系和服务帮助，育才学校已建成正常开展工作。

【强化公共安全管理工作】 全区立涉爆类非法买卖爆炸物案1起破1起，刑事拘留2人。查处违反标准实施爆破作业案件1起。共查处各类道路交通违法行为43988起，其中查获醉酒驾驶48起，饮酒驾驶119起。全年未发生重特大火灾事故。

【推进网格化服务管理工作】 制定下发《六枝特区创新基层社会治理机制大力推行社区网格化服务管理工作实施意见》（六特办通字〔2015〕82号），出台《六枝特区创新基层社会治理推行社区网格化服务管理工作试点的实施方案》，那克、银壶、九龙、塔山四个社区网格已划定，其余15个乡镇作了相应的安排和部署。

【政法综治宣传工作】 设计“平安六枝”标识，印发各类宣传资料9万余份、订制“平安六枝”志愿者T恤1100件、“平安六枝”胸徽1万枚，制作综治宣传专题片，真正做到“电视有图像、广播有声音、报刊有文字”；组织开展了首届“乡约平安六枝·舞动幸福生活”广场舞大赛，参与人数达20000余人，进一步营造浓厚的创建平安六枝氛围。

公　安

【概况】 2015年，在特区党委、政府和市局党委的坚强领导下，以党的十八大、十八届三中、四中、五中全会和习近平总书记系列重要讲话精神为指导，紧盯群众安全感和满意度双提目标，坚持一手抓维护稳定措施的落实，一手抓长远发展思路的谋划，全力推进“基础信息化、警务实战化、执法规范化、队伍正规化”四项建设，忠诚履职，无私奉献，公安工作和队伍建设均取得长足进步，全面提升群众安全感和满意度，为全区经济社会发展和人民群众安居乐业创造了安全稳定的社会环境、公平正义的法治环境和优质高效的服务环境。六枝特区公安局，有派出所21个、内设机构18个，党委成员12人（局长1名，政委1人，副局长3人，挂职副局长2人，政治处主任1人，纪委书记1人，党委委员3人），民警487人（包括开发区分局15人、工勤人员34人及事业编7人），协警502人。特区公安局在2015年全省安全感、满意度测评中，群众对公安机关满意度以99.6%的满意率，夺得全省第五名。

【案件侦破】 2015年，全区共立刑事案件1402起，同比下降2.63%；破获各类刑事案件1130起，破案总量较上年同期相比上升16.01%；共受理各类治安案件2381起，结案2247起；查处吸毒人员839人，强制隔离戒毒736人；查处各类道路交通违法行为53784起，依法扣留交通违法机动车2894辆，行政拘留无证驾驶机动车违法行为人82人，交通事故死亡3人，同比下降25%。

【维护社会稳定】 一是强化反恐应急处突。根据当前反恐形势，修订完善了全区反暴恐工作预案，健全了反恐维稳常态化工作机制，落实重点行业反恐防范工作标准，确保党政、金融，以及涉油气单位、站点、输油气管线等重点部位的绝对安全，并在街面部署“屯警街面动中备勤武装处突”反恐警力。二是强化矛盾纠纷排查化解。

紧紧围绕六枝特区重点项目建设工程、征地拆迁、非法集资、劳资纠纷等热点、难点问题，深入开展矛盾纠纷大排查、大调处工作，及时化解、消除影响稳定的各类因素，依法处置影响稳定的闹访、缠闹、医闹、非法阻工等事件，排查化解各类矛盾纠纷1379起，妥善处置群体性事件6起、非正常死亡59起，无因处置不当造成事态升级或影响扩大的情况发生。三是强化情报信息收集研判。进一步完善每月情报信息研判、每周警情通报、每日警情分析的三级情报信息分析研判机制，建立起由指挥中心牵头、局属各部门参与的情报信息月研判会议模式，进一步提高情报信息研判的精准性。指挥中心搜集上报各类情报信息96条，网安大队搜集上报涉及危害国家安全和社会政治稳定、煽动组织策划非法集会以及引发本地社会不稳定因素等方面的互联网情报信息73篇，国保大队编发可能涉及国家安全信息116篇，得到省厅副厅长签批1次，市委政法书记签批1次，市局公安局长签批1次，特区党委、政府主要领导签批7次。四是强化涉法涉诉妥善处置。在涉法涉诉信访工作中，认真落实局领导接访制度，采取预约接访、带案下访等措施。2015年共接待来信来访共66起，其中来信32起，来访34起，集体访1件12人，经审查，符合立信访案件并受理答复的11件，办结11件，办结率达100%，有力化解一批历时数年，久拖未决的信访积案，有效处理一批老大难信访问题，圆满答复了信访群众诉求。五是强化网络舆情监控。强化“舆情即警情”的工作理念，完善网上网下联动工作机制，加强网上信息巡查处置和舆情导控工作，有效防止涉稳舆情酝酿发酵成为网上热点或网下行动。发现涉本地、涉警网络负面舆情279条，删除封堵负面舆情21条，正面跟帖引导4000余条上报情报信息73条，上报各类有害信息3600条。六是强化重大活动安全保卫。按照“内紧外松、万无一失、只做不说”的原则，全警动员，全力以赴，先后完在全国两会、省两会及党代会，“3·14”、“4·25”、“5·13”、“6·4”、“7·5”“9·3阅兵”、十八届六中全会等敏感日期间的安全保卫工作，敏感期间全区社会大局持续稳定；按照精心组织，周密安排，以最实工作、最好形式、最严措施、最佳形象努力实现安保效果和社会效果的高度统一，圆满完成各级领导到六枝特区调研、全省各类现场会、观摩会等安全保卫任务。

【精确打击力促平安建设】 特区公安局牢固树立“打击犯罪是公安机关的主业”的意识，以“深化三个严打”为抓手，整合一切资源，挖掘一切潜力，调动一切因素，完善一切机制，不断提升打击犯罪的效能。一是整合了刑侦、网安、情报、指挥中心、派出所的部分警力，组建了合成作战指挥室和北部片区责任区刑警队，重点打击“两抢一盗一骗”等侵财性案件，进一步提升打击的深度，挤压违法犯罪空间，降低发案，圆满完成年初提出的现行案件下降30%的目标，打掉偷牛团伙、盗窃摩托车团伙、盗窃移动基站团伙、入室盗窃团伙、持刀抢劫团伙10个。二是依托4月10日成立的命案积案抓捕组，全面搜集、排查、梳理命案积案的相关信息，加大对命案积案的攻坚力度，破获命案积案18起，完成省厅下达命案积案总数下降三分之一的目标，全市排名第一。三是继续保持打击毒品犯罪高压态势，持续深入开展“五大行动”，破获毒品刑事案件94起（其中部督案件1起，省督案件2起），抓获毒品犯罪嫌疑人120人，缴获毒品6396.2克，查处吸毒人员736名。四是针对街头打架斗殴影响安全感问题，充分借鉴瓮安经验，制定《六枝特区公安局办理公共场所伤害案件暂行规定》，对3人以上的打架斗殴案件一律予以拘留，让想打架的人不敢动手，要打架的人不敢伸手，2015年街面的打架案件大幅减少。五是不断加大追逃力度。以“理念创新、机制激励、科技追逃、信息引导、敦促投案”“五轮”驱动，不断向逃犯发起凌厉攻势，共抓获各类网上逃犯154名，特别是刑侦大队成功抓获潜逃达11年之久的命案逃犯秦其光和潜逃达17年之久的命案逃犯刘勇等19名命案逃犯，极大地震慑了犯罪。六是深入践行命案必破。建立执行“三长必到”机制（分管局长、刑侦大队长、派出所所长必到命案现场）、“四个立即”机制（对命案的重大线索、逃犯、物证立即开展调查、立即予以侦控、立即予以技术检验和上网比对、立即报告情况）和“同步上案、合成作战”机制。2015年共发命案5起，破5起，未突破命案防控数10起的指标，也保持命案连续三年全破的优异成绩。

【社会防控】 一是严密社会防范，进一步压缩犯罪时间和空间。为进一步加强社会管理创新工作，在进行全面调研的基础上，从有关警种、派出所抽调19名正式民警和41名协警组建了一支新的专业接处警队伍，于4月20日正式上岗。专业接处警队以网格化布警为基础，实行四班三运转，确保24小时屯警街面，动中备勤、巡中处警。解决了警情高峰拥堵，报警排队等众多问题，实现城区治安由“打”到“防”、由“被动”向“主动”、由静态向动态转变新型巡逻勤务模式。二是致力于社区民警专职化，打造“四化”社区警务。立足于省厅“派出所建设三年攻坚战工作意见”对加强社区警务建设的要求，创新现有社区警务模式，选调年轻民警到城区社区警务室工作，倾力打造年轻化、专职化、规范化、便民化社区警务。自社区民警专职化以来，城区侵财类案件得到有效控制，同比下降43.13%，其中，入室盗窃下降8.6%、盗窃机动车下降20.2%、入室抢劫基本为零，矛盾纠纷化解率上升31%，群众普遍反映见警率大幅提升，服务质量明显提高。三是积极搭建平台，进一步为化解社会矛盾提供便捷的服务。以“警力有限、民力无穷”理念，推动特区党委、政府联合出台《六枝特区社会矛盾纠纷排查调处工作实施办法》和《六枝特区人民调解员调解纠纷补贴办法》。以专业接处警和社区警务为基础，搭建以行政调解、司法调解、人民调解为内容的三级联动平台，借力党政，借力民间，借力群众化解各类社会矛盾。四是依托“天网工程”视频，进一步强化科技防范。依托“天网工程”视频，组建一支10人的视频巡查队伍，全面开展视频巡查防控，出台实施《六枝特区公安局视频巡查与街面警力配合联动工作机制》，确保街面巡逻与视频巡查的有机对接。同时结合车轨系统、地网等科技手段，不断强化视频巡查和视频轨迹跟踪比对，利用视频辨认、比对等多种情报分析方法，先后破获城区抢夺案、盗窃案等一系列影响恶劣的案件，共抓获犯罪嫌疑人35人，破获案件130余起。

【服务民生、争创满意】 一是践行群众路线新途径。持续不间断地开展各类大走访活动，对重点单位进行定期访，对重点人员进行随时访，对案件当事人进行及时访，对困难群众进行真情访，对矛盾隐患场所进行跟踪访，最大限度地减少社会对抗、曾进警民互信。自开展大走访活动以来，共走访群众2000余人，通过走访，成功规劝3名网上在逃人员投案自首。二是打造“流动便民”新警务。以“送温暖、送平安、送和谐、送法律送服务”为主要内容，依托移动警务平台车在城区各社区开展户籍业务等服务上门活动，同时常态化开展流动车管所服务，深入各乡镇开展摩托车牌证集中办理上门服务，为群众提供车辆注册登记、年检、驾驶证年审、摩托车驾驶证考试、车驾管理业务咨询及信息查询等法律服务，让村民真正享受到足不出户的服务。2015年，共深入乡镇办理车管业务94次，办理摩托车驾驶证7743本，摩托车注册登记12119辆，摩托车年检5866辆，发放宣传资料10600余份，接受群众咨询17500次，为7000余人次办理车管业务，利用移动警务平台车上门为群众服务3000余人次。三是实施窗口服务新举措。以《六盘水市公安机关窗口服务工作规范》和《六枝特区公安局窗口服务单位满意度服务评价器管理使用规定（试行）》出台为契机，建立窗口服务引导机制，开通“户籍办理直通车系统”，让数据多跑路，让群众少跑路。全力打造窗口部门“零距离接待、零差错服务、零投诉窗口”。窗口部门共办理第二代居民身份证46898个，各类户籍业务1030个，办理居住证6046人，办理护照（港澳通行证）4993人，办理机动车业务42981人次，办理驾驶证业务24949人次，群众满意率首次达到99.73%。

【队伍建设】 始终把队伍管理放在首位，坚持内强素质与外树形象相结合、从优待警与从严治警相结合。一是率先垂范抓班子。进一步加强领导班子的党性修养，提高运用科学发展观干事创业的能力，在各方面起到领导核心作用，确保以强烈的事业心、责任感和人格魅力，带领队伍驾驭各种复杂局势；坚持“党委议事制度”，对事关方向性、全局性的问题坚持党委讨论决定，推进决策科学化、民主化、规范化。二是建立局规引导队伍正规化。相继出台《六枝特区公安局民警日常违规行为记分办法》和《六枝特区公安局协警日常违规行为记分办法》，以这两个《办法》为局规，坚持公开透明、奖优罚劣、实事求是的原则，坚持动真碰硬，以具体事实和分值数据说话，从小事抓起，注重民警养成教育，解决少数民警作风不实、警令不畅、执法不公等问题，最大限度释放队伍潜能，凝聚警心。实现队伍建设从“粗放式管理”向“制度管理”的转变，全面引导民警正确定位职能、规范行为，激发职业热情，从源头上预防队伍违法违纪违令问题的发生，提升队伍管理的正规化建设水平。

检察院

【概况】 六枝特区人民检察院，下设有办公室、政工科、反贪污贿赂局、反渎职侵权局、侦查监督科、公诉科、未成年人刑事犯罪检察科、民事行政检察科、控告申诉检察科、监所检察科、职务犯罪预防科、司法警察大队、案件管理办公室、环境保护检察科、检察技术科等科室。六枝特区人民检察院始终坚持服从、服务于党和国家工作大局，紧紧围绕“强化法律监督、维护公平正义”的检察工作主题，忠实履行法律监督职责，积极回应人民群众对司法公正和社会公平正义的关注和期待，全力推进各项检察工作创新发展，努力为维护全区社会和谐稳定、促进六枝经济社会发展提供有力的司法保障。

【各类刑事犯罪】 2015年，侦查监督部门共受理公安机关提请批准逮捕各类刑事案件331件450人。经审查，批捕330人，不捕113人，公安机关撤回7人；公诉部门共受理侦查部门移送审查起诉案件544件785人（含退查重报121件228人），经依法审查后向同级人民法院提起公诉458人，作出不起诉18人，移送其他院审查起诉49人，退回补充侦查220人，公安机关撤回3件4人；未成年人刑事检察部门共受理公安机关提请批准逮捕未成年人刑事案件31件49人，经审查，批捕34人，不捕15人（其中，构成犯罪无逮捕必要不捕1人，事实不清、证据不足不捕4人，不构成犯罪不捕9人）；受理审查起诉未成年人刑事案件30件43人（含退查重报2件3人），经审查，依法向同级法院提起公诉37人。所移送审查起诉的案件均在法定期限内审结，无错案、超期羁押现象发生。

【严查和预防职务犯罪】 在严厉惩治侵害群众合法权益、危害群众安全感的各类刑事犯罪的同时，严查和预防职务犯罪，坚决查办发生在医疗、教育、征地拆迁、扶贫救济等民生领域的职务犯罪案件。2015年，反贪污贿赂部门立案侦查贪污贿赂犯罪案件14件15人，侦查终结14件15人，移送审查起诉14件15人，为国家和集体挽回直接经济损失172.51万元。反渎职侵权部门立案侦查渎职侵权犯罪案件4件4人，侦查终结移送审查起诉4件4人。在查办案件的同时，进一步健全预防职务犯罪工作机制，深入各乡镇、国土局、供电局等部门开展职务犯罪预防专题讲座，共开展警示教育和廉政教育41次，受教育警示人员近4540余人次，开展预防调查并形成书面调查报告

8份，开展职务犯罪分析并形成书面分析报告7份，提出检察建议9份，受理行贿犯罪档案查询430次，与特区工商联、林业局等单位建立了职务犯罪预防工作联席会议制度，在全市检察机关率先探索建立了警示约谈室。为充分发挥检察机关打击、保护、监督、预防等职能作用，提高服务企业发展的能力和水平，营造有利于企业改革、创新、发展的良好法治环境，举办了2015年“服务企业发展——检察长、董事长‘两长’座谈会”。

【生态·环境保护专项行动】 民事行政检察（生态环保检察）部门充分发挥检察机关职能作用，紧紧围绕美丽六枝建设，坚守发展与生态两条底线，依法保护生态文明建设，着力强化对生态环境资源的司法保护，积极回应人民群众对改善生态环境现状的迫切要求。根据省检察院工作要求，六枝特区检察院于2015年2月全面启动了生态·环境保护专项行动，通过与特区林业、环保等行政执法部门联系沟通，确定生态环境保护工作联络员，建立工作长效机制，努力形成对六枝特区境内破坏生态环境资源刑事犯罪的打击合力。重点查办和积极预防生态环境领域职务犯罪，在查办案件的同时，积极开展“补植复绿”生态修复工作。2015年，共发出督促行政机关依法履行职责检察建议111件，监督行政机关移送刑事案件2件2人，监督公安机关立案4件4人，立案侦查生态环保领域职务犯罪6件6人，受理提请逮捕破坏生态环境案件4件4人，批捕3件3人，受理移送审查起诉破坏生态环境案件13件13人，提起公诉6件6人，移送其他检察院审查起诉1件1人。

【法律监督与司法公正】 在办案中严把证据关、程序关，确保案件质量，对证据不足或不构成犯罪的刑事案件依法不批准逮捕97人，对公安机关应当立案而未立案的，依法监督立案10件10人，依法提出纠正意见监督撤案5件5人；监督公安机关立案追究遗漏犯罪嫌疑人5人，纠正侦查违法行为19件（次），追诉遗漏犯罪嫌疑人9人，追诉遗漏犯罪事实7桩，提前介入引导重大疑难案件侦查取证35次。刑事审判监督方面，依法提起刑事抗诉1件1人，市检察院支持抗诉，市中级人民法院已作出改判。积极开展羁押必要性审查，建议对4名无羁押必要的犯罪嫌疑人变更强制措施，不断建立健全行政执法与刑事司法衔接机制。监所检察部门以刑事执行检察更名为契机，认真履行法律监督职责，对看守所收押释放在押人员进行全程监督，高度重视羁押期限监督和久押不决案件的清理，杜绝超期羁押的发生。2015年，对全区300多名社区服刑人员刑罚执行情况开展检察，对存在的问题及时提出建议，完善工作措施，确保全区社区矫正工作依法依规正常开展，加强对社区矫正的法律监督，纠正社区矫正罪犯脱漏管2人（次），向公安机关、人民法院提出书面检查建议书及纠正违法通知书2件（次）。认真贯彻落实高检院《关于依法做好特赦部分服刑罪犯法律监督工作的通知》要求，严格依法做好特赦部分服刑罪犯法律监督工作。2015年对司法行政机关呈报的40件（人）特赦案件进行认真审查，按时上报，均得到六盘水市中级人民法院的裁定特赦。控告申诉检察部门充分发挥桥梁纽带作用，严格执行检察长接待日制度和首办责任制。2015年，控告申诉部门共受理人民群众来信来访52件（次），其中，检察长接访9人，接待案件5件，批示案件4件。紧紧围绕特区中心工作，按要求积极参与政法系统领导干部定期接访涉法涉诉来访群众工作，立足检察职能，化解社会矛盾。积极开展司法救助，对7名刑事被害人及其家属提供司法救助共计4万元。

【队伍思想政治和业务能力建设】 始终把队伍建设作为根本，切实加强对检察干警的教育、管理和监督，努力建设一支政治过硬、业务精通、作风优良、执法公正的检察队伍。组织全院干警深入学习贯彻党的十八大及十八届三中、四中、五中全会和习近平总书记系列重要讲话精神，坚持正确政治方向，扎实开展好“三严三实”专题教育，有针对性地组织检察干警开展党风廉政教育、执法为民教育、公正执法教育、廉洁从检教育，保持检察队伍的纯洁性。积极开展检察业务培训和检察干警到特区党委办公室跟岗学习活动，坚持重规范、打基础，重创新、抓亮点，重实战、练精兵的原则，结合实际开展“检察道德讲堂”活动，不断创新培训形式，丰富培训内容，提高培训的针对性、实用性，全年共培训44人（次），通过教育培训，检察干警整体素质得到有效提升。

【党风廉政建设】 院党组高度重视党风廉政建设，把党风廉政建设与检察业务工作同思考、同部署、同落实，始终把履行党风廉政建设主体责任抓在手上，扛在肩上，落实在行动上。纪检组依纪依规严格监督执纪问责。通过抓党风廉政建设“两个责任”落实，进一步加强对检察干警的日常教育管理，始终坚持把纪律和规矩挺在前面，及时组织干警认真学习修订后的《中国共产党廉洁自律准则》和《中国共产党纪律处分条例》，通过党组书记上廉政党课和组织观看典型案件警示教育专题影片等方式，教育引导干警不碰纪律高压线。按照“党纪严于国法、纪在法前”的要求，立足抓早抓小，坚持“零容忍”正风纪肃，对违反会风会纪的4名干警分别作出严肃处理（1名受到待岗三个月处理，1名在全院干警大会上作检讨，1名在党员大会上作检讨，1名被全院通报批评）。

法　院

【概况】 2015年，六枝特区人民法院有岩脚、新华、新场、郎岱、中寨、堕却、落别7个人民法庭，机关有政工科、办公室、立案庭、刑事审判庭、民事审判一庭、民事审判二庭、行政审判庭、审判监督庭、执行工作局、研究室、书记员管理办公室、司法警察大队、监察室、工矿和环境保护审判庭、审判管理办公室、机关事务管理中心共16个内设机构。上述机构中，政工科、执行局、司法警察大队、工矿和环境保护审判庭、审判管理办公室和7个人民法庭为副科级机构。有中央政法专项编制100名，地方工勤编制8名，其中正式在编人员92人，聘用人员49人。

【刑事审判】 以群众的安全感满意度为导向，以平安创建活动为载体，坚持宽严相济刑事政策，依法严厉打击各类犯罪活动，维护社会稳定。受理刑事案件439件558人，审结421件530人。其中：受理“两抢一盗”犯罪案件85件138人，全部审结；受理贪污贿赂犯罪案件20件21人，审结11件12人；毒品犯罪案件135件145人，全部审结。生效判决中，未成年犯罪52人，判处缓刑134人，免予刑事处罚12人。同时，妥善处理附带民事赔偿与量刑的关系，最大限度增加和谐因素，最大限度减少不和谐因素。受理刑事附带民事诉讼案件27件，审结26件，结案率为96.30%。

刑事审判中，加强与公安、检察机关及其他相关单位的密切配合，开展“三个严打”专项行动，确保社会治安大局稳定和人民群众的安全感满意度提升。行动开展以来，进行7次集中宣判，增强刑事审判的威慑作用，营造良好的治安环境。

【民商事审判】 坚持“调解优先、调判结合”原则，进一步完善“三位一体”的大调解工作体系，化解矛盾，促进和谐。妥善审理民间借贷、金融借款等合同纠纷，规范市场交易，促进社会诚信。受理各类民商案件2637件，收案数同比上升51.44%，审结2359件，同比上升68.36%，结案标的额20256.17万元。其中调撤1469件，调撤率为62.27%。

【行政审判】 全面贯彻落实修改后的行政诉讼法，有效处理行政争议，促进依法行政。受理行政案件12件，审结12件；共审查非诉执行案件10件。随着修改后行政诉讼法的实施，从2015年5月1日起，六枝特区范围内的行政案件由钟山法院集中受理。

【执行工作】 以全面贯彻《最高人民法院关于公布失信被执行人名单信息的若干规定》为契机，落实曝光制度，将失信被执行人向社会公布予以信用惩戒，维护裁判权威，切实破解“执行难”问题。2015年，共受理执行案件1106件，收案数同比上升86.82%，执结943件，同比上升203.22%，执行标的额30608.45万元。其中，涉民生类案件196件，执行到位标的额320余万元。

工作开展中，共70余名失信被执行人录入最高人民法院失信被执行人名单库，其中3名失信被执行人因在融资信贷、高消费行为方面受到限制而主动到法院履行执行款100.50万元。同时严格执行集中查询制度，在金融、房管、车管、工商、国土等部门共查询被执行人财产70余次，涉及被执行人800余人，查控存款4000余万元、房屋40余套、车辆30余辆、登记公司3个，国土土地登记记录20余份，有效营造自觉履行生效法律文书的良好社会氛围。

【信访工作】 本着重心下移、公开依法、便民及时的原则，运行远程视频接访系统，努力减少群众涉诉上访负担，努力实现从走访到远程视频接访的申诉信访模式转变。共处理群众来信28件，接待重点来访人员61人（次）；清理排查涉法涉诉上访案件28件，化解14件，化解率为50%；上级交办信访案件12件，化解6件，化解率为50%；特区人大常委会信访办转办信访件4件，回复4件，回复率100%。

【司法便民利民】 改造诉讼服务中心，按照“诉讼便利，服务周到，裁判公正”的主题，完善窗口综合服务功能，建立开放式诉讼服务大厅，通过电话立案、网络回复、上门立案、巡回审判等方式，让群众感受司法温暖。全年共巡回审理各类案件1069件。同时实现立案审查制向立案登记制转变，对符合法院受理条件的案件，做到有案必立、有诉必理，切实解决立案难问题。自实行立案登记制以来，共立案登记3029件。

继续运行绿色诉讼通道机制，简化办案交接手续，缩短审理时限，快立快审快结，提升办案速度。全年共启用绿色诉讼通道审理案件133件。健全100元以下诉讼费免交机制，从以新场法庭、郎岱法庭为试点向全区乡镇、社区推行，切实传递法治温暖。同时严格执行诉讼费交纳的有关规定，让经济确有困难的当事人打得起官司。全年100元以下诉讼费免交563件3.27万元；按规定减缓免交诉讼费655件30.64万元。

【司法公开】 扎实推进审判流程、裁判文书和执行信息“三大公开”平台建设，构建开放、动态、透明、便民的阳光司法机制。完善立案服务大厅触摸屏查询系统，让当事人可以自助查询六枝法院的审判管理及队伍建设相关信息。全年实现同步庭审录音录像826次，上网公开生效裁判文书997份，通过电视、网络、报纸等媒体曝光失信被执行人70余人次。共编发工作简报210期，其中被国家级媒体采用15篇次、省级媒体采用58篇次、市级媒体采用82篇次。

【司法改革】 坚持与市法院司法体制改革同步推进，围绕推行法官员额制、完善司法责任制、建立司法职业保障制三个方面，重点以优化审判权运行机制为试点，突出法官核心地位。从试行情况看，办案效率、质量均有大幅度提高。为配合司改工作的顺利推进，按照省法院的统一安排，开展法庭优化设置工作，将原有的7个人民法庭优化设置为4个人民法庭。2015年均已挂牌，人员全部到位。对于法庭优化设置后可能存在的问题，六枝法院采取系列配套应对措施，即在原法庭辖区内设立便民诉讼接待站，开展全天候接待，巡回审理，方面群众诉讼，实现快审快结。

【队伍建设】 扎实开展“三严三实”专题教育，建设一支政治坚定、业务精通、作风优良、公正廉洁的法官队伍，为做好人民法院的各项工作提供有力的思想和组织保障。

加强思想政治建设。以开展“三严三实”为契机，认真学习习近平总书记系列重要讲话精神，全面加强对干警的理想信念教育、党性教育和职业道德教育，进一步坚定广大干警的政治方向，巩固和提高政治素养，着力解决执法办案中的突出问题。开展“法官当如邹碧华”演讲活动，引导全院干警以“燃灯者”邹碧华精神全面践行司法为民宗旨。

加强司法能力建设。在借助与贵州大学法学院共建“卓越法律人才教育培养基地”平台的同时，通过选派法官到外地法院挂职、交流，全面实施教育强警、素质强警战略，在学习培训中“换血充电”，加快法官职业化建设步伐，不断提升法官在新形势下化解社会矛盾和依法裁判的能力和水平。全年共外派干警学习培训20期34人次，2名干警外派挂职锻炼。

加强司法廉政建设。以实施司法廉洁工程为切入点，借力党风廉政警示教育基地，切实筑牢拒腐防变的防线。一是积极推进教育、制度和监督相结合的惩防体系建设，全面落实党风廉政的主体责任和监督责任。二是充分运用反面典型抓好警示教育，以查处“关系案、人情案、金钱案”为重点，将“五个严禁”规定落到实处，确保司法廉洁。三是严格执行本院《司法廉洁案件回访制度》，主动发现问题，抓早抓小，早提醒、早纠正、早查处。全年共开展工作督察29次，下发检查通报29期，回访案件43件43人。与特区纪委、政法委、检察院合作共建的党风廉政警示教育基地，共接待省、市、区24家单位600余人次接受廉政教育。

加强司法作风建设。充分利用群众路线教育实践活动成果，开展“四风”专项整治活动，加强工作督察，以“零容忍”的态度解决“不严不实”的问题，最大程度避免“六难三案”现象。同时引导干警在审判执行工作中增强服务意识，拓展服务领域，把各项沟通民意的要求和措施落到实处，以干警的实际行动和良好形象取得群众认同，着力提升司法公信。

加强法院文化建设。坚持创新、协调、绿色、开放、共享的发展理念，筑牢全国法院文化建设示范单位平台。新年伊始，开展以“新年新征程·健康伴我行”为主题的新年健步走活动；2月，由党组成员带队，组织50名干警到新场、月亮河等地开展“绿色贵州”义务植树活动；3月，组织宣讲团开展法制“三进”活动9次，受众5000余人次；4月，组织20余名青年干警开展清明祭英烈活动；6月，组织10名干警开展慰问留守儿童的“一对一帮扶”活动；12月，邀请30余名社区干部开展以“法治共享 · 你我同行”为主题的公众开放日活动；全年共举办书画、摄影、信息化应用文化讲座6次。通过文化载体创新，丰富文化活动，对外传播正能量，对内陶冶干警情操，进一步激发干警干事创业的工作热情。

【监督工作】 围绕司法公开的“六项规定”，充分利用法院网站和其他信息公开平台，把法院工作置于人大的依法监督、政协的民主监督和社会各界的广泛监督之下，保障公众对法院工作的知情权、参与权、表达权和监督权。一是高标准向人民代表大会报告工作，向人大常委会作专题报告；二是自觉接受人大常委会对法院工作的评议和检查；三是认真听取人大代表、政协委员在视察活动中对法院工作提出的意见和建议；四是主动邀请人大代表、政协委员旁听重大典型案件庭审。2015年，向特区人大常委会作专题报告1次，接受市区人大代表视察1次，对5名省人大代表进行走访联络，2次共邀请210名党代表、人大代表及政协委员旁听庭审，党组成员带队深入特区9镇6乡4社区进行走访，共走访100余人，收集意见和建议12条。

【表彰】 2015年，先后荣获“全国优秀法院”“全省法院先进集体”“全省精神文明先进单位”等荣誉称号，陈芳荣获全省法院先进个人荣誉称号。

司法行政

【概况】 2015年，司法局紧紧围绕“平安六枝”建设，以服务全区社会经济为突出任务，以“突出实效性、扩大影响力、提高满意度”为目标，以服务发展、服务稳定、服务民生为主线，着眼构建矛盾纠纷排查调处、特殊人群服务管理、公共法律服务、法制宣传教育“四个全覆盖”工作体系，奋力在全市司法行政系统争先进位，为全区和谐稳定做出了应有的贡献。

【调解队伍建设】 积极开展专项社会矛盾纠纷网格化排查工作。全区有乡镇、村居调委会265个，其中乡镇人民调解委员会18个，村人民调解委员会220个，居调解委员会24个，专业调委会3个。人民调解员总数为1219名，调整充实了各级调解组织。1月至10月各级调委会调处矛盾纠纷517件，调解成功504件，调解成功率为97.5%。2015年11月，月亮河乡人民调解委员会被省人民政府评为全省优秀人民调解委员会，新场乡人民调解委员会副主任、司法所所长余俊祥被评为全省优秀人民调解员。

【法律援助】 各法律援助机构深入贯彻两个《纲要》和《法律援助条例》、《贵州省法律援助条例》的要求，主动适应我国经济社会发展需要，坚持和完善中国特色社会主义法律援助制度，围绕组织建设、管理工作、服务工作和社会影响等能力建设，着力优化发展环境，加强体制机制建设，提高服务质量，有力推动了法律援助事业又好又快发展。法律援助提供能力进一步增强。法律援助覆盖面逐步扩大，服务质量和效率不断提高，困难群众获得法律援助更加高效便捷，切实感受到了社会的公平正义。进行法律援助宣传2场次，进行法律援助培训两次43人，审查受理法律援助案件512件。协助特区政府调处群体性纠纷2件。为抓好明年的法律援助工作打下基础。

【公证法律服务】 2015年，共承办各类公证案件620件，其中民事案件582件、经济案件38件。参加特区政府违章建筑撤迁4次，接待来访4500余人次，解答法律咨询4000余人次，组织法律宣传2次，不予公证59件，办理法律援助208件，为经济困难户减少公证费68件，公证回访109件，调解纠纷32件，办理公证事项涉及金额1500余万元，公证收费29800余元。

【法治宣传教育】 围绕项目建设，开展各种形式的法制宣传活动。2015年，开展城市房屋阵征地拆迁法制宣传教育21场次，服务园区项目建设开展法制宣传19场次，处理因房屋拆、医疗纠纷、交通事故、拖欠农民工工资等集体信访上访事件法制宣传27场次。

抓好各类法制节点活动的法制宣传。特区政法各部门和特区机关单位、各乡镇结合各自工作特点和实际，积极开展“3·8”妇女维权、“五月综治宣传月”、“6·26”国际禁毒日宣传、“4·26”知识产权周、“保密法宣传月”“12·4”全国宪法日等法制宣传教育活动。全区共开展各类法制宣传活动51余场，共举办法制文艺会演7场，举办吸毒人员现身说法12场，开展爱国主义和法制教育专题讲座5场。在各乡镇开展大型法制宣传教育活动32场次，在乡村举办法律讲座21场，编写印发各种法律宣传资料8万余份，提供法律咨询8500余人次，法制展板展出60余场（次），不断扩大群众受教育面。

【“法律十进”宣传】 一是全力抓好“法律进机关”工作，抓好国家公职人员特别是行政执法人员的法律知识教育。2015年以来，组织领导干部及公务员法制讲座6期共1200余人，有效提高领导干部及公务员依法管理、依法行政的能力和水。二是深入开展“法律进学校”工作，着重抓好学校未成年人的法律知识教育。一年来，共计到直属学校上法制课44次，各司法所到学校上法制课42次。三是着力抓好“法律进企业”工作。2015年以来，共到各厂矿企业进行法制宣传8次，调处了堵矿纠纷、农民工集体上访讨薪等矿群纠纷13件。四是全面突破“法律进乡村”工作。先后到月亮河等乡镇开展“法律进乡村”活动，受到群众一致好评。五是深入开展“法律进社区”工作，着重抓好社区的法制宣传教育工作，到社区居委会进行法制宣传，提高了社区居民的法律素质。六是创新推进“法律进单位”工作，先后组织法制讲座11期共13000余人，提高了领导干部依法行政的能力和水平。七是开展“法律进家庭”活动，以开展党的群众路线教育活动为契机，与法院、妇联等开展“法律进家庭”活动12次。八是认真落实“法律进军营”，着重抓好军营法制宣传教育和法律服务。九是努力推进“法律进高墙”，组织学生到监狱、强制戒毒场所进行警示教育4次，到监狱开展法制讲座2次。十是重点开展“法律进商铺”活动，提高个体工商户的法制意识。通过“法律十进”活动的开展，全区公民的法律素质明显提高，违法犯罪明显减少。

【强特殊人群管理教育】 2015年，全区接收社区矫正人员958人，解除社区矫正人员619人，撤销缓刑11人，撤销假释2人，对暂予监外执行罪犯收监执行8人，再犯罪2人。现有在矫人员339名，其中缓刑270人，暂予监外执行9人，假释60人。11月，组织60名社区服刑人员进行了为期10天的创业培训。全区共建立安置帮教小组265个，帮教工作人员980人，形成区、乡镇、村（社区）三级网络。1—10月，共收到刑释解戒人员通知书709份，刑释解戒人员返乡253人，安置136人，帮教253人。1—11月到监所接回刑释解教人员191人，开展刑释解教工作人员业务培训会1次。

【表彰】 2015年3月25日，司法部、民政部授予月亮河乡补雨村“全国民主法治示范村（社区）”称号。11月，月亮河乡人民调解委员会被贵州省人民政府评为全省优秀人民调解委员会。新场乡人民调解委员会副主任、司法所所长余俊祥被评为全省优秀人民调解员。

经济监督与管理

国土资源管理

【概况】 六枝特区土地管理局成立1987年，由土地管理局依照《土地管理法》及相关法律法规的规定履行土地管理职能。1993年8月，特区土地管理局与环保局、地矿局合并，成立特区国土资源管理局。1994年8月，特区国土资源管理局、环保局和地矿局分别从国土资源管理局分离，由国土资源管理局履行土地管理职能。2002年，特区国土资源管理局与地矿局合并，成立特区国土资源局。2005年，按照党中央、国务院的部署，进行省以下国土资源管理体制改革。改革后的特区国土资源局属特区人民政府的工作部门，实行双重领导体制，以上级国土资源部门管理为主，除副科级以上领导干部由市国土资源局党组任命和管理外，其他经费、机构、编制、人事、组织等事宜仍属特区人民政府管理，乡（镇）国土资源所属国土资源局的派出机构。全局有职工100人，其中机关57人、国土资源所43人。

【内设机构】 2015年，机关内设6个行政职能股室，即：办公室、规划测绘股、耕地保护与建设用地股（地籍管理股）、地质环境股、矿产资源管理股、政策法规股，7个事业单位，即：国土资源执法监察大队、土地勘查规划所、地籍管理站、国土资源储备交易中心、土地开发整理中心、地质灾害防治中心、不动产登记中心，派出18个国土资源所。

【建设用地报批】 2015年，上报2个工业批次、8个城镇批次、2个保障房批次、4个单独选址项目用地和1个农村村民建房用地，报批面积344.9038公顷，其中：91.2911公顷报件（第2批次城镇26.2639公顷、第3批次城镇26.8263公顷、第1批次保障房3.1576公顷、第2批次保障房5.0433公顷及2015年度农村村民建房用地30公顷），省级和市级已下批准文件114.2420公顷报件（第1批次城镇23.9419公顷、第4批次城镇8.9380公顷、第1批次工业16.0339公顷、第2批次工业18.6521公顷、第5批次城镇26.8208公顷、第6批次城镇6.2717公顷、懒龙河水库工程6.8536公顷、安顺至六盘水铁路先行用地6.73公顷），市级已审查通过并进入省级审查程序19.6008公顷的报件［第7批次城镇11.8289公顷、第八批次城镇建设用地（例行督察整改项目）7.3589公顷、大用变电站0.2460公顷、中寨变电站0.1670公顷］，特区已审查通过并进入市级审查程序119.7699公顷，分别为毛草寨水库5.0775公顷、贵州天然气支线管网项目六枝分输站0.7840公顷、河头上水库111.94公顷、六枝至水城天然气支线管道建设项目1.9684公顷。审查报批过程中，无违反土地利用总体规划和审查报批规定的报地问题。2015年共获批准用地共计282.9081公顷，涉及贵州华润六枝电厂、路喜循环经济园区、落别、大用、折溪、梭戛、原平寨镇、郎岱镇小城镇建设，六枝特区第五小学用地、南环路用地、牂牁景区用地、折溪变电站、南部新区、平寨镇棚户区（塔山）改造用地、贵州华润六枝电厂、懒板凳搬迁安置用地及2015年度农村村民建房用地等建设项目。

【规范推进征地服务】 2015年，丈量了安顺到六盘水高铁、新窑飞科电子厂、落别湿地公园、南部新区、落别天宝公司、六枝特区阳光路等20个项目，总面积为221.9245公顷（3328.8675亩）。工作中政策宣传到位、解释疏导深入、公开接受监督、阳光透明运作、维护群众利益，未发生群体上访事件。

【土地收储】 2015年，加强土地收储、融资、出让和增收。推进土地收购储备制度的完善落实，制定收购储备计划，努力消化和减少存量土地。全年计划收储土地3000亩，已收储3613.44亩，其中：新增2548.97亩，存量1064.47亩；供应589.11亩，剩余3024.33亩。

【土地整治】 对已施工完工的开发项目，新增耕地可用于"占补平衡"758亩，11月30日已通过六盘水市国土资源局验收；申报新增耕地可用于"占补平衡"的土地开发项目2个，其中：木岗镇土地开发项目通过市局立项，规划设计已申报评审，落别乡木厂村、抵耳村、牛角村土地开发项目规划设计已经六盘水市国土资源局批准，两个项目规划建设规模4262亩、新增耕地2838亩，估算总投资1015万元。

【土地一级市场平稳发展】 2015年，公开出让国有土地使用权91宗392739.25平方米，出让总价款55813.5万元。

【节约集约用地】 2015年，供地96宗111.1202公顷（划拨5宗71.8502公顷、出让91宗39.27公顷），全部规范公示、接受上级监督，无违法违规供地问题；出让处置存量土地9.9431公顷，出让价款20393.5元。始终加强建设用地报、批、征、供、用的管控，严格按照供地目录和投资强度供地，严禁高能耗、高污染、产能过剩和重复建设项目入驻。

【土地登记和农村宅基地审批服务】 2015年，审查办结农村村民建房435户，面积51869.83平方米，其中：占用耕地354户，面积42035.69平方米；占用非耕地81户，面积9834.14平方米。办理土地转让登记1225宗，转让金额677425元，办理土地抵押登记27宗296303.65平方米，抵押金额34193万元。

【坚守耕地"红线"，占补平衡有余】 全区现有耕地67493.91公顷，保有量任务为66200公顷，超过保有量1293.91公顷。划定基本农田保护面积59300公顷（含预补划400公顷）。结存储备耕地占补指标388.3428公顷，其中：能用于非农建设项目的指标90.0245公顷，能用于水利、农村居民点和农村道路建设的指标298.3183公顷。

【农村土地综合整治】 2015年，六枝特区国土资源共实施7个土地整治(建设)项目，规划整治(建设)面积2700.4958公顷，预算投资8566.74万元，其中：通过验收项目3个，整治（建设）面积865.46公顷，完成投资2643.37万元；完工编制报验3个项目，整治（建设）面积907.8458公顷，完成投资3496.92万元，项目已报送验收资料到省厅及市局，待验收；开工在建项目1个，规划整治(建设)面积927.19公顷，预算投资2426.45万元。开展前期工作拟实施2个项目，规划整治（建设）面积1997公顷、建设高标面积1476.87公顷，估算投资4144.25万元。

【土地勘查】 2015年，六枝特区土地利用现状数据库及相关资料、图件维护完好，土地基础数据掌握翔实。完成全区耕地质量等别调查评价与监测工作，待国土资源部审核通过。

【矿产管理】 一是加强矿业权批后监管。严格督促矿山企业依法依规勘采，落实保护性勘采和合理利用矿产资源的各项政策措施，矿山企业安全组织生产、节约集约开发利用资源的水平不断提升。二是加强矿产储量管理。全区有煤矿32对，现生产的有3对。对天泰、兴旺、六龙、凸山田、化处矿、湘发共6对矿井进行了监测。三是加强矿政服务。认真开展"采矿许可证"年检，应检采矿权101个，其中：本级应检69个，已检62个，7个因整合关闭影响未申报年检；市级应检32个，20个年检合格，12个因煤矿资金困难未交费、年检结论为整改。四是积极做好煤矿企业兼并重组的协调服务。认真完成了贵州美升能源集团有限公司、路鑫喜义工矿股份有限公司、飞尚能源有限公司、贵州浦鑫能源有限公司、国电贵州煤业投资有限公司参与煤矿企业兼并重组及整合中涉及的采矿权变更、延续、登记、换证等服务工作，开展六枝工矿（集团）有限责任公司化处煤炭分公司扩界、扩能换证工作。

【砂石土矿山整合关闭】 2015年，已关停禁采区内砂石土矿山59个，其中：平寨镇朱家湾砂石厂、鑫马砂石厂、昌兴砂石厂等属于城市规划区可视范围；岩背后砂石厂、羊斗龙砂石厂、东方砂石厂等属于高速公路可视范围。现正在陆续进行砂石土矿山新采矿权的招拍挂出让工作。严格执行矿业权有偿取得和矿产资源有偿使用制度。共收取矿产资源补偿费252万元。

【测绘监管和测量标志保护】 继续加大测绘资质、测绘质量、重点测绘项目监管和地图市场检查力度，及时发现整治不规范问题。对现可利用的23个测量标志点［6个GPS（C）级点、10个GPS（E）级点、7个国家二级水准点］巡查1次/月，落实一点一档和义务托管，保护完好。认真开展测绘市场、地图市场、地理信息保密检查。积极配合农业局实施航空影像数据获取项目。

【法律宣传教育】 2015年，采取多种形式，以“4·22”地球日、“6·25”全国土地日、“安全生产月活动”、“8·29”测绘法宣传日、“12·4”宪法日暨全国法制宣传日为集中宣传契机，大力宣传国土资源法律法规。在开展法制宣传活动中，不断创新宣传形式，以设立宣传台、悬挂布质宣传标语、电子滚动屏播放宣传标语、移动通信平台群发手机短信等形式进行宣传，共发放资料3000余份，现场接受群众咨询80余人次，发短信700余条。通过丰富多彩的宣传活动，全面营造学法、用法、守法的良好社会氛围。

【国土资源违法案件查处】 2015年，国土资源局组织巡查1000余次，投入人力2100余人（次），出动车辆920台（次），投入经费15.8万元，会同乡（镇）封闭有开采迹象的非法采煤窝点8处。立案查处国土资源违法案件31件，其中土地违法29件、矿产违法2件。

【招商引资】 2015年，国土资源局签约引资4个项目，引资额8.96亿元，到位资金4.1亿元。

【地质灾害防治和地质环境保护】 2015年，全区汛前共有不同程度的隐患点187处，受胁5870户24887人，其中：特别危险点16处，受胁1054户5159人。入汛后，新增隐患点10处，受胁327户1220人。2015年以来，没有发生造成人员伤亡和重大财产损失的地质灾害。全年实施地质灾害治理项目共5个，分别是：堕却乡新发村田坝组滑坡治理项目，预算投资909万元，新场乡白果村小平小学地质灾害治理项目，预算投资599.85万元，箐口乡过瓦小学地质灾害治理项目，预算投资453.53万元，箐口乡箐口小学地质灾害治理项目，预算投资642.42万元，龙场乡老马小学地质灾害治理项目，预算投资555.95万元。

在地质环境保护方面，认真开展煤矿“矿山复绿”行动。组织聚鑫、平桥、华际、启文和六家坝共5对煤矿开展复绿工作，目前，各煤矿已按照批复的《实施方案》完成复绿任务，复绿面积839公顷。

【表彰】 2015年12月，郎岱国土资源所荣获全国国土资源管理系统先进集体荣誉称号。

市场监督管理

【概况】 2014年11月由原工商局、质监局和食药监局合并成立六枝特区市场监督管理局。成立以来，落实改革措施，锐意创新，扎实工作，进一步优化监管流程，建立广覆盖、专业化、高效率的市场监管体系，提高行政执法服务效率和水平。

【市场主体培育】 推行一次性告知制、限时办结制、延时服务制、为重大招商引资项目开辟绿色通道等便民举措，提高办事效率；严格执行“先照后证”“三证合一、一照一码”等改革措施，放宽市场准入条件。大力培育市场主体。截至10月30日，新登记市场主体共计2095户，其中：企业482户、个体工商户1475户、农民专业合作社138户，各类市场主体总量为19580户，其中：企业2730户、个体工商户16350户、农民专业合作社500户，与上年同期相比分别增长37.39%、12.24%和49.70%。按照全区2014年度常住人口49.78万人计算，全区万人拥有企业数为64户，万人拥有个体工商户数为328户。

【微企发展】 截至10月30日，共发展微型企业300户，完成了市政府下达的目标任务，其中：六大行业（加工制造、科技创新、创意设计、软件开发、民族手工艺品加工、特色食品生产）93户、农（林、牧、渔）业46户、批发及零售业51户、餐饮业50户、信息传输业16户、住宿业3户、其他41户；注册资本3468万元；共带动就业1503人；支付微型企业财政补助资金2户，金额9.3万元；共7户微型企业获得融资贷款75万元。

【食品安全监管】 截至10月30日，六枝特区食品生产环节有58户经营户，其中：企业23户、小作坊35户；食品流通环节有经营主体1984户，其中企业86户、个体1898户（批发64户、超市98个、食杂店1822户）。一是出动执法人员4000余人次，车辆600台次，检查各类食品市场主体6000余户（其中食品生产企业24家次、食品加工小作坊40户次、流通环节食品经营户5936户次）；二是开展食品抽样检测共计53个品种214个批次，全部为合格；三是加强执法办案，共计查处食品案件5件，其中流通环节4件、生产环节1件（依法移送公安机关1件），总案值27万元，罚款1.32万元。

【餐饮服务监管】 截至10月30日，六枝特区共有餐饮服务单位1701家，其中：学校食堂287家、大型餐馆4家、中型餐馆38家、小型餐馆1346家、冷饮店等其他餐饮服务单位26家。一是制发餐饮服务许可证347份，其中：餐饮店305份（城区202份，乡镇103份）、学校食堂39份、单位及工地食堂3份；二是开展安全检查，共出动执法人员1000人次，执法车辆310台次，检查餐饮服务单位2600家次，下达监督意见书56份，提出监督意见244条；三是开展特区两会、消夏文化节、特区电厂项目洽谈等重大活动餐饮服务保障，共保障3000余人的餐饮安全；四是开展餐饮服务量化分级，共评定C级1380家、B级59家、A级5家；五是开展餐饮服务环节食品抽检工作，共抽6个品种，49批次，147个样本，全部为合格；六是指导农村集体聚餐备案500余家次。

【药品安全监管】 截至10月30日，六枝特区共有药品生产、经营、使用单位460家，其中：生产企业2家（1家已停产）、药品批发企业2家、零售企业2家、零售药店144家、医疗机构310家；共有医疗器械经营企业4家、医疗器械备案主体60家。一是开展药店GSP认证工作，已认证检查99家；二是开展药品监督抽样工作，共抽样100批次，不合格药品3批次，合格率97%；三是稳步推进电子监管，已导入药品零售企业入网信息120家，获数字证书21家；四是加强药械诚信体系建设，已完成药店建档工作，评定涉药单位70家；五是认真开展药品安全监测与评价工作，共上报药品不良反应报告242例，医疗器械不良事件监测59例；六是开展执法，检查涉药企业476家次，发现过期药品34批次、医疗器械36批次，发现超范围经营药品6批次，共取缔无证经营药品3户、流动摊点1户，查扣药品10箱，下发责令整改通知书78份，查获假劣物品货值约2万元，立案查处10起，罚款42602.1元。

【特种设备安全监管】 截至10月30日，六枝特区有特种设备使用登记单位96家，登记数量991台，在用数量472台，电梯维保单位16家（本地单位1家、在六枝常驻的外地单位2家、其他13家）。一是完成36家单位43台燃煤锅炉的淘汰工作，占应淘汰单位数的90%，占应淘汰锅炉数的86%；淘汰燃煤锅炉7.35蒸吨，占任务的105%；二是出动检查人员700人次，检查特种设备使用单位232家次，检查特种设备600余台次，下达监察指令书18份，检查覆盖率达到100%；三是完成电梯普查193台；四是完成压力管道普查18.88千米，完成隐患整改2起；五是完成气瓶安全专项整治6家次；六是完成重要会议期间电梯安全值守6次；七是为56家单位办理施工告知手续127台，办理注册登记80台；八是举办特种设备作业人员和安全管理人员培训班，培训操作人员和管理人员共65人。

【计量检定、校准】 截至2015年10月30日，检定电子汽车衡8台、压力表178块、天平（含台架盘天平）28台、砝码12盒、加油机163枪、血压计（表）127台（块）、台案秤38台、电子计价秤91台。

【品牌建设】 2015年，共引导"草里寻"等64件商标申请注册、推荐"九层山"等3件商标申报省著名商标，完成1个省名牌产品的申报（华兴管业公司的"瓦斯抽放管"已通过专家现场审核），完成2个地理标志产品的申报（"落别樱桃"和"六枝龙胆草"已获批准），完成2个种植标准体系制订（月亮河有机水稻种植标准体系和六枝中药材坚龙胆种植标准体系，共93个标准）。截至10月30日，六枝特区获贵州省名牌产品4个，地理标志产品5个（岩脚面、落别樱桃、六枝龙胆草、郎岱酱、牛场辣椒），注册商标490件，贵州省著名商标14件。品牌建设成为新常态，质量兴区工作走在全市的前列。

【执法检查】 截至2015年10月30日，共出动执法人员6000余人次，检查各类市场主体4000余家次，办理行政处罚案件43件，涉案货值金额376429元，罚没款192800元，没收黑网吧电脑24台，结案率为100%，未出现系统性、集中性、区域性、行业性的制售假冒行为，未出现行政复议、行政诉讼和错案责任追究案件。

【消费维权】 按照新《消法》倡导的文明、健康、节约资源和保护环境的要求，以"3·15"宣传咨询活动带动深入开展消费教育引导工作。截至2015年10月30日，全局共受理消费者投诉、举报45件，其中投诉41件，争议金额24.78万元，处理40件，为消费者挽回经济损失19.01万元，办结率为97.56%；举报4件，处理4件。将消费纠纷和解在源头，解决在基层。

审　计

【概况】 六枝特区审计局为特区财政全额拨款的政府工作部门，核定行政编制14人，定领导职数4人（局长1人、副局长3人），特区经审办主任1人（副科级，由1人副局长兼任），正副股长（主任）6人，工勤人员编制2人；核定事业编制14人（专业技术岗位）。实有行政人员11人（局长1人、副局长1人，股长或科员8人、高级工1人）；事业人员11人。

2015年，紧紧围绕特区党委、政府中心工作及省、市审计机关安排的审计项目，按照"三严三实"要求，坚持"依法审计、廉洁审计、文明审计"，进一步加大对民生、重点领域、重大项目、重大违法违规问题的审计力度，为全区经济社会不断发展和同步小康做出了不懈努力。

【项目审计】 2015年，共完成审计项目58个，审计查出问题金额21657万元（违规金额1818万元、管理不规范金额19838万元），已上缴财政2019万元，归还原渠道资金1910万元，缴纳其他资金10万元，调账处理金额6484万元。其中：完成政府性投资审计项目36个，送审总金额41989万元，审定总金额36585万元，核减投资额5404万元，核减率为12.87%；审计促进拨付资金到位4057万元，审计挽回损失5404万元。向被审计单位提出审计建议103条；向纪检（监察）、检察机关移送案件线索 6 件。

【财政本级预算执行审计】 完成特区 2014 年度财政预算执行和其他财政收支情况的审计，延伸审计地税、林业部门，对新场、落别、陇脚 3 个乡镇财政决算及对其他财政财务收支情况进行审计。审计总金额 383775 万元（其中：公共财政预算收入 122210 万元、上级补助收入 219515 万元、基金收入 42050 万元），管理不规范资金 6382.32 万元，已全部整改完成；提出审计建议 6 条。

【干部任期经济责任审计】 根据特区党委组织部的委托，经特区人民政府主要领导批准，组织完成对 4 名区管干部（特区环境保护局局长李清洋、特区疾病预防控制中心主任吴永平、特区交通运输局执法大队队长李彪、原陇脚乡党委书记、政府乡长卢运勇）任期经济责任审计。在审计中发现了固定资产账账、账实不符，未办政府采购手续购置资产，往来账清理不及时、结余资金未清缴财政，违规发放钱、物、津补贴，项目资金长期未使用，隐瞒支出，借款未及时催还核销，截留、挪用专项资金购车和支付其他费用等问题，针对存在的问题，已督促被审单位进行整改（李彪因审计发现严重违规，违规事项已经移交纪律检查机关）。

【政府投资审计】 继续加大政府投资项目竣工决算审计力度，2015 年完成政府性投资审计项目 36 个，送审总金额 41989 万元，审定总金额 36585 万元，核减投资额 5404 万元，核减率为 12.87%；审计促进拨付资金到位 4057 万元，审计挽回（避免）损失 5404 万元。对违规违纪较严重的问题线索 1 件移交特区纪检监察机关处理。主要发现多计工程价款、概预算编报不规范等问题。对多计的工程款，项目业主方将按审计《决定》进行结算。

【专项资金审计】 以维护民生，促进和谐社会发展为目标，加大对关系经济社会发展、涉及人民群众切身利益的部分专项资金的审计力度。2015 年以来，我局在人员极为紧张的情况下，仍抽出 7 人次参加全省财政扶贫资金、全市保障性住房、就业资金专项审计；组织实施了 2014 年粮食增产项目、2013 年肉牛标准化示范项目、2013 年石漠化治理项目等 9 个专项审计；并抽人参加特区纪检机关组织的民生项目专项检查。

【党建帮扶】 一是结合自身和帮扶村的实际，制定切实可行的帮扶方案。二是安排 3000 元计生关爱资金和 8000 元富民型党组织建设资金支持帮扶村的基层组织建设和人口与计生工作。三是干部职工与 16 户贫困户精准扶贫结对帮扶，年底有望全部脱贫。四是赠送村支两委 3 台台式电脑、1 台笔记本电脑和 3 套办公桌椅。五是协调投资近 200 万元完成 12 个自然村寨 589 户 2787 人的小康电。六是投资 9 万元为木弄组 103 户村民接通小康水。七是协调投资 20 万元修建 200 平方米特大型沼气池，每年约能产生 7 万元的经济效益。八是协调 5 万元帮助修建村活动室的围墙及绿化，并从办公经费中挤出 1 万元资助该村瓦厂组特困户祖长贵一家进行危房改造，有效杜绝了严重安全隐患的发生。九是干部职工捐助 3000 元，用于资助 1 名家庭困难大学生和慰问 4 名留守儿童、4 名空巢老人。十是协调发改、水务、林业、交通等部门对制约该村发展的问题进行现场办公 8 次。

【表彰】 2015 年被六盘水市党的建设工作领导小组授予全市党建扶贫工作先进集体。

统　计

【概况】 六枝特区统计局是主管全区统计和国民经济核算的特区人民政府工作部门。内设 4 个股室，即办公室、综合统计与核算股、政策法规股（服务业股、投资股）、工农业能源股。下设 1 个正科级事业单位和一个股级事业单位，即六枝特区乡镇统计管理办公室和六枝特区统计信息中心。六枝特区乡镇统计管理办公室内设综合股和小康监测中心，下设派驻 15 个乡镇统计站 3 个街道办统计站。全局核定行政编制 8 名，事业编制 73 名，工勤人员 1 名，共 82 名。现实有在职人员

70名，其中，行政编制7名，事业编制56名。

【业务工作完成情况】 2015年，严格按照统计工作的要求，准确、及时、全面地完成了农业、工业、批发零售贸易餐饮业、建筑业及投资、劳动工资、综合、核算等统计专业年报和定期报表。2月份起每月向特区党委、政府、人大、政协及相关部门报送《综合统计信息》，共11期，发布《2014年六枝特区国民经济和社会发展统计公报》，编印了《2015年领导干部手册》800册，积极为地方党政领导和各部门提供、加工、整理各种统计资料。

1. 全区生产总值

2015年1—12月，全区生产总值完成147.89亿元，按可比价格计算，增长12.6%。其中：第一产业增加值30.03亿元，增长6.9%；第二产业增加值53.05亿元，增长12.5%；第三产业增加值64.81亿元，增长13.5%。

2. 工业经济

2015年1—12月，全区工业增加值完成44.82亿元，同比增长11.6%，其中：规模2000万元以上工业增加值完成26.99亿元，同比增长11.5%。

3. 固定资产投资

2015年1—12月，50万元以上投资完成243.83亿元，同比增长25.9%。

4. 社会消费品零售总额

2015年1—12月，社会消费品零售总额完成36.17亿元，同比增11.9%。

5. 财政收入

2015年1—12月，全区财政总收入完成15.29亿元，同比增长0.09%，其中：公共财政预算收入完成13.04亿元，同比增6.69%。

6. 城乡居民收入

2015年1—12月，农村居民人均可支配收入达7146元，同比增长11.6%；城镇居民人均可支配收入达21334元，同比增长10.6%。

【1%人口抽样调查工作】 一是成立分级组织机构，全面做好后勤保障。成立特区1%人口抽样调查工作领导小组和乡、镇（社区）1%人口抽样调查工作领导小组，分别由特区常务副区长及各乡、镇（社区）主要领导担任组长，分级负责，确保人员、经费、车辆等得到充分保障。二是多渠道开展宣传工作，扩大群众知晓率。每天在电视台播放1%人口抽样调查宣传片2次，持续1个月；在“微视六枝”微信公众平台刊登《致住户的一封信》《致调查员和指导员的一封信》，为期1个月；利用文艺表演、知识问答、发放宣传资料等方式在落别乡开展大型宣传活动；发放宣传画200份，悬挂宣传标语20幅，送达《致住户的一封信》和《致调查员和指导员的一封信》2065份。三是组织调查培训，提高人员业务水平。1%人口抽样调查工作领导小组利用2天时间对指导员和业务员进行手持电子终端设备（PDA）程序安装、程序升级、使用方法、上传方式等进行培训，确保后续工作有序开展。四是开展摸底调查，提前熟悉业务工作。组织调查员对被抽查乡、镇（社区）进行了事先摸底调查，使调查员提前熟悉电子终端设备（PDA）操作规程，为11月1日零时正式调查做好充分准备。五是成立包保工作小组，及时跟踪调查进度。组建由分管领导任组长的4个小组共20人分别对27个调查小区进行包保，及时跟踪调查进度，及时解决存在的困难，及时总结经验和做法，通过QQ群共享各调查小区的先进经验。

经济贸易

【概况】 2010年6月，根据中共六盘水市委办公室六盘水市人民政府办公室《关于印发六枝特区人民政府机构改革方案的通知》（市办通字〔2010〕12号）和中共六枝特区委员会六枝特区人民政府《关于六枝特区人民政府机构改革的实施意见》（六特发〔2010〕10号）文件，将原特区经济贸易局，特区粮食局和特区乡镇企业局（特区非公有制经济发展局）合并成立六枝特区经济和信息化局，为特区人民政府组成部门。

设6个内设机构：办公室、经济运行和规划投资股、企业股、行业管理和资源节约利用股、贸易市场与经济协作股、储备管理和调控股。行政编制12名（含纪检监察1名）。定领导职数：局长1名、副局长2名、纪检组长1名（副科级）、正副股长（主任）6名。工勤人员编制2名。

2014年12月，根据《中共六盘水市委办公室六盘水市人民政府办公室关于印发〈六枝特区人民政府职能转变和机构改革〉的通知》（六盘水党办发〔2014〕95号）和《中共六枝特区委员会办公室和六枝特区人民政府办公室关于印发〈六枝特区人民政府职能转变和机构改革〉的通知》（六特办通字〔2014〕145号）精神，与原特区煤炭局合并，成立六枝特区经济和信息化局，为特区人民政府组成部门。设9个内设机构：办公室（政务服务股）、信息化推进和管理股、经济运行和规划投资股（含工业“百千万”管理办）、企业股、行业管理和资源节约利用股、贸易市场与经济协作股、储备管理和调控股、煤炭股、非煤能源股。行政编制17名。定领导职数：局长1名、副局长3名；特区煤产办主任1名（正科级，由特区经济和信息化局1名副局长兼任）、副主任2名（副科级），正副股长（主任）9名。工勤人员3名纪检组长1名（副科级）、正副股长（主任）6名。工勤人员编制2名。

【主要指标完成情况】 1. 工业经济。1—12月，全区工业总产值完成149.59亿元，同比增37.47%；规模以上（2000万元）工业产值完成81.52亿元，同比增42.83%；规模以上（2000万元）工业增加值累计完成26.65亿元，增速11.5%；工业企业入库完成14户（10户仍在等待国家审批）；工业投资完成60.38亿元（含园区），同比增长17.84%；工业用电量增长速度与工业增加值增长速度之差绝对值为预计控制在0.8。

2. 工业产量。1～12月，全区生产原煤470.24万吨，其中地方煤矿273.03万吨，六枝工矿196.9万吨。完成洗精煤生产116.2万吨，占计划84.57%；完成煤焦总产值29.36亿元，占计划97.88%；生产水泥240.5万吨，同比下降9.77%。

3. 社会消费。1—12月，全区完成社会消费品零售总额36.17亿元，占计划107.33%，增速11.9%。其中：批零完成30.65亿元，住餐完成5.52亿元。申报入统企业8户，全年完成10家企业入统（其中2家仍在等待国家审批）。实现外资利用9222.8万美元。

4. 原煤销售。1—12月，全区地方煤矿原煤销售203706吨（全年预计完成220000吨），同比下降74.24%；完成洗精煤销售2564吨，同比下降90.19%。

5. 发电用电。1～12月，全区发电量19567.1万千瓦时，占年计划32921万千瓦时的59.44%。其中：水电16627.8万千瓦时，余热发电4912.29万千瓦时，瓦斯发电1054.2万千瓦时，光伏发电1.27万千瓦时。全区用电量15472.66万千瓦时，其中：工业用电量51519.25万千瓦时，同比下降12.56%。

【“百千万”工程】 拟定政府有关领导挂企业帮扶100户，经信、发改、供电、金融、统计、煤炭、市场监督局、税务及园区管委会等部门积极配合，大力开展服务企业、服务项目的“双服务”工作，深入企业调研帮扶134人次，协调解决问题48个，宣传报道工业“百千万”工程30余次，帮助煤矿企业复工复产8个，全力帮助以工矿、路喜、瑞安等大企业为代表的“通路难、融资难、协调难”实际问题，推进企业“百千万工程”成效明显。

【民营经济发展】 完成中小企业的项目督查和验收工作，合格率达90%以上；开展“民营企业服务年”活动，梳理问题129个，解决36个，上报政府帮助解决48个，与同级部门协调解决28个；考评新建微型企业300户，完成三户微企向中小企业转化；完成中小企业管理人员培训60余人次，组织推荐参加星光培训、银河培训28人次；储备项目15个，组织9户企业申报中小企业发展专项资金，组织45户企业申报万户小老板，完成民营经济组织专业技术职务申报评审工作等。1—12月全区完成民营经济增加值达到83.84亿元，占任务111.79%；完成民营经济市场主体达到2.44万户，占任务105.87%，民营经济注册资本达到70亿元，占任务100%；完成民间投资95.09亿元，占任务100.09%，新增就业1.04万人，占任务101.13%；完成工业增加值43.69亿元，占任务100.09%，同比增长18.11%；完成上缴税金6.29亿元，占任务100.65%，同比增长23.73%；实现民营经济增加值占GDP的比重达到56.78%。全面完成涉市目标工作任务。

【能源项目建设】 落实“十三五”能源规划，拟定、上报市能源局，其中新能源项目67个，总投资230亿元。年计划建设地面抽采煤层井10口，拟投资0.55亿元，完成“牛一井”“牛三井”“牛四井”钻井工程，年底进入压裂阶段。启动煤层气LNG加工厂项目建设工程，占地216.5亩，设计规模为100×104立方米/d天然气液化及30×104立方米/d天然气压缩，拟投资5.26亿元，预计2016年9月建成投产。完成箐口风力发电项目规划上报市能源局，初选址（箐口、牛坡），已建好测风塔。落实电力安全生产，全区15个发电企业、装机容量77.84兆瓦正常发电。推进华润电厂装机容量（2×660兆瓦）工程量80%以上，预计2016年6月1#机组发电、8月2#机组发电。落实煤层气油气充装站初选、获得市商务局批复6个，拟开工建设2个、投资1亿元。

【信息化发展】 2015年完成信息基础设施建设投资达1.1亿元；新增光纤到户覆盖家庭数10.1万户；新建光缆线路0.3472万公里；新增3G/LTE基站数560个，总数达到1030个；城市宽带接入能力20M用户覆盖比例达到90%、农村宽带接入能力4M用户覆盖比例达到85%、行政村通宽带比例达到80%；城市有线电视网络双向化改造覆盖用户规模总数完成1.98万户，农村家庭数字电视延伸覆盖数总数完成0.99万户，高清交互数字电视用户规模总数达到0.96万户，三网融合工作有序推进。

【农村电子商务】 2015年，成立“六枝特区促进电子商务发展工作领导小组”，制定《2015年电子商务进农村示范项目实施方案》，积极申报2015年电子商务进农村示范项目，被省商务厅、财政厅确定为2015年省级电子商务进农村综合示范县。7月指导成立六枝特区电子商务协会。8月六枝特区被确定为2015年省级电子商务进农村综合示范县，获得1000万元项目发展资金支持。启动建设一个县级运营服务中心，17个村级电商服务站和12个社区电商服务站。积极争取国家“六大领域消费工程”项目支持，指导西部电商、掌上六枝、丝路六枝、惠农电商等开展电商工作。完成17个乡镇服务站装修、开展人员培训，西部电商城区运营中心、阳光超市体验店及大用服务站于11月投入运营。1—12月，实现电商产品销售额超过500万元。电商迅速发展带动新型物流成长，形成多种所有制、多种服务模式、多层次物流企业群体。除邮政快递外，全区速递公司已达15家。

【仓储安全与基础设施建设】 抓好省、县两级储备粮管理及轮换，实现入库1056吨，出库1840吨，完成年计划80%。做好新增3000吨县级储备入库工作，已完成装库。组织质监、工商、民政等单位对2015年度农村低保救助粮300吨抽样送检工作。完成六枝粮油仓库及专业市场项目勘界、可研单位落实、土地申报等相关工作，完成项目申报工作。

【党风廉政建设】 研究机构改革后基层党组织建设工作，报请特区机关工委研究批复成立中共六枝特区经济和信息化局机关委员会，召开第一次党员大会，选举产生第一届委员，撤并、新建基层党支部6个，规范基层党组织建设。坚持“三会一课”制度，上好党课，召开组织生活会，开好民主评语党员会议，规范流动党员管理，按时收缴党费等，不断加强党的基层组织建设。坚持特区党委、纪委的统一领导，把党风廉政建设列入其他业务工作同安排、同落实、同部署、同考核，年初层层签订《责任状》，安排落实全年工作。党组书记履行主要职责、纪检组长履行监督责任；查找岗位风险，加大风险防范的力度；深入贯彻落实党的十八届三中、四中、五中全会，省委十一届五次全会，市委六届七次全会及区委十届十次全会及区委十届四次党代会精神，中央、省、市、区纪委全会精神，严格贯彻执行改进工作作风、密切联系群众有关规定。严查作风，严明纪律；协助法院办理案件3起（件），处理违纪职工5人；加强警示教育，上好廉政党课；以“三严三实”的作风要求，不断规范干部职工廉洁从政管理，不断推进党风廉政建设工作取得实效。

【“四创”工作】 调整经信局“多彩贵州文明行动”暨“四创”工作领导小组、创建国家卫生县城工作领导小组，做到分工明确，切实加强领导。利用学习会、黑板报、电子LED屏、横幅、专栏进行宣传，教育干部职工除陋习、树新风、治脏乱。加强对门面租用户、卫生区域住户教育，落实“门前三包”责任制，使“多彩贵州文明行动”、“四创”各项工作落到实处。建立健全工作规章制度，提升科学管理水平。落实保障经费，加大经费投入，支出经费2万元。组织会议14次、128人参加，入户宣传240次共63户，发放宣传资料共计410余份，设置宣传栏4块、16平方米，清运垃圾50.1吨，开展脏乱差清理行动15次，清理野广告120条，修建（改造）垃圾池或新增垃圾箱5个，清理准备乱搭乱建1户、20平方米，网格巡查56次，劝导制止不文明行为260人次，督促经营户落实“门前三包”责任书30份。组织人员参加网格包保区域进行卫生大扫除，清扫垃圾2吨。

供 销

【概况】 六枝特区供销社是特区人民政府的工作部门，事业编制15人，工勤人员编制2名，由特区财政全款预算管理。代表特区管理辖区内的供销合作社和直属公司工作。承担特区政府委托的任务，行使政府授权的职能。

2015年，按照“改造自我，服务农民”的要求，始终坚持为三农服务的办社思想，以科学发展观统揽全局，积极创新工作思路，突出抓好基层组织建设、社有企业发展、项目建设工作、党风廉政建设，各项工作取得了阶段性成效。

【经济指标】 2015年，全系统共完成商品销售3.5亿元，资产总额6844.10万元，所有者权益完成1773.39万元。

【项目建设】 一是中寨供销日用品配送中心项目已建成，并投入使用。该项目地处中寨乡中心地段，是中寨的商业中心，项目占地面积5亩，总建筑面积为11200平方米，商业建筑面积为7600平方米。二是岩脚供销社日用品销售配送中心主体工程已完工。现正引进设施及设备，进行内部装饰，争取2016年12月底投入使用。配送中心位于六枝经济开发区（省级开发区）中心区。该中心的建成，将为六枝特区城乡日用消费品流通提供功能齐备的交易服务平台。三是郎岱供销社与双泰实业有限公司签约合作开发的南部商贸中心，预计投资2500万元，现前期准备工作已基本结束，于2016年8月开工。四是扩大郎岱酱业公司规模。4月实现郎岱酱生产地搬迁，使酱产量在现基础上大幅度提升，总投资100万元。五是争取到供销合作事业发展专项资金15万元，用于供销社废旧物资公司再生资源分拣加工中心的建设。

【生产农资供应】 2015年，超额完成市政府下达的5000吨化肥储备任务，共组织供应各种化肥13213吨。农资市场呈现货源充足、价格稳定、质量可靠、供应及时、服务到位的良好态势。

烟 草

【概况】 2015年，六枝局（分公司）在市局（公司）党委和区委、区政府的坚强领导下，贯彻全市烟草商业工作会议精神，坚持稳中求进的总基调，主动适应经济发展新常态，以税利保增长为中心，狠抓卷烟营销、专卖管理、烟叶生产、企业管理和基层管理上水平，以落实党委、纪委“两个主体”责任为抓手，实现烟叶收购创历史新高，专卖管理工作打假摘帽，卷烟营销量增价稳的良好态势。呈现出“一个稳定、两个突破”的特点。

【卷烟销售】 2015年，共销售卷烟19308.7349箱，同比增加234.66箱，增长1.23%；单箱结构26759.51元，较同期增加767.60元，增长3.0%；单条值提税顺价前103.86元/条，同期104.01元/条，下降0.14%，提税顺价后107.04元/条，上升2.91%，卷烟销售实现量增价稳。

【专卖打假】 2015年查获未在当地烟草专卖批发企业进货案件86起，查获卷烟4140.8条，案值33.01万元，其中“双30”案件1起，查获卷烟1626条，案值9.69万元；5万元以上案件4起，查获卷烟1360条，案值13.13万元；1万元以上5万元以下案件3起，查获卷烟632.2条，案值4.95万。查获无证经营案件41起，查获卷烟377.3条，案值4.32万元。查获无证运输案件2起，查获卷烟410条，案值5.18万元。查获烟叶网络案件1起，查获烟叶4.84吨，案值21.75万元，涉案烟叶49.91吨，涉案金额148.94万元，刑拘7人、批捕3人、逮捕3人，锁定可疑人员8人，网络追逃2人。有力地打击了不法烟贩的嚣张气焰，营造了良好的卷烟市场氛围。

【烟叶收购】 2015年，全区种植烟叶2000亩，实际收购烟叶5489.11担，占5000担计划任务的109.78%（含丰产增收部分）。上等烟比例达24.61%；中等烟比例达53.47%；下等烟比例达21.92%。均价1092.28元/担，比上年提高64.1元/担；实现烟叶税收入131.9万元。

【专卖管理人员队伍建设与宣传】 开展法律法规及业务知识的专题培训和各中队“师到徒”学习方式，强化了对专卖管理人员的教育培训工作。共组织专卖管理人员进行了4次集中培训，参加人员达162人次。各专卖管理所自行集中学习达380余次。通过“3·15”“6·29”等宣传日开展法律法规宣传活动，在乡镇集贸市场、主要街道设立宣传台开展烟草专卖法律法规宣传活动，对过往群众宣传烟草专卖法律法规及讲解真假卷烟的识别方法，累计发放宣传资料1000余份，接待咨询群众400余人。

【证件办理】 2015年，办理准运证31份；受理卷烟零售许可证申请399份，准予行政许可104份，不予行政许可285份。

【烤烟生产】 一是强化责任落实，由班子成员挂村包片，做到任务到人，责任到人，考核到人；层层签订了烤烟生产目标责任书，将烤烟生产任务指标层层分解到人、到地块；严格烤烟生产考核奖惩兑现，深入地块，切实指导农户抓好烤烟生产工作。二是强化宣传，组织人员到各种烟村、组召开群众会26次，参会农户达300余人，在群众中回答和解决所能解决的问题，确保了烟农放心种烟。三是严把环节关口，在面积落实环节，成立了督查督办小组，扎实开展烟叶面积核查工作，在土地面积落实环节及时把面积不实的问题进行暴露，移栽环节进行认真核实并将查出的问题向局党组汇报，由主要领导亲自抓，确保了烟叶移栽面积真实、准确。四是加强培训，指导合作社成立育苗专业队、机耕专业队、起垄专业队、打孔专业队、植保专业队以及烘烤专业队，并对专业队员进行培训合格后上岗。在整地起垄、盖膜移栽、田间管理等关键期，及时组织召开现场会，提高烟农的管理水平和抢抓时令的紧迫感；五是抓好移栽环节监督管理，从播种、育苗、移栽、施肥、田间管理到采摘烘烤，在烟叶生产的每个关键环节把关，采取月度考核、环节考核的方式，确保了措施到位。

财　政

【财政收入】 2015年，全区公共财政预算收入完成 130391 万元，同比增长 6.69%，其中：国税部门完成 2997 万元，同比减少 26.45%；地税部门完成 94578 万元，同比增长 18.16%；财政部门完成 32816 万元，同比减少 13.85%。基金预算收入完成 51082 万元，同比增长 24.08%，其中：国有土地使用权出让收入 50310 万元、城市基础设施配套费收入 576 万元、污水处理费收入 187 万元。

【财政支出】 2015 年，全区公共财政预算支出完成 394045 万元，同比增长 22.14%，增支 77134 万元。一是确保全区行政事业单位职工工资正常发放，全区职工工资性支出 113713 万元；二是农林水事务支出 75518 万元、科学技术支出 5124 万元、教育支 100817 万元；三是社会保障和就业支出 37335 万元，逐步建立和完善社会保障体系；四是医疗卫生与计划生育支出 59299 万元；五是保证了国有企业下岗职工基本生活费和企业离退休人员养老金的发放；六是城市居民最低生活保障支出 3031 万元，农村居民最低生活保障资金 9330 万元，确保居民最低生活保障政策的落实。政府性基金支出完成 63026 万元，同比增长 95.55%。

【村级一事一议财政奖补项目建设】 一是 2014 年村级一事一议财政奖补项目已经省级评优验收；二是 2015 年实施村级一事一议财政奖补项目，总投资 7548.84 万元（其中：省级财政奖补资金 4872.78 万元，县级配套 1948.02 万元，群众投工投劳 728.04 万元）。

【农业综合开发项目建】 一是完成梭戛乡 2014 年农业综合开发高兴村准农田建设项目总投资 420 万元，已全部竣工；二是陇脚乡 2014 年第二批高标准农田建设项目，总投资 330 万元，已完成投资 90% 以上；三是岩脚镇 2014 年第三批高标准农田建设项目，总投资 210 万元，已完成投资 90% 以上。

【财政体制改革】 一是继续深化部门预算，力争使部门预算达到科学化、精细化水平。二是深化政府采购制度改革，规范采购行为，强化监督管理，进一步加强政府采购法规、采购程序的宣传，加强政府采购工作的管理，政府采购工作有序开展；三是继续推进国库集中收付制度改革及公务卡改革工作，全区行政事业单位国库集中收付管理制度改革稳步推进。

【财政资金管理】 一是加强非税收入管理。建立规范的行政事业性收费收入收缴管理制度，进一步完善了“依法征收、源头控制、以票管收、规范管理”的制度。二是强化支出管理。在财政预算尚未批准之前，财政部门，坚持做到量入为出、量力而行、保证重点、统筹兼顾、合理安排，按照先保吃饭、后搞建设的原则，合理调度资金，确保经济持续发展和社会稳定。三是加强和规范行政事业单位国有资产管理。确保国有资产保质增值。四是加大项目工程评审力度。确保财政资金的安全有效运行，2015 年，通过对教育、交通及廉租房建设等 75 个项进行评审，送审金额 157333 万元，审定金额 132520 万元，审减资金 21240 万元，减少了资金流失和贪污腐败现象的发生。五是加强财政监督。为进一步规范财政管理，提高财政服务水平，对全区涉农资金、重大建设项目资金、财务综合检查等进行检查。

国家税务

【概况】 1994 年 9 月，六枝特区税务局分设为六枝特区国家税务局、六枝特区地方税务局。六枝特区国家税务局行政级别为正科级，现有在职人员 81 人，其中党员 43 人，退休人员 44 人。内设 11 个科室，下属 3 个税务分局，一个稽查局。2015 年，正常管户 5515 户（其中：个体户 3866 户，企业 1469 户）。一般纳税人 237 户，达起征点 204 户，营改增 477 户（其中：企业 152 户，个体 325 户）。年纳税千万元 3 户，年纳税 30 万以上 40 户。

【机构设置】 六枝特区国家税务局设 10 个内设机构（正股级）、1 个直属机构（副科级）、3 个派出机构（副科级）、1 个事业单位（正股级）。

内设机构：办公室、财务科、政策法规科、收入核算科、征收管理科、人事教育科、监察室、办税服务厅、税源管理科、机关党委办公室；直属机构：稽查局；派出机构：那克税务分局、郎岱税务分局、岩脚税务分局；事业单位：信息中心。

【税务稽查】 税务稽查以整顿和规范税收秩序为目标，以打击涉税违法行为为主线，以税收专项检查为重点，以科学化、精细化管理为切入点，加大涉税案件的查处力度和执行力度。2015年共开展各类税收检查与辅导纳税人51户（含自查43户），立案户数8户，结案7户，选案准确率、查补入库率为100%，查补收入共计608.39万元，有效地遏制了各种税收违法犯罪势头，取得了良好的经济和社会效应。

【漏征漏管清理促增收】 切实加强税收征管，堵塞漏洞，提高纳税人依法纳税的意识，全年共清理漏管户1400余户，纳入评估对象24户，入库增值税41.7万元，所得税130.9万元，加强了税源管理，减少了税收流失，堵塞了征管漏洞，为特区经济发展营造了公平竞争环境。

【纳税评估】 2015年，受国家经济下行的影响，六枝特区经济进入转型升级期，区局纳税评估主要在规范企业建账建制、帮助企业排除税收风险和提高纳税遵从度上“做文章”，主要评估商品混凝土生产企业、汽车租赁业和农副产品收购业等行业。全年结案评估25户，入库增值税45.4万元，所得税130.9万元，增值税进项税额转出131.3万元，调减以前年度亏损2.7万元，调减年度亏损103.61万元，达到了“以评促收、以评促管”目的。

【砂石行业“以电控税”】 对砂石行业实行“以电控产、以产定销、以销定税、齐抓共管”的税收管理模式，明晰管理思路和抓手，强化税收管理部门的工作职责，提高了征管质量和效率，促进纳税人税法遵从度的提高。截至12月底，区局管辖的砂石土行业有25户企业、56户个体工商户，2015增值税入库827万元，所得税入库1129万元，共计1956万元，占全年税收收入的7.71%。

【政策红利充分释放】 坚决贯彻“不落实税收优惠政策，也是收‘过头税’”的工作要求，小型微利企业、增值税起征点调整等税收优惠政策得到有效落实。全年享受所得税减免政策企业327户（次）：其中符合条件小型微利企业96户（次），增值税减免政策企业136户（次），未达起征点个体户减免增值税3983户；企业免征增值税1723.41万元；个体工商户未达起征点减免增值税额1049.05万元；免征企业所得税433.69万元（其中符合条件小型微利企业减免所得税20.91万元）。交换发放“就业创业证）或《就业失业登记证）629个，自主创业办理税务登记21户，已注销5户，16户个体工商户共计征前减免增值税3.06万元。认真落实固定资产加速折旧新政，推广保用固易通软件进行固定资产加速折旧申报18户，采用缩短年限法企业1户，5000元以下固定资产一次性扣除17户。

【税收执法】 规范税收执法行为。认真执行税收执法检查规则，开展税收执法检查工作，重点是执法不规范、执法随意等问题。按照《贵州省国家税务局关于开展2015年度税收执法案卷评查工作的通知》（黔国税函〔2015〕289号）要求，认真对2014年10月1日至2015年9月30日结案的行政处罚、行政许可案卷开展评查，对存在问题进行及时整改，并坚持边查边改，达到了预期目的。

税收执法责任考核机制得到认真落实。按照《六盘水市国税系统税收执法过错责任追究实施细则（试行）》及《六枝特区国家税务局税收执法管理信息系统（考核子系统）过错责任追究管理办法（试行）》对税收执法过错行为进行追究，2015年追究总人次18人（次），其中：批评教育7人（次），责令书面检查1人（次），通报批评6人（次），经济惩戒2230元。

征管基础得到夯实。自2014年5月推行税源专业化管理以来针对性地对重点企业实行重点管理、一般企业实行跟踪管理、个体工商户实行专业管理；加大与煤炭、经信、市场监管、地税等部门的协作，建立起信息交换共享机制，定期分析市局下发的风险情况、征管状况等信息数据，充分运用增值税电子底账、防伪税控等系统，加强分析和排查，进一步完善风险管理机制，最大限度减少税款流失；深入推进改革发展任务，按照时间节点和要求，完成三证合一、征管规范和纳税服务规范等推广工作，大力推行网上办税服务厅，目前网上申报率达到94.4%，并引入“互联网+”思维，推行“税务+二维码”便民办税新举措，使纳服务更高效；强化行业管理，配合有关部门将全区上百家砂石厂整合为17家规模以上有限责任公司，实行统一征管，现在我们正探索将砂石行业管理的成功经验向其他行业延伸；加强部门协作，打造评管互动、评查互动、各环节协调联动的工作机制，充分发挥评、查促管的作用。同时，按照“抓大不放小”的原则，抓好个体管理，2014年10月份前，3万以上个体仅有17户，2015年已达204户，定额比例为4.94%，全市排名第二；加强欠税管理，目前六枝的欠税变动率为全市最低，低于全省的平均水平。

【税收征管改革】 扎实有效推进金税三期工程。4月金税三期工程省级应用集中优化版推广工作全面“开工”。做到“五个到位”，确保金税三期工程优化版推广工作的顺利上线。一是思想认识到位。充分认识“金三期”工作的重要性，了解掌握工作的总体要求和部署，加强责任意识。二是组织保障到位。制定工作实施方案，加强组织领导，注重工作协调。三是学习培训到位。对全局人员开展金三期知识学习培训，做到人人学习、人人了解、人人参与。四是责任分解到位。细化工作分工，结合工作开展成立相应工作小组，明确责任部门及责任人，将具体工作落实到人，做到事事有人做，人人有事做。五是督促检查到位。将工作目标责任细化到个人，并与绩效考核相结合，强化问责，以确保工作实效。

2. 积极推行《纳税服务规范》《全国征管规范》及《国地税合作规范》。国税局按照“流程更优、环节更简、时间更短、服务更佳”的要求，以五个“第一时间”为抓手，切实推行《纳税服务规范》《全国征管规范》及《国地税合作规范》，全面推进纳税服务规范化、标准化、现代化。一是第一时间抓好学习培训。组织全局干部职工开展集中学习、培训，确保每一位前、后台工作人员全面掌握和熟练操作各项具体业务。二是第一时间抓好分工协作。制定下发工作方案，对服务事项根据工作职责归口切块，制作分解表落实到各科室。三是第一时间抓好梳理自查。清理、整改与《纳税服务规范》《全国征管规范》及《国地税合作规范》不一致的纳税服务及税收征管相关制度文件。四是第一时间抓好对外宣传。通过政务微信、政务微博、办税服务QQ群、公告栏等多种宣传渠道，广泛开展宣传。五是第一时间纳入绩效管理。将《纳税服务规范》《全国征管规范》及《国地税合作规范》的运行与绩效管理工作相辅相成，通过绩效管理工作进一步推动《纳税服务规范》《全国征管规范》和《国地税合作规范》的分解落地。

【绩效管理】 2015年是绩效管理工作“推进年”，也是绩效管理在全国税务系统正式运行之年。在2014年绩效管理工作推进基础上，坚持把绩效管理作为“一把手”工程和区局的重点工作之一，严格按照省局、市局安排部署，将绩效管理工作抓实、抓好、抓出成效。目前的绩效管理工作呈现出管理体系更清晰、指标设计更科学、考评方法更合理、加减分项目更规范、考评监督更严格、结果运用更实在等特点。纳入绩效管理的各项年度重点工作，以绩效管理为抓手都得到了完成和落实。绩效管理制度推行增加了全局人员的危机感和紧迫感，使干部有了压力，也激发了动力，工作积极性得到充分调动，全局形成了一种人人比工作、比干劲、比实绩的良好风气。

【领导班子建设与队伍教育培训】 加强领导班子建设，提升领导班子执政水平和领导干部履职能力。在群教活动基础上，进一步深化和巩固作风建设，扎实开展"三严三实"专题教育活动，带头上党课，勤学习，以身作则，率先垂范。坚持民主集中制，严格遵守议事规则，完善党组中心组学习制度和"谈心"制度，自觉接受干部群众、纳税人和社会各界的监督，班子的综合素质和领导能力不断提升。

加强干部职工的作风建设及更新知识培训。持倾情带队与严管善待相结合，一是注重教育培训，通过开展岗位先锋选拔，坚持每周五政治业务学习，开办职工夜校，举办更新知识培训班等提升干部素质；强化日常教育培训，立足岗位练兵，推进学习工作一体化，充分调动干部队伍的工作学习积极性，变干部被动教育为主动充电，干部综合业务能力和工作效率得到明显提升，队伍活力动力显著增强。二是制定人才库管理办法，组织干部参加省局、市局的人才库选拔考试，其中，1人进入省局专业人才库，8人进入市局人才库。4月开展股级干部选拔，经过层层筛选，选拔了4名正股级、8名副股级。人才库的建设，股级干部的选拔，着重加强对年轻干部的培养，为六枝国税事业发展储备后备人才。三是以落实退休干部政治和生活待遇为主线，扎实做好退休干部服务和管理工作，不定期向退休干部通报税收工作情况，为其征订报纸杂志，给老干活动室添置娱乐设备，组织"老年节"活动等。同时，开展全民健身、祭奠英烈、演讲比赛、知识竞赛等活动，丰富干部文化生活，提高了队伍活力。四是在省税校的大力支持下，围绕"十八大后税制改革前沿、新常态下的'三严三实'、十八届五中全会精神、互联网＋税务"等内容在贵州财经大学国际学术交流中心（大营坡校区）举办了两期更新知识培训班，提高了干部综合素质。

加强党风廉政建设。加强对党的纪律特别是政治纪律执行情况的监督检查，创造性落实2013—2017年惩防体系建设的要求，落实党风廉政建设责任制，强化党风廉政建设责任制考核，将反腐倡廉与税收业务工作紧密结合、狠抓落实，做到守土有责、守土有方、守土有效，切实维护国税部门的良好形象。以抓作风转变为主，围绕"庸懒散慢浮"问题，加强思想道德、纪律、作风、反腐倡廉教育；认真落实"两个责任"，对主体责任和监督责任进行明晰，签订廉政建设责任书和兼职监察员目标责任书，细化工作目标，明确责任，落实到人；按月开展"纪检日"活动，认真开展法治建设和警示教育，不断提高干部的廉政意识和法治观念，增强拒腐防变能力；组织全体干部职工到六枝特区人民法院参观了廉政警示教育基地，实地感受到基地带给人心灵的震撼和感触；始终保持作风建设"永远在路上"的精神状态，把好会议关、考勤关、工作纪律关、承诺关、过节关，把作风建设"巩固深化拓展"主题活动开展好、落实好；以践行"'三严三实'，做国税好干部"为主题，以上党课的形式启动"三严三实"专题教育活动，使干部职工理解"三严三实"的重大意义和丰富内涵，诠释"不严不实"的具体表现和严重危害，明确"三严三实"的实践要求，在12月召开了以"践行'三严三实'做忠诚干净担当好干部"为主题的专题民主生活会。同时，推出纪检监察预警提示卡，通过查找风险、及时发卡、跟踪监督、执纪问责，促进"两个责任"的落实，提高干部职工的廉政风险防范意识。预警提示卡推行以来，共计发出纪检监察预警提示卡7份，通报批评3人、执法责任追究3人、经济惩戒3人，班子成员向分管的"主责"部门发出督办卡1份。

【表彰】 2015年，在六盘水市总工会、六盘水市国家税务局联合开展的国税系统"建功立业争当岗位先锋"竞赛活动中，特区国税局1人被评为纳税服务先锋，1人被评为稽查先锋，2人被评为管理先锋。

【大事记】 1月6日，六枝国税局机关党委组织所属党支部书记对2014年履行党建工作情况向全局党员干部进行专题述职。

1月7日，六枝国税局组织稽查局、管理分局、监察室及专职驾驶员召开车辆管理工作会议，要求车辆使用人员严格遵守中央“六项禁令”及车辆管理制度，做到严形势、守规矩、保安全、担责任。

1月12日，六枝国税局组织领导班子，各分局、部门负责人召开局务会议，会议贯彻传达2015年全国税务系统工作会议精神及六枝特区经济工作会议精神，听取了各分局、部门负责人的工作汇报及下一步工作打算，区局领导对下一步工作作了安排部署。

1月21日，六枝国税局召开增值税发票系统升级版推行协调工作会议，会议对推行计划进行部署，对数据清理情况进行核实，对相关分局、科室职责进行划分。会上，谭立副局长对绩效工作进行部署和提出要求。

1月27日，六枝国税局组织全体干部职工召开领导班子和科级领导干部述职述廉述法年度考核测评大会，党组书记、局长韩海对2014年各项工作作述职述廉报告，作干部任用情况报告及个人述职述廉报告，最后参会人员对领导班子及班子成员进行测评。

2月9日，省局总经济师周进新一行到六枝国税局开展春节慰问，给六枝国税干部职工带来了省局领导的关心问候和美好祝愿。周总一行看望了困难职工和离退休老同志，周总与他们促膝长谈，详细询问他们的身体、生活情况及子女上学、就业情况和存在的困难，转达了省局领导对他们的关心，并送上了慰问金，祝愿他们新年吉祥、阖家欢乐、幸福安康！

2月13日，六枝国税局开展主题为“中国传统文化之圣贤教育，改变命运”的2015年第一期道德讲堂。

2月15日，六枝特区国税局组织人员乘车往返100多公里到帮扶点牛场乡牛场村、大箐村走访慰问了8户特困户。

2月26日，六枝国税局召开春节收心会，对省局2月25日召开的收心会精神进行传达，要求全体干部职工迅速进入工作状态，严格遵守工作纪律，杜绝一切慵懒散慢等不良作风。

3月11日，六枝特区副区长安长辅，组织财政局、地税局在国税局五楼会议室召开六枝特区财税工作座谈会，就如何实现一季度“开门红”、如何完成2015年预期目标进行座谈。

3月13日，六枝国税局在六楼会议室召开2015年度国税工作会暨党风廉政建设工作会。会议总结了2014年全区国税工作及党风廉政建设工作，分析新常态下六枝国税事业面临的新挑战，明确了当前及今后一段时期全区国税工作的总体思路，部署2015年主要工作任务，表彰2014年度该局优秀公务员、优秀共产党员、先进党务工作者，签订了党风廉政建设主体责任书、监督责任书及绩效管理责任书。

3月17日，六盘水市机关工会书记一行到六枝国税局指导党建工作，韩海局长向工会书记一行作了2014年党建工作报告，听取工会书记的意见、建议。

3月19日，为进一步做好纳税服务工作，确保纳税人享受更加优质的服务，六枝国税局邀请27名纳税人代表召开纳税服务需求座谈会，该局分管业务副局长、办税服务厅主任、政策法规科科长现场为参会纳税人释疑解惑。同时，纳税人代表认真填写了该局发放的《纳税服务需求问卷调查表》。

3月20日，六枝国税局组织全体干部职工到六枝特区人民法院参观廉政警示教育基地，实地感受到基地带给人心灵的震撼和感触。

4月3日，六枝国税局组织党员干部到六枝特区大用烈士陵园开展祭奠英烈活动，重温历史，缅怀先烈，接受革命传统教育。

4月13日，六枝国税局召开绩效管理工作会议，对2015年度绩效管理制度及指标制定做安排部署。

4月14日，六枝国税局组织南部乡镇（郎岱镇、中寨乡、陇脚乡、洒志乡、毛口乡）召开“与乡镇共话税收，助推地方经济发展”座谈会。

4月15日，六枝国税局组织社区（银壶社区、九龙社区、塔山社区、那克社区）召开“与社区共话税收，助推地方经济发展”座谈会。

4月17日，六枝国税局举行绩效管理培训，就绩效管理3.0版相关制度、绩效管理3.0版指标、绩效管理操作系统、个人绩效管理进行解读。

4月22日，六枝国税局组织园区（六枝经济开发区、木岗工业园区、大用农业园区、六盘水路喜循环经济产业园区、岩脚工业园区、郎岱农业园区、牂牁江旅游园区）召开“与园区共话税收，助推地方经济发展”座谈会。

4月23日，六枝国税局与六枝地税局召开“国地税携手助推地方经济发展座谈会”。

5月15日，六枝国税局组织全局干部职工召开金税三期工作推进会，提出“五个到位”，以确保金税三期工程优化版推广工作的顺利进行。

7月1日，六枝国税局开展知识竞赛，重温入党誓词，观看《建党伟业》纪录片等一系列活动以庆祝中国共产党成立94周年。

7月5日，六枝国税局派出党建扶贫队到牛场乡尖岩村调查了解持续强降雨天气给村民生产生活带来的不利影响，并送去价值万余元的电脑两台帮助尖岩村加强信息化建设。

7月13日，六枝国税局局长带队，开展脏乱差清理行动，共清理野广告100多幅，清扫垃圾若干，劝导制止不文明行为15人（次），发放宣传资料200余份。

7月14日，六枝国税局与六枝地税局召开合作规范联席会议，为合作规范的落实“谋篇布局”，推动国地税合作的规范化、制度化、常态化建设。

9月2日，为纪念中国人民抗日战争暨世界反法西斯战争胜利70周年，六枝国税局组织新进公务员和部分党员到六枝特区新场乡揽龙桥烈士陵园开展祭奠英烈活动。

9月8日，在前期充足准备下，金税三期单轨成功上线，所有业务运行平稳。截至当日17点，累计办理业务115户次，其中：税务登记19户；发票发售25户，发票验旧23户；代开发票48份，征收税款52980.31元；申报65户次，申报税额305020.73元。

9月8日，六盘水市国税局局长陈斌到六枝国税局，就组织收入、煤炭税源、征管状况等进行调研，要求全局干部尽好责、收好税，当好政府的“收银员”。同时，贯彻落实好省局卢自强局长提出的“打基础、强基层”要求，打牢基础工作，强化基层建设。

9月14日，六枝国税局纪检组按照“治理庸懒散不停顿、治理为官不为不马虎、惩治腐败不放松”的要求，开展党风廉政建设突出问题专项整治集体大约谈。此次大约谈共60人，分三个层级提出自查自纠重点。

9月16日，六枝国税局党组书记、纪检组长分别对班子成员开展集体大约谈。

9月29日，六枝国税局召开办公用房清理腾退大会，对超标办公的腾退进行安排部署。

9月30日，六枝国税局组织各税务分局、局内各部门负责人召开绩效管理推进会，传达省局绩效管理专题会议精神及市局绩效管理推进会精神，区局领导对绩效管理工作提出要求。

10月9日，由六枝国税局承办，六枝地税局和六枝财政局协办的财税系统“三爱、四德”演讲竞赛在六枝国税局六楼进行，比赛将选出代表参加六枝特区直属机关工委举办的“三爱”“四德”主题演讲竞赛。

11月15日—24日，12月9日—17日，六枝国税局在贵州省财经大学举办两期干部职工知识更新培训（全员）。

11月16日，六枝特区安长辅副区长到六枝国税局开展工作调研，要求该局在2015年最后的45天里，树立信心，再接再厉，奋力抓好组织收入工作。

12月2日，六枝国税局派出扶贫工作组深入牛场乡摸底调查帮扶村贫困户情况，并与相关负责人共同商议帮扶村精准扶贫事宜。

12 月 4 日，六枝国税局召开 2015 年度宪法宣传日依法治税情况报告会，对 2015 年依法治税情况进行通报，对 2016 年推进依法治税进行部署。

12 月 16 日，六枝国税局将 2015 年度禁毒工作开展相关资料报送特区禁毒办，禁毒办按照考评细则严格进行考评。

12 月 28 日，六枝国税局组织干部职工到六枝特区文化公园开展了以"美丽公园·健康老年"为主题的志愿服务活动，

12 月 29 日，六枝国税局党组以"践行'三严三实'做忠诚干净担当的好干部"为主题召开专题民主生活会，市局副局长刘洪静及六枝特区有关部门领导到会指导。

12 月 30 日，市局副局长刘洪静对六枝国税局"两个责任"落实情况进行考核，该局党组书记、局长韩海作"两个责任"落实情况报告，刘局长要求该局采取理清边界、协同整改等有效措施，持续发力，推进"两个责任"落地生根，促进党风廉政建设工作向纵深发展。

1—12 月，累计入库税收收入 15074 万元，同比下降 28.09%，减收 5889 万元，为市局年初预期目标的 66.12%。

地方税务

【概况】 六枝地税局成立于 1994 年，内设 7 个职能股室 1 个电子税务中心（办公室、监察室、机关党办、计划财务股、人事股、征管和科技发展股、政策法规股），7 个副科级基层分局，现有在职干部职工 76 人，退休职工 28 人，其中中共党员 46 人，肩负着全区 12491 户企事业单位和个体工商户的税收管理工作。

2015 年，共组织两项收入 121744.65 万元，同比增长 1.32%，增收 1590 万元。其中：税收收入完成 120978.25 万元，同比增长 1.35%，增收 1610.75 万元；教育费附加完成 766.39 万元，同比下降 2.63%，减收 20.67 万元。完成财政总收入（政府口径）105681.88 万元，同比增长 10.43%，增收 11026.88 万元；完成公共预算收入（政府口径）94663.54 万元，同比增长 18.26%，增收 14618.77 万元。

税收收入的持续增长，增强了地方财政实力，为地方经济社会发展提供了可靠的财力保证，为经济建设和社会协调发展做出了积极的贡献。

【纳税评估税费清缴】 一是夯实基础数据和第三方信息数据的采集工作基础，强化重点财务数据与申报数据、财务数据与第三方信息数据的比对，明确纳税评估方向，确定评估对象，及时实施纳税评估。截至 2015 年，共推出纳税评估户数 232 户，完成 75 户次风险评估事务，共计评估出应补缴税款 1490 万元，入库 673 万元。二是牢牢把握组织收入工作的主动权，切实加强对组织收入各项工作措施的落实和督导力度，严格执行税收强制措施，通过税、检、企三方座谈会的方式，帮助企业排忧解难，清缴企业欠税。

【税源专业化管理】 一是加强税收风险管理。以税源专业化平台为载体，完善和革新税收风险管理手段，加强风险管理案头分析工作，夯实了纳税评估工作的基础。二是加强基础税源事务管理。通过辅导、查询、电话提醒等方式，促进基础税源管理事务流转，避免超时完成造成数据质量下降。三是加强其他事务管理。严格按照要求的时限保质保量完成其他事务推送及应对，从而为征管质量考核提供了可执行依据。四是加强税源专业化管理平台、税企信息互换平台及第三方信息交换平台等三个平台的运用。以强化系统管理确保涉税信息数据的获取，从而支撑风险管理中案头分析工作，为纳税评估工作的有序开展提供了强有力的保障。

【征管档案管理】 一是进一步夯实税收征管基础建设，全面提高征管质量。督促、检查和指导税收业务按照《征管规范 1.0》《征管规范 2.0》

和《纳税服务规范 3.0》的要求操作，确保各项税收业务的合法性和准确性，切实巩固税收征管基础建设已取得的成效。二是加强税务登记信息的比对分析，掌握和跟踪管理纳税人开业、变更、注销、停复业和外出经营登记等变化情况。三是督促和指导各分局按照征管资料管理要求，完成档案资料归档工作。

【重大项目的税收管理】 一是查找项目管理遗漏。以分局为单位，税收管理员全面梳理辖区内的房开建筑项目，查找符合条件却没有纳入项目管理的项目，凡计税金额达 30 万元以上的，必须进行项目登记管理。二是对已经纳入项目管理的项目进行核查，对连续发生零申报的和长期没有形成税收的项目进行清理，核查项目是否停工。三是分析项目管理信息不对称原因。对发生信息不对称的项目进行梳理，比对项目立项时间和实施项目管理时间、了解项目追加投资情况、项目开工、停工情况等，多方收集项目信息，查找信息不对称的情况，归纳分析不对称原因。四是及时梳理重点项目，逐个核查投资金额，查找 1000 万元以上项目是否全部落实局长联系负责制，对没有落实的建立台账，按规定进行落实。五是查找房开项目关联企业（建筑企业）项目是否全部纳入项目管理，严格执行房开企业不能代征建筑企业税款的规定，对项目管理实施不到位情况进行全面梳理，建立整改台账。六是针对项目信息获得不对称，信息滞后情况，加强涉税信息传递制度，完善协税护税工作。对由于项目建设信息掌握多的单位，理顺涉税信息传递，采用方便快捷的传递方式方法，减少信息获取的不对称。理顺信息获得渠道，加强项目登记及时性管理。七是提高项目管理信息化水平，严格落实建筑业和销售不动产及煤炭行业的项目管理通过税企信息互换平台进行录入，要求数据必须准确。

【税务登记管理】 一是对应办理未办理工商营业执照的纳税人坚决按照规定纳入管理，避免漏征漏管情况。截至 2015 年，“金税三期”系统中税务登记正常纳税人 13052 户，其中：内资企业 2957 户，外资企业 9 户，行政事业单位及非企业单位 111 户，个体工商户 9975 户。二是及时了解项目进展和税源跟踪管理的情况，强化税源管理工作。严格外埠报验登记，做好企业所得税的预缴工作，防止税收流失。三是通过制作有针对性的纳税服务指南和工作流程，列明应缴税种、税率等辅导资料第一时间送到纳税人手中，规避涉税风险，解决了纳税人“多头跑”的问题。

【税务票证管理和税款缴库工作】 一是以《发票管理办法》及其实施细则、《税收票证管理办法》和《贵州省地方税务系统税收票证管理实施办法（修订）》为指导，加大对税收票证和发票的管理力度，落实发票、税票岗位分岗分职制度。及时发现和解决税务票证管理工作中存在的问题，按季开展税收票证自查工作，对出现的问题进行深入分析，制定整改措施，提高了票证管理水平。二是推广 POS 机刷卡直接入库，使零星税款实时入库；征收现金税款做到当日汇总缴库，同时通过票证上解销号监控开票未入库的税款数据，认真进行核对，做到日清月结，确保税款及时、足额入库。三是认真核实 2013 年以来代开发票，主要比对核实作废发票和对应税票、作废税票对应发票、建筑安装企业缴纳的税款与开具发票的金额。经核实未发现违规现象。

【税收执法】 一是严格执法主体合法，凡未取得执法资格证的税务人员一律不在征收一线；二是执法程序合法，坚持亮证执法，做到取证合法，规范使用税收法律文书；三是坚持执法实体合法，做到计税依据纳税人确认，税款计算等准确无误，坚持公平、公正、公开，坚决不收过头税，切实降低执法风险和维护纳税人的合法权益。

严格过错责任追究，强化税收执法考核。一是成立过错责任追究领导小组；二是定期开展执法过错检查，通过征管基础数据、执法过程的全面检查，2015 年共追究 15 人次，处罚金额 1380 元。

【“法治税务示范基地”创建】 一是统一思想、提高认识，加强组织领导，积极推动法治税务创建工作顺利开展。二是按照职责分工各负其责，相互协作、密切配合，共同做好法制税务基地自主申报等相关工作。同时按照法治地税示范基地评价标准上报相关资料。

【所得税汇算清缴】 成立所得税汇算清缴工作领导小组，积极开展所得税汇算清缴工作。应汇算企业310户，其中查账征收企业287户，核定征收23户。汇算应纳税所得额，3975.08万元，应纳所得税993.77万元，减免所得税合计9.94万元，抵免所得税7.21万元，实际应纳所得税2161.30万元（含核定征收），已预缴1192.16万元，应退所得税286.57万元，应退补所得税-215.53万元，应补71.03万元，汇算面达99.67%。

【优惠政策】 严格贯彻税收减免税相关规定，严把减免税备案和审批关，按照不同审批项目、备案项目的具体要求，认真审核相关资料、数据，对备案项目齐全的一次性备案，以提高工作效率和方便纳税人，对审批项目由减免税委员会集体审议，增加征管透明度。并认真登记减免税管理台账，落实后续跟踪管理，发现纳税人生产经营情况变化不符合减免税条件的，一律取消减免税资格并及时追缴税款，确保了国家的各项税收减免惠民政策公平、公正地落实到位。2015年共办理减免税11690户，减免税费6101.31万元。其中，营业税1495.26万元，土地增值税238.60万元，个人所得税832.21万元，耕地占用税2796.65万元，契税378.11万元，房产税4.20万元，土地使用税94.74万元，印花税3.36万元，城建税125.30万元，教育费附加74.80万元，地方教育费附加49.86万元，企业所得税8.22万元。

一是结构性减免7039户，减免税费1560.05万元。二是医疗卫生行业减免9户，减免税费87.34万元。三是保障民生税收政策落实情况：办理减免4637户，减免税费3793.66万元。四是金融支持三农方面1户，六枝农村信用合作联社减免税费653.52万元。五是政策性减免4户，减免土地使用税6.74万元。

【“金税三期”上线及平稳运行】 为“金税三期”系统顺利上线做好数据准备工作。为满足“金税三期”对数据项的严密性和逻辑性要求，共修改了数据2800余条，认真梳理“金税三期”要求采集的表格6张，缺失数据项73项，并于7月1日前按序时进度完成了信息采集和补录工作。

认真开展“金税三期”系统平稳运行相关工作。提供多种申报缴纳方式供纳税人选择，为纳税人提供优质高效的服务。实现工资薪金所得的个人所得税及时足额明细申报，办税服务厅申报开具缴款书缴纳税款，通过网上申报、实时扣税、银行端查询缴纳等多元化方式申报缴纳税款。

利用现代信息技术提供多种涉税事务办理渠道。一是提供网络发票的开具和发票真伪查询的服务；二是提供办税服务自助终端，纳税人可以通过该终端办理相关的涉税事务。三是提供移动办税APP，纳税人可以办理财务报表的报送、办税人员姓名、财务人员姓名、电话变更，可办理停复业申请，并可查询政策法规、办税地图等相关资讯。

【“财税库银”横向联网】 一是落实各项办税服务制度，规范服务窗口，进一步加强“一窗式”服务，达到同城通办的目的，解决了纳税人“多头找、多次跑”的问题。二是根据建立健全纳税人自行申报纳税制度的总体要求，积极推广网上办税和财税库银横向联网电子缴税工作。三是要求各分局对纳税人网上申报及操作积极开展宣传培训工作，对操作不熟练的纳税人要“手把手”开展纳税辅导，确保纳税人正确熟练使用网上申报系统。

【纳税人学堂】 2015年，举办了三期纳税人学堂培训班，200余户企业财务人员参加了培训。培训从税收常用法律法规、纳税人权利与义务、办税流程和网上申报软件操作等方面进行了讲解，帮助纳税人正确行使自身权利，依法履行税收义务，全面构建和谐征纳关系。

【民营企业服务年活动】 从2015年5月起开展“民营企业服务年”活动，着力解决民营企业发展难题。一是利用办税服务厅积极宣传“民营企业服务年”活动，宣传小微企业税收优惠政策，为民营企业提供全方位咨询宣传服务，积极营造“大众创业、万众创新”的舆论氛围。二是大力落实税收优惠政策。建立税收优惠政策执行情况监控机制，全面落实小微企业税收优惠，扶持自主就业退役士兵创业就业、支持和促进重点群体创业就业等有关税收优惠政策。三是围绕着力解决民营企业“盈利难”，帮助民营企业规范财务管理和涉税管理的工作要求，积极与相关部门协作，利用纳税人实体学堂开展民营企业专项税收政策辅导培训。

【“三证合一、一照一码”改革】 一是及时共享新设立企业、农民专业合作社办理新设、变更及注销登记信息。二是重点做好涉税信息的补充采集工作。及时做好企业涉税事项办理的提示提醒，充分利用纳税人服务QQ群、电话和短信等方式告知纳税人办理涉税事务时需要补充采集的资料，确保纳税人按时到税务机关办理相关涉税事宜。

【干部教育培训】 一是共组织55人参加省局、市局组织的各类培训。二是联合开发区局共举办两期井冈山理想信念培训，全局共49人参加培训。三是组织各分局人员参加所得税汇算培训共计30人。四是加强纳税服务分局工作人员税收业务和计算机操作培训，提升业务水平。使每个人都一专多能，善于处理各项税收业务，善于解答纳税人的疑问，熟悉“金税三期”操作业务流程。

【税法宣传】 一是开展“践行服务规范、汇聚正能量”活动。召开“践行规范服务、汇聚正能量”税收座谈会，作为第24个税法宣传月系列活动的启动仪式，就纳税服务新规范、行政审批、执法权力、“金税三期”上线运行和“营改增”带来的影响与纳税人代表进行积极沟通。二是开展“税法宣传进企业、困难帮扶促发展”活动。在六枝工矿集团、六枝飞驰能源有限公司、贵州宏狮煤机制造公司、六枝宜枝魔芋生物科技公司、六枝新松煤业有限公司等5个工业“百千万”工程服务联系企业召开了“税法宣传进企业、困难帮扶促发展”系列座谈会。通过座谈会，共征集到企业发展面临的问题共14个，企业对帮扶工作的意见和建议共19条。三是开展“税收在我身边、房土两税进社区”税法宣传活动。借力第24个税法宣传月活动，组织税收宣传小分队到六枝那克社区宣传房土两税税收政策及销售不动产发票开具的相关内容。通过此次活动共发放税收宣传资料2000余份。四是开展六枝地税局六枝检察院“双约谈”欠税企业活动。地税局与六枝特区人民检察院联合开展了“双约谈”欠税企业税收宣传活动，六枝检察院及欠税企业代表共30余人参加了活动座谈。通过双约谈形式，税检联手共同清缴欠税，降低企业税收风险，杜绝税收流失，确保税收及时足额入库，推进依法治税工作，构建和谐征纳关系。五是开展“新常态新发展、税收与您共建美丽家园”活动。地税局与特区工商联共建宣传服务小分队，结合小微企业特点，在工商局举办的新开户小微企业培训班中增设税收政策辅导课程，帮助小微企业找准涉税风险，打消小微企业不懂政策、怕麻烦的顾虑，使企业在办理涉税事项时少走弯路，达到了真正服务群众，服务纳税人的目的。此次活动为小微企业送去了《个人纳税指南》《个人所得税》《纳税人权利与义务》等书籍1000余本。八是积极配合市局做好“三级联动结对，服务企业进家”活动。市地税局党组成员、纪检组长祝学林到贵州宏狮煤机制造公司、六枝工矿（集团）有限责任公司等企业联系点开展调研，并与相关企业同志进行了座谈，听取了两家企业目前的生产情况及经营困难。九是及时做好信息报道，加大宣传力度，提高宣传的面积。充分利用LED显示屏、办税服务厅、公开栏、社区、街道等公共场所粘贴宣传画，利用六枝新闻等载体做好宣传，营造良好的税收宣传氛围。据统计，税宣活动期间，办税服务厅共接受咨询100余人（次），发放税收宣传资料4000余份，在局办公大楼、各分局、各街道、企业等地张贴宣传海报30余幅，悬挂以“新常态、新税风”为宣传主题的横幅共15幅。

在税收宣传月活动中，共计编发信息27条，采用19条。六枝电视台、微视六枝等宣传平台对我局开展的活动情况及时报道，同时外网子网站及时刊登税收宣传月活动图片及文字信息，全面反映税收宣传月活动取得的成效，交流共享税宣工作的做法和经验。

【志愿者服务】 认真组织开展志愿者服务活动。制定《六枝特区地方税务局2015年志愿服务活动实施方案》，对志愿活动进行安排和部署。2015年共开展了10次活动，主要是组织干部职工义务献血，开展春节慰问退休职工、遗属、困难职工等活动，开展文明四创活动，开展清明祭英烈活动，开展爱心互助等活动。

【“道德讲堂”建设】 根据六枝文明办《关于继续加强我区2015年“道德讲堂”建设工作的通知》（六特文明委〔2015〕8号）文件精神和要求，共开展了9期道德讲堂活动。根据《六盘水市地方税务局关于印发〈六盘水市地方税务局2015年“明礼知耻·崇德向善”主题实践活动计划〉的通知》（六盘水市地税发〔2015〕78号），于6月10日向市局上报2名最美地税人的资料，经过市局评选，机关党委书记谌春穆被评为全市地税系统最美地税人。

【党风廉政建设】 一是党风党纪教育，提高党员干部素质。组织党员干部认真学习中央、省、市、区纪委全会精神，深刻学习中央八项规定、中央八条禁令等，通过学习从思想上提高了对加强党风廉政建设重要性的认识。二是组织全局干部职工观看反腐倡廉教育片，利用每月例会集中组织学习各地违法违纪案例，用正反两方面典型，对党员干部开展生动形象的宣传警示教育，弘扬正气，鞭挞邪恶。三是定期组织党支部成员学习上级精神、典型经验，熟悉工作业务，把握工作方法。四是适时利用各种会议，组织党员干部学习党政纪律处分条例，增强遵纪守法自觉性。五是紧紧围绕以组织税收收入工作主题，结合“三严三实”专题教育，由党组书记上了一堂“三严三实”的专题党课，集中收看正风肃纪专题教育片。六是修订并完善《六枝地税局改进工作作风工作制度》《六枝特区地方税务局行政效能责任追究制度》《六枝特区地方税务局治理庸懒散管理办法》等制度，有效规范了党员干部行政行为，加强了干部队伍思想教育，促进干部队伍整体素质。七是严格执行民主集中制，自觉做到“四个服从”，不允许违背组织程序，重大问题不请示、不报告，虚报瞒报，目无组织的行为。把遵守党的政治纪律和政治规矩作为遵守党的全部纪律的基础，把讲纪律、守规矩摆在更加重要的位置，模范遵守。

农林水·气象

农　业

【概况】 六枝特区农业局是特区人民政府组成部门，属正科级行政单位，同时加挂科学技术和知识产权局牌子。辖科技事业局、草地生态畜牧业发展中心2个正科级单位，地震台、贵州省农业广播电视学校六枝分校、农村综合培训中心3个副科级事业单位。内设10个行政股室、1个参公单位、22个事业单位。现有干部职工159人，其中公务员27人，参公人员47人，事业人员102人，工人28人。具有高级职称的8人，中级职称的44人，初级职称的70人，技术工人19人。

【特色农业产业“3155”工程】 2015年，全区“3155工程”主要围绕“三线六带”发展现代山地特色高效农业，重点打造都香高速、水黄高等级公路沿线农业特色产业示范带，新增“3155工程”32.3万亩，占市计划153.81%，占特区计划129.2%。其中茶叶完成6.05万亩（含高标准茶园3.8万亩），占市计划2.5万亩的242%，占特区计划5万亩的121%；核桃完成5.8万亩，占市计划4万亩的145%，占特区计划5.5万亩的105.5%；蔬菜完成3.7万亩，占市和特区计划1.5万亩的246.7%；猕猴桃完成1.03万亩，占市和特区计划1万亩的103%；中药材完成2.26万亩，占市和特区计划1.5万亩的150.7%；红豆杉完成1.23万亩，占市和特区计划1万亩的123%；油茶完成1.02万亩，占市和特区计划1万亩的102%；花卉、苗圃完成0.52万亩，占市和特区计划0.5万亩的104%；刺梨完成3.22万亩，占市和特区计划3万亩的107.33%；特色经果完成3.39万亩，占市和特区计划1万亩的339%；人工种草及改良草地完成4.08万亩，占市和特区计划4万亩的102%。

【高效特色农业园区建设】 2015年，在全省326个现代高效农业示范园区绩效考评中，六枝特区郎岱现代农业综合产业示范园区、六枝特区大用现代农业（扶贫）产业园区、六枝特区北部库区生态农业示范园区分别排位于第9、49、72位，六枝特区北部库区生态农业示范园区明确为省级重点农业园区，其他4个省级园区排位在2014年的基础上均有上升。六枝特区阿珠精品水果示范园区以全省排名第二位入围新增认定的60个省级农业园区。园区种植业现有基地49.33万亩，生产新鲜蔬菜、精品水果等农产品24.33万吨，出栏猪、牛、羊等43.27万头，禽883.9万羽，鱼234.66万尾。依托郎岱农产品生产加工园，落别农产品加工园，以特色、优势农产品生产加工为突破口，对魔芋、茶叶、中药材等优势产品进行扶持，培育农产品加工企业，巩固发展宜枝魔芋、岩脚大畅面条、郎岱酱业等省、市龙头企业，做大做强农产品加工业，让第一产业“接二连三”的作用得以充分体现。

【“四在农家·美丽乡村”基础设施建设】 完成六项行动计划、农村危房改造、“四在农家”民居改造投资174171.84万元。其中：

小康房：完成小康房936户，完成投资11261万元。

小康讯：累计完成35个村通电话，6个村通宽带，完成投资670万元。现完成3个危旧点（落别点、平寨邮处投递部）及17个乡村邮政投递点改造，完成投资704.62万元。

小康路：累计完成水泥路面硬化634.58公里，完成投资42517.26万元。

小康寨：累计完成庭院硬化12497户，垃圾处理12处，饮用水源地保护3处，便民设施110个村，文体设施109个，污水治理172处，通组公路305公里，人行步道180公里，安装路灯4448盏，完成投资20175万元。

小康水：累计完成农村12.5万人饮水问题，发展农村耕地面积6.25万亩，新建机井19口，完成投资28022.92万元。

小康电：累计完成51个电网工程，新建10千伏及以下线路657.08公里，新建变压器208台，完成投资20122万元。

"四在农家"民居改造：累计完成"六六"高速、"六郎"公路、"水黄"、乡镇至特区城区公路沿线及牂牁江风景区、19个乡镇政府所在地、全区所有行政村、所有自然寨、小康示范寨"四在农家"民居改造60099户（栋），完成投资（本级政府补助）42563.15万元。打造完成较有典型特色的落别抵耳、牛角、岩脚高桥、牂牁镇的西陵、西戛、月亮河乡的补雨、梭戛乡的高兴村等小康示范寨，其中郎岱镇阿乐村荣获"全国文明示范村镇"称号。

【农村土地承包经营权确权登记颁证工作】 2015年5月被列为贵州省整县推进试点县。航空影像摄影通过公开招标，由江西核工业中标，现航空影像数据外业及航飞内业工作已完成并通过质检，土地确权颁证测绘分三个标段进行公开招标，分别由北京苍穹数码测绘有限公司、由江西核工业测绘院、辽宁宏图创展测绘勘察有限公司中标，并签订合同，已开展有关工作。中央、省、市财政下达补助资金1708.05万元，12月，开展进村入户摸底调查2.36万户。

【农业经营主体培育】 六枝特区月亮河种养殖专业合作社、六枝特区宜枝魔芋种植农民专业合作社、六枝特区岩脚镇青杠林村顺达养殖专业合作社3家合作社被认定为省级农民合作社示范社；六枝特区蓬勃家庭农场、六枝特区洒志乡邓吉友养殖场被认定为省三星级家庭农场。全区省、市级农业产业化经营重点龙头企业36家，其中省级8家，市级28家，农民专业合作社达503家。

【山地生态畜牧业建设】 坚持走产业聚集、生态循环、机制创新、辐射带动的山地特色畜牧产业化发展新路。一是抓产业示范基地建设。根据特区政府《关于推进山地生态畜牧业发展的实施意见》《关于扶持2015年农产品加工业及大型养殖场的实施意见》。抓好岩脚草原村种养殖农民专业合作社千头牛场、惠牧养殖场万头猪场、岩脚镇群峰村千只肉羊养殖小区、长箐牧场10万羽蛋鸡场建设。二是加大招商引资工作。引进贵州草畜公司在郎岱镇平桥村建万亩草场种草养牛示范基地，在省农委争取扶持资金200万元。引进贵州富之源公司投资1亿元，采取"公司+家庭农场"产业化运行模式，到2018年，发展年出栏生猪800头以上的家庭农场125个，达到新增出栏商品猪10万头。已在郎岱镇、月亮河乡完成2016年规划建设的25个家庭农场选址，落实实施农户。三是扎实抓好技术指导。全区建成牛改点36个，采用山区牛冻配移动输配技术，改良配种能繁母牛11065头。建成猪人工授精点50个，完成猪人工授精配种1.79万头，推广杂交猪26.2万头。建成羊改点24个，改良配种羊6158只，引进简阳大耳羊、南江黄羊良种公羊130只，对本地黑山羊进行改良。养殖方式从放养向圈养方式转变，加快良种化进程。推广种植甜高粱、黑麦草、紫花苜蓿等优质牧草1.8万亩。四是积极争取项目资金扶持。2015年，共计争取财政项目补助资金2000余万元。在奖励扶持政策、项目资金支持、生猪市场价格稳中有升等利好因素的综合作用下，特区山地生态畜牧业发展步伐加快，基地建设取得重大进展，养殖规模不断壮大，初步建成了北部种草养畜示范区、城郊商品猪养殖示范区、南北纵向家禽养殖示范带。2015年，全区肉类总产量35226吨，禽蛋产量3367吨，畜牧业产值达15.45亿元，畜牧业增加值9.87亿元。建成了养鸡专业村5个，养牛专业村3个，养猪专业村3个，养羊专业村1个，全区现有养猪1000头以上的养殖场3家，养猪500头以上的养殖场10家；养牛100头以上的养牛场11家，养牛50～100头的6家；养羊200只以上的养羊场6家，养羊100～200只的25家；养禽1万羽以上的14家，养禽5000～1万羽的12家，养禽3000～5000羽的9家。

【特色产品及品牌建设】 无公害产地面积已达21.5万亩，获得无公害农（畜）产品产地和产品认证44个；绿色食品2个（宜枝魔芋、岩脚面条）、有机食品3个（月亮河有机大米、雾峰有机苦荞米、陇脚有机猕猴桃）、地理标志产品5个（岩脚面、郎岱酱、牛场辣椒、落别樱桃、关寨龙胆草）。

【表彰】 六枝特区农业执法大队被贵州省农委命名为“2015年贵州省农业综合示范窗口”。

六枝特区农业执法大队查办的“违法生产经营不符合产品质量标准的饲料案”案卷被评为贵州省农业行政处罚优秀案卷。

六枝特区农业局“创建社会主义新农村建设档案工作示范县活动”获贵州省档案局表彰。

林　业

【概况】 六枝特区林业局是六枝特区林业行政管理职能部门，正科级单位，核定领导职数4名（局长1名，副局长3名），有在职干部职工47名，局机关设2个内设机构：局办公室（政务服务股）、业务股，有7个下属单位：森林公安局（森林警察大队）、绿化委员会办公室、森林病虫检疫防治站、林业站、木材检查站、林政资源管理站、天然林保护工程管理中心。主管月亮河省级森林公园管理处（花德河林场）、木材公司。

2015年，在上级部门的精心指导和大力支持下，在区委、区政府的正确领导下，以科学发展观为指导，紧紧围绕加快推进生态文明建设步伐及2015年年度工作目标，精心组织，周密部署，狠抓落实，各项工作取得一定的成绩。全区森林面积达到124万亩，森林覆盖率达46%，活立木蓄积达到250万立方米，实现了森林面积、林木蓄积和森林覆盖率三个同步增长。

【林业工程建设】 2015年，完成营造林面积134104.6亩，其中：退耕还林工程38800亩，巩固退耕还林人工造林6960亩，省级造林补贴10000亩，市县财政资金县乡村造林绿化人工促进封山育林14287亩，石漠化治理22573.6亩，县级植被恢复费人工造林9484亩，省级植被恢复费造林10000亩，森林抚育15000亩，省级退耕还林政策补助资金人工造林5000亩，采伐迹地和火烧迹地更新2000亩。

【林业产业示范带打造】 根据全区现有土地资源分布及产业发展点、线、面结合的原则，全区共计划实施林业产业示范带76600亩。一是打造黔中库区水土保持林观光带。以种植枇杷为主，主要涉及牛场乡范围内黔中库区核心区。二是打造长江中上游杨梅示范带。主要涉及岩脚镇岱翁村至龙河镇政府一线。三是打造“水黄”公路产业示范带。主要在郎岱收费站至十里长坡一线及十里长坡至西戛岔路一线。四是打造落别乡纳骂刺梨观光区。充分利用纳骂村合作社种植刺梨的辐射带动效应，以纳骂村为中心把扩展刺梨种植。五是打造梭戛回民产业园区刺梨示范基地。利用公司加农户的发展模式，打造刺梨示范基地，以带动梭戛周边农户种植射刺梨的积极性。六是打造阿珠库区富民雷竹观光示范基地。七是打造龙河镇猕猴桃与精品水果对比种植示范带。主要进行猕猴桃与枇杷、柿子比种植。八是打造牂牁江景区精品水果示范带。在牂牁江库区周围规划种植精品水果木瓜、杧果、柿子。九是打造黄果树瀑布园森林公园精品水果采摘区。推广种植获得国家地理标志产品认证的落别樱桃。

【森林管护】 切实加大对全区70.7万亩森林的有效管护，共聘用常年性护林人员189人，签订管护合同189份，制作管护图189份套，明确了管护“四至”和管护面积，切实做到人员、经费、面积、责任四落实，森林资源管护落实率达100%。

【森林保险】 根据省政府农业保险保费补贴政策，森林保险遵循“政府引导、市场运作、自主自愿、协同推进”的原则，全区参加森林综合保险面积888283.95亩，其中公益林704874.05亩、商品林183409.9亩。

【公益林生态效益补偿】 2015年，全区纳入公益林生态效益补偿面积计69.6万亩，其中：国家公益林47.23万亩，地方公益林22.37万亩。补偿资金共724.7万元。

【森林防火工作】 2015年，为扎实有效开展森林防火工作，加强森林防火宣传工作，确保森林防火各项工作有序开展，先后下发《2015年度森林防火工作安排意见》和《2015年森林防火宣传教育工作实施方案》，组织修订《六枝特区森林防火层级管理责任暂行规定》，签订森林防火工作目标责任书500份；重点火险期，对各乡镇护林人员到岗到位、火源管控、物资储备、扑火队伍建设、宣传教育等工作定期或不定期进行督查，强化责任落实，严格执行24小时值班和领导带班制度。开展对乡镇防火机构建立、护林人员到岗到位、火源管控、物资储备、扑火队伍建设、宣传教育等工作督查。对重要地区、重要部位、重要时段的森林防火工作进行重点安排部署，做好物资储备工作及应急处突准备。2015年，共接到森林火情报告4起，过火面积19.2公顷，受害面积3.3公顷，损失林木成林蓄积30立方米，幼林0.3万株，森林火灾受害率为0.06‰，低于上级下达给我区0.7‰标准。

【林业有害生物防治】 2015年，完成全区有林地林业有害生物越冬代调查工作，调查代表面积88.63万亩，监测覆盖率为96.7%，测报准确率91.2%，通过越冬期调查，全区共发生林业有害生物面积5.7万亩，发生率为全区有林面积的6.2%，没有受灾面积，受灾率0%；完成全区3.6787万亩松林的松材线虫病春季普查工作，对5.7万亩林业有害生物发生面积进行无公害防治，无公害防治率100%；开展产地检疫面积2000余苗，种苗产地检疫率达100%；完成了主要松林分布区松褐天牛引诱捕挂放工作，共挂放诱捕器30个，共诱捕松褐天牛5571头；共办理《植物检疫证书》221份，检疫木材5216立方米、造林苗木428.2万株；完成全区林业外来有害生物的普查工作，全区共有126368亩的林业用地里有紫茎泽兰分布，其中：轻度分布面积106404亩，中度分布面积19964亩。

【森林保险】 森林保险遵循“政府引导、市场运作、自主自愿、协同推进”的原则，根据省政府农业保险保费补贴政策，结合全区林业生产实际，参加森林综合保险面积888283.95亩，其中公益林704874.05亩、商品林183409.9亩。

【涉林案件查处】 2015年，始终保持对破坏森林资源违法犯罪行为的高压态势，遏制了涉林案件的上升势头，维护了林区治安稳定。根据省林业厅的安排部署，先后组织开展以打击破坏森林和野生动植物资源违法犯罪为主的“雷霆行动”、“天网行动”、“森林火灾破案会战”、森林保护“六个严禁”执法专项行动等林业严打专项行动。积极与周边县区建立联防协作，签订林区治安防范跨区域合作协议，认真开展加强跨区域警务合作，维护林区治安、依法从重从快打击破坏森林和野生动植物资源的违法犯罪活动，切实有效地保护森林资源的安全。2015年，共受理各类林业案件105起，查破101起，其中刑事案件立16起（9起非法采伐国家重点保护野生植物案、7起失火），破12起（8起非法采伐国家重点保护野生植物案、

4起失火），刑拘4人，移诉4起，在侦查办理中4起，取保候审2人。破获年前失火案件1起。行政案件受理89件，查处89件，其中治安案件19件，行政拘留18人，行政警告1人，林业行政案件70起，处罚70人，收缴罚没款10.6584万元。林业行政案件和治安案件查处率达100%，结案率达100%，林业刑事案件破案率达75%，移送率达100%。

【森林经营与采伐管理】 2015年省政府下达给六枝的木材生产计划共计33000立方米。已受理采伐申请61起，审核办理并发放采伐证61份，采伐林木面积424.5公顷，采伐木材蓄积10116.1315立方米，材积6405.368立方米（其中：主伐面积35.76公顷，蓄积4232.06立方米，材积2876.02立方米；其他采伐面积7.24公顷，蓄积573.6215立方米，材积369.778立方米；抚育采伐面积381.5公顷，蓄积5310.45立方米，材积3195.57立方米）。全区没有超计划审批、越权审批和违规发证现象发生。

【林地保护和管理】 编制完成县级林地保护利用规划，落实林地保护利用责任制，严格实行林地保护管理，认真组织实施森林植被恢复项目，确保林地有效增加；督查、打击破坏林地资源的犯罪活动，保障资源总量增加。2015年共办理征占用林地1起，面积9.7451公顷，调处林地纠纷1件。

【木材流通管理】 全区共审核办理木材及林副产品运输证71份，运输木材2792.08立方米。全区登记在册的木材经营加工企业共221户，年内共年审木材经营加工企业141户。上路检查82天（次）以上，检查验证放行运输木材车辆132车次，木材数量2360.25立方米，查获野生兰草20余株。

【牂牁江国家湿地公园及黄果树瀑布源国家森林公园建设】 2015年，在牂牁江国家级湿地公园实施湿地保护生态治理绿化工程13000亩，投入资金2000万元；实施湿地经果林种植3000亩，投入资金300万元。有效保护湿地公园植被、治理水土流失起到较大的缓解作用。通过招商引资等方式，多形式、多渠道引进开发资金，开展黄果树瀑布源国家级森林公园的旅游景区开发和基础设施建设。在龙山投入8000万元，用于治理河道、基础建设；在瀑布源多林洞开发投入1000万元，用于洞穴开发、景区公路建设；在浪风台和红林山投入1000万元，用于苗圃建设、中药材种植、食用菌种植及基础设施建设；在月亮河、梭戛景区实施植被恢复项目，投入资金1300万元，主要用于山体绿化。

水　务

【概况】 六枝特区水务局位于六枝特区那平路，属全额拨款事业单位，现有在职职工104人（其中专业技术人员60人，管理人员37人，工勤7人），内设机构有办公室，规划计划股，水政水资源股（政务服务股、特区节约用水办公室），水利工程质量安全股。特区人民政府防汛抗旱指挥部办公室，单位主要从事水利工程建设管理、防汛抗旱、水资源管理工作等。

【水利工程建设】 2015年，新建续建的水利项目共10类77个，含骨干水源工程建设、农田水利建设、农村饮水安全工程、地下机井建设、引提调水工程、病险水库除险加固、水土流失治理、中小河流治理、防汛抗旱和水毁修复、城市管网和污水处理设施建设等项目，总投资达139498.85万元。

【水务体制改革】 精简行政审批事项和审批程序，把原有21项行政审批事项精简为8项，从原有15～60个工作日精简为3～5个工作日完成审批程序，最大限度减少办事时限。落实最严格的水资源管理制度，用水总量控制在1.58亿立方米以内，全区列入《全国重要江河湖泊水功能区》2个，高锰酸盐指数、氨氮两项指标达标率为50%，县城以上城市集中式供水水源1处，水质达标率100%；完成小型水利工程产权制度改革，并通过市级验收，获优秀等次。全区共完成各类小型水利工程管理体制改革3315处，颁证3315处，均已落实管护主体，明晰了工程产权。

【防汛抗旱】 2015年，汛期全区降雨65次，遭受大暴雨2次。汛期降雨导致全区18个乡镇（街道办）受灾直接经济损失8853万元。在市、区、乡镇、村四级及消防、武警、公安部门配合下，共投入救灾力量1000余人，出动应急车辆56车次，出动排涝机具31台，管道6300米，解救洪水围困人口300余人，转移安置受灾群众600余人，避免了群死群伤事件发生，最大限度保障了人民群众生命财产安全。2015年春旱灾害全区累计投入抗旱人力2500余人、抗旱资金20万元、抗旱机具50余台套，解决了3200人、200头牲畜临时饮水困难，抗旱浇灌面积2200亩。

【水利规划与水源工程】 水利项目规划工作。编制完成《六枝特区〈"决战三年·摆脱贫困，确保与全国全省同步全面建成小康社会"三年行动计划〉六枝水利行动计划》实施方案（2015—2017年）、《六枝特区水务"十三五"发展规划》等10个水利项目规划。

水源工程前期工作。完成头塘水库工程可研阶段的规划符合性论证报告、防洪评价报告、水资源论证报告、节能评估报告、矿产压覆评估报告、地质灾害危险性评估报告的报审工作；完成河头上水库工程可研阶段各专题报告的报审、报批工作；完成小坝田、纳革水库前期工作，已进入招投标程序。稳步推进头塘、湾龙坡、母猪田、丁孝塘水库前期工作。

【水行政综合执法】 一是营造依法治水良好氛围。利用"中国水周""世界水日"纪念活动，开展以"节约水资源，保障水安全"为主题宣传活动，活动中出动宣传车辆2次、发放宣传资料1000余份、发放宣传画册100套、制作宣传标语和标牌10块，同时通过手机、广播、电视平台对广大市民进行宣传，做到宣传与执法相结合。二是强化水资源红线管理。全面实施取水许可制度，实行最严格的水资源管理制度。水利规费征收入库161.61万元，审批水土保持方案5件，发放取水许可证1本。三是加大水行政执法力度。开展水政巡查工作20余次，下达责令停止水事违法行为通知书及责令改正通知书7份，拆除违章建筑6处。

【安全生产】 一是落实水利行业安全生产"一岗双责"。进一步督促各单位加强对水利工程隐患的排查与整治。二是营造水利行业安全生产"三大宣传"，深入开展新《安全生产法》专题宣传、"安全生产月六枝行"、"世界水日""中国水周"宣传活动。活动悬挂横幅3条（次）、印发相关资料3000余份；组织从事水利安全生产管理人员和"三类人员"83人参加了《安全生产法》系列知识网络竞赛，网上答卷400份；发放安全告知书2万余份。三是开展水利行业安全生产"四项行动"。切实开展水利行业"六打六治"打非治违专项行动、水利工程建设落实施工方案专项行动、水利安全隐患大排查大整治专项行动、节假日活动期间水利安全专项大检查。及时向特区党办、政府办、安委办和市水务局报送工作开展情况。四是强化水利行业安全生产"五个落实"。重点以定点工程、在建水利工程项目、病险水库、小水电站、农村集中供水等领域为重点，全面开展了水利安全生产监督检查。制订整改方案，落实整改措施、整改时限、责任单位，做到"责任、措施、资金、时间、预案"五落实。共出动检查71组次、检查人员246人次、检查单位和场所104家次，排查安全隐患35条并完成整改，实现全区水利安全生产"零死亡"的总体目标。

【党的建设】 一是推行党建工作三级联动机制。选举产生了水务局机关委员会委员和委员会书记、副书记；换届选举了机关一、二党支部、供排水公司党支部委员会委员和委员会书记。推行党建工作三级联动机制，即：党委成员抓下属支部，支部抓党员，党员抓非党群众，形成了"一把手"负总责，党委成员具体抓，支部领导齐抓共管，党员干部共同参与的党委、支部、党员三级同抓、同创、同建、同发展的党建工作格局。二是加强队伍建设和加大经费投入。培养申请入党积极分子4名、转正为中共党员1名，评选优秀党务工作者1名、优秀共产党员6名。在阵地建设、教育培训、党员活动等方面投入资金2万余元，为机关党建工作提供有力的经济保障。三是建立健全党建工作制度。修订和完善《“三会一课”制度》《党组中心组学习制度》等6个制度，理顺和规范水务系统工作目标、基层党组织工作程序等9个方面工作，对各支部工作机制、队伍建设等8个方面进行量化考评。四是丰富充实党员活动。开展“双争活动”“三爱”“四德”教育活动、帮扶利民服务活动。在特区开展的“扶贫济困·你我同行”扶贫日爱心捐款活动中捐赠资金1.28万元。

【人大代表、政协委员议提案办理】 2015年，办理特区人大代表和政协委员的建议提案，办理人大建议23件、政协提案7件，满意率均为100%。

【表彰】 2015年，荣获全省防汛抗旱和水务工作先进集体称号。

气　象

【概况】 六枝特区气象局，前身为郎岱县气象站，1957年始建。1981年改为六枝特区气象局。下设机构有“一局、三办、一网”（包括气象局、人工影响天气指挥部办公室、防雷减灾办公室、应急响应办公室、农村综合经济信息中心）为事业机构。气象局在职职工7人。其中：大学本科学历2人、大专学历3人；工程师1人，助工5人。

2015年（2014年12月—2015年11月）全区年平均气温与常年相比，偏高；降水总量与常年相比，接近常年；年日照总时数与常年相比，接近常年。年内出现了低温雨雪冰冻、春旱、高森林火险、暴雨、大雾、大风、冰雹等气象灾害；冬季雪凝天气偏轻；暴雨不均应，局地洪涝灾害较重。

【年气温】 年平均气温：15.7℃，与常年相比，偏高0.9℃。年极端最高气温：34.6℃（4月18日）；年极端最低气温：-0.3℃（2014年12月22日和2015年1月31日）。

【季节性气温】 春季（2015年3—5月）平均气温：16.9℃，与常年同期比较，偏高1.5℃。极端最高气温为34.6℃（4月18日），该值突破该站同期有气象记录以来的极值（1995年4月22日33.9℃）。

夏季（2015年6—8月）平均气温：21.6℃，与常年同期比较，偏低0.1℃。极端最高气温为30.6℃（6月28日）。

秋季（2015年9—11月）平均气温：16.9℃，与常年同期比较，偏高1.3℃。

冬季（2014年12月—2015年2月）平均气温：7.4℃，与常年同期比较，偏高0.9℃。极端最高气温为27.7℃（2015年2月27日）。

【年降雨量】 年总降水量1477.9毫米，与历史同期相比，接近常年。冬季降水量：45.5毫米，与常年同期比较，偏少32%。

春季降水量：231.8毫米，与常年同期比较，偏少21%。夏季降水量：860.1毫米，与常年同期比较，偏多3%。秋季降水量：326.3毫米，与常年同期比较，偏多16.4%。秋季降水主要集中在9月上旬、10月上旬。

【年日照】 年总日照时数1069.7小时，与历史同期相比，偏多2小时。冬季日照时数：192.8小时，比常年同期偏多20.7%。春季日照时数：362.8小时，比常年同期偏多12.6%。夏季日照时数：274.5小时，比常年同期偏少26.6%。

秋季日照时数：239.6小时，比常年同期偏少4.7%。

【天气、气候事件及灾后影响】 初霜：2014年12月22日。终霜：1月13日。2014年12月至2015年2月雪凝天气偏轻。2014年12月下旬、

2015年2月上旬冷空气活动频繁，气温偏低，地势较高地区出现了雨夹雪和凝冻。2014年12月至2015年2月出现了4天道路结冰，对人民生活、交通运输、农业生产、电力供应等有不同程度的影响。

2015年9月出现了重级秋绵雨天气，持续最长降雨日数为16天；10月出现中级秋绵雨，持续最长降雨日数为6天；对我区秋收秋种带来一定的影响。

干旱：按照雨季开始时间标准规定，5月17日进入雨季，较常年推迟10天；雨季前全区出现了中等程度春旱，春旱总日数53天，全区各地干旱持续最长日数均为23天。

冰雹：5月6日晚，六枝特区部分乡镇遭受冰雹灾害，造成农作物受灾；7月22日夜间至23日夜间，六枝龙河镇、梭嘎乡、新华镇遭受不同程度风雹灾害，造成30991人受灾；农作物受灾面积1109.73公顷，成灾505.7公顷；严重损坏房屋4户4间，一般损坏房屋6户8间，直接经济损失74.6万元。

大雾、大风：2015年出现大雾日数37天，较常年偏多17天，其中冬季13天，春季9天，夏季5天，秋季10天；大雾天气给交通运输以及户外工作等造成一定的安全危害。

2015年冬、春季受热低压影响，仅4月出现1天大风天气；大风天气对农业、林业，工业，交通、电力及人民生活带来一定危害。

暴雨：2015年5—10月出现多次较强降水过程。出现了5站次暴雨。5月24日午后到夜间，牂牁镇木城村包包园组156.5毫米为最大；据民政部门统计，六枝特区3912人受灾，农作物受灾面积310.0公顷，绝收3.2公顷，一般损坏房屋34间，严重损坏房屋1间，直接经济损失105.0万元；盘县保基乡800人受灾，农作物受灾约18公顷、成灾约15公顷、绝收约6公顷，直接农业经济损失约29.6万元；6月7日晚至8日凌晨，部分乡镇出现暴雨天气，导致龙河镇、关寨、新窑镇、郎岱镇、新场乡、牛场乡、梭戛乡出现洪涝灾害；此次灾害造成13592人受灾，农作物受灾面积约536.7公顷，成灾面积约236.8公顷，绝收面积约10公顷，受灾农作物主要有玉米、马铃薯、蔬菜等，受损农房3户5间，因灾造成直接经济损失约203.85万元，其中农业经济损失约169.8万元，基础设施经济损失约30万元，家庭财产损失约4万元。6月17日傍晚到夜间，梭戛乡、新场乡、牂牁镇、岩脚镇、木岗镇出现洪涝灾害；此次灾害共造成6200人受灾；农作物受灾面积181.07公顷，成灾面积115.97公顷，绝收面积6公顷；倒塌房屋1户1间，损坏房屋35户101间；造成直接经济损失262.2万元，其中农业经济损失173.4万元，基础设施经济损失77.5万元，家庭财产损失11.3万元。6月20日，九龙社区、银壶社区、塔山社区、郎岱镇、新窑镇、梭戛乡、牛场乡、中寨乡、龙河镇、新场乡、牂牁镇、陇脚乡出现洪涝灾害，造成26775人受灾，农作物受灾面积1141.11公顷，成灾面积556.87公顷，绝收面积128.67公顷，受灾农作物主要有稻谷、玉米、蔬菜等；倒塌农房4户11间，受损房屋10户24间，因灾造成直接经济损失947.5万元，其中农业经济损失239.7万元，基础设施损失32万元，家庭财产损失675.8万元。8月17日晚至18日，境内出现持续强降雨过程，造成落别乡、木岗镇、牂牁镇、郎岱镇、中寨乡、新场乡、月亮河乡、梭戛乡、大用镇、新窑镇50村31222人受灾，810人被困，农作物受灾面积1884.6公顷，成灾面积723.1公顷，绝收面积79.9公顷，受灾农作物主要有稻谷、玉米等，经济作物主要有果树、茶叶、车厘子、猕猴桃、蔬菜等，家电664台被淹，车辆56辆被淹，死亡猪113头、牛2头、鸡4776羽，交通垮塌11处，落别乡政府、计生服务站、民中、小学、信用社、供电所以及国土所等单位被淹，此次灾害造成直接经济损失7573.475万元，其中农业经济损失1548.5万元。8月29日凌晨，关寨镇因发生暴雨洪涝灾害，造成1045人受灾，农作物受灾面积102.0公顷，绝收

32.0公顷，直接经济损失45.6万元。

【气象服务信息】 依托区内电视台、政府网、区农经网手机短信、国突预警中心等多种载体，向公众播报天气实况、天气预报、天气预警，提高了公众气象服务覆盖率。气象局为各级党、政提供专题气象服务，全年共制作发布气象服务信息102期；其中重大气象信息专报6期、专题气象服务信息25期、周天气预报52期、春耕春播春种气象服务专报2期、夏收夏种气象服务专报2期、秋收秋种气象服务专报2期、气候评价13期，手机短信服务对象10000余人次。

农经网中心发布农经信息36755条，其中价格信息36646条、供求信息52条、招商引资12条，美食、乡村驿站、风景名胜各共13条、为农建立商务网站20个、基地园区12条。

【人工影响天气】 2015年全区组织实施人工影响天气作业24次，用弹437发；保护区内18万亩耕地面积的农作物无雹灾，取得了明显的社会效益和经济效益。

全年农经网中心发布农经信息36755条，其中价格信息36646条、供求信息52条、招商引资12条，美食、乡村驿站、风景名胜各共13条、建立商务网站20个、基地园区12条。

移民·扶贫

移　民

【概况】 2002年4月，成立六枝特区移民开发办公室，2010年3月，机构改革更名为六枝特区水利水电工程移民局；2014年11月，机构改革更名为六枝特区水库和生态移民局，为特区人民政府正科级事业单位。内设机构有办公室、政策法规信访股、水库移民股、财务审计股、扶贫生态移民股5个股（室）。现有干部职工16人，其中局长1人，副局长3人，纪检组长1人，副科级干部2人，股长4人，科员3人，工勤人员2人。

【光照水电站六枝库区移民工作】 1. 土地集体资产兑付工作进展情况。截至2015年9月30日，完成土地集体资产兑付资金共计189.78万元，其中兑付毛口乡毛口村土地集体资产154.46万元，兑付毛口乡沈家村石板组土地集体资产35.32万元。

2. 移民安置基础设施情况。

（1）完成龙坡安置点内道路、宅前道硬化及排水沟建设项目工程审计和结算工作，工程总投资111.79万元。

（2）完成木城安置点内道路、宅前道硬化及排水沟建设项目工程审计和结算工作，工程总投资211.82万元。

（3）移民资金清理工作情况。

（4）光照水电站六枝库区移民补偿投资概算情况

光照水电站六枝库区移民补偿投资概算共计61865.75万元，其中到位资金58313.98万元，未到位资金3551.77万元。

（5）光照水电站六枝库区完成投资情况

截至2015年9月30日，光照水电站六枝库区实际完成总投资65214.60万元，其中农村移民搬迁48502.24万元；集镇迁建补偿投资4250.65万元；专业项目复建7007.65万元；环保费用138.86万元；库底清理246.49万元；独立费用2091.04万元；基本预备费1578.45万元；度汛费1399.22万元。

（6）库岸失稳工作开展情况：完成光照水电站库岸失稳影响区搬迁避让及工程治理工作，于2015年4月与中国电建集团贵阳勘测设计研究院有限公司签订委托协议，对涉及的地质灾害点进行勘察及处理方案设计工作。

【旧院水库工作】 1. 完成旧院水库副坝至陈家寨公路审计和结算工作，完成工程总投资251.09万元。

2. 完成向新场乡人民政府、宏源公司、特区交通局、教育局等部门去函告知，开展旧院水库工程资金挂账清理、核销工作。

3. 完成召开旧院水库输电线路工程项目施工后期协调会议。

4. 完成旧院水库建设征地移民安置实物指标

清理核查工作。

【黔中水利枢纽工程】 1. 完成牛场乡尖岩村2户20人搬迁到纳雍库区移民人口的外调、核查和认定工作。

2. 向牛场、梭戛乡政府、宏源公司、水务局发函通知尽快开展黔中水利枢纽工程资金挂账清理、核销工作。

3. 完成牛场木底丫口至冲头等外级公路维修工程的建设、验收工作，总投资12.00万元。

4. 完成委托黔中水利枢纽工程公司组织实施黔中水利枢纽工程总干渠C2标段下那味垭口处输水明渠与六纳公路专业复建项目工作。

5. 完成发放移民补偿补助资金685.61万元。

【懒龙河水库工作】 1. 完成兑现移民补偿资金共计963.00万元。

2. 完成淹没影响区102户562人移民户搬迁安置协议签订工作，其中现已建好房屋66户379人，在建房屋30户154人，未建房屋6户29人。

3. 完成7月22日、9月9日特区、市级懒龙河水库工程围堰截流阶段移民搬迁安置及库底清理验收工作。

【移民后期扶持工作】 1. 完成发放2015年第一、二季度后期扶持直补资金248.55万元。

2. 拨付后期扶持项目工程款823.76万元。

3. 完成（配合）中国黄河水利委员会移民局2013年度至2014年度后期扶持监测评估工作。

4. 完成发放2014年度移民素质教育及购置农机具补贴资金5.8万元。

5. 实施2014年度省级重点移民小康示范新村项目9个，已开工9个，全部基本完工，拨付资金142.97万元。

6. 实施“200—500”人整村推进项目14个，在建10个，完工4个，拨付资金66.30万元。

7. 完成2015年度水库移民后期扶持项目申报工作，共申报项目24个，已获得批准14个，下达项目资金722.63万元。

8. 完成后期扶持“十三五”规划报告初稿。

【扶贫生态移民工作】 1. 关寨镇生态移民安置点。关寨镇堕却村中坝安置点涉及7个村20个村民组，共166户684人，估算投资2656.00万元，资金来源为争取中央资金410.40万元，争取省级资金478.80万元，争取市级资金102.60万元，县级配套资金307.80万元，移民户筹资1356.41万元。现已划分宅基地46户，其中12户基础动工，17户主体施工。剩余120户正在划宅基地。项目累计完成投资110万元。

2. 岩脚镇生态移民安置点。岩脚镇岩脚村斗篷安置点涉及6个村22个村民组共182户793人估算投资3552.00万元，资金来源为争取中央资金475.80万元，争取省级资金555.10万元，争取市级资金118.95万元，县级配套资金356.85万元，移民户筹资2045.30万元。现已基础施工60户/7200平方米；主体施工70户/8400平方米；完成住房27套/5400平方米；完成搬迁入住18户73人；未动工25户/3000平方米。项目累计完成投资810万元。

3. “十三五”规划编制情况。

完成扶贫生态移民“十三五”规划报告编制工作，已经通过县级评审。

扶　贫

【概况】 2015年，按照习总书记提出的“看真贫、扶真贫、真扶贫”及扶贫开发“贵在精准，重在精准，成败之举在于精准”的要求，始终坚持扶贫开发是“第一民生工程”，牢固树立“科学治贫、精准扶贫、有效脱贫”理念，认真分析扶贫开发工作面的新形势和新任务，围绕“减少贫困人口2.5万人、2个贫困乡镇‘减贫摘帽’、20个贫困村‘整村推进’”等中心工作，深入实施“六个到村到户”和“六个小康建设”，扎实推进各项扶贫开发工作。

【精准扶贫建档立卡】 在2014年精准扶贫建档立卡的工作基础上，通过创建示范点、开展“回头看”、全面普查核查等工作，对建档立卡贫困农户的基本信息、平台数据、帮扶计划、帮扶责任人等情况反复进行了补充、修改、完善，进一步核实了信息平台与贫困户的真实情况，同时将民政部门长期和重点保障对象纳入精准扶贫建档立卡信息平台，并进行分类管理，做到数据的有效衔接，截至11月27日，建档立卡贫困户核查已完成37610户，占应核查建档立卡贫困户的94%。

【“雨露计划”培训】 2015年，省、市下达的培训任务5015人，完成当年“雨露计划”培训5067人。

【扶贫小额贴息贷款】 2015年，安排扶贫小额贷款贴息资金286万元，到11月底，累计发放小额贴息贷款为4120万元（1200户），建档立卡贫困户评级授信21588户，贷款余额4120万元。

【贫困村互助资金试点工作】 加强互助金管理，已在木岗镇、月亮河乡等乡（镇）15个村实施“互助资金”试点工作，共落实互助资金295万元，组建15个互助资金协会，互助组162个，试点村总户数9843户，其中贫困户400户，占参会数14%。

【扶贫项目实施完成情况】 按照“突出重点、打造亮点、示范带动、区域推进”的思路，积极实施完成扶贫产业核桃4万亩、猕猴桃1800亩、中药材2960亩、茶叶3000亩；新增基础母羊、种公羊1005只，牛1500头，鸡35万羽；按照“要素聚集、力量集中、节约资源、规模发展”的思路，以扶贫开发为主线，打破区域界限，全力推进园区建设，郎岱园区新增魔芋精粉加工生产线一条和休闲食品自动包装设备一套，建成落别牛角村电子商务服务站、装修11个村级电子商务服务站和办公设备采购12台（套），大用园区新建茶园834亩；完成落别、岩脚壮大村集体经济试点工作，入股资金200万元；小康水完成机井钻孔16口；生态移民计划建房256套，完成主体工程施工175套，正在主体工程施工23套，正在基础施工30套，场平76平方米；稳步推进“减贫摘帽”项目2个、“整村推进”项目20个，完成光伏发电设备安装15套及其他项目培训、整地、种子种苗采购、开挖基础等前期准备工作。省级扶贫龙头企业9家，市级扶贫龙头企业5家。积极培育六枝新的经营主体，2015年申报省级扶贫龙头企业6家，申报市级扶贫龙头企业8家。

【对口帮扶】 2015年，共争取大连帮扶资金560万元，实施帮扶项目12个。通过大连对口帮扶项目的实施，农民收入增加，文化生活丰富，生产生活条件改善，新农村建设热情激增。

【“十二五”扶贫开发工作成效】 2011年以来，特区党委、特区政府团结带领全区各族干部群众向贫困发起总攻，全区农村贫困人口从2011年的19.09万人减少到2014年的10.04万人，贫困发生率从33.8%降低到16.98%，农村居民人均可支配收入增加到6404元，9个贫困乡镇按照省定标准实现“减贫摘帽”，43个贫困村完成“整村推进”任务，扶贫开发取得了重要阶段性成果。

一是培育优势特色产业，打造新的经济增长点。按照产业生态化、生态产业化的要求，立足资源禀赋，把规模、品质、品牌建设作为发展的根本手段，累计发展核桃、中药材等山地特色产业63.75万亩，建成5000亩以上示范基地20个，农业产业发展呈爆发式增长。建成大用园区车厘子产业、落别乡茶叶基地、郎岱镇猕猴桃产业等产业扶贫示范点9个，努力实现生态、经济、社会、旅游“四个最大化”价值。

二是精心打造扶贫产业园区，促进农民增收就业多元化。按照“要素聚集、力量集中、节约资源、规模发展”的思路，以扶贫开发为主线，打破区域界限，全力推进园区建设，重点打造郎岱、大用等3个省级重点扶贫产业园区，带动效益日益明显，旅游、服务、加工等功能得到拓展，逐步成为现代农业、结构调整、扶贫开发、促农增收的主要平台。

三是培育和壮大经营主体，推动产业转型升

级。全区共培育市级以上龙头企业38家（省级20家），合作社405个，把资金、技术、资源、劳动力集中起来，向核桃、中药材、生态畜禽、茶叶、魔芋等一批山地特色产业聚集，形成有效资源，让农民从分散经营向集约化经营转变，统一良种、技术、加工和营销，形成各具特色的扶贫产业基地和扶贫产业加工集群，打造一批农产品知名产品及品牌，促进六枝特区扶贫产业各具特色、布局合理、技术先进、效益明显、与生态协调可持续发展。

城建·环保

住房和城乡建设

【概况】 六枝特区住房和城乡建设建于2009年12月，由原来的特区建设局和房管局合并而成，属正科级行政事业单位，机关人员10人，事业编制人员为95人，正科领导1人，副科领导5人（事业副科1人），主任科员1人，副主任科员2人，中层以上干部24人。综合管理全区住房和建设事业（工程建设、城市建设、村镇建设、建筑业、房地产业、房改政策指导、棚户区改造、市政建设等）的职能部门。随着机构建设的日趋完善，住房和城市建设工作的开展，住房和建设系统逐步实现了正规化、系统化。住建局主要以居民住房管理、城镇建设、改善民生工程为己任，切实为构建“加快城市基础设施建设，促进建筑行业健康发展，继续保持房地产业和建筑行业的稳定增长，促进特区经济又好又快发展、大力改善民生”提供强有力的保障。

【内设机构】 2015年，机构设置有六枝特区风景名胜管理处、六枝特区建设执法大队、六枝特区棚户区改造办公室、六枝特区住房保障中心、六枝特区房改政策指导室（特区住房制度改革领导小组办公室）、六枝特区房屋资金管理委员会领导小组办公室、六枝特区危房改造领导小组办公室、局办公室、计划财务股、政策法规股、住房保障改革发展和房地产市场监管股、城乡规划股、建筑市场和工程质量安全监管股、城市村镇建设管理和勘察设计与科技股、房管所、招标办、项目办、质监站、房地产产权产籍管理所、房地产交易中心、安居中心、建设工程造价管理测定中心、档案室、建筑设计院、小康办、房开公司26个职能处、队、室及站所。下属建筑公司2家（1家已经改制）。

【勘察设计与节能建筑】 2015年备案墙材企业1家，窗材产品1家，节能保温产品4家，墙改基金收缴345330元，勘察设计合同备案登记63项，建筑面积：1409399.5平方米。成立了六盘水市建材行业协会六枝特区墙材分会，协会成立以来按相关文件要求开展市场调研巡查工作19次，并在打击和遏制无证建材产品进入施工现场方面取得了明显的效果。

【工程招投标管理】 2015年具备施工招投标条件的工程项目有共87项，中标合同价总价164732.81万元，其中公开招标65项，中标合同价110437.09万元，邀请招标9项，中标合同价862.44万元，直接发包13项，合同价53433.28万元，限额以上应公开招标的公开招标率达100%。全年组织开展2次法律法规宣传。

【建筑市场管理】 一是严格依法办证。严格依法办理施工许可、资质证书，共报建项目54项，核发施工许可54项，总投资18.67亿元，总面积134.23万平方米，共办理资质证书4项。二是加强文明施工管理。开展建筑工地“文明施工”和“四创”工作检查13次，下达文明施工整改（停工）

通知书37份，提出整改意见50余条。在建项目共49个已全部按照要求刊播各类公益性广告，共新刊播和老旧更换共350余块，总面积达3938.9平方米。三是大力发展建筑企业。成立二级建筑企业1家，三级建筑企业14家，劳务企业19家。19个乡镇注册了三级建筑企业35家，二级建筑企业1家。其中，村集体经济企业26家，个人企业9家。组织全区16个建筑企业分两期参加六枝特区加快建筑业发展“九大员”岗位培训班，其中第一期培训各类管理人员144人，第二期培训各类管理人员73人，培训安全类管理人员90人，解决新办企业人员不足的问题。四是加强建筑市场的监督和管理。严格执《贵州省建筑市场管理条例》，严格查处规避招标，转包、挂靠等行为。认真贯彻落实建筑市场管理体制条例，认真做好施工队伍企业的资质登记工作，对外来施工单位严格进行资质审查工作和入境登记工作，全年共对20余家施工企业进行登记，完善信誉工作平台，杜绝违法承包工程，超承包工程的现象发生。制定《建筑领域劳务用工实名制和工资支付“一卡通”实施方案》，先行将5个项目纳入本次的试点范围，根据试点情况，逐步在全系统内推广实施，嘉年华项目已实行由银行代发民工工资。2015年20家施工企业进行登记，共报建35项，核发施工许可35项，总投资7.7亿元，总面积68.02万平方米。下达限期完善建设手续通知书28份；上半年共报建35项，核发施工许可35项，组织召开“市外建筑业企业注册清理和统计入库工作会议”“六枝特区各乡镇成立建筑施工企业和劳务公司工作培训会”，注册清理市外建筑企业10家，开展19个乡镇成立建筑施工企业和劳务公司工作。

【房屋产权产籍管理及房地产交易】 2015年共办理产权登记1965件，面积617960平方米。其中：初始登记44件，登记面积422712平方米，比上年同期上升24%；转移登记1781件，登记面积193552平方米，比上年同期上升53%；变更登记118件，登记面积34310平方米，比上年同期上升48%；验换登记22件，登记面积1696平方米，比上年同期上升2%。其他项权利登记，办理房地产抵押登记3232宗，抵押面积488587平方米，抵押贷款金额116189.49万元，比上年同期上升10.02%。商品记预售备案2671户，面积262151平方米，房款80174.4408万元，比上年同期上升38%。共解决历史遗留问题106户。共整理房产档案上柜1951件，比上年同期上升30%。配合法院查封登记48宗。加大法律法规宣传力度，执法大队、建管、房管、质监安办等业务股室联合进行2次综合法律法规的宣传。收缴登记费102万元，交易手续费92万元；协助地税部门完成契税征收240万元，营业税490万元。

【物业管理及房屋管理】 一是形成科学有效的督查机制。让物业管理达到科学化、民主化，提升为民服务的意识，组织全区的社区服务中心及居委会进行物业管理工作交流会议；制定《2015年开展“四创”暨创建国家卫生县城物业小区环境卫生整治工作实施方案》，组织物业服务企业召开了2次“四创”和“创国卫”工作专题会议。二是形成科学有效的督查机制，按期对物业小区进行定期和不定期的检查，下发整改通知书公12份，要求限期整改，并对整改情况进行复检；在全区范围内开展物业服务企业市场行为检查工作，共检查企业15家，检查物管小区17个，对于不达标不合格的立即下发企业整改通知书，限时整改；办理2个项目物业承接查验备案，1个退出物业项目备案手续；协调处理了物业管理信访投诉事项4起；指导成立了3个业主委员会。三是加强房屋维修资金管理工作。1—9（数据到12月）月共归集房屋维修资金1600余万元，累计归集6800余万元，做到应缴尽交。经过多方努力，特区住宅专项维修资金管理系统已经建立，并投入试运行。并按照上级部门的要求统一规范使用专门票据。四是加强危旧房屋老楼安全监管工作。2015年组织开展每个季度中心城区危旧房屋安全检查工作，发放检查通知29份。7月根据省市上级部门的要求，住建局对所在全区范围内开展了全区老楼危楼安全隐患大排查大整治工作，对15个乡镇4个社区街道办及4个驻境企业相关人员进行了房屋安全隐患认定培训，并组织人员对各乡镇社区街道办及企业进行了老楼危楼安全隐患排查整治督查工作，就工作开展情况以及工作中的问题等进行了检查，截至11月12日老楼危楼安全隐患排查整治工作的排查基本完成，全区19各乡镇社区上报共排查了64944栋房屋，初步排查出有安全隐患房屋16351栋（其中A、B级房屋13817栋，面积约114万平方米，A级为无安全隐患的房屋，B级房屋只是存在结构上某个点的损坏，而不影响房屋整体结构安全；C、D级房屋2534栋，面积约23万平方米）。在2004年后建成的新建小区，未发现有老楼危楼安全隐患存在。

【城市基础设施建设】 2015年，城市基础设施建设主要有：一是实施背街小巷四期民生工程。改造道路13条，共改造硬化道路面积35205.37平方米，安装路灯206套，以及改造建设路段两侧排污管及其他相关配套基础设施，总投资3408万元。已完成改造道路12条，改造面积29164.296平方米，道路改造已完善排水设施建设，完成投资2526万元，到12月底背街小巷四期工程全部完工。二是启动阳光路建设。路线全长5.701千米，含一条主线（2.590千米）及三条支线（支线相加总长3.111千米）。桥梁3座全长101米，公交车站20处，给排水工程、管线工程、交通标志、标线，照明，监控系统，通信管道及绿化等配套设施工程，该项目总投资6.58亿元。一期工程于2015年10月开始开工建设，总投资1.2亿元，到目前为止征地180亩，拆迁工作正在进行中。三是滨河湿地公园建设成形。为给市民提供休闲、健身场所六枝特区政府在南环路北侧，人民医院东侧修建滨河湿地公园，该公园景观设计面积19000平方米，设施分别有景观绿化面积13399平方米、彩虹桥长600米、人行步桥1座、车行桥1座、人工喷泉1个、景观坝3级、观景平台1座、架空广场1个、景观桥2座等，已投入3600万元，完成整个工程的90%。

【房地产开发稳步发展】 2015年，全区共有备案的房开企业52家，在建商品房项目24个，规划建筑面积272万平方米，计划投资70.92亿元。房地产开发投资呈上升趋势，1—10月完成房地产开发投资9.62亿元，较上年同期上升18.33%。1—10月，批准商品房预售12宗，批准预售面积47.45万平方米，较上年同期上升71.75%，其中，批准预售住宅2620套29.66万平方米，较上年同期上升25.26%，批准预售商业17.79万平方米，较上年同期上升351.85%。1—10月，共销售商品房面积16.19万平方米，较上年同期增长81.83%。其中，住宅销售面积14.19万平方米，较上年同期增长27.51%，商业用房销售1.98万平方米，较上年同期增长488.82%，住宅销售均价2810元/平方米，较上年同期上升6.73%，商业用房销售均价9637元/平方米，较上年同期上升2.09%。1—10月，全区存量房交易面积3.95万平方米，较上年同期上升95.9%；交易金额3649万元，较上年同期上升38.03%。全区可售商品住宅房源为3636套42.71万平方米，以月平均1.419万平方米住宅销售面积计算，消化需要29个月。尚未办理预售但已开工建设的商品住宅预计有4177套45.29万平方米，预计需要32个月才能消化。将上述两种情况的库存面积相加，可售住宅房源及预计后续可上市住宅房源面积共计7813套88万平方米。存在商品住宅的去库存压力仍然较大。

【住房保障工作有序推进】 2015年，城市棚户区改造建设任务共3152户（350户实物安置、货币安置1352户综合整治），计划投资57799.4万元，在6个项目点实施。分别为：一是懒板凳片区城市棚户区改造项目点，实施350户，按实物安置方式改造，计划建设安置房面积38500平方米，计划投资10395万元，完成投资1460万元，已开挖基础。二是阳光小区城市棚户区改造项目点，实施1002户，按货币安置方式改造，计划投资 29759.4 万元，已签订初步协议，正在完善相关的购买事宜。三是落别片区城市棚户区改造项目点，实施 300 户，按综合整治方式改造，计划投资 1500 万元，完成投资 1230 万元，工程基本建成。四是岩脚片区城市棚户区改造项目点，实施 1000 户，按综合整治方式改造，计划投资 5000 万元，完成投资 1890 万元，工程基本建成。五是新窑片区城市棚户区改造项目点，实施 150 户，按综合整治方式改造，计划投资 750 万元，完成投资 480 万元，工程基本建成。六是南部新区城市棚户区改造项目点，实施 350 户，按回购商品房安置方式改造，计划投资 10395 万元，王在选购房源。为加快推进全区保障性住房的实施，六枝特区出台了《六枝特区人民政府办公室关于印发六枝特区 2015 年城市棚户区改造工作计划的通知》（六府办发〔2014〕58 号）、《六枝特区人民政府办公室关于印发六枝特区 2015 年城市棚户区改造工程实施方案的通知》（六府办发〔2014〕57 号）等文件，用于指导城市棚户区改造工作。二是租赁补贴发放。2015 年第一、二、三季度租赁补贴工作已都在每季度度末 25 日前发放完成，第四季度发放租赁补贴 11 月 20 日前完成，累计发放资金约 480 万元，核发租赁补贴 4556 户。三是办理产权证。房改业务，办理房改房、经济适用住房补交土地收益及上市准入许可证手续 62 宗，建筑面积 4763.85 平方米，补交土地收益金 35 万元；办理腾空经济适用住房产权审核手续 32 宗，建筑面积 2878 平方米；办理房改房部分产权补差手续 1 宗，建筑面积 57.38 平方米，收取补差款 0.13 万元；监管非财政拨款单位住房增量补贴 11 家，转拨资金 191.87 万元。

【农村危房改造和小康房建设】 2015 年，全区危房改造任务 1946 户，覆盖 15 个乡镇，累计完工 1382 户，完工率 71%，累计完成投资 6039 万元（其中当月完成投资 0 万元），其中：省、市、县级财政补助 0 万元，农民自筹 6039 万元，完成投资率 103.44%。

特区小康房建设任务为 438 户，计划投资 5256 万元，覆盖 11 个乡镇，竣工率 100%，完成投资 5210 万元（其中省、市、县级财政补助 0 万元，农民自筹 5210 万元），完成投资率 99.1%。农村危房改造任务为 1946 户，计划总投资 5838 万元，覆盖 18 个乡镇。

【小城镇建设】 一是科学合理的小城镇建设布局。以六枝城区为中心，岩脚、郎岱、木岗等副中心城镇为支点，根据各乡镇的区域优势、地域特点和民族特色，高起点、高质量编制全区小城镇建设规划。已完成 10 个乡镇、129 个行政村镇和部分村寨的小城镇建设规划编制。科学整合城镇要素，对全区行政区划进行调整，并经省人民政府 4 月正式批复，同意将特区从 5 镇 14 乡调整为 3 个街道办 10 个镇 5 个民族乡。二是着力打造山地特色小城镇建设。在山地特色小城镇建设中，特区充分考虑文化、历史、区位、自然、资源等元素，结合自身特色，根据每个乡镇不同的历史渊源、区域优势、资源禀赋，将特色优势打造融入小城镇建设的方方面面，集中打造形成了一批特色鲜明、文化内涵丰富的特色示范小城镇。

郎岱镇依托省级历史文化古镇名片和境内资源丰富、文化底蕴厚重、人才辈出，以及东山朝霞、西陵晚渡、岩疆锁钥等郎岱八大景观和历史悠久的古镇建筑群，截至 2015 年，共实施古镇文化广场、百草园、东山公园、郎岱镇古镇改造、商贸综合体等 34 个项目，计划投资 67 亿元，完成投资 23 亿元。

岩脚镇依托自古为贵州西部东出湖南、西进云南、南下广西，北上四川的古驿站，商贾云集、商贸繁荣的 600 年历史文化和已经建成通车的都香高速（六枝至六盘水段）横贯东西、拟建毕水兴（纳雍至晴隆段）纵贯南北、新增 S214（六枝至纳雍）省道纵贯全境、在建安六城际快速铁路辐射带动等交通区位优势和华润六枝电厂重点项目落户该镇及系列关联产业配套发展等特点，实施滨河大道景观带、廻龙溪文化广场、岩脚镇市场综合体、岩脚古镇立面改造、廻龙溪温泉度假村、古镇提升改造等53个项目，计划投资32.79亿元，完成投资29.47亿元。

落别乡依托黄果树瀑布源，大力推动产城景互动、城与乡结合，把风景引入乡村建设中，把旅游业引入农民家中，把旅游生态引入农业发展中，建设有历史记忆、地域特色、民族特点的实业乡村，推进美丽乡村辐射发展。截至12月，共实施龙井温泉度假区、瀑布源大道、游客接待中心等37个项目，计划投资26.22亿元，完成投资11.72亿元。

【传统村落建设】 2015年，全区传统村落建设工作严格按照省、市文件要求有序推进，已完成落别乡板照村等20个传统村落的第四批传统村落调查工作及推荐申报任务，同时，住建局已会同文广局、环保局、民宗局、财政局、林业局、城乡规划和城市管理局、生态旅游局、消防大队等8家单位对第四批上报中国传统村落进行审核，并上报市级审核，其中17个传统村落已通过初步审查，相关资料已上报省厅正在进行终审。第三批中国传统村落建设1个（梭戛乡高兴村），已启动规划编制，由贵州久成规划设计院有限公司负责编制传统村落保护规划，并且规划编制已经市级专家初审，并已按专家审核意见修改上报市局，市局已报送省厅。同时正在建立"一村一档"档案，并已上报梭戛乡高兴村传统村落2016年项目资金申报资料。

【党风廉政建设】 一是加强组织领导，促进党风廉政建设责任制的落实。局党组将党风廉政建设工作列入党组重要议事日程，组织党组会6次统一研究部署党风廉政建设。通过《六枝特区住房和城乡建设局2015年党风廉政建设及反腐败工作实施方案》（六住建党组通字〔2015〕5号）及《六枝特区住房和城乡建设局2015年党风廉政建设责任分解表》（六住建党组通字〔2015〕6号）等文件；认真落实两个主体责任及党组书记履行第一责任人职责，要求领导班子应履行"一岗双责"规定。二是抓好反腐倡廉教育，努力推进惩防体系建设。认真学习中央"八项规定"和省、市"十项规定"，严格遵守党员领导干部"十严禁十不准"规定，严格遵守厉行节约和廉洁自律的各项要求，坚持"标本兼治、综合治理、惩防并举、注重预防"的方针，围绕中心、服务大局，以求真务实的创新精神扎实推进反腐倡廉建设。三是继续加强机关作风建设。住建局党组结合自身实际制定了《六枝特区住房和城乡建设局纪检组2015年纪律作风督查方案》，进一步转变局干部工作作风，切实提高局机关总体干部职工的办事效率和服务水平，确保落实市委、区委、区政府安排的各项决策部署有效落实，推进全局各项工作提供良好的运转轨道。四是认真落实党风廉政建设党组主体责任和纪委监督责任局党组传达学习中央、中纪委领导相关讲话精神和省委、市委、区委关于《落实党风廉政建设党委主体责任纪委监督责任的意见》以及市局相关要求，首先具体落实"两个主体责任"要求，1月27日，局党组书记敖勇在六枝电视台向全区人民公开承诺党风廉政建设9项主体责任，自觉严格遵守廉洁自律各项规定。局纪检组长汪涛公开承诺党风廉政建设6项监督责任承，加大对工作纪律及工作状态的暗访力度，杜绝违反工作纪律的现象产生，推动治庸问责长期化、常态化；同时，严格遵守"首问负责制""一次性告知"等制度，热情接待服务对象，切实提高服务水平。局未有违反中央"八项规定"和省、市"十项规定"等事例发生。

城市管理

【概况】 2014年11月，根据《中共六枝特区委办公室六枝特区人民政府办公室关于印发六枝特区政府职能转变和机构改革实施意见的通知》（六特办通字〔2014〕145）规定，组建特区城乡规划和城市管理局，为特区政府工作部门。

2015年1月，《六枝特区机构编制委员会办公室关于特区政府工作部门重组后调整部分事业单位隶属关系的通知》（六机编办〔2014〕106号）规定，将原特区政府办所属的六枝特区城市管理处更名为六枝特区城市服务中心，划归特区城乡规划和城市管理局管理。内设机构为办公室、政策法规股（政务服务股）、城乡和市政规划管理股、市政公用和环境卫生管理股。

【“电（讯）网入地”工程】 2014年完成管网入地工程方案设计及可研报告征求意见的相关工作。2015年4月13日政府召开专题会议意见，将修建综合管沟方案改为弱电直埋入地，即将现有的架空弱电管线全部以穿管方式埋设于车行道下（靠人行道一侧）。因该项目投资大、技术性强，鉴于实际，拟采用PPP模式实施，与长沙城通管网基础有限公司商谈合作事宜。

【中心城区人行天桥】 完成街心花园人行天桥工程、站前广场人行天桥修建工程，概算总投资分别为2576.57万元、783.64万元，街心花园人行天桥工程实际投资约1400万元（含管线迁改等费用），站前广场人行天桥工程实际投资约350万元（含管线迁改等费用）。

【路灯安装改造工程】 2015年2月，投入46.8万元，完成桃花湖沿湖路灯安装改造工程，安装路灯88盏，改造电缆1600余米。

【垃圾转运场】 完成投资343.57万元前进路垃圾转运场项目，项目总用地面积4700平方米，占地面积870平方米，进场道路长120米、宽8米。

【防汛应急】 快速、及时、有效地处置城区城管防汛工作中出现的各类突发性灾害事故，确保城区汛期安全。投资9.64万元，汛前、汛中两次集中清掏中心城区排水设施，共计清掏落水孔1960个，更换破损水箅子36块、检查井盖8套。投资98.2万元维修破损车行道6635.75平方米，投资20万元维修破损人道板1300平方米，查处机动车损坏隔离护栏3起，赔偿资金5960元。

【市容市貌常态化管理】 2015年初，开始采取集中治理脏乱现象布点工作、流动值勤与机动治理结合布点工作相结合的管理模式，定人、定岗、定时间段落实责任到人，先以中心城区主干道（那平路、团结路、人民南北路、特区党政办公场所地段）为整治示范区，再向中心城区其他路段展开，形成点面结合的治理长效机制。城管监察工作分白班、夜班划分责任区域，3个城管执法中队集中整治不间断，重点治理城区各主次干道、广场、道路交接点各类违章占道经营等问题。共计治理占道加工、占道经营摊点1600余处（次），下发《违法（章）通知书》300余份；清理各类流动摊点5000余处（次）；依法查处机动车违章占道停放100余辆，货车沿途抛洒遗漏物影响市容环境卫生等违法违章行为60余起。依法查处城区主次干道违章户外广告牌（匾）300余块，拆除广告横幅60余条。

【园林绿化管护】 做好行道树修枝整形及病虫害防治，对管辖绿化做到浇水、施肥、除草、喷药、修枝整形不间断，清理城区枯死行道树100余棵；在那平路、南环路、桃花公园沿湖一路及九头山公园景观步道种植三角梅1500株；在休闲广场、南环路隔离带等处种植灌木球140株、小苗1万株。投资5.21万元修复九头山公园被损坏设施。

【城乡规划编制】 召开两次城规委会议，研究特区范围内16个拟出让地块的规划技术指标；六枝特区宏盛大厦、温莎小镇、六枝金海大酒店及六枝连城国际三期规划的局部调整。召开9次城规委专家委员会，共审查六枝特区落别乡板照村村庄整治规划，六枝特区嘉年华商业广场，六枝特区景城百汇，六枝特区落别乡总体规划，六枝特区原箐口乡、中寨乡共13个村的村庄整治规划，六枝特区国际建材城，六枝滨河商业广场，六枝特区宏盛大厦，六枝特区人民医院修建性详细规划，郎岱镇阿乐村村庄整治规划，六枝滨河公园城市综合体A单元等11个项目。完成六枝特区第一中学教师周转房规划、六枝特区第一幼儿园规划等新建项目的规划设计；完成教师周转房规划、卫生周转房规划、学生宿舍规划等新建项目规划设计 14 个。

【违法违章建筑管理】 加大控制和拆除违法建设的工作力度，对出现的违法违章建筑及时制止，并依法严肃追究控制和拆除违法建筑的各类违法违章行为，共计派遣民兵 17600 人次，出动巡查车辆 6400 余次，摩托车 16800 余次，开展集中拆违行动 93 次，完成违法违章调查 229 户，其中，自行拆除违章建筑 8 户，依法依规拆除违章建筑 97 户，拆除面积 10989 平方米，没收违法作业工具 250 余件。

【城乡规划管理】 2015 年度共核发《建设项目选址意见书》69 份，拟用地面积 77.05 万平方米，“建设用地规划许可证”54 份，建设用地面积 145.37 万平方米（其中房开项目 12 个，建设用地面积 28 万平方米），“建设工程规划许可证”69 份，总建筑面积 129.46 万平方米（其中房开项目 13 个，建筑面积 124.84 平方米），“乡村建设规划许可证”55 份，总建筑面积 10.09 万平方米，“建设工程竣工规划认可证”5 份，竣工总建筑面积 11.89 万平方米（均为房开项目），制作和发放规划设计条件通知书 16 份。

环境保护

【概况】 六枝特区环境保护局是六枝特区人民政府组成部门，主要负责全区环境保护工作。内设 4 个机构：办公室、环境影响评价股（政务服务股）、污染物排放总量控制股、污染防治和辐射管理股。行政编制 9 名。定领导职数：局长 1 名，副局长 3 名，正副股长（主任）4 名。工勤人员编制 2 名。现在岗 8 人。下设 2 个机构：一是六枝特区环境监察大队（属参照公务员管理的副科级事业单位）。大队内设 4 个机构：综合股、排污费征收股、执法监察股、环境安全应急股。大队编制 20 名（含工勤人员编制 1 名）。定领导职数：大队长 1 名（副科级），副大队长 2 名，正（副）股长 4 名。现在岗 12 人；二是六枝特区环境保护监测站（正股级事业单位，无内设机构）。事业编制 10 名。定领导职数：站长 1 名，副站长 1 名。现在岗 9 人。

【主要污染物减排】 在污染减排工作中，坚持“消化增量、削减存量、控制总量”的减排工作原则，严格执行“环境影响评价”和“三同时”制度，加强重点行业、重点企业和重点工程的主要污染物减排工作。2015 年 COD 实际排放 6282 吨、NH3-N 实际排放 663 吨、SO_2 实际排放 4961 吨、NOX 实际排放 1251 吨，COD、NH3-N 两项水指标完成市级要求，SO_2、NOX 两项气指标完成“十二五”目标任务。

【项目环境管理】 按照《中华人民共和国环境影响评价法》，严格执行建设项目的准入条件和环境影响评价分级审批的规定，认真做好建设项目的选址、审批、验收等工作。截至 2015 年 12 月底，共受理建设项目环评审批事项 114 件。其中编制环评《报告书》项目 9 个，环评《报告表》项目 63 个，填报环评《登记表》项目 42 个，办理环境影响评价执行标准 9 家，按时办结率 100 %；建设项目通过试生产 8 家，环境保护竣工验收 6 家；项目申报进行现场勘查，出具“现场勘查意见”16 份；参与特区项目选址 12 次，参加大项目环评审查 7 家，协调办理项目 4 个，批准建设项目豁免 40 家；2015 年“局长进中心”12 次，送环评服务下园区 4 次。

【重点流域环境保护“河长制”工作】 2015 年重点流域环境保护河长制工作，按照《省人民政府办公厅关于在乌江等重点流域实施环境保护河长制的通知》（黔府办函〔2014〕104 号）及《市人民政府办公室关于印发六盘水市重点流域环境保护河长制实施方案的通知》（六盘水府办函〔2015〕80 号）文件精神，进一步落实各级政府水环境保护和治理责任，切实加强全区重点流域环境保护工作，确保流域水质稳定达标。各乡镇、各相关单位按照要求，采取扎实有效的整治措施，积极对辖区内污染源和存在问题进行了认真整治，经过一年多的综合整治，经监测表明，区内重点流域的三岔河六枝段龙场断面、北盘江六枝段牂牁江断面、北盘江六枝河断面水质均为地表水Ⅲ类水质标准，达到了规定的水环境功能区类别。一是通过了省市2014年度三岔河流域环境保护河长制目标任务年度考核，获得全市考核第一名。二是制定并下达2015年度治理任务根据《省人民政府办公厅关于在乌江等重点流域实施环境保护河长制的通知》（黔府办函〔2014〕104号）及《市人民政府办公室关于印发六盘水市重点流域环境保护河长制实施方案的通知》（六盘水府办函〔2015〕80号）文件要求，制定下达《2015年重点流域环境保护河长制实施方案》六府办发〔2015〕40号、《关于下达六枝特区2015年重点流域环境保护河长制目标任务的通知》六特环保河长字〔2015〕1号文件。三是目标任务完成情况：1. 岩脚镇等9个乡镇配置垃圾箱90个。各乡镇现已购置到位；2. 建梭戛乡生活污水处理系统（人工湿地）配套支管1000米。梭戛乡政府积极筹措资金，于3月10日开工建设，现已全部完成，通过验收，投入试运行；3. 建龙场水质自动监测站周边垃圾收集池1座，排洪沟50米。龙河镇已购置1座移动式垃圾箱，放置于自动监测站处；排洪沟于8月份开工建设，10月份全部完成；4. 修建岩脚镇污水处理厂截污支管网1000米。岩脚镇结合污水处理建设于1月10日开工建设，至5月15日已完成；5. 建设龙河镇污水处理厂并投入运行。已于2015年6月初开工，修建进场路225米，正在组施工准备工作。工程预计总投资1971.16万元，日处理污水一期1500立方米，工程分两期进行建设，通过招商引资，与安顺环科所达成投资意向并签订了建设施工合同，同时通过竞争性谈判的方式，与贵州谊盟监理有限公司签订了工程监理合同，工程施工正在进行之中；6. 建设新窑乡鹏远再生纸厂废水回收利用1座。该项目企业自筹资金288.5万元，建成规模为日处理造纸废水480吨/日的废水回收利用处理站1座，已建成投入使用；7. 三岔河龙场段2000米河道漂浮物清理，同步维修河堤。特区水务局投资1035万元，治理河道3.07公里，修建河堤3900米，清淤疏疏通河道3.07公里，植树4500株，种草2000亩，清理漂浮物52吨。该项工程已全部完工；8. 郎岱镇等7个乡镇配置垃圾箱70个。各乡镇已购置到位；9. 建设毛口乡生活垃圾简易堆放场1座。牂牁镇积极筹集资金修建约2公里进场道路、围栏、排洪沟、警示牌等工程，现已全部完成，投入运行；10. 落别乡可布村村寨饮用水水源地保护，农村生活污水和垃圾处理。落别乡政府多方筹集资金，编制环境综合整治实施方案，特区环保局配合该乡申报资金16万元，整治工程已于11月底全部完成；11. 修建折溪乡饮用水源点围墙，绿化水源周边空地，建警示牌；建人工湿地收集处理水源点周边生活污水。折溪乡于3月8日开工建设，8月份全部完成，投入使用。

【饮用水源地环境保护】 成立六枝特区饮用水源地环境保护工作领导小组，制定工作计划，清理整治生活废水、生活垃圾对饮用水源地的污染。下发《关于加强春节期间环境安全工作通知》《关于做好尾矿库、饮用水源地及放射环境安全工作的通知》《关于加强汛期环境监管工作通知》等文件，要求各乡镇进一步做好饮用水源地的管理和值班，降低突发性事故的发生。六枝特区3个集中式生活饮用水源地中坝水库、白岩脚水库、纳麻水库，经六枝特区环境监测站采样监测，监测结果均达到国家《地表水环境质量标准》（GB3838—2002）Ⅱ类标准，符合饮用水水源地水质要求。界碑、界桩、警示牌等环保设施检查情况：中坝水库、白岩脚水库设施完好，无损坏；纳麻水库今年已修建完成。我区备用水源地为六枝特区新场乡旧院水库，目前主体已建成，正在进行验收，预计明年正式投入使用。自2013年以来，特区共获得省级资金55万元，其中白岩脚水库20万元，纳麻水库35万元。已按照省市下达的环境综合整治要求，完成两个水库的环境综合整治工程。完成11个千人以上集中式饮用水水源点的保护区划分方案，通过省专家组评审，已上报省人民政府待批复。完成梭戛乡高兴村陇戛新寨Ⅰ、Ⅱ寨饮用水源点、毛口乡半坡村那旁寨水源点、折溪乡把仕村饮用水源点实施的环境综合治理工程。按照相关规范要求，按时完成整治工程，确保了群众的饮水安全。共出动监察人员162人次，检查了22个重点和千人以上集中式饮用水源。乡镇共出动监察人员357人次，检查水源点68个。整治了30多起钓鱼、游泳、放牧等污染水源现象。

【农村环境综合整治】 一是为加大“四在农家、美丽乡村”及“小康寨”的饮用水源地环境保护的监管力度，分别在梭戛乡高兴村戛陇Ⅰ、Ⅱ寨、毛口乡半坡村那旁寨、折溪乡把仕村饮用水源点实施环境综合治理工程，已全部完成，确保村民饮用水安全。二是争取到贵州省农村饮用水源地环境污染综合整治专项补助资金35万元，实施木岗镇纳麻水库、郎岱白岩脚水库环境综合治理工程，现已完成了全部工程。三是协助水务部门对河尾巴取水点进行了环境综合整改，改建取水口，清理生活垃圾，疏通河道，减少了污染物对周边环境的污染。四是组织九龙社区小寨村、陇脚乡补雨村、岩脚镇岱翁村、落别乡牛角村、大用镇等乡镇申报2015年度贵州省省级生态乡镇（村）；陇脚乡补雨村、落别乡牛角村被省环保厅命名2015年度省级生态村。

【危险化学品及固体废物的监管】 为加强辖区危险化学品和固体废物的环境管理，防止发生环境污染事故，在“春节”“五一”“国庆”等节假日期间及雨季汛期，下发《关于加强春节期间环境安全工作通知》《关于做好尾矿库及汛期环境安全工作的通知》等文件，制定《六枝特区危险废物规范化管理督查工作方案》，对使用危险化学品和有固体废物的单位和企业开展每季度不少于一次的现场环境监察。要求各有关单位做到放射源标志清楚、管理制度健全、管理规范、使用正常，对存在的各种隐患要及时进行整改，杜绝引发环境安全事故，特别是对医疗单位医疗废物消毒、毁型、储存、台账等现场监管，规范了医疗废物的管理和处置过程，确保了医疗废物全部按要求达标处理。共出动环保执法人员56人次，对城区9家医疗单位进行了26次例行督查，所有医疗单位的医疗废物全部交医疗垃圾焚烧有限公司进行处理，处理率达100%。共出动环保执法人员36人次，对乡镇医疗机构进行检查，医疗废物基本按要求达标处理。

【核与辐射环境监管】 成立六枝特区核与辐射环境安全环境保护工作领导小组，制定工作计划，整治违法行为，确保区内核与辐射环境安全。下发《关于加强春节期间环境安全工作通知》，《关于做好尾矿库、饮用水源地及放射环境安全工作的通知》《关于加强汛期环境监管工作通知》等文件，要求各乡镇进一步做好核与辐射环境安全的管理和值班，降低突发性事故的发生可能性。共出动监察人员168人次，检查了84家（次），对部分乡镇医院无防盗设施、一室多用，混杂堆放等现象，进行限期整改。各企业做到放射源标志清楚，使用正常，管理制度完善，专人管理，编制了应急预案，证照齐全，无泄漏丢失现象。开展放射性同位素与辐射装置安全防护状况年度评估报告工作，市第二人民医院、疾控中心等17家单位正常营业，3家正在搬迁。符合编制放射性同位素与辐射装置安全防护状况年度评估报告的单位有14家。对14家进行网上填报并通过评估，通过率达82.3%。开展核安全文化宣传贯彻推进专项行动，对全区16家辐射单位进行了现场宣传，切实提高工作人员的忧患意识、责任意识、诚信意识、敬畏意识和守法意识。2015年全年未发生放射、辐射环境污染事故，辐射环境安全稳定，总体良好。

【环境监测】 一是按照重点污染源监督要求，对区内的国控重点污染源贵州六矿瑞安水泥有限公司进行了一季度一次的监督性监测。监测结果表明，排放的污染物均达到相应的排放标准。二是按照环境管理要求，对辖区内的煤矿、医院、药厂、砖厂、纸厂、铁合金等排污企业进行一季度一次的水、气、声污染源监测，对六枝污水处理厂进行了每月一次污水处理监测，监测结果为环境管理提供执法依据。三是按照经济指标要求，对城区环境空气质量的监测。截至2015年12月底，共对六枝城区环境空气监测了365天。为优的天数250天，为良的天数115天，轻度污染天数为零，API空气污染指数平均值为41，环境空气优良率达100%，空气质量级别达到一级标准。达标率指数为100%，达到了小康创建工作要求，已按月发布环境空气质量报告12期。四是按照小康创建工作要求，对区内19个千人以上集中式饮用水源点进行了12次采样监测，监测指标共28项。监测结果表明，堕却中坝水库和19个千人以上集中式饮用水源点水质达到达标率指数达100%，达到了小康创建水质指标要求，饮用水合格率达100%。五是加强地表水监测，对六枝境内的六枝河（包含三丈水、易黑、滴水滩三个断面）、北盘江（毛口断面）、三岔河（龙场断面）水质按照每季度监测一次，共监测4次。监测结果表明，六枝河、北盘江（毛口断面）出口断面水质达到Ⅲ水质标准，三岔河（龙场断面）水质达到Ⅱ类水质标准。六是强化城区交通噪声和功能区环境噪声监测，上、下半年分别对六枝城区交通噪声和城区功能区环境噪声进行了两次监测。监测结果表明，城区交通噪声平均值为66.2dB（A），城区功能区环境噪声平均值为50dB（A），低于城市区域环境噪声平均值≤60dB（A），交通干线噪声平均值≤70dB（A）。六枝城区功能区环境噪声达标率为90%，基本达到功能区标准，超标的主要是交通噪声。七是龙场水质自动监测站建设情况。龙场水质自动站建设是“重点流域、跨地州市水质自动站建设项目”之一，该项目总投资150余万元，监测项目为高锰酸盐指数、氮氨、化学耗氧量等水质五参数。项目于2014年1月开始建设，投资38万元加二层和硬化路面。2015年10月底投入试运行，经监测，龙场断面水质达到国家2级标准。八是环境应急监测演练。10月22日，参加了特区组织的“中缅天然气输送管道泄漏”事件应急演练，完成环境污染的应急监测。

【环境执法与监管】 一是继续深化“六个一律”环保“利剑”专项行动。对全区范围内在册和非在册排污企业进行全面排查，将大气污染防治、水污染防治、危险废物污染防治、核与辐射安全、环境影响评价和“三同时”制度落实、工业园区污染综合防治、高速公路及进出城主要干道沿线污染防控、污染源自动监控等8个重点纳入检查内容。二是认真开展污染源的现场监督管理。为确保污染源稳定、持续达标排放，完成污染物总量控制指标，对污染源进行严格的现场监督管理，采取定期或不定期的方式对污染源单位进行现场监督检查。在检查中发现问题的，及时下达环境监察通知书，提出限期整改，并按照环境保护有关法律法规进行处理。三是开展城市噪声污染专项整治。牵头组织公安局、城管局和住建局等部门组成的联合执法组，对城区商业噪声开展了8次集中整治，主要采取宣传、劝导、暂扣噪声设备的方式进行整治，与六枝特区中心城区沿街各经营性店面业主签订了承诺书，对多次劝导、宣传无效的。暂扣噪声设备，并给予处罚。自开展以上环境执法与监管检查工作以来，共出动环境执法人员860人（次），检查企业数246家（次），下达环境执法限期改正通知书42份，对60余户违规商户实施了警告处理，对41户违规商户进行了暂扣喇叭（音响）处理，对16家户违规商户实施了行政处罚。责令六枝特区茂名塑料加工厂等3家单位停产并恢复原状，对特区食品产销公司等3家企业的违法行为进行立案查处，下达环保行政处罚决定书（告知书）3份，收缴罚款13万元。通过开展环境保护大检查，进一步加大对环境违法行为的打击力度，对违法排污行为起到打击和防范的双重效果。

【排污费征收】 在排污费的征收上，加强宣传，做到以收促管。做到目标明确，措施到位，并按照排污费的征收程序按季进行征收。截至12月底，对66余家企业排污量进行申报，共征收排污费168万元，所征收到的排污费已全部依法缴纳财政。

【来信来访】 严格按照对外服务承诺进行办理，处理了群众关心的涉及环境有关的重点、难点环境纠纷问题，特别对网民反映“六枝特区工矿集团后面的大烟囱排放的废气污染环境”问题等三件网络舆情，及时到现场进行调查处理，并将调查处理情况及时反馈给网民及相关部门，消除了社会影响。2015年共受理各类环境信访案件56件，其中来访8件、来电（12369）48件，受理率、处理率、结案率均达100%。按要求及时处理了人大、政协议提案3件，并及时回复人大、政协代表。

【环保宣传】 做好“六五”世界环境日宣传工作，制定了“六五”环境日宣传实施方案，特区政府分管领导在特区电视台作“六五”环境日电视讲话。6月5日，在新广场共同承办纪念“六五”世界环境日暨“践行绿色生活”主题活动。在活动中，开展2015年“六五”世界环境日、新《环保法》及创建国家环保模范城市等宣传活动，本次宣传投入1.5万元印制了新《环保法》及其配套办法1万余份，分发到机关、乡镇、企业进行宣传。为加强新《环保法》等四个配套办法的学习宣传和知识培训，开展二次专题培训会，使环境执法人员对新环保法有了全新的认识。制作悬挂标语10余幅，播放新《环保法》宣传视频8个，六枝广播电视台对“六五”宣传活动进行报道。通过不同形式的宣传，进一步增强群众环境保护意识、节约意识、生态意识，自觉选择低碳、节俭的绿色生活方式和消费模式，为生态文明建设奠定了坚实的基础，激发了群众参与创建国家环保模范城市的工作热情。

【环境监测监察能力建设】 2015年11月完成环境监测标准化建设工作，并申请上级业务主管部门对其进行验收。2015年12月2日，六枝特区环境监测站通过贵州省环保厅组织的环境监测标准化建设验收工作。环境监察大队监察能力建设经费投入266万元，设置执法接待室、取证设备间、样品间、档案室、排污申报受理厅、“12369”环保热线投诉受理夜间值班室、污染源在线监控中心，达到《全国环境监察标准化建设标准》西部三级标准配置的要求。

【大事记】 2月9日，贵州省环保厅厅长熊德威到六枝调研，市环保局局长陈松、特区环保局副局长陈前宁等陪同。

5月19日，贵州省环境监察局董理主任到路喜循环经济园区检查、指导工作，市、特两级环保部门相关股室负责同志陪同。

7月20日，六盘水市人大环资委主任李晓东到六枝检查新《中华人民共和国环境保护法》贯彻执行情况，特区政府副区长谭枫、特区环境保护局局长李清洋等陪同。

10月13日，六盘水市政府副市长周宏文率市环境保护局局长陈松、市政府督察室陈石主任等到六枝督查减排工作落实情况，特区特区政府副区长谭枫、环境保护局局长李清洋等陪同。

安全监督

安全生产监督

【概况】 2014年，全区共发生各类生产安全事故4起，死亡12人，事故起数占全年市下达控制数18起的22%，死亡人数占全年市下达控制数16人的75%。同比，事故起数持平，死亡人数增加7人，上升140%。亿元GDP死亡率为0.098（全区2014年预计国内生产总值123亿元）控制在指标以内，煤矿百万吨死亡率为2.6（全区2014年预计煤炭产量为390万吨）超过控制指标，道路万车死亡率为0.25（车辆8万辆）控制在指标以内（其中：煤矿发生重大事故1起，死亡10人。同比，事故起数增加1起，死亡人数增加10人。道路交通事故3起，死亡2人，同比事故起数减少1起，死亡人数减少3人）。其他行业领域未发生生产安全事故。

【安全责任落实】 一是坚持“管行业必须管安全”“管业务必须管安全”“管生产经营必须管安全”及“属地管理”原则，切实制定并与路喜循环经济园区、木岗工业园区、郎岱农业产业园区、岩脚工业园区，19个乡镇、14个部门、六枝工矿（集团）以及路鑫喜义集团等5家地方煤矿集团签订2014年目标责任书。并督促各乡镇、各部门、各企业将责任目标进一步量化、细化，层层进行分解，强化目标责任落实。二是严格实行“一岗双责”“一票否决”制度，并切实建立煤矿安全生产联系包保责任制度，落实县、乡、安全监管部门、煤炭部门及各煤矿企业集团领导对煤矿安全生产进行实名制包保，强化党政干部安全生产工作责任。三是进一步完善驻矿安监员制度。按照每矿2名标准，对生产建设井派驻驻矿安监员，对煤矿企业进行24小时驻矿监管。四是在下发的《六枝特区安全生产委员会办公室关于开展2014年春节、“两会”暨第一季度全区安全生产大检查工作的通知》（六安委办通字〔2014〕1号）等部分文件中，切实明确了牵头单位、责任单位，要求各单位按照职责分工抓好工作落实，再次对有关单位的职责进行了细化。五是坚持“四不放过”原则不动摇，积极配合和查处有关责任事故，严肃追究相关人员责任，切实用事故教训推动工作开展。六是各乡（镇）、各行业主管部门及安全监管部门严格落实属地管理、行业直管及综合监管职责，长期深入企业，加大安全生产执法力度，切实规范企业安全生产行为，推动企业主体责任落实。

【安全隐患排查治理】 一是制发《关于建立全区安全生产大检查工作制度的通知》（六安委通字〔2014〕3号），明确大检查目标、方式、计划及有关单位工作职责，切实推进安全生产大检查工作常态化、规范化、制度化。二是制发《关于开展2014年春节、“两会”暨第一季度安全生产大检查工作的通知》（六安委办通字〔2014〕1号）、《六枝特区集中开展除大隐患防大事故安全生产大检查》（六安委办通字〔2014〕6号）等文件，明确检查内容、方式、重点，对各个时段安全生产大检查工作进行安排部署，并成立21个专项检查组，长期深入企业、深入生产一线，严格按照“全覆盖、零容忍、严执法、重实效”的要求，全面开展隐患排查整治。截至11月，全区共查出各类安全隐12845条，落实整改12691条，整改率98.8%。

【百日事故警示教育活动】 组织各乡镇、安委会成员单位、各有关企业认真收集各类事故案例（特别是2013年“1·18”金佳煤矿煤与瓦斯突出事故、“3·12”马场煤矿煤与瓦斯突出事故），开展警示教育活动，举一反三，深刻吸取事故教训，坚决做到“一矿出事故、矿矿受教育，一地有隐患，全区受警示”。在百日事故警示教育活动结束后，保持事故警示教育常态化，结合发生在全市的“4·18”“5·24”“5·25”“6·11”煤矿事故，督促各乡（镇）、各部门、有关企业认真吸取事故教训，牢固树立隐患就是事故理念，提高安全认识，强化安全措施。结合实际，深入分析事故原因，切实提高各行业领域安全监管人员及从业人员的安全生产意识，确保安全生产。

【“六打六治”打非治违专项行动】 根据《六盘水市集中开展“六打六治”打非治违专项行动方案》（六盘水安委通〔2014〕11号）要求，结合特区实际，制发了《六枝特区集中开展“六打六治”打非治违专项行动方案》（六安委通字〔2014〕5号）。在特区“六打六治”打非治违专项行动领导小组的领导下，成立3个特区级综合督查组，26个行业专项检查组强化对“六打六治”打非治违专项行动的组织领导，确保责任落到实处。严格按照“四个一律”要求，坚持“全覆盖、零容忍、严执法、重实效”原则，采取“四不两直”的方式，对重点区域和单位实施暗访暗查，及时发现和解决“六打六治”打非治违专项行动过程中遇见的问题和困难。2014年全区共组织执法检查组累计1302（次），出动执法检查人员累计5164人（次），其中：各类专家累计58人（次）、检查企事业单位和场所累计2918家（次），组织开展跨地区、跨部门联合执法累计44（次），采取“四不两直”的方式，对重点地区和单位实施暗查暗访累计236（次），共打击涉及“六打六治”项目内容184起，及时将各行业领域非法违法生产经营行为扼杀在萌芽状态，确保安全。

【非煤矿山安全监管】 一是下发《六枝特区金属与非金属矿山安全专项整治工作方案》，对全区非煤矿山监管工作进行全面部署。二是深入企业严查工人不戴安全帽，高空作业不系安全绳，上下交叉作业等违章行为；严查安全员未经培训持证上岗或安全员脱岗的、浮石危石悬石未认真进行清理等行为，共查出安全隐患971条，整改956条，整改率98.5%。三是充分借鉴煤矿分级监管的经验，结合各非煤矿山企业安全现状，将全区非煤矿山企业评定为A、B、C三个等级，实行分级管理。四是进一步加大非煤矿山管理人员、特种作业人员、从业人员教育培训力度，组织全区91家砂石厂从业人员320人进行安全知识、职业健康知识培训。进一步提高广大职工安全意识和事故防范能。

【危化、烟花爆竹安全监管】 一是严格市场准入，对新申请办理烟花爆竹经营户115家经过申请、受理、实地审查、培训、考试、颁证等环节，符合条件的新增烟花爆竹经营户为106家。二是强化对烟花爆竹生产、经营等环节的“打非治违”工作。2014年共检查烟花爆竹批发企业6家（次），查出安全隐患34条，落实整改34条，整改率100%；共检查烟花爆竹经营户988户（次），查出安全隐患255条，落实整改255条，整改率100%。查处烟花爆竹违规经营户51户（次），查收土炮97767头，烟花199个，私炮161件零1643串，魔术弹416根，小炮弹8件零164个，暂扣烟花爆竹经营（零售）许可证13家，打击无证非法储存私炮、土炮和烟花经营户14家，对情节特别严重的已移交公安机关依法刑事拘留。

【建材、机械、烟草等八大行业安全监管】 加大对八大行业的安全监管力度，以建材、机械、烟草、轻工、电力、商贸行业领域为重点，切实强化对相关企业的安全隐患排查和打非治违工作，共查处安全隐及问题367条，整改359条，整改率97.8%。

【职业卫生工作】 与非煤矿山、煤矿企业、金属冶炼、水泥厂、木材加工厂、建筑施工等115家单位签订职业健康责任状，确保各行业领域内企业职业卫生主体责任落到实处。根据《六盘水市金属冶炼行业职业病危害专项治理实施方案》、《六盘水市水泥生产企业职业病危害专项治理工作方案》、市安委办关于《冶金等工贸行业开展涉及粉尘作业安全专项治理实施方案》等文件要求，持续深入开展各行业领域职业卫生专项检查，共检查职业健康95家（次），共下检查整改指令54家（次），查出隐患484条，已整改463条，整改率95.6%，共组织涉及职业健康体检1206人。

食品药品技术监督

【概况】 2014年11月由原工商局、质监局和食药监局合并成立六枝特区市场监督管理局。成立以来，落实改革措施，锐意创新，扎实工作，进一步优化监管流程，建立广覆盖、专业化、高效率的市场监管体系，提高行政执法服务效率和水平。

【市场主体培育】 推行一次性告知制、限时办结制、延时服务制、为重大招商引资项目开辟绿色通道等便民举措，提高办事效率；严格执行“先照后证”“三证合一、一照一码”等改革措施，放宽市场准入条件。大力培育市场主体。截至10月30日，新登记市场主体共计2095户，其中：企业482户、个体工商户1475户、农民专业合作社138户，各类市场主体总量为19580户，其中：企业2730户、个体工商户16350户、农民专业合作社500户，与上年同期相比分别增长37.39%、12.24%和49.70%。按照全区2014年度常住人口49.78万人计算，全区万人拥有企业数为64户，万人拥有个体工商户数为328户。

【微企发展】 截至10月30日，共发展微型企业300户，完成了市政府下达的目标任务，其中：六大行业（加工制造、科技创新、创意设计、软件开发、民族手工艺品加工、特色食品生产）93户、农（林、牧、渔）业46户、批发及零售业51户、餐饮业50户、信息传输业16户、住宿业3户、其他41户；注册资本3468万元；共带动就业1503人；支付微型企业财政补助资金2户，金额9.3万元；共7户微型企业获得融资贷款75万元。

【食品安全监管】 截至10月30日，六枝特区食品生产环节有58户经营户，其中：企业23户、小作坊35户；食品流通环节有经营主体1984户，其中企业86户、个体1898户（批发64户、超市98个、食杂店1822户）。一是出动执法人员4000余人次，车辆600台次，检查各类食品市场主体6000余户（其中食品生产企业24家次、食品加工小作坊40户次、流通环节食品经营户5936户次）。二是开展食品抽样检测共计53个品种214个批次，全部为合格。三是加强执法办案，共计查处食品案件5件，其中流通环节4件、生产环节1件（依法移送公安机关1件），总案值27万元，罚款1.32万元。

【餐饮服务监管】 截至10月30日，六枝特区共有餐饮服务单位1701家，其中：学校食堂287家、大型餐馆4家、中型餐馆38家、小型餐馆1346家、冷饮店等其他餐饮服务单位26家。一是制发餐饮服务许可证347份，其中：餐饮店305份（城区202份，乡镇103份）、学校食堂39份、单位及工地食堂3份。二是开展安全检查，共出动执法人员1000人次，执法车辆310台次，检查餐饮服务单位2600家次，下达监督意见书56份，提出监督意见244条。三是开展特区两会、消夏文化节、特区电厂项目洽谈等重大活动餐饮服务保障，共保障3000余人的餐饮安全。四是开展餐饮服务量化分级，共评定C级1380家、B级59家、A级5家。五是开展餐饮服务环节食品抽检工作，共抽6个品种，49批次，147个样本，全部为合格。六是指导农村集体聚餐备案500余家次。

【药品安全监管】 截至10月30日，六枝特区共有药品生产、经营、使用单位460家，其中：生产企业2家（1家已停产）、药品批发企业2家、零售企业2家、零售药店144家、医疗机构310家；共有医疗器械经营企业4家、医疗器械备案主体60家。一是开展药店GSP认证工作，已认证检查99家；二是开展药品监督抽样工作，共抽样100批次，不合格药品3批次，合格率97%；三是稳步推进电子监管，已导入药品零售企业入网信息120家，获数字证书21家；四是加强药械诚信体系建设，已完成药店建档工作，评定涉药单位70家；五是认真开展药品安全监测与评价工作，共上报药品不良反应报告242例，医疗器械不良事件监测59例；六是开展执法，检查涉药企业476家次，发现过期药品34批次、医疗器械36批次，发现超范围经营药品6批次，共取缔无证经营药品3户、流动摊点1户，查扣药品10箱，下发责令整改通知书78份，查获假劣物品货值约2万元，立案查处10起，罚款42602.1元。

【特种设备安全监管】 截至10月30日，六枝特区有特种设备使用登记单位96家，登记数量991台，在用数量472台，电梯维保单位16家（本地单位1家、在六枝常驻的外地单位2家、其他13家）。一是完成36家单位43台燃煤锅炉的淘汰工作，占应淘汰单位数的90%，占应淘汰锅炉数的86%；淘汰燃煤锅炉7.35蒸吨，占任务的105%；二是出动检查人员700人次，检查特种设备使用单位232家次，检查特种设备600余台次，下达监察指令书18份，检查覆盖率达到100%；三是完成电梯普查193台；四是完成压力管道普查18.88千米，完成隐患整改2起；五是完成气瓶安全专项整治6家次；六是完成重要会议期间电梯安全值守6次；七是为56家单位办理施工告知手续127台，办理注册登记80台；八是举办特种设备作业人员和安全管理人员培训班，培训操作人员和管理人员共65人。

【计量检定、校准】 截至2015年10月30日，检定电子汽车衡8台、压力表178块、天平（含台架盘天平）28台、砝码12盒、加油机163枪、血压计（表）127台（块）、台案秤38台、电子计价秤91台。

【品牌建设】 2015年，共引导“草里寻”等64件商标申请注册、推荐“九层山”等3件商标申报省著名商标，完成了1个省名牌产品的申报（华兴管业公司的“瓦斯抽放管”已通过专家现场审核），完成2个地理标志产品的申报（“落别樱桃”和“六枝龙胆草”已获批准），完成2个种植标准体系制订（月亮河有机水稻种植标准体系和六枝中药材坚龙胆种植标准体系，共93个标准）。截至10月30日，六枝特区获贵州省名牌产品4个，地理标志产品5个（岩脚面、落别樱桃、六枝龙胆草、郎岱酱、牛场辣椒），注册商标490件，贵州省著名商标14件。品牌建设成为新常态，质量兴区工作走在全市的前列。

【执法检查】 截至2015年10月30日，共出动执法人员6000余人次，检查各类市场主体4000余家次，办理行政处罚案件43件，涉案货值金额376429元，罚没款192800元，没收黑网吧电脑24台，结案率为100%，未出现系统性、集中性、区域性、行业性的制售假冒行为，未出现行政复议、行政诉讼和错案责任追究案件。

【消费维权】 按照新《消法》倡导的文明、健康、节约资源和保护环境的要求，以“3·15”宣传咨询活动带动深入开展消费教育引导工作。截至2015年10月30日，全局共受理消费者投诉、举报45件，其中投诉41件，争议金额24.78万元，处理40件，为消费者挽回经济损失19.01万元，办结率为97.56%；举报4件，处理4件。将消费纠纷和解在源头，解决在基层。

卫生和人口计生·医院

卫生和人口计生

【概况】 六枝特区卫生和计划生育局于2014年11月由特区卫生局和特区人口和计划生育局职责整合组建而成。位于六枝特区平寨镇兴隆路。行政编制18名，工勤人员编制5名，目前实有人数20人；内设办公室、政策法规与综合监督股、规划科技信息股、疾病预防控制股、医政医管与基本药物管理股、基层卫生与计划生育股、中医药管理股、计划生育管理与家庭股8个股室，辖特区医改办、特区爱卫办、纪检监察机构，六枝特区流动人口计划生育管理办公室、六枝特区人口和计划生育督察室、信息中心、科技指导办公室。下属六盘水市第二人民医院、特区人民医院、特区卫生监督所、特区疾控中心、特区中心血库、特区妇幼保健中心、特区农村合作医疗办公室7个直属单位。

【公立医院改革】 按照构建公益目标明确、布局合理、规模适当、结构优化、层次分明、功能完善、富有效率的公立医院改革要求，制定《六枝特区深化公立医院综合改革实施方案》《六枝特区县级公立医院综合改革基线调查方案》，成立医药卫生体制改革领导小组、基线调查领导小组，完成公立医院综合改革基线调查及公立医院综合改革前期准备工作。积极探索建立与基层医疗卫生服务体系的分工协作机制，加快形成多元化办医格局，形成比较科学规范的公立医院管理体制，补偿机制、运行机制和监督机制，加强公立医院内部管理，促使公立医院切实履行公共服务职能，为群众提供安全、有效、方便、价廉的医疗卫生服务。

【社会资本多元化办医改革】 根据贵州省卫生厅《关于促进民营医疗机构发展的实施意见》（黔卫发〔2014〕67号）精神，制定六枝特区《鼓励支持社会资本多元化办医改革专题工作计划》，引进六枝特区康健医院、六枝特区口腔门诊部。通过扶持鼓励、规范引导、优化配置、公平竞争，发展了一批有规模、有质量、有技术、有品牌的民营医疗机构，力争实现“三年有突破，五年上台阶，十年大跨越”的发展目标。全区民营医疗机构的固定资产、实际床位、门诊和住院量分别达到总量的15%～20%。

【基本公共卫生项目】 截至2015年12月，全区共建立居民健康档案84.57万人份，电子档案录入80万余人份，建档率95%。高血压建档管理41257人、糖尿病建档管理14496人、孕产妇建档管理2657人、0～6岁儿童建档管理4270人、65岁以上老年人建档管理45986人、重性精神疾病患者建档管理2055人，并进行体检和随访管理。

【基层医疗卫生机构项目建设】 2015年共建1个中医院，3个乡镇卫生院，5个乡镇26套卫生院周转宿舍和4个乡镇26套村卫生室、1个计生服务站和11个村计生服务室。总建设规模：36407平方米，总投资11777.8万元，完成投资

1885.8 万元，到位资金 3580.8 万元。

【新农合】 全区现有新农合定点医疗机构共 203 家，参合人数 49.81 万人，筹资总额 2.14 亿元，参合率 99.12%，参合人数比 2014 年度增加 3567 人，参合率比 2014 年度增长 0.9%，资金使用率为 43.32%，住院实际补偿比为 60.01%。大病保险理赔人数共 1502 人，理赔金额 524.85 万元；医疗救助精准扶贫对象共计 655 人，新农合补偿 228.46 万元，民政救助资金 84.24 万元，因病致贫、因病返贫现象得到有效遏制；并将儿童先心病、白血病、终末期肾病等纳入大病保障范围，建立大病保障机制，农民群众看病就医负担逐步减轻。

【卫生计生人才队伍建设】 一是组织 12 名人员参加省、市组织的全科医生转岗培训，其中 2 人为中医全科医生转岗培训；二是继续抓好 35 名乡村医生中专学历继续教育第三学期的培训；三是组织六盘水市第二人民医院选派 6 名骨干医师到大连进修；四是组织 5 名执业医师、4 名执业助理医师参加贵州省卫计委组织的为期 1 个月的考前培训；五是组织全区乡（镇、社区）卫生计生院职工及 351 名村医急诊急救知识培训；六是公开招聘县乡医疗机构医技人员 92 人，其中：县级 60 名、乡镇卫生计生院医技人员 32 人。

【对口帮扶】 制定《六枝特区万名医师支援农村卫生工程项目实施方案》，组织浙江省衢州市人民医院和六盘水市人民医院与六枝特区人民医院；六盘水市妇女儿童医院与中寨乡卫生计生院；首钢水钢总医院与堕却乡卫生计生院、毛口乡卫生计生院；六盘水市第二人民医院与落别乡卫生计生院、大用镇卫生计生院；六枝特区人民医院与岩脚镇卫生计生院、新场乡卫生计生院签订帮扶协议，积极开展帮扶工作。

【远程医疗服务平台建设及双向转诊制度】 组织六枝人民医院与市二医积极建设远程医疗服务平台及双向转诊制度。其中人民医院已与六盘水市人民医院、北京武警总医院、浙江省衢州市人民医院等三家医院开展远程会诊，同时与贵州省人民医院、贵医附院、岩脚镇卫计院、新场乡卫计院、落别乡卫计院、大用镇卫计院、郎岱镇卫计院建立双向转诊机制。

【卫生资格考试】 2015 年完成卫生专业职称报名考试 763 人，其中执业（助理）医师 303 人、卫生资格考试 312 人、护士执业考试 148 人；完成卫生专业继续教育学分登记 1400 余人。继续抓好“三好一满意”工作，努力提高服务质量和服务能力。

【传染病防治】 2015 年 1 月至 12 月均无甲类传染病报告。乙、丙类传染病共报告 17 种，发病 1507 例，发病率为 302.61/10 万，与去年同期 1535 例相比下降 1.82%；死亡 12 例（艾滋病死亡 7 例、狂犬病死亡 2 例、肺结核死亡 1 例、新生儿破伤风死亡 1 例、手足口死亡 1 例）死亡率为 2.41/10 万。低于全市平均水平，传染病发病率控制在 500/10 万以下。完成了 12 轮冷链运转，五苗接种率 95% 以上。艾滋病、结核病等重大疾病得到有效防治。

【卫生监督】 2015 年，审核办理“公共场所卫生许可证”121 个（含乡镇），依法取缔无证经营的 5 家，督促“四小”从业人员落实健康体检 2193 人次，中心城区公共场所经营单位持证、亮证率达 98%，从业人员持有效健康证和卫生知识培训合格证上岗率达 96%。完成城区 315 家公共场所卫生监督检查 850 户次，监督覆盖率 100%。对城区内各大小宾馆旅社、人员流动量大的火车站候车室、客车站候车室和廻龙溪温泉等景区公共场所卫生状况、卫生许可证、从业人员健康证、卫生管理制度落实情况、公共用品清洗消毒情况进行了监督检查。对影响人体舒适感和身体健康的公共场所室内的二氧化碳、一氧化碳、温湿度、甲醛等空气质量开展了 28 次快速检测，出具《卫生监督快速检测报告》24 份。组织城区“四小”行业经营业主及从业人员共 360 人进行了 3 次卫生知识培训。印制《公共场所公共用品用具清洗消毒登记本》《公共场所卫生用品进货索证索票管理登记本》、《洗浴场所浴池清洗消毒登记本》1100本，《公共场所卫生监督信息公示栏》500张，禁烟标识300块免费发放给公共场所，规范卫生监督管理。共依法查处“四小行业”卫生违法案件105件，共计罚款4.955万元。

【妇幼卫生】 2015年，全区上报活产数4823人，住院分娩4650人，住院分娩率96.4%，高危孕产妇151人，高危孕产妇住院分娩率100%；5岁以下儿童死亡率11.81‰，婴儿死亡率8.91‰，新生儿死亡率5.39‰。

【采供血】 2015年1月至12月，共有3320人次献血，献血量5228U，104.56万毫升，与上年同比增长5.47%。其中个人无偿献血1853人次，占55.81%，与上年同比增长22%；45家组织552人团体献血，占16.63%，与上年同比下降29.94%；家庭互助献血915人，占27.56%，与上年同比增长19.14%。2015年我区千人口献血率为4.69，与上年度增加0.8个百分点。采集血液总量5228个单位，共计104.56万毫升。临床用血100%来源于自愿无偿献血，成分血比例为100%，无一例差错事故。

【精准扶贫】 2015年，六枝特区被列为全省提高贫困人口医疗保障水平精准扶贫工作的试点县之一。率先在全省完善信息系统建设，切实推行新农合补偿报销、大病商业保险、民政医疗救助一站式服务，减轻参合农民费用负担。共计为143名大病患者实施了大病补充保险，补偿资金400.05万元；启动医疗救助精准扶贫工作以来，共有143名患者得到救助，救助资金94.83万元，切实减轻了大病患者的医疗费用负担，有力提升新农合保障水平。

【计划生育各项指标】 截至2015年9月30日止，全区共出生4823人，同比少出生73人。其中常住人口出生3720人，符合政策生育率97.34%（正指标），同比上升0.09个百分点；流动人口出生1103人，流动人口符合政策生育率91.48%。政策外一孩占一孩出生比例2.45%（逆指标），同比下降0.01个百分点；政策外二孩率为1.66%（逆指标），同比下降0.06个百分点；政策外多孩率为0.81%（逆指标），同比下降0.03个百分点。一孩妇女比为29.90%（正指标），同比上升1.14个百分点；多孩妇女比为26.15%（逆指标），同比下降0.17个百分点。出生人口性别比为106.82同比上升0.15个百分点，处于正常值域（103 ~ 107）；一孩性别比为103.23，同比上升0.04个百分点，处于正常值域（103 ~ 107）。完成避孕节育措施8321例，同比少完成565例。现孕妇女1845人，其中常住现孕妇女1561人，占前三年常住人口平均出生人口数40.86%。

【“两非”案件】 组织开展出生人口性别比综合治理双月联合办案专项治理活动，特区一站式联合执法队伍按月开展出生人口性别比联合治理活动，成立联合执法专案组。从卫计局、卫生监督所、公安局、市场监管局等相关成员单位抽调执法人员组成联合执法组对中心城区和部分乡镇的医疗卫生机构和计划生育技术服务机构进行突击检查，重点对医疗保健机构诊疗服务范围、B超管理登记中大于14周对象进行排查，联合各乡镇卫计办对登记对象进行核实，逐一排查。对现住院的病人进行暗访调查。共检查了33家医疗保健机构、19个卫生计生服务室、15个私人诊所，26个药店。立案27件，结案27件，结案率100%，共处罚资金37.75万元。

【宣传工作】 加大对卫生计生法律法规和政策的宣传力度，投入宣传教育经费168万元，配备宣教专兼职干部3名（专职1名），配齐配强乡（镇、社区）宣教专兼职干部共计22名。新制作人口文化公益宣传广告牌6块，新建人口文化大院44个，245个村居均建有计生宣传栏和阅报栏，开展青春期生殖健康进校园活动6次，利用节假日开展各类宣传服务活动5次，书写更新户外宣传标语200余条。充分利用墙体、宣传栏、专刊、永久性广告牌、灯箱广告、公交车广告等多种形式，多层面开展宣传活动。开展“四进四送”（即：新婚贺喜进家，送去国情国策、新婚期知识；孕产期查访进家，送去孕产期自我保健、优生优育知识；避孕期服务进家，送去避孕期知识卡片、避孕药具；更年期随访进家，送去更年期生殖保健知识手册）活动1次，“三下乡”活动5次，“5·29”会员活动日”1次，“7·11”世界人口日1次，第十九届“母亲节暨幸福工程救助贫困母亲活动日”1次，“3·24”“结核病宣传日”活动1次，健康教育讲座563期次，控烟知识讲座1次，健康主题日咨询活动116次，特区卫计局于2015年9月1日开展大型文艺演出1场，那克社区、落别乡和岩脚镇以说唱计生、舞蹈、花灯、文艺表演等形式开展宣传活动各1次，新窑乡开展“关爱贫困女童、共创和谐社区”宣传活动1次，银壶、塔山社区开展“双诚信双承诺”宣传活动各1次。发放宣传单10万余份，健康教育宣传册19万余份，儿童书包120个，文具盒630个，口缸60个，笔盒1200个，雨伞、盆各1000余份，免费发放避孕套30余件，接受群众咨询2000余人次，志愿者上门走访56人次。在电视台刊播健康教育知识视频6条、播放创卫公益广告20条次；在六盘水日报刊登健康教育知识3期；手机短信平台发送健康教育知识短信373条。更换健康教育宣传栏668次，在省级媒体刊载计生信息3条；在市级媒体刊载计生信息14条。

【依法行政】 按照“依法行政、服务引导、便民高效、统筹协调”的原则，成立以特区党政主要领导为组长、分管副县级领导为副组长、以计生成员单位为成员的“两双”工作领导小组；成立以分管计生的副县级领导为组长、以计生牵头、公安、工商、房管、乡镇为成员的流动人口管理和服务的工作执法清理小组、打击“两非”工作执法小组、社会抚养费征收工作执法小组；成立以局长为组长，副局长为副组长、相关股室（院、所、中心、办）负责人为成员的依法行政工作领导小组和信访工作领导小组，定期不定期开展综合执法检查，有力震慑了违法分子，规范了全区卫生和计划生育工作新秩序，建立案件坚持主要领导负责制、实行首问负责制、完善领导信访接待制、落实信访跟踪服务制、实行法律监督顾问制、落实区域包保的“挂片联乡”责任制和责任追究制等考核管理办法，在依法行政中，新办理执法证24人，新办理执法监督证3人，换证36人。2015年未发生恶性案件和群体性上访事件，共办理计生来信来访案件54件，其中来访14件、转来案件11件、信访平台6件、举报案件2起，已全部化解，接受咨询21次；全区征收社会抚养费1594.18万元，申请法院强制执行6件；医疗纠纷投诉43起，其中协商处理13起、补偿资金共计84.28万元，委托鉴定6起，合理解释17起，不合理手术继续治疗7起；评查卷宗146个，签定扩大试点乡镇经济社会管理试点委托书3个，县级下放权力五项（子女教育优惠待遇审核、办理独生子女父母光荣证、核发独生子女父母一次性奖励费、新型农村社会养老保险参保金和基层养老金增发的核发，即签订扩大试点乡镇经济社会管理试点委托书3个），乡级下放行政审批一个（“生殖健康服务证”办理）；规范印制《社会抚养费征收卷宗》1000份、《社会抚养费征收告知书》500本、《社会抚养费征收决定书》500本，大型法律培训4次，正在办理新办执法证130个、换证339个，生育证制度改革自查1次，规范社会抚养费征收工作自查1次，综合执法1次；村级办理生殖健康服务证429个，乡级办理生殖健康服务证364个，共办理二孩生育证349个。

【流动人口计划生育服务管理】 按照流动人口与常住人口同管理、同服务的原则，根据全区流出人口数量大、育龄妇女多的特点，积极探索流动人口管理和服务的新举措，着力解决流动人口管理难的问题。2015年，全区共有流动人口207469人，其中流出人口191492人，流入人口15977人。流入人口中，育龄妇女10968人，已婚育龄女9000人。流出人口中，育龄妇女67490人，已婚育龄妇女53599人。流动人口中新生人口924人，其中男婴

487 人，女婴 437 人，流动人口出生人口性别比为 111.44。符合政策生育 841 人，政策外生育 83 人，流动人口符合政策生育率为 91.02%，办理《婚育证》13050 人，流入人口计划生育手术免费落实率达 100%，免费孕检率为 100%。

【计划生育协会】 根据《六枝特区计划生育协会 2015 年工作安排意见》（六特计生协〔2015〕3 号），将各项目标任务分解到各乡镇（社区），与乡镇及机关计生协会签订《2015 年度目标任务书》，开展 2015 年新春“生育关怀—送温暖”慰问活动。走访留守儿童、老人以及计生困难家庭共 351 户，发放慰问金 12.31 万元；“计划生育特殊家庭扶助行动”项目紧急救助、住院补助发放 19 户共 5.1 万元，完成“人口福利 · 生育关怀基金”“紧急救助”“扶残助残”的申报和发放工作。发放资金 38.64 万元，救（扶）助计生家庭和残疾家庭 124 户；省福利基金会和困难家庭扶助中心投资 10 万元修建特殊家庭联谊中心已投入使用；“韩红爱心 · 百人援贵”公益行动中六枝获赠一台医疗巡诊专用车；六枝作为全省优孕优生健康教育试点项目县之一，对辖区内待孕和在孕对象开展培训并发放大礼包 2500 人次，开展“感悟青春，放飞梦想，快乐成长”的青春期健康知识进校园活动巡回宣讲活动 2000 余人次，召开创建计生基层群众自治示范项目县启动大会并积极开展创建工作；组织特殊家庭成员健康体检，为特殊群体送上一份关爱；开展中小学生意外事故知识教育培训 5697 人次。

医 院

六盘水市第二人民医院

【概况】 六盘水市第二人民医院创建于 1965 年，位于六盘水市六枝特区下云盘，前称为六枝矿务局总医院，其间曾几度更名，2000 年转制地方，隶属六盘水市卫生局，定名为六盘水市第二人民医院。医院占地面积 62 亩，固定资产 1.5 亿元。2015 年有职工 641 人，其中具有高级职称 40 人，研究生 3 人，在读硕士研究生 1 人，中级职称 80 人，初级职称 299 人；床位编制 870 张，实际开放床位 505 张。是贵州省高等医学院校临床教学基地和第三军医大学新桥医院技术指导医院暨双向转诊医院，并参与国家“十二五”重大专项“H 型高血压比较效果学研究”。

经过 50 余载的发展和建设，医院在基础管理、硬件设施、学科建设、医疗技术、科研水平和人才队伍等方面均取得了显著的进步，已成为六盘水东部地区规模最大、高级专业技术职称人数最多、技术力量较强、设备较齐全，集医疗、急救、教学、科研、预防、保健于一体的二级甲等综合医院。医院接收六盘水东部地区一、二级医院危重病人的转诊、抢救、治疗任务，服务范围涉及六盘水东部县区及普定、镇宁、织金等 4 县近 200 万人口。同时，医院将按照三级综合医院的要求和规范开展工作，不断深化，不断完善，不断进步，苦练内功，努力为广大人民群众提供安全、高效、方便、价廉的医疗服务。

2015 年，医院业务收入稳步增长，全年总收入 1.36 亿元，比上年增长 9.7%；门急诊量 117552 人次，出院病人 17253 人次，比上年增长 14.9%；手术 5448 台次；病床使用率 88.19%，病人平均住院日 9.16 天。

【内设机构】 全院设有：内一科（心内、呼吸、血液）、内二科（神经、肿瘤）、内三科（肾内、内分泌）、内四科（消化、胃镜室）、感染科、儿科（含新生儿）、妇产科、五官科（眼耳鼻喉）、外一科（神经）、外二科（骨科、矫形）、外三科（肝胆、胃肠）、外四科（泌尿、胸外、烧伤）、急诊科、ICU、口腔科、麻醉科（手术室）、康复理疗科、皮肤科、中医科、肛肠科等临床科室和检验科、输血科、功能科、放射科（含 CT 室、MR）、病理科、药械科、体检中心等医技科室及行政后勤共计40余个科室。

【医疗设备】 医院相继引进和更新1.5T飞利浦核磁共振、东芝16排螺旋CT、美国GEE-8彩色B超、美国眼力健白内障超声乳化仪、德国狼牌腹腔镜、日本奥林巴斯膀胱镜、日本富士无痛电子胃肠镜、纤维鼻咽喉镜、日本及德国血透机27台、移动式电视X光机（C臂）、钬激光治疗机等一批先进医疗设备。

【临床路径管理】 医院临床路径工作从2009年开始试行，由原先的11个科室22个病种增加至13个科室42个病种。2015年完成临床路径诊疗病例581例，正常出径405例，完成率69.7%。通过开展临床路径工作，确保因病施治和合理检查、合理收费，使患者以较低的医疗费用享受到规范优质的医疗服务，减轻了群众的就医负担。

【医保、新农合工作】 医院结合工作实际，完善了各项规章制度，加强了对新农合、医保相关政策的宣传。一是在院内设置政策宣传栏，公布新农合、医保患者就诊流程、报销流程、报销比例及各种收费项目和价格，对外公布咨询和投诉电话；二是组织医务人员下乡义诊，宣传新农合、医保相关政策及医院诊疗范围等；三是规范医保病人管理，强化合理诊疗，合理收费。2015年，实现了民政救助与新农合审核报销系统并网，使新农合患者在医院农合报销窗口即可完成农合报销与民政救助，减少新农合患者审批环节和时间，方便新农合患者报销。2015年共结算医保16700余人次，费用3918万元，补偿金额2980万元；结算新农合20743人次，费用4795万元，补偿金额2985万元；完成民政“一站式”救助1835人次，救助金额达262万余元。新农合病人的控费和“一站式”服务属于特区精准扶贫工作的一部分。医院新农合工作得到了省、市、特区卫计委的充分肯定和表扬。受省卫计委的推荐，湖北省卫计委到院进行现场观摩、《健康报》记者到院采访、国家卫计委到院调研。

【医院感染管理】 及时调整医院感染管理委员会，修订和完善各项制度，组织院感培训11次，召开两次感染管理委员会会议，对照三级医院评审标准，就完善医院感染管理要求进行了讨论，并形成进一步整改措施，减少医源性感染的发生。2015年监测17218人，发生医院感染263人，感染率为1.53%，漏报病例8例，漏报率为3.04%；传染病上报1099例，上报率100%；开展了现病例横断面调查，共调查住院病人434人，查出医院感染病例14人，现患率为3.23%；各科发生多重耐药菌感染病人共57人。同时，加强医疗废物的管理，严格执行医疗废物分类、收集、运送和焚烧等制度。2015年共产生医疗废物31.26吨，并按规定进行了处理。

【病历质量】 病历书写是医疗质量管理的重点，医院始终严抓病历质量管理不放松，不断强化病历书写的重要性。全年不定期对运行病历进行检查，对环节病历进行现场点评，重点检查执业医师签名及知情告知情况，同时组织专家对终末病历进行定期检查。2015年共抽查运行病历1380余份，甲级率97.4%，其中不合格病历达2.1%、重大缺陷病历达0.3%；抽查终末病历2830份，甲级率98.5%，其中重大缺陷病历达0.6%，不合格病历达0.9%。

【门急诊管理】 完善门诊管理制度，狠抓门诊服务质量。一是将门、急诊分开，对门诊楼进行了修缮改造，并进行重新布局；二是制定相关规章制度，明确规定门诊人员管理、考核办法，开展门诊医务人员培训，强化门诊服务质量；三是完善门诊便民服务，优化门诊服务流程，同时加强导诊人员服务规范，提升门诊窗口形象；四是加强体检中心建设，做好体检工作，逐步完善职工体检档案。2015年体检12800余人次，职业健康检查1275人，体检收入225.92万余元。

【药事管理】 2015年药事管理以安全、优质、价廉为目标，临床使用为目的，加强药品的管理。一是落实基本药物使用制度，减轻患者费用负担。医院2015年基本药物有342种，占药品品种数的

51.58%，销售金额占总销售金额的38.26%；二是加强毒麻药品的管理，保证账物相符，保证麻醉药品安全合理使用；三是开展抗菌药物临床应用专项整治，规范抗菌药物的合理应用，每月抽取140份住院病历进行抗菌药物专项点评，2015年全院抗菌药物使用强度为51.49%，与2014年相比有明显下降趋势；四是执行《处方管理办法》，开展处方点评，促进合理用药，每月抽取100张门诊处方进行点评，2015年门诊处方通用名称使用率大于99%。

【医疗安全管理】 医院继续落实科室医疗安全管理制度，加强医疗安全报告制度，做到重大医疗事件立即报告，严重差错及时报告，一般差错如实报告。2015年共举行3次针对医护人员的医疗安全专题培训，主要内容包括医患沟通技巧、医疗机构相关的法律法规以及医疗事故的预防及处理等知识。全年共发生医疗投诉30起，其中上升为医疗纠纷11起，因医疗纠纷补（赔）偿患者金额约20万元。与2014年度相比，2015年度医疗投诉量有所下降，但补（赔）偿额度明显增加。

【护理质量服务】 扎实推进“优质护理服务”工作，强化基础护理，优化护理服务流程，持续开展优质护理服务示范工程活动。医院在10个科室开展了优质护理服务，覆盖率达62%，优质护理满意度达到96.2%。注重提升护理水平，加强护理培训，开展技术练兵。对新入院的29名护士进行岗前培训，举行院内护理技术培训12次，理论学习12次，组织护理查房6次。以庆祝“5·12”护士节活动为载体，举办护理知识、技能竞赛等；8名护士参加六盘水市护士岗位技能竞赛，取得集体二等奖，5人获单项奖的好成绩；申报的《新敷料在慢性伤口中的运用》项目获得特区科技局项目资金支持。2015年共接收护理实习生34人，选派5名护士外出进修学习，外出参加护理业务和管理培训12人次，3人通过在职教育获得本科学历；全院撰写护理论文26篇，发表省级以上刊物16篇。

【信息化建设】 完善23个临床路径病种模板及临床路径报表统计；启动门诊医生站模块工作；对监控设备进行维修，在新建综合楼加装摄像头25个，并完成整栋大楼的弱电工程；完成全院50个病房有线电视信号接入工作。

【人才队伍建设】 一是继续采取“送出去、请进来”的方式加强人才培养，提升专业技术人员的整体素质，2015年共派出18人外出进修学习，参加各种学术活动、讲座、培训等共计92人。二是继续加强对年轻医师的“三基三严”培训，组织全院医师三基考试，及格率为91.82%。三是加强人才引进，2015年到高校引进招聘编制内人员36名，面向社会公开招聘编制外人员43名，加强了医院人才储备。四是制定了《市二医高层次（急需紧缺）卫生专业技术人才引进培养项目实施办法》和《市二医关于专业技术职务晋升奖惩办法》，鼓励医务人员提升专业技术职务。

【优化调整资源布局，改善医院诊疗环境】 一是综合楼建成投入使用后，完成急诊科、消化内科、ICU、急诊药房、感染科、机关职能部门的搬迁，极大地改善患者的就诊及住院条件，也在很大程度上改善医护人员和职能科室的办公环境；二是改造了肛肠科病房，进一步改善肛肠科就医环境；三是引进社会资本合作共建康复中心，将逐步增加比较先进的康复理疗设备，不断增加适合大健康特色的诊疗项目；四是对门诊楼、老内科楼、血透室、锅炉房等进行局部修缮改造，同时对院内环境进行了美化、亮化，改善院内环境。

【对口支援】 2015年，派出6名医务人员到大用、落别卫生院开展对口帮扶，对卫生院人员进行业务培训和技术指导。免费接收乡镇卫生院的人员到医院进修，共接收6名乡镇医务人员到医院进修实习。

【考评制度】 2015年，按照《市二医医务人员医德考评办法及考评标准》，坚持科主任负责制，把医德考评各环节落实到科室。在职工个人自评、科室考核评价的基础上，医院考评领导小组对全院463名医护人员进行了医德考评，优秀32人，占7.3%；良好431人，占92.7%。

【公立医院综合改革】 2015年，国家全面推行县级公立医院综合改革，2017年开展城市公立医院综合改革试点。2015年六盘水市全面深入推进县级公立医院综合改革后，医院成立医改办，召开公立医院改革动员大会。自2015年11月1日起，医院提前2年自行进入医改，执行特区相关的医改政策，取消药品加成，全面实行药品零差率，自行承担取消药品加成所造成的损失。截至12月31日医院仅药品零差率一项就让利于民86.3万元。

【构建医疗联合体】 为了能更好地为患者提供先进、优质的医疗服务，院领导班子大力推进本院医疗卫生体制改革，积极争取和知名专家众多、技术力量雄厚、医疗设备先进的三甲医院——贵州省人民医院合作，共同构建"医疗联合体"。2015年，通过努力得到上级部门的支持，商定与贵州省人民医院建立医疗联合体，成立"贵州省人民医院——六枝医院"。

【"二甲"复审及启动三级医院创建工作】 2015年，医院顺利通过"二甲"复审、大型医院巡查及质量月检查，同时正式启动三级医院创建工作。创建三级医院是医改形势发展的迫切要求，也是医院生存和发展及提升医院内涵建设的迫切需要。六盘水市委市政府在《关于大力推动医疗卫生事业发展改革实施意见》中明确提出：市二医到2020年达到三级乙等或三级甲等医院。医院必须通过实现创建三级医院的战略目标，使医院各项工作能力得到整体提升。

【党风廉政、医院行风建设】 医院以深入整治"四风"为契机，认真落实"两个责任"，扎实开展"三严三实"专题教育，落实"九不准"要求，加强党风廉政和医德医风建设，全院干部职工思想政治工作有新起色，为医院发展提供了有力的政治保障。一是强化"两个责任"，落实"一岗双责"，坚持标本兼治、惩防并举、注重预防的方针，狠抓党风廉政工作。二是开展集中整改和"四风"整治回头看。严格执行中央"八项规定"及落实省、市"十项规定"，重申严控公务接待，严禁公款吃喝，坚持党务、政务公开，严格控制公务用车，杜绝公车私用。三是贯彻落实医疗卫生行风建设"九不准"，制定《医疗卫生行风建设"九不准"实施方案》，将"九不准"内容，公开公示上墙，自觉接受群众监督，各科室负责人签订"九不准"责任书，严格按照"九不准"要求，不断强化医德医风建设。

六枝特区人民医院

2015年，紧紧围绕"依法治院、以德立院、人才兴院、提升等级"的工作主题，以"二甲"复审为重点，扎实推进县级公立医院综合改革工作，以医院文化建设为导向，不断加快人才素质建设，提升医疗技术服务水平；不断规范医疗服务，优化就诊环境和流程，有效促进医疗质量和安全持续改进，医院各项工作持续健康发展。医院全年门急诊人次为142076人次，较上年同期上升8.7%，收治住院病人22031人次，较上年同期上升11%；累计实现业务收入1.38亿元，同比增长5.34%。

【医疗业务指标完成情况】 1．门诊诊断与出院诊断符合率97.2%，同比增长0.2%；

2．入院诊断与出院诊断符合率98%，同比增长0.2%；

3．手术前后诊断符合率99.5%，同比增长2%；

4．入院三日确诊率98.0%，同比增长0.1%；

5．危重病人抢救成功率99.4%，同比增长0.3%；

6．治愈好转率95.6%，同比下降2.9%；

7．死亡率0.31%，同比下降0.13%；

8．平均住院日7.46，同比下降0.47天；

9．门诊病人142076人次，同比增长12402人次，入院人数22031人次，同比增长2513人次出院人数21633人次，同比增长2571人次；

11．病床使用率92.6%，同比增长12.2%；

12. 病床周转次数 43.18；

13. 手术人数 4453 人，同比增长 499 人；

14. 死亡人数 68 人，同比下降 15 人；

15. 床位工作日 337.9，同比增长 36.31；

16. 临床与放射线诊断符合率 90.9%，同比增长 0.3%；

17. 临床病理诊断符合率 99.2%，同比增长 3.1%；

18. B 超检查阳性率 81.8%，同比下降 3.7%；

19. 大型 X 光机检查阳性率：61.6%，同比下降 0.9%；

20. 麻醉死亡率为零，同比持平；

21. 门诊收治待诊率 3%，同比持平；

22. X 光摄片甲级率 90.5%，同比下降 1.3%；

23. 设备完好率 94.71%，同比增长 3.57%；

24. 院内感染率 0.57%，同比下降 0.11%；

25. 传染病漏报数为零 0，同比持平；

26. 平均单病种医疗费用 3863.21 元，同比增长 762.25 元；

27. 法定传染病报告率 100%，同比持平；

28. 三基考核合格率 100%，同比持平 %；

29. 特、一级护理合格率 98%，同比增长 3%；

30. 基础护理合格率 99%，同比增长 4%；

31. 健康宣教知晓率 94%，同比增长 4%；

32. 抢救药品及物品完好率达 100%，同比持平；

33. 无菌物品合格率达 100%，同比持平。

【党风廉政教育】 医院以开展“三严三实”活动为契机，认真落实“两个责任”和“九不准”要求，加强党风廉政和医德医风建设。一是强化“两个责任”，落实“一岗双责”，院长与分管院长，分管院长与分管科室层层签订党风廉政建设责任书，主要领导对重点岗位人员、分管领导对分管科室负责人每月进行“一岗双责”约谈，确保党风廉政建设与医院中心工作同部署、同检查、同落实。二是坚持标本兼治、惩防并举、注重预防的方针，狠抓党风廉政工作。拟定《“三严三实”暨党风廉政突出问题集中整治方案》《党风廉政约谈制度》等制度规定，持续对党风廉政建设、反腐败工作及医德医风建设中存在问题的深入查找、剖析、整改；加强对干部党纪法规教育、示范教育、警示教育；实行重点岗位轮岗制度。三是深入整治“四风”问题，严格执行中央八项规定及落实省、市十项规定，严控公务接待严禁公款吃喝，坚持党务、政务公开，严格控制公务用车，杜绝公车私用。

【医德医风建设】 成立医德医风工作领导小组，建立个人医德医风档案，每半年进行一次医德医风个人考核，年终进行个人总评，并将考核结果与个人年度考核、职称晋升、评选先进、绩效发放挂钩。每月向住院病人发放满意度问卷调查表，征求患者及家属意见和建议对征求到的意见建议进行梳理及整改。开展星级医生、护士，窗口标兵、优秀干事评选活动，树立服务典型。建立药品供应商公示制度及与药品供应商签订廉洁供货协议，从根源上杜绝了商业贿赂的发生。

在 2015 年全年医德医风年终考评工作中，共计有 708 人参加考评，其中评为优秀等次的 336 人，良好等次的 363 人，一般等次的 9 人，无人被评为较差，考核合格率为 100%，良好以上占到考评人数的 98.7%。

通过行风工作的开展，满意度逐渐提高，2015 年综合测评门诊患者的满意度为 100%，住院患者的满意度为 97.2% 较 2015 年提高了 0.3 个百分点。

【县级公立医院综合改革】 按照省政府 2015 年县级公立医院综合改革总体部署和市、区《县级公立医院综合改革实施方案》要求，扎实稳妥地推进县级公立医院综合改革工作，按照《贵州省 2015 年县级公立医院综合改革工作操作手册》《六盘水市 2015 年县级公立医院综合改革工作实施方案》《六枝特区 2015 年县级公立医院综合改革工作实施方案》要求，成立由院长任组长的县级公立综合医院改革领导小组，并多次召开专题会议研究、推动医院医改工作。

2015年10月31日全面实施药品“零差率”销售（中药饮片除外），11月9日，六枝特区县级公立医院综合改革现场调度会召开，政府副区长郭萌、卫计局、医改办、人资社保局、发改局、财政局、市场监管局、编委办主要负责人参加会议，就医改工作中存在的困难进行现场解决。在特区县级公立医院综合改革领导小组的领导下，较好地完成2015年公立医院改革时间表规定的相关工作。2016年1月1日降低大型医用设备检查价格，完成166项医疗服务项目调整。

【以“二甲”复审为抓手、提高医疗质量和安全】 医院成立等级医院迎评办公室，明确专人负责，细化责任目标，落实责任到人。健全了医疗、护理、感染控制、药事等院内考评组织，完善了质量管理体系。对照二级甲等综合医院评审标准及33项核心条款，开展院内自评工作，每个科室针对薄弱环节和缺陷进行认真梳理，明确标准，明确差距，明确目标，逐条逐项落实。医院建立医疗、护理、行政人员档案，重新修订了各项规章制度、岗位职责、医疗技术目录、应急预案职责等相关规定，重点加强首诊负责制、交接班制度、疑难病历讨论、三级医师查房制度、手术分级管理制度等核心制度及法律法规的考核，督促执行和落实。按照PDCA循环原理，采用系统追踪检查方法进行质控考核，使全院质控管理不断完善和提高，基础质量、环节质量、终末质量不断持续改进。完善医疗不良事件预警和防范措施，落实医疗安全责任制和责任追究制，较好地防范医疗差错、事故的发生。

继续加强抗菌药物临床应用、临床路径管理和单病种质量控制工作。制定实施《六枝特区人民医院药占比、抗菌素管理规定》下达临床科室抗菌药物使用指标，对院内药品进行动态监测，停止部分具有相同药理类别药品在院使用，规定个别药品只能在住院药房调配，一定程度上降低了门诊病人人均药品费用和医院药占比。每季度开展处方点评对出院病历的用药进行分析，将处方点评结果和临床用药分析结果提交医务科，及时反馈和改进。结合院长查房，进一步督促检查病区和手术麻醉科毒麻药品的管理工作，对临床用药进行合理化指导。为加强临床路径和单病种管理，5月将临床路径管理专业及病种调整至13个专业48个病种，为加强对临床路径各项指标的监控，实行临床路径电子化，电子化系统的投入使用将对规范临床诊疗行为，保证医疗质量和医疗安全，合理的控制医疗费用，合理利用医疗资源起到积极的作用。

继续推广优质护理服务，将优质护理服务延伸至各非临床科室的护理单元，在全院22个科室推行优质护理，使优质护理服务覆盖率达100%。通过实施整体护理，患者满意度大幅提升。

不断完善院内感染控制工作。重点开展医院感染率调查和手卫生管理，“庆七一”洗手舞比赛的成功举办更是大大增强了预防院内感染和安全防范意识，对提高医院感染管理与防控工作整体能力和水平、有效防控医院感染起到了较好的推进作用。

【强化学科建设、打造医院核心竞争力】 2015年，继续加快学科建设，提升医院整体水平。一是学科建设管理更加完善。修订和完善医院临床重点专科评选和建设管理方案和考核机制。二是学科建设得到进一步增强。将放射科与CT进行整合，加强影像学科的建设。启动导管室建设，为2016年介入治疗的启动奠定了基础。三是科教研实力进一步增强。全年各科室共申报和开展新技术、新业务62个。申报贵州省卫生计生委科学技术基金项目3个，获得市级立项科研立项1个。四是积极承办学术会议，学科影响力进一步增强。2015年承办了贵州省显微外科学会分会年会，举办了重症医学科学术沙龙，在为地区间专家架起沟通桥梁的同时，加强与各医院间的学术交流，使医院学科影响力得到进一步增强。

【人才队伍建设】 2015年，到省内外医学专科学校引进24名优秀毕业生，自主招聘各类人员46

人，调入3名技术专业人员，进一步充实人才队伍。共选派出47名医务人员到上级医院进修学习（省外12人，省内35人）。完成新进人员临床医技人员每季度“三基”理论考试，考试合格率均为100%。举办院内培训9次，其中邀请贵州医科大学专家讲课2次。

为帮助新进人员尽快获得执业资格，2015年医院与贵州“为学教育”签订协议，开办执业医师考前培训班，通过教、学双方的努力，2015年医院执业医师合格30人，合格率达43%，明显高于往年，为建立创建“三级综合”医院提供有力的人才后备力量。

【信息化建设】 医院以信息化建设为抓手，积极推进“智慧医疗建设”，建立病历质控系统，pacs系统（医生站可以调阅报告），OA系统，院感系统，院长决策系统，体检系统（优化了体检流程），门诊静脉输液，手术麻醉系统、农合及时上传模块。医院信息化工作的推进，对缩短病人就医时间，提高工作效率、提升医院服务质量起到了积极重要，开通微信预约服务模式。

【基础建设】 强化安全生产人防物防计防管理。完善人防工程和消防安全建设，医院消防维保工程已完成新一轮招标，维保单位每月维保到位，有效保证了消防安全。邀请特区消防大队教官进行联合消防演习对医院新进人员和消防志愿者进行消防安全知识教育，人防物防并举，保障医院安全。

在医院资金严重紧张的情况下，仍投入641.7万元招标采购口腔CT、腹腔镜系统、椎间孔镜等医疗设备，医院医疗设施得到进一步改善。

特区政府将原人武部土地划归医院建筑用地，为医院成功申报“百院大战”项目奠定基础，新的改扩建方案目前正由山东省设计院进行细化，医院改扩建工程的实施将大大提升医院的服务能力。

【社会公益性活动】 按照政府要求，积极组派医疗救援队伍，执行紧急医疗救援任务，积极参加政府组织的社会公益性活动，派遣医务人员对重大会议、活动进行医疗服务，积极开展健康教育工作，普及传染病防治知识，积极参与政府、卫计局、疾控组织的科普宣传活动（含“三下乡”活动）。2015年，共参加医疗服务26次，其中医务人员共75名，救护车20余辆次，为特区重大会议、中高考、重大项目开工、人事招考、违法违规用地房屋强制拆迁等活动保驾护航，有效完成任务、保障工作顺利进行。在818落别水灾和915交通事故中我院医疗救援队伍的出色表现，得到有关部门及上级领导的一致好评。

【对口帮扶】 党建帮扶工作效果明显。一是精准扶贫工作作为今年党建扶贫工作的重点，在党总支积极部署和安排下，医院共组织51名党员与61户贫困户结成帮扶对子；二是驻村人员开展工作取得实效。医院驻水寨村干部熊惠江在该村带领农户开展竹鼠养殖项目，医院先后投入10余万的基础上，项目得到了较快的发展，共发放40只竹鼠到农户手中，为当地农户开辟了一条致富之路；驻朗树根干部李正燕在了解到该村一留守儿童患有先天性心脏病后，积极奔走，联系六盘水市人民医院为其提供免费治疗，得到了当地村民的一致好评。

在医疗业务方面医院作为浙江省衢州市人民医院、六盘水市人民医院的受援医院，同时也是岩脚卫生院、新场卫生院的支援医院。2015年六盘水市人民医院分批派出2个对口支援医疗队共10人到医院开展对口帮扶工作，受援的科室分别为普外科、重症医学科、骨科、消化内科、CT室、感染科、儿科、心内科、麻醉科，衢州市人民医院对口帮扶专家组6月到医院开展帮扶工作，衢州市人民医院专家团队一行10人在党委副书记周见（口腔科主任医师）的带领下，到医院开展为期3天的帮扶工作。支援医院专家进行疑难、危重病例的查房、专题讲座、新技术、新业务的开展等工作的帮扶指导。

作为岩脚卫生院、新场卫生计生院的支援医

院，2015 年将帮扶的重心放在农村适宜关键技术的开展、基本公共卫生项目及农村多发病、常见病的诊断和治疗等技术指导。同时根据受援卫计院的需要，派遣急诊科、心内科、脑外科、产科及麻醉科等多学科的主治医师（主管护师）及高年资住院医师（护师）到帮扶点开展对口帮扶工作，帮助2家受援卫生计生院在规范化建设、疾病诊治、病历书写等方面有较大的提高。同时，受援卫生计生医院也派出 3 名医护人员到院进修学习。8 月至 9 月期间，医院投入资金 3.6 万元支持岩脚镇卫生计生院完成手术室的改造。

与贵州医科大学附属医院专家团队开展合作帮扶取得良好成效。2015 年在贵州医科大学附属医院专家团队的帮助下梳理一类医疗技术目录和高风险手术目录，完善非计划二次手术及高风险手术的界定和报告流程，医疗纠纷、临床路径、新技术新业务管理工作及资料收集也在专家的指导下更加规范。全年贵医专家到院进行教学查房 276 人次，疑难病例讨论及会诊 18 人次，专业授课 21 次，手术示教和指导 30 例，开展冰冻切片和免疫化学组织技术 20 余例。在各位专家的指导下，医院胃癌根治术、直肠癌根治术，右半结肠切除术、肠切除、肠吻合术、宫腔镜手术、（次）广泛子宫切除术、脑胶质瘤开颅肿瘤切除术、左侧额颞顶部颅骨缺损修补术、一期胆总管切开取石缝合术、肝叶切除术、胰肠、胆肠吻合术等手术得到开展，而内镜下注射针的使用、钛夹止血治疗、也使内镜技术有了新的提升，肠镜的单人操作也在专家的耐心指导下得到更好开展。8 月 26 日，副省长何力率队到医院调研，查看了贵州医科大学附属医院专家团队帮扶工作的开展情况，并就医院与贵医专家的合作模式给予了高度的评价。

【预约诊疗服务】 医院参照全国卫生医疗系统“三好一满意”活动，以及《卫生部办公厅关于进一步推进预约诊疗服务工作的通知》的相关要求，开展了多种形式的预约诊疗工作，通过电话预约、现场预约等形式，进行普通门诊、专家门诊、复诊、住院、健康体检、职业病体检、司法鉴定、伤残鉴定的预约诊疗服务。在网络，媒体、门诊大厅宣传栏等上作大力宣传，进一步方便人民群众看病就医。

【医院文化】 医院已形成自有独特的精神文化生活体系。健康向上的文体活动不仅可以丰富职工的文化生活、陶冶职工情操，增强思想交流，优化整体素质，而且对于激发和造成一种团结向上的协作意识和集体主义精神有着不可替代的潜移默化的作用，是医院加强精神文明建设的有效载体。医院分别于“3·14”护士节、七一建党节前夕组织丰富多彩的文体活动，举办全院性的拔河比赛、护士技能操作比赛、洗手舞比赛等活动，增进医院的和谐及团结，营造良好的医院文化氛围。在 9 月 24 日全市纪念中国人民抗日战争暨世界反法西斯战争胜利 70 周年合唱比赛中，医院合唱队代表特区获得第三名的好成绩。

交通·电信·电力

交 通

【概况】 六枝特区交通运输局属六枝特区政府工作部门，2015有干部职工125人，其中：行政单位1个有公务员10人，行政工勤人员4人；参照公务员法管理事业单位干部9人，参照公务员法管理事业单位工勤人员1人；事业单位管理干部60人，事业专业技术人员14人，事业单位工勤人员27人。

【内设机构】 六枝特区交通运输局下设特区地方海事处1个正科级事业单位和特区公路管理所、特区道路运输管理局、特区交通运输执法大队3个副科级事业机构以及特区公路勘测设计所1个正股级事业机构，内设办公室（政务服务股）、交通运输股（安全法规股）、规划建设管理股等股室。

【国省干线公路改造】 一是新增国道G356（即原省道S102）贵烟线六枝老街至石板沟段改造工程。该项目由水城公路管理局作为项目业主，项目全长42公里，二级公路，路基宽8.5米，沥青混凝土路面。项目预算总投资2.88亿元。

二是新增省道S214六枝至郎岱公路改造工程。经优化更改设计后全长34.35公里，节约投资8433万元，为二级公路，路基宽8.5米，沥青混凝土路面，变更后投资2.56亿元（中央补助1.224亿元，地方配套1.336亿元）。至12月底，全线完成土石方开挖100万立方米，路基填方52万立方米，砌体20万立方米，涵洞完成715.6米，边沟2.2万立方米，钢精砼护栏5000米，花德河中桥完成。全线路基成型28公里，沥青面层至25公里。

【城镇化项目】 一是南环路西段（六枝矿对外连接道路）。路线起点接南环路中段，下穿补林铁路桥，止于安家寨与S102（贵烟线）、六枝西互通延长和新增S214四线交会。该道路为城市主干路Ⅲ级，路基宽40米，总投资6.49亿元（专债资金补助9100万元）。2015年征地全部完成，拆迁完成85%，路基土石方开挖完成76万立方米，预计12月完成投资3.866亿元，路基基本成型。

二是六枝东出口连接线（大用矿对外连接道路）。全长2.1公里，路基宽29米，城市道路，总投资2.286亿元，其中，中央补助资金4900万元（采煤沉陷区资金1900万元、独立工矿区改造搬迁工程补助3000万元）。完成路基土石方75万立方米，桥梁下部墩柱全部完成，安装预制梁40片，预计12月完成投资1.9亿元。

三是六枝西出口连接线（凉水井矿对外连接道路）。全长2.2公里，路基宽23米，一级公路，总投资0.93亿元（其中贵州高速公路集团公司补助2100万元，专债资金1300万元）。由六六高速项目办代建，于2015年4月底进场施工，路基土石方完成100%，路基成型2.2公里，桥桩基完成100%，预制梁全部完成，预计12月完成投资7000万元。

四是南环路东延伸线。道路起于瓦窑顺接南环路东段，止于污水处理厂，全长0.9公里。城市主干Ⅲ级，路基宽40米，沥青混凝土路面，总投资7880万元，其中中央补助资金2900万元。目前路基完成85%，累计完成投资4200万元。该项目为招商引资建设，因未履行好协议，投资商无力再投资进行建设，正清场，预计今年底完成路基工程。

【小康路】 2015年，通村水泥路（小康路）建设省、市下达计划为36个项目244.1公里，实际实施里程为348.23公里。2015年累计完工270公里，完成投资1.84亿元，占计划任务的110.61%。预计12月完成投资2.31亿元。

【产业路】 围绕农村公路建设引领产业发展和助推扶贫攻坚工作，全面打通县乡村公路“断头路”，畅通群众致富“最后一公里”，充分发挥农村公路建设在精准扶贫工作中的先导性和牵引性作用，助推精准扶贫，积极规划并加快产业路的实施。分落别－木岗－大用片区、龙场－新华片区、新场－关寨片区及月亮河片区，规划产业路135.9公里列入通村公路建设项目，投资9105.3万元，已启动大用至落别、龙场至新华、新场至关寨产业路建设（长115.8公里，总投资7758.6万元）。

【水运基础设施建设】 2015年计划修建的牂牁江航运基础设施建设项目有凉风洞、毛口两个大型停靠点和迎宾、中寨、枫林渡、猫河、鲁戛、石板沈家、木城等7个小型停靠点，共9个项目，总投资3628.2万元，资金来源为上级补助2539.8万元、特区配套1088.4万元，项目业主单位为省海事航务管理局。因特区财力紧张，政府同意配套资金分两期划拨，因配套资金未到位，2015年牂牁江航运基础设施建设项目未正式启动。

【中心客运站】 规划六枝中心客运站位于南环路西段南侧，与安六城际铁路六枝南站相邻，占地43.5亩，总投资1.6亿元，施工图正报审。业主为水城汽车运输公司，2015年正在办理项目建设相关手续，力争年内完成项目前期工作并启动建设。

【运煤公路】 郎节坝至前坡公路改造（长14公里、投资2891万元，已完工）、塔山至荒坝运煤公路（长10公里，投资3100万元，已完工）、冷坝至竹林寨运煤公路（长4公里，投资843万元，已完工）、播雨至造纸房运煤公路（长14公里，投资2860万元，已完工）等5个项目已完工，共完成投资13384万元。

【道路运输行业管理】 一是完成新增150辆新能源双燃料出租汽车，并通过延续经营权的方式，使城区出租车增至312辆，并安装计价器。二是新增、优化调整7条城区公交线路和新增开行4条城乡公交线路，引导六枝公汽公司新增24辆油电混合动力新能源公交车，市民出行环境大幅改善。城市公共交通逐步向低碳、环保、节能型发展。三是制定《老年人及优抚对象免费乘坐城市公共交通的实施办法》报特区政府研究，由政府每年补贴30余万元，解决60周岁以上老年人及社会优抚对象免费乘坐城区公交的问题。

【打非治违】 严厉打击非法营运，牵头制定《六枝特区人民政府关于进一步加强打击非法营运行为的实施意见》，并在媒体发布《六枝特区关于严厉打击非法营运行为的通告》，开展打击非法营行动出430余次，检查车辆4215辆次，依法查扣涉嫌非法运营车辆215辆，处理159辆罚款160.9万元，待处理56辆，打击非法营运工作取得一定成效，非法营运行为猖獗势头得到有效遏制。

【治超工作】 牵头制定认真落实《六枝特区关于进一步从源头治理公路超载超限运输的实施意见》，依法加强路产路权保护工作。牵头联合特区交警及有关乡镇人民政府、公安派出所深入开展超限运输专项治理，发放张贴严禁违法超限超载运输公路760余张，通过现场告知和短信提示货运车辆驾驶员1500余条次，对三个临设超限超载运输检测站（中寨乡长寨、梭戛乡七块田、新华镇大草坝）实行24小时值班值守，劝返超限超载货运车辆286台次，处罚超限运输车辆215台次，卸载29台次，分装转运49台次，超限超载运输势头得到有效遏制。2015年治理超限超载运输车辆1500余辆，收缴超限运输车辆损害公路赔（补）偿费20余万元。

【路产路权维护】 开展调研，为整合资源，将原执法大队承担的路产路权维护职能调整给公路管理所并上报特区编委批复。严格执法，有效维护路产路权，保障公路安全畅通。

【评先表彰】 六枝特区高速公路项目建设协调指挥部荣获贵州省高速公路建设三年会战先进集体称号；六枝特区地方海事处荣获全省水路交通行业文明单位称号。

中国电信六枝分公司

【概况】 电信股份有限公司六枝分公司是中国电信股份有限公司贵州公司在六枝特区辖区内设立的分支机构。公司主要经营固定电话、移动通信、卫星通信、基础数据、互联网接入及应用等综合信息服务。中国电信六枝分公司利用自身强大的网络优势，积极承担起地方信息化建设主力军的重任，助推六枝特区的社会信息化建设，着力推进信息基础设施建设三年会战目标，着力实施“四在农家美丽乡村”、农村信息化、旅游信息化、“电子政务”信息化、“数字城市”信息化、社区信息化、中小企业信息化为主要内容的六大信息化工程。

【网络建设】 2015年，优化升级无线网络，启动城区第四代移动通信（4G）基础建设工作，建设110个4G基站。实现在地区主要乡镇和街道，高速铁路和公路，景区光纤进户和4G无线网络覆盖95%，维护和优化3G基站，逐步淘汰全地区的3G基站，

持续推进“四在农家.美丽乡村”基础信息建设，2015年，电信网络已实现六枝“乡乡通宽带”和行政村“村村通电话”，行政村通宽带数达157个，占比达71.36%，已通电话（含有线、无线）自然村2200个，占比达91.67%。

持续推进宽带网络改造，执行“宽带中国”品牌战略，着力“光进铜退”工程，退铜点84个。实现地区主要乡镇和街道，高速铁路和公路，景区光纤覆盖。新建楼宇光纤覆盖率达50%；光纤接入企事业单位率达80%；并逐步加大老住宅区的光纤到户建设工程，完成35个点、7000个端口的FTTH改造工作，为全省提出“20M起步、50M普及、100M进家”信息化建设奠定基础。

【优质服务】 中国电信六枝特区分公司现有员工40余人，其中具有中级以上职称员工8人，初级职称员工30余人。拥有专业体贴的营销队伍、丰富维护经验的维护队伍和团结有力支撑队伍。

2015年，继续开展“满意在电信”“网络服务”志愿者等活动。整治关于诈骗、骚扰、恐吓手机短信，整治涉及发布传播涉嫌非法集资广告信息的手机短信等。成立应急通信党员突击队，发布应急方案，做好春运通信保障，确保春节期间信息畅通，一切以人民群众满意为宗旨，提升公司窗口服务水平，提升宽带装维修服务水平，缩短用户业务受理时限、完善电子营业厅服务功能、缩短投诉处理流程等。

电　力

【概况】 2015年，六枝供电局顺利实现“三杜绝、三个不发生”的安全生产目标；完成售电量5.14亿千瓦时，同比减少11.24%；完成综合线损率4.64%，同比下降0.68个百分点，优于六盘水供电局指标1.36个百分点；完成平均停电时间16.32时/户，同比下降10.65时/户；综合供电可靠率99.65%，用户平均停电时间30.85时/户；完成固定资产投资（技术改造）626.58万元，电网建设完成投资3661万元。

【安全生产】 2015年，六枝供电局牢牢抓住防范人身安全这一首要任务，将新《安规》全面应

用到安全生产工作中，完成全员《安规》考试工作，经考试不合格的严禁上岗。全年安全培训502人次。大力开展违章纠察，开展违章纠察178次，其中管理纠察14次，作业现场纠察164次，发现严重违章51项，一般违章17项，违章率7.75%。对故障频繁的部分中压线路进行重点监督，开展监察性巡视，公用配变故障率下降18.2%，公用线路故障率下降9%；强化运维，投入资金51万元，处理树障4248处，提高消缺水平，对重点区段实施整改。完成平寨变重大安全隐患整改工作；争取政府支持，成功实施南环1、2回贯通工程，为六枝城区供电可靠性提升及电能质量改善提供了强大的保障。成功完成高考、抗战胜利70周年、牂牁江滑翔伞比赛等重大活动及节假日保电工作共计30次。

【营销服务】 全面及时掌握境内重点负荷开停情况，开展提升业扩报装效率专项行动，全面落实客户经理制。对新建住宅区引导业主执行150号令，积极协调房地产企业，加快配电设施建设进度。启动客户信息动态收集工作。出台专项工作方案，全面推广银联银行代扣电费，实现农行代扣4764笔，工行代扣5652笔，邮政代扣70632笔，银联代扣36243笔。开展业扩报装专项治理，落实“五项工作机制”，杜绝业扩报装领域权力寻租空间。

【电网建设】 完成《六枝特区“十三五”配电网规划》的编制工作，规划送审稿规划已报南网公司待批复。全年完成电网建设投资3661万元。工程共新建和改造10kV线路14.23公里，配电变压器74台，容量12175千伏安，新建和改造低压线路199.96公里。共计完成2015年两批次的10千伏及以下项目和扶贫生态移民配套电网工程的可研工作，完成10kV及以下可研项目库储备6209.5万元。完成35kV毛口变的可研工作。

【人力资源管理】 进一步细化绩效考评标准，全力推行员工业绩考核管理新模式，形成指标+重点任务+综合评价结合的年终绩效考核方式。组织修编组织绩效、员工绩效管理实施细则，建立全局以部门、员工联动绩效的管理模式，形成信息化、规范化管理的常态管理机制。畅通了“管理、技术、技能”人才成长通道，积极推行竞聘上岗的方式选拔干部。全面落实培训计划，举办培训班24期，培训3208人次，培训计划完成率100%。强化员工岗位胜任能力，组织93人参加评价工作，结合参考人员理论及技能水平，先后组织开展三次模拟考试，通过率达79.25%。

【党建与廉政建设】 持续开展“八项规定”的执行检查，切实履行“一岗双责”，抓好巡视整改落实，扎实开展“三严三实”专题教育，充分发挥支部的主体和监督责任。坚持“三会一课”，抓好“每周一学”，以严肃的态度、严格的要求全面落实从严治党的要求。贯彻学习《习近平谈治国理政》《习近平关于党风廉政建设和反腐败斗争论述摘编》等政治理论读物。组织全体党员认真逐条学习《中国共产党廉洁自律准则》和《中国共产党纪律处分条例》等党纪党规。扎实开展党的组织建设，积极开展“三带三争当”活动和先锋工程，切实发挥支部的战斗堡垒作用和党员的先锋模范作用，进一步推进中心工作任务的完成。加强学习，认真部署，切实贯彻落实上级党风廉政方面的精神和要求，强化“两个责任”和“一岗双责”，不断提升廉洁从业意识，转变工作职能，强化监督检查，完善“大监督”的工作格局。稳步推进“检企共建”工作，促进反腐倡廉工作的开展。不断加强“两个创建回头看”，持续推进“两个创建”工作。加强效能监察和纠风工作，认真落实内控机制。强化审计整改工作，提高依法经营理念。

教育·文体广电（新闻出版）·旅游

教　育

【概况】 2015年，全区教育系统广大干部职工坚持以办好人民满意教育为目标，紧紧围绕政府重点工作和民生工程总体部署和六枝特区教育局年初制定的《六枝特区教育局2015年“一大中心任务六项重点工作”》，始终坚持全面实施素质教育、提高教育教学质量，依法办学、依法治教、依法行政、依法管理，较好地完成各项预期目标任务。

2015年，全区共有各级各类学校277所。其中幼儿园57所（其中公办23所、民办34所）；小学176所（含教学点29所）；初中35所［含九年一贯制学校7所（民办1所）］；普通高中5所（含完全中学1所、民办十二年一贯制1所）；特殊寄宿制学校1所；中等职业学校2所；工读学校1所。

全区共有在园（班）幼儿17928人；小学在校生60856人；初中在校生31294人；高中在校生12123人；中等职业学校在校生8773人；工读学校学生8人；三类残疾在校生156人（其中在特殊学校就读104人，随班就读52人）。

全区共有教职工6749人，其中幼儿园1070人（含民办744人）；小学2997人；初中1919人（含民办41人）；高中722人（含民办18人）；特教28人；工读学校13人。

【教育工程】 2015年，在建和拟建教育工程38个（13个跨年度项目、25个新开工项目），其中学前教育项目8个、义务教育阶段项目21个（含“班班通”设备采购安装工程）、受地质灾害危害治理项目4个、高中阶段项目5个，总建筑面积29.65万平方米，总投资9.39亿元，2015年计划完成投资4.99亿元，实际完成投资5.24亿元，完成年度计划投资的105%。

1. 学前教育项目。在建学前教育项目8个，总建筑面积24500平方米，计划投资6116万元。所涉项目：特区第二幼儿园、特区第三幼儿、路喜园区幼儿园、特区第一幼儿园（原补林幼儿园）竣工；特区第五幼儿园装饰装修；特区第六幼儿园一层施工；郎岱镇第二幼儿园、岩脚镇第二幼儿园竣工。

2. 义务教育阶段项目。涉及项目21个，总建筑面积106780平方米，计划投资38238万元。即：特区第五小学、木岗镇小学改扩建工程、新窑乡小学迁建工程、新窑乡四角田小学改扩建、郎岱镇中学改扩建工程、2014年乡镇教师公租房、木岗镇把士小学教学楼竣工；特区思源实验学校二层施工，预计2016年9月竣工；新场乡乌柳小学迁建工程竣工；岩脚镇中心小学改扩建工程主体完成；新窑乡二塘小学迁建工程、平寨镇杨丰小学改扩建工程竣工；平寨镇中兴学校改扩建工程、中寨乡中心小学综合楼改扩建一层施工，预计2016年9月竣工；特区第四中学老教学楼装饰装修工程、特区第三中学旧教学楼维修工程、特区第一小学外墙维修工程、特区实验小学外墙维修工程、新窑乡中学老教学楼维修工程10月底已全部完工；特区第七中学、第八中学、第五小学自来水安装工程10月底已完工；34个校园安全围墙工程10月底全部完工；1662套班班通设备安装工程竣工。

3. 受地质灾害危害治理项目。受地质灾害危害治理项目4个。新场乡白果村小平小学：治理面积约0.59k平方米，主要内容：落石槽全长197米，拦石墙两段共计长314米，被动防护网314*4=1256平方米。目前建设进度：BW-1、BW-2两段拦石墙共计长314米高6米的混凝土浇筑完成，被动防护网BW-2段（117米）安装完成、BW-1（197米）正在安装；197米落石槽已完成140米。箐口乡过瓦小学：治理面积约0.47平方千米，主要内容：危岩体清除，主动防护网2720平方米，被动防护网1440平方米，裂隙灌浆填充1189.33立方米。箐口乡箐口小学：治理面积约0.02平方千米，主要内容有抗滑桩14根、挡土墙755.74立方米等；中心小学建设工程的主要建设内容有拆除旧教学楼1765.41平方米、新建教学楼4层1535.96平方米。龙场乡老马小学：治理面积约0.39平方千米，主要内容：抗滑桩19根、截排水沟1134.33米等。该项目5月28日第二次开标中标，5月30日进场施工。4个治理项目均已完工。

4. 高中阶段项目。高中阶段项目5个，总建筑面积165232平方米，计划投资47170万元。即：特区职业技术学校二期工程，综合办公楼、实训用房、图书馆、校门、浴室、3号学生宿舍、教学楼辅楼竣工，实训大楼一层施工；特区第七中学竣工；特区第一中学教职工公租房（80套）、第八中学教职工公租房（200套）竣工，特区第一中学改扩建工程基础施工，预计2016年12月竣工。

5. 城镇义务教育学校。特区第五小学：该项目是根据《省财政厅省教育厅关于下达2013年农村义务教育阶段中小学校舍维修改造中央和省级追加资金预算的通知》（黔财教〔2013〕205号）文件落实的城镇义务教育学校建设项目，选址原平寨镇茶山村，占地50亩，计划建筑面积13030平方米，计划投资5657万元。现已竣工。特区思源实验学校：该项目为区2015年重点教育工程项目，选址南环路西段，计划投资11900万元，总建筑面积28989.17平方米，其中：综合教学楼12686.30平方米（含：教学楼8585.89平方米、办公楼868.08平方米、食堂2559.50平方米、图书阅览室323.11平方米、超市及仓库349.72平方米）；男生宿舍4930.67平方米；女生宿舍5979.825平方米；教工宿舍楼2739.27平方米；室外多功能厅1553.10平方米；门卫、看台及附属工程1100平方米。该项目6月18日开工，2015年完成二层主体，预计2016年9月竣工投入使用。

【学前教育】 1. 六枝特区教育局围绕《六枝特区集团化办园试点工作方案》和《六枝集团化办园管理手册》着力实施和推进集团化办园。落别乡中心幼儿园、平寨镇第二小学、特区五中、市二中4所学校（幼儿园）申报创建市级示范学校，市教育局评估组已于2015年10月22—23日进行评估，结论待定。全区学前三年毛入园率现为81.44%，幼儿园每班基本达到“两教一保”。现各乡镇、城市社区都有一所公办幼儿园。

2. 均衡发展义务教育。根据省、市义务教育均衡发展评估验收安排，六枝特区于2016年接受义务教育初步均衡评估验收，2019年接受义务教育基本均衡评估验收。按照《六枝特区人民政府教育督导室、六枝特区教育局关于分乡推进义务教育初步均衡发展的通知》（六教督字〔2013〕18号）文件精神，六枝特区义务教育均衡初步均衡工作分乡推进、逐步评估验收。对新华乡、新场乡、箐口乡、新窑乡、中寨乡、堕却乡、牛场乡进行评估验收；2016年，全区接受省、市政府义务教育初步均衡验收。2015年普及程度各项指标如下：九年义务教育巩固率：小学在校生60856人，年辍学率0.06%；初中在校生31294人，初中年辍学率 0.93%；辍学率均控制在小学 1.2%、初中 2.5% 以内；全区适龄儿童入学率 99.5%；小学入学率均达到 99% 以上；初中适龄少年入学率 90.8%，适龄少年入学率控制在 85% 以上，九年义务教育巩固率 85.18%。高中阶段毛入学率：2015 年全区 15 ~ 17 周岁人口 32356 人，其中普通高中在校生 14829 人（含在外就读），中职学校在校生 12689 人（含在外就读），共计 27518 人，高中阶段在校生总人数除以全区 15 ~ 17 周岁人口数，高中阶段毛入学率为 85.05%。

【教育“9+3”计划】 2015 年，教育“9+3”计划全区完成中职招生 5268，其中区内招生 2689 人（特区职校 2115 人，含弹性学制 790 人；省机械职校 574 人，弹性学制 117 人），区外市内 297 人，市外省内完成招生 1452 人，省外 758 人，五年制大专 72 人，完成省、市下达 4757 人任务的 110.74%。

【教师队伍建设】 2015 年，选派 316 名中小学校长、幼儿园园长到市、省、外省培训(考察)学习，着力师资培训。继续推进教育均衡发展，认真开展特岗教师招聘工作，录用 100 名中小学特岗教师到乡镇村点校工作，签订合同 100 人，完成任务 100 人的 100%；引进高中教师 42 人；面向社会招考 128 人；全区教师轮岗 193 名，其中从区直各学校选派 30 名优秀教师到乡镇薄弱学校支教，对乡镇学校教学进行经验交流和指导。同时涉及的乡镇学校选派 30 名同学科同学段的教师到相应的区直学校顶岗学习。选派全区 21 名校长或教师进行校际间挂职交流，交流学习 112 人。

【社会力量合作办学试点】 2015 年 9 月 25 日特区政府与纽绅中学签订合同，市教育局通过纽绅中学评审。纽绅中学 2015 年秋季学期正常招生，现有学生七年级 18 人，高一 54 人。

【未成年人思想道德建设】 在全区组织开展做好未成年人思想道德建设的相关工作，开展“祖国好 · 家乡美”的系列活动和“童心向党”、“中华经典诵读”歌咏大赛，各学校共有 70 余个节目参赛；开展全区中小学生“三爱”、“四德”主题教育演讲比赛活动，层层选拔优秀选手参加市级决赛，取得较满意的成绩。组织全区中小学生积极参加全国青少年五好小公民“少年向上 · 真善美伴我行”读书征文活动，上交参评学生作品 192 篇，共有 190 篇获奖，其中特等奖 2 篇；一等奖 52 篇；二等奖 62 篇；三等奖 74 篇。教育局获“先进集体”奖，杨芳老师获“优秀工作者”称号。

【中考】 全区 36 所中学的考生 6620 人，五年制专科录取 261 人，占报考人数的 3.94%；普通高中录取 4296 人，占报考人数的 64.89%；中职录取 623 人，占报考人数的 9.41%。五年制专科、普通高中及中职共计录取 5180 人，占报考人数的 78.24%。中考均分排名全市第一。

【高考】 全区报考 4267 人（其中 27 人在高考前被自主招生院校录取），提前首批本科录取 25 人，占报考人数的 0.58%；体育艺术二本录取 39 人，占报考人数的 0.91%；体育艺术三本录取 29 人，占报考人数的 0.67%；提前高职（专科）录取 62 人，占报考人数的 1.45%；一本录取 209 人，占报考人数的 4.89%；二本录取 934 人，占报考人数的 21.88%；三本录取 324 人，占报考人数的 7.59%；高职（专科）录取 1934 人，占报考人数的 45.32%；贫困专项计划录取 62 人，占报考人数的 1.45%；特殊录取类型 5 人，占报考人数的 0.11%。目前共计录取 3623 人，占报考人数的 84.90%。

【教研教改】 本着“优势互补、资源共享”原则，依托协作区平台，将“十二五”全员培训有机融合在协作区学科教研任务中，通过协作区基地校“送教到校”活动，对薄弱学校教师专业成长和实现区域均衡发展起到一定的促进作用；新场中心校依托“教研学区”，以教研组为抓手，开展“两同一分”的联动教研，打造本土教研团队；以市教育局实施“外语教育质量三年突破工程”为契机，制定适合全区英语教师发展的三年提升规划，以英语教研组团队建设为抓手，扎实有序开展分级、分层、分类的研训活动，强力突破英语教育教学薄弱环节，评选并组建英语学科“新教师、骨干教师、资深教师及优秀教师”等基地团队。为下步实施全区教育均衡发展打下坚实的基础。

【学科优质课】 承办六盘水市中小学美术教师技能大赛，六枝特区堕却中学彭元学老师以优异成绩代表六盘水市参加省级比赛；分三个学段组织开展全区英语、思品、信息技术、音乐、地理、历史、化学、美术等16个学科优质课选拔大赛，完成各学科上报4名优秀选手参加市级比赛的选拔任务；深入洒志乡小、新场乡教研学区、新窑乡小开展“同课异构”13次，覆盖语文、数学、英语等学科。组织全区中小学科研课题研究的初评审核工作，推荐120个课题到市里进行立项评审。做好市级课题结题审核工作及全市教育教学成果奖评比工作。

【中小学继教教育】 认真贯彻落实《贵州省“十二五”（2011—2015年）中小学教师继续教育工程实施意见》，严格按照《贵州省中小学教师继续教育登记管理办法》文件要求，全面完成教师“一德四新”培训任务及“十二五”学时审核、汇总；完成特区级171名骨干教师及10名教育名师的评选、认定工作。按要求收集整理有关资料，完成全区“十二五”中小继教县级评估验收、“回头看”等工作，顺利通过市级评估验收。

【安全工作】 一是进一步加强了校园安保基础能力建设，补充配备了防暴器械“八小件”100余件。于4月18日和7月24日分两次邀请特区交警大队交警，对各级各类学校安保人员进行了以维护校园周边交通秩序为主要内容的培训。联系保险公司于6月份对全区各级各类学校分管校长进行安全管理轮流培训。二是积极配合公安、城管、市场监管等部门对校园周边环境进行治理和认真开展安全宣传月、禁毒宣传月、食品安全宣传周等相关活动。春季开学以来，联合公安局治安大队等相关部门进行了两次专项检查和治理。三是扎实做好汛期安全防范工作，按照省市和特区相关要求，通过召开会议、下发通知，进一步强化领导带班值班、隐患排查治理、安全宣传教育等措施，确保各级各类学校安全度汛。以安全教育宣传月为契机，组织指导相关学校开展应急疏散演练达300余次。

【农村义务教育阶段营养改善计划】 春季全区农村义务教育阶段开餐学校211所，享受营养餐学生共75103人；特区二小、三小、实验小学、四小、特区六小、特区二中、实验中学因学校没有食堂，不具备开餐条件未实施营养改善计划外，全区农村学校开餐率为100%；秋季开餐学校204所，享受营养餐学生79709人，结合六枝特区实际情况，按照“贵州模式”稳步实施营养改善计划。

【议提案办理】 2015年，承办区级政协委员提案18件（含来信类4件），已办理结束，所有委员表示很满意；教育局时常进行最新情况跟踪，以确保提案答复落到实处，10月13日，政协副主席黄世杰亲自带队调研并对教育局承办议提案工作给予高度肯定；牵头承办区级人大代表建议4件，现已办理结束，所有代表对办理工作表示很满意。教育局又于11月认真开展2015年议提案办理“回头看”工作。

【留守儿童工作】 全区采取一系列措施加强对留守儿童的管理工作，加大对留守儿童的关注力度，每个学校均建立了留守儿童档案，做到一人一档，对无人监护、贫困的留守儿童采取“一对一”或“多对一”帮扶，并优先将农村留守儿童纳入学校住校生管理，优先安排农村寄宿制学生困难补助。截至2015年，全区共建立20个留守儿童之家，特区教育局联合妇联开展“老师，你是我妈妈”的活动，让留守儿童在学校里感受到了家庭般的温暖。许多学校还建立了心理健康咨询室，通过开展心理健康咨询和辅导，解决学生在心理健康方面存在的突出问题，培养他们积极向上的生活方式，塑造健全的人格。

【表彰】 2月，六枝特区教育局党组书记、局长刘大宇在第十四届“公益中国”中国青少年电视艺术新星展播活动暨关爱留守儿童爱心义演中成绩突出，荣获中华人民共和国教育部、中华全国妇女联合会、中央社会管理综合治理委员会办公室、共青团中央、中国关心下一代工作委员会、中国下一代教育基金会颁发“先进个人”称号。

2月16日，六枝特区第一小学荣获2014年“贵州省安全文明校园”称号。

5月，六枝特区教育局在第十一届全国语文规范化知识大赛中荣获教育部语言文字应用管理司、教育部关心下一代工作委员会、新闻出版总署出版产品质量监督检测中心、中国教育协会等颁发“组织奖”。

5月，六枝特区教育局获得六盘水市总工会颁发的“六盘水市先进女职工委员会”荣誉。

5月，六盘水市教育局授予六枝特区教育局2014年实施教育“9+3”计划工作先进集体荣誉。

6月，全国数学“希望杯”邀请赛组委会授予六枝特区教育局“中学第二十六届数学邀请赛组织工作优秀奖”。

7月，六枝特区教育局在第十八届全国青少年五好小公民“少年向上真善美伴我行”主题教育活动中荣获“先进单位”称号。

12月21日，六枝特区教育局获贵州省六盘水市招生委员会、六盘水市教育局颁发“十二五”期间教育招生考试工作先进集体。

【大事记】 2月26日，六枝特区教育局启动全区“基本普及15年教育”验收工作。

3月14日，六枝特区教育局启动全区三类城市语言文字评估验收工作。

3月，推进特区八中引进社会力量合作办学试点。引进贵州纽绅教育集团合作办学，5月5日签订办学合同，学校命名为“六枝特区纽绅中学”。

4月18日，六枝特区教育局成功申报全国足球示范学校4所，市级足球示范校7所。

5月22日，全区“十二五”中小学教师继续教育工程县级评估验收现场会在岩脚镇中心校召开。

5月28日，六枝特区教育局承办六盘水市第十五届学生羽毛球运动会。

6月23—27日，六盘水市教育局对六枝特区“十二五”中小学教师继续教育工程进行市级评估验收。

7月7日，六盘水市第二季度“四在学校·幸福校园”现场会在六枝特区召开。

7月9日，普通话测试机站在六枝特区第九中学建立。

8月3日六盘水市人大常委会副主任、原特区党委书记高玉林主持召开教育工作专题会议。

9月25日，六盘水市“普十五”现场推进会在六枝召开，省厅领导和全市500余人次参会。

10月25日，六枝特区第四届校园文化艺术节在六枝特区影剧院举行。

10月22—26日，贵州省教育厅对六枝特区“十二五”中小学教师继续教育工程进行省级评估验收。

10月29日，六盘水市教育局对六枝特区《全民科学素养纲要》实施情况进行市级评估验收。

10月28—29日，中共六枝特区委组织部、六枝特区教育局、六枝特区人民政府教育督导室对大用镇等四个乡（镇）政府暨党政主要领导教育工作进行了督导评估。

11月9—13日，六枝特区人民政府教育督导室对新窑乡等六个乡镇进行义务教育初步均衡发展区级验收。

12月2日，特区政府副区长带队到关岭学习“大教育”的先进理念和管理经验。

12月7—12日，六盘水市教育局对六枝特区“外语三年质量突破工程”进行市级评估验收。

12月16—17日，中共六盘水市委组织部、六盘水市教育局、六盘水市人民政府教育督导室对大用镇等四个乡（镇）政府暨党政主要领导教育工作进行了督导评估。

12月24日，六盘水市人民政府对六枝特区涉市教育工作目标完成情况进行考核。

文体广电

【概况】 六枝特区文体广电新闻出版局为特区人民政府工作部门，正科级党政机关，局长1名、副局长3名，正副股长（主任）3名。工勤人员编制2名，经费由特区财政全额预算管理。

【文化活动】 在元旦、春节等重大节假日期间，开展丰富多彩的文化系列活动：2015年新年书画展、“第四届——2015春节征联、赠联、赏联”及书画展活动、迎春猜谜活动、元宵文艺演出、组织开展纪念中国人民抗日战争暨世界反法西斯战争胜利70周年系列活动；协助特区宣传部举办2015年“精彩牂牁厚德六枝”干部群众春节文艺联欢活动；协助那克社区举办“歌舞迎春”群众文化展演活动；成功举办一年一度的布依同胞的盛大节日——六月六系列活动；2015年“中国凉都·六盘水牂牁江”国际滑翔伞邀请赛暨全国滑翔伞优秀选手赛开幕式文艺演出；协同特区相关部门完成2015年广场舞大赛系列活动。

【文艺精品的创作与宣传】 8月15日组织《布依板凳舞》《长角苗风情展》参加2015年六盘水市国际马拉松比赛，深受参赛运动员和广大观众的喜爱，加大了对民族特色文化的宣传力度；创作、编排箐苗原生态歌曲作品《打亲》参加六盘水市首届群星奖比赛荣获二等奖；受省文化部门邀请，《打亲》节目参加了省文博会文艺展演3场；参加省举办的世界华文传媒论坛会文艺演出1场；组织文化馆“箐林之声歌队”代表贵州省到宁夏回族自治区参加第十三届中国西部（花儿）歌会比赛荣获“金奖”。

【图书馆、文化馆】 积极发挥公共文化服务体系作用。图书馆对外开设报纸阅览室、期刊阅览室、中文图书阅览室、电子阅览室和少儿阅览室等5个服务窗口，每周开放时间不少于52小时。在春节、五一、端午等节假日期间，安排工作人员值班，接待各类读者60000余人次；文化馆常年举办古筝、钢琴、声乐、舞蹈、跆拳道、书法等培训班，接待入馆活动人数5万余人次。组织、参与公益性免费开放培训1次。为乡镇、学校、机关、企业等培训文艺骨干500余人次，逐步实现了由办文化向管文化方向发展。

【经营业主培训】 为增强文化经营业主的法律法规意识，积极组织各经营业主开展培训，重点对法律法规、消防安全、禁毒等知识培训，完成文化执法培训5期100人次、培训覆盖率达100%。

【上网服务场所管理】 采取日常检查与突击检查相结合、业务培训与加大处罚相结合、重点监控与联合行动相结合的办法，每月常规检查不少于10次。在学生放学、周末放假等重要时段每月至少进行一次突击检查，不定时进行“地毯式”排查。在加强经营业主法律法规培训的同时，加强对上网服务场所的处罚力度，规定场所接纳未成年人1人，处于15000元的处罚；接纳未成年人2人，停业整顿，接纳未成年人3人及以上的，吊销其证照。2015年，共处罚违规网吧6家次，罚款共计26600元，吊销一家网吧《网络文化经营许可证》。与工商、公安联合取缔黑网吧2家，暂扣上网设备24套。

健全“五老”网吧监督员、试点乡镇市场监管员的考核制度，保障相关政策执行到位，对接纳未成年人的场所，设置场所“黑名单”，告知相应监督员及监管员。对“黑名单”场所进行不定时检查，重点监控，并积极与网安大队联系，互通工作数据，开展联合检查。

【“扫黄打非”】 制定“扫黄打非”5项行动方案，建立联防协作机制，采取有效措施净化文化市场，加大文化市场监管力度。2015年，共收缴盗版光碟10000余张，违规书刊400余册，并集中销毁。

【文物保护】 完成落别乡九洞桥至毛口小河边茶马古道所经路线及现存路段的实地调查，并进行了现存路段地形图的测绘，委托省文物保护研究中心完成了六枝境内茶马古道现存路段的修缮立项报告，已通过省文化厅的验收，进入国家文物局项目库。

开展县级以上文物保护单位中木质结构古建筑消防安全工作检查，及时将存在问题进行了整改，未发生消防安全事故。同时配合市文物局对境内的岩脚东洋楼、龚家大院、郎岱邹家大院、观音阁、梭戛生态博物馆等文物保护单位的消防安全检查工作；继续开展国有单位可移动文物数据录入工作，已录入229余件（套）；完成《六枝特区历史文化的挖掘、保护方案》编写工作。

【非物质文化遗产】 完成了六盘水市唯一一个符合国家级非物质文化遗产传承人申报工作；完成第二批市级非物质文化遗产项目代表性传承人申报工作，将符合条件的2名县级传承人申报为市级传承人，并通过审核得到公布；完成中寨乡小补王彝族铃铛舞传习所、折溪地戏传习所、陇脚布依铜鼓舞文化传习所修建的申报工作；完成了岩脚面条制作工艺、岩脚花灯、郎岱酱制作工艺、六枝剪纸技艺等七项县级非物质文化遗产代表作名录申报的调查和文稿拟写，已向特区政府进行申报。

【媒体宣传】 采用传统媒体广播电视与新媒体微信平台《微视六枝》、手机客户端APP《智慧六枝》及腾讯微博《牂牁广电》相结合，对全区重大项目建设、重要会议、重大活动、“创卫”工作、“社会主义核心价值观”、基层群众事迹及禁毒、社会治安综合治理、教育、卫生计生、项目建设等，各项工作进行立体式的宣传，为宣传六枝发挥了积极作用。截至2015年，共播出《六枝新闻》259期，共3136条，其中重大项目189条，完成全年任务40条的470%；《微视六枝》累计已经发布图文消息245期，推出六枝新闻2500条；“四创”曝光100条、新闻稿件2500条；《智慧六枝》95期、《六枝新闻》视频1000条；《牂牁广电》从5月29日开始，不定期发布重要会议、招商引资、“四创”工作等内容23条。

【电影放映】 2015年，农村公益电影放映任务2640场。全年共放映2842.33场，占年任务数的107.6%。超额完成全年放映目标任务。

【村寨安装广播工程】 2015年，将此项工程建设上报特区发改部门并同特区政府采购办一同签订招投标厂家，组织对乡镇科技教育文化服务中心人员进行培训，完成220个行政村安装广播设施工程。

【滑翔伞邀请赛】 2015年9月19日至21日在牂牁镇成功举办了六盘水消夏文化节活动——中国凉都·六盘水牂牁江国际滑翔伞邀请赛。

【农民体育健身工程】 2015年，完成乡镇农民体育建设工程4个、村级农民体育建设工程26个、全民健身路径工程10个。积极向市局争取12万元小康寨补助资金购买4套健身器材进行安装。

旅　游

【旅游项目储备和申报】 一是谋划旅游项目共22个，拟通过PPP等方式引导多方资金参与景区建设；二是与特区十多家单位到八个乡村旅游扶贫点实地踏勘，完成乡村旅游示范村的游客信息服务中心建设项目建议书，已由发改局报相关部门争取资金支持；三是申报景区公厕项目9个，其中新建项目4个，改扩建项目5个；四是在2014年的基础上继续推进实施《牂牁江旅游文化产业园区控制性详细规划》《牂牁江湖滨旅游度假区建设发展规划（2014–2020）》《梭戛自然与生态旅游示范区建设规划》《廻龙溪温泉景区修建性详细规划》等。

【旅游项目建设】 在旅游项目建设方面，整合农业、林业、水利、交通等部门专项资金，积极争取社会资本，大力推进景区建设。一是全面推进牂牁江湖滨旅游度假区建设，累计完成投资4.2853亿元［2015年1至11月牂牁江湖滨旅游度假区（经调整）完成投资31137万元，完成年投资计划的104%］；二是引入社会资金建设廻龙溪温泉景区，累计完成投资约4.78亿元，景区已营业（2015年1至11月，廻龙溪景区完成投资11900万元，完成年投资计划的119%）；三是积极推进郎岱农业产业园区生态产业旅游示范点建设，建成猕猴桃、魔芋、富农生态禽类养殖、蔬菜、茶叶等产业基地，总投资达40亿元（2015年1至11月，郎岱古镇生态文化旅游区完成投资9820万元，完成年投资计划的109%）；四是全力推进月亮河夜郎布依文化生态园建设，累计完成投资约1.7亿元（投资2000万元建设完成“布依风情一条街”和补雨村石头寨的村庄整治及民居改造）；五是实施梭戛自然与生态文化旅游示范区建设。投资2400万元完成高兴村陇嘎寨传统村落及新村建设、梭戛生态博物馆改扩建；六是强化乡村旅游发展工作，对落别一线乡村旅游产业进行开发建设，委托设计单位对大用现代生态农业产业旅游园区进行规划，投资4500万元建设落别村牛角村文化广场、布依民俗博物馆、游客接待中心等，投资1600万元建设抵耳村美丽乡村布依民族文化旅游示范点，并对都香高速公路沿线528户民居房屋进行提升改造。

【国有景区体制机制改革工作】 根据2015年贵州省国有及国有控股旅游景区体制机制改革工作要求，牂牁江湖滨旅游度假区积极对照目标，成立相应机构，制订改革工作方案，明确工作内容，并拟写请示报告上报市委市政府和特区人民政府，请求解决景区管理体制、增设职能、界定景区四至范围及旅游公司的成立等问题。特区人民政府已批复景区资产划拨、景区四至范围，旅文投公司已成立。相关工作均按照文件要求有序推进。

【旅游宣传】 积极举办旅游宣传活动。4月18—19日开展“保护生态·热爱六枝2015年贵州六枝（落别）樱桃节暨布依文化旅游节”活动；4月28日完成“六盘水市2015年第一次旅游景区建设暨‘五一’旅游推介会”；5月24日完成“2015年六枝特区旅游招商引资项目宣传推介会”；7月21日完成“六月六”旅游宣传推介活动；9月19—21日以“牂牁江国际滑翔伞”活动为契机，联合市、特区共8家旅行社积极开展旅游宣传活动；配合省、市旅游部门赴广州、贵阳等地开展旅游宣传促销活动。通过活动的开展，提高了旅游景区知名度和美誉度。

在全国旅游日、安全生产月首日等特殊时段，采取临街开展宣传活动十余次，发放旅游安全、文明旅游宣传资料5000余份、利用广播电视等新闻媒体进行旅游安全常识宣传，提升群众对旅游安全常识知晓率。

根据市、特宣传部关于“四创”宣传工作的要求，积极联系星级宾馆及景区进行“四创”工作宣传，采取LED显示屏播放宣传标语、悬挂宣传横幅等方式进行宣传，发挥窗口行业作用营造浓厚的“四创”宣传氛围。

积极实施“多彩贵州·最美高速”创建活动。于4月份牵头完成高速公路旅游标识标牌建设工作，完成投资32.7万元，为实施“多彩贵州·最美高速”创造了良好条件。

【游客接待】 2015年，共接待游客298万人次，同比增长59%；旅游总收入19.18亿元，同比增长42%。其中，上半年接待游客143万人次，同比增长30%；旅游总收入8.45亿元，在全省非经济强县中排名第7位，同比增长31.6%，在全省非经济强县中排名第5位（省局评估）。

【旅游行业监管】 2015年，到旅游企业、景区进行旅游行业检查共7次，其中联合卫生监督所、消防队等单位综合检查4次，下达整改意见书5份，提出存在的安全隐患及问题20余条，督促旅游企业按照行业标准做好软硬件建设，全年未发生一起投诉事件，确保旅游安全零事故，为游客营造安全、舒适的旅游接待环境。

【乡村旅游建设】 以乡村旅游转型升级、美丽乡村旅游扶贫工程、“美丽乡村·四在农家”工程建设为契机，一是积极争取乡村旅游项目。中寨乡扁朝村、落别乡板照被列入全国乡村旅游扶贫重点村第一批扶持名单；中寨乡兴隆村、陇脚乡补雨村等6个村寨被列入第二批扶持名单。二是积极支持乡村旅游微小企业发展，引导农家乐（农家旅舍）有序改扩建，15家农家乐（农家旅舍）列入贷款贴息扶持名单，贴息资金28.81万元，贷款金额300万元。

【旅游培训】 2015年，举办旅游培训4次，培训旅游从业人员约230名。一是联合岩脚镇政府组织特区卫生监督所和牂牁江酒店餐饮部对廻龙溪景区乡村旅舍从业人员进行培训，培训覆盖14家乡村旅舍共计30余人，培训内容为餐饮、客房、卫生规范、服务礼貌礼仪等课程，帮助经营业主理清发展思路，讲授餐饮及客房服务操作程序及要领，促进了廻龙溪景区乡村旅舍从业人员服务水平的提高。二是针对廻龙溪温泉景区管理人员和服务人员（共52人）进行了行业培训，聘请贵阳保利温泉老总到景区进行现场指导，以提升廻龙溪景区旅游服务质量水平，满足景区开业及全省项目观摩会工作的需要；三是积极组织农家乐业主约50多名参与全市旅游景区农民就业创业和增收致富培训观摩，提升了参训人员的服务理念，学习了优质景区的宝贵经验；四是9月28日至30日，对80名乡村旅游从业人员进行旅游理论培训。通过培训，提高旅游管理人员和服务人员对旅游工作的认识，有力带动六枝旅游的发展。

【旅游规划编制】 一是制定全区旅游资源普查工作方案及规划编制方案。结合六枝实际，启动全区旅游业发展规划的修编工作；二是完成毛口乡老虎窝旅游景点规划，规划设计工作已完成；三是完成《“十三五”生态文明建设建设规划》和《“十三五”旅游发展规划》评审稿的编制工作，待评审；四是协助做好各景区相关专业规划的编制工作，进一步完善景区相关配套设施，拟定开发前景较好的成熟项目，为开展旅游项目招商创造条件。

生态博物馆

【概况】 六枝梭戛生态博物馆位于六枝特区与织金县交界梭戛乡陇嘎寨，系中挪两国元首共同出席签字仪式的文化合作项目，1998年10月31日建成开馆。

博物馆距六枝特区人民政府所在地40公里，占地面积6亩，建筑面积1800多平方米，包括长角苗文化展示中心、长角苗文化研究中心、长角苗文化传承人培训中心、专家工作站及办公用房等。

长角苗社区包括12个自然村寨，海拔1400～2200米，面积约120平方公里，总人口5000余人。是一支稀有的、具有独特文化的苗族支系，在他们中间存在和延续着一种古老的、以长牛角头饰为象征的独特苗族文化。

【完成“箐苗的记忆”工作】 2015年，收集整理箐苗文化遗产资料，共完成录音资料510分钟，内容包括三眼箫吹奏、唢呐吹奏、芦笙吹奏等；完成录像资料9盘，内容包括箐苗“跳花节”“祭山节”“打嘎”等；完成图片资料2000余张，内容包括挑花、刺绣、纺纱织布等；完成文字资料1万字以上。

【文物征集工作】 加强箐苗文化保护工作，继续做好箐苗文物（实物）征集工作，收集长角苗精品服饰，新征集箐苗文物（实物）10件（套）。

【服饰传承工作】 开展长角苗文化传承人工作，开展服饰技艺传承活动2期，举办长角苗文化传承人培训班，培训100余人次。

【长角苗歌舞表演队】 2015年，成立长角苗民族歌舞表演队，积极争取经费4万元，聘请贵州省歌舞剧院音乐创作老师吴小冬创作长角苗音乐3首，并根据创作的音乐邀请了特区文化馆相关音乐舞蹈老师编排了长角苗音乐舞蹈，提升展演品位。

【“国际博物馆日”宣传活动】 认真开展“5·18国际博物馆日”宣传活动，发放宣传资料3000余册，大力宣传了《文物保护法》《非物质文化遗产法》《博物馆管理办法》等法律法规。

【基础设施建设】 2015年，投入88600元对文物库房进行维修，完善库房设施，投入86500元对基础设施进行维修及修建，新修建厕所1个，对电线路进行了改造，对资料信息中心的附属设施进行了维修，不断健全馆内基础设施。

【游客接待工作】 2015年，共接待游客61000人（次），免费发放馆内旅游宣传册46700份。讲解员为游客讲解馆内的基本情况，耐心回答游客提出的问题，并提供力所能及的帮助。

【消防安全】 做好防火、防盗、防潮、防霉工作。一是建立值班值宿制度，保证24小时有人值班，并确保值班人员和领导的通讯畅通；二是明确专人负责，做到器材齐备，制度完善，加强巡逻检查，在重点部位设置安全标识，定期检查排除安全隐患，做好每天的消防巡查记录；三是不定期对资料信息中心文化展示中心、培训中心、值班室、办公场所等重点部位的电线路进行改造和更换，确保资料信息中心不出现消防安全隐患；四是定期开展消防演练，通过反复熟悉消防器材的操作使用，使干部职工在面对灾害发生时能有序的开展工作；五是注意环境卫生清洁，随时保持室内通风、干燥。

金 融

中国人民银行六枝特区支行

【概况】 2015年，紧密结合六枝实际，推进金融改革发展，维护辖区金融稳定，全面提升金融服务和管理水平，强化自身建设和内部管理，促进地方经济持续健康发展。

中国人民银行六枝特区支行位于那平路19号，内设四个部室，行长1名，副行长2名。2015年末，有职工20人，其中女职工11人，中共党员12人。

【货币政策的落实】 2015年，通过制定下发《信贷指导意见》、召开金融运行分析会、增比进位指标调度会议等方式，引导辖区各金融机构盘活存量、用好增量，始终立足六枝实际，认真落实国务院关于缓解企业融资成本高问题的政策措施，改进和加强“三农”和小微企业金融服务，围绕经济结构调整和转型升级，充分发挥金融服务实体经济、服务民生民本的积极作用。截至11月末，人民币各项存贷款余额分别为101.53亿元和88.83亿元，较上年同期分别增长了14.07%和12.47%。

【支农再贷款的使用管理】 一是以支农再贷款“两加一补”杠杆化操作模式为激励手段，鼓励和引导支农再贷款用于支持“三农”发展，截至11月末，新增支农再贷款2.5亿元，均用于支持“三农”；二是按照支农再贷款管理新规定，要求地方法人金融机构加强内部管理、优化财务指标、执行优惠利率，切实维护央行债权安全和让利“三农”。

【小微企业、妇女创业贷款】 截至2015年11月，就业小额担保贷款余额1.99亿元，其中妇女创业贷款1.78亿元；民贸民品优惠利率贷款余额2.90亿元，累计6家企业获得优惠利率贷款支持，前三季度获财政贴息301.85万元。

【金融扶贫】 一是积极探索金融扶贫整村推进工作。2015年来，支行主动与地方扶贫、农业部门以及涉农金融机构紧密对接，紧扣全区贫困村减贫摘帽任务，就如何开展金融扶贫整村推进工作进行初步探索、思考，提出有效推进工作的建议。二是开展扶贫攻坚工作。按照特区党委政府要求和分配的任务，对六枝特区梭戛乡平寨村进行扶贫。2015年前，已成立支行扶贫攻坚行动领导小组，正在开展“我为金融扶贫出把力”大讨论活动，希望通过讨论，结合支行特点和资源禀赋，能够拿出可操作的点子或方案，真正为贫困农户和贫困村做点实事，支持他们脱贫致富。

【“两管理、两综合”职能】 一是继续加强对新成立银行机构中国银行六枝支行的业务指导和监测，确保安全平稳运行和健康发展，不断提升服务地方经济发展的能力和水平；二是积极加强各方面衔接，为贵阳银行在特区设立分支机构创造条件；三是持续加强对小贷公司的监测，并广泛开展严厉打击非法集资的宣传活动，防范非正规金融风险向正规金融体系渗透，积极打造良好的金融环境。

【金融统计】 强化金融统计数据尤其是涉密数据管理，严把数据出口关；注重金融统计成果的价值转化，通过《六枝特区金融统计月报》《全区金融统计数据》《贷款按行业分类时序表》《专报信息》等平台为地方政府领导和相关部门研判特区经济金融形势提供参考依据。

【安全保卫】 一是加强组织领导，强化内部管理。坚持每月组织开展一次集中学习和岗位业务技能练兵，实施常态化管理。着重引导保卫人员提高对安全保卫工作的认识和执行规章制度的意识，努力提高保卫人员业务技能和应对突发事件的能力。二是认真搞好发行库安全守卫。实行昼夜24小时双人值守，并加强对库区、院落、家属区周边的巡查。严格落实分管领导和部门负责人守卫工作检查制度，促使值守人员认真履行职责，确保库房库区绝对安全。三是加强枪支弹药安全管理，确保账实相符。四是认真做好社会管理综合治理。完善工作机制，组织逐级签订责任书，把责任落实到个人；抓好禁毒工作，保持“无毒社区”的良好风尚；认真抓好消防工作，加强消防安全宣传教育、培训和设备设施检查，并组织开展应急演练，增强支行人员应对火灾事件的能力，确保相关设备设施良好。积极支持配合特区开展“平安六枝”建设工作。

【依法行政主题年活动】 一是宣讲依法行政相关知识；二是积极参与上级行举办的征文比赛；三是积极参与出题，充实依法行政知识竞赛题库；四是认真开展以案说法活动，不断增强干部职工学法、守法、用法意识；五是开展规范性文件清理，强化规范性文件出台的制度约束；六是开展案卷评查专项工作，组织案件评查小组，对支行账户管理案卷、执法检查案卷进行了评查，提出存在问题和整改意见，不断规范支行行政许可和行政执法各项基础工作，强化依法履职意识。

【联合举办“金融夜校”】 2015年9月，支行与六枝联社等金融机构联合，分期举办“金融夜校”活动，活动主要通过PPT播放教案现场讲解、有奖知识竞答，发放宣传资料等方式吸引村民参与活动，重点普及宣传金融新业态及金融安全知识等。“金融夜校”活动的开展，进一步提高了农村消费者金融知识素养及金融风险防范意识，助推“金融知识普及月”活动取得实效。

【金融IC卡推广使用】 2015年4月27日，六枝特区公共汽车运输公司共50台公交车安装了金融公交一卡通车载收费机，并试验刷卡乘车成功，首次实现了辖区金融IC卡在公交领域的运用。日均刷卡量达到800余笔。

【国库会计核算】 质量不断提高。一是国库核算方面，收纳、支出预算资金效率进一步提升，促进国库履职，得到地方政府和财政、税务部门的高度评价；一机多库模式下，六枝和六枝经济开发区国库正确履行经理国库职责，不断提升国库服务水平，为地方经济发展添砖加瓦；POS机缴税业务成功上线，大大提升了预算资金收纳速度；在上级行的统一指导部署下，顺利完成辖区财政专户摸底调研工作；国库统计工作切实得到加强，及时报送日报表和月度、季度、年度国库运行分析报告，并做好数据信息核对，确保数据上报准确。二是会计核算方面，严格按照人民银行会计核算原则、会计核算办法规范办理相关部门会计核算工作，确保各类业务的账务处理符合有关业务核算规定。2015年，ACS业务差错率呈下降趋势；成功通过ACS将工行六枝支行指定的零余额账户和资金归集户进行绑定；除六枝联社以外的全部银行机构综合前置系统均已成功推广上线。三是事后监督工作方面，根据2015年初中支事后监督工作回归支行的要求，支行结合基础业务部门人员实际，合理设置事后监督岗位，认真履行国库会计业务事中、事后监督职责，有效防范差错，确保资金安全。

【党建工作标准化管理】 为督促基层党组织不断改进和加强自身建设，不断提高基层党组织的凝聚力、战斗力、号召力。支行制发《党建工作制度汇编》并分送党员人手一册。支行《党建工作制度汇编》内容涵盖支行党组会议规则、党组中心组学习制度、党务公开目录及公开管理办法、党组织基本制度、党员基本制度等14项党建工作制度，以明确党建工作标准化的重心和着力点。《汇编》的编发使用，力求推动支行党建工作实现由粗入细、由虚到实的转变。

【职工队伍建设】 一是以“好干部”为标准，加强干部队伍思想理论教育和教育培训，支持配合上级行持续推动全员参与远程培训。加强队伍建设，推进干部轮岗交流与培养锻炼，加强后备干部队伍建设。不断完善内控管理制度，健全激励约束机制，坚持从严管理干部，严格考勤与假期管理。关心和使用不同年龄层次的干部，充分调动队伍积极性。严格执行规章制度，加强要害岗位人员管理教育。二是深入推进培育和践行社会主义核心价值观工作。以抓好央行精神和岗位工作理念“落地”为重点，开展央行文化建设活动。加强党建宣传，讲好“央行故事”。推进志愿服务活动。组织开展2012—2014年度文明单位申报评选工作；继续加强创建工作管理，完善制度框架，做实做细工作，巩固创建成果。坚持“一岗双责”，推进“四德”教育，做好新形势下思想政治工作，确保队伍稳定，促进工作正常有序开展。贯彻落实中央《关于加强和改进党的群团工作的意见》，坚持党建带团建，健全基层团组织，落实各项团建工作制度，抓好思想引领，开展志愿者活动、金融知识宣传等青年活动。

【文明单位创建】 在2012—2014年文明单位创建年度期间，支行在六盘水中支党委的正确领导下，贯彻落实科学发展观，培育和践行社会主义核心价值观，以抓班子、带队伍、促业务、强管理为重点，以“四个一流”为目标，文明单位建设取得阶段性成果，于2015年被成都分行授予“分行级文明单位”称号。为巩固成果，支行制定《文明单位创建工作制度》《2015—2017年文明单位创建工作规划》《2015年文明单位创建工作计划要点》《2015年文明单位创建工作实施方案》，创立支行文明单位建设期刊等，力求把2015—2017创建年度工作开展得更实，为争创总行级文明单位奠定坚实的基础。

中国工商银行股份有限公司六枝特区支行

【概况】 中国工商银行六枝特区支行，现有在职员工60人，其中行级领导4人、股级管理人员6人。内设二部一室（营业部、业务部、办公室），下辖人民路和平寨两个二级支行；主要职责：营业部、人民路支行和平寨支行：单位及个人开销户、现金存取款、转账汇款、零钞兑换、对外营销等工作。

【存贷款业务】 （1）各项存款150919万元，比年初增加4345万元，其中：对公存款46125万元，比年初增加5560万元，储蓄存款104795万元，比年初减少1214万元。

（2）各项贷款93448万元，比年初减少57074万元。

【个金业务】 一是客户总量快速增长，客户结构不断优化，金融资产规模稳步增长。顺应市场导向，以客户为中心，坚持客户至上、市场为先原则，做好中高端客户分层维护工作；利用元旦、春节、元宵、三八、六一、端午、中秋、圣诞等各种节日开展营销活动、理财沙龙，增进客户与支行的感情，促进支行中高端客户数与金融资产稳步增长。

截至2015年11月，支行客户总量13万户，较上年新增7437户，其中5万元至800万元客户总量7080户，占全部客户总量的5%，较年初新增332户，占新增客户的4%，800万元以上客户数量无变化，仍为保持年初3户；客户总资产共14.87亿元，较年初新增6607万元；其中5万元至800万客户资产总额10.1亿，占全部客户资产的68%，较年初新增7052万元，新增资产占比107%，800万元以上客户资产总量4353万元，较年初新增992万元。

二是加大存量代发工资单位营销走访，利用职场营销等形式上门给单位进行我行薪金卡、薪金益、节节高等产品的营销宣传，实现了存量代发单位稳定。截至11月，支行新增代发工资客户1200户，完成全年目标的75%。

三是积极推进电子银行业务，制定行内营销活动引导全行员工积极推出支行融e联平台，督促客户经理在圈内进行产品信息及安全用卡知识发布，引导客户关注融e联平台，有效促进电子银行业务的发展。截至11月，支行工银e支付客户新1.35万户，完成全年目标的135%，新增手机银行动户客户6600户，完成全年目标的106%。

【信贷业务】 一是争取到六枝电厂项目的承建企业中国能源建设集团安徽电力建设第二工程有限公司、西南能矿集团股份有限公司（六枝特区煤层气开发公司）及安六高铁六枝境内项目标段中铁建大桥工程局等大型优质客户在支行开户且项目资金落地支行；二是走访六郎公路改造工程S214项目的第一监理合同段开户及代发工资业务，锁定了该项目公司的分包商及材料供应商的开户事宜；三是通过学习运用“工商企业通”系统功能，为企业提供代理办理工商营业执照及之后开户后续服务。

【制度执行】 一是客户走访制度。加强对财政、社保、公积金、交通、国土、住建、就业、移民、扶贫等机构客户的走访，强化对安六高铁、六枝电厂、纳晴高速等重点公司客户的走访，通过营销分层、客户分级、服务分类的管理，支行、业务部、网点分层维护，进一步强化了银企关系。二是大额走款报备制度。对公客户他行走款超过50万元的，都按要求进行挽留、报备管理，用好对公资金监控平台，对每天的大额资金进出做到系统把控。三是客户档案制度。对日均金融资产50万元以上的对公客户建立客户档案进行统一管理，针对客户的主要负责人及财务负责人的生日安排客户经理进行一对一的问候，对走款200万元以上的对公客户次日进行回访，通过一系列的措施，拉近了与客户之间的关系。四是工商注册信息库使用制度。通过“全球信息资讯平台”数据信息中的“工商注册”，动态了解本地新注册客户，通过各种方式进行营销。

【项目梳理】 支行对本地的旅游行业、教育医疗行业、交通行业、城市公共事业行业、大型中字头和大型施工项目企业及政府融资平台公司六大板块进行项目梳理。支行现已经上报审批六枝旅文投公司的2.4亿元老王山项目贷款，专人跟踪项目的全流程，争取尽快落地。另外做好5个100工程中现代高效农业示范园区郎岱园区的前期调查，大力推进木岗园区贵园信贷通业务的规模发放。

【基础管理】 进一步健全内控案防基础管理体系。2015年，作为全市“重点关注行”，基础管理亟须加强。全年保持案件治理高压态势，每月加强案件风险全面排查、专项排查和日常排查，按季组织开展网点负责人案防履职排查，及时发现和处置案件风险隐患，支行陆续出台了一系列相关制度办法来规范管理并改进全行工作作风。

优化自助服务渠道规划布局。支行经过认真调研选址，最终成功投产“银河国际”“六枝电厂”两个自助银行（亭），“连城国际”“健康小区”“金海酒店”等几个项目也正在筹建中。

中国农业发展银行六枝特区支行

【概况】 中国农业发展银行六枝特区支行现有员工13人，其中党员11人，预备党员1人，群众2人，办公地址为六枝特区平寨镇南环路东方龙城7号楼。

【业务经营】 2015年末，各项贷款余额53067

万元，较年初增加37835万元，各项存款余额12008.45万元（其中同业存款5000万元），较年初增加2034.45万元（其中同业存款较年初增加2000万元），不良贷款余额为零，资金自给率34.93%，中间业务收入1.27万元。2015年贷款利息综合收回率达101.73%，实现账面利润107万元。

【粮油信贷和中长期信贷】 2015年，积极支持地方政府新增3000吨县级储备粮工作，累计发放中长期贷款40000万元，支持六枝特区易地扶贫搬迁（扶贫生态移民）工程，贷款审批金额80000万元；累计收回贷款2165万元，其中收回农村土地整治中长期贷款1250万元，县级储备粮贷款400万元、县级储备油贷款315万元、地方储备粮轮换贷款200万元。

【营销与项目储备】 2015年，贷款营销取得突破，向农发行贵州省分行上报6笔贷款，申贷金额189781万元，其中已审批贷款3笔，审批金额89761万元，已移交省分行后台审查2笔，金额21020万元，省分行客户部门调查1笔，金额79000万元。在此基础上继续加大客户营销力度，做好项目储备，已储备多个中长期项目。

【加强反腐倡廉和案件防控体系建设】 制定反腐倡廉和案件防控学习教育计划，计划以党的十八届五中全会、中纪委十八届五次、六次全会及总行、省分行党风廉政建设工作会议精神为指导，坚持以人为本、正面引导，深入推进反腐倡廉和案件防控教育的制度化、规范化和常态化，不断增强党员领导干部作风建设和全行员工廉洁从业意识和案件防控意识，筑牢干部员工拒腐防变的思想道德防线，提升全员案件防控能力。通过系统而有针对性地宣传教育．切实增强党员领导干部做好反腐倡廉工作的责任感和自觉性，筑牢党员领导干部和全行员工思想道德防线，增强廉洁从业意识，提高拒腐防变能力和案件防控能力，为推进法治农发行建设奠定思想基础。

【深入开展案件防控排查】 扎实开展案件防控排查工作，一是开展“一加强，两遏制”抽查；二是贷后管理抽查；三是重点对贷款资料收集的真实性、完整性及五级分类真实性进行检查；四是对会计结算部门按季度进行排查；五是每周对柜面业务的钱箱进行检查；六是财务收支的合法合规性进行排查；七是开展内部员工是否参与非法集资、排查党员干部是否出入私人会所，并与各位党员签订《合格党员承诺书》；八是开展内部员工直接或充当中间人参与高利贷的行为进行排查。

【切实加强信贷基础管理工作】 一是加强信贷基础管理，继续推进信贷基础管理年活动，紧抓信贷业务知识学习，及时更新业务知识，以适应新业务发展需要。借助信贷基础管理考评，加强制度学习及岗位责任落实，加大检查考核力度。二是加强贷款监测和风险提示，及时更新系统相关数据和信息，按时完成贷款12级分类工作，有效防范贷款向下迁徙，按规定办理到期贷款展期。三是切实加强对贷款企业经营情况的监控，全面了解企业的经营管理动向。对粮油企业，定期或不定期核查粮油库存，及时登记库存变动情况，完成2015年粮食库贷集中核查工作，贷款与企业库存值一致。项目贷款管理方面，严格执行资金支付使用报批制，延伸资金流动向监测，防止出现挤占挪用。四是认真抓好客户评级授信工作，依据评级授信管理办法，按照上级行要求，完成存量客户及新客户的评级授信工作。

【进一步加强财务会计管理，提升结算服务水平】 一是在上级行下达的指标内合规开支、合理使用各项费用。二是切实加强收息工作管理，做到应收尽收，及时足额收息。三是加强对帐工作的管理，确保内外账务核对相符。四是正确组织会计核算，会计核算坚持十六项基本原则，质量达到“五无”“八相符”。五是高度重视、精心组织，确保大小额支付系统运行正常。六是全面落实岗位责任制，贯彻不相容岗位相互分离的原则，合理划分岗位职责，各岗位职能合理分工，做到责任恰当分离，既相互配合又相互制约，同时，加强重要空白凭证的保管。七是严格执行会计人员强制休假轮岗制度，全年休假轮岗率达100%。八严格现金库款及重控、库（柜）的管理的工作，坚持现金查库制度切实落到实处不流于形式，严防各类操作风险的发生。九是认真执行政策，精打细算，提高财务管理水平，真实反映财务状况和经营成果。十是加强固定资产管理，确保固定资产账、卡、簿、实相符。决算前认真对全行的固定资产、低值易耗品进行盘点清理，保证了资产不流失，确保了固定资产账、卡、簿、实相符。十一是加强人民币银行结算账户的管理工作，认真审核客户开销户资料并及时录入账户管理系统，按时完成账户年检工作。

【人力资源管理】 始终把队伍建设作为工作重点，积极开展反腐倡廉学习教育，认真贯彻落实廉洁从业承诺制，领导干部、信贷、财务人员分别签订了承诺书，在全行范围内开展部规范经营专项治理活动，践行“七不准、四公开”规定。支部成员带头自觉树立大局意识、责任意识、在搞好工作和带好队伍上下功夫。一是继续落实好每周例会学习制度，及时将上级行的有关政策、文件精神传达到每位职工，确保政令畅通、令行禁止。二是以绩效考核为抓手，增强全行员工的责任意识，不断提升员工执行力，鼓励职工参加行内外各类技能考试，参加并全部通过全省的“金农发行杯”法律法规知识竞赛和“金农发行杯”信贷基础管理知识网络答题竞赛。三是认真收集员工的合理化建议，对事关员工切身利益的人事、工资等做好宣传和解释工作，体现组织温暖，营造良好的工作氛围。四是继续抓好会计继续教育工作，要求取得会计证书的同志，参加继续课程的学习，已有7人取得会计从业资格证书，并通过了继续教育全部课程的考试。

六枝特区农村信用合作联社

【概况】 2015年，联社机关设14个部室，26个固定营业网点、4个便民服务点，实现了金融服务乡镇全覆盖，在全区220个行政村布设农信银自动终端。全区农信社共有员工349人。其中研究生学历4人，占员工总数的1.1%；本科学历230人，占员工总数的65.9%；大专学历85人，占员工总数的24.4%；中专及以下学历30人，占员工总数的8.6%。六枝联社各项存款余额42.57亿元，市场份额41.1%，较年初增加0.8个百分点，较年初增加4.80亿元，增量占全区金融机构47.2%，其中储蓄存款31.02亿元，较年初增加2.40亿元，占全区增加额63.2%，市场份额和增量为全区最高；各项贷款32.93亿元，市场份额36.1%，较年初下降1.3个百分点，较年初增加3.08亿元，增量占全区金融机构26.8%，市场份额居全区银行业金融机构首位。各项收入3.43亿元，同比增加0.28亿元，实现净利润0.88亿元。

【支持地方经济发展】 牢固树立服务“三农”意识，优先保证支农资金需要，坚持积极扩大“三农”贷款总量。2015年年末，六枝联社涉农贷款余额319363万元，占比97%，全区农户贷款累放106323万元，余额为221969万元，比年初的214971万元增加了6998万元。积极支持我区社会主义新农村建设，改善农村人居环境，提高农民生活质量，加快城乡一体化进程。2015年累计发放妇女创业贷款共计5360户，金额25659万元。积极支持中小微企业发展，2015年累计投放贷款55977万元，支持39户中小企业解决融资难的关键问题。

【开展信用乡（镇）诚信农民建设工作】 六枝联社积极开展信用乡（镇）及诚信农民建设工作。2015年累计创建信用乡（镇）8个，评定信用等级农户101567户，评级面达97.29%。

【加大网点改造力度】 2015年网点完成门头改

造任务7个，离行式自助银行装修1个，投入资金28万元；完成标准化服务网点改造任务13个，投入资金738万元。2015年网点服务标准化申报的13个网点全部通过验收，并在省联社反馈会上以综合成绩最高居六盘水首位，充分地展示了贵州农信新形象，为客户营造了一个温馨、快捷、方便的营业环境。同时，联社营业部五星级网点已经通过中银协复检，正式被评为五星级网点。

【金融夜校】 2015年，开展“院坝会”“金融夜校”活动220场，参加人数7.1万人。大力宣讲存款利率优惠、贷款流程及手续费、农户授信等有关业务知识，让广大客户更加全面深入了解农村信用社，提升社会知名度和美誉度，促进存款增长。

【人才队伍建设】 一是健全完善干部培养、选拔任用、监督管理机制。2015年，根据《党政领导干部选拔任用工作条例》《省联社纪委关于做好2015年度党风建设和反腐败工作考评的通知》，结合联社实际制定《六枝联社后备人才公开选拔储备实施方案（试行）》，建立后备干部培养、选拔任用、监督管理三位一体的选人用人机制。按照规定程序，选拔任用中层领导干部17人、交流调整8人。二是严格贯彻落实《四项监督制度》，增强选人用人的公信度，根据全辖人员结构、人员素质进行人员调整，共调整78人次。联社深化干部人事制度改革，建立发现人才、培养人才、使用人才的长效机制，2015年后备人才入库的管理人员10名，会计人员10名。按照有关规定，2015年对达到轮岗要求的39人进行轮岗交流。三是认真做好新员工招聘工作。严格按照省联社招聘工作有关要求，招聘42名新员工。四是采取“走出去”与“请进来”相结合的方式，培训全辖员工和开展业务技能比赛，全年共举办各类培训班98期，参训人员达335人次。五是鼓励员工参加各种专业考试、从业资格考试、函授学习等。

【党建与企业文化建设】 扎实推进社会主义核心价值体系建设，引导和督促党员领导干部树立正确政绩观，权力观；以党建带工建、带团建，以党建促进企业文化建设，从而形成改革发展合力。一是根据省联社党委和六盘水党工委关于开展“三严三实”专题教育要求，联社党委结合实际，成立“党的建设”工作领导小组，制定“专题教育”实施方案，进一步细化措施，确保“专题教育”开展稳步推进。组织员工到六枝看守所接受警示教育，组织党员干部观看《信》《途》等影片，并撰写心得体会。二是做好“双培养”工作。2015年转正党员1名，发展预备党员8名，吸收入党积极分子7人。三是对机关党支部进行了调整。为了更好地开展党的活动，加强对党员教育管理，根据机关支部党员的数量、分布及工作需要等方面的情况，经支部委员会研究决定，将联社机关党支部划分为四个党小组。四是坚持履行社会责任，丰富文化建设增强凝聚力。2015年捐赠4.92万元帮助贫困农户及学生改善生活和学习条件。

【党风廉政建设和反腐倡廉】 一是严格执行中央“八项规定”及省委“十项规定”、党员干部政治纪律“十严禁”、工作作风“十不准”，贵州省农信社“十条禁令”。大力推行服务承诺、阳光信贷、收费标准公开等，积极推进依法治社工作。二是加强纪检监察机构和队伍建设。严格按照“党委承担党风廉政建设主体责任、纪委承担监督责任”即“两个责任”和纪检监察部门要认真落实“转职能、转方式、转作风”的要求，积极开展党风廉政建设和反腐败工作。联社于2014年5月单独设立纪检监察室，现配备纪检监察人员4人，力量不断壮大，战斗力不断增强，为联社各项业务稳健发展提供坚强的纪律保障。三是严格贯彻“三重一大”决策制度，按照职责分工和决策程序，集体研究、相互监督、相互制约，保证“三重一大”事项决策的民主化、科学化、制度化。

学 校

六枝特区职业技术学校

【概况】 六枝特区职业技术学校始建于 1978 年，是六枝特区人民政府举办的唯一一所集中职学历教育、职业培训和技能鉴定为一体的中等职业技术学校，于 2003 年由原六枝特区教师进修学校、六枝特区卫生职业技术学校、六枝特区矿务局技工学校、六枝特区职业技术学校合并而成，是一所多专业、多层次、多学制的中等专业技术学校，承担了六枝特区主要的职业教育工作。学校占地面积达 178 亩，建筑面积达 60000 平方米，校舍容量可容纳 3500 人，有在册学生 5000 余人，专兼职教职工 150 余人。开设有采矿技术、计算机应用、建筑装潢、服装制作与生产管理、学前教育、机电一体化、数控机加工技术、电子电器应用与维修、汽车运用与维修、电子商务和旅游服务与管理等十余个专业，拥有供学生实习（实训）的国内一流的电工电子、电力拖动实验室、矿山教学演示模型室、矿山教学实训场地、机加工车间、计算机教师、多媒体教室、多功能形体训练室、教学餐厅、客房服务实习室、微机拆装训练室、服装车间、汽修学习实训中心、校外实训基地等。学校地处六枝特区中心城区，区域优势明显。现为贵州省重点中等职业技术学校、国家煤炭安全技术培训二级资质机构、贵州省雨露计划初级技工培训教学点、贵州省农村劳动力技能就业定点培训机构、六枝特区教师学习资源中心、贵州省教育扶贫百校基地、贵州省第一六七国家职业技能鉴定所。2014 年学校挂牌成立了“六枝特区技工学校”，从而步入了职业教育与技工教育融合发展的道路。在校生实行准军事化管理，毕业生实行毕业证书和职业资格证书的“双证书”制度，就业率一直保持在 97% 以上，学校近三年年均培训量均在 2500 人次以上。

【内设机构】 依据学校工作需要，结合学校实际，在原机构设置基础上，学校现设有以下机构：办公室、党建办、财务室、工程办、教育教学管理处（含团委、军管办、图书室）、成人教育培训处、招生就业指导处、技能鉴定所、总务处、安全办、煤矿安全技术培训中心、路喜分校。

【招生工作】 2015 年，为全面完成招生任务，学校多渠道、多形式开展招生工作，进一步深化全员招生制度，加强与乡镇学校和业务主管部门的沟通联系，通过发放招生宣传资料、制作招生宣传视频、进村入户、联合招生等形式，确保完成招生任务。中职招生：2015 年市教育局下达中职招生任务数为 1800 人，完成 2115 人，完成率 117.5%。其中：就读本校 714 人，输送到重庆联办校 611 人，非全日制招生 790 人。技工招生：2015 年市人社局下达技工招生任务数为 200 人，完成 205 人，完成率 102.5%。其中：全日制招生 97 人，非全日制招生 108 人。

【招聘教师及师资素质提升】 2015年，为加强师资队伍建设，打造一支结构合理、质量优良的教师队伍，学校积极与教育主管部门和人事部门联系，多渠道招聘教师。2015年通过人事部门招考完成6人，调入1人。通过国培、省培、集中培训和校本培训等方式，完成教师培训365人次。

【工程建设】 2015年，省教育厅下达职业技术学校“百校大战”项目建设任务数为8050平方米，拟建项目为汽车4S店7050平方米和校外实训基地1000平方米，完成13119.62平方米，完成率163%。

【中高职衔接】 学校与贵州工业职业技术学院签订了联合办学协议，实行“3+2”办学模式。2015年首批17名学生顺利升入贵州工业职业技术学院学习深造，标志着中高职“立交桥”正式贯通。

【培训】 为全面抓好培训工作，学校多措并举，加强培训管理，精心组织教学，创新培训模式，规范培训档案，提高培训服务质量，积极拓展生源，拓宽培训渠道，全年累计完成各类培训2896人次。学校于2015年1月获得SIYB创业培训资质，2015年6月获得省人社厅批复同意设立“贵州省第167国家职业技能鉴定所”，为进一步完善培训工作、提高培训效果、提升服务质量奠定基础。

涉煤培训：2015年完成煤矿安全培训班33期、复训班33期，完成培训369人次、复训1389人次，培训复训共计1758人次，圆满完成了年初下达的1500人次的培、复训任务。其中，煤矿特种作业人员培训班8期（97人）、复训班8期（116人），煤矿管理人员培训班8期（200人）、复训班8期（965人），煤矿主要负责人培训班8期（41人）、复训班8期（278人），煤矿法人代表培训班8期（31人）、复训班8期（30人），培训合格率达到100%。

职业技能培训：2015年完成各类职业培训1138人次。其中：创业培训387人次，职业技能培训114人次（缝纫工54人次、计算机操作工60人次），村主任、村支书培训504人次，乡村旅游培训73人次，残疾人培训（农村实用技术培训）60人次。

【精准扶贫结对帮扶】 根据特区教育局安排部署，学校与岩脚镇雨海村和田坎村建立精准扶贫结对帮扶关系，学校出台《六枝特区职业技术学校精准扶贫结对帮扶工作实施方案》，学校领导带队深入帮扶对象家中开展遍访和慰问，完成了遍访和结对子工作。

【党建工作】 2015年，学校党建工作严格按照上级有关要求，紧紧围绕《六枝特区职业技术学校2015年党建工作计划》和《2015年党风廉政建设和反腐败工作计划》等方案的总体工作思路，深入学习党的十八大、十八届三中、四中、五中全会、省委十一届六次全会以及习近平总书记系列重要讲话精神，践行“三严三实”有关要求，全面落实党要管党、从严治党要求，加强思想政治建设、组织建设和作风建设，强化服务意识，转变工作作风和方式，确保各项工作的顺利开展。一年来，学校积极抓好领导班子建设，发挥党支部的政治核心作用，认真开展“三严三实”专题教育活动，继续巩固和深化党的群众路线教育实践活动成果，开展了民主评议党员活动，制定了党员干部、教职工学习清单，深入开展党建扶贫工作，出台《六枝特区职业技术学校精准扶贫结对帮扶工作实施方案》，扎实做好精准扶贫结对帮扶工作。认真抓好组织发展工作，壮大了党员队伍，培养了2名入党积极分子，2名教师列为党员发展对象。通过多种形式提高党员干部政治觉悟和政治修养，提高新形势下为师生服务的意识，落实党风廉政建设主体责任，进一步加强党风廉政建设和反腐败工作，切实转变工作作风，抓牢抓实基层党组织建设。

【团委工作】 2015年，团委工作在学校党支部和上级团组织的正确领导下，以队伍建设为主线，以高品位、高质量、多层次的校园文化活动、社团工作为载体，以促进中职学生素质提升为宗旨，抓住机遇，找准定位，团结带领广大党员青年凝心聚力，共同推进学校共青团工作不断向前发展。校团委成立艺术、体育两个类别共5个社团，制定社团活动方案，完善社团管理制度。为壮大团员队伍，弘扬爱国主义精神，由校团委组织，在“五四”和“一二·九”分别举行新团员入团宣誓仪式。在活动开展方面，为进一步提升学校吸引力，由校团委主办“红歌嘹亮·青春飞扬”“青春梦想·起舞飞翔”“校园十佳歌手大赛”和“相约职校·携手同行”等大型文艺演出，为学生提供了一个展示自我和锻炼自我的平台，进一步丰富了校园文化生活，营造了积极向上的校园文化氛围，在师生中形成了强烈反响。5月，由校团委带领合唱队学生参加特区比赛，获声乐类一等奖1个，语言类二等奖2个；10月，在特区“三爱·四德”演讲比赛中获一等奖；在特区第四届校园文化艺术节活动中，学校合唱队及舞蹈队分别获一等奖和二等奖。同月，校团委主动联系，带领广大青年志愿者到塔山村幸福院开展送温暖活动，为老人送去温馨和甜蜜。

【教研教改和继续教育】 通过教师例会、优质课、示范课、指导课、教坛新秀评选等方式，积极开展教研工作。以专业组为单位，从专业实际出发，以提高教师业务能力为出发点，以培养实用技术人才为落脚点，加强教研教改。汽修专业围绕小工种大专业探索教学规律。计算机专业结合现代电子商务发展趋势，以促进就业为目标，寻找专业建设新突破。学前教育专业根据学生职业能力需求，创新教学模式。在全市第一届优质课比赛中，学校教师获2个一等奖、1个二等奖和3个三等奖。为提高广大教师教学业务水平、育人能力和管理能力，学校积极组织教师参加继续教育培养培训，教师继续教育工作取得明显进步，完成国培计划5人次、省级培训10人次、县级集中培训和校本培训350人次，教师继续教育工作稳步推进。

【实习实训基地建设】 为加强学生实习实训，满足教育教学要求，提高教学效果，学校不断完善实训基地建设，建成了校办汽修厂、服装实训基地。在课程设置方面，增加了实训课程比例，其中服装、汽修、计算机三个专业实训课时所占比例达50%，学前教育专业多次组织学生到实验幼儿园、早慧幼儿园、园林幼儿园进行观摩学习。

【技能大赛】 为强化实训教学效果，学校每学期组织各专业举办技能大赛，坚持以赛促学、练赛结合，激发学生学习热情。在2015年全市技能大赛暨省赛选拔赛上，学校计算机专业学生获1个二等奖和1个三等奖，入围参加省赛。在六盘水市第四届学前教育专业技能大赛上，获1个一等奖、5个二等奖、3个三等奖和3个优秀奖。

【合作办学】 学校与贵州（木岗）天宇服饰有限公司、六枝小拇指汽车有限公司、贵州西部电子商务有限公司等企业签订了校企合作协议，在人才培养、学生实习实训、技术交流等方面开展合作，进一步加强和完善实训基地建设，加快技术人才培养。学校与贵州工业职业技术学院、重庆工业技师学院等院校签订联合办学协议，实行联合招生，联合培养。

【表彰】 2015年10月获六枝特区第四届校园文化艺术节声乐一等奖、教师组二等奖、舞蹈二等奖。

2015年12月获六枝特区纪念“一二·九”运动80周年歌咏比赛三等奖。

2015年12月获六枝特区“远离艾滋病·关爱生命健康”知识竞赛优秀奖。

【大事记】 3月20日，六枝特区职业技术学校校办汽修厂——六枝职校途驰汽车修理厂开业。

4月2日，市教育局职成科王鹏科长一行到六枝特区职业技术学校检查指导工作。

4月7日，省教育厅驻六枝同步小康工作队到六枝特区职业技术学校开展帮扶工作。

4月14日，省教育厅副巡视员、高教处处长何秀黔、省交职院副院长刘焰、贵州省建设学校副校长张隽一行到六枝特区职业技术学校开展帮扶工作。

4月30日，省教育厅党办主任程蓓一行到六枝特区职业技术学校指导工作。

5月11日，六枝特区职业技术学校在休闲广场开展招生宣传活动。

5月12日，省“9+3”办负责人罗修军、罗闲贤到六枝特区职业技术学校检查“百校大战”项目建设工作。

5月14日，六枝特区职业技术学校党建办到九龙社区茶山村开展精神文明建设帮扶调研工作。

5月15日，省人社厅来校调研技工学校有关工作。

5月19日，六枝特区村（居、社区）党组织书记集中轮训班在六枝特区职业技术学校举行开班仪式。

5月28日，省人社厅到六枝特区职业技术学校评估验收技能鉴定站。

6月2日，六枝特区职业技术学校召开党支部换届选举工作，选举产生新一届支部委员，高源当选学校党支部书记，张海森副校长当选党支部副书记。

6月7日，省教育厅厅长霍健康一行到六枝特区职业技术学校调研指导工作。

6月28日，学校举行“青春梦想 · 起舞飞翔”迎新生文艺演出。

6月29日，学校举行“红歌嘹亮 · 青春飞扬”红歌合唱比赛。

7月4日，学校与重庆市经贸中等专业学校、重庆市渝北竟成职业中学校、重庆市荣昌县职业教育中心及湖北省创业高级技工学校分别签订联合办学协议。

8月17日，省教育厅党办主任程蓓率“9+3”专项督查组来到六枝特区职业技术学校检查“百校大战”建设情况。

8月20日，市委组织部副部长、市人力资源和社会保障局党组成员、局长禄祎率队到学校校开展职业技能培训和创业培训调研。

9月1日，省教育厅副厅长代其平率队到六枝特区职业技术学校调研教育职业教育工作。

9月9日，市人大常委会副主任王时明率队到六枝特区职业技术学校调研职业教育工作。

9月10日，六枝特区职业技术学校举行电子商务专业开班典礼。

9月10日，六枝特区职业技术学校举行第31个教师节表彰大会。

9月10日，市发改局到校检查综合实训楼建设情况。

9月22日，郭萌副区长到校调研“百校大战”项目建设工作。

9月30日，市委督查室来到校检查综合实训楼建设情况。

11月26日，省“9+3”办常务副主任万山到六枝特区职业技术学校检查教育“9+3”工作。

2015年11月26日，省经信委到六枝特区职业技术学校检查校企共建公共实训基地建设情况。

11月28日，学校组织教师到岩脚镇雨海村和田坎村开展精准扶贫结对帮扶工作。

12月11日，市委宣讲团赴我校宣讲十八大五中全会省委十一届六次全会市委六届九次全会精神。

12月22日，六枝特区职业技术学校举行“相约职校 · 携手同行”文艺会演。

12月22日，省教育“9+3”计划考核组到六枝特区职业技术学校考核教育“9+3”工作。

六盘水市第二中学

【概况】 六盘水市第二中学（原六枝矿务局第一中学）（以下简称市二中）创建于1965年。2015年，校园占地295亩，校舍有综合科技楼1幢，面积8130平方米，教学楼4幢，面积11240平方米，办公楼2幢，面积2200平方米，学生食堂5380平方米，教师宿舍1790平方米，其他辅助用房500平方米，宿舍楼6幢（男生3幢，女生3幢）共27000平方米，校舍面积（不含教师宿舍区）共计53950平方米，400米标准跑道的球场（操场）24000平方米，篮球场6个3000平方米，绿化面积29600平方米，学校现有普通教室90间全部配有电子白板系统，多功能教室4间，办公室50间。学校有280名教职工，其中教师263人，教师学历合格率98%，高级教师38人，中级教师74人。有87个高中教学班，6230余名学生，

市二中是一所具有悠久办学历史和优良办学传统的普通高中，有深厚的文化底蕴，有很好的社会声誉。学校大力推行素质教育，为高等学校和社会各行各业输送素质良好的普通高中毕业生。建校以来荣获全国教育系统先进集体、贵州省首批办好的重点中学、全国煤炭系统标准化学校、贵州省德育先进单位、贵州省教育战线先进集体、贵州省文明单位等荣誉称号。

【高考及招生】 2015年参加高考人数为: 2325人，其中理工类：1690人，文史类：635人。其中一本上线：286人，二本以上上线1090人，体育（三上线）16人，艺术类上线43人，共计二本以上上线1146人（以上统计均不含在我校补习在外地报考上线人数）。2015年秋季，高一录取1701名学生，完成教育局下达的1700人招生计划；目前，高中教学班达到87个，在校学生6230余人。

【教学资源整合】 加强教研组建设，多部门携手抓实教研组活动，积极推行“集体备课，资源共享，课后反思”的集体备课制度。开展教研组观摩和交流活动，抓实组内听课活动，对听课提出更加明确更加具体的要求。各教研组本年度集中备课，组员基本没有无故缺席，全体教师以团结协作精神为己任，贡献个人智慧、寻求共同发展，服从组长分工，主动承担组内工作。

【听课评课】 全面开展各学科汇报课、年级观摩课、校级公开课。各学科坚持全组共同备课，统一思想，形成共识，集全组教师之智慧，力争上成精品课，有效促进组内教师交流探讨与学科建设。年级观摩课和校级公开课，坚持优中选优和向青年教师倾斜的原则，努力做到优课领先，促进同年级教师课堂教学的统一性和有效性，引导教师朝着高效课堂前行。课后进行评课活动，交流互动，畅所欲言，凝聚智慧，共同探索，创新教育教学方法，完善教育教学行为。同时，加大对各级领导听课次数的监管力度，如校级领导每学期必须听课20节以上，科级领导每学期必须听课15节以上，一般教师每学期必须听课10节以上，新入职教师每学期必须听课20节以上，通过监管，教师把听课活动作为日常工作的一部分，有效地提高教育教学质量。

【“青蓝工程”】 开展青蓝结对，共同成长。既关注全体教师的课堂教学行为和课堂教学效果，又重点关注青年教师的成长和发展，开展名师帮扶结对、优秀教师指导，实施“1+1”听评课、“一对一问题辅导”等专项活动，学校对新教师的培养进行包干，责任到人。深入课堂，攻克难题。校领导带头坚持随堂听课，关注教师在授课过程中的闪光点和不足之处，对教学亮点做好总结归纳，大力推广，对存在的问题及时记录下来，帮助教师寻求解决的办法，同时对于教师课堂教学中存在的共性问题高度重视，集思广益，寻求有效解决方案，更好地促进学校青年教师的健康快速成长。

【思想教育和道德教育】 利用每周一的升国旗仪式开展国旗下讲话，对全体师生进行爱国主义教育，强化爱国意识。每周升国旗仪式，当雄壮的国歌唱响的时候，所有学生都能够按照升旗仪式的要求站在原地，面向国旗行礼；校园内，遇到老师、来宾能够主动地向他们问好。所有学生遵纪守法，公德意识强，违纪现象少，无违法犯罪和吸毒现象、无因心理问题而引发严重后果的现象。

【法制教育】 聘请法制副校长，负责学校的法制教育。不定期地组织学生召开法制教育主题班会，利用宣传栏开辟法制园地，组织学生集中观看法制教育片，通过采取这些学生喜闻乐见的形式，使学生了解国家的法律法规，进而关心国际、国内大事，做一个知法、守法、护法的中学生。认真开展“遵纪守法专题教育月”活动，做到让

法制进校园、进课堂，对学生进行法制教育。通过学到的法制做好“学困生”“贫困生”和“留守少年儿童”学生的帮扶工作，建立学校、家庭和社会三位一体的法制教育网络。

【诚信教育】 以“端正考风，严肃考纪”为突破口，加强诚信教育。诚信是中华民族的传统美德，是人与人处事的根本。通过开展主题班会，对学生开展端正考风，严肃考纪诚信教育，提高了学生的诚信意识，通过一系列的诚信教育，使学生能自觉遵守《中小学生守则》和《中小学生日常行为规范》，养成良好的行为习惯。

【校园文化艺术节活动】 学校第四届校园文化艺术节以展示校园文化艺术活动成果为主，提倡健康积极，向上、文明的审美情趣；体育周以普及全民健身运动，全面提升学生身体素质为主，大力倡导健康新知识，养成健康生活的良好习惯。随着时代信息的发展，学校建立绿色校园网络平台，开设了电脑课程，为学生提供健康、安全、文明上网环境，并创造条件在课余时间及双休日、寒暑假向学生开放上网机房。

【师资队伍建设】 2015年，根据特区人资社保局、教育局的有关文件精神和安排，公开招考教师10名，实际到位6名；积极向特区政府争取引进人才有关优惠政策，赴陕西师范大学引进研究生3名、云南师范大学引进招聘教师14名，完成学校2015年教师引进招聘工作，缓解了学校教师不足的局面，稳定了学校的教育教学秩序。

【教师继续教育培训】 在特区教育局的安排下，学校组织左洁、张政、严松等15人参加省内外国培计划培训；组织数学组、生物组等40余名教师参加市教育局举办的学科知识培训；组织200余人参加特区教育局在影剧院、特区八中举办的专业知识培训；组织全校师生6000余人参加特区教育局、科协及人事局主办的两期网络知识培训并考试。加大教职工继续教育培训工作，组织全体教职工参加2015年政治理论学习考试、依法治国系列活动和“六六”普法无纸化学习、试测工作。通过培训，使全体教师受益匪浅，真正掌握如何驾驭课堂，提高课堂教学的有效性，如何以人为本，耐心细致的去引导和管理学生。

【基础设施建设】 2015年，完成学校整体规划，完善各种图纸和资料；完成学校心理咨询室、校史室、档案室建设；综合行政办公楼和人工湖主体工程完工，预计2016年春季正式投入使用，完成学校主体人行道改造；为缓解学校饮用水严重不足的现状，积极与特区水务局合作打造了一口日出水量在220 ~ 240立方米的深水机井，保证了师生日常正常用水。

【贫困生助学】 2015年，春季学校受助学生1476人，每生1000元，因配套10%未到，提标25元未到，每学生发875元，共1291500元；根据学校成立分部的情况，及时调整国家助学金评审小组；秋季受助学生1415人，每生1000元，因配套10%未到，提标25元未到，每学生发875元，共1238125元。

【表彰】 2015年，学校被六枝特区人民政府评为2014年度教育教学质量先进单位，被六枝特区总工会、六枝特区教育工会评为“2015年六枝特区直属中学十校教职工联谊活动第三名”，被六枝特区总工会、贵州省六枝特区经济开发区总工会、六枝特区文体广电新闻出版局评为“六枝特区‘安康杯’羽毛球比赛青年组二等奖”。教师曾芳被评为市级优秀教师、杨海江被评为市级优秀班主任；冯中会等11人被中共六枝特区党委、特区人民政府评为优秀教师、优秀教育工作者，刘爱喜被评为特区教坛新秀。在第31个教师节，学校有72名教职工被评为校级优秀教师、优秀教育工作者。

六枝特区第二中学

【概况】 六枝特区第二中学原名六枝矿务局第二中学，创建于1972年，地处六枝特区中心城区，是一所历史悠久、教育教学成果显著的学校，是原煤炭部颁布的标准化学校之一。经数届师生发愤图强，而今的六枝特区第二中学便有着一股蓬勃之气、书香之气、自然之气。学校占地面积6427平方米，建筑面积4957平方米。有教学楼、综合楼各一栋，现有28个教学班，各班都安装了电子白板。在校学生1667余人，专任教师83人。其中高级教师16人，一级教师40人，初级教师27人；市级骨干教师3人，县级优秀教师10人。

六枝特区第二中学以“一切为了学生，为了一切学生的发展奠基”“厚德博学，传承创新，共同发展”为办学理念，以“让每一位学生都得到发展，让每一位教师都得到提高，争取每一位家长的理解，争取社会的广泛认同”为办学方向，以“团结、勤奋、进取，求实、笃学、创新”为校训，以“办六枝精品学校为抓手”，以办“人民满意”的学校为宗旨，以“提高教育教学质量”为主线，用先进的教育理念管理学校，利用先进的教学手段传授知识，全面实施素质教育，努力实现规模、质量和效益的协调统一，朝着宏伟的目标阔步前进。在全校教师的共同努力下，学校先后获得“教育教学质量先进单位”“零犯罪学校”“体育中考优秀考点”等荣誉称号。学校有教师多人次在市、县三级优质课、论文比赛中纷纷获奖。学校连续十多年中考成绩名列特区第一，三年中考成绩总均分名列六盘水市第一。

【校际交流】 针对六盘水市教育局的“名校扶百校”工程，10月16日，学校对六枝特区的大用镇一中进行帮扶，10月18日，对陇脚中学进行帮扶，11月27日对月亮河乡折溪中学进行帮扶，11月13日，到水城县金盆乡中学进行帮教活动，通过交流座谈，让教师业务素质得到进一步提升，为提高教育教学质量创造更好的条件。

【学生基本素质】 学校利用各种契机，创新工作方法，丰富活动内容，加强学生的思想教育，同时在开展好常规性的法制教育、环境教育、健康教育、禁毒教育及心理健康教育等基础上重点开展活动，以“我体验、我成长、我快乐”为主题，验收学生暑假期间所学所得，检查学生假期各项作业，全校汇总评出学生优秀暑假作业并展出、奖励。9月秋季开学，举行隆重的开学典礼仪式。对上学期的工作进行总结和表彰，并对新学期的工作提出了新的要求和希望。教师代表、新生代表、老生代表也都结合学校现状和师生思想实际做了精彩发言。典礼上还对上学期成绩优异同学给予了表彰奖励，通过开学典礼仪式，使全体师生增创先争优的信心与决心。9月8日，结合“教师节”召开“感恩教师”主题班队会，组织部分学生设计制作书签送给老师，要求团员主动做老师的知心朋友，完成老师布置的作业，并以自己的实际行动感恩老师。学生常怀感恩，教师常念职责，更好的融洽了师生关系。为进一步弘扬国学，9月，开展“热爱祖国语言文字，构建和谐语言生活”为主题的推广普通话宣传周活动，通过国旗下讲话、朗诵经典诗文、说绕口令比赛、讲故事、硬笔书法比赛等推普活动，形成了热烈的推普氛围。并把学习和使用普通话看作是充实自我、完善自我和对美的追求，使推广普通话进入一个新的境界。

【党风廉政建设】 学校党支部开展以“践行三严三实”为主题的专题教育活动。党支部按照“坚持标准，保证质量，改善结构，慎重发展”的方针来发展党员。做到了严格把关，成熟一个，发展一个，把优秀分子吸收到党的队伍中来。采取以上党课、培训、集中学习、自学相结合的方式，学习中央“八项规定”“六项禁令”、省委“双十条”规定、廉洁从教行为规范“十不准”、社会主义核心价值观、中小学教师职业道德规范等理想信念、宗旨观念、法律法规等知识。学校党支部书记黄帮谦作《党要管党、从严治党——打铁还需本身硬》《中国共产党纪律处分条例》《中国共产党廉洁自律准则》等方面的廉政党课，并组织全校教职工观看《大法官》《权》等警示教育片。

【毕业班工作】 继续开好三会，即“教师会、学生会、家长会”，调动学生、教师、家长三方的积极性，共同抓好毕业班工作；抓好抓实月考调研制度。每次月考后召开分析研讨会议，分析学生和教师存在的问题，布置下阶段工作重点和措施。组织奖励月考成绩优异的学生，促进毕业班学生比学、赶、帮、超的良好学习风气的养成，争取本届班获得良好成绩。

【德育工作】 定期召开德育工作会议，研究班主任工作经验，同时加强对班主任的培训工作，完善班主任工作的量化考核方案，召开班主任工作经验交流会，进一步提高了班主任的责任感和管理能力。在“五四”青年节举行隆重的新团员入团仪式，通过演讲等形式选举产生新一届学生会委员，拓宽德育阵地，挖掘德育潜能。利用校园广播、校园橱窗、校园各种社团，对学生进行爱国主义等思想教育，效果明显。另外，做好中学生心理健康教育，用一些典型案例对学生中存在的主要心理问题进行引导、教育，在社会上产生了积极的影响，受到了广泛好评。

【学生行为规范养成教育】 组织学生学习《中学生守则》《中学生日常行为规范》《六枝特区二中在校一日常规》及有关法律法规，使学生做到言行一致。将养成目标结合学生实际分解为三个阶段，分层落实及引导评价。七年级，行为习惯适应期，重点是文明礼仪、遵规守纪，让学生懂得尊重老师。为了强化学生的纪律，增强国防意识，使其养成良好的道德品质，对初一新生都进行了军训。通过军训，提高了学生的组织纪律，使学生养成了良好的生活习惯和卫生习惯，同时也增强了学生的国防意识；八年级，行为习惯强化期，重点是爱护财产、参与管理，做到能正确认识自我，学会关心集体、关心他人，形成良好的班风、学风；九年级，行为规范形成期，重点是起好表率作用。

【爱国主义及集体主义教育】 学校多形式地进行爱国主义教育。严格执行《国旗法》，抓好升旗仪式国旗下的讲话。开展以国家意识、国家观念为基本内容的爱国教育，培养学生的忧患意识。学校用每周一的升旗仪式作为养成教育的主阵地，一周一个主题，学校各班学生代表轮流主讲，让学生沐浴着五星红旗的光辉茁壮成长。利用纪念日开展形式多样的活动来教育学生，陶冶他们的情操。通过黑板报、宣传栏、文娱活动、演讲比赛等有益于学生身心健康的活动渠道，丰富了学生的校园生活，歌颂了祖国改革开放的巨大成就，激发师生的爱国热情，并把这种爱国热情落实到“爱班级、爱学校、爱同学、爱老师、爱家长”的五爱教育中。

【普法、禁毒、消防、安全教育】 学校利用政治学习之际，组织教师认真学习了《教育法》《义务教育法》《教师法》《未成年人保护法》《预防青少年犯罪法》《中小学教师职业道德规范》等，让教师树立依法办学、依法执教的意识，进一步提高了师生的法律意识。同时要求教师平等对待和尊重学生，严禁体罚和变相体罚学生。开展法制教育活动，增强学生法制意识。聘请法制辅导员给学生做法制报告，通过违法人员的现身说法，强化学生的法制观念，让学生做到学法、知法、懂法、守法。同时，要求各任课教师必须根据本学科的特点渗透法制教育，教案中要有体现，教学中要有渗透点，真正把学生培养成“五好”公民。加强校园安全建设，增强安全防范意识，定期检查学校的教育设施，发现隐患及时清除，发现损坏及时修理。进一步加大“平安校园”“和谐校园”的创建力度，认真落实校园管理各项措施，物防、人防、技防多管齐下，并定期开展校舍安全检查，确保校园安全。为牢固树立“安全第一”的思想，切实加强消防、交通、饮食等学校安全教育。根据《六枝特区二中应急预案》，进行了疏散演练，达到了预期的效果，进一步增强学生的安全意识，杜绝了安全隐患。利用班会、黑板报、广播等多种形式宣传学习安全知识，对师生进行防火、防盗、防交通事故、防食物中毒、防流行疾病等安全教育和自护自救教育。

【文化艺术节及学生运动会】 2015年4月30日，

学校举行了一年一度的校园文化艺术节。通过文化艺术节，陶冶了学生的情操，发挥了学生的特长，展示了学生的风采，提高了学生的文艺素养。认真落实《全民健身条例》，为了增强学生体质，让学生健康成长，11月4日举行秋季学生运动会，同学们在比赛场上奋力拼搏，发扬了团队精神，赛出了水平，赛出了风格，展示了六枝特区二中学生的风貌。同时也使同学们增进了友谊，增进了了解，创造了和谐的育人环境。

【表彰】 2015年7月1日，表彰桂滨、肖玉学、王恩有、邓广华4名优秀共产党员。

2015年9月10日，表彰黄帮谦、高善祥、熊春春3名先进工作者，同时表彰李鹏、于晓芳、周国兰、杨云、吴军5名优秀教师，表彰王晨1名教坛新星。

2015年底表彰康红、周国兰、李艳燕、吴军、邓广华等10名年度考核优秀教师。

【大记事】 4月5日，学校党支部组织师生到大用烈士陵园进行扫墓活动。

4月30日，学校组织全校师生参加一年一度的艺术节活动。

5月4日，学校组织学生进行新团员入团宣誓。

6月1日，学校为七年级学生庆祝国际“六一”儿童节。

6月，迎接“十二五”中继教验收。

6月26日，“禁毒日”举行禁毒活动。

6月29日，组织建党94周年活动，表彰桂滨、肖玉学、王恩有、邓广华4名优秀共产党员。

7月1日，学校组织全校学生迎接特区教育局组织的全区教学质量监测。

9月1日，学校组织全校学生进行“拜师礼”活动。

9月10日，教师节表彰了黄帮谦、高善祥、熊春春等9名先进工作者及优秀教师。

9月30日，学校组织全校师生进行“国庆”活动。

10月20日，学校迎接市级示范学校验收。

六枝特区第三中学

【概况】 六枝特区第三中学，位于六枝特区平寨镇文化路33号，占地面积18538平方米，是一所有着优良传统，历史悠久的特区直属初级中学。教学大楼建筑面积8000多平方米，有教室36个，设有多功能教室、微机室、图书阅览室理、化生实验室、舞蹈室、音乐室、美术室等。学校现有28个教学班，在校学生1733人；教职工91人，其中高级职称教师25人、中级职称教师32人，本科学历51人。

2015年，经过全体师生的共同努力，学校取得了较好的成绩，教学质量跃居全市（215所初中学校）第五名，被贵州省教育厅命名为省级校本研修示范校。2015年2月，被六盘水市综合治理办公室评为校园周边环境综合治理先进单位；2015年9月，被六枝特区人民政府、特区教育局表彰为教学质量进步单位，被六盘水市教育局评为教育教学工作先进集体；2015年目标考核中获特区直属学校组优秀单位（第一名）。

【教师队伍建设】 启动“青蓝工作”实行一扶一制度，老教师与新教师签订了师徒对接责任书，明确指导任务；2015年10月28日至11月4日，组织教师赴重庆三立职业学院参加为期7天的学习培训；2015年11月5日开展初高中英语教学衔接研修活动；2015年11月16日，六盘水市曾启芳名校长工作室到六枝特区新华乡中学开展教育均衡发展活动；2015年11月25日，国际行知赏识教育专家曾桂安教授到六枝特区第三中学讲学；2015年11月，17名教师参加西南大学本科学历提升学习；2015年12月组织教学进行校本教育培训，派遣教师参加全国远程培训，强化教师知识技能学习；2015年12月开展省级校本教研示范校系列活动之“教坛新星”评选，促进新教师发展。

【学生基本素质】 加强学生思想素质教育，同时在开展好常规性的法制教育、环境教育、健康教育、禁毒教育及心理健康教育等基础上重点开展活动，2015年9月秋季开学时，举行隆重的开学典礼仪式。对上学期的工作进行总结和表彰，并对新学期的工作提出新的要求和希望。教师代表、新生代表、老生代表也都结合学校现状和师生思想实际做了精彩发言。典礼上还对上学期成绩优异同学给予了表彰奖励，通过开学典礼仪式，使全体师生增创先争优的信心与决心。2015年9月，开展“热爱祖国语言文字，构建和谐语言生活”为主题的推广普通话宣传周活动，通过国旗下讲话、朗诵经典诗文、普通话演讲比赛、硬笔书法比赛等推普活动，形成了热烈的推普氛围。

【德育工作】 六枝特区第三中学积极开展德育工作，由德育校长主要负责，政教处具体实施，定期召开德育工作会议，研究班主任工作经验，同时加强对班主任的培训工作，完善班主任工作的量化考核方案，召开班主任工作经验交流会，进一步提高了班主任的责任感和管理能力。2015年9月25日，由民盟六枝特区总支、民盟六枝特区第三中学支部、六枝特区第三中学主办的以“中秋团圆时亲情不留守；父母千里外亲情身边留”，关爱留守儿童“康乃馨行动”主题活动；2015年9月17日下午，六盘水市教育局邀请心理健康教育专家老师为六枝特区第三中学高年级同学在多媒体教室进行了两堂别开生面的生理卫生和心理健康知识讲座；2015年6月17日，六枝特区第三中学开展毕业典礼，毕业典礼仪式包括：奏国歌，向老师献鲜花，校长致辞，教师朗诵致辞，毕业生代表发言，毕业生宣誓，过毕业门等，曾强学生思想素质。2015年11月26日至27日，开展2015年纪念“一二·九”趣味运动会暨劲力操比赛活动；组织学生参加六枝特区教育工会举办的艺术节。加强学生思想教育，强化学生做人、做事的准则，树立正确的成长观、人生观、世界观。

【学生行为规范养成教育】 组织学生学习《中学生守则》《中学生日常行为规范》及有关法律法规，做好学生德育教育工作，使学生做到言行一致。2015年9月，初一新生都进行了军训。通过军训，提高了学生的组织纪律，使学生养成了良好的生活习惯和卫生习惯，同时也增强了学生的国防意识。

【普法、禁毒、消防、安全教育】 组织教师认真学习了《教育法》《义务教育法》《教师法》《未成年人保护法》《预防青少年犯罪法》《中小学教师职业道德规范》等，让教师树立依法教学、依法执教的意识，进一步提高了师生的法律意识；积极开展学科法制渗透教育活动，在相关学科知识点中合理渗透法律知识，不断增强学生法律意识。开展了消防演练活动。加强学校安全管理，发放告家长通知书。利用班会、黑板报、广播等多种形式宣传学习安全知识，对师生进行防火、防盗、防交通事故、防食物中毒、防流行疾病等安全教育和自护自救教育，强化安全意识教育。

【毕业班工作】 认真完成“9+3”工作，积极开展“保学控辍”开好三会，即“教师会、学生会、家长会”，调动学生、教师、家长三方的积极性，共同抓好毕业班工作；抓好抓实月考调研制度。每次月考后召开分析研讨会议，分析学生和教师存在的问题，布置下阶段工作重点和措施。加强毕业班思想教育，充分调动学习积极性，组织奖励月考成绩优异的学生，促进毕业班学生比学、赶、帮、超的良好学习风气的养成。

【校外交流】 积极开展校外交流活动，提升教学教研能力，积极参加特区及上级部门组织的校外教研活动。2015年8月，派出黄贵川等三名教师到大用镇中学支教，同时大用镇中学派出一名教师到学校交流。岩脚镇一中宋华老师、郎岱镇中学陈天虎老师到学校交流。做好送课下乡活动，加强校距交流，提升教师教学教研技能。

【党风廉政建设工作】 积极开展做好廉政建设工作，在学校党支部的领导下，加强教职工师德师风建设，强调师德、师风，校风的重要性，认真学习了党的十八大、中央“八项规定”、“六项禁令”、省委“双十条”规定、廉洁从教行为规范“十不准”、社会主义核心价值观、中小学教师职业道德规范等重要思想，理想信念、宗旨观念、法律法规等知识。组织全体教职工学习《中国共产党纪律处分条例《中国共产党廉洁自律准则》等方面的廉政党课，强调党风廉政建设，加强自身修养，深化服务学生、学校、社会意识。

【表彰】 2015年，学校教学质量跃居六盘水市（215所初中学校）第五名。

2015年，被贵州省教育厅命名为省级校本研修示范校。

2015年2月，被六盘水市综合治理办公室评为校园周边环境综合治理先进单位。

2015年9月，被六枝特区人民政府、特区教育局表彰为教学质量进步单位，被六盘水市教育局评为教育教学工作先进集体。

在2015年目标考核中获特区直属学校组优秀单位（第一名）。

【大记事】 5月4日，学校组织学生进行新团员入团宣誓。

9月10日，学校表彰先进工作者及优秀教师。

9月17日，六盘水市教育局邀请心理健康教育专家老师为学校高年级同学在多媒体教室进行生理卫生和心理健康知识讲座。

9月25日，民盟六枝特区总支、民盟六枝特区第三中学支部、六枝特区第三中学主办“中秋团圆时亲情不留守；父母千里外亲情身边留”，关爱留守儿童“康乃馨行动”主题活动。

10月28日至11月4日，学校组织教师赴重庆三立职业学院参加为期7天的学习培训。

11月25日，国际行知赏识教育专家曾桂安教授到学校讲学。

11月26日至27日，开展“2015年纪念一二·九趣味运动会”暨劲力操比赛活动。

12月21日，六枝特区人民法院在学校校园内开展法庭进校园活动，公开审判了一起抢劫案件。

12月，学校开展省级校本教研示范校系列活动之“教坛新星”评选。

六枝特区第四中学

【概况】 六枝特区第四中学创办于1995年8月，位于平寨镇交通路89号，学校现有面积31000平方米，建筑面积12000平方米，现有26个教学班，1728名学生。85名教师，学历达标率100%，其中高级职称16人，中级职称31人。

学校秉承“为教师发展铺路、为学生的发展奠基、为学校的发展而改革”的办学理念，恪守“团结、勤奋、创新、发展”的校训，坚持“全面实施素质教育，全面提高教育教学质量”的教育理念，向管理要质量，靠科研上水平，积极推进新课程改革，办学质量逐年提高。赢得了良好的社会声誉。先后被评为“六盘水市学科渗透法制教育示范校”“六盘水2014年度全市教育工作先进集体”“六盘水市市级示范校初级中学（二类）”等称号。

【学校班子建设】 学校领导班子成员有校长1名，副校长3名，教务主任1名，教研主任1名，政教主任1名，综治办主任1名，办公室主任1名、副主任1名，工会主席1名，团委书记1名，总务主任1名。学校领导班子有较高的理论水平和管理水平，并有丰富的教学经验，富有开拓进取的精神，在工作中，注重民主管理和人文管理，率先垂范，经常深入课堂一线听课、评课。领导班子坚持求真务实，顾全大局；坚持明确责任，分工落实，坚持奖惩分明，稳中求进。使班子极具凝聚力、战斗力。学校在实际的工作中提出“为教师发展铺路、为学校的发展而改革”的办学理念。制定了学校的五年发展规划。

【教师队伍建设】 学校的专任教师学历全都达标，具有本科以上学历的教师57名。2015年，教师张声学被评为优秀教育管理者、黄兴燕被评为市级优秀教师，有市级骨干教师4名。组织教师参加培训和学习师德师风有关文件，深入开展“修师德、强师能、铸师魂、争名师”等教育活动，提升教师内在的素质。尊重接纳每位学生，不因为任何原因歧视学生。定期组织教师参加各级各类的培训活动。同时，组织教师到省、市等地区学习先进的教育教学经验。每学期组织校级公开课，展示给全校教师。通过以上活动让许多青年教师在参与过程中得到锻炼和提高，许多青年教师脱颖而出，取得了优异的成绩。

【丰富多彩的书香校园文化】 校园文化艺术节以“四中之春”为主题，结合同学们的特点、专长组织开展“传承经典、舞动青春”文艺会演、“青春飞扬、艺术奔放”书画展及现场展示三大板块的活动，引发同学们的生活激情、学习热情和丰富的想象力。学校以“办规范加特色学校，育合格加特长学生”为办学目标，中学篮球社团、羽毛球社团、乒乓球社团、舞蹈、书法、古筝、播音主持等一系列激发孩子个性，闪烁着创造灵性的教育活动，不仅让校园生活更加多彩，而且给学生提供了广阔的发展空间。积极营造浓郁的校园文化环境，以“立德树人”为主旨，以“书香沁人”为突破口。努力以书香浓郁的校园文化环境对学生进行耳濡目染。让学生在日常学习生活环境中品德得到熏陶，在阅读中思想得到提升，在文化活动中，能力得到提高。

【学校安全】 成立校园安全工作领导小组，对周边安全检查，联络社区派出所对学生进行管制刀具检查，举行地震疏散演练、反恐演练，告家长通知书，安全知识等专项活动，每天安排专人进行校园安全检查，班主任不定期对寄宿生进行检查家访等，全年无安全事故发生。

【教师公开课】 积极开展公开课程，公开课是一种宝贵的校本研修教学资源，是开展教学反思、同伴互助、专业引领的宝贵素材。公开课与常态课的不同是将自己的课堂教学公开，开放课堂，让同事、同行、领导等进入课堂听课，并对课堂进行剖析，从而使上课与听课者都有所提高。它是一种教学研究方式，是教师展示自己教学思想，教学艺术的重要舞台，也是探讨教学规律，研究教学方法，提高教师专业素养的重要方式。

【校际交流】 学校在发展中秉承资源共享，学强扶弱。学校先后到特区箐口中学、陇脚中学、大用中学等进行“智力支边”活动；到落别牛角小学、新场落隆小学、水城县南开乡土角学校等进行帮扶活动。积极参加六盘水教研联盟初中（A组）及协作区开展的各项活动，与周边学校开展校际交流活动。在学校管理、教研工作、教育教学等多方面进行研讨。

六枝特区第五中学

【概况】 六枝特区第五中学组建于2000年8月，现有26个教学班，学生1576人；现有教职工80人，其中专任教师78人，全部达到国家规定的学历标准，本科42人，本科率达54%以上。学校占地面积15595平方米，校舍建筑面积14398平方米，绿化面积2090平方米，有250米环形塑胶运动场1个、排球场2个、篮球场3个、羽毛球场2个。学校有标准化的理化生实验室、多功能教室、图书室，在2015年9月，30个教室的“班班通”投入使用。学校有男女生宿舍楼各一栋，现有住校生772人，有可容纳1200人同时就餐的食堂，有学生浴池一个。学校重视教育教学工作，努力加强各项管理，取得了显著成绩，多次受到上级的表彰和奖励，在2015年中考中，学校总均分名列全市第5名，六枝特区第2名。

【内设机构】 学校按编制下设：学校办公室、教务处、政教处、综合治理办公室、后勤办公室。

【中考报名及招生工作】 学校成立了以校长为组长，分管校长为副组长，教务人员及相关年级班主任为成员的中考报名及招生工作领导小组，由教务处具体负责，在工作中严格把关，未出现任何中考工作事故。学校按照教育局的统一规划，按时足额完成服务范围内招生工作任务，100%招收辖区内的适龄儿童少年，2015年七年级共招生

486人，其中服务范围内122人。通过多种方式宣传做好“留守儿童”以及符合文件要求且在学校片区的进城务工随迁适龄子女的招生工作。

【教育教学常规管理】 学校按照特区教育局教育教学常规管理文件要求，认真做好教师教育教学业务考核工作。加强课堂教学情况的督查与管理，落实和完善备课、教课、辅导、作业批改、听课评课等各个环节，严格教学常规检查制度。要求教师在上好课的同时，认真做好教学反馈和记录，做好期中和期末的教学反思。学校对教师教案、教学计划的执行情况每学期检查3次以上，做到有反馈。在检查过程中，不仅仅只查“做了没有”，更重要的是查教师常规“做得怎样”，重点是看教学常规完成质量。同时，要求教师做好单元检测、期中、期末考试质量分析，重视班级学科成绩的提高率。围绕提高课堂教学效率、作业质量，严抓教学常规落实，做到了教学常规管理精细化、长效化。通过努力，学校各科教学工作正向着规范化方向迈进。

建立学校领导深入课堂、教研组工作制度。目前学校有八个教研组，每次组织的教研活动都要求领导班子成员100%参加，学校中层领导班子每学期听课15节以上，校长每学期听课不少于20节，教师听课10节以上，且有详细记录，并做好教师个人业务档案收集工作。明确职责，从严要求，奖优罚劣。

严格按照课程标准安排教学工作。基础课程课时的开足率为100%，严格执行课程计划，校级领导和二级班子成员都担任有教学任务，同时规范管理教材发行工作，不增减课时，不增减学科。在教材教辅的发行上，严格按照教育局审核的书目购书，不给学生及家长增加任何负担。

加强学籍管理。想方设法解决“问题”学籍，严格控制辍学率，学校有26个教学班，总人数1576人，学校的大班额制得到有效控制，班额呈现出逐年下降的趋势。

认真开展实验教学工作。学校设有专用物理实验室、化学实验室和生物实验室，指定专人负责，同时根据各实验室的特殊性，制定相应的规则、守则、各类职责健全，并要求严格执行。在仪器设备上建立总、分账，按要求实行严格管理。每学期开学初和学期结束，按照常规制定学期实验工作计划，保证演示实验开出率100%，学生分组实验开出率98%以上。同时完善实验操作过程，随时注意收集实验资料，并妥善保存完整。

图书借阅管理。由于条件所限，学校藏书量仅为18400册，生均图书11册。为弥补藏书不足，学校团委3月份专门发动师生进行一次“图书漂流书香漫溢”捐赠活动，师生共捐图书80余册，均入学校图书室。学校还出台鼓励教师买书、献书，凡教师可自行购买优秀书籍，阅读完后在图书的扉页写上推荐此书的理由，学校即为教师报销图书费用。在现有的条件下学校图书室也尽可能满足学生的借阅需求，每学期每生借阅6册以上。

学校体育卫生工作开展良好，能够落实责任，重视体育、卫生工作。学校按照国家课程标准开设体育健康课，每周2课时，坚持开展两操一课即课间操、眼保健操，开展大课间活动，保证学生每天一小时校园体育活动时间，让学生真正得到素质教育的锻炼。学校现有专业体育教师三名，教师上课认真负责，能够在抓好学生体育中考项目的同时，做好每年的国家学生体质健康测试统计的上报工作。

【教学教研】 执行校本教研制度，加强学校教研工作。学校重视校本教研工作，开学初，教务处结合实际，按照《六枝特区2015年全区教研工作要点》，制定教研工作计划，积极开展各项教研活动，优化课堂教学，做好教学环节的落实和督查，对各阶段的教学质量，实施过程化管理，不定期召开年级组会议和教研工作会，通过观看优秀教学案例，组织外出听课，利用远教资源等形式，总结、推广教学成功经验，提高教学效益。

学校隶属市教研联盟校C组，同时又为特区第四教研协作区基地校。为充分发挥基地校效应，结合第四教研协作区的实际，按照特区教育局的有关文件要求和教研室的工作安排，通过多渠道、多形式积极推进教研协作区的各项工作的开展，以“一德四新”为抓手，引导教师在教学中的所思、所学、所想等为主题展开研究，鼓励教师加强自身学习，并为其“走出去，请进来”提供广阔的交流平台，切实履行基地校的牵头作用。2015年，学校参加市教研联盟C组活动3次；根据市教育局安排“名校扶百校”活动，分别选派语文、数学学科优秀教师送教到落别、新窑、洒志、水城双戛中学共4次。作为第四协作区基地校，召开协作区专题会议两次，成立信息技术专家组开展“班班通”专题培训，在协作区内重点开展中考备考活动，开展语文、地理、历史、英语优质课活动。

在教师业务培训方面。学校重视教师的在职培训，促进教师专业化成长，加强教师的继续教育工作，重视加强教师培训方面的管理，努力做到每一次培训都有成效，每一次培训都能让教师得到不同程度的提高。

在校长培训方面，学校有校长1人，副校长2人。8月份，均参加过六盘水校长培训班的学习和培训，培训合格。在班主任培训方面，1月组织29位班主任老师参加过网络远程培训；在暑期有20位班主任参加六枝特区教育局主办的中小学班主任心理健康培训。在教师全员培训方面，着眼教师的可持续发展，进一步完善教师发展规划，加大培训经费的投入，本学年用于教师培训的费用达52075.5元。因为工作扎实，在2015年10月份，学校2011—2015年新一轮“中继教”工作顺利通过区、市、省的验收。

新教培养及教坛新星评选。一方面要求新教师按时完成教育局印发的《新教师规范化培训手册》，另一方面学校继续实施“青蓝工程”，充分发挥老教师传、帮、带的积极作用，以“历练师品、提高师艺、提升师德”为主导，引导青年教师关注自身的专业发展，促进年轻教师快速、健康成长。学校制定《六枝五中教坛新星评选方案》，从11月到12月对学校18位新教师按方案进行了评选活动。活动分两轮进行，第一轮由新教师报名，教研组内评选、推荐；第二轮由学校成立专家组对各组推荐新教师进行评定，从而产生六枝五中“教坛新星”。

【德育工作】 作为六枝唯一一家市思想教育示范校，学校加强领导，强化学生的思想品德教育。学校结合实际，成立以校长为组长，分管校长具体负责的德育工作领导小组，充分发挥政教处、校团委的作用，进一步完善学校德育工作休制，使学校德育工作做到制度化、具体化和系列化。

进一步丰富德育工作的内容，注重德育教育内容的实效性。学校要求政教处要有具体可行的德育工作计划，督促各班主任制定出学期工作计划，开好周会和主题班会，做好每周一国旗下的讲话。本学年，政教处、团委开展了丰富多彩的活动。3月份在全校掀起“学雷锋”活动、评选“美德少年”活动；4月份组织学生到大用进行缅怀先烈“清明祭扫”活动；5月份在全校开展了以“践行青春使命”为主题的“五一”、“五四”文艺会演活动；6月份的“六一”国际儿童节活动、“美德校园·道德讲堂我来讲”活动；8月份的七年级新生军训活动；9月份的“三爱”“四德”主题演讲比赛；10月份的“敬老·仁爱·感恩”重阳节活动、“向国旗敬礼”活动、纪念反法西斯70周年活动；11月份的“明礼知耻·崇德向善”硬笔书法比赛；12月份开展的纪念“一二·九”八十周年诗歌朗诵活动等，通过活动引导学生树立正确的理想、信念，人生观和价值观。

学校政教处切实加强对班主任工作的指导、检查、督促，每两周定期召开一次班主任工作例会，切实加强班主任队伍建设，进一步提高班主任工作水平和工作质量。实行对班级纪律、校园卫生、学生一日常规进行全面检查、考核。进一步完善班主任考核机制，科学地评价班主任工作，并把对班主任的考评纳入绩效考核。

学校狠抓学生学习常规的落实，坚持不懈地抓好学生的养成教育，通过努力促进优良校风和班风的形成。各班还通过具体的教育形式和训练方法，培养学生养成会读书、会学习、会写字的学习习惯。通过开展“微行动，大能量”活动，学生迟到早退、打架斗殴、乱扔垃圾、不讲卫生、乱倒污水、不守公德、衣冠不整、形象不佳、语言粗俗等不良行为习惯有了明显的转变。

为了更好地抓好法制教育，推进依法治校进程。学校有计划地开展了普法教育、禁毒教育、交通安全教育和环保教育，还结合学科特点在教学过程中渗透法制教育，增强了全体师生的法制观念，使广大师生更好地学法、懂法、守法和用法。10月20日，学校邀请了学校法制副校长、平寨派出所所长洒科勇到校为全校师生上了一堂精彩的法制教育课。

学校以丰富多彩的文化体育活动为载体，进一步渗透德育教育。充分利用学校的远教和网络资源，定期播放一些优秀的影视作品，用影视作品中的优秀人物来教育人、感染人，用影视作品中的事例来教育人、熏陶人；每学期都开展师生篮球友谊赛、羽毛球赛等，在全校形成文明、健康、向上、和谐、平安的良好氛围。

加强校园文化建设，把校园文化建设作为德育教育的一个重要窗口。2015年，学校投入10万余元进行校园文化建设，制作大量的传统文化经典宣传板画，科学布局，合理设置在主教学楼的过道及楼梯间。为各教学楼和其他辅助用房命名，将校训、教风、学风等内容张贴在显眼处。搭建好“五一、五四文艺汇演”和“一二·九活动”两个活动平台，为学生提供全面发展的舞台；学校还以校园广播、手抄报、班级活动园地及国旗下的讲话等为宣传阵地，使学校精神文明建设得到了加强，为学生的健康成长营造了良好的氛围、环境。

加强学生的素质教育工作，学校按照上级的有关文件要求，重视学生的思想品德教育，认真开展工作，建立、健全学校、社会、家庭关心下一代工作机构，“关工委”“家长委员会”“留守儿童之家”“心理咨询室”随时开放，制定和完善相关的各项管理制度，实施养成教育精细化管理，培养学生良好的行为习惯和学习习惯，引导他们忠诚、文雅、孝敬、守信。使学生得以全面发展，提高各方面素质。

【党风廉政及师德师风建设】 学校注重和正常开展党风廉政建设和作风建设工作，重视德育工作，成立了组织机构，注重班子建设和管理，进一步明确了班子成员的职责，并对班子成员提出了具体的要求。努力践行“三严三实”，作为班子成员，凡是要求教师做到的，班子成员应首先做到并且要做好，没有什么特殊性可言。班子成员切实加强自身建设，努力提高现代教育管理水平、科学决策水平和复杂情况下驾驭全局的能力。坚持原则，团结协作，服从大局，增强服务意识。坚决执行有关政策、规定，确保政令畅通，立足本职，勤学习、勤思考、勤工作。严格要求自己，敬业实干、主动服务、淡泊名利、廉洁自律、勇挑重担、敢于负责、勇于争先。真正做到以正确的思想引导人，以高尚的人格熏陶人，以实际行动带动人，形成一个理论水平高、团结协作好、工作实绩突出的强有力的领导团队。

强化教师“四风”建设、师德教育和行风建设。定期召开学校思想政治工作会议。与全体教师签订目标责任书，利用教师“道德讲坛”学榜用榜，教师们做到依法治教、廉洁从教、文明施教。教师无有偿家教现象，工作期间无在公共场所打麻将行为。教师热爱学生，对待每一个学生平等公正，廉洁从教，不接受学生、家长的礼品和宴请，不私自向学生收费和摊派各种读物及学习用品，不委托学生家长办私事。

【职工代表大会】 通过各种渠道，学校听取教职工的意见和建议，了解教师所想所需，保护教师的合法权益，增强教职工主人翁意识、责任意识和质量意识，加强与教职工的交流沟通，增强相互之间的理解，营造宽松和谐的工作环境与氛围。学校从实际出发，着力改善教职工的工作和生活条件，学校为各个办公室装设固定电话；为所有办公室配备冬季取暖电烤火炉。

召开六枝五中第三届教代会第三次会议，增补六枝五中教代会代表，会上认真听取代表们的意见和建议，回答和解决老师们关心的一些教育教学、工作及学校发展方面的问题。修订《六枝特区五中岗位德勤绩能考评暂行办法》《六枝特区五中绩效工资考核分配办法》，逐步完善了学校、处室、年级组（教研组）三级督查机制；明确各部门的职责，如教务处着重落实教学常规的检查；政教处着重落实学生日常行为规范的督查；后勤着重落实食堂及学生宿舍管理等，真正实现管理的制度化、科学化和民主化。

学校加大实行校务公开的力度，成立校务公开领导小组及校务公开监督小组，充分发挥教代会的作用，真正体现教职员工参政议政的作用，对学校的行政工作起到了很好的监督作用，特别是对校务公开工作进行了全程监督，保证教职员工的合法权益，充分调动了教师的工作积极性。如在教师职称的评聘工作上，由于此项工作公开公正，没有接到任何举报。

乡镇·街道办

大用镇

【概况】 大用镇位于六枝特区东部，东邻木岗镇，南连落别乡，西接九龙社区，北靠普定县化处镇，距特区人民政府驻地仅7.5公里。全镇总面积66.1平方公里，耕地面积1488公顷，下辖7个行政村，1个社区居委会，总人口28462人，其中农业人口25056人。主要特色农产品有毛坡大蒜、黑晒胡萝卜、大用蔬菜、耳贡洋芋等；全镇共有林场15个，主要分布在北部片区，森林覆盖率为43.45%。镇内道路网络发达，交通十分便利，境内有“株六复线”“都香高速”“贵烟”公路“大化”公路穿境而过。拥有生态农业观光园、车厘子基地、万亩茶园、2个茶叶加工厂、5个劳务服务中心及1个电子商务服务中心，属典型的农业乡镇。

2015年，财政总收入462.25万元，占任务数的110.5%，其中国税完成218.35万元，占任务数的136.7%，地税完成211.43万元，占任务数的105.7%，财政部门组织收入32.47万元，占任务数的58.54%；公共财政预算收入204万元，占任务数的100%，其中国税完成36.33万元，占任务数的140%，地税完成135.2万元，占任务数的112.6%，财政部门组织收入32.47万元，占任务数的58.54%。工业总产值完成62773万元，占任务数的80%。固定资产投资完成90257万元，占任务数的181%，同比增长82%。新增亿元项目4个占任务200%。招商引资完成41575万元，占任务数的100%；农村人均可支配收入6314.5元，同比增长14.1%，城镇居民人均可支配收入9708.52元，同比增长17.9%。

【产业发展】 2015年，大用镇积极实施产业结构调整，结合“3155工程”开展工作，茶叶种植18000亩，现已在汩港、岱港、耳贡、黑晒茶叶种植10500亩，可以采摘茶叶2000亩。在汩港种植5300亩，与木岗、落别种植的8000亩连片，形成“茶旅一体化”格局；精品水果种植14000亩，现已完成种植5750亩，其中车厘子2000亩、特色凯特杏90亩、玛瑙红樱桃2200亩、枇杷560亩、黄花梨500亩；核桃5000亩，完成种植4000亩，主要分布在凉水井村和骂冗村；蔬菜7000亩，完成种植2500亩，其中优质大蒜1500亩，芋头1000亩，主要分布在岱港村毛坡组、黑晒村及耳贡村；完成特色经果林种植2000亩，其中无核刺梨2000亩、中药材种植1000亩。

【贫困人口及扶贫脱贫】 2015年，全镇有贫困户1076户3148人，采取全镇财政供养人员及上级下派的同步小康工作人员对贫困户实施“一对一或一对多”的包保模式，开展遍访帮扶工作，现已全部建档立卡。并积极争取扶贫项目，已实施生态蛋禽养殖共计25000羽，在骂冗村、黑晒村种植核桃2000亩；“雨露计划”培训200人。2015年底脱贫182户727人。

【小城镇建设】 一是基础设施：总投资1450万元建设大用生态文明小镇道路，全长0.8公里，宽16米，按照市政道路标准建设，含绿化、照明、环卫设施等；投资177万元建设大用生态文明小镇广场，面积3000平凡米；大用生态文明小镇河道治理，投资534万元，总长1.26公里，含绿化等，预计2016年4月完工，项目总目前初步设计已通过评审。二是大用镇生态城综合楼盘：占地约110亩，建筑面积约100000平方米，含绿化、照明、环卫设施等，该综合楼盘计划分三期实施，第一期占地约50亩，建筑面积约25000平方米，一期工程于2015年9月开工，预计2016年12月完工。第二、三期计划于2016年12月开工，预计2017年12月完工。项目总投资30000万元，其中一期工程投资约10000万元。

【四在农家·美丽乡村建设】 强化基础设施建设。一事一议财政奖补项目和十百千项目资金271.11万元，其中一事一议财政奖补项目投入112.61万元，完成大用镇黑晒村铁合金厂至大坑通寨公路、大用镇黑晒村铁合金厂路口至黑晒通寨公路、大用镇汨港村庞家寨至苗寨通寨公路硬化等公路建设；十百千项目投入158.5万元，大用镇黑晒村大寨人行步道硬化、大用镇黑晒村大寨太阳能路灯、大用镇黑晒村水井边至烂泥箐通寨公路、大用镇黑晒村烂泥箐人行步道硬化、大用镇黑晒村高速路涵洞至耳红通寨公路硬化、大用镇黑晒村下老寨田至上老寨田通寨公路硬化、大用镇黑晒村吊水岩至下老寨田通寨公路硬化。

【示范村寨建设】 财政奖补资金投入410.66万元，建设完善2个示范村寨通寨公路、人行步道、垃圾斗、公厕、庭院硬化、太阳能路灯、排污管、休闲亭、进寨大门、文体活动广场、文化长廊、文化墙等。两个示范村寨的建设项目已基本完工。民居改造工程实际完成432户，其中都香高速沿线可视范围内民居改造253户、危房改造179户，现全部完工，并已验收。

【社会事业】 完成新型农村合作医疗参合20833人，参合资金145.83万元，参合率100%；完成城镇基本医疗保险850人，参保资金5.26万元，参保率88%；城乡居民社会养老保险参保人数10282人，新增424人，续保缴费人数7531人、待遇发放人数2751人。减去特殊情况不能续保的人群，续保率98.5%，待遇发放率100%。发放农村低保金495.09万元和城镇低保金112.88万元；发放各类救助金14.5万元和救助粮10500斤；发放优抚金80.86万元，优抚对象春节慰问补助金2.3万元，“八一”慰问金2.38万元，退伍军人就业补助7.2万元，优抚门诊补助金11.56万元；农村和城镇医疗救助金8万元；初中毕业生199人，就读高中63人，就读中职136人，顺利完成教育“9+3”工作；全镇小学入学率为99.8%，全镇中小学2467名学生已全部实施“贵州模式”营养改善计划。计划生育常住人口符合政策生育率96.8%、流动人口符合政策生育率96.7%，人口自然增长率为1.45‰，出生率为4.49‰。

【社会管理】 按照民生优先，服务为主，重在基层的原则，推进社会管理创新，继续坚持定期接访、下访约访、信访包案等好的做法，开展大排查、大调解活动，抓好重点时段、重点问题、重点人员的稳控与化解。依法打击违法犯罪活动，加快推进社会治安动态管理建设。深化拓展“六五”普法工作，加强对各中小学青少年法制教育，扎实做好外来务工人员服务与管理工作。加强应急队伍建设，健全突发公共事件应急机制。强化安全生产两个主体责任落实，重点抓好煤矿、非煤矿山、道路交通、森林防火等重点领域和学校等重点场所巡查监管力度，扎实开展好各种隐患排查整治工作，认真开展安全生产“打非治违”行动，形成高压态势，有效地遏制了非法违法生产经营建设行为的蔓延和反弹。

【基层组织建设】 健全考核机制，加强基层组织建设。一是以学习型党组织为抓手，不断强化理论武装。以学习党的十八大、十八届三中、四中、五中全会精神为重点，抓好党员和镇村两级干部理论培训，努力提升班子成员和镇村两级干部的政策理论水平。2015年镇党委中心学习组集中组织学习24次，先后采取多种形式组织全镇、各村(居)干部学习党的十八大、十八届三中、四中全会、省委十一届五次党代会、市委六届七次党代会和区委十届四次党代会6次400余人。二是以制度建设为基础，加强基层组织建设。围绕“为民务实清廉”主题，致力于增进团结、提高水平、做好表率，建立健全党委议事制度，较好地协调党委与政府的工作，增进党政班子成员之间的团结、理解和支持，形成一心一意搞建设，聚精会神谋发展的浓厚风气充分强化了基层党委的核心作用。按照“夯实基础，创新机制，重点突破，整体推进”的总体原则，进一步壮大村级集体经济实力。汩港、岱港、耳贡、凉水井四个“空壳村”年初分别制订详细发展壮大村集体经济规划和成立了劳务服务中心，现已全部脱壳。坚持原则，严把党员入口关，注重培养、吸收农村种、养业等致富能手和优秀青年加入党组织。2015年新增入党申请人30名，入党积极分子17名，新发展党员7名。

【党风廉政建设】 按照党要管党、从严治党的方针，建设廉洁高效的党员干部队伍。2015年镇纪委共接待群众来信来访25人次，其中群众来访24人次，现场当面解释说明答复18人次，转政府有关部门办理了结4件，镇纪委、民生监督组初核了结群众来访1件2人。立案检查案件2件，已办结送审。镇信访办共受理信访6件，主要领导阅批群众来访6件，占信访办受理数量的100%，接待群众来访40人（次），其中领导接访8次，领导下访6次；没有集体上访现象，按时限办结上级转办的信访事项办结率达100%，反馈率达100%，办理质量符合要求。

木岗镇

【概况】 木岗镇位于六枝特区东部、中国凉都六盘水市的东大门，距六枝特区城区34公里。东南接壤镇宁县丁旗镇，西连大用镇、落别乡，北抵普定县马官镇，素有“金三角”之美誉。地势平坦、气候温和、土壤肥沃、灌溉便利，农业兴盛、工业兴起，是贵州典型“万亩大坝”，六盘水市级示范小城镇。全镇辖10个行政村1个社区，111个村民组，5422户21700人，现有1个党委，下属18个党支部，党员474名。镇域面积60.3平方公里，有汉、布依、仡佬、黎、苗等17个民族。

浓厚乡土文化有出土过古夜郎文物的夜郎洞、把仕村尖山“古洞天书”、瞭望天际的中华山回龙寺佛门圣地；有青山秀水的瓦窑、纳麻水库、“万亩林场”等自然景观；有瓦窑、小黄桶村特色布依纯朴民风，戛陇塘村“千年古屯”；布依唢呐、山歌、蜡染、刺绣、剪纸，传统雕刻、建筑、花灯舞、地戏等多彩乡土民族文化。

2015年，全镇工业总产值完成158181.66万元，占年度目标数156153万元的101.3%；财政总收入完成310万元，占年度目标任务310万元的100%，公共财政预算收入完成612万元，占年度目标任务612万元的100%；固定资产投计完成251216万元，占年度目标任务250000万元的101.01%。社会消费品零售总额完成5683万元，同比增长14.65%；城镇居民可支配收入21585元，同比增长11.88%；农民人均可支配收入7368元，同比增长15.05%。

【内设机构】 党政办公室（“法制办公室”、“全面小康社会建设领导小组办公室”）、社会事务办公室、卫生和计划生育办公室、经济发展办公室、规划建设环保办公室、综合行政执法办公室（综合行政执法队）、社会管理综合治理办公室（“群众工作办公室”）、农业综合服务中心、人力资源和社会保障服务中心、科技宣教文化信息服务中心、卫生计生院、政务服务中心、环境卫生管理所、城镇规划建设管理站、群众工作站、财政所、计划生育协会、镇敬老院（养老服务中心）、留守儿童关爱服务中心、扶贫工作站。

【重大项目建设】 2015年全镇项目建设投资任

务为4亿元，现完成3.5562亿元，其中“8＋X”项目投资完成2.4762亿元，其他项目投资完成1.08亿元。2015年度项目建设完成投资4.12亿元。

“8+X”项目：2015年新开工项目9个，分别为留守儿童之家、路网建设、敬老院附属工程、小木岗社区服务中心风貌改造工程、瓦窑农民休闲广场、木岗污水处理厂、小木岗新区风貌改造工程、木岗高标准商品蔬菜种植基地及镇区绿化工程。“8＋X”项目达标数20个。

其他项目：完成抵簸至李家冲通村公路建设项目，长4.5公里，宽4.5米，总投资225万元；下木冲经抵簸至金家坝公路建设项目，长2.3公里，宽4.5米，总投资115万元；小木岗村斗蓬地坝扶贫生态移民工程，总投资4178.72万元，安置农户236户、798人；小木岗火把寨移民安置点建设项目，总投资350万元，建筑面积2000平方米；木岗顺兴砂石厂项目，总投资200万元；木岗镇把仨小学扩建工程，总投资350万元，建筑面积1800平方米；六枝特区“黔太子参1号”异地种植育苗育种基地建设高技术产业化示范工程，总投资800万元；斗蓬村巴陇寨至太平监狱边界通寨公路，长800米，宽4米，投资22.79万元；木岗场村小冲至大龙潭通寨公路，长1000米，4米，投资29.11万元。

【三农工作】 （1）农业特色产业“3155”工程。在年度内完成8200亩，其中茶叶5000亩、魔芋200亩、蔬菜基地建设2000亩、花卉500亩、人工种草500亩。

（2）种植业指标完成情况。完成秋粮播面1.6万亩，其中杂交水稻播面7500亩、杂交玉米播面6100亩、豆类播面1000亩、薯类600亩、其他800亩。实施水稻高产创建项目1万亩，其中核心区示范点面积540亩。实施玉米粮食增产工程0.4万亩，其中核心区面积200亩。粮食总产量8606吨。

（3）畜牧业指标完成情况。生猪存栏4847头，与上年同期增长9.31%，出栏10457头，同比增长8.48%；大牲畜存栏2337头，与上年同比增长16.44%，出栏1442吨，同比增长20.87%；肉类总产量预计完成1170.6吨，同比增长9.15%。

【教育工作】 深入实施教育“9+3”计划。秋季完成职校就读学生203名；农村计生家庭留守儿童实行动态管理，全部落实包保责任制。教育事业发展取得新业绩：2015年2月，六盘水市社会治安综合治理委员会办公室、六盘水市教育局授予木岗镇2014年度学校及周边安全稳定综合质量工作先进单位；2015年度，全镇教育教学年度考核获全区优秀等次，木岗镇中学中考成绩在全区乡镇学校名列第一、“四进学校·幸福校园”获省级示范学校；2015年度，木岗镇中学先后获特区政府授予教育教学质量先进单位、教育“9＋3”计划先进集体表彰。

【新型农村合作医疗养老保险】 参合人数20069人，参合率99.72%。筹资总金额1404830元，全年住院就诊报销受益7062人（次），共产生诊疗费用1419065.97元，农户报销减免689048.78元。

【“一户一技能”培训】 积极开展“一户一技能”培训工作，不断提高广大群众的致富能力，共开展“一户一技能”培训3次，共培训210余人次。

【人口和计划生育工作】 符合政策生育率达96.3%，完成“四术”323例，实现零库存管理，长效避孕节育措施落实率和及时率达100%。完成二女孩户结扎21例。收缴社会抚养费70.07万元。

【社会保障工作】 城乡养老保险参保7836人，养老保险基金征收58.17万元，分别完成任务数的105%、100.3%；完成14000余人劳动就业和基本调查录入工作，截至11月底全镇新增就业1478人，完成任务数1426人的103.65%，农村劳动力转移785人，完成全年任务数702人的104%。失业人员再就业53人，就业困难人员实现再就业37人，分别完成全年任务的103.9%、105.7%。完成2400人60岁以上老年人生存认证工作。全年实施危房改造143户，共计投入资金228.8万元。

【民政工作】 截至10月底发放农村低保金294.6万元、城镇低保金158.5万元、冬春救灾救济资金

37.5 万元、救济粮 35700 斤；发放军属抚恤金、各种定期补助款等共计 62.4 万元，发放五保户供养金 9.2 万元。依法办理婚姻登记 277 对，结婚登记 246 对，离婚登记 31 对。

【安全生产】 签订安全生产工作责任状 62 份，巡回督查煤矿山 11 次，先后查禁私挖滥采 2 起，现场教育 3 人，对砂石厂共检查 21 次，查处隐患共 76 条，责令停业整顿 1 家。对全镇 11 个烟花爆竹经营点，共检查 4 次，取缔非法销售不合格产品 1 家，查处违规经营烟花爆竹经营户 1 家，现场教育 6 人。查处违法违章车辆 161 辆次，教育警告 182 人次。

【社会治安综合治理工作】 截至 10 月底发生刑事案件 18 起，破案 10 起，销案 3 起，破案率 67%，抓获刑事作案人员 5 人，破获毒品案件 2 起，抓获涉毒违法犯罪人员 16 人，依法逮捕 2 人，强制戒毒 14 人，收缴海洛因 30 克。民间纠纷发生 61 起，调解 61 起，成功调解 52 起，调解成功率为 85%。认真落实信访矛盾纠纷领导包案制，信访接待群众 221 人次，解决问题 52 个。

【生态人居环境整治】 “四创”工作取得新成效，环境卫生整治得到强力推进，人居环境得到有效改善，市级卫生乡镇创建工作顺利通过评审认定。加强乡村人居环境设施建设，实施木岗冲、戛陇塘池塘整治工程，共投入资金 40 万元。实施小木岗安置新区风貌改造工程，共计投入资金 957.6 万元。实施木岗廉租房小区至小木岗安置新区道路改造工程，总长 2.1 公里，投入资金 210 万元。加强生态保护力度，现有森林资源 34200 亩，实施天然林保护 13067.5 亩。现在森林资源公益林 14790 亩、商品林 17070 亩、经济林 2340 亩。扎实开展森林资源保护六个严禁专项行动，依法打击破坏林地行为 3 起，森林覆盖率为 37.8%。

【城乡规划建设治理】 一是清理违法占地和违规建房。查办快速通道、瑞安水泥厂违法占地，查处了 10 户农村建房占地行为，下发 10 户停工通知和拆除通知，拆除违法建房 4 户，制止 6 户违法建房。受理 235 户农村宅基地的申请，并报特区相关部门审核。二是项目建设及土地整治工作。涉及 7 个村前期相关的资料和勘测工作及小黄桶土地整治项目地改水田项目规划工作，木岗镇小城镇建设项目、汽车站项目、生态移民项目、生态旅游 1 ~ 2 项目用地调规上报工作，根据要求完成万亩大坝迁建安置规划点和用地 666 亩的上报工作，待上级部门的审核。三是对 11 个地质灾害点签订责任书，制定防治方案和应急方案，发放明白卡 230 余份。

【党风廉政建设和反腐败】 认真贯彻落实中央“八项规定”、省委、市委和特区党委“十项规定”，持之以恒落实贵州省党员干部作风“十不准”，坚决反对“四风”，共查处作风方面的问题 15 个，提醒谈话 10 人，通报批评 7 人。在重要节日和作风专项整治期间集中整治 5 场次，给予通报批评 3 人、提醒谈话 4 人。全年查清信访件 17 件，完成自办案件 4 件 4 人，参与配合查办案件 10 件 10 人。

【远程教育工作】 抓好 19 个站点设备维护，利用站点上党课 35 场次，开展道德讲堂 21 场次，开展反传销和禁毒知识培训 21 场次。

【同步小康驻村工作】 10 个行政村驻村工作组达到全覆盖，其中一类贫困村 2 个，二类贫困村 5 个，非贫困村 3 个。严格管理制度，通过晒台账和流动考勤等方式，对驻村工作组考勤考绩定期记录、考核和评比。

【村级集体经济积累】 制定“一村一册”发展计划，全镇实现村集体经济积累 331.9 万元，其中，村级经济积累 200 万元以上的 1 个，80 万元以上的 1 个，5 万元以上 4 个，建立本镇村级建筑公司 3 个，承揽工程 2 个。10 个行政村村级集体经济年经营性收入均在 2 万元以上。

【农村“三变”改革】 认真贯彻落实中央领导指示和省、市农村“三变”改革会议精神，不定期召开会议研究部署“三变”改革工作，制定全镇农村“三变”改革工作实施方案，成立相关改革工作领导小组和工作小组，各村结合实际制定了相应的实施方案，对“三资”开展全面清理工作，各项工作有序推进。目前率先在抵簸、抵岗、瓦窑三个村实施5000亩茶叶种植项目，并与贵州省志靖云农业开发有限公司签订了项目投资合作协议书，2015年公司与农户签订合股协议900余份。

新窑镇

【概况】 新窑镇原为新窑乡，1992年“建并撤”由原来的“店子乡、新窑乡、二塘乡”合并而成，政府驻地在新窑村，2015年6月撤新窑乡建新窑镇，政府驻地调整到那玉村那玉坝。

新窑镇位于六枝特区中部，距特区人民政府驻地约6公里，辖地平面呈“C”形分布，东接塔山街道办事处，南邻月亮河乡，北靠岩脚镇、龙河镇，东北角与普定县毗邻。东西长14.7公里，南北宽16.5公里，边界周长65.98公里。土地总面积102平方公里，土地150397亩，其中：水田1.08万亩占7.19%，旱地2.95万亩，占9.66%，林地9157余亩，占6.09%，草地1.1万亩，占7.33%，水域516余亩，占0.34%，建设用地2506余亩，占1.67%，未利用土地8.63万亩，占57.42%。2015年辖13个行政村142个村民组，10035户。人口总数48546人，其中：农业人口46357人，非农业人口2016人。境内分布苗族、彝族、仡佬等13种少数民族，主要以苗族为主。

矿产资源丰富，分布煤、硅、石灰岩等矿产资源，其中主要以煤炭资源为主，分布有21.5平方公里的煤系地层，占全镇总面积的21.45%，现已探明井田有李家寨、上纳等两个井田，其中，李家寨井田境内煤贮量2 000万吨，属焦煤煤种，可采煤层2 ~ 8层，厚度5 ~ 15米。

工业以煤化工、发电、冶炼为主，以建材机械制造，制药、食品为辅的工业结构。全镇现有6对煤矿、管业制造厂1个、铁合金厂1个。路喜工业园区占地1500亩，总投资150亿元，将建成焦化厂、特种玻璃厂、洗煤厂、粉煤灰厂、煤干石发电厂、中船重工，解决3万人的劳动就业，提供税收30亿元。至2012年3月开工以来，现已完成征地工作、房屋拆迁等工作已全面完成、工业大道已竣工，焦化厂即将建设投产、目前累计完成投资36亿元。

2015年，完成财政总收入1548.34万元，其中：国税完成924.50万元，地税497.01万元，财政部门完成144.83万元。公共财政预算收入完成678.07万元，其中国税207.35万元，地税325.89万元，财政部门144.83万元。工业产值完成71610万元（其中原煤产量39.11吨，砂石产量27.01万方）；民营经济增加值32330万元，营业收入85880万元；人均可支配收入同比增长12.3%。在2015年年度目标考核中获优秀奖。

【内设机构】 2015年机构设置有党政办公室(“法制办公室”“全面小康社会建设领导小组办公室”)、社会事务办公室、卫生和计划生育办公室、经济发展办公室、规划建设环保办公室、安全生产监督管理办公室、社会管理综合治理办公室（“群众工作办公室”）。

【调整产业结构，实施“3155”工程】 新窑镇党委按照“百姓富、生态美”和“把产业做成生态、把生态做成产业”的要求，围绕六六高速、六郎公路、贵烟公路，立足六枝生态高效茶叶产业园和路喜循环经济产业园，布置“五个产业带”即：茶叶产业带、核桃产业带、竹子产业带、精品水果产业带、中药材产业带。其中茶叶产业带以新窑村为核心，辐射联合、桥梁，现已种植10000亩；核桃产业带以新窑村为核心，辐射六六高速路沿线、六郎路沿线、新河村等，已种植10000余亩；竹子产业带以新河村为核心，辐射那秀村、那玉村、联盟村，计划实施10000亩，2015年种植4000余亩，建成尚品竹艺、丽萍竹制品厂等两个加工厂，打造了新窑传统特色产业，得到了市、特相关部门和领导的认可；精品水果产业带（刺梨、枇杷、李子、杨梅、草莓、柿子）以联盟村为核心，辐射那玉、鸭塘、联合等村，已种植5000余亩。中药材产业带以鸭塘村、联盟、播雨三个村为核心，计划种植5000亩万寿菊和桔梗等，现已进入进村入户签订合同阶段。

【项目建设】 着力抓好特色示范小城镇建设。2015年5月，由于行政区划调整，开启新窑镇特色示范小城镇建设的序幕。按照“8+X”的要求，结合新窑镇的区位优势和交通优势，进一步优化城镇空间布局，高标准规划设计新窑小城镇建设，着力打造“小而特、小而美、小而精”的“宜居宜业特色小镇”。结合易地扶贫搬迁项目、廉租房建设项目、扶贫生态移民项目、中心幼儿园、农村信用合作社等项目的实施竣工，供水、供电、排水排污、通信宽带网络等基础设施的逐渐完善，新窑小城镇已初具雏形。同时，紧紧抓住六枝特区承办全省第五届小城镇发展观摩大会的契机，按照“1+N”（一镇带两村）模式，积极争取实施一大批项目，2015年完成鸭塘店子150户棚户区综合整治项目，提前启动2016年棚户区综合整治项目，争取实施1392户，现已开工建设那玉坝贵烟线两侧人行道改造及绿化亮化项目。完成2013年312户扶贫生态移民房的分配入住。对六六高速公路西互通延长线周边即那玉村大寨、青杠林、小寨、那七、徐家桥等村寨进行规划设计已完成，即将进行施工阶段。争取2016年易地扶贫搬迁项目353户1664人，现已开工建设。争取实施采煤沉陷区综合治理项目，已完成80%。加大招商引资力度，争取六博园艺场、沥青搅拌厂、灰钙厂等一批项目落地新窑。

【基础设施建设】 大力实施“四在农家·美丽乡村”六项行动计划，完成六六高速沿线1000余户民居改造；建成小康示范寨368户，改建小康电项目1个，完成那玉小康房建设180栋；完成联合村安全饮水工程，实现整村全覆盖；大力实施“一事一议”财政奖补项目，争取项目105个，总投资1775.28万元，对联盟、鸭塘、上云盘、联合等四个村基础设施实现整村推进，解决洗马河村岩上组、铸锅冲组、麻歪组，桥梁村那贝组、关寨组，播雨村杨家坡组，新窑村三丈水组、老窑组等10余个自然村民组的通寨道路硬化，结束了当地村民多年来依靠人背马驮的历史，方便了群众的出行。

【精准扶贫】 精准扶贫遍访工作以村为单位、科级以上干部挂村、一般干部包户进行分解完成。2015—2020年减贫计划和任务分解到各村。核对授信评级户2200户，其中贫困户312户。发放扶贫表卡册2498份，建档立卡2498户，走访2498户，遍访406人次。要求各村根据自身发展需要，结合当前政策和工作指标上报“十三五”规划发展项目。已收到各村上报项目51个，其中种植类15个、养殖类32个、公共服务类4个，现已整理上报特区扶贫局。新窑镇绿壳蛋鸡养殖项目，总投资12.6万元，在联合村星星合作社实施，现在正在修建圈舍。

【农机】 全力创建平安农机示范镇。成立农机安全管理领导小组，制定农机安全管理工作计划，落实农机安全生产责任制并抓好落实。做好农机检修工作。与农机部门协调，3月15日至20日分别对镇农用机械进行免费检修。实施2015年农机补贴工作。认真做好农机初审补贴程序，公示工作，全镇有20余户申请补贴。

【环境保护】 2015年，工业污染治理目标任务全面完成。新窑镇先后对《规划》涉及的境内企业实施了挂牌督办、限期治理。对居民反映的周边的噪声、环境污染问题及时解决，还居民清洁、宜居的环境。加强对重点企业其污染物排放情况进行检查，督促采取防治措施，并及时清淤疏通。加强水源点的保护工作，确保全镇群众用上放心水。要求企业自身从源头抓起，全力推进清洁能源技术，改进生产设备，降低消耗，提高产能，减轻环境压力。加大绿化造林工程。在各居民集中点修建垃圾池，维护好道路两旁绿化工作。

【林业】 2015年，完成退耕还林政策补助及巩固退耕还林成果。核对2014年度退耕还林政策补助金25余万元，完成森林抚育1080亩。完成重点公益林界定书签订。完成都香高速产业结构调整核桃种植1302亩，水利基金建设项目造林1000亩，省级退耕还林造林1100亩，省级植被恢复造林1050亩，中央财政补贴造林1970亩。截至9月共完成新种植8000余亩，还有2600亩的种植计划正在实施当中。新河村火烧迹地恢复造林110亩。规划上报退根还林工程5000余亩。

【水利】 参加旧院水库右输水管道工程施工协调工作，中型灌区工程施工协调工作，徐家桥水厂工程施工协调工作。农村小型水利工程产权制度确权工作，防汛抗旱工作，联合村饮水安全工程施工协调工作，该工程投资146.06万元，解决1940人的饮水问题，参加实施樊家田饮水工程，投资约65万元，解决720人的饮水问题。全镇引灌渠道约45公里，已经修建35公里。上报店子片区7个村安全饮水工程，二塘片区5个村安全饮水工程的"十三五"规划；永播河，那玉河，客田小河，打磨石小河上报"十三五"规划。

【教育】 加强教师队伍建设，全面提高教育教学质量。抓好中小学教师的信息技术培训、新课改培训，深化中小学英语师资培训工作。围绕新课程改革、素质教育和实施中小学教师学历提高计划。

加大安全管理力度，构建平安校园。16所中小学按要求开展了安全教育、学生应急疏散演练、普法教育、禁毒教育、自护教育、犯罪预警教育、食品卫生安全教育等工作。创建了"平安校园"、"无毒校园"和"文明校园"。进一步增强了师生的法制观念，提高了师生学法、守法、用法的意识。通过全方位的管理和教育，增强了师生的安全意识，提高了师生的安全防范能力和自我保护能力。

"营养改善计划工作"顺利开展和实施。成立了"学生营养改善计划工作领导小组"，镇各中小学校成立了相应的工作机构，构建了镇长、中心小学校长、校长负责制的责任体系。通过学校大力的宣传，以黑板报、手抄报、主题班会、《致学生家长的一封公开信》等形式向广大教师、学生、家长宣传农村义务教育学生营养改善计划的有关政策及卫生防疫、合理搭配饮食结构的相关知识；向教职工普及农村义务教育学生营养改善计划的重要意义和面对突发食品安全事故时的应对措施，并引导家长重视学生营养问题，积极参与学生营养改善计划，推动学生饮食结构科学化。加强对从业人员的培训和管理工作，从业人员办理健康证，操作规范，具有消防、食品安全等意识。建立了食品安全保障机制，以应对突发性事件的发生。严格按农村义务教育阶段学生营养改善计划资金管理使用暂行办法执行，实行学生实名签领制。成立由家长、学生、教师代表共同参加的营养改善计划监督小组，设置监督举报电话和公众意见箱，对学生营养改善计划的实施进行全程监管，主动接受审计监督、行政监督、法律监督和社会监督、舆论监督。建立了学校安全管理责任追究制度。

"9+3"计划工作稳步推进。广泛宣传"9+3"计划工作，巩固提高九年义务教育，建立"控辍保学"和"三年免费中等职业教育"长效工作机制。认真贯彻落实《国务院关于大力发展职业教育的决定》及《省人民政府关于实施教育"9+3"计划的意见》（黔府发［2013］1号）的精神，确实抓好"9+3"计划工作，中职任务数354人，完成354人，占任务数的100%。

【卫生】 抓好宣传教育工作。卫计院利用新窑、二塘赶集天和"预防出生缺陷宣传周活动"的平台和下村工作时开展宣传咨询活动，累计发放宣传资料800余份。

抓好避孕药具的发放工作。严格"三按月"绩效管理实施方案，对新窑镇已生育孩子，但又还没有落实节育手术的已婚育龄妇女，及时发放药具，对长期服药对象，定期随访。定期检查各村避孕药具保管和使用情况，及时提供有效期的避孕药具，保证服用对象的身心健康。共完成药具发放284人次。

抓好节育技术服务及出生缺陷干预。2015年完成四术任务479例，其中，结扎272例、上环186例、人流5例、补救21例，无特殊手术并·发症和后遗症，切口一期愈合，无责任事故和技术事故发生。发放叶酸人数57人，出生缺陷干预建档率达100%。

完成2015年度的妇检工作。妇检率为100%；常住生殖保健对象应检476人，已检（或寄证）476人，查出已孕61人次；流动人口重检对象应检1291人，已返检和寄回妇检证明1291人，妇检率为100%；流动生殖保健对象应检1183人，已返检和寄回妇检证明1183人，妇检率为100%；查出已孕5人次。

【交通与安全生产】 2015年，先后成立各项整治领导小组7个（煤矿、非煤矿山、森林防火、道路交通、打非治违、烟花爆竹、水利安全），开展安全生产百日督查专项行动，持续加大安全生产专项整治力度，制订整治方案，落实整治措施，使整治工作不断深入，取得较好的整治成效。重点开展煤矿安全、特种设备安全、危险化学品安全、非煤矿山安全、食品卫生安全、中小学校园安全以及居住建筑消防安全和人员密集场所消防安全的专项整治。共发放各种安全宣传资料2000余份，与全镇各村驾驶员签订承诺书500余份，利用赶场天举办安全生产方针政策、相关法律法规的宣传8次，发放各种宣传资料300余份，出动宣传车20台次，信息报送25条，各种安全生产宣传标语135条，设立安全生产永久性宣传碑牌13块，制喷绘2块，悬挂安全生产横幅16条，制袖章31块，活动宣传板2块。通过广泛的宣传发动，为新窑镇安全生产工作营造了良好的社会氛围和奠定了坚实基础。

【民政事务】 2015年1月起将城镇低保保障标准提高到人均495元，根据收入进行补差。共发放城市低保金86户179人531707元。从1月起将农村低保保障标准提高到1人1年2640元，根据收入进行补差。对全镇低保对象家庭收入情况进行了调查，规范工作档案，建立低保家庭档案一户一档。实现了动态管理和资金社会化发放，确保低保资金及时足额发放到位。共发放农村低保金4225户6010人共计4041304元。全镇有五保71户72人已全部纳入农村低保，支付敬老院1～6份生活等经费27000元。2015年共发放困难群众临时救济救款33500元，受救助群众41户185人。发放中央自然灾害生活补助金42万元，救助1468户5615人。深入调查了解优抚对象的生产生活情况，2015年共发放季度定期补助159人500439.00元（其中：烈属1人、伤残军人10人、复员军人27人、带病回镇军人27人、参战人员94人）。认真贯彻落实《婚姻法》和《婚姻登记管理条例》，严格按标准收费，每对9元。进一步加强婚姻登记规范化建设，做到依法办事，规范管理，方便群众，优质服务。共办理结婚登记433对、离婚登记38对、补领65对。积极配合特区残联抓好残疾人培训及证的办理和发放。发放重度残疾人托养补助2500元。上报了残疾人用车燃油补贴17人，发放助残车燃油补贴4420元；发放残疾人盲人手表2块，脑瘫儿童轮椅1台，站立器1台，残疾人听书机2台，残疾人盲杖2套。完成残疾人基础信息摸底调查录入3347人。做好80周岁老年人调查摸底统计上报工作，经统计，全镇80周岁以上高龄老人554人（其中百岁老人4人）。发放百岁老人生活补助3600元，发放90岁高龄老人定期补助36000元。

【宣传、文化】 加强理论武装工作。着力推进马克思主义学习型政党建设，坚持做到用马克思主义指导思想教育干部职工，用中国特色社会主义共同理想凝聚力量，用社会主义荣辱观引领风尚，为全镇经济建设提供强大精神动力。按照区委的安排，全力推进学习型党组织，以“三个代表”重要思想，科学发展观为主线，加强社会主义理论体系学习，学习实践科学发展观活动取得实效。不断完善党委中心组学习机制，促进学习制度化和规范化。围绕镇党委的中心工作，开展好调查研究，为决策提建议和参考。

信息宣传工作。把握正确的舆论导向，坚持稳定鼓劲，正面宣传为主的方针，加强信息联络工作，建立镇党委、政府新闻发言人制度，不断规范外宣工作，制定《新窑镇信息报送奖励办法》，千方百计调动广大班干部职工写稿、投稿的积极性。组织开好每年政治思想工作联系会议，明确宣传重点，培育典型、树立典型、宣传典型。充分发挥典型的模范作用，关注热点、难点、焦点问题，切实反映社情民意。

加强精神文明建设。扎实推进理想信念教育，深入开展中国特色社会主义教育和社会主义荣辱观教育。大力弘扬爱国主义为核心的民族精神和改革开放为核心的时代精神。深入开展公民道德月宣传、宣传日主题实践活动，向道德模范学习。认真开展“整脏治乱”专项行动，严格落实责任追究制，推行“门前三包”，整脏治乱进学校、进村寨。搞好文化、科技、卫生三下镇活动，深入推进“讲文明、树新风”活动，开展“好婆婆”“好媳妇”评选活动，以及“关爱空巢老人、关爱留守儿童、关爱残疾人”活动。

切实做好数字电视安装工作，共完成2784户。维护经费已上交。保障广大群众随时看到党的政策方向，听到党的声音，使广大群众随时看得本地党委政府的动态和声音。加强全镇中小学生道德教育，培养中小学生“做一个有道德的人”。积极开展校园周边环境整治，清理网吧，净化社会文化环境。

【农村党员干部现代远程教育】 加强站点管理，保障设备正常运行。按照“统一领导、分级管理、协调配合、齐抓共管”的原则，落实领导责任制。实行党委“一把手”负责制，把工作摆到重要位置和重要议事日程，实行工作目标考核制度，明确职责和任务，签订目标责任书。完善各站点规章制度，使各站点管理规范化、运行正常化。同时将远程教育工作同经济社会工作同安排、同部署、同落实、同检查，增强党员领导干部的责任感、使命感和紧迫感，从而推动新窑镇远程教育工作向纵深方向发展。

认真抓好队伍建设。加强对政治理论、方针政策、法律法规、适用技术等方面的学习，特别是对远程教育设备的操作和维护的学习；采取外出培训学习、集中学习和个人自主学习等方式，提高新窑镇远程教育队伍的工作水平和业务能力，保证远程教育的正常开展，建立了一支思想政治素质高、业务知识过硬、战斗力强、爱岗敬业、团结向上、充满活力的远程教育干部队伍。

落实好站点运行经费。每年为村远程教育接收站、点投入建设经费，并逐渐增加。全面完成远程站点的建设工作。

结合实际需求，切实抓好培训工作。采取“因需施教，因人施教，因时施教，因地施教”的教学组织方式，一年来共开展培训近5场次，刻录光盘13余部，培训农村党员干部及群众260余人次，通过培训，广大党员干部综合素质和带头致富、带领群众致富的能力不断提高。

岩脚镇

【概况】 岩脚镇始建于明洪武初年，至今有600多年历史，古时为连接川滇黔的古驿站，是织金、普定、郎岱、纳雍、水城五县的商品、农产品集散地，农商文化繁荣，素有“小荆州”之称。

古镇位于六枝特区西北部，距特区机关驻地17公里，六六高速横贯东西，六纳、六织交通主干线贯穿全境，拟建的毕水兴高速公路纵贯南北，交通便利，区位独特，是六枝北部的商贸文化中心和重要的交通枢纽。总面积131.4平方公里。辖26个村（居），总人口7.13万人，其中镇中心区人口2.96万人，城镇化率42%，2015年城镇就业岗位达到1.2万余个。外来经商、务工人员达8000余人，现有成规模化企业6家，个体工商户2280户，小微企业12家，各种大中型超市10余家，从事商业人员2.3万人，商贸繁荣，2015年底商品零售总额近4.5亿元。

2015年，财政总收入847.61万元，占任务数的88.29%，同比增长13.1%，一般预算收入完成489.59万元，增长8.96%，一般预算支出完成2664.66万元，比上年增加63.15%，增支1031.43万元。工业总产值完成67.37亿元，占任务数的100%，同比增长23%。固定资产投资完成51.37亿元，占任务数的102.74%，同比增长21.82%。城镇人均可支配收入25045元，同比增长14.5%，农民人均纯收入达7418元，同比增长12.6%，2个新增亿元项目已全部完成，招商引资项目9个，已签约资金达17.2亿元，到位资金9.7亿元，占任务（9亿元）的107.78%。

【产业发展】 2015年，岩脚镇以“三变”为抓手，大力实施3155工程，建成“一园四区一带”农业经济圈，金星村自筹资金60万元流转土地种植八月瓜200亩，六盘水金瑞思公司投资1.2亿元在金星村种植猕猴桃600亩。草原村投资1亿元种植中草药5000亩、养殖肉牛3000头；民乐、田坎村投资3000万元建蔬菜基地1500亩；群峰村投资1000万元茶叶1000亩；六盘水市农科院投资3000万元在羊场建立科研基地；琳威公司投资500万元在锦钟村种植彩红桃500亩；群峰、那洒等村种植茶叶1200亩;魔芋基地建设种植1000亩;刺梨种植1200亩；完成花卉、苗圃种植30亩。

【贫困人口及扶贫脱贫】 2015年，岩脚镇紧紧围绕“省33668、市33669、区3661”目标，确保精准扶贫工作取得实效。“赶”与“转”的交响、“破”与“立”的共振、生态与发展的和弦，创造了一系列“历史最好”的建设成就，书写了一系列“弯道取直”的精彩手笔。岩脚镇有15个贫困村，镇贫困发生率为20.14%，共有贫困户4292户12042人，全镇结对帮扶9327对，帮扶干部330人，完成遍访4366次，帮扶项目65个，投入帮扶资金2084.8万元，2015年减贫2612人。

【小城镇建设】 一是全面提升古镇文化底蕴。1000户棚户区综合治理项目已完成台账的建立及协议的签订，立面改造、主体加固及改扩建完成工程95%，公共基础设施建设完成13400平方米的白改黑和5200平方米的青石板人行道，586米的青石板步行街和2450米的排污管网改造。打造明清盐商文化步行街，对房屋立面改造约405栋，恢复古石板街846米，线网入地1.2公里，营造步行街商业氛围，完善旅游标识系统、打造龙泉景观。改造1500米街道污水管网系统，新建打铁街停车场一座，占地面积8亩。对唐家马店、谢家茶楼、龚家大院、彭家碉、文昌阁、小屯古堡共6处古建筑进行修复修缮，建筑面积4600平方米。实施“8+x”项目47个，现竣工项目33个，在建项目14个，拟建项目2个，总投资61.32亿元，完成投资34.37亿元。二是全面延伸新城区开发。新区大道，市场综合体、经济适用房小区、廉租房小区、投资3亿元的新区建设一期工程等项目已经竣工、投资120万元的群众文化活动中心、投资140万元的老卜底灌溉渠道等项目正在施工建设，华润六枝电厂2×66MV项目建设一期工程已基本完工，华润啤酒、华润水泥厂项目的进场，提早实现华润循环经济园的快速发展模式，辐射了更广泛的空间。三是全面打造岩脚镇旅游观光带。为打造特色旅游古镇，举全镇之力筹备了总投资达10亿余元的20个旅游项目，以村、企合作，通过群众、政府、企业三个方面的配合确保所有项目的顺利实施。在现有机耕道基础上新建改造村庄道路5千米，36000平方米。部分道路改造为田园自行车道或休闲步道，建设排水管沟5千米，建设污水湿地处理系统1套。建设群众文化广场（农耕文化园1个），整治村寨外部环境，提升民房功能外观，完善垃圾污水收集清运系统。打造507335平方米田园风光，指导分区进行差异化种植，并配套建设农业基础设施和农业观光服务设施。打造了以高桥、青杠林、太和、岩脚等6个沿河村117427平方米廻龙溪生态休闲廊道、廻龙溪滨水栈道（长3.7公里，宽3米）。对3.6千米河道进行清淤、河堤治理，修建景观桥2座，景观拦水坝3道，打造温泉后门广场、岩脚面美食驿站、石滩垂钓、高桥村滨水码头等景观节点及亲水平台。依托火焰山、凤眼等自然生态环境，打造具有观赏、人文和历史传说的火焰山景点。建设总设计39461平方米，建筑面积2750平方米文化公园及其相关配套设施。

【四在农家·美丽乡村及示范村寨建设】 2015年，“四在农家.美丽乡村”民居改造总共完成1996栋，其中全面改造1657栋，部分改造339栋。投资2200万元打造高桥村龚家寨、骂陇寨、金星村晏鹅寨、青杠林村等6个小康示范寨；完成一事一议项目13个，总投资680万元。改造村庄道路2.8千米，建设排水管沟3千米，建设污水湿地处理系统1套；垃圾收集系统1套，完善居民房屋功能设施200户，房屋立面改造200栋，修复村内古建筑2处，重点打造3户农家乐或乡村旅馆，建设21380平方米群众文化广场等基础设施，在田家寨筛子眼建设廻龙停车场1个，车位200个，配套景观绿化、电气照明、供排水、辅助用房等设施设备，用地规模16900平方米。

【社会事业】 2015年，完成城乡居民养老保险参合人数19493人，达目标任务数18950人的102.87%；新农合参合人员50051人，参合率达99.1%，筹集合作医疗资金3503570元，60周岁以上养老保险发放率为100%，居住条件逐步改善，先后发放了救灾救济款850000元整，救济大米39000公斤，发放临时救助资金39800元，发放救灾救济棉衣55件、棉被57床，有效解决受灾户、困难群众的温饱问题；发放军烈属、复员退伍军人、参战退役人员及残疾军人定期定量补助款1378287万元，复退军人房屋维修资金9万元，春节发放重点优抚对象生活困难补助金68600元。“八一”优抚对象慰问金70200元，优抚对象门诊费补助金额74400元，代交2016年优抚对象合医金额21690元，发放60岁以上农村籍退役士兵补助经费107100元。发放城乡低保户、五保户春节一次性补助资金1295850元，城乡困难群众的基本生活得到了有效保障。实施生态移民搬迁182户793人、危房改造159户、“四在农家”1996栋，建设各类保障性住房1146套，完成农村地面数字电视3000户，劳动力资源调查31225人，城镇新增就业2434人，完成门诊统筹34396人次，报销减免134.5万元，住院治疗4198人次，报销减免850.5万元。共办理结婚登记1082对，离婚登记74对，婚姻登记合格率达100%。对我镇现有306名留守老人，2458留守儿童实行了责任包保，社会社会管理得到加强，社会发展和谐稳定。全年出生人口294人，出生婴儿性别比107.5；常住人口符合政策生育率为96.1%。农村计划生育奖扶、特扶申报，年审达100%，发放计划生育扶助金1004270元；完成手术241例，其中二女扎完成33例，其他补救措施12例，全面夯实了农村计生基础工作。全镇小学入学率为99.2%，全镇中小学7421名学生已全部实施“贵州模式”营养改善计划。

【社会管理】 按照民生优先，服务为主，重在基层的原则，推进社会管理创新，继续坚持定期接访、下访约访、信访包案等好的做法，开展大排查、大调解活动，抓好重点时段、重点问题、重点人员的稳控与化解。依法打击违法犯罪活动，加快推进社会治安动态管理建设。深化拓展“六五”普法工作，加强对各中小学青少年法制教育，扎实做好外来务工人员服务与管理工作。加强应急队伍建设，健全突发公共事件应急机制。强化安全生产两个主体责任落实，重点抓好煤矿、非煤矿山、道路交通、森林防火等重点领域和学校等重点场所巡查监管力度，扎实开展好各种隐患排查整治工作，认真开展安全生产“打非治违”行动，形成高压态势，有效地遏制了非法违法生产经营建设行为的蔓延和反弹。

【基层组织建设】 着力加强基层组织建设，积极探索新模式和新做法，增强基层组织的创造力、凝聚力和战斗力。全面推行“四议两公开”工作，加大村级组织活动场所管理和使用力度，充分发挥活动阵地的作用，严格党的组织生活制度。认真落实好中央、省委、市委和特区党委安排的各项工作，认真落实每个村由5名驻村干部组成的同步小康驻村工作组，细化驻村干部工作职责，切实推进精准扶贫工作打下基础，真正沉到基层为民办实事，落实专项经费保障同步小康驻村工作有序开展，确保到2017年同步建成小康社会的总目标。抓好发展党员工作，把发展党员工作列入重要议事日程，强化“三个严格”。一是严格把关，防止暗箱操作；二是严格培训，提高入党积极分子的综合素质；三是严格管理，形成良好的用人机制，对入党积极分子按计划和程序入档管理。2015年共培养入党积极分子36人，吸收预备党员18名，发展中共正式党员4名，手续完备，结构合理。

【党风廉政建设】 按照党要管党、从严治党的方针，建设廉洁高效的党员干部队伍。2015年，镇党委会议研究纪委工作7次，党委主要负责人对班子成员集体警示谈话3次，对二级班子以上集体约谈1次，各站所报备案民生项目56个，其中涉及工程类25个，资金合计1627.867万元；资金类30个，资金合计623.6405万元；物资类1个，合计化肥67吨。信访投诉受理13件（上级交办12件），已办结信访件11件，正在办理2件。没有发生集体上访现象，按时限办结上级转办的信访事项办结率达100%，反馈率达100%，办理质量符合要求。

关寨镇

【概况】 2015年6月，关寨镇由堕却乡和箐口彝族仡佬族布依族乡合并组建的镇建置，位于六枝特区西部，东与新窑镇相连，南同中寨乡共界，西与水城县陡箐镇接壤、北与新场镇、岩脚镇毗邻。镇政府驻地关寨镇堕却村，距六枝特区政府驻地19公里。国土面积为201平方公里，辖20个行政村和1个居委会，有316个村民组，总人口11428户44598人。居住有汉族、彝族、仡佬族、布依族、苗族等民族，少数民族有12635人，占总人口的28.3%。森林覆盖率62.6%。

境内彝、仡佬、布依、苗等民族风情浓郁，有蕴藏着古夜郎文化的军马场（朗树根村境内）；有马麻大冲（半坡村）、挖沙坡（朗树根村）苗族风情，倮那、大坝（牛坡村）、居都村仡佬族的吃新节等民族风情；有堕却、郎节坝、上寨三个村交错相连的数十里竹海；有远近闻名的中坝水库和堕却清水鱼，是融民族文化风情、自然风光为一体的独特旅游乡镇。

拥有北部库区农业示范园区、核桃、刺梨基地、万亩茶园；在建茶叶加工厂1个、3个电子商务服务中心及15家专业合作社（公司）；经济树种主要有油桐、乌桕、板栗；经果林主要有桃、李、梨、橙等。主要特色农产品有小米核桃、中药材、薯类、花生、桃子、竹荪等；家禽家畜有牛、马、猪、羊、鸡、兔等，属典型的农业乡镇。

2015年有贫困户3454户8737人，采取全镇财政供养人员及上级下派到镇的同步小康工作人员对贫困户实施“一对一或一对多”的包保模式，开展遍访帮扶工作，现已全部建档立卡。积极实施产业结构调整，争取扶贫项目，已实施林下生态养殖共计10000羽，肉牛养殖1560头，黑山羊养殖1460只；茶叶种植面积达到10000亩，核桃种植面积3000亩，刺梨种植面积600亩。创业就业培训300人次。通过以上措施，2015年实现脱贫318户1261人。形成“依托产业脱贫致富”格局。

矿产资源以煤、白萤石和陶土为主，另有重晶石、硅铁等。煤炭储量约7.05亿吨，镇境内建有4对有证煤矿（即：箐川煤矿、天泰煤矿、新宝园煤矿和猴子田煤矿）；白萤石储量约300万吨；陶土储量约70万立方米；玄武岩2000万吨。

G356国道、六（盘水）六（枝）高速、贵（阳）昆（明）铁路和株（州）六（盘水）复线铁路（设关寨火车站1座）自东向西穿境而过，在建的安（顺）六（盘水）高铁自东向西横跨境内（设长箐高铁站1座）。辖区20个行政村通村公路已经全部通至村活动室，其中有19个村通村路是水泥路，交通条件十分便利。

2015年，全镇财政总收入完成577.09万元，其中国税完成78.53万元，地税完成448.42万元，财政部门组织收入50.14万元；公共财政预算收入358.55万元，其中国税完成14.43万元，地税完成293.98万元，财政部门组织收入50.14万元；固定资产投资完成18.0521亿元，工业产值完成14.1003亿元，招商引资到位资金完成6亿元；农村人均可支配收入达6850元。

【创新机制、加强党的建设】 紧紧抓住活动主题，改进工作作风。认真贯彻落实“三严三实”活动，坚持把促进经济发展贯穿于基层党建工作的始终。紧紧围绕“巩固传统经济、发展特色产业”的发展思路，引导农民调整产业结构，在资金、技术等方面给予帮扶，促进各项种养实用技术的推广、应用和农民增收。

全面落实党建工作责任制，为党建工作提供有力保障。一是进一步完善各级党支部工作职责，建立健全基层党建工作责任制。落实镇党委书记负总责，班子领导具体抓，相关责任人具体落实的工作机制，强化指导力度，责任目标和督促检查工作，通过建立督查考核机制，狠抓工作目标、制度、责任、实效的落实，形成一级抓一级，层层抓落实的党建工作格局。二是按照镇党委与区委年初签订的党建目标责任书内容，确定党建工作目标，把党建工作考核成绩与村干部季度工资挂钩，有效提高了干部狠抓党建工作的积极性。

加强学习，增强各级党组织战斗力。一是开拓思维，创新方式，充分利用区、镇及网络教育资源，大力抓好党员干部教育学习工作。同时，配合好区委组织党员干部共计200余人次参加学习了党的十八届五中全会精神等。二是积极组织开展劳动模范道德学堂等活动2期，鼓励领导干部走上讲堂，自拟课题，将自己所思、所想、所悟充分结合实际工作，与广大党员干部共同分享经验。三是利用农村现代远程教育站点开展党的政策和农村实用技术培训。四是充分利用村支、两委干部组织党员干部参加培训。

加强基层党组织建设，提升为民服务水平。一是突出抓好“两委”班子建设。坚持执行“四议两公开”“三会一课”等工作制度，注重提升村“两委”班子的战斗力和凝聚力，着力打造一支想事、谋事、干事的干部队伍。二是严格执行镇联系村领导到村工作制度。要求联系村领导每周至少下村1次，现场解决存在问题，切实有效的解决了联系服务群众“最后一公里”问题。三是在箐口政务服务中心和21个村（居）委会设立便民服务示范站点，配备相应的人员，以创建“便民服务型”党组织为目标，充分发挥好便民利民的作用，并把便民服务站的运作与党员驿站，充实服务内容，为群众提供政策咨询、事务代办、纠纷调解、扶贫帮困等服务，共处理各类事件120余宗，实现服务群众“零距离”。四是强化党务村务公开制度，对涉农的问题进行公开。

强化队伍建设，为党组织输送源源不断的新鲜血液。一是始终坚持发展党员的十六字方针，重点培养回乡优秀青年、复退军人、村组干部、致富带头人和妇女“能人”加入党组织。2015年共吸收积极分子29名、预备党员17名、转正10名，进一步改善全镇党员队伍整体结构。二是搭建后备干部培养平台。选拔6名思想好、能力强、年纪轻、文化高的优秀人才进入村“两委”后备干部队伍，通过组织学习等形式加强了对他们的培养，夯实了村级组织的基础。

深入基层，全面贯彻帮扶扶贫户。按照区委的统一部署，组织全镇干部积极开展帮扶工作，镇领导班子每人帮扶4户精准扶贫户，一般干部帮扶3户精准扶贫户，落实扶贫帮扶1518户5951人，走访、遍访困难户3154户8748人。

狠抓作风建设，推动党风廉政建设工作。一是进一步明确岗位职责。全面落实党风廉政建设“一岗双责”，细化班子成员履行党风廉政建设职责，要求领导带头落实党风廉政建设岗位责任制。二是狠抓干部作风建设。结合以开展党委、纪委“三严三实”专题教育学习活动，践行党风廉政建设责任制为契机，大力查摆和整治干部当中“慵、懒、散、奢、贪、拖”现象。三是完善预防和惩治腐败体系。结合镇实际，先后制订完善党风廉政建设和反腐败工作实施方案等，以制度管人、管钱、管事，从源头上保证廉洁高效运作。四是加强农村集体“三资”管理服务。成立镇农村“三资”工作领导小组，对村（居）、组的资金、资产、资源进行全面的核查、登记。五是强化监督指导职能。对镇财政所等镇机关单位，开展包括农村危房改造、小微企业、家电下乡、粮食直补、救灾救济等惠民政策中存在的违规违纪行为的专项检查，对存在问题责令整改，对苗头性问题，做到早提醒、早预防。2015 年共备案民生项目 35 个，涉及资金 520.5 万元。开展水利建设、低保、危房改造、营养餐等专项检查，共发现问题 76 个，涉及资金 10 余万元。立案 5 件，其中：民生领域 4 件，已办理结束；作风领域 1 件，正在补充调查取证。查找案件线索 2 件，其中 1 件旁证已取足，待找到当事人核实情况后即可立案。共追缴违纪款 1.6 万元，已为群众追回资金 3.15 万元。查处违反中央“八项规定”人员 14 人，处罚 4600 元，追回长期借用国家资金 2 万元。六是加强壮大村级集体经济发展，明确党委书记是第一责任人，分管党建工作的领导是直接责任人，全年全镇 20 个村村级集体经济累计均达到 2 万元以上，全面消除空壳村。

【传统产业效益增产增收】 2015 年，积极筹措各类农资，确保粮食生产增产增收。完成马铃薯播面 2.88 万亩（其中：高产示范 5000 亩、特色马铃薯展示种植 5 亩）；平均亩产 1668 公斤，总产 4200 吨；落实粮增工程玉米 8000 亩、水稻 8000 亩高产样板示范点 2 个（200）亩；病虫、鼠兔害综合防治上落实 1.2 万亩的防治面积；积极引导养殖大户扩大规模，牛存栏 11462 头、猪 22777 头、羊 11247 头、家禽 18.17 万只（羽），可确保今年畜牧业产值达到 7982 万元，增加值 5367 万元。生猪养殖大户 2 家（200 头以上规模），能繁母猪存栏 200 余头，确保了生猪生产仔猪供应，道地合作社生态鸡养殖 10 万羽；积极开展春、秋季免疫工作，畜禽免疫率达 100%，加强动物卫生监督执法，提高动物检疫能力和水平，强化兽药饲料监管。

【合理规划特色产业布局】 一是立足自身资源优势，以北部库区生态农业观光园区建设为契机，围绕市特色农业“3155 工程”，积极引进农业企业，采取“公司（合作社）+ 基地 + 农户”的发展模式，通过流转农户土地，着力发展核桃、茶叶、中药材、刺梨等产业种植及蛋禽养殖，增加农民收入。2015 年，成功引进西藏圣核公司、道地合作社、振兴伟业公司、登文合作社等 7 家农业企业，辐射带动周边农户在堕却等 20 个村种植核桃 60520 亩。其中“乌米 1 号”和“小米 1 号”2015 参加六盘水第二届“贵州屋脊 . 凉都珍品”高原山地特色农展会核桃专家品评会，获得“最饱满果仁荣誉称号”，在团坡等 7 个村种植茶叶 10399 亩，在朗树根等 2 个村种植中药材 6215 亩，在堕却等 2 个村种植刺梨 2000 亩，在朗树根村养殖蛋禽 6 万羽，流转土地 17000 多亩。二是狠抓精准扶贫创新发展。紧紧抓住国家实施新阶段扶贫开发的机遇，充分利用和发挥包保单位及当地各种资源优势，立足镇情，积极组织项目实施，坚持工作到村、扶持到户，落实扶贫帮扶 1518 户 5951 人，走访、遍访困难户 3171 户 8745 人，切实帮助贫困农户增产增收、脱贫致富。各村均制定了适宜本村发展脱贫的计划。完成省精准扶贫示范点创建工作，经省级验收合格并获第二名。

【小城镇建设】 围绕特色、绿色，按照“8 个 1”和“8+3”项目要求，优化城镇空间布局，促进小城镇协调发展。2015 年，投资 1690 万元实施箐口小学、过瓦小学、龙滩小学地质灾害治理工程已全部完工；投入资金 60 万元修建人资社保中心办公用房 300 平方米，已竣工投入使用；投入 336

万元资金修建80套教师、卫生周转房，现正在进行外装饰；投资280万元修建镇文化体育广场，已经完成工程量的60%；投入410万元资金修建敬老院房屋1760平方米，主体已经完工；投资80万元对镇老街进行改造，正在建设中；堕却中学综合楼建设工程正在办理项目前期相关手续。对小城镇内的住房全部按“四在农家”民居建设进行打造，对街道两边住户实行门前“三包”，每周定期对垃圾集中清理，垃圾填埋场建设已完工且投入使用。2015年生态移民搬迁项目涉及166户684人（已经完工27户），采煤沉陷区300户搬迁已经征地完工规划布局在堕却村原生态移民搬迁点，进一步扩大了小城镇规模，为示范小城镇建设奠定了基础。

【人口与计生事业健康发】 2015年，出生282人，其中：男孩157人，女孩125人，出生人口性别比为126%，人口出生率6.01‰，死亡率4.38‰，自然增长率1.63‰；完成“四术”191例；征收社会抚养费86万元，为全年99万元的86.86%；发放避孕药具480人次，村级药具管理人员培训42人次；落实妇科病普查普治检查2031人次。

【教育事业均衡发展】 2015年，坚决执行农村义务教育阶段学校“两免一补”．发放贫困寄宿生生活补助款1545人次180.15万元（其中：初中1084人135.5万元，小学432人43.2万元，幼儿园29人1.45万元）。“营养计划”全部实现“人人吃午餐”。完成教育“9+3”401人，为任务数的100%。九年义务教育巩固率为89.4%，各项指标达符合标准要求。

【民政救助】 一是严格按照《贵州省城市居民最低生活保障办法》《低保工作民主评议及监督制度》及农村低保政策的有关规定，认真开展2015年城乡低保有关工作，严格把好申请、核实、审批等环节上的政策关，确保城乡低保对象在动态管理的前提下达到应保尽保，低保工作水平得到进一步提高。二是按时足额发放城乡低保金，并将发放情况及时张榜公布。共发放城市低保金630238元，解决103户193人；农低保款6675427元，解决2642户4340人；低保户救助粮45570斤，解决477户760人；发放五保供养金274050元，解决81户96人；发放临时救助30500元，解决12户12人；城乡医疗救助128880元，解决15户15人；“救急难”补助30000元，解决2户2人；发放救济款715920元，救济大米42100公斤，救济棉衣90件，棉被90床，解决1811户，5807人的基本生活；发放老复退军人的定补款、伤残军人补助费及烈属抚恤金727443元，解决149户149人；优抚对象建房补助119000元，解决11户11人；60周岁以上退伍军人补助58860元，解决55户55人；退伍军人自主就业补助237600元，解决17户17人；重点优抚对象门诊补助43500元，解决145户145人；死亡人员按规定火化8人，火化率达6.01%，按上级要求完成任务；发放80周岁以上老人生活补助595590元；共发放留守儿童救济款1200元。发放精减退职老职工补助10800元，解决6人；发放23名残疾人专职委员补贴9440元；加大留守儿童的摸排，全镇共有0～18周岁留守儿童1048人。

【社会保障】 认真落实党和国家的惠民政策，促进稳定和谐为宗旨，有效推进城乡养老保险、新农合、城镇居民医疗保险，城镇新增就业等工作。2015年，1%人口抽样调查工作全部完成；城镇新增就业人员532人，完成目标任务500人的106%；农业劳动力转移就业1500人，完成目标任务1382人的108%；微型企业登记备案8家，带动就业人员32人。城乡居民保险应参保人数目标任务16548人，已参保17097人，完成率103%；基金征缴任务132万元，完成110万元，完成83.33%；新增待遇领取人员337人，一次性支付待遇83人，支付金额35343.22元。城镇居民医疗保险应参保人数565人，应缴费18000元，已缴费18760元，完成率104.22%。新型农村合作医疗应参合22824人，1597680元。参合11700人，参合资金819000元，完成率100%

【社会治安综治治理】 全面落实社会治安综合治理的各项措施，不断加大对各种违法犯罪活动的打击力度。2015年全镇发生刑事案件21起，破3起，正在侦破18起，刑事拘留3人，逮捕2人，抓获网上逃犯3人；受理治安案件90起，查结87起，行政拘留5人，治安警告0人，查结率96.7%。深入开展交通安全专项整治活动，深化平安创建工作，有效维护了全镇道路交通秩序和治安秩序的稳定；查处纠正各类交通违章100余起，暂扣各类车辆70余辆，利用堕却、箐口赶场天搞好道路交通安全宣传，受教育群众达10000余人。

【信访维稳】 大力开展以普法教育为基础，以民间矛盾纠纷调解、整治社会秩序、打击各种违法犯罪活动为龙头的各种社会治安综合治理活动，提高广大群众的法律意识，创造良好的社会治安环境，全年共计接到矛盾纠纷信访件36件，化解36件，调解率100%，调解成功率100%。

【精神文明建设】 2015年，发放数字电视卫星接收机4106套；组织中老年人在镇文化广场跳健身广场舞，丰富了群众的业余生活；以开展仡佬族"吃新节"和彝族"火把节"为契机，加强少数民族传统文化遗产的挖掘。

郎岱镇

【概况】 2015年6月，经区划调整由原郎岱镇和洒志乡合并组建郎岱镇。位于六枝特区西南部，总面积206.42平方公里。辖21个行政村1个社区居委会280村（居）小组，共17475户64453人。现居住的少数民族有苗族、布依族、仡佬族、彝族等民族。

郎岱镇区位优势突出，是周边乡镇的商贸服务文化中心。是贵州省重点小城镇、历史文化名镇、万亩商品蔬菜基地和六盘水市现代农业产业园区、特色养殖示范基地。是大连市政府对口帮扶六盘水市建设的中国凉都原生态农产品科技扶贫加工示范园区。

2015年，郎岱镇完成财政总收入3539.28万元。完成公共财政预算收入2793.17万元，完成固定资产投资25亿元，完成招商引资14.418亿元，农村居民人均可支配收入实现7578.18元，城镇居民人均可支配收入实现33740.35元。

【内设机构】 党政办公室、财政所、农业发展中心、综治维稳办公室、社会事务办公室、计划生育办公室、经济发展办公室、规划建设环保办公室、综合行政执法办公室、科技宣教文化信息服务中心、卫生计生院、政务服务中心、环境卫生管理所镇、敬老院、留守儿童关爱服务中心、扶贫工作站。

【产业结构调整】 着力强化新型城镇化建设，推行旅游全域化，在配套、完善、提升上下功夫，推动产业融合发展。加快基础设施建设，六郎路基本建成完工。狠抓宣传营销，完成观景点设计，加强了"郎岱古镇"主题的宣传片拍摄。加快城区建设，商业大道稳步推进，开工建设迎祥广场、百草园等旅游项目。继续推进牲畜养殖项目，全年猪、羊、牛等牲畜存栏数量和出栏数量较上一年度有明显提升。通过推进"三变"改革，群众实现租地拿租金、在家打工领工资等多种增收效益。

【三变工作】 坚持"产业生态化，生态产业化"发展理念，依托农业园区建设，大力实施精准扶贫，创新"三变"发展模式，为深化农村改革、促进现代农业发展、加快农民脱贫致富奔小康进行了积极的实践和探索。按照"一村一策"的思路，镇党委、政府认真研究制定了各村发展壮大村级集体经济的实施方案。坚持因地制宜原则，因村施策，宜农则农、宜工则工、宜商则商，走多元化发展之路。坚持村为主体原则，把村集体增收和农民增收有机结合起来，大力培育农业龙头企业、种养大户、建筑施工队等农村经营主体。"三变"实施以来，组织流转土地6000亩入股经营主体，变资源为资产，整合财政资金3100余万元、社会资金8000万元入股经营主体，变资金为股金。

全镇共有2135户农民转变为股东，其中有贫困人口入股2566人，带动贫困人口脱贫13948人。全镇行政村集体经济积累达200余万元。

【四创工作】 围绕“产城互动”“镇村联动”的目标，大力推进城镇化进程，着力开展“四创”工作及集中整治专项行动。全镇共投入100余万元，用于城镇环境卫生治理，镇容村貌发生巨大变化。上寨村地质灾害搬迁点43户村民住房，以“四在农家、美丽乡村”标准打造成小康寨，阿乐村被命名为“全国文明村”。围绕绿色贵州建设三年行动计划，大力实施天然林保护，推进水利、生态、石漠化“三位一体”规划建设，全镇生态环境不断改善。

【安全生产工作】 健全完善应急管理机制和安全生产责任制，切实加强森林防火、社会消防和交通安全等重点领域安全监管和责任追究，全力遏制和预防安全事故发生。全年排查安全隐患236条，下达责令整改通知书72份，督办意见书72份，开展“六打六治”“打非治违”“道路交通百日安全专项行动”等活动，为全镇经济社会的稳定发展提供了有力的基础保障。

【平安建设】 在通过各种群众喜闻乐见宣传教育形式的基础上，开展创建1个无邪教示范村（阿乐村）、3个无传销示范村（阿乐村、木城社区、青菜塘村），建立了1支群防群治专职巡逻队，采取城区车巡+步行的方式开展巡逻，22个村（社区）均各自建有1支巡逻队伍，进一步提高群众见警率。党政领导带头接访，全年开展接访270人次，排查矛盾纠纷86件，化解86件，网上处理信访件16件，对特殊群体进行思想疏导，社会呈现和谐稳定局面，全镇各项社会事业稳步推进。

【自身建设】 2015年以来，镇党委创新活动载体推行“一线工作法”。着力解决服务群众“最后一公里”的问题，多谋民生之利，多解群众之忧。以目标倒逼责任，以时间倒逼进度，以实绩倒逼办法，坚决消除“中梗阻”。一是推动政务服务提速提效。始终坚持权为民所用、利为民所谋，努力用政府权力的“减法”换取市场活力的“加法”，用政府的工作效率换取企业的发展效益，用干部的辛苦指数换取群众的幸福指数。将机关优秀党员干部，通过选举、选派等形式，直接到村（居）任党支部书记，实现“力量在一线配置，调度在一线进行，服务在一线到位，问题在一线解决，形象在一线树立”，在帮助化解矛盾、强化基层组织、推进精准扶贫、落实“三变”改革等方面取得了实实在在的效果。二是大力推行简政放权，推进服务型政府建设。把转变政府职能作为一项大事来抓，精简办事程序，缩短办理时限，坚决向不作为、乱作为、吃拿卡要等行为亮剑，努力创造法治化、便利化的郎岱行政风气，最大限度方便群众、方便基层。

【远程教育工作】 抓好22个站点设备维护，利用站点上党课60余场次，开展道德讲堂30余场次，开展反传销和禁毒知识培训20场次。

龙河镇

【概况】 龙河镇原名龙场乡，1992年“建并撤”将原新华区的陇木乡、老马乡及鼠场乡部分区域及原管辖区域组建龙场乡，2015年6月撤龙场乡建龙河镇。地处六枝特区北部，东与普定县相邻，西与岩脚镇接壤，南与新窑镇相连，北与新华镇毗邻。东西最大距离13千米，南北最大距离16千米，总面积61.3平方千米，其中陆地52平方千米，占85%；水域9.3平方千米，占15%，人口密度每平方千米727人。境内主要有煤、铁、石灰石、硅石等，煤储量1.8亿吨。现有1对煤矿。森林覆盖率达36%。政府驻地双龙村，距六枝特区政府驻地19千米。

2015年，辖林场、红旗、龙场、迎新、永丰、双龙、迎风、陇木、新院、营盘、新场坝11个村和龙场居委会，共12个村（居）委会，144个自然村寨，177个村民小组，11297户，总人口44815人，以汉族为主，有苗族、仡佬族、彝族、布依族、白族、穿青等18个少数民族，1422户，共1847人，占总人口的4.1%，超过100人的有苗族、仡佬族、彝族，其中苗族892人，占少数民族人口的48.3%；仡佬族293人，占15.9%，彝族223人，占12.1%。

2015年，全镇完成固定资产投资88409万元，工业总产值60095万元，招商引资6.87亿元。完成财政总收入589.39万元，其中国税185.58万元，地税383.54万元，非税20.27万元，完成任务数363万元的162.37%，全镇经济呈稳定增长态势。农民人均年收入达7017元，同比增长12%。

【机构设置】 2015年龙河镇机构改革后内设党政办公室、人大办公室、经济发展办公室、卫生和计划生育办公室、社会事务办公室、社会管理综合治理办公室、农业综合服务中心办公室、新型农村合作医疗管理办公室、安全生产监督管理办公室、全面小康社会建设领导小组办公室、禁毒委员会办公室、群众工作办公室、规划建设环保办公室、城镇规划建设管理所、科技教育文化服务中心、养老服务中心、人力资源和社会保障服务中心、水务站、林业站、财政所、敬老院、机关工会、卫生计生院。镇机关行政编制33人、事业编制106人；实有在编公务员29人、事业人员73人。

【“三农”工作】 2015年，围绕“3155”工程，提出“4125”产业发展思路，申报产业园区，助推山地绿色产业发展，促进农民增收致富。已种植雷竹5000余亩，精品水果种植13000余亩，茶叶种植10000亩，核桃13900亩，猕猴桃种植5000亩，杨梅5000亩。完成精准扶贫建档立卡1856户7282人，减少农村贫困人口1243人。粮食产量完成1.641万吨，农民人均可支配收入达7017元，比2014年净增732元。积极推进“三变”改革工作，发放宣传手册3500本，引导农民变股东，用承包耕地入股3642户，入股耕地21400亩，资金入股21户，农民入股资金94万元。培育各类种养殖专业户200户，龙头企业2个，家庭养殖场、种植场、合作社共19个。

【小城镇建设】 2015年，围绕镇域实际，将龙河镇定位为“养生福地、秀美龙河”，已完成示范小城镇的总体规划编制。龙河镇8个1项目：已完工卫生院、人力资源和社会保障中心、敬老院以及保障性安居工程。在建5个项目，分别为滨河路、农贸市场、文化娱乐广场以及小广场、污水处理厂；8+X项目：已完工幼儿园一个，在建猕猴桃基地、有机农产品基地以及立面改造工程、易地扶贫搬迁工程。实施财政“一事一议”奖补项目7个，硬化通组公路4.7千米，安装路灯20盏。实施通村公路建设8条，里程达43千米，投资金额2150万元。完成“都香”高速沿线四在农家建设183户，完成危房改造54户，完成10户小康房建设。全镇基础设施逐步完善，镇容村貌明显改善。

【社会事业】 一是“四创”工作有序开展。依法拆除违章建筑6户550平方米，强制拆除超店面搭建钢架雨棚7户100余平方米。二是教育工作趋于平稳。441名初中毕业生全部进入高中或中等职业技术学校就读，中小学辍、入学率均控制在特区下达的指标范围内。三是合作医疗参合率得到提高。农村合作医疗参保人数达37118人，参合率达到99%。四是积极推进新型农村和城镇居民社会养老保险工作。完成新型农村和城镇居民社会养老保险1020400元，为任务数680000元的150.06%；完成城镇居民医疗保险24940元，为任务数24500元的101.80%。五是全力推进人口与计划生育工作。人口出生率为5.48‰，符合政策生育率96.6%、避孕节育措施落实率97.27%、完成计生“四术”376例，其中：上环220例，结扎156例。完成孕前优生健康检查94对188人次，完成征收社会抚养费96万元，顺利通过省、市、特各级考核验收。六是着力开展社会治安综合治理及三年禁毒人民战争工作。全镇共立刑事案件27起，破16起，破案率为59.25%；立治安案件39件，查处39件，查处率为100%；全年共抓获吸毒人员26人，治安环境稳定。七是加大惠民政策落实力度，累计发放农低保资金427.93万元，城乡低保资金21.10万元，发放农村医疗救助金13万元，发放优抚金48万元，发放高龄补助资金2.6万元，发放自然灾害补助资金62万元，五保供养金发放13.5万元。完成“都香”高速沿线四在农家建设183户，完成危房改造54户，完成10户小康房建设，从根本上改善了农民的居住条件。

【组织工作】 2015年，全面落实党要管党、从严治党的方针，深入开展“三严三实”专题教育活动，全面推进基层党的思想、组织、作风和制度建设。一是加强镇党委的自身建设，发挥党委的龙头作用。镇党委、政府班子始终以高度的责任感和使命感，以建设“五个好”党委为目标，提高驾驭工作的能力。二是加强农村党支部建设，发挥党支部在农村中的战斗堡垒作用。11个村党支部结合村情，分别发展雷竹、猕猴桃、石榴、茶叶、杨梅等产业，龙场村党支部“七一”被市党的建设工作领导小组评为先进基层党组织。三是严格落实党建责任制。始终把党建工作任务，质量标准，完成指标落实到每个党委成员，与各党支部签订《党建目标责任书》，定期听取汇报，进行检查，确保党建工作责任真正落到实处。四是加强党员干部队伍建设。镇党委始终坚持党委中心学习组学习制度，以支部为阵地，认真举办党员干部、入党积极分子培训，积极开展党员远程教育工作。2015年发展党员12名。

【党风廉政】 一是加大宣传力度。多措并举加大党风廉政建设宣传工作。一年来，召开30余次院坝会宣传民生政策，利用赶场天开展民生政策宣传6次，向农户发放民生监督联系卡5000张，发放调查问卷6400张，提高群众对民生政策的知晓率。二是扎实开展民生专项监察工作。对农低保、家电下乡、教育、危房改造、微企等进行专项监察。三是完善制度措施，加强作风督查。出台《龙河镇干部职工管理办法》《龙河镇干部职工督查制度》。定期不定期开展督查工作。四是狠抓案件查办工作。注重从信访举报收集案源线索，2015年立案3件，结案2件，办结2014年未办结案件1件。通过案件的查处，教育了广大基层干部。

【宣传文化】 一是建立干部职工学习制度，全年组织全镇干部职工政治理论集中学习十八届三中、四中、五中全会精神及习总书记系列重要讲话精神共10次，参加特区宣传部理论考试1次。二是成立了网络工作队伍，明确专人负责网络思想的引导，并按要求及时报送网络信息，报送舆情信息30余篇。三是在重大节假日积极开展健康向上的文化生活。在镇中学举办了第三届干部职工运动会，组织老龄门球队到郎岱镇参加全区门球运动会，组织河滨文艺队到岩脚镇参加北部片区舞蹈比赛，取得良好成绩。四是积极配合新闻媒体对特色产业、文化、旅游等富有龙河镇特色的发展进行宣传报道。

【群团工作】 工会开展扶贫济困50人次；妇联表彰“三八”红旗手2名，“五好文明家庭”10户；团委配合学校开展“六一”儿童节、“五四”青年节、纪念“一二·九”等大型活动，开展大型志愿服务活动3次；重视关心下一代、统战及民族宗教事务工作，强化工作领导，做好建档立卡工作，定期组织学习相关业务知识，进行工作调研，注重工作实效。

【表彰】 6月10日，龙河镇民生监督示范创建工作被六盘水市纪委监察局授予“六盘水市民生监督组示范单位”荣誉称号。

新华镇

【概况】 2015年6月撤新华乡建新华镇。新华镇位于六枝特区东北部，东接织金县白泥乡，西与梭戛乡、岩脚镇接壤，南与龙场镇毗邻，北与织金县阿弓镇相接，东西最大距离约11.3公里，南北最大距离约21.6公里。国土面积为67.9平方公里，耕地面积43766亩，辖9个行政村1个居委会，89个村民组。总人口8120户31871人（常住人口20643人，流动人口11228人）。人口出生率为6.01‰，人口自增率为4.29‰，政策生育率96.4%，境内由汉、苗、彝、仡佬、布依等多种民族组成，其中少数民族人口占总人口的23%，分布在新寨、新田、新平、兴隆四村。

新华镇根据市农业特色产业“3155”工程规划，结合当地实际情况，把发展茶叶和精品水果产业作为新华的主导产业。2015年1月，新华高山生态茶叶经济示范园区被认定为省级现代高效茶叶示范园区。园区规划高标准建设生态茶园2万亩，现已集中连片建成20000余亩，覆盖9个行政村，涉及农户3126户12842人，在2018年前打造成省级重点茶叶示范园区。

2015年，财政总收入679.45万元，其中，国税完成381.4万元，地税完成295.71万元，财政完成2.34万元。耕地占用税任务70万元，完成88.61万元，占任务的126.58%；非税收入（社抚费）任务数54万元，完成59.448万元，占任务的110.08%。全社会固定资产投资完成88649万元；工业总产值完成66726.05万元；招商引资实际到位资金4.1亿元，为目标任务的102.5%。农村居民人均可支配收入达到6898.8元。

【“3155”工程实施】 茶叶种植：在境内的新平、田坝、新寨、王家冲、新田和鼠场6个村，超目标完成茶叶种植，种植面积15700亩。蔬菜种植：蔬菜产业种植任数为1000亩，规划分布主要落实在新平村、王家冲村和田坝村，完成种植1300亩，超目标完成任务。中药材：种植任务数为1000亩，主要分布在田坝村石门坎、龙井大坡、那歹，种植的品种是党参，与茶叶进行套种。核桃：种植任务数为2800亩，分别在新寨和双屯实施。人工种草：在新平村种植700亩，双屯村种植300亩。改良草地：在新平村完成500亩，王家冲完成500亩，共计完成1000亩。其他项目：刺梨、特色经果等项目，由于季节以及申报的问题，目前规划在成功、双屯两个村沿河带实施，预计年底前全部种植完毕。

【项目建设】 一是积极协调，推进120省道提等升级改造工程，为沿线新华境内年产120万吨的新华煤矿，2对年产30万吨的陆家坝和林家岙煤矿，以及邻县织金境内沧海、金西、兴隆、大雁等煤矿往路喜园区、六枝电厂等工业企业输送煤炭打通大动脉，道路建成后将成为一条重要运煤线，每年将承担700万吨的运煤量。为新华镇工业化、城镇化、乡村旅游发展和基础设施建设带来极大的推动作用。二是积极推动赵家院子小（二）型水库建设。该水库的建成，可解决新华镇7个行政村1个居委会共5750户2.3万余人安全饮水问题，1.8万亩农田灌溉，同时可解决新华煤矿及林家岙、陆家坝煤矿的工业用水，为新华镇产业升级，工业强镇打下坚实基础。

【民政工作】 提标整顿农村低保户2215户，3178人；城镇低保户68户，80人。发放低保季节性缺粮21960公斤，申报城乡医疗救助12人，金额128210元；临时救助13人32000元，五保对象40人，集中供养25人，分散供养15人，发放五保供养金110250元，发放自然灾害补助47.5万元，发放冬春救助粮22000公斤，解决镇大部分困难群众的温饱问题。积极落实各项优抚政策，落实义务兵家属优待金发放99000元，发放年满60周岁农村籍退伍士兵“八一”慰问金6800元、退伍士兵（复员士官）自主就业一次性经济补助金21600元、优抚定补金312723元、重点优抚对象门诊补助资金22200元、重点优抚对象“八一”慰问金14800元。申报高龄津贴80周岁老人274人，90周岁老年人33人，百岁老人1人。完成54个一级重度残疾人护理补贴申报，发放轮椅5个，儿童康复椅2个，完成特区残联20余人次残疾人技能培训任务，完成新华镇残疾人协会换届工作，有力地推动了全镇残疾人事业健康发展。做好留守儿童留守老人摸底、排查、包保工作，全镇共有留守儿童1119人，留守老人67人，对重点对象进行了包保。

【人资社保】 2015年，登记个人基本信息3775

条、农村劳动力省内就业登记155人、城镇就业登记358人、失业登记113人、农村劳动力登记1771人、农村劳动力省外就业登记263人、农村劳动力参加社保登记1416人、农村劳动力未就业登记1981人、微型企业劳动用工备案16家解决就业80人、微型企业主得到国家奖励资金80万元。城乡居民养老保险任务数440000元，实际收取参保金441000元完成率102%。

【计划生育】 围绕“强基础、升质量、抓落实、上台阶”的工作思路，认真宣传贯彻计划生育法律法规，坚持依法行政，通过全镇上下扎实有效的工作，取得明显的成效。符合政策生育率97.4%，出生人口性别比为106.6（其中一孩性别比为104.1）；全镇共完成手术372例，常住人口妇检应检378人次，妇检率100%，流动人口妇检174人次，妇检率100%，征收社会抚养费54.7万元，为任务数的101.3%，孕前优生检查完成86对，是任务数的110.3%；“两双”工作新创建的示范村基本达到创建标准，全镇签订双向承诺书7814份，签约率99.5%。“三按月”工作例行开展，共兑现奖励金1.2万元，罚金0.9万元。

【安全生产】 始终坚持把安全生产工作作为各项工作的重中之重来抓。制定了安全生产“一岗双责”实施方案，做好日常安全生产和检查工作，组织开展安全生产大排查和生产安全月宣传工作，重点对镇境内三对有证煤矿、二个砂石厂、田坝村非法采煤窝点、道路交通、水上交通、烟花爆竹、危化物品、民爆物品、食品药品、建筑施工等行业和领域的监管。全年未发生任何安全事故。

【信访稳定和平安建设】 认真落实深化平安建设提升人民群众安全感满意度工作，加强综治基层基础及防控建设，强矛盾纠纷排查化解，确保社会和谐稳定，认真排查梳理全镇重大社会矛盾纠纷突出问题，共排查出矛盾纠纷15起，统计涉稳重点人员共6人（落实七个一进行稳控），信访案件7起（赴省2起4人）。村（居）化解矛盾纠纷6起，综治办协同各责任单位化解矛盾纠纷5起，领导化解信访案件7起。认真开展严打整治、禁毒五个专项行动，加强宣传，深入开展防毒反毒摸底排查工作，开展无毒单位、村居、学校创建工作，认真组织开展禁毒专项测评工作，禁毒工作取得了良好的效果。

【党的建设】 一是突出党委班子核心作用，加强党委班子建设，班子成员以身作则，深入一线，充分发挥党委核心领导作用。二是强化基层组织战斗堡垒作用。各支部结合各单位和党员的岗位实际，明确活动主题，开展时间活动，提高基层支部班子的战斗力、凝聚力。三是发挥党员队伍先锋模范作用。通过宣传栏、工作简报等形式，及时推介各个岗位的创先争优典型事迹，在优秀党员的示范引导下，全镇党员个个争做“优秀党员”。四是坚持履行“两个责任”，认真落实“八项规定”“六项禁令”要求。2015年，镇纪委书记集体约谈各党支部书记、各单位负责人2次31人，干部职工家属1次16人，受理和接上级转办违纪信访调查12件，已办结10件，立案2件，结案2件，给予党内严重警告处分1人，党内警告处分1人。民生工作特派组备案项目17个，涉及项目资金1044.17万元。完成家电下乡补贴核查1202台，核查有问题的632台，涉及补助资金15.3万元。完成2008—2015年危房改造的专项监察2072户。

牂牁镇

【概况】 2015年6月撤毛口布依族苗族乡建牂牁镇，牂牁镇位于六枝特区西南部，东靠郎岱，南连关岭，西接水城，北低晴隆。东西最大距离20.8公里，南北最大距离18.9公里；国土面积186.8平方公里，耕地面积5.2万亩（其中水田1.2万亩）；辖10个行政村1个居委会104个村民小组，总人口5352户21438人，其中有贫困人口1427户4072人，有7个少数民族，少数民族人口12304人，占总人口的57.39%；政府驻地西陵村。

森林覆盖率为43.53%。

2015年年末，地区生产总值3.12亿元，财政收入526万元，农民人均纯收入6928元，50万元以上固定资产投资完成10.63亿元；税收收入完成280.29万元（国税：29.47万元，地税：217.56万元，财政33.26万元）；农村居民人均可支配性收入6928元，增长率为11.6%；

牂牁镇有丰富的旅游资源，境内有一线天、西陵晚渡、白壁峡、老王山、梯子岩、古驿道、天生桥等自然景观，牂牁江沿岸山势雄峻险奇，素有“小山峡”之美誉。民族文化丰富，有苗族芦笙舞，布依族的赶俵歌，板凳、簸箕舞等，蜡染，绣花独具风格。九层山蕴藏着大量的矿产资源，主要有萤石矿、赤铁矿、铅锌矿、金矿、煤炭等资源，具有一定开采价值。

镇党委、政府主要以“科技兴镇、生态立镇、文化活镇、旅游强镇”为举措，围绕“旅游”抓发展，引进项目抓建设，紧盯“三农”抓脱贫，提高产业抓转型。

【农业转产调产新突破】 依托“三变”，找准适合不同海拔高度种植的品种，形成“一村一品、一村一特”的支柱产业。一是发展山地特色农业。采取“政府引导、支部管理、市场运作、股民参与”的方式，大力发展热带精品水果和发展特色种植。现完成精品水果种植3320亩（其中品种有火龙果、木瓜、黄橘、红橙等10多种）；特色种植400亩（其中辣木籽200亩，毛竹200亩）。农户户均增收1083元，人均增收294元。二是发展旅游服务业。半坡村、西陵村、牂牁村依托地处牂牁江风景名胜区核心部位，大力发展旅游服务业。现有农家乐42家，平均每天可接待游客4000余人；航运公司2家，共有客运船舶26艘，快艇23艘，艎船48艘（水上农家乐、钓鱼棚），每年盈利500多万元。三是将牂牁文化发展成为产业。将传统的民族文化、民间艺术、蜡染、绣花刺绣产品、土特产、九层山苗族的芦笙舞和布依族的赶俵歌发展成为一种文化产业。

【教育事业】 通过全镇教育战线上的干部职工共同努力，全镇教育教学工作得到全面提升。镇党委、政府高度重视，经常深入学校，及时了解学校的突出问题和困难，帮助解决了镇小和镇幼儿园用水、用电问题。2015年招考教师6名，特岗教师13名，现均在岗位履职。采取有力措施加大保学控辍工作力度，超额完成特区政府下达的中职招生工作任务，实现整班移交。

【农村、城镇居民社会养老保险】 全镇新型农村和城镇居民社会养老保险工作全覆盖，参保人数为3997人，其中新型农村社会养老保险参保人数3924人，城镇居民社会养老保险参保人数73人，参保人数与上年同期增加471人；参保资金为32.87万元，超任务数26万元。

【医疗卫生服务】 现共有医疗机构12家（镇卫生院、镇计生服务站、10个村卫生室），现12家合作医疗定点机构，均按要求使用国家基本药物目录内药物，使用零差率销售，按规定报销合作医疗费用。全镇共建立居民健康档案7627人份，电子档案录入7627人份，建档率为100.06%（任务数为7578人份）；截至2015年全镇累计对506名65岁以上老年人进行健康管理，完成65岁以上老年人检查483人；累计建档管理各类慢性病非传染病1395人，其中：共建档管理高血压患者人数937人，糖尿病患者建档管理人数428人。累计确诊管理重性精神疾病患者30人，均对已确诊病人进行登记管理及随访。2015年累计更新健康教育宣传栏37次，发放健康教育宣传资料2873余份；开展宣传咨询活动共9次，受教育群众达2000余人次；到村、居委会开展各类健康知识讲座32次，受教育群众达2000余人次。

【效能建设】 认真贯彻上级关于机关效能建设的一系列重要部署和会议精神，围绕中心工作，以发展为第一要务，以转变作风为重点，以提高服务质量为目标，立足实际，扬长避短，坚持把机关效能工作列入党委、政府的重要议事日程，并列入目标管理考核，一是成立了效能建设领导小组，建立健全领导责任体系，实行党政“一把手”、部门分管领导、站所负责人三级负责制；二是抓好制度建设，规范工作行为，完善便民服务措施，严格上下班工作纪律。对八个小时上班时间作了“六不准”的纪律要求，健全《工作人员岗位目标管理实施方案》，把机关效能建设细化量化到其中，一同管理，一并考核，有效地推动全镇机关效能建设上新台阶，有力地促进全镇各项工作的协调发展。

【基础项目设建设】 投资415万元11.5公里的道路硬化工程、投资90万元对集镇的1、2号冲沟进行改扩建和投资90万元建设集镇文化小广场已通过验收投入使用；国家发改委批复的纳晴（纳雍至晴隆）的高速公路的前期工作正在有序进行；环湖公路、郎毛公路提级改造、半九公路、光照公路、百万吨码头项目正在申报和审批当中。完成大冲村安全饮水工程、口棚桥饮提吊工程、鲁戛村安全饮水工程、移民饮水工程（小水窖62口），半坡村杨家灌溉渠正在实施，涉及项目资金820余元。正在积极申报总投资2.7亿元的口棚水库和母猪田水库。

【农村亮化工程】 依托“十百千”工程，着力提高美丽乡村建设。目前583万元的“四在农家美丽乡村”建设正在实施。积极申报牂牁口棚、大坪子和木城卯荣三个村寨的小康寨建设，申报资金约为580万元，预计2016年全部建成。

【党风廉政建设】 一是明确主体责任的内容和要求。落实党风廉政建设责任制，党委书记盯守好党风廉政建设的“总开关”，班子成员对职责范围内的党风廉政建设负直接领导责任；二是建立健全主体责任体系。履行党风廉政建设责任制，关键要“谁主管、谁负责”。各负其责，构建完善的责任体系。镇党委对廉政建设负总责，领导班子中，主要领导是第一责任人，班子成员根据工作分工对职责范围内的党风廉政建设负责；三是建立严厉的责任追究制度。谁担职、谁负责，出了问题就要承担责任。同时，要对自己分管的工作负全责，管人管事管自己，履行一岗双责，肩负党风廉政建设责任，实行严格的责任追究。做到有责必问，有错必究，真正发挥党风廉政建设责任制的威力；狠抓督促检查，镇党委把理清职责作为确保镇纪委实现“三转”的重要措施，专题研究镇纪委参与全镇议事机构调整。10月份以来对上班纪律、会风会纪等情况监督检查15次，开展吃空饷、公务用车、镇干部“走读”、“会所中的歪风”等专项整治工作。处罚违反上班和会议纪律的干部4人，查处1名违纪村主任，约谈干部2人，问责5人。

新场乡

【概况】 新场乡位于六枝特区西北部，乡政府驻地距特区政府所在地47公里。东与梭戛乡为邻，南与岩脚镇、关寨镇相连，西与水城县化乐镇接壤，北与牛场乡交界。全乡总面积140.2平方公里，耕地面积27075亩，其中旱地18300亩；人民政府驻新场村，下辖1个居委会，16个行政村，168个村民组，236个自然村寨，共有10682户，40258人，是一个汉、苗、彝、回等多民族杂居乡。

2015年，完成财政总收入287.21万元（其中地税收入252.26万元，国税收入29.42万元，财政收入5.53万元），为目标任务数183万元的156.95%；公共预算收入为168.90万元（其中地税收入157.96万元，国税收入5.41万元，财政收入5.53万元），为目标任务数142万元的118.94%。全社会固定资产投资完成8.6亿元，为目标任务数6亿元的144.40%，招商引资签约资金8.2亿元，为目标任务数为6亿元的136.67%，工业总产值累计完成2.7398亿元，为目标任务数为2.4472亿元的111.96%。

【项目建设】 大力实施交通、水利水电为重点的基础设施建设。39.6公里的通村公路完成75%；一事一议财政奖补项目投资457.86万元完成旧院、落龙等7个村通组公路、路灯安装、庭院硬化、污水处理设施建设；投资约280万元完成落龙、戛纳、黑塘等5个村小农水建设；涉及黑塘、落龙的安全饮水工程已全部完工。安六城际快铁新场段、天然气管道新场段正在进行征地拆迁。新建重点水源工程2个，旧院水库投入使用，懒龙河水库开工建设，解决群众1.8余人饮水安全问题。“四在农家·美丽乡村”六项小康行动计划累计完成2892户，农业、农村发展发生巨大变化。

【特色产业初具规模】 按照农业特色产业发展“3155工程”计划，抓住农业增效、农民增收、全面小康这一根本目标，以市场需求为导向，以龙头带动为抓手，以科技驱动为依托，以服务创新为纽带，切实抓好农业结构调整和产业发展，促进特色优势产业规模扩张、质量提高，夯实农业农村经济发展的产业基础。完成核桃种植46940亩，红豆杉基地建设6000亩。正在规划两路口、黑塘各5000亩茶叶基地建设，以仓脚2000亩茶叶基地为基础，继续扩种仓脚连新场至老院子片5000亩茶叶基地，戛纳村3000亩刺梨基地正在实施建设中，全乡蔬菜播种面积完成3600亩。通过发展各种产业，带动5000余群众增收致富。

【生太文明建设】 实施新一轮退耕还林14000亩，治理石漠化14000亩，森林覆盖率达43.6%。建立生活垃圾处理池8个，生活垃圾处理率达60%，水质达到地表水III类水质标准，环境空气质量达标率达100%。

【改革创新活力】 认真落实各项改革措施，改革红利不断释放，各类企业注册资本超过1000万元，整合参与“三变”资金1545.6万元，实现土地资源变股权4500亩，农民变股民853户2513人。深入实施开放带动战略，完成50万元以上固定资产投资项目34个，到位资金12.56亿元，成立农民专业合作社25个，带动群众致富500余人。

【民主法治和文化宣传】 大力支持乡人大依法履职，坚持重大决策、重点工作、重点项目听取人大的意见建议。加强党对统战和群团工作的领导，工会、共青团、妇联、残联等群团工作和民族、宗教、老年教育、计生协会、关心下一代等事业协调发展。全面推进依法治乡，积极支持政府依法行政和司法部门公正司法，“六五”普法工作全面完成。深入推进宣传思想文化工作，注重抓基层打基础建基地，加大对外宣传力度，提高我乡的知名度，推动经济发展，带动人民群众增收致富。

【党的建设】 基层组织建设不断加强，整顿软弱涣散党组织1个，培育5个先进基层党组织。全乡所有行政村村集体经济积累均达2.3万元以上，全部实现“脱壳”目标。加强干部队伍建设，党政领导班子平均年龄40岁，班子结构不断优化。认真落实中央八项规定精神和省委、市委、区委十项规定，坚决反对“四风”，坚决惩治腐败，良好的政治生态环境不断巩固和发展。

【表彰】 1. 新场乡团委新场中学支部获全省五四红旗团支部。

2. 新场乡党政办负责人廖乾凯同志获得全市优秀共产党员称号。

3. 新场乡党政办副主任余顶兴同志获得六枝特区优秀党务工作者称号。

4. 新场乡承玲小学学生谢敏获同志得六盘水市“循环经济”少年作品创意比赛三等奖。

5. 新场乡旧院村党支部获得全市优秀基层党组织称号。

6. 新场乡黑塘村党支部书记获得全市优秀基层党组织书记称号。

7. 新场乡农业服务中心朱乔忠同志获得贵州省农业丰收奖三等奖。（30分）

8. 新场乡旧院村支部书记严波在“8·18”抗洪救灾中表现突出荣获先进个人称号。

9. 新场乡水务站负责人吴胜洪在“8·18”抗洪救灾中表现突出荣获先进个人称号。

10. 新场乡中心小学刘星老师获得第十一届全国语文规范化知识大赛贵州赛区小学组学生二等奖指导奖。

11. 李章艳被评为2014—2015学年度六枝特

区优秀教师。

12．新场乡中心校李洪武获得2014年度学校及周边安全稳定综合治理工作先进个人称号。

13．新场乡黑塘中学李芳在全市青少年“爱学习、爱劳动、爱祖国”主题教育活动演讲比赛中荣获青年组二等奖。

14．尤兴刚被评为2014—2015学年度六枝特区优秀教师。

15．杨全林荣获2014年度实施教育“9+3”计划工作先进个人称号。

16．杨全林被评为2014—2015学年度六枝特区师德标兵。

17．张勇被评为2014—2015学年度六枝特区优秀教师。

18．李静评为2014—2015学年度六枝特区优秀教师。

29．李静荣获2014年度实施教育“9+3”计划工作先进个人称号。

20．余熔被评为2014—2015学年度六枝特区山区守望者。

21．钟成兰被评为2014—2015学年度六枝特区优秀教师。

22．付秀武被评为2014—2015学年度六枝特区优秀教师。

23．秦文友荣获2015年六盘水市山区守望者荣誉称号。

24．尚任荣获2014年度实施教育“9+3”计划工作先进个人称号。

25．新场乡中心校周琼获得第十一届全国语文规范化知识大赛贵州赛区小学组学生三等奖指导奖。

26．罗淑敏获得第十八届全国青少年五好小公民“少年向上真善美伴我行”主题教育活动征文指导三等奖。

【大事记】 4月29日，六盘水市委副书记、市长周荣到新场乡调研指导计生“双诚信双承诺工作”。特区党委副书记、政府区长方裕谦，乡党委书记宁浩陪同。

6月7日，特区党委常委、武装部部长李海燕到新场乡宣布行政区划调整及领导干部任免。乡党委书记宁浩主持会议，乡人大主席施辉志参会。

7月1日，六盘水市委常委、常务副市长王彬到新场乡开展遍访工作，特区党委副书记、政府区长方裕谦，特区党委常委、常务副区长安长辅，乡党委书记宁浩，乡党委副书记、政法委书记龙腾陪同。

7月2日，乡召开遍访工作启动大会，乡党委书记宁浩讲话，乡人大主席施辉志出席会议，乡党委副书记、政法委书记龙腾主持，班子成员参会。

7月8日，特区党委副书记邹振伟到新场乡调研指导工作。乡党委书记宁浩陪同。

9月16日，水城县党政代表团由市委常委、水城县委书记张志祥带队赴六枝特区新场乡调研指导核桃基地建设工作。

11月12日，六枝特区2015年市人大代表视察活动视察新场乡红豆杉、核桃基地，旧院水库。

11月18日，贵州省人大代表王正福带队集中视察新场乡红豆杉、核桃基地。

11月20日，特区党委书记杨昌显到新场乡调研移民搬迁安置工作及茶叶基地建设工作。乡党委书记宁浩陪同。

11月29日，特区党委组织部常务副部长周定忠到新场乡宣布领导干部任职，乡党委书记宁浩主持会议，乡党委副书记、政府乡长候选人罗文到任。

12月10日，乡七届五次人代会上，罗文当选政府乡长。

12月17日，特区检察院检察长余松到新场乡召开留守儿童、精准扶贫工作座谈会，乡党委副书记、政府乡长罗文主持并汇报工作，乡人大主席施辉志，乡党委副书记、政法委书记龙腾出席会议，其他副科级领导班子成员参会。

12月24日，六盘水市县域经济发展大会暨2015年第二次项目建设现场观摩会召开，六盘水市委副书记、市长周荣带队观摩新场乡红豆杉、核桃基地。

落别布依族彝族乡

【概况】 落别布依族彝族乡位于六枝特区东部，是六盘水市的东大门，是六枝、镇宁、关岭三县（特区）交界处。东部与镇宁县接壤，南部以白水河为界，与关岭县隔河相望，西北与折溪乡、新窑乡、平寨镇、大用镇毗邻，地处北纬26°03′～26°10′，东经105°27′～105°36′。东西长15.5公里，南北宽12.35公里，距六枝城区19公里，距黄果树瀑布20公里。

落别乡地势为西北—东南走向，地形西高东低，属亚热带季风气候，气候温和，光照条件较好，冬无严寒，夏无酷暑，雨量充沛，年平均气温为20℃～22℃，降水量1320～1482毫米。

全乡辖13个行政村，1个居委会，95个村民组，7808户，总人口40951人，少数民族人口22113人，占全乡总人口的54.24%，主体民族布依族14280人，彝族6597。总面积94.4平方公里［其中：耕地面积22304亩（田15708亩、地6596亩），非耕地面积24327亩，水域面积19831.3亩］。

2015年，乡财政总收入完成725.6万元，占任务数712万元的101.91%，其中公共财政收入完成441.6万元，占任务数282万元的156.59%；全乡固定资产投资完成23.519亿元，占任务数17亿元的138.35%；招商引资签约资金12.5亿元，占任务数6亿元的208.33%，工业总产值累计完成5.3亿元，占任务数6.5亿元的81.54%；第三季度人均可支配收入5004.11元，增幅14.8%。

【项目建设】 一是落别游客接待中心、婚纱摄影基地、水塘寨湿地公园、LNG天然气加工厂、牛角龙虎山公园、茶叶加工厂建设项目等相继开工投资建设。二是园区建设取得实质性进展。现有贵州鸿森茶业等4家企业入园施工。三是实施“一事一议”项目建设35个，受益群众达1229户、5054人；四是实施通村（组）公路5条，其他项目30个，奖补资金676.68万元。

【农业工作】 一是大力实施“3155”工程。完成中药材种植0.6万亩（新增）、蔬菜种植完成0.327万亩（其中核心示范0.1万亩）、茶叶完成1万亩、特色经果完成1.4万亩（其中优质刺梨种植0.3万亩）、完成花卉（苗圃）0.05万亩、核桃种植完成0.3万亩、猕猴桃种植0.3万亩、其他经济作物预计完成（青饲料、改良草地）0.2万亩。二是农业工作稳步推进。完成粮食总播面2.6895万亩，完成任务数2.6万亩的103.4%，粮食总产14698吨，比2014年16421吨减产10.5%；粮食作物总产值2939.6万元，粮食作物增加值达1616.8万元。完成经济作物总种植面积4.0845万亩（复种面积），完成任务数的100%。经济作物总产量1.5393万吨，比2014年的0.5788万吨增产0.9605万吨，增长166%。三是坚持畜禽防疫、规模规范养殖。生猪存栏6926头，出栏12168头，分别占任务数6822头和11304头的101.5%和107.6%；大牲畜存栏头7722头匹，出栏1581头匹，分别占任务数7718头匹和1555头的100.05%和101.7%，其中牛存栏6628头，牛出栏1229头，分别占任务数6290头和1181头的105.4%和104%；羊存栏503只，出栏264只，分别占任务数491头和264头的102.4%和100%；家禽存栏37274羽，家禽出栏36858羽，分别占任务数30062羽和36239羽的124%和101.7%. 肉类总产量1303吨，占任务1231吨的105.8%；禽蛋产量38吨，水产品产量6吨；畜牧业总产值1125万元；畜牧增加值630万元。四是扎实开展精准扶贫工作。2015年开展精准扶贫建档立卡工作以来，共识别出贫困户2790户8515人，伍保户、低保户纳入贵州省贫困人口建档立卡管理1585户2845人；识别出贫困村7个，其中一类贫困村5个、二类贫困村1个、三类贫困村1个．目前正对贫困户进一步开展核实工作。预计全乡减少贫困人口340户1400人，贫困发生率控制在16%左右。五是强化森林防火意识和林业生态建设工作。实施天然林管护41434.7亩，完成率100%；六是切实抓好水利工作。在抓好小康水工作的基础上，配合特区水务局完成川洞村上平寨、小冲、岩上三个组的饮水工程（总投资40多万元），配合特区水务局完成纳骂村纳骂街上的泵站建设工程（总投资40多万元），协调落别村和牛角村的工作，在园区打了三口机电井。配合特区水务局组织实施牛角村山洪沟治理工程（总投资970多万元）、底耳“三小”工程（总投资300多万元）、水塘和木厂“三小”工程（总投资400多万元）。完成以上工程的征地丈量、补偿工作和群众关系的协调工作。

【综合治理】 强化领导责任，深入开展“平安落别”“平安校园”和“无毒社区”创建活动。通过乡群众工作站、村群众工作室、和谐民生组和连心干部等一系列工作，群众矛盾纠纷得到及时化解，社会治安防控能力不断增强，实现“四个不发生”。2015年，共受理特区信访联席办交办的来信来访26件，共化解了25件，1件正在化解中，其中涉及民工劳动权益保障问题比较突出。群众工作站共排查出58件矛盾纠纷，化解45件。无种植毒品原植物情况。社会治安局面进一步稳定，人民满意度、安全感有所提升，为落别经济稳步发展创造了良好的社会治安环境。

【安全工作】 一是加大非法开采矿山资源的打击力度，杜绝无证煤窑反弹和非法矿山违法开采；二是抓好煤矿安全生产工作，开展保护矿工生命安全活动，做到不安全不生产；三是严格爆炸物品的管理，杜绝违规储存、使用的行为；四是加强对道路交通安全的管理，开展道路交通安全整顿活动，实行红白喜事打招呼制度，严格查处各种违章行为，杜绝道路交通事故发生；五是加强对地质灾害点的防治工作，对全乡所有地质灾害点拟定了防治预案，实行24小时值班制度，严防发生地质灾害事故；六是加强消防安全工作，各村成立义务消防队伍，重点抓好“春节”“元宵节”“清明节”“五一”期间的火灾预防工作；七是认真抓好《新安全生产法》的宣传工作；八是对加油站、烟花爆竹经销店、学校等重点部位和食品药品安全进行执法大检查，加强危险化学品的安全监管，开展专项整治行动，严厉打击非法经营行为。

【社会事务】 2015年，共发放农村低保金588.9819万元，城镇低保金113.4075万元，救济粮11.304万元；完成全乡1548人留守儿童摸底排查统计工作；完成全乡高龄补助1155人次78.798万元的发放工作；“8·17”洪灾共发放救灾物资大米3330公斤，菜油602公斤，被子614床，酱油168袋，盐168袋，桶装水151桶。

【学校教育管理】 全乡共有中小学、幼儿园11所，其中1所中学，8所小学，10所幼儿园（其中9所为民办幼儿园），1所九年一贯制学校；有中小学及幼教教师254人（女教师115人，其中特岗40人，幼教教师13人）；有在校在园学生3555人，其中幼儿园624人（民办园457人），小学1971人，中学960人；共有教学班88个。2015年中考，500分以上9人；400分以上38人。按2015年特区一中划线分数339分，落别民中有36人上线，纳骂中学有37人上线。2015年中职招生406人任务数，完成441人，其中高中79人，中职362人，完成率达121.81%。

【民族文化】 一是组织文化“三下乡”活动。在坝湾、板照、纳骂、川硐等村进行巡回演出5场次，把党的各项方针政策和文化精神食粮送到千家万户。二是参与樱桃节策划和提供布依音乐元素创作了落别曲目《布依樱桃红又红》。

【“四创”工作】 一抓宣传，促氛围。发放“四创”活动宣传资料480份，制作“四创”活动标语10条，利用村村响播放“四创”活动资料100余次，利用赶集天、节日活动、整治占道经营时向群众宣传“四创”活动有关内容。二抓督查，促整改。针对占道经营、超门面经和脏、乱、差等行为，组织乡村两级干部上门“打招呼”和当场下发整改通知书督促及时整改。三抓投入，促推进。2015年，落别乡在财力紧张的情况下，专门预算“四创”工作经费，投入25.84万元新增垃圾箱（桶）34个，增加保洁人员的数量和报酬。四抓治理，促成效。清除卫生死角10多处，清运积存垃圾500多吨；清除标语、野广告50多条；整治骑门摊、流动摊、店外摊6处；清除雨阳棚4处；拆除街道占道经营灶头3个；取缔马路市场2个；拆除、规范临街伸向人行道排污（水）管道、烟囱管3处。

中寨苗族彝族布依族乡

【概况】 中寨苗族彝族布依族乡，地处六枝特区西南部，东邻新窑乡、月亮河乡、南连郎岱镇，西接水城、普安、晴隆三个县，北靠关寨镇。人民政府驻中寨村中寨组，距特区政府驻地52千米。东西最大距离26.25千米，南北最大距离18.15千米，面积165.17平方千米，其中陆地156.97平方千米，占95%；水域8.2平方千米，占5%。人口密度为215人/平方千米。

2015年末，辖木则、补许、四方井、费戛、大补王、箐脚、小补王、大箐、中寨、移山、双夕、岩脚、红光、扯扭、平基、长寨、新场等17个村民委员会和中寨居委会，175个村民组9557户41458人，其中城镇常住人口1650人，城镇化率3.5%；另有流动人口2510人。总人口中，男22036人，占53.2%，女19422人，占46.8%，14岁以下11247人，占24.5%；65岁上3048人，占6.63%，总人口中以苗族为主，少数民族总人口为41375人，占总人口的99.8%。人口出生率8‰，人口死亡率4.72‰，人口自然增长率3.16‰。矿藏及其他自然资源主要有煤炭，已探明储量2.9亿吨，煤系地层分布面积占全乡总面积的30%。另有铁、雄黄、砷等矿产资源。

2015年，财政总收入完成2090.15万元，完成目标任务的101.46%，公共财政预算收入完成615.4万元，完成目标任务数的108.92%；工业总产值达48212万元，50万元以上固定资产投资14亿元，是年终目标任务的2.33倍；招商引资5.43亿元，占实际到位资金任务的108.7%；农村居民人均可支配收入达6843元，与2014年相比增长了10.14%。

【基础设施建设】 一是加强农村道路建设，努力解决村民进出困难瓶颈，争取特区交通局通村硬化路项目，建成通村硬化路49公里，利用财政“一事一议”资金，修建串户路、通组路27.3公里。二是争取项目资金，积极配合水利部门，完成水利工程建设，累计新建沟渠2条，解决了双夕、扯扭、费戛、四方井、大补王、平基等6个村1万多人口人畜饮水安全问题和部分群众农田灌溉困难问题，农村人畜饮水安全达标率为95%以上。三是加快道路亮化工程建设，安装太阳能路灯140盏，解决了水黄路至中寨街道沿线132户413人的出行安全问题。结合“四在农家·美丽乡村”六个小康行动计划，完成农村危房改造24户，小康房建设10户；新建教师周转房2栋70套2450平方米，卫生院周转房1栋48套，并投入使用；新建学生宿舍楼3栋3835.65平方米，计划于2016年投入使用；争取上级资金97万元，改扩建新场村敬老院1栋，建筑面积达1041平方米，新增床位80余张，配齐配全厨房、餐厅、卫生间、洗澡间、医务室、保管室、娱乐室等附属设施；投资300多万元，新建卫生院1栋，计划于2016年投入使用。

【农村产业结构转型优化升级】 改变“以工促农”发展模式，在保证煤矿、砂石等工业稳步发展的同时，提高农业产业比重，扶持第三产业迅速崛起。一是加大砂石企业的整合，将全乡5对砂石企业整合为2对，不断提高砂石企业在市场中的竞争实力；在确保凸山田煤矿正常生产运营的情况下，对其他煤矿企业进行停顿整改，强化了生产能力和安全条件。二是充分调动村民种养殖积极性，积极发展生猪、畜禽、果蔬等特色优势种养殖业，培植农民增收渠道。三是结合“3155”工程项目的实施，大力发展种植业，既美化生态环境，又增加了经济收入。2015年全乡累计种植核桃0.5万亩，猕猴桃0.4万亩，枇杷0.5万亩，刺梨0.2万亩，其他中药材0.15万亩，李子、板栗等其他特色经果0.675万亩。四是大力扶持服务业、交通运输业、商业饮食业、物资供销业、旅游业等第三产业不断发展壮大，新建农贸市场1个，大型供销商场2个，新建电商平台1家，引进大型超市1家，发展快递运输业3家。

【文明生态建设】 结合退耕还林、石漠化治理和“3155”等工程项目建设，完成石漠化补植补种20175亩；封山育林7221亩，退耕还林1459.4亩，森林覆盖率达35.86%。不断加大森林防火宣传和巡查力度，严厉打击违法纵火人员，有效避免重大火灾事故的发生。强化环境卫生整治，全年开展环境卫生专项治理6次，累计无害化处理生活垃圾196吨，处理率达91%。重点加强水资源源头治理，有效避免带“病”水源进入百姓和群众生活。

【改革创新、发展农村产业活力】 大力支持各村成立经营性主体，引进新型产业，以村集体为单位成立农村种养殖专业合作社7个，建筑公司2个，由村干部带头，带领群众发展白芨示范种植300余亩，引进猕猴桃种植企业1家，在长寨、平基等村种植猕猴桃4000亩。争取民宗局扶贫资金30万元，在红光村采取“贫困户+合作社+村集体”的模式，滚动式养殖黑山羊3000只，解决20户46人贫困户生活困难问题，同时为村集体解决了2万元集体资金。结合六盘水市农村“三变”改革政策，整合各村村集体资金98.32万元，入股乡辖区内建筑工程，实现分红22.42万元；同时，利用水资源、荒石山等村集体资源入股电站、矿泉水厂、砂石企业等，实现分红13万元，2015年底村集体资金积累达205.74万元，其中经营性收入达37.42万元，突破了各村经营性收入为零的瓶颈。

【民生社会事业】 计生服务方面。全年出生人口210人，人口出生率8.0‰，符合政策生育率达96.47%，人口自然增长率3.16‰。完成四术445例，妇检2237人。低保救助方面。全乡投入自然灾害救助资金70万元，投入低保、高龄补助资金约为1248万元，投入临时救助资金6.48万元，投入危房补助资金0.8万元。养老保险方面。全乡共有参保人员13478人，参保率达29.56%，收缴农村续保费110万元，发放60周岁以上人员养老金344人23.2883万元。劳动就业方面。完成农村劳动力调查21555人，外出务工就业7535人，农业劳动力转移就业8309人，城镇新增就业448人，失业人员实现再就业15人，困难人员实现再就业9人，就业率达75.69%。教育教学方面。实现农村义务教育学生营养午餐全覆盖，小学适龄儿童入学率为99.8%，小学辍学率为0.28%，初中入学率为86.7%，辍学率为2.42%。精准扶贫方面。贫困人口减少418户1541人，脱贫率10.55%，贫困人口发生率控制在17%以内。

【民主法治建设】 积极开展矛盾纠纷和信访问题排查，共排查出辖区内矛盾纠纷和信访问题17件，有效化解17件次，结案5件次；全年发现刑事案件15起，破获3起，治安案件36起，查处32起，调解4起，调解民事纠纷18起，抓好25名涉毒人员重点监控；继续深化“打非治违”“六打六治”工作，突出加强安全隐患排查，共开展检查56次，检查企事业单位和场所136家（次），查出隐患210条，已整改完成210余条，收缴非法营运摩托车102辆，面的4辆，行政拘留1人。社会治安综合测评达98%以上。

【基层组织建设】 2015年，组织党政领导班子、村（居）支书、主任、预备党员的教育培训共计3期160余人次，组织200多名乡村干部参加廉政知识考试，组织全乡干部职工深入警示教育基地接受教育1次，发展党员13名；突出抓好软弱涣散基层党组织的整顿整改，调整党支部书记1名，处理基层党支部委员1名，修订制度8条，新建制度12条；严肃加强党内监督管理，开展了作风建设监督检查18次，查处违反工作纪律3起8人，上廉政党课3次，组织干部职工163人左右开展了集中大约谈，通过约谈主动报告问题3个3人，主动上交违纪资金1.82万元。

月亮河彝族布依族苗族乡

【概况】 月亮河彝族布依族苗族乡原名为陇脚布依族乡，2015年6月由折溪彝族乡和陇脚布依族乡合并组建月亮河彝族布依族苗族乡。位于六枝特区西南部，乡政府驻地花德村。辖区总面积为118平方公里。东与落别乡相连，南与郎岱镇青菜塘村交界，西与中寨乡四方井村接壤，北与新窑乡二塘村毗邻。乡政府驻地花德村。是以彝族、布依族、苗族、仡佬族等少数民族聚居的民族乡，现辖1个居委会和17个行政村，151个村民组，总人口8690户36969人；少数民族29575人，占人总人口的80%；贫困人口2503户7400人。辖区总面积为118平方公里，现有耕地21469亩，其中水田16038亩，旱地5431亩。森林覆盖率53.2%。

境内有万亩茶叶和猕猴桃基地，2家茶叶加工厂，1个电子商务服务中心，“凉都·月亮河布依文化生态园”坐落于境内的龙山上，属于典型的纯农业乡。

2015年工业总产值完成19760万元，占任务数18420万元的107%；50万元以上的固定资产投资完成126820万元，占任务数11亿元的115%；新增亿元项目2个，分别是松树林水库和纳革水库，资金总投入分别为1.5192亿元和1.98亿元；招商引资到位资金6亿元，占任务数5亿元的120%。

公共财政预算收入为282.13万元；税收收入完成294.61万元，其中国税收入为12.48万元，地税收入为174.66万元，非税收入94.99万元。占任务数197万元的149.5%；农业劳动力转移就业1057人，完成任务数的100%；城镇新增就业人数382人，完成任务数的100%；其中失业人员实现再就业14人，完成任务数的100%；就业困难人员实现再就业10人，完成任务数的100%；符合政策生育率97.7%；超任务指标96%的1.7%；农村居民人均可支配收入7336元，与去年的6433元相比，同比增长903元。乡小康总体实现程度比2014年提高了6个百分点。

【内设机构】 党政办公室（“法制办公室”、“全面小康社会建设领导小组办公室”）、社会事务办公室、卫生和计划生育办公室、经济发展办公室、规划建设环保办公室、安全生产监督管理办公室、社会管理综合治理办公室（“群众工作办公室”）、农业综合服务中心、人力资源和社会保障服务中心、科技宣教文化信息服务中心、群众工作站、计划生育协会、敬老院（挂“老年服务中心”牌子）、政务服务中心、扶贫工作站。

【三农工作】 采取“支部+公司+基地+农户”的模式，充分发挥党员创业带头示范作用，完成油茶种植8500亩、茶叶种植5000亩，共完成土地流转1.8万亩，累计种植茶叶1.2万亩；完成4000亩核桃补植工作，核桃累计种植11000亩；完成蔬菜种植面积4123亩（其中生姜3200亩）。大力拓展有机水稻种植，已拓展300亩；发展标准化规模养牛场2家，牛存栏270头；发展规模养猪场4户，生猪养殖专业合作社1个，季度末生猪存栏468头，季度累计出栏生猪1453头，季度末能繁母猪存栏639头；发展规模家禽养殖场2户，养殖生态蛋禽8万羽。

【教育工作】 深入实施教育“9+3”计划。不断加大教育投入，逐步改善办学条件，总投资330万元的中心幼儿园教学楼、170万元的小学教师周转房（40套）、168万元的中学教师周转房（40套）均已投入使用。全乡小学入学率为98.8%，辍学率为1.2%；中学入学率为97.7%，辍学率为2.3%。九年义务教育巩固率达86.3%。

【新型农村合作医疗养老保险】 新型农村合作医疗参合率98%以上。特区下达参合任务数是26809人，参合率为99%，实际参合人数为26602人，实际参合率达99.2%。实现新型农村和城镇居民社会养老保险全覆盖。特区下达任务数为89万元，实际参保人数为11468人（其中新型农村社会养老保险参保人数5013人，城乡居民社会养老保险参保人数10人），参保金72.68万元，完成全年任务数的81.66%。

【“一户一技能”培训】 积极开展“一户一技能”培训工作，不断提高广大群众的致富能力，共开展“一户一技能”培训1次，共培训30人次。

【村级经济积累】 全乡已实施茶叶18000亩，核桃10000余亩，油茶10000余亩，猕猴桃3000亩，精品水果13000亩，为壮大村级积累提供有力保障。全乡17个村均有了经济积累，村级经济积累最多村是直溜村达8.31万元以上，最低的村是大坝村，经济积累达2.12万元。

【地质灾害防治】 2015年，各地质灾害点检查共60次，做到“预防为主，综合防治”，严格把关，境内尚未发生重大安全事故。

【信访】 一是明确职责。明确乡党委书记、村支部书记分别为乡、村两级信访维稳工作第一责任人，分管领导为直接责任人，负责抓好信访维稳工作。二是全面排查。组建由联系村领导、驻村工作组、村支两委、村民小组长为成员的信访维稳工作网络，全方位部署信访维稳工作，并深入村寨排查不稳定因素，及时掌握新情况，为信访维稳工作摸清底数、打好基础。三是化解纠纷。对掌握和排查出的土地征用、民政救济、权属争议等矛盾纠纷认真做好思想疏导工作，对群众提出的合理诉求，明确相关部门和分管领导专人进行处理，对现阶段不能及时处理的，须做好解释工作，承诺处理时限，限时办结，力争将矛盾化解在基层，处理在萌芽状态。四是执行首问责任。在乡机关执行“首访责任制”，全乡干部职工接访群众的第一人为首访责任人，首访责任人负责引导、协调、处理信访人的信访问题，过程中不得推诿扯皮，转驾责任。五是依法行政。在信访维稳工作中严格做到依法行政，对出现的无理诉求或多次非法上访人员，做好思想教育等稳控工作。2015年共排查各类矛盾纠纷5起，调解5起，调解率为100%。村级群众工作中心共调解矛盾纠纷30余起。

【民政工作】 2015年，三个季度共发放优抚对象定补、抚恤金费58.275万元；发放重点优抚对象春节、八一慰问金及生活补助7.32万元；慰问走访一般退伍军人及现役军人家属生活困难救助2.8万元；发放重点优抚对象医疗门诊补助金3.93万元；发放农村低保金70.9088万元，城市低保金25.82万元；发放五保供养金155250元；发放农村临时救助金5.75万元；发放农村医疗救助金14.76万元；发放2014年冬季退役士兵自主就业一次性补助75600元。发放冬春受灾困难群众生活救助粮食（大米）1190人，救助粮16500斤；发放冬春受灾困难群众生活救助金1190人，救济金额20万元；发放80岁以上高龄生活补助金共44.361万元。对花德村、补雨村、大坝村幸福院进行制度完善和挂牌。7月完善三个幸福院全部功能；上报新春村、月亮河村、牧场村幸福院建设相关报批资料；完善养老服务中心各项制度建设，确保了养老服务中心的正常运转。

人口与计划生育工作。截至9月底新出生186人，政策外生育5人，常住出生符合政策生育率为97.1%，流动人口符合政策生育率为90%；完成手术413例；常住妇检率100%，流动人口妇检率97.8%；完成社会抚养费征收92.5万元。

【社会治安综合治理】 一是“六五”普法巩固推进。利用赶场天宣传、村校联动宣传，创建了1个国家级法制示范村（补雨村），全省六五普法现场会将在陇脚举行夯实法制“十进”工作基础。采取“小手牵大手”，通过实施村校联动。通过一堂法制教育课、一篇作文、一台演讲活动，将学校、家长、孩子与乡党委政府的宣传联系在一起，同时还利用创建“七有七无”平安和谐村的机会，在各村制定了永久性标语、在人员密集场所制作宣传栏等。认真开展好法制进机关、进校园活动。利用抓人口和计划生育“双诚信双承诺”

机会，在创建诚信社会的同时，有力推进诚信村民建设。二是强化工作落实，提升群众安全感满意度。为提高群众安全感满意度，乡党委政府制定了如下工作措施：第一，由每周带班领导进行调度，组织民兵、治巡巡逻队对乡机关周围、学校、医院等场所进行检查；第二，由派出所牵头，对花德河街上、校园周边、项目工地周边、医院等重要地方进行定点巡逻；第三，由分管领导牵头，组织治安巡逻队、民兵每月至少一次进村入寨巡逻宣传。让群众处处看到乡村干部、民警的身影，提高群众安全感满意度。三是建设和谐发展基金，建立长效激励机制。为促进全乡经济社会和谐发展，激发群众热爱家乡、遵纪守法、邻里和睦的意识，结合创建“平安陇脚”实际，由乡财政配套各村1.5万元设立和谐发展奖励基金，用于奖励信访维稳先进集体、优秀村民个人。四是加大矛盾纠纷排查，健全责任追究机制。在治安防范的基础上，在重大节日、重要会议期间由联系村领导牵头，组织驻村工作组、同步小康驻村人员进行矛盾纠纷排查，对排查的不稳定因素“定领导、定人员、定时间、定责任、包案处理”的四定一包工作模式，7个工作日内拿出处理意见，并向乡党委政府进行工作汇报，确保矛盾不上交，大事化小，小事化无。五是建立风险评估机制，防范于未然。随着社会经济的发展，陇脚乡各种项目增多，征地拆迁也随之增加。在经济社会发展中涉及人民群众利益作出的重大决策、实施重点建设项目以及其他重要工作之前，分析预测可能引发的社会矛盾和信访问题，超前化解不稳定因素，着力从源头上预防和控制重大决策和重点项目实施引发社会稳定问题。采取打防结合，加大禁毒宣传力度，扫除“黄、赌、毒”等社会丑恶现象，与8个村和21个部门分别签订了禁毒工作责任状，全乡上下形成了齐抓共管的工作格局，全乡境内无种毒、制毒等现象，构建了和谐稳定的陇脚乡。挤出5000元经费用于禁毒工作，巩固无毒社区9个，确保禁毒工作有效开展。做好消防宣传、防范工作，全年无消防安全事故发生。

【民族宗教】 积极开展民族文化进校园活动，对全乡民族干部和少数民族乡土人才进行全面统计，明确专人负责收集整理该工作资料，使全乡民族工作取得了一定的成绩。

【党风廉政建设和反腐败】 一是加强作风整治，确保党风廉政落实处。严格落实党风廉政建设“两个责任”，支持乡纪委推进“三转”，完善纪检监察制度，夯实反腐工作基础。加大资金清理检查力度。梳理、排查民生项目68个。专项检查低保发放，抽查183户289人。二是加强机关干部作风建设。坚持以思想教育、集中整治、严肃纪律为抓手，开展作风专项督查28次342人，暗访10次71人。约谈了17个村（居）的党支部书记和主任；立案6件6人，结案6件6人，查处违规操办酒席2人，查处上班迟到4人，中午喝酒2人，值班期间喝酒2人，2名村干部挪用公款5.25万元，1名骗取家电下乡资金，均分别给予处理。

【组织工作】 加强富民型党组织创建，稳步推进小康建设。以发展壮大村集体经济为突破口，加强富民型党组织创建。针对全乡山地多，平地少，外出人员多的实际，做强“土地产业”，壮大集体经济。全乡共流转荒山荒地5000余亩，种植茶叶和油茶，为全乡17个行政村增加村级集体经济创造了条件，共增加村集体经济积累4万余元。结合同步小康驻村工作的开展，切实抓好结对帮扶工作，驻村干部共计为民办理实事178件，为村支两委出点子想办法41个。严格党员发展，提升党员素质。严格按照《中国共产党发展党员工作细则》相关规定，坚持“成熟一个发展一个”、“宁缺毋滥”的原则，注重从致富带头人、团组织推荐的优秀青年以及具有初中以上文化水平的青年中发展党员，从源头上保证党员队伍的质量。全乡共发展党员16名。

牛场苗族彝族乡

【概况】 牛场苗族彝族乡位于六枝特区西北部，距特区政府驻地65公里，地势呈东南低、西北高的阶梯状。东与织金县相邻，西与水城县接壤，北抵纳雍县，南面和东南面分别与新场、梭戛乡隔河相望。牛场乡原称舜卿乡，1954年建牛场乡，1958年建管理区，属新场公社管辖，1960年成立牛场公社。1984年分设牛场乡、高石坎苗族乡、代家包苗族乡。1991年9月，四乡合并建立牛场苗族彝族乡。土地面积83.1平方公里，耕地面积4.15万亩，占总面积的33.29%，林地面积59800亩，森林覆盖率48%。现辖9个行政村125个村民组，131个自然村寨，7053户27958人。农业总人口26935人，占总人口96.35%，境内居住着汉、苗、彝、回、仡佬、布依、蒙古等多种民族，少数民族人口占总人口数的42.2%。在职职工有91人，教职工162人。

全乡被乌江上游的三岔河和拦龙河四面环绕，因贵州省最大的水利枢纽工程——黔中水利枢纽的建成及懒龙河水库工程的建成，形成一座108.8平方公里的“岛屿”，系中国西部第一大内陆岛。六（枝）牛（场）公路是六枝通往牛场的唯一通道，牛（场）百（兴）公路与牛（场）化（乐）公路横贯牛场全境，推动着牛场的建设与发展。

2015年，财税总收入完成211.69万元，为任务数118万元的179.4%，其中公共财税预算收入完成179.79万元，为任务数100万元的179.8%；工业总产值完成4218万元，占任务数4053的104.1%；完成50万元以上固定资产投资77755万元，占任务数5亿元的155.5%；完成招商引资42000万元，为任务数的40000万元的105%；完成粮食总产9307吨，与上年同期8733吨增产6.6%。2015年肉类总产1739吨，与上年1579吨相比增产10.1%；2015完成农民人均可支配收入6858元，同比增长9.7%；完成经济作物年产5896吨，同比增长18.2%，其中油菜年产335吨，同比增长152%；实现烤烟年产130吨，同比增长94%，完成收购1594石，支付收购金18.52万余元，可产生税收40余万元。

【“3155”工程】 2015年，种植茶叶1.2万亩，枇杷7500亩，刺梨6000亩，巩固退耕还林核桃种植1500亩，蔬菜2000亩；完成辣椒种植6000余亩，鲜椒产量1000万公斤，实现产值3000万元；完成烤烟种植600亩，完成收购1594石；核桃种植6080亩（退耕还林项目2550亩，扶贫项目3530亩）、中药材种植1000亩。

【“三农”工作】 全面认真配合农业部门打击和查处违法经营种子、农药、化肥等行为，查处违法经营“三无”兽药、饲料行为10余次。

完成全乡粮食作物播面3.4万亩，其中，谷物1.8万亩，年产6961吨；豆类合计播面0.5万亩，年产682吨；薯类播面1万亩，年产1664吨。

积极组织农户进行科技培训，提高农民种植技术水平。全乡共培训农民300人次以上，现场技术指导70余次，重点为烤烟生产技术、茶叶种植技术和脱毒马玲薯种植培训。

针对农村贫困建档立卡贫困（低保）户子女和农村孤儿接受省内外中高等职业、技工院校教育及一年以上劳动预备技能培训的在读贫困生，给予每人每学年补助1500元。

积极发展村集体经济，畜禽养殖大户不断涌现或壮大。培育各类种养殖专业户100余户，龙头企业2个，家庭养殖场、种植场、合作社共9个。

【林业】 完成2015年植树造林规划，并已获得批复。巩固退耕还林项目工程5186亩，投资标准为500元/亩，总投资259.3万元。规划2015国家退耕还林工程4780亩，投资及补助标准为造林投资300元/亩，补助退耕农户1200元/亩，项目总投资717万元。

完成2015年度25437亩天然林资源上半年的管护工作。全乡共聘用护林员11名，并按期召开护林员会议，适时督查护林员的巡山情况，由于加大管护力度，去冬今春以来，无乱砍滥伐、偷砍盗伐、毁林开垦、乱挖滥采、乱捕滥猎等破坏森林资源的违法行为发生。

完成2015年1—8月的森林防火工作。一是加大宣传，全乡召开群众会9000人次，发放特区森林防火令6000份，张贴标语105条，发放防火通知书和防火公告各2500份，拟写固定标语17条。宣传车巡回宣传20次，制作森林防火彩旗50面。二是严把火源管理：全乡签订森林防火责任状5份，铲防火隔离带1500米（尖岩村雨过丫口至黄树林），林区挂警示牌23块，防火期重点路段有专人把守。三是加大执法力度：共查处野外违规用火3起，查处森林火灾刑事案件1起。

林政执法：制止野外违规用火3起，没收工具3件，协助森警大队办案1起（森林火灾案件）。

森林病虫害防治：对流入辖区的木材、苗木及木制品进行检查，凡是无检疫证明的，一律报特区检疫部门处理；对全乡2个测报点定期测报，每月按时将测报情况上报特区林业局检疫站；完成春季松材线虫普查，全乡春季无枯死松树，并将调查报告报特区林业局检疫站。

完成4个点的中幼林抚育指导工作，总抚育面积780亩。

完成人工种草2000亩，荒山造林1000亩。

【水利水保】 在建饮水安全工程的协调工作。配合特区水务局及施工方完成尖岩村、牛场村、大箐村饮水安全工程蓄水池、取水池占地协调工作，督促施工方按照设计图纸施工。

已建饮水安全工程的管护工作。投资4万元抢修四个村饮水安全工程管道1677处，处理水源点漏水5次，修理计电箱13次，修复水泵11次；完成黄坪村安全饮水工程维护（维修旧水池和重新修建一座取水池，购买潜水泵并完成安装，涉及资金2万元）。

小型水利工程改革工作。完成全乡56处农村饮水安全工程调查摸底，山塘调查摸底5处，水池（水窖）调查摸底35处，渠道调查摸底3处；水利工程摸底调查统计表（人饮工程、山塘工程、水窖工程、渠道工程）。

解决干旱期间全乡1260人1200头牲畜饮水困难。

【国土资源管理】 严格实行耕地保护制度，加强国土资源管理。一是严格审查农村宅基地使用权登记发证工作，已审核办理农宅地33户，收耕地占用税30000余元；二是加强国土资源动态巡查力度，截至10月底共巡查87余次，发现和制止违法用地行为13起。

加强地质灾害监测和防治工作。修订地质灾害防治预案及应急预案；与4个地质灾害易发村签订了防治责任书，建立汛情、险情值班制度，落实地质灾害分级管理责任制；进行了4次地质灾害应急演练，向地质灾害隐患点村民发放防灾避灾明白卡160份，张贴标语9处，悬挂横幅3条，散发宣传单510份。全乡无地质灾害伤亡事件的发生。

【教育教学管理及教研教改】 “9+3”的任务数为310人，已全部完成就读省内外职校；小学控辍率为0.4%，中学控辍率为2.76%。

完成“普实”工作中的各项相关工作任务，各项工作资料完善，小学实验开出率100%，初中分组实验开出率98%。

对全乡留守儿童进行全面排查，走访721人留守儿童家庭，其中学前3～5周岁留守儿童58人，6～15周岁留守儿童633人，15～18周岁留守儿童30人，并对多名留守儿童给予了精神和物质上的帮助；对全乡留守儿童进行规范性建档。

各中小学按严格实行上级规定的收费政策，未出现乱收费现象；“中小学教师继续教育工程”和“中小学教育质量工程”，“达标课”、“优质课”及“校本教研”等活动有序开展，各校开齐课程，开足课时，认真抓好常规管理，教育教学质量得到提高。

【社会事务】 2015年，参合任务数21905人，完成数21905人，收取参合金1533350元，完成率100%。收取医疗保险金8240元，任务数为

8100元，完成率为102%。城乡居民养老保险收取参保金441000元，对比任务数440000元，完成率102%。发放重点优抚对象抚恤经费392896元。登记个人基本信息3775条、农村劳动力省内就业登记155人、城镇就业登记358人、失业登记113人、农村劳动力登记1771人、农村劳动力省外就业登记263人、农村劳动力参加社保登记1416人、农村劳动力未就业登记1981人、微型企业劳动用工备案16家解决就业80人、微型企业主得到国家奖励资金80万元。积极宣传殡葬改革，书写固定宣传标语9条，张贴宣传画50会张，公墓选址于牛场乡牛场村岩头组中山箐。

【项目建设】 代家包至罗基水泥公路硬化主体工程基本完工。

68套教师、卫生职工周转房主体工程已完工，等待初验。

牛场土地整治项目已完工。

一事一议工程：鸡公坝子组通组公路、上寨至壳托箐通组公路、立碑哑口至冲头组、立碑哑口至曹家寨组通组公路、姑都夸至大包包通组公路（共计8.05公里）已修建完毕。

大箐村、尖岩村安全饮水工程正在启动。

交通项目：鱼塘丫口至尖岩组通组公路（8公路）、云盘村红岩脚至三家苗通组公路（2.7公里）正在施工。

【安全生产】 认真落实省、市、特安全生产工作方针、政策文件精神。建立健全安全生产责任制、安全生产工作“包保”责任制和各项安全生产工作制度，将安全生产工作职责层层落实到股、室、站、所、村及生产企业。安全管理目标责任书签订率100%。建立乡级安全监管机构，保证安全生产工作人员到位，工作经费到位，交通工具保证。完成境内危险化学物品运输、储存、生产和使用等环节的普查登记工作，构成重大危险源的有效监控措施，并报特区安监局备案；完成非煤矿山及烟花爆竹生产经营单位的普查登记工作；保证境内建筑、非煤矿山、危化民爆等生产经营单位完成安全评价，申报“安全生产许可证”办证率为100%；主要负责人和安全管理人员培训持证上岗率100%；特种作业人员培训持证上岗率为100%。坚决关闭不具备安全生产条件的企业。无证非煤矿山取缔率100%，无反弹现象。

【科技教育文化服务】 2015年，完成9个村1800余个数字电视进村入户安装、调试工作；配合中央电视台四台栏目组“走遍中国”到牛场乡调研、采访，以“养生福地”为主题对牛场作宣传报道；部分村广泛发动社会力量兴办文体活动，丰富群众文化生活。

【精准扶贫】 2015年，开展扶贫开发建档立卡工作的村共有9个村，均为贫困村，已建档立卡的贫困户2904户，贫困人口8650人（低保、五保1586户，3326人）；为确保扶贫对象精准，根据六盘水市、六枝特区扶贫办的相关要求，对贫困户进行再次清理、再核实；结对帮扶方面：对全乡一般贫困户803户，3149人进行了结队帮扶，每户有一名乡干部或特区下派干部帮扶；产业扶持方面，于2014年实施了核桃种植项目5000亩，2015年实施了肉牛养殖项目，规模为1000头、茶叶基地建设规模为10000亩、村寨道路硬化项目，共覆盖贫困户568户，1609人；扶贫生态移民方面，共有450户，1491人需要移民搬迁，已向上级申报项目，有待解决；危房改造方面：我乡在农村危房改造方面优先考虑贫困户，仅2014、2015年两年就实施137户的危房改造，改善了贫困户的人居环境；教育培训方面，2015年实施核桃实用技术培训项目，共培训了216人次，提高贫困户的技术水平，为贫困户脱贫打下良好的基础；社会保障方面，主要在合作医疗和养老保险方面多方筹集资金，为交不起合作医疗或养老保险金的贫困户缴纳，该项工作正在进行中。

【党风廉政建设】 坚持党要管党、从严治党的原则，认真落实党风廉政建设“两个责任”，始终把纪律和规矩挺在前面。2015年共查处“庸懒散拖”问题6起，全乡通报6人。立案调查2起在截留育龄妇女小组长报酬等方面侵害群众切身利益案件，涉案人员达8人，对村务公开不规范的3个村（居）进行督查整改。注重突出整治重点，聚焦“两个责任”落实不力、“四风”反弹、损害群众利益等行为，按照“督促整改一批、约谈警示一批、组织调整一批、立案查处一批”的要求，针对落实“两个责任”不力问题进行集中整治，提醒谈话2名、约谈25名重点岗位干部职工；针对公款吃喝、公车私用和违规发放津贴补贴等“四风”问题进行集中整治，开展明察暗访5次，监督覆盖面达到100%；针对损害群众利益问题，紧盯农村危房改造、医疗卫生、财政补贴、征地拆迁、农村低保、挪用民生资金及生冷硬推、效率低下、办事不公、吃拿卡要等行为，进行集中整治，乡民生监督组共发现民生领域问题线索23件，立案2件，涉案人员达8人，涉案金额近十万元，切实维护了群众利益。

梭戛苗族彝族回族乡

【概况】 梭戛苗族彝族回族乡位于六枝特区西北部，东与新华乡为界，南与岩脚镇毗邻，西与新场乡、牛场乡隔河相望，北与毕节地区的鸡场乡、阿弓镇接壤，距特区政府驻地32公里，是全省100个一类贫困乡之一。

全乡国土面积56.7平方公里，下辖7个行政村，62个村民组，总户数5239户，总人口23334人；是以苗族、彝族、回族等民族聚居的少数民族乡，其中少数民族人口6968人，占总人口的29.9%。现有贫困人口4621人，占全乡总人口的19.8%。梭戛乡有党支部11个，其中机关支部4个，村支部7个，共有党员296名，其中预备党员14名。梭戛是一个典型的农业乡，以肉牛养殖和蔬菜、核桃、刺梨种植为主的产业得到发展，少边穷面貌得到改变，贫穷落后已不是梭戛乡代名词。梭戛乡旅游资源丰富，长角苗风情独特，三叉河风光旖旎，黔中库区湖光山色；探凤凰洞神秘，游沿河旅游休闲山庄，品梭戛回民农业特区产业园新鲜刺梨。

高兴村陇戛寨是国际生态博物馆的所在地，打造具有长角苗特色的民族旅游村寨。民族商贸街启动建设，将是设施完善、功能健全的新兴街道。“四在农家”全面启动，富学乐美得到展现。梭戛乡回民山地农业特色产业园把农业产业种植、养殖、加工和农业旅游观光紧密结合打造，是集吃、住、游为一体的回民农业旅游观光园区，“凝聚民心、发挥民智、集中民力、顺应民意、办好民事”是梭戛乡发展主题；“旅游活乡、产业富乡、城镇带乡”是梭戛乡的发展思路；“团结、务实、高效、超越”是梭戛永恒的精神，2015年财政总收入完成325.91万元，完成任务数的120%（其中：地税收入完成290.73万元，国税收入完成32.3万元，非税收入完成2.88万元）；公共财政预算收入完成206.68万元，完成任务数的134.69%（其中：地税收入完成197.27万元，国税收入完成5.93万元，非税收入完成2.88万元）；社会固定资产投资完成8亿元，占全年目标任务的160%；工业总产值完成7200万元，占全年目标任务的100.25%；农民人均可支配收完成7051.88元，增幅10%；2015年完成招商引资工作已签约资金4.5亿元，实际到位资金2.56亿元。

【内设机构】 党政办公室（“法制办公室”“全面小康社会建设领导小组办公室”）、社会事务办公室、卫生和计划生育办公室、经济发展办公室、规划建设环保办公室、综合行政执法办公室（综合行政执法队）、社会管理综合治理办公室（“群众工作办公室”）、农业综合服务中心人力资源和社会保障服务中心、科技宣教文化信息服务中心、卫生计生院、政务服务中心、环境卫生管理所、城镇规划建设管理站、群众工作站、财政所、计划生育协会、镇敬老院（养老服务中心）、留守儿童关爱服务中心、扶贫工作站。

【重大项目建设】 一是总投资为2.4亿元的小城镇开发项目现已完成1.1亿元；二是总投资2亿元

的梭戛回民山地特色农业产业园项目现已完成投资8000万元；三是投资27.13万元对中寨村上下发兔实施安全饮水工程已完工，分别投资85万元抗旱机井工程在安柱和中寨的长田坎实施（目前长田坎已完成投资25万元，安柱村已经完工）；四是投资近200万元修建乡卫生院，已完成投资150万元；五是投资4万元对乐群村机耕道进行绿化1公里，已全部完成；六是投资10万元对高兴村新一寨进行特色村寨建设现已全部完成；七是2015年核桃种植项目800亩，已在平寨村实施完成；八是投资50余万元梭戛乡中心小学校门已修建完工并投入使用；九是配合抓好大草坝至两路口运煤公路在梭戛乡过境段的建设工作；十是投资550万元的群众工作服务中心，现已整体完工，正在完善附属设施，预计年前可投入使月。

【三农工作】 一是抓“三变”促进农民增收致富。利用荒山、荒坡以及农户自身的土地入股公司进行刺梨种植，加快土地流转，提高土地利用率，盘活村集体土地存量，增加农民经济收入和村集体经济收入。二是合理调整农业生产布局。始终把调整优化农业生产结构放在农村工作的首位，在稳定粮食生产安全的基础上，大力发展优质高效生态农业，努力打造“一村一品”特色农业品牌。2015年全乡完成粮食播种面积2.0014万亩，经济作物播种面6.61万亩；全乡畜牧业产值增长8%以上，畜牧业增加值增长10%以上，畜牧业产值占农业总产值的比重增加1个百分点以上，生猪、牛、羊、家禽存栏分别达到7971头、6389头、824只、97574羽，出栏生猪、牛、羊、家禽分别达到7011头、1078头、488只、114162羽；肉类总产量1021吨，禽蛋产量140吨；畜牧业产值4792万元，畜牧业增加值2857万元。蔬菜基地建设工作。2015年全面完成特区下达的商品基地建设；农村实用人才调查工作完成农村实用人才统计615人。三是实施好财政扶贫项目。重点实施2014年至2015年项目。2015年实施项目总计7个，总投资338.64万元，完成2014年未实施的3200亩核桃种植，完成2015年核桃种植项目平寨村800亩的核桃种植。

【教育工作】 2015年学前三年毛入学率80.82%；小学、初中入学率分别为99.44%、85%，小学、初中辍学率分别为0.05%和1.68%；小学、初中毕业率均为100%，小学六年巩固率106.3%，初中三年巩固率91.4%，九年义务教育巩固率为91.9%；完成普通高中招生161人，普高中职231人，完成率为104.26%。

【新型农村合作医疗养老保险】 大力推进社会保障建设。2015年度农村合作医疗农村参加人数23516人，参保率为100.78%，全乡因病住院1698人次，住院报销总额108.1677万多元；新型农村和城镇居民社会养老保险应49万元，占任务数51万元的96%。

【“一户一技能”培训】 积极开展“一户一技能”培训工作，不断提高广大群众的致富能力，共开展“一户一技能”培训3次，共培训210余人次。

【人口和计划生育工作】 认真落实国家计生政策，做好实施两孩生育政策宣传准备工作。着力提高出生人口素质，扎实推进免费孕前优生健康检查的幸福家庭建设工程。以“双诚信双承诺”工作为载体，认真落实好“三按月”机制，各项工作有序推进。

【社会保障工作】 新型农村和城镇居民社会养老保险应49万元，占任务数51万元的96%；完成了农村劳动力转移就业和城镇新增就业信息录入1034条，占任务数的127%，完成农村劳动力资源调查及信息录入12700条，占任务数的100%；农村劳动力转移就业700人，城镇新增就业人员167人；农村人畜饮水安全达标率达95%以上。

【民政工作】 2015年度发放五保老人生活保障金175.37万元，低保户的低保金604.6629万元，农低保季节性缺粮救助13260公斤。积极开展城乡大病医疗救助工作。梭戛新敬老院已经建成投入使用，各项相关设施在完善中，全乡现有五保对象52名，其中集中供养29人，分散供养23人，实现了五保对象集中供养率达56%。殡葬工作完成了死亡火化任务5人，困难的家庭已经向民政局申请殡葬救助4人。重视残疾人事业发展，加大重残救助工作和残疾人就业援助力度，切实改善残疾人的生活状况。认真落实“双拥”优抚政策，扎实开展“双拥”创建活动。

【安全生产】 高度重视环保安全生产工作，坚决遏制重特大安全事故的发生。乡政府与相关单位签订安全生产责任书，实行安全生产月考核制度，坚持定期或不定期检查、排查和整治各类安全隐患。加大力度整治道路交通安全，打击三轮车和农用车搭客。开展各类安全生产检查，确保了梭戛乡生产安全。全年投入经费3万多元，开展各类安全生产检查，确保了梭戛乡生产安全，全面完成安全生产工作各项指标任务。

【社会治安综合治理工作】 以综治信访维稳中心为工作平台，实行领导包案包责、落实驻村干部职工工作责任制，深入推进矛盾纠纷大调解工作创新，有效化解了黔中炮损工作、小城镇建设拆征、高兴村新二寨分房遗留问题。全乡排查化解矛盾纠纷2起，化解信访案件20起，全乡无刑事案件发生。全乡治安良好，群众安全感不断提升，全乡人民群众对社会治安的满意度为98%以上。全面完成禁毒各项目指示任务，并在2015年度考核排名全区第三位。

【生态人居环境整治】 “四创”工程稳步推进，增加了环卫车辆和环卫工具，提高环卫队待遇，制定了梭戛环境卫生管理规定，对各村庄的垃圾收集池进行定期清理，积极开展“美丽乡村、清洁农村”等活动。强化环境卫生的治理力度，使梭戛环境不断净化、美化、亮化。

【产业结构调整全面推进】 推进“旅游活乡”战略，对全乡旅游发展进行全面规划，重点规划了高兴长角苗景区、凤凰洞、老卜底沿河特色长角苗文化长廊和平寨黔中库区旅游观光等，新增旅游文化项目50余个，总投资50余亿元。坚持“产业富乡”思路，规划建设梭戛回民山地特色农业产业园，重点种植刺梨、核桃、薏仁米、烤烟、蔬菜等产业，以点促面带动了周边多个种养殖专业合作社的发展；引进西部电产、豆米电商、惠民电商开展互联网+模式，启动全乡农村电商服务网点建设。

【生态环境进一步改善】 实施新一轮退耕还林4000余亩，共计完成营造林9110亩，森林覆盖率达28.9%。黄果树瀑布源国家级森林公园获国家林业局批准成立，梭戛自然与生态文化旅游示范区列入全省生态文化旅游创新项目，污水处理率达85.1%，城乡生活垃圾无害化处理率达68.3%。

【党风廉政建设和反腐败】 认真贯彻落实中央“八项规定”、省委、市委和特区党委“十项规定”，持之以恒落实贵州省党员干部作风“十不准”，坚决反对“四风”，对“四风”查找出来的问题进行整改。共核实案件线索9件，立案7件，结案5件，给予党政纪处分5人，追缴涉案资金5万余元

【远程教育工作】 抓好8个站点设备维护，利用站点上党课24场次，开展道德讲堂11场次，开展反传销和禁毒知识培训10场次。

【同步小康驻村工作】 7个行政村驻村工作组达到全覆盖，其中一类贫困村2个，二类贫困村3个，非贫困村2个。严格管理制度，通过晒台账和流动考勤等方式，对驻村工作组考勤考绩定期记录、考核和评比。

【村级集体经济积累】 制定“一村一册”发展计划，全乡实现村集体经济积累100.07万元，其中，村级经济积累40万元以上的1个，5万元以上2个，建立本乡村级建筑公司1个，承揽工程2个。7个行政村村级集体经济年经营性收入均在2万元以上。

【农村“三变”改革】 认真贯彻落实中央领导指示和省、市农村“三变”改革会议精神，不定期召开会议研究部署“三变”改革工作，制定全乡农村“三变”改革工作实施方案，成立相关改革工作领导小组和工作小组，各村结合实际制定

了相应的实施方案，对“三资”开展全面清理工作，各项工作有序推进。率先在安柱、沙子、乐群三个村实施11000亩刺梨种植项目，在中寨、平寨、顺利完成薏仁米种植5000亩，万寿菊种植2000亩，并与公司签订了项目投资合作协议书，公司与农户签订合股协议1300余份。

九龙街道办事处

【概况】 九龙街道办事处建于2015年1月，位于六枝特区东部，是六枝特区政治、经济、文化、科技、交通的中心，辖河湾、营盘2个居委会及茶山、五龙、小寨、波凹、波乍5个行政村，10个党支部，267名党员。居住有汉、苗、彝、仡佬等民族，人口4.7221万人，人口密度1092人/平方公里，总面积43.21平方公里。森林覆盖率为43.2%。

境内有五龙农业观光带以及底西生态森林公园等旅游景点，空气新鲜，气候宜人，有较好的人文环境居住条件，宜人宜居，是大型别墅山庄落脚的理想之地。交通有六六高速、都香高速、六镇高速，并在九龙社区小寨村底西开口处设有六枝东站，沪昆高速铁路毗邻而过，贵昆铁路、株六复线、贵烟公路贯穿全社区，为出行和外来投资者提供了便利的交通条件。农业基础条件较好，主要粮食作物有玉米、水稻、小麦、马铃薯、大豆等，经济作物以油菜、蔬菜、经果林等为主，初步形成五龙特色蔬菜基地。第三产业发展迅速，有各种大型商场、酒店和娱乐场所。所有村（居）基本实现了“农村交通网络化、人饮灌溉自流化、农业生产科技化、增收渠道多元化、社会保障制度化、精神生活多样化”的目标。

2015年，完成财政总收入5600万元，完成固定资产投资16.2亿元，占任务数15亿元的108%；完成工业总产值4.48亿元，为任务数为3.84亿元的116%，完成全社会消费品零售总额6.8亿元，完成春耕种植任务9400亩，实现粮食产量4222吨。农民人均可支配收入8950元，比上年增加16.2%，城镇居民可支配收入23286元，高于目标值23181元0.45个百分点，完成招商引资任务12.5亿元，实际到位资金6.6亿元，占全年任务数5亿元的132%。

【民政双拥】 2015年，共取消农低保对象897户1729人，发放农低保金136.72万元；新增城低保15户37人，取消城低保对象62户112人，发放城低保金237.84万元。办理医疗救助“一站式”即时结算业务109人次；实施城乡医疗救助10人次，发放医疗救助资金22.83万元；及时实施临时救助，共发放救助金48.2万元，发放五保供养金19800元。对2229个困难群众开展冬春生活救助，发放救助粮9705公斤；救助自然灾害生活困难人员92人，发放救助金36.01万元；发放救灾物资棉被19床，帐篷5顶，救灾粮15000公斤。春节期间慰问重点优抚对象慰问84户，发放慰问金16800元；对428名退伍军人做好统计关注工作。完成1516个持证残疾人基本服务状况和需求专项调查工作，完成五龙村幸福院建设工作。

【人力资源和社会保障】 对失地农民8507人进行统计；对10500名农村劳动力进行调查。收缴36.64万元城乡居民养老保险费，办理城镇就业居民医疗保险1490人，完成劳动力转移就业846人，为任务数779年108%，促进城镇新增就业5054人，为任务数4919人的103%，实现失业人员再就业268人，为任务数248的108%，完成就业再困难人员184人，为任务数171的107.6%，协助办理就业失业登记证16人。新型农村合作医疗工作有序推进，参合率达99.3%，比目标值高0.3个百分点。

【人口计生】 2015年共出生人口279人，常住人口出生247人，其中政策内出生243人，政策外出生4人，常住人口符合政策生育率为98.38%，高目标值2.38个百分点。流动人口出生32人，其中政策内出生29人，政策外出生3人，流动人口符合政策生育率90.6%，高目标值5.6个百分点。完成四术355例，其中上环212例，结扎96例（二女孩节育17例），落实补救措施47例，完成5社抚费征收92.9万元，完成孕前优生夫妇健康检查127对，人口计生工作全面稳步推进。

【教育工作】 全面推进教育“9+3”工作，采取社区与学习联动，确保小学、初中辍学率，在社区、村（居）、学校的共同努力下，全年小学辍学率为0.9%，比目标值1.2%低0.3个百分点，初中辍学率为0.94%，比目标值1.2%低0.26个百分点。

【征地拆迁】 一是组建懒板凳拆迁工作组，深入农户家中做思想动员和疏导工作。将协议签订、土地丈量、电线迁改、选房协议等任务打包，将项目所涉及的拆迁农户进行责任包保，由社区组建的工作专班进行分组分人进行包保推进工作开展。二是积极做好南部新区和安六城际铁路拆迁工作。三是完成南部新区征地拆迁350.6亩，迁坟289座，兑现资金139.9万元，调查房屋150户，丈量房屋43户。安六城际铁路拆迁工作自2015年4月28日启动以来，已完成地上附作物调查登记、土地丈量工作，丈量房屋9户。四是积极推进天然气管道建设工作，加快社区11公里的天然气管道建设工作。五是完成南环路东延伸段14户48套房的回迁安置。继续加大违法违章建筑工作力度，落实违法违章整治巡查报告制度，推进违法违章建设整治工作常态化。

【多彩贵州文明行动及“四创”】 努力做好背街小巷综合整治工作，开展集中整治68次，拆除危旧房屋1000多平方米，清扫保洁达900人次，清运垃圾300多吨，清理野广告2300多条，制作四创公益性宣传广告13幅1180平方米，签订门前三包责任书2000余份，发放“四创”宣传资料3000余份，垃圾清运按照村收集乡转移的处理方式，社区全年清运垃圾7836吨，比目标值7743吨高93吨，对清运垃圾进行无害化处理，实现垃圾无害化处理率89.5%，高于目标值0.5个百分点，环境卫生得到大幅度提升，村容村貌得到彻底改变。

【农业】 一是惠农政策兑现到位，发放粮种补贴12063元，水稻补贴41493元，玉米补贴28210元，小麦补贴38740元，油菜补贴12620元，发放种粮补贴46160元，发放综合补贴154.6万元，种粮补贴及综合补贴共发放159.25万元，发放国家公益林补助金11.5万元。二是“3155工程”有序推进。完成蔬菜种植5000亩，完成核桃种植1000亩，完成特区“八线二十五区”农业产业结构调整建设任务都香高速过境段沿线产业化调整造林647亩，其中种植绿化大苗215亩36000余株柏木，移植经济林大苗227亩12700余株。新造经济林205亩，种植桃树、枇杷苗11400余株。

【扶贫】 加快推进精准扶贫工作进度，抽调专人完成950户2822人的建档立卡工作，掌握基本情况、建立基本台账。全社区所有村（居）基本实现了“农村交通网络化、人饮灌溉自流化、农业生产科技化、增收渠道多元化、社会保障制度化、精神生活多样化”的目标。农村“三变”培训分21个培训点培训3110人次，参训率达75%。

【畜牧】 完成肉类总产量468吨，为任务数的119%；禽蛋产量38万吨，为任务数的101%，生猪、牛、家禽存栏分别为3.15万头、1.2万头、5.68万羽，为任务数的101.9%、115%、101.8%，出栏生猪、牛、家禽分为0.68万头、0.04万头、1.36万羽，分别为任务的106.2%、133%、106%。

【水利】 积极加大水利基础设施建设，完善和巩固现有人畜饮水工程的设施管控，对波乍、五龙、小寨的人畜饮水水源点进行有效保护，实现农村人畜饮水工程安全达标率98.88%，比目标任务98.33%高0.55个百分点，其中已建工程管护落实率达100%，为目标任务的100%，已建工程运行正常率97.2%，比目标任务95%高0.2个百分点，集中式饮用水源地水质达标率100%，为目标任务的100%。

【社会维稳】 积极做好信访工作。2015年共受理特区信访局交办信访件19件，在贵州省信访综合业务系统上回复10件，回复率100%；通过交办书记省长群众直通交流台1件，回复1件，回复率100%；共做四级台账43件，日常接访35件，办理回复23件，全年无重大信访案件发生。

加大综治维稳力度。积极做好电话问安，提高群众安全感满意度，共发放平安建设宣传资料5000余份，组织看楼护院志愿者50人，要求各村（居）组织2个护寨队，制定平安建设工作方案，加大安全感满意度测评，对固定测评电话3046个进行责任包保，将任务分解到村（居）落实，着力在“打、防、管、控、治理、服务”上下功夫，全力推进“两抢一盗”打击力度，大幅提升人民群众安全感满意度。

安全工作有序推进。积极开展安全宣传教育活动进企业、进社区、进学校、进乡村、进家庭活动，增强全社会安全生产法制观念和群众自身的安保意识。共下发各类安全生产文件14个，发放各类宣传资料9000余份，组织各类大型安全生产宣传8次，下发安全隐患排查整改通知书6份，查处农用车非法营运3起，拘留2人，安全工作取得明显成效。

【党建工作】 一是围绕党建抓发展。通过“三变”发展模式的推广，在各村积极鼓励盘活现有村级资金，利用现有村级资产，通过与企业入股等方式，增加村级经济积累，彻底消除“空壳村”。共有村级经济积累578.4万元，其中波乍村7万元，波凹村8.2万元，茶山村400万元，小寨村160万元，五龙村3.2万元，（河湾居委会有积累200万元、营盘居委会有积累4万元），九龙社区7个村（居）达到村（居）有积累、有项目、有增收致富渠道。二是深入开展党风廉政建设和反腐败工作。以加强党的思想、组织、作风、制度和反腐倡廉建设为重点，建设高素质的领导班子和干部队伍。以惩治和预防腐败体系为重点加强反腐倡廉建设，坚决查处违法违纪案件，纠正损害群众利益的不正之风，以实际行动密切党同人民群众的血肉联系。全年纪律审查案件3件，办结3件；核实信访案件4起，查处违反作风建设4起，分别按相关制度进行惩处；对低保、教育、家电下乡、危房改造、微型企业等民生项目进行专项监察。三是积极抓好党员教育管理。建立经常性党员教育培训机制，积极组织学习习近平总书记的系列重要讲话精神，组织党员干部收看省委工作会议、市委工作会议、抗战胜利70周年系列活动视频、党的十八届五中全会精神等内容。开展党员集中教育培训9次42学时，吸收入党积极分子11名，发展预备党员8名，完成特区下达任务8名的100%，按期转为正式党员10名。四是加大同步小康工作管理力度。强化辖区内同步小康干部队伍建设，制定驻村工作方案、同步小康管理制度和管理办法，落实好“四级月审”和“三考”工作方案，积极参加特区组织部门开办的各种培训。同步小康驻村工作组全年共协调解决矛盾纠纷66起，帮助群众办好事实事388件，慰问留守儿童、留守老人共80余人次。五是积极开展“四访四帮”活动。全面完成社区22名贫困党员家庭和11名农村致富带头人的遍访工作，并制定了详细的帮扶计划，确保帮扶取得实效。

银壶街道办事处

【概况】 2015年1月撤平寨镇建银壶街道办事处，银壶街道办事处地处六枝特区城区中心，东与那克社区相邻，西与新窑乡接壤，南与九龙社区毗邻，北与塔山社区为邻。现辖原平寨镇平寨、铁路、补林、银壶、兴隆、地宗6个居委会和杨丰、东风2个村；有54个村民组，50个自然村寨以及77个居民小区。城镇建筑面积1040.00公顷，国土面积31.6平方公里，耕地3674亩，总人口45940人，其中农村户籍人口19681人，城市户籍人口36260人，人口密度1348人/平方公里。居住有汉、苗、仡佬、布依等民族。

境内贵（阳）昆（明）铁路、株（州）六（盘水）铁路复线、贵（阳）烟（堆山）、六六高速公路穿腹过境，境内设有六枝火车站和六枝汽车站，交通十分便利，是六枝特区政治、经济、文化、科技和交通中心。境内有水泥厂、砖厂、煤矿、铸造厂、五金厂、焦化厂、硅铁厂等企业。盛产玉米、水稻、小麦、马铃薯、大豆等，经济作物有油菜、蔬菜、茄果、红萝卜等，石灰石、煤炭等矿产资源埋藏十分丰富。

2015 年，完成公共财政收入 2970.04 万元；公共财政支出 778.10 万元；完成公共财政预算收入 12342.53 万元，完成招商引资 6.33 亿元，完成 50 万元以上固定资产投资 16.5 亿元，工业产值 7.2 亿元，完成农作物总播种面积 755 公顷，夏粮产量完成 458 吨，比正常年景增长 2%，完成玉米播种面积 101 公顷。农民人均可支配收入 7728 元，城镇人均可支配收入 21315 元。

【经济建设】 一是加强财政税收工作，做到应收尽收，不留死角，为各项事业发展提供经济保障。二是加快招商引资步伐，大力提升发展活力。充分利用资源优势、产业优势、环境优势，通过领导带头招商、产业招商、以商招商等方式，加大招商引资力度，实现借势、借力、借智发展。切实营造街道办上下重视招商、关心招商、参与招商的浓厚氛围。大力推进民营经济发展“三年倍增计划”，认真落实“3 个 15 万元”等扶持小微企业发展的政策措施，鼓励全民积极投资创业，激活发展细胞，培育新的经济增长点。按时制定了“十三五”规划建议，已储备项目 10 个，共开展招商 10 余次，完成亿元项目 3 个，实际到位资金 6.3 亿元。

【拆迁安置】 完成武装部新址征地拆迁，拆除房屋 22 户，面积 2000 平方米；七冶安置 248 户，置换面积 92957 平方米，新兴市场迁建 20 户，还房面积 8296 平方米。同时，配合国土部门完成征地 600 亩，迁坟 106 颗。制止违章建筑 12 起，南环路西段第二年半年过度安置费共发放 8 户 55679.68 元、南环路补林第二年半年过度安置共发放 89 户 824747.76 元。积极配合参与高铁征地拆迁、南环路西段、城南大道等建设工作。

【扶贫攻坚】 2015 年，有贫困户 693 户 1820 人，结合实际出台《关于全面推进“三变”决战三年摆脱贫困的实施意见》，在全社区全面推进农村资源变股权、资金变股金、农民变股民，以更大的决心、更强的力度、更有效的措施，决战三年，摆脱贫困。指导种植核桃 1500 亩，杨丰村油牡丹种植 1200 亩，实施 1000 亩魔芋、1000 亩茶叶种植。按照“六个到村到户”要求，实施“精准扶贫”，开展干部与贫困户“一帮多”活动，抓好整村推进工作，根据《贵州省农村贫困统计监测方案》要求，健全和完善了未解决温饱贫困人口和低收入贫困人口档案，实行微机档案动态监测管理，对低收入以下贫困人口户做到有卡、村有册、社区建簿。通过全社区干部职工的共同努力，1—12 月共减少贫困人口 520 人，农业实用技术培训完成 1600 人次。

【安全生产】 坚持“党政同责、一岗双责、齐抓共管”，认真开展安全生产教育实践活动，树立安全生产常抓不懈，一抓到底，决不放松的思想，安全工作做到警钟长鸣。社区党委、服务中心高度重视，把安全生产工作纳入重要议事日程，切实开展安全生产教育实践活动，与下属各单位，特别是与六龙煤矿，非煤矿山、砂石厂等签订包保“责任书”，明确责任、狠抓落实。一是加大非法开采矿山资源的打击力度，每周巡查 2 次，发现一起打击一起，确保全年没有无证煤窑反弹和非法矿山违法开采。二是抓好煤矿安全生产工作，做到不安全不生产。三是严格爆炸物品的管理，杜绝了违规储存、使用的行为。四是加强对道路交通安全的管理，投入资金 6000 元在主要路段设点，严格查处各种违章行为，全年发生重大道路交通安全事故。五是加强对地质灾害点的防治工作，对全社区 1 处地质灾害点拟定了防治预案，实行 24 小时值班制度，做到职责明确，责任落实，未发生地质灾害事故。六是加强消防安全工作，各村成立了义务消防队和志愿者队伍，重点抓好了春节、元宵节、清明节及“五一”期间的火灾预防工作，未发生重大火灾事故。七是认真抓好安全生产宣传活动，做到安全生产户户知晓、人人明白。八是加强对烟花爆竹和危险化学品的安全监管，开展专项整治行动，严厉打击非法经营行为。派出所、国土所、环境管理部、卫计院等职能单位根据各自的职责认真抓好工作的落实，在全社区范围内形成齐心协力抓安全工作的良好氛围，由于经费到位，措施到位，人员到位，全年未发生各类安全事故，为社会创造了良好的生产环境。

【社会治安综合治理】 加强组织领导，强化责任制，街道办党委、服务中心与各单位、各村签订了社会治安综合治理责任状、严打“两抢一盗”工作责任状、维护稳定工作责任状和禁毒工作责任状等，全力推进“平安银壶”工程，“五无村寨”活动，推进“六五”普法工作，继续推进“十户联防”，着力构建治安防控网络，坚持“严打”不动摇，书写严打“两抢一盗”永久性宣传标语54条，张贴严打公告500余份，大型宣传展板30块，悬挂严打标语横幅13余幅。适时组织集中和专项治理，切实抓好社区矫正工作，严厉打击传销。健全“严打”工作长效机制，深入开展禁毒人民战争，流动课堂进村寨，6月举行全社区禁毒知识集中宣传活动，不断提高群众对禁毒知识的了解和认识。着力抓好矛盾纠纷排查调处工作，共受理特区政府交办6件，均已回复，回复率100%；特区信访局交办信访案件13件，跟踪办理回复13件，回复率100%；共做四级台账25件。为“四在农家”民居建设20多名农民工追讨工资50余万元，有效维护了街道办社会稳定，社会治安呈现良好态势。

【卫生事业】 组织实施新型农村合作医疗工作，应参加合作医疗人5649户17449人，参合5562户17298人，参合率99.13%，其中民政代缴110人、计生代缴108人，共减免3968人7864万元（其中门诊减免2809人29万元，住院减免1159人3256万元）；抓好药品管理工作，保障用药安全，采购药品实行招投标，堵截药品购销中不良风气；做好传染病、结核病、艾滋病、地方病防治工作，特别是完成甲型H1N1流感防控工作，通过督导与监测，疫情报告率100%，无其他传染病发生。

【人口与计生】 一是核实管理好常住、流出、流入三本账。确保软件资料完整规范。二是切实抓好“双诚信双承诺”和“三按月”重点的服务管理创新，严格控制计划外生育，实现“零库存”管理，实现“六跑”变“六好”的转变。三是加强出生人口性别比治理工作，扎实开展“两非”专项治理行动，采取定期或不定期对下属医疗机构进行排查清理，对孕产妇进行全程跟踪管理服务，全力遏制性别比攀升。四是加大对社会抚养费的征收力度，管好用好社抚费。五是扩大优质服务面，建设开通了银壶网站，实行信息化管理，为广大计生工作者和群众提供了优质服务平台，有序推进“单独二孩”生育政策和“四项制度”落实，完善计生利益导向机制，全面推行农村部分计划生育家庭奖励扶助制度，实施“少生快富”工程，对农村计生特殊家庭进行救助，大力开展计生“三结合”。六是加强对流动人口管理和服务，适时开展有效的集中治理，做到无新增失控户。2015年，常住人口出生299人，符合政策率生育率97.32%，其中流动人口出生54人，符合政策生育率98.15%，综合性别比104.76，完成四术任务500例（其中双女扎18例），“四术”任务有一例落实一例，达到“四该四完”的管理要求。2015年5月6日全市计生工作推进会暨“双诚信双承诺”工作观摩会到银壶参观。

【社会保障】 2015年，发放临时救助款20人120000元。做好农低保、城低保工作，完成城乡低保提标核查工作，发放农低保金769户1503人计682442元，发放城镇居民最低生活保障金1348户2683人计4370698元，解决低保医疗救助12户12人65890元。扎实推进殡葬制度改革，劝阻违规土葬22起，在全社会营造移风易俗的浓厚氛围。

【文化宣传】 大力宣讲十八届五中全会精神，

宣传社会主义核心价值观，制作标语、横幅等60余条。积极开展群众性精神文明创建活动，抓好民间文化保护抢救工作，利用各村（居）组建文艺队的优势，开展丰富多彩的文娱会演活动。银壶街道办创新宣传方式，改变以前传统的游行签名活动，举行“明礼知耻·崇德向善”“平安银壶”文艺演出比赛。妇联在“三八”妇女节开展了法律知识竞赛活动，配合相关部门组织了党建、禁毒、“四创”等宣传活动，推动了文化工作的顺利开展。

【作风建设】 坚持问题导向，对照中央、省委提出的“7+4+10”“五去五求”“六风一卡”和市委“十项专项整治”要求，制定《专项整治方案》，明确了27项专项整治任务，逐项制定整治措施，明确整治时限和责任人。带头深入开展“专项整治”，严厉整治和纠正公款送礼、违规职务消费等问题，出台《进一步加强干部日常监督管理暂行办法》和《党员干部考核问责办法》，切实以严的措施、严的纪律强化对干部职工的约束监督。集中清理和督促整改党政领导干部违规在企业兼职、“走读”、“吃空饷”、在编不在岗、滥办酒席等问题，全社区严肃处理违反中央八项规定及各项作风建设有关规定等典型问题7人（其中立案调查3人，通报批评6人）。提醒谈话6人，成功劝阻滥办酒席48起。

塔山街道办事处

【概况】 塔山街道办事处成立于2015年1月，办事处驻地位于六枝那固坝。东邻银壶街道办事处平寨居委会，南邻银壶街道办事处东风村，西靠新窑镇那秀村，北连银壶街道办事处杨丰村。现辖1个行政村7个居委会，下辖11个村民组，188个居民小组，11个党支部，301名党员。总人口4.45万人，城镇化率77%，居住有彝族、苗族、布依族、仡佬族、回族、土家族等11个少数民族。总面积21.9平方公里，东西长5.7公里，南北宽3.9公里。距六枝特区人民政府城3公里。

境内有贵昆经及株（洲）六（盘水）复线电气化铁路，以三级路面为主的贵（阳）烟（堆山）公路及六（枝）纳（雍）公路，“六六”高速，实现村（居）通公路。拟规划的塔山路、阳光路、六郎路、六石路、南环路等主要干道的筹划进一步落实实施。

2015年，财政总收入完成2460万元；固定资产投资预计完成15.5亿元，完成任务数15亿元的103%；社会消费品零售总额预计完成3.75亿元，同比增长15%；工业总产值预计完成4.2亿元，完成年任务数3.8亿的110%；完成粮食总产量1193吨，完成年任务930吨的129%；农民人均可支配收入预计完成8378元，同比增长14.5%；城镇居民可支配收入预计完成23181元，完成任务数23181元的100%；招商引资（到位资金）预计完成4.1亿元，完成年任务数4亿元的102%。

【抓项目促发展】 一是协助搞好阳光小区、六枝铁锅厂房开项目建设，多次为施工方和当地群众召开协调会，为项目顺利施工创造条件。二是4月，集中力量开展安顺至六盘水城际铁路和高铁站红线范围内的地面附着物、坟墓调查和房屋丈量等工作，完成房屋丈量111户23342平方米，地面附着物调，涉及拆迁坟墓844座。三是协助抓好六石（六枝至石板沟）国省级干道公路改造工程，该工程房屋拆迁勘丈和地面附着物调查已完成；屋款、土地款已兑现，确保了工程顺利实施。四是协助搞好南环西路塔山过境段的建设工作，已完成房屋丈量130户24300平方米，兑现附属房款100万元。五是协助搞好阳光路征拆工作，现土地丈量已经完成，涉及拆迁坟墓185座。六是协助搞好“六郎”公路拆迁工作，现土地丈量已经完成，已兑现10万元迁坟款。

【抓规划谋建设】 一是根据特区总体规划和控制性详规的要求，结合塔山社区实际，经过深入调研，委托六盘水市城乡规划设计院现场勘查，编制了塔山社区发展的规划（初稿）。二是以点带面，计划分期开发，六枝老街片区多年未发展，按照先易后难的原则，计划沿贵烟以黄家桥到原平寨镇一小为突破口作为第一期开发，逐步向牛市上延伸，分期建设，分期开发的规划平面图已出初稿，由于该区域涉及群众房屋和临街门面密集，考虑到征地拆迁等诸多因素，正在征求周围群众的意见。三是根据特区党委、政府安排，在那固坝片区的1002户住户迁至棚改房，计划将该区域作整体规划开发，房屋丈量工作已经完成，共1002户166850平方米。

【抓示范出亮点】 按照“四在农家·美丽乡村”小康寨建设的要求。将塔山居委会的瓦厂组打造成四在农家建设和乡村旅游示范点。已投入20万元完成寨门修建，投入25万元完成河道治理800米，投入96万元完成120米长廊建设，投入30万元建成2个六角亭，完成200米文化长廊基础设施建设，完成1200余平方米的文化广场基础建设，完成庭院及道路硬化12000平方米。

【“四创”工作】 自“四创”活动开展以来，塔山社区按照特区党委、政府的部署，除开展常规的卫生保洁、宣传等工作外，一是牵头组织包保单位、城管、公安交警等部门开展了四次近百人的专项整治活动，拆除那固坝片区侵占路沿摊位15个，制止超门面经营20个，拆除六枝交警平台旁违章搭棚7家，整治六枝街上乱搭乱建门面经营50户、个体流动摊位20个，门前乱摆乱放20处，进一步规范了经营行为。二是与交警大队联合，制定了禁停标牌标识安放于原平寨镇二小等人员密集场所路段，规范了车辆停放秩序，消除道路交通安全隐患。三是在经费极其紧张的情况下，投入20000余元修建垃圾池，疏通那固坝片区近百米长的排水沟，解决近8年来社区旁因排水沟堵塞导致污水横渡、垃圾遍地的实际问题。

【安全监管】 把抓安全生产与中心工作结合起来，做到逢会必讲，书记、主任亲自安排并带头抓，使每位干部、社区各部办负责人、村（居）负责人清楚自己承担的安全生产责任。一是落实到村（居），与各村（居）签订了责任状。二是强化宣传，利用车载广播向广大人民对《安全生产法》、《交通法》、《六枝特区森林防火令》等安全知识进行宣传。进一步提高安全知识的知晓率。三是落实到点，与重点工程和重点单位签订责任状，对重点隐患部位做到定责任人、定检查人、定整改期限、定复查责任。四是落实责任到人，明确每位分管领导，每个部门及每个村（居）所负的安全生产责任。五是联合安监、消防、国土等部门对烟花爆竹经营、非煤矿山、社会福利机构、道路交通等进行检查。共出动检查人员390余人（次）。悬挂安全标语横幅20余条，发放袖标40余个，制作道路交通和森林防火警示牌12块，年内未发生任何生产安全事故。

【平安建设】 一是领导高度重视，落实“平安建设”一把手工程。成立以社区党委书记和中心主任为组长，分管领导、派出所所长、联系村（居）副科级领导为副组长，社区机关各工作部负责人、各村（居）支部书记和主任为成员的“平安建设”工作领导小组，层层签订平安创建工作目标责任书。二是采取有力措施，将平安建设工作责任具体落实到人头，形成人人参与，齐抓共管工作格局。三是强化宣传，提高创建平安建设的知晓率。四是组建村（居）义务治安巡逻队，加强巡逻管控。五是建立社区班子成员带头接访，加强矛盾纠纷排查调处及信访积案化解。六是多措并举，扎实开展群防群治，确保了群众安全感满意度测评达到预期目标。

【党风廉政建设】 一是切实加强党员发展工作，2015年发展党员6名，积极分子12名。二是强化教育培训，不断提升党员的综合素质。利用远程教育和道德讲堂举办各级各类培训班3期，培训党员干部195人次。增强党员责任意识，发挥党员模范带头作用。教育党员既要遵守党章党纪党规，又要模范遵守宪法和法律，切实增强党员的法治意识，促进党员干部依法执政、依法行政。三是多举措发展壮大村集体经济。成立社区壮大村集体经济领导机构，出台《关于全面推进“三变”决战三年摆脱贫困的实施意见》，成立高峰村集体控股的家兵建筑工程有限责任公司，安排4名员工参加省组织部、住建局开展的培训，优先承接辖区200万元以内“四在农家”新农村建设工程项目。采取成立微小企业助发展的模式，成立2家农村合作社，8户养殖户，大力扶持农民专业合作社和小微企业，把培育典型、示范带动作为加快壮大村集体经济的有效方式，结合小康村建设总体布局，着力加强集体经济示范点建设。截至目前，高峰村集体经济积累已达96.09万元，消除“空壳村”。四是党建示范点建设取得新实效。年初确定创建塔山居委会为党建示范点。党员干部争做“担当”型干部，在阳光路征地过程中，广大党员积极支持配合，完成了阳光路510亩征地任务。在瓦厂组“美丽乡村·四在农家”建设中，通过党员带头、支部积极支持和村民参与的方式打造瓦厂组101.3亩蔬菜种植基地，瓦厂农业观光旅游园趋势已初步形成。